Comentarios y sugerencias: editor@fce.com.mx

CAMISAS, ESCUDOS Y DESFILES MILITARES

ALICIA GOJMAN DE BACKAL

CAMISAS, ESCUDOS Y DESFILES MILITARES

Los Dorados y el antisemitismo
en México (1934-1940)

Prólogo de
FRIEDRICH KATZ

ESCUELA NACIONAL DE ESTUDIOS
PROFESIONALES ACATLÁN
(UNAM)

FONDO DE CULTURA ECONÓMICA
MÉXICO

Primera edición, 2000

D. R. © 2000, Escuela Nacional de Estudios Profesionales (UNAM)
Noveno piso de la Torre de Rectoría, Cd. Universitaria; 04510
México, D. F.

D. R. © 2000, Fondo de Cultura Económica
Carretera Picacho-Ajusco, 227; 14200 México, D. F.
www.fce.com.mx

ISBN 968-16-6194-X

Impreso en México

A mi abuelo, JACOBO GOLDBERG,
primer rabino de la Comunidad Ashkenazí de México

A mis padres, JOSÉ y EVA GOJMAN,
emigrados a México en 1928

A ISAAC

El judío es, en efecto, el Otro, por definición y antonomasia, al menos en el universo cultural de lo que viene llamándose Occidente. Hay que entender ese destino histórico de la alteridad u otredad judía. Entenderlo y respetarlo. Entender y respetar la fabulosa historia de un pueblo que, incluso en las teóricamente mejores condiciones de asimilación, o acaso de fusión secular con la comunidad nacional en que se desenvuelve su vida, sigue siendo Otro, y tiene que seguir siéndolo para ser lo que es, lo que nunca llegará, sin embargo, a ser plenamente, porque esa desgarradura del ser Otro no le separa sólo de los demás pueblos, de las demás naciones, sino que también le separa de sí mismo, imprime su alteridad en lo más profundo de su propia mismidad. Pero esa alteridad es a la vez lo que hace del pueblo judío un fermento universal, capaz de fecundar culturas y modos de vida muy diversos, de expresar de la forma más sutil y refinada los matices de muy diferentes tradiciones nacionales.

JORGE SEMPRÚN

PRÓLOGO

Friedrich Katz
Universidad de Chicago.

Quienquiera que tenga conocimientos de la historia alemana seguramente sabrá que a principios de la década de 1930, antes de la ascensión de Hitler al poder, Berlín presentaba un cuadro muy preocupante. Tropas alemanas peleaban contra comunistas, atacaban comercios judíos, golpeaban a judíos y el partido nazi publicaba un flujo de propaganda xenofóbica y antisemita. El autoritario gobierno germano de los treinta, que gobernaba el país antes de Hitler, a pesar de no ser declaradamente nazi, permitía a los nazis operar libremente y compartía muchos de sus puntos de vista antisemitas y xenófobos. Para muchos resultaría sorprendente saber que al principio de los treinta, condiciones similares —aunque en una escala un tanto más reducida que en Alemania— imperaban en México. Grupos fascistas con el nombre de Camisas Doradas atacaban individualmente a los judíos y a sus comercios. Gozaban de la tolerancia y posiblemente también del apoyo de algunos presidentes de México que gobernaron al país durante el periodo conocido como el Maximato. Esta situación se comprueba y analiza en el libro *Camisas, escudos y desfiles militares. Los Dorados y el antisemitismo en México (1934-1940)* de Alicia Gojman de Backal. La parte más importante de este libro describe el aumento y las políticas de los Camisas Doradas. Sus objetivos se expresaban claramente en un panfleto que contenía las siguientes palabras: "Sangre judía, sangre judía y cada día más sangre judía debe de fluir si deseamos salvar a nuestra amada patria y por esta razón deben llevarse a cabo campañas de exterminio en contra de los 30 000 judíos de México".

Los Camisas Doradas no estaban solos en sus actitudes antisemitas. En 1933 un área del gobierno, el Departamento de

11

Migración, expresó que "por razones étnicas, personas de razas negra y amarilla, con excepción de los japoneses (en vista de que tenemos un trato internacional firmado con ellos) y los malayos e hindúes, no pueden inmigrar a México y les será prohibido incluso estudiar acá". La Secretaría de Gobernación declaró al mismo tiempo que la "inmigración judía más que cualquier otra, debido a sus características morales y psicológicas y al tipo de actividades a las que se dedica, es "indeseable y los judíos no tendrán permitido entrar al país ya sea como inversionistas, vendedores, directores, administradores, representantes de negocios establecidos en México... y estudiantes". Para efectos prácticos, la misma agencia gubernamental añadió que "debido a la identificación física de los judíos, a pesar de sus características raciales es difícil ya que viven por todo el mundo, a pesar de que no han roto su unidad étnica, son de distintas nacionalidades", y expresó que "debido a que la mayor parte de los judíos profesan la religión judía, cada nuevo inmigrante deberá admitir su religión. Si se descubriera que es de origen judío independientemente de la nacionalidad que posea, deberá ser detenido en la entrada y esta administración deberá inmediatamente ser notificada por telegrama de esta decisión".

Estas actitudes xenófobas se extendieron asimismo a otros grupos: "Albaneses, afganos, abisinios, egipcios y marroquíes no deberán ser admitidos, ya que su sangre, su cultura y sus costumbres los vuelven demasiado exóticos para nuestra psicología". La autora dibuja los lazos entre los Camisas Doradas y la embajada alemana y describe los consejos y la ayuda que recibían principalmente del representante de propaganda dentro de la embajada germana, Arthur Dietrich. No obstante, para 1938, tras la expropiación de los contratos petroleros de las grandes empresas extranjeras por parte del entonces presidente Lázaro Cárdenas, Nicolás Rodríguez parece haber cambiado su lealtad hacia Alemania por las compañías petroleras, de las cuales él tenía la esperanza de obtener los fondos necesarios y las armas para organizar un levantamiento en México. Alicia Gojman de Backal no trata solamente con los fascistas sino también con la resistencia antifascista en México. Describe la oposición por parte de grandes segmentos de la sociedad mexicana —sindicatos, organizaciones campesinas, el partido comunista, partes del partido oficial y distinguidos intelectuales al igual que la comunidad judía— al ascenso del fascismo y de los Camisas Doradas en México.

El ataque más decisivo en contra de los Camisas Doradas fue el que llevó a cabo el presidente Lázaro Cárdenas una vez que consolidó su posición en el poder en México y cortó con el hombre fuerte, Plutarco Elías Calles. Cárdenas decretó la disolución de los Camisas Doradas y expulsó a su líder, Nicolás Rodríguez, de México. De acuerdo con las políticas de Cárdenas de terminar con los asesinatos tradicionales que habían existido durante las administraciones previas en el país, él prefería no matar ni encarcelar a la mayor parte de sus enemigos, sino más bien exiliarlos. La única excepción era en esos casos en los que se levantaran en armas en contra del gobierno. Frecuentemente Cárdenas hablaba en contra del antisemitismo y la persecución de los judíos, y representantes de su partido participaron en el gran mitin en noviembre de 1938 para protestar en contra de la persecución de los judíos, durante y después del gran *pogrom* en Alemania y Austria del 9 de noviembre de ese mismo año. Por otro lado, el gobierno mexicano estaba reacio a admitir refugiados judíos en el país. No puede uno más que especular en cuanto a los motivos para esta reticencia por parte de las autoridades mexicanas. Seguramente no era debido a ningún sentimiento antisemita por parte del mismo Cárdenas como lo demuestra su fuerte oposición ante cualquier persecución a los judíos fuera del país. Sin embargo, algunos de los oficiales de puestos más bajos del gobierno mexicano y en especial de la Secretaría de Relaciones Exteriores, aún mostraban tendencias antisemitas y trataban de limitar el acceso de judíos a México. Este hecho por sí solo no explica la actitud renuente del gobierno mexicano hacia los refugiados judíos. No cabe más que especular sobre los motivos, pero las probabilidades indican que la misma presión de la derecha que forzó a Cárdenas a no proponer al radical Múgica como su sucesor sino más bien a apoyar a un candidato mucho más moderado para ocupar ese puesto, explica también su política en relación a la inmigración judía. Además, en contra de los deseos de grandes segmentos de la sociedad mexicana, Cárdenas estaba haciendo todo lo que estaba en sus manos para admitir a miles y tal vez a cientos de miles de refugiados de la República española. Este hecho puede también haber ejercido una influencia sobre sus políticas hacia los judíos. Debe haber sentido que tenía que escoger entre los refugiados españoles o los judíos, ya que no contaba con la fuerza política suficiente para admitir a ambos grupos.

Otro motivo de especulación es por qué algunas personas importantes que apoyaban a Pancho Villa, como es el caso de Silvestre Terrazas y Roque González Garza, ahora se habían vuelto ya miembros de los Camisas Doradas, ya sus más fuertes defensores. En el caso de su líder, Nicolás Rodríguez, no es importante. Rodríguez sólo había sido villista por un periodo muy corto de tiempo y había cortado con Villa en el momento en que este último organizaba una guerrilla en contra de los victoriosos carrancistas. Silvestre Terrazas, por otra parte, había sido un periodista de la oposición durante el régimen de Díaz. Constantemente había expuesto la idea de una sociedad más democrática, había apoyado fuertemente a Madero y al ser secretario de Estado durante el régimen de Villa claramente había defendido las reformas agrarias en México. Roque González Garza había apoyado con igual fuerza a Madero, siendo también un gran defensor de la democracia en México, y como el representante de Villa en la Convención de Aguascalientes, avaló con entusiasmo el Plan de Ayala que contenía las bases para una sólida reforma agraria en México. Veinte años más tarde se volvió uno de los más importantes líderes fascistas en el país. ¿Por qué cortaron estos hombres con la ideología que tan entusiastamente habían adoptado antes y durante la Revolución mexicana? ¿Qué los indujo a dejarla de lado? Estas preguntas continúan sin respuesta.

Este libro ofrece una descripción muy convincente de los Camisas Doradas, una de las más importantes organizaciones fascistas en México, con un énfasis especial en la manera en la que trataban con los judíos y cómo la población judía, así como los antifascistas, reaccionaron a esas políticas.

Traducción de HELLEN B. SORIANO

NOTA AL LECTOR

Soy hija de inmigrantes judíos rusos que llegaron a México en la segunda década de este siglo, tan sólo una semana después de la muerte del general Álvaro Obregón. Pertenezco a la primera generación nacida en este país. Justo el día en que nací, Alemania le declaró la guerra a Polonia: había estallado la segunda Guerra Mundial.

Mis recuerdos de la niñez se remontan a una serie de imágenes que aparecen y desaparecen en la memoria y que están ligadas, casi todas, al deseo —constante a lo largo de mi vida— de entender los hechos que mis padres y otros familiares solían comentar en el transcurso de sus largas pláticas; por un lado, la situación que imperaba en Europa y la manera como podían brindar ayuda a las personas que permanecían allá, y, por otro, la nueva realidad que enfrentaban en este país.

Me acostumbré pronto a leer los periódicos, sobre todo los recortes que guardaba celosamente mi padre. A través de ellos era posible seguir día a día los acontecimientos en el Viejo Mundo y también los sucesos importantes que se desarrollaban en el país, e incluso dentro de mi familia. Quizá desde entonces me gustó la historia: ésta se me presentaba como una serie de episodios a los cuales debía poner atención para lograr entenderlos, relacionarlos, aprehenderlos.

Siempre estuve consciente de las carencias provocadas por la guerra; de los racionamientos, del envío de paquetes con ropa o comida para aquellos que sufrían. Desde una edad temprana traté de entender el antisemitismo, que en ocasiones incluso sufrí en carne propia en las calles cercanas al mercado de la Merced.

Mis recuerdos se vuelven aún más reales al evocar los momentos de intensa preocupación para evitar que se desatara en México un *pogrom;* mi padre y abuelos habían sufrido ya esas persecuciones y matanzas cuando vivían en Ucrania, y las imágenes que evocaban eran de horror cada vez que relataban aquellos hechos: en una ocasión tuvieron que esconderse durante varios meses en los hoyos que cavaron debajo de la casa para ese propósito, y la cicatriz que mi padre tenía en la pierna izquierda era un recordatorio constante de aquel tiempo. El tema más comentado durante las charlas familiares era el de los ataques de los Camisas Doradas a los comercios de judíos: el recuerdo imperecedero del diputado Ladrón de Guevara, iniciador de la Campaña Nacionalista; la golpiza que los Dorados le propinaron al señor Jacobo Glantz y al presidente de la Cámara Israelita de Comercio, Jacobo Landau.

Muchos años pasaron antes de volver a retomar el tema. Éste resurgió a raíz del proyecto *Historia oral. Testimonios de judíos en México* (1987-1990), auspiciado por la Universidad Hebrea de Jerusalén. Al coordinar el proyecto y realizar personalmente cerca de 60 entrevistas a los inmigrantes de los diferentes sectores que conforman la comunidad judía de México, me percaté de que el antisemitismo —especialmente recurrente en la década de los años treinta— era un tema que nadie había olvidado; pero sobre todo, me di cuenta de que al mencionar el Holocausto o a Hitler, de inmediato los entrevistados se referían a los Dorados como el verdadero terror de aquellos años.

Durante las entrevistas surgió el tema de las extorsiones llevadas a cabo por los Dorados, a las cuales se vieron sometidos los judíos, particularmente en lo que se refiere al hecho de que ese grupo les daba "protección" en sus negocios a cambio de un pago; de igual manera, la mayoría de los entrevistados se refirió al Jefe Supremo, el general Nicolás Rodríguez, como el azote de todos los judíos que habitaban en la capital. Alguno de ellos incluso comentó que "era difícil ser judío en esos años".

De ahí mi interés de investigar acerca de ese grupo, la Acción Revolucionaria Mexicanista o los Camisas Doradas, tema en el que convergían el antisemitismo y la segunda Guerra Mundial, por un lado, y la historia de esos primeros inmigrantes en México, por el otro. Empecé por leer los estudios realizados por Ricardo Pérez Montfort, Verena Radkau y Brígida von Mentz.[1] Al mismo tiempo que realizaba las entrevistas de his-

---

[1] Ricardo Pérez Montfort, "Los Camisas Doradas", *Secuencias*, núm. 4, 1986, pp. 66-78, y del mismo autor, *Hispanismo y falange, los sueños imperiales de la*

toria oral, viajé a Jiquilpan para consultar el Archivo Francisco J. Múgica, en el cual se localiza el archivo de los Dorados.

Posteriormente consulté en la ciudad de México el Archivo General de la Nación, en especial el Ramo Presidentes y los fondos Gobernación y Dirección General de Gobierno, así como el Archivo de la Secretaría de Relaciones Exteriores. Con esta primera información y sabiendo que Nicolás Rodríguez había sido expulsado a Texas, decidí pasar una temporada en Mc-Allen.

En Texas tuve la posibilidad de consultar las hemerotecas de McAllen y la que se localiza en la Universidad Pan Am en Mission, en donde cada día acumulaba más información sobre los Dorados. Incluso consulté los directorios telefónicos para saber dónde había vivido el general Rodríguez y confirmé que, hasta ese momento, la casa seguía a nombre de una familia con el mismo apellido.

Sin duda, el tema me apasionó porque en él confluyeron todas las interrogantes que desde mi juventud estaban presentes: ¿cuál había sido la razón de la inmigración de tantos millones de personas de un continente a otro, a partir de las últimas décadas del siglo pasado? ¿Cómo y por qué se establecieron las políticas migratorias de los países que los acogieron? ¿Cuáles habían sido las causas que motivaron la reducción de las cuotas de entrada a Estados Unidos y cómo influyó este hecho en la llegada de judíos a México? ¿Cómo reaccionó el pueblo ante su arribo? ¿Se percataron los mexicanos de su existencia, o fue sólo hasta que dio inicio la propaganda nazi-fascista cuando se les empezó a señalar como judíos, como los "otros", los extranjeros? ¿Realmente el pueblo y el gobierno de México mostraron una actitud antisemita, o fue más bien un reflejo de los acontecimientos en Europa y el estallido de la segunda Guerra Mundial?

Cada una de estas preguntas se fue contestando a partir de la lectura de los documentos y libros en los archivos, bibliotecas y hemerotecas que consulté a lo largo de la investigación.

derecha española, México, Fondo de Cultura Económica, 1992; B. von Mentz, V. Radkau, D. Spencer y R. Pérez Montfort, *Los empresarios alemanes, el Tercer Reich y la oposición de derecha a Cárdenas*, México, Centro de Investigaciones y Estudios Superiores en Antropología Social (CIESAS), 1988.

Entre los acervos más significativos puedo mencionar la Biblioteca Franklin D. Roosevelt, en Hyde Park, Nueva York; la Wiener Library (sobre antisemitismo), en la Universidad de Tel Aviv; los Archivos de Washington del Departamento de Estado, en Adelphi Road; los documentos de la Bancroft Library (los cuales me hizo llegar Victoria Lerner); la sección sobre judaísmo en la Hemeroteca y Biblioteca de la ciudad de Nueva York, así como la Biblioteca del Congreso en Washington.

Como dije, las interrogantes fueron despejándose conforme avanzaba en la investigación y a través de ella pude confirmar que el tema es, desde luego, muy amplio y que puede abordarse desde diversos ángulos; el material es tan vasto que podrían escribirse varios volúmenes, pero también me di cuenta de que inevitablemente debía concretarme en ciertos puntos y dejar el resto para futuras publicaciones. Tenía muy claro lo que decía Marc Bloch: "Toda recolección de cosas vistas se compone en gran medida de cosas vistas por otros", y cada uno de ellos tiene su propia interpretación.

No quise hacer únicamente una historia de acontecimientos, de episodios, hacer una "historia que registrara con exactitud los actos, palabras o actitudes de algunos personajes, reunidos en una escena relativamente corta, donde se juntan, como en la tragedia clásica, todas las fuerzas de crisis del momento: jornada revolucionaria, combate, entrevistas [...]", sino tratar de conservar —como dice Bloch— "la sangre fría de un estudioso, anotando las observaciones, desconfiando de la memoria".[2]

Pretendí hacer un trabajo de interpretación, de amalgamación de fuentes, apoyada en testimonios orales además de escritos; intenté reconstruir un hecho, "sin que intervenga solamente la palabra de otro", y llegar a la observación histórica también a partir de la percepción "con los propios ojos". En este sentido, Bloch afirma que "cuando los fenómenos estudiados pertenecen al presente o al pasado más cercano, el observador, aunque no pueda obligarlos a repetirse o incidir su voluntad en su desarrollo, no se encuentra tan desarmado frente a sus

[2] Marc Bloch, *Apología para la historia o el oficio de historiador*, México, Fondo de Cultura Económica-Instituto Nacional de Antropología e Historia, 1996, pp. 159-168.

huellas. Puede literalmente dar existencia a algunas de ellas. Se trata de los informes de los testigos".[3] En muchas ocasiones tuve que volver los pasos para resolver nuevas dudas o para precisar algún hecho con los entrevistados. A don Jacobo Landau (q. e. p. d.), por ejemplo, lo visité varias veces, y en cada encuentro tenía algo nuevo que contarme o que corregir algunas cuestiones que quedaron incompletas en nuestra charla anterior. Las interrogantes surgieron a raíz de la lectura de las Actas del Comité Central Israelita de México y de las Actas de la Kehilá Ashkenazí que consulté cuando trabajé, durante el periodo de 1990-1993, en el proyecto que recopilaba la historia de los 70 años de esta última institución y que culminó con la publicación de los siete volúmenes que conforman la obra *Generaciones judías en México*.

Intenté hacer un primer esquema de la investigación, donde se hiciera evidente que mi interés se centraba en la historia de los Dorados en la época del general Lázaro Cárdenas y su relación con la pequeña comunidad judía. Sin embargo, no estaba satisfecha, ya que la historia de ese movimiento ha sido documentada por importantes investigadores y, por lo que se refiere a la de los judíos, una buena parte de ella quedó plasmada en el trabajo que realicé conjuntamente con el cuerpo de investigadores que me acompañó a lo largo de los proyectos mencionados; además, claro, de las investigaciones de otros colegas que han estudiado el tema.

Durante esos años de investigación me percaté de que el movimiento de los Dorados no había sido un fenómeno aislado, que a partir de los Camisas Pardas de Hitler, o Negras de Mussolini, se había constituido otra serie de grupos de encamisados que actuaron en muchos otros países tanto de América como del viejo continente. Ello me descubrió otra faceta del problema y decidí tratar de encontrar nuevas informaciones sobre estos grupos, además de adentrarme en el espionaje alemán en el continente, sobre todo en Estados Unidos y México, es decir, la Quinta Columna.

Mi contacto con el investigador John Loftus —quien ya había escrito varios libros sobre los espías alemanes, italianos y

---

[3] *Ibid.*, p. 165.

japoneses en Estados Unidos— me dio las bases para poder consultar los Archivos Suitland en Washington respecto al Servicio de Inteligencia de Estados Unidos.[4] Fue indispensable la lectura del libro de Friedrich Katz sobre la guerra secreta en México, además de muchos otros que aparecieron entonces: los de David Wyman y Lucy Davidowicz, Yehuda Bauer, León Poliakov, etcétera.[5]

Tuve entonces la oportunidad de consultar los periódicos de los Camisas Plateadas que publicó su líder, William Duddley Pelley, en Asheville, Carolina del Norte. De ellos surgió la información acerca de sus relaciones con Nicolás Rodríguez, jefe de los Dorados, por lo cual agradezco a Eric Kline, de Los Ángeles, California.

El esquema tuvo que ser modificado al comprender que, no obstante que el movimiento de ultraderecha de los Dorados no sólo combatía a los judíos y comunistas o a la invasión judeo-bolchevique en nuestro país, también formaba parte de una extensa red de movimientos paramilitares que se habían planeado perfectamente desde Berlín. Así que la investigación se amplió para estudiar a los Plateados en Estados Unidos y su relación con otros grupos paramilitares, así como a los Camisas Negras en Inglaterra, con el propósito de reunir elementos suficientes para comprobar la existencia de estos movimientos en el mundo.

[4] Véanse John Loftus, *The Belarus Secret. The Nazi Connection in America*, Nueva York, Paragon House, 1989, y John Loftus y Mark Aarons, *Unholy Trinity. The Vatican, The Nazis and Soviet Intelligence*, Nueva York, St. Martin's Press, 1991.

[5] Friedrich Katz, *La guerra secreta en México. La Revolución mexicana y la tormenta de la primera Guerra Mundial*, México, Era, 1984; David S. Wyman, *Paper Walls, America and the Refugee Crisis 1938-1941*, Amherst, Mass., University of Massachusetts Press, 1984; del mismo autor, *The Abandonment of The Jews: America and the Holocaust 1941-1945*, Nueva York, University Press, 1984; Lucy S. Davidowicz, *The War Against the Jews, 1933-1945*, Nueva York, Bantam Books, 1976; León Poliakov, *Historia del antisemitismo*, Buenos Aires, Raíces, 1987; León Poliakov y Josef Wulf, *El Tercer Reich y los judíos*, Barcelona, Seix Barral, 1960; Yehuda Bauer, *My Brother's Keeper. A History of the American Jewish Joint Distribution Committee 1929-1939*, Filadelfia, The Jewish Publication Society of America, 1974; y del mismo autor, *Out of Ashes: The Impact of American Jews on Post-Holocaust European Jewry*, Oxford, Oxford University Press, 1989; Noam Penkower Monty, *The Jews Were Expendable, Free World Diplomacy and the Holocaust*, Urbana-Chicago, University of Illinois Press, 1983.

De ello surgió la posibilidad de entender el apoyo que dichos grupos brindaron al nacionalsocialismo alemán, aspecto que intenté reflejar con mayor detalle al referirme a la Acción Revolucionaria Mexicanista, y al entrelazar las acciones de los grupos reaccionarios de derecha en contra del régimen cardenista, con la rebelión cedillista. Para comprender un poco mejor las circunstancias —además de aprovechar el Archivo Suitland— tuve la oportunidad de conocer la investigación que un colega de la Universidad de Colonia, Jürgen Muller, realizó en los archivos alemanes y que se publicó en la revista *EIAL* de la Universidad de Tel Aviv; el estudio se refería a las actividades de la Organización para el Extranjero del NSDAP.[6]

Como acertadamente dijo Marc Bloch: "La diversidad de los testimonios históricos es casi infinita. Todo lo que el hombre dice o escribe, todo lo que fabrica, todo lo que toca puede y debe informarnos acerca de él", y agrega: "Del carácter maravillosamente disparejo de nuestros materiales, nace sin embargo una dificultad en verdad, lo suficientemente grave como para figurar entre las tres o cuatro grandes paradojas del oficio de historiador". Ciertamente, es posible afirmar que imaginar que a cada problema histórico responde un tipo único de fuentes o documentos constituye una gran ilusión; por el contrario, cuanto más "se empeña la investigación en llegar a los hechos profundos, menos se le permite esperar la luz, sino por rayos convergentes de testimonios de naturaleza muy diversa".[7]

Eso sucedió con esta investigación: los hilos conductores fueron llevando a nuevos panoramas y de ellos se concretaron algunos aspectos; otros, como ya mencioné, quedaron pendientes para futuras publicaciones debido a la abundancia del material. Por ejemplo, a pesar de que anteriormente había trabajado sobre los movimientos nacionalistas de la clase media, fue necesario adentrarme en el resurgimiento de esos nacionalismos en Europa y estudiar la peculiaridad del nacionalismo en México, todo ello sin perder de vista el esquema de la situación política mundial y mexicana de este siglo. Tuve que con-

---

6 Jürgen Muller, "El NSDAP en México: historia y recepciones, 1931-1940", *Revista de Estudios Interdisciplinarios de América Latina y el Caribe*, vol. 6, núm. 2: *América Latina y la segunda Guerra Mundial*, 1995, pp. 89-109.
7 Bloch, *Apología para la historia...*, *op. cit.*, pp. 173 y 174.

frontar diversas políticas migratorias que el Estado mexicano ha implementado a lo largo de su historia, con las concernientes a Estados Unidos respecto al recibimiento, primero de inmigrantes, y posteriormente de refugiados.

De igual manera, quise dejar constancia del recuerdo perdurable a través de las generaciones, mantener la relación de la pequeña comunidad judía en México con los problemas y la violencia suscitados en torno al régimen cardenista y al surgimiento del nazismo en Europa. Y, sobre todo, comprender la lucha entre diversas ideologías, que finalmente llevaron a tantos millones de personas a su última morada.

Algunas de estas ideologías —y los programas de acción derivados de ellas— influyeron en el pensamiento judío, especialmente el liberalismo, comunismo y socialismo; algunos judíos fueron militantes activos, mientras que otros rechazaron los lineamientos de dichas ideologías, permaneciendo activos en sus propias instituciones y sus debates internos. Éstos tenían que dar respuesta a dos problemas concretos: el antisemitismo difundido por Hitler y el comunismo recalcitrante de Stalin, ambos en ascenso hacia la aniquilación de todos los judíos en el mundo.

Hay dos maneras de ser imparcial [dice Bloch], la del estudioso y la del juez. Ambas tienen una raíz común: la honrada sumisión a la verdad. El científico registra, o mejor dicho provoca el experimento que quizá trastocará sus más queridas teorías. Cualquiera que sea el secreto anhelo de su corazón, el buen juez interroga a los testigos sin otra preocupación que la de conocer los hechos tal y como fueron. Esto es para ambos una obligación de conciencia que no se discute.[8]

El historiador es difícilmente ajeno a las pasiones y, aun así, pretende *comprender*. Lo cierto es que nunca comprende lo suficiente, y de ahí la aceptación de que la historia es una vasta experiencia de variedades humanas, un largo encuentro entre los hombres.

ALICIA GOJMAN

México, septiembre de 1999

[8] *Ibid.*, p. 233.

INTRODUCCIÓN

La incapacidad de comprender el presente nace fatalmente de la ignorancia del pasado. Pero tal vez no sea menos vano empeñarse en comprender el pasado si no se sabe nada del presente.

MARC BLOCH

En el campo de la historiografía de México, sobre todo la que concierne al siglo XX, existía, hasta hace pocos años, un área que había sido sólo superficialmente investigada: la referente a las minorías étnicas "no nacionales" dentro del país. Grupos cuya participación en el desarrollo nacional se había destacado desde varios puntos de vista (económico, político, social y cultural), aunque su estudio no se había considerado como parte de la historia de México. Si bien es cierto que la importancia de estos grupos no se podía considerar en términos cuantitativos, puesto que nunca alcanzaron a constituir ni siquiera el uno por ciento de la población total de México, su presencia en el país provocó siempre la polémica en el seno de la sociedad mayoritaria.

El historiador Moisés González Navarro fue pionero en la investigación de este tema, al publicar trabajos que han sido fundamentales para el estudio de los extranjeros en nuestro país. En los tres volúmenes que constituyen su obra más reciente, González Navarro explica las causas por las que el gobierno de Díaz buscó la manera de modificar la conformación de la población nacional mediante la apertura a la inmigración extranjera.[1] De acuerdo con el autor, el presidente sustentó la necesidad de aceptar una caudalosa inmigración en una creencia doble: por un lado, en los enormes recursos naturales que eran fácilmente aprovechables, y por el otro, en el hecho de que consideraba a la población nativa como insuficiente en

---

[1] Véase Moisés González Navarro, *Los extranjeros en México y los mexicanos en el extranjero, 1821-1970*, México, El Colegio de México, 1994.

23

número y calidad. Poco tiempo después, esta afirmación se cuestionó fuertemente cuando los llamados "científicos" de la época dijeron que faltaban ríos navegables, que las costas eran ricas pero insalubres y que la topografía dificultaba las comunicaciones, además de que existía un escaso régimen pluvial que obligaba a recurrir a la irrigación. Así pues, gracias al trabajo de González Navarro, otros investigadores se empezaron a ocupar de los grupos que emigraron a México en diversos momentos de su historia, ya fueran europeos, asiáticos, estadunidenses o procedentes de América Latina. Fue así como surgieron importantes investigaciones acerca de españoles, ingleses, estadunidenses, guatemaltecos, chinos o judíos, entre otros grupos.[2]

A partir de la década de los setenta resurgieron las investigaciones que, en el caso de los judíos, se habían iniciado con el libro de León Sourasky escrito en la década de los años veinte. Por ejemplo, en 1974 se publicó la tesis doctoral de Corinne Krause, que analiza el periodo 1857-1930 y, ya entrada la década de los noventa, se hizo una obra coordinada por Judit Bokser Liwerant.[3] De ahí surgió, tanto en el medio universitario mexicano como en el estadunidense, la elaboración de libros y de tesis que trataban la historia de estas minorías en México durante el presente siglo. En el caso de la comunidad judía mexicana, concretamente, se destacaron las diferencias dentro de los diversos sectores que la conforman (ashkenazitas, sefaraditas, damasqueños, alepinos, etc.), en función del lugar de nacimiento de sus integrantes.

Fue así como surgieron libros, como el que coordinó Liz Hamui de Halabe, o el estudio de la comunidad de origen ashkenazita —proveniente de Europa oriental, principalmente—, coordinado por la que esto escribe, así como las investigaciones

---

[2] Véase, por ejemplo, Ascención H. León Portilla, *España desde México. Testimonios de transterrados*, México, Universidad Nacional Autónoma de México, 1978, y María Elena Ota Mishima, *Siete migraciones japonesas en México (1890-1978)*, México, El Colegio de México, 1982.

[3] Véanse León Sourasky, *Historia de la comunidad israelita de México*, México, Imprenta Moderna Pintel, 1965; Corinne Krause, *Los judíos en México*, México, Universidad Iberoamericana, 1987, y Judit Bokser Liwerant (coord.), *Imágenes de un encuentro. La presencia judía en México durante la primera mitad del siglo xx*, México, Universidad Nacional Autónoma de México-Comité Central Israelita de México-Multibanco Mercantil Probursa, 1992.

que están por concluirse sobre la presencia sefaradí en México, o la historia de Monte Sinaí, comunidad conformada por los judíos procedentes de Damasco, en Siria.[4] Algunas investigaciones se han enfocado más a analizar cuestiones concretas sobre cada uno de los sectores que conforman la actual comunidad judía mexicana; en este sentido, se pueden mencionar varias tesis especializadas, publicadas durante esta década, como la de Adina Cimet, de la Universidad de Nueva York; la de Judit Bokser Misses, o la de maestría de Liz Hamui de Halabe, ambas de la Universidad Nacional Autónoma de México.[5]

Además, empezaron a elaborarse obras generales sobre los extranjeros, como la bibliografía que reunieron varias investigadoras del Instituto Nacional de Antropología e Historia, entre las que destacan Dolores Pla y Guadalupe Zárate; el resultado de este trabajo fue una obra que contiene un enorme cúmulo de referencias sobre 18 grupos de extranjeros que se encuentran en nuestro país y que fue producto del Seminario de Inmigrantes en la Historia de México, de la Dirección de Estudios Históricos del Instituto Nacional de Antropología e Historia. Este trabajo planteó nuevas interrogantes, como por ejemplo, la capacidad de estos extranjeros radicados en el país, sus móviles, medios económicos y los resultados obtenidos por las organizaciones comunitarias para conservar su identidad y defender los intereses de sus miembros, entre otros aspectos.[6]

---

[4] Véanse Liz Hamui de Halabe (coord.), *Los judíos de Alepo en México*, México, Maguén David, 1989; Alicia Gojman de Backal (coord.), *Generaciones judías en México. La Kehilá Ashkenazí 1922-1992*, 7 vols., México, Comunidad Ashkenazí de México, 1993; Rosalynda Cohen, *La presencia sefaradí en México* (en prensa), y Sofía Mercado (coord.), *Historia de la Comunidad Monte Sinaí* (en prensa).

[5] Véanse Adina Cimet Singer, "The Ashkenazi Jewish Community. A Dialogue Among Ideologies", tesis de doctorado, Nueva York, Columbia University, 1992 (publicada posteriormente con el título *Ashkenazi Jews in Mexico. Ideologies in the Structuring of a Community*, Nueva York, State University of New York Press, 1997); Judit Bokser Misses, "El movimiento nacional judío. El sionismo en México, 1922-1947", tesis de doctorado, México, Universidad Nacional Autónoma de México, 1991, y Liz Hamui de Halabe, "Las redes de parentesco en la comunidad de los judíos de Alepo", tesis de maestría, México, Universidad Nacional Autónoma de México, 1996 (publicada posteriormente como *Identidad colectiva*, México, JGH Editores, 1997).

[6] Dolores Pla, Guadalupe Zárate *et al.*, *Extranjeros en México (1821-1990). Bibliografía*, México, Instituto Nacional de Antropología e Historia, 1993.

El trabajo de Delia Salazar también se puede catalogar dentro de esa lista de obras generales, ya que al ocuparse de los censos durante casi un siglo, nos dio un panorama más claro de la inmigración de estos grupos.[7] Su investigación constituye una fuente básica para la historia social contemporánea y, sobre todo, para el estudio de los extranjeros en nuestro país. Delia partió de una fuente institucional y regular, como son los censos de población, con el propósito de realizar el estudio cuantitativo sobre los extranjeros, con la ventaja de que la información que brindan éstos se refiere al periodo que abarca casi un siglo. Esto permite ubicar espacial y temporalmente a los grupos de inmigrantes, saber cuántos y quiénes son, cómo se distribuyeron en la República a partir de finales del siglo pasado, sus ocupaciones y sus instituciones, entre otros temas.

Volviendo al caso concreto de los judíos, recientemente aparecieron varias investigaciones que ya salen del ámbito de lo general y se dedican a estudiar a los hebreos en otros lugares de la República, como el libro de Cristina Zúñiga dedicado al estudio de los israelitas de Guadalajara, publicado por el Colegio de Jalisco, o el trabajo de Ana Portnoy de Berner sobre la Comunidad Israelita de Monterrey, Nuevo León, investigación que todavía está en proceso. Por otro lado, surgieron tesis que, al abarcar el tema de la inmigración, se ocuparon concretamente del problema de los refugiados durante la segunda Guerra Mundial, como la de Daniela Gleizer Salzman.[8]

Otra investigación sobre el mismo periodo es la de Gloria Carreño y Celia Zukerman sobre los refugiados de Santa Rosa, en León, Guanajuato, la cual nos permite analizar el problema anterior, pero desde el punto de vista de un solo grupo de refugiados —polacos, en este caso—, que en 1943 tuvieron la posibilidad de llegar a nuestro país gracias al convenio entre el general Sikorski, presidente polaco en el exilio, Franklin D. Roosevelt, primer mandatario de Estados Unidos, y el presi-

---

[7] Delia Salazar Anaya, *La población extranjera en México (1895-1990)*, México, Instituto Nacional de Antropología e Historia, 1996.

[8] Véanse Cristina Zúñiga, *La Comunidad Israelita de Guadalajara*, Guadalajara, El Colegio de Jalisco, 1995, y Daniela Gleizer Salzman, "México frente a la inmigración de refugiados judíos durante el régimen cardenista", tesis de licenciatura, México, Universidad Nacional Autónoma de México, 1996.

dente Ávila Camacho. En ese grupo se encontraban 31 personas de religión judía.[9]

La presente investigación sobre la Acción Revolucionaria Mexicanista también puede ser considerada dentro de este último grupo de investigaciones, es decir, trata cuestiones específicas en un tiempo determinado de nuestra historia. Ésta abarca tres áreas concretas dentro del estudio: la primera se refiere a los judíos en México en la época de Lázaro Cárdenas; la segunda, al antisemitismo, que se dio no solamente en Europa, sino también en el resto del mundo y las repercusiones de este hecho en nuestro país, y por último, mediante el estudio del grupo denominado los Camisas Doradas o la Acción Revolucionaria Mexicanista, se analiza el grado de desarrollo de los movimientos de corte fascista en México, así como la relación que mantuvieron entre ellos y con el partido nacionalsocialista de Alemania.

Son muchos los temas que convergen en este libro y cada uno de ellos merecería un estudio particular. Algunos ya se han hecho, aunque otros están a la espera de un estudioso que los aborde. En mi caso particular, los he investigado en la medida en que incidían en la comprensión de lo que fue este grupo de encamisados y su relación con la política mexicana y mundial. Quizá muchas cuestiones se quedaron fuera, pero otras se presentan de manera más amplia. Todo ello, con el propósito de esclarecer mis propias dudas y las del futuro lector.

La época que abarca la presente investigación es la del régimen del presidente Lázaro Cárdenas: 1934-1940, periodo que estuvo marcado desde un inicio por los constantes problemas que afectaron a México en todos los ámbitos de la sociedad y a los cuales se enfrentó Cárdenas desde que era candidato a la presidencia. El mero hecho de que haya recorrido el país durante su campaña fue una ventaja que se tradujo en una manera diferente de ser y actuar. Fue entonces cuando Cárdenas cobró conciencia de las enormes carencias del pueblo y la necesidad de elevar el nivel de vida de los campesinos y de los obreros. En este sentido, entendió que debía conciliar dos

---

[9] Gloria Carreño y Celia Zack de Zukerman, *El convenio ilusorio. Los polacos en la Hacienda de Santa Rosa en Guanajuato (1943-1947)*, México, Consejo Nacional de Ciencia y Tecnología (Conacyt), 1998.

fuerzas casi siempre antagónicas: el ejército y la Iglesia. Para gobernar en paz tenía que dar prebendas al primero y firmar la reconciliación con el segundo. Al ejército lo convirtió en su aliado en poco tiempo y con la Iglesia trató de convivir para continuar con la pacificación del país. El aspecto negativo de esto último fue que la tolerancia de culto —circunstancia importante en la relación con la Iglesia— no coincidió con la implantación del artículo tercero y la educación socialista, con la cual la Iglesia jamás estuvo de acuerdo. Este hecho tuvo repercusiones negativas serias, al grado de que el papa Pío XI tuvo que intervenir con la proclamación de la encíclica a los mexicanos en 1937.[10]

Al quitarle la posibilidad de educar a los niños y jóvenes, la Iglesia sintió coartado su poder e influyó en los fieles, principalmente los de clase media quienes, además, se sentían afectados por el reparto agrario. El principal argumento del clero para convencer a la gente era que la familia, la patria y la libertad estaban en peligro de perderse. Por este motivo, desde el inicio de su presidencia Cárdenas tuvo que lidiar con dos fuerzas: la de los reaccionarios y la de los socialistas. Unos acusaban a los otros de poner en peligro a México. Los reaccionarios aseguraban que el régimen tenía tendencias socialistas, que se estaba convirtiendo en comunista, y Cárdenas por su lado lo negaba y aseguraba que, por el contrario, tanto la Iglesia como los reaccionarios estaban vendiendo el país a los extranjeros, sobre todo a los estadunidenses (principalmente a los petroleros), y a los fascistas o nazis al apoyar su política en Europa.

En este periodo, las rebeliones contra el presidente estuvieron a la orden del día. Todas ellas pretendían tener la razón y luchar por una causa justa. Fue un tiempo de violencia constante, durante el cual se formó todo tipo de agrupaciones, desde grupos sin importancia hasta fuerzas tan significativas como el sinarquismo o el Partido Acción Nacional.[11] De igual

---

[10] Véase Gastón García Cantú, *El pensamiento de la reacción mexicana, 1810-1962*, México, Empresas Editoriales, 1965.

[11] Véanse Ismael Colmenares, Miguel Ángel Gallo *et al.* (comps.), *Cien años de lucha de clases en México, 1876-1976*, vol. 2, México, Quinto Sol, 1985; Manuel Gómez Morín, *Cuando por la raza habla el espíritu*, México, Universidad

manera, apareció la Acción Revolucionaria Mexicanista o los Camisas Doradas que, pretendiendo imitar a los Dorados de Villa, en realidad estaban copiando a otros encamisados influenciados por los acontecimientos mundiales: el ascenso de Hitler al poder y la gran aceptación del nazismo en Alemania. La primera Guerra Mundial había dejado en el mundo un cuadro desolador de miseria, hambre y falta de empleo, además del resentimiento en los pueblos que fueron obligados a firmar el Tratado de Versalles en 1919 y forzados a pagar las compensaciones respectivas.[12]

Alemania —que tenía el problema de seis millones de desempleados y que nunca aceptó su derrota— intentó buscar una salida justa a sus problemas. La formación del Partido Nacionalsocialista en Alemania fue un asunto minuciosamente planeado: sus miembros eran personas perfectamente adiestradas; la estructura del partido giraba en torno a reglas claras, bien delineadas, y a un gran aparato que abarcó no sólo al territorio alemán, sino pretendió tener una fuerte influencia sobre los gobiernos de todo el mundo. De esta manera, podría poner o quitar mandatarios si era preciso y, sobre todo, lograría mantener un ejército de hombres que lo apoyaría para conseguir el dominio del orbe sin mayores esfuerzos. Con una disciplina férrea y una educación que imitaba a la del fascismo italiano, fue formando hombres convencidos de su correcto comportamiento y de lo mucho que su patria los necesitaba, ya fuera dentro de ella o en el exterior. Esto es lo que, de acuerdo con la mayoría de sus miembros, Alemania debió haber hecho desde 1914.

Para lograr sus fines, este poderoso aparato no sólo preparó a jóvenes de su país, sino reclutó a todos los alemanes y sus descendientes que vivieran en cualquier otra nación del mundo. A ellos los convenció de que su deber estaba, antes que nada, con su país de origen y con sus conciudadanos alemanes. Fue de esta manera como el Partido Nacionalsocialista reclutó un ejército externo que siguió fielmente a su líder, cuyos miem-

Nacional Autónoma de México, 1995, y Jean Meyer, *El sinarquismo*, México, Siglo XXI, 1980.
[12] Véase Eric Hobsbawm, *Historia del siglo xx. 1914-1991*, Barcelona, Crítica, 1997.

bros tenían la obligación de conocer y adoptar la idiosincrasia alemana, así como conocer la forma de ser y de pensar de cada uno de los respectivos países en donde nacieron o a donde inmigraron sus padres. Ésta fue una de las mayores ventajas que logró Hitler y su aparato de propaganda nazi. Fue precisamente mediante estos grupos entrenados y preparados para todo como pudo dedicarse a su ejército interior y a la organización de todos los departamentos dentro del gobierno. Esto le dio un poder tan grande como ningún estadista hubiera soñado jamás. Hitler sabía que por encima de cualquier deseo mezquino o personal estaba el honor del partido, y esto nadie lo podía poner en duda.

Por lo anterior, insisto en que son muchos los temas que convergen en este libro. El análisis que gira en torno al régimen de Cárdenas necesariamente se inserta en un marco más amplio que abarca la situación de la política mundial; con este propósito, fue necesario revisar la participación de países vecinos como Estados Unidos, y también algunos aspectos de otros como Austria, Inglaterra, Holanda, Polonia, Checoslovaquia, Italia, España, que fueron factores determinantes en la problemática mundial de ese momento. Y, desde luego, en el centro de este panorama general el antisemitismo y su influencia en la vida de la pequeña comunidad judía de México, preocupada por el desenvolvimiento de los acontecimientos en Europa que llevarían finalmente a la segunda Guerra Mundial.

El denominador común de la época fue realmente el antisemitismo: el odio al judío por judío. Un sentimiento que fue creciendo en la medida en que el Führer adquiría más poder y control sobre Alemania y que fue transmitiendo no solamente a sus aliados, sino al mundo entero que no supo cómo manejar el problema de esos primeros desplazados de Alemania y Austria, así como tampoco el de los refugiados que se suscitó posteriormente.[13]

A partir del convencimiento de que el comunismo era el mal de la humanidad y de que sus creadores y propagandistas habían sido judíos, la fórmula era clara: había que extermi-

---

[13] Véase Daniela Gleizer Salzman, *op. cit.*

narlos, luchar contra los judíos comunistas o la llamada amenaza judeobolchevique.[14] Esa plaga, según los fascistas y los nazis, era tan poderosa y tanto se estaba extendiendo hacia todo el mundo, que era urgente acabar con ella, en Europa y también en América.

Para el judío, que tenía poco tiempo de haber emigrado al continente americano, sobre todo a México, era muy difícil entender lo que se estaba tramando en su contra. Su deseo de adaptarse a las nuevas circunstancias y de encontrar los medios de subsistencia le impidieron, hasta cierto punto, poder organizarse adecuadamente para luchar contra la creencia extendida de que él era "el mal del mundo". Para entonces, los judíos en México empezaban apenas a crear algunas instituciones que respaldaran su cultura y su identidad, pero faltaba un largo trecho por recorrer; de ahí que la impotencia provocada por el enfrentamiento con la nueva realidad se hiciera aún mayor por la inquietud y desesperación posteriores, al ser testigos de los hechos que estaban sucediendo en Europa.

La lucha por conseguir la propia tranquilidad, así como la necesidad de encontrar soluciones para ayudar, en un primer momento, a los refugiados expulsados por Hitler de los países europeos y después para salvarlos de los *ghettos* y campos de concentración, obligaron a los judíos en México a pasar largas y eternas noches dialogando con sus compañeros y amigos para encontrar una salida a esta hecatombe.[15] Para algunos, este hecho significó revivir los *pogroms* que sufrieron en Rusia o en Polonia; para otros, fue recordar las persecuciones religiosas o la guerra como las de Turquía, Siria o los Balcanes.

Ahora bien, el grupo que se estudia aquí, el de los Dorados, aprovechó esta situación de debilidad de los judíos, en primer lugar para extorsionarlos a cambio de darles "protección", y a la vez para perseguirlos y atacarlos, a veces incluso físicamente. Era, de hecho, un movimiento paramilitar que apoyaba las ideas fascistas y luchaba contra el comunismo; para lograr sus

[14] Véase Vicente Lombardo Toledano, *Obras completas*, México, Gobierno del Estado de Puebla, 1992, vol. 24.

[15] Véase Actas del Archivo de Comité Central Israelita de México (ACCIM) (1938-1940), México, Centro de Documentación e Investigación de la Comunidad Ashkenazí de México, vol. 1.

propósitos, utilizó todos los medios a su alcance para luchar contra los socialistas y los judíos y para difundir con éxito la propaganda nazi. Además, ante la presunción de que el presidente Cárdenas también era comunista, consideraron como un deber derrocarlo y salvar a México. De ahí que apoyaran la rebelión del general Saturnino Cedillo y buscaran aliados entre los petroleros estadunidenses después de la expropiación. Los Camisas Doradas formaban parte de esa red que había organizado Alemania. A lo largo de los años de investigación, me fui percatando de que estos grupos no actuaron aisladamente; ellos formaban parte, además, de un conglomerado de movimientos que aparecieron en todos los países del mundo. Así, hubo Camisas Plateadas en Estados Unidos, Camisas Blancas en Cuba, Camisas Verdes en Brasil, Camisas Azules en Francia, Camisas Negras en Inglaterra, Camisas Pardas en Alemania, Camisas Negras en Italia o Camisas Grises en Noruega, por mencionar tan sólo algunos.

Por este motivo, en el presente libro se revisan las características de otros grupos afines —como los Plateados en Estados Unidos o los Camisas Negras en Inglaterra—, para conformar una perspectiva de análisis comparativo que permita corroborar el hecho de que todos ellos estuvieron directamente ligados al Partido Nacionalsocialista de Hitler, que obedecían las mismas leyes implantadas desde un principio por la Abwehr (diferentes de las leyes de la Organización para el Extranjero [AO]),[16] que hubo una relación cercana entre esos grupos, y que todos tenían el mismo comportamiento y la misma organización. Mi sorpresa fue mayor cuando pude constatar, durante la investigación, que también se llevaron a cabo diversos golpes de Estado en el mundo alrededor de la misma fecha, como por ejemplo, la coincidencia entre la rebelión cedillista de mayo de 1938 contra Cárdenas, y el Putsch contra el presidente Getulio Vargas en Brasil en el mismo mes y año.

Además de revisar el archivo de los Dorados que se encuentra en Jiquilpan, Michoacán, como parte del acervo del general Francisco J. Múgica, y de complementarlo con el material

---

[16] Archivo Suitland Washington. La Abwehr, como veremos en el capítulo sobre el apoyo de la ARM al nacionalsocialismo alemán, era una organización diferente a la Organización para el Extranjero o AO.

encontrado en el archivo de la Bancroft Library en California, resultó de gran importancia la lectura que hice de varios números del periódico *The McAllen Monitor*, en los cuales quedó constancia de la trayectoria de Nicolás Rodríguez (jefe de los Dorados): desde su exilio de México en 1936 hacia Texas, hasta el día de su muerte. Aunque ya se ha escrito mucho al respecto, sobre todo a raíz de las investigaciones de Ricardo Pérez Montfort, creo que se pueden aportar aún algunos datos. Lo fundamental fue enfocar toda esa organización con el fin de corroborar el apoyo que la Acción Revolucionaria Mexicanista proporcionó al Partido Nacionalsocialista alemán, y su odio permanente hacia los judíos.

De ahí se derivó otro tema muy importante, el del espionaje nazi en América, que me llevó a consultar los archivos de Washington, tanto el del Estado como el Suitland, el cual contiene los archivos del Servicio de Inteligencia durante la segunda Guerra Mundial, así como la Biblioteca Roosevelt en Hyde Park —que fue, durante algún tiempo, la casa de este mandatario—, en la ciudad de Nueva York. Encontré muchas coincidencias entre los nombres de los espías en México y en Estados Unidos, y entre algunos de los miembros de los Camisas Doradas y los Plateados.

La investigación siguió revelando varios asuntos novedosos, como por ejemplo, la relación de las embajadas alemanas o las casas de cultura de ese país con los grupos de encamisados. En la revisión de los nombres pude constatar la manera como convencían a los diferentes grupos de alemanes acerca de la importancia de su participación y colaboración para la causa nazi. Por otro lado, visitando la Biblioteca sobre Antisemitismo de la Universidad de Tel Aviv en Israel, me encontré con una investigación realizada en los archivos alemanes, que en gran parte coincidía con el material del Archivo Suitland.

Con todo este material, todavía me faltaba información sobre la reacción de la comunidad judía en México, la cual subsané de varias formas. En primer lugar, revisé los archivos comunitarios que se encuentran ahora reunidos en el Centro de Documentación e Investigación de la Comunidad Ashkenazí de México, entre ellos el del Comité Central Israelita, formado en 1938, y las actas de la Comunidad Ashkenazí, así como de otros organismos comunitarios. Además, consideré que era muy importante conocer de boca de los primeros inmigrantes su reacción ante la amenaza de los Dorados, por lo cual realicé cincuenta entrevistas de historia oral para tal efecto. También revisé la prensa judía, tanto los periódicos en lengua yidish, como aquellos que ya se publicaron en español. Fue importante comparar las diversas formas de comentar las noticias, según el sector donde había sido publicado el periódico.

Por lo que respecta a la comunidad de Estados Unidos, revisé los archivos del American Jewish Committee en Nueva York, de la Sociedad Yivo, del Museo Judío de esa ciudad, de la organización Bnai Brith, que apoyó a los primeros inmigrantes a principios de siglo, y por último, del Archivo Brown en la Universidad de Nueva York. Así pude corroborar también las relaciones constantes que existían entre las diversas comunidades del mundo, sobre todo con las de Estados Unidos, para encontrar soluciones comunes.

La investigación que originalmente pensaba realizar sobre los Camisas Doradas, con el transcurso de los años y la importante información obtenida cambió radicalmente. Ya no era únicamente estudiar a los Camisas Doradas, sino el antisemitismo en México que a través de ellos se hizo evidente en esos años, las diversas reacciones de la sociedad receptora, así como la importancia de considerar a este grupo como parte de un movimiento mundial en contra del comunismo y de los judíos.

Por supuesto que los archivos mexicanos fueron básicos para ello: el Archivo General de la Nación, el de la Secretaría de Relaciones Exteriores, el del Ayuntamiento, el de Notarías, el Archivo Plutarco Elías Calles y Fernando Torreblanca, el Archivo Gómez Morín, entre otros. Muchas cuestiones fueron ampliándose y otras se dejaron para futuras investigaciones, ya que el material resultó ser enorme.

Los periódicos del país constituyeron una fuente importante de información, sobre todo los publicados por los grupos de derecha, como *El Hombre Libre*, *La Prensa*, *Omega*, etc., y los de izquierda, como *El Machete*, o periódicos como *Excélsior*, *El Universal* o *La Nación*. Todos me permitieron conformar un amplio panorama acerca de lo que pensaban los diferentes sectores de la sociedad. Por otro lado, pude consultar en

Estados Unidos los periódicos de los Camisas Plateadas, aunque en el caso de los que publicaron los Dorados sólo pude leer algunos por medio de los Archivos del Departamento de Estado en Washington; sin embargo, esto fue suficiente para aclarar completamente sus relaciones y sus propósitos comunes, es decir, luchar contra el comunismo y los judíos.

Decidí concluir la investigación después de que Lázaro Cárdenas dejó el poder, época que coincidió con la muerte del líder de los Dorados, Nicolás Rodríguez. Esto no significa que dicho grupo dejó de existir, ya que a Rodríguez lo sucedieron en el mando otros dirigentes, todos con la misma idea: luchar contra la plaga comunista. El furor antisemita fue calmándose después de que terminó la segunda Guerra Mundial y, con ello, la vida de más de seis millones de judíos. El grupo de Dorados continuó actuando en Estados Unidos y, por supuesto, también en nuestro país, lo cual se puede constatar fácilmente, ya que existen varias fuentes, sobre todo en la Biblioteca de la Universidad de California en Los Ángeles.

Es difícil afirmar que Lázaro Cárdenas fue comunista, tampoco fascista, ni que su gobierno ni el de aquellos que le precedieron fueron antisemitas. Quizá no se pueda tampoco hacer una generalización de las opiniones respecto al pueblo y otras instituciones privadas o públicas; cada una de ellas se rigió por diversas circunstancias y actuó movida por otras razones. El mundo de entonces se movía por los "ismos" y, por lo mismo, sufrieron por igual los pueblos y sus gobiernos; por ello murieron tantos inocentes, por ello existen hoy en día tantos arrepentidos.

Por lo anterior, se puede resumir que la década de los treinta fue un periodo en el cual se exacerbaron los nacionalismos. Esto dio pie a una lucha feroz en contra de quienes se consideraron como los extranjeros o "los otros", a los cuales se deseaba expulsar del país porque representaban una fuerte competencia para el trabajador nativo y porque se consideraban como los causantes de las crisis que aquejaban a los pueblos. Fue precisamente este hecho el que aprovechó Hitler para difundir el antisemitismo en el mundo y reafirmar que al judío debería eliminársele por ser el causante de los mayores males: el comunismo y el capitalismo.

Aun en lugares como México, esta actitud se difundió y sirvió para tener en constante preocupación a la pequeña comunidad judía recién fundada; de esta manera, México tampoco pudo liberarse de la influencia antisemita de Hitler. El grupo Acción Revolucionaria Mexicanista o Camisas Doradas se encargó de difundir esa propaganda, y aunque su lugar dentro de la historia de México pudiera considerarse insignificante, funciona como un marco de referencia importante para el objetivo del presente trabajo: estudiar el antisemitismo en nuestro país y las redes que se entretejieron para mantener, en casi todo el mundo, el "odio al judío por judío".

I. EUROPA Y AMÉRICA A PARTIR DE LA GRAN GUERRA

EUROPA FRENTE A LA CRISIS

Hasta 1880 casi toda la vida política europea estaba en manos de las elites. Esto era claro en los imperios autoritarios, como el austrohúngaro o el ruso en la Europa del Este y del Sur. Pero también fue una condición que imperaba en los países desarrollados de Europa occidental, incluso en aquellos donde se practicaba el sufragio universal, como en Alemania o Francia. A principios de ese año se dio una profunda modificación política que influyó en la conciencia de las masas. Estos cambios incidieron en todas las esferas del mundo desarrollado. En primer lugar, la transformación en los sistemas abarcó la educación, con la consiguiente reducción del analfabetismo en los grupos marginados; en segundo lugar, la construcción de trazados ferroviarios permitió el acceso a regiones aisladas y la apertura del mundo rural al comercio y a los intercambios. En tercer lugar, el progreso de la prensa que, gracias a los avances técnicos, a la supresión del derecho del timbre en la mayoría de los países y a las leyes liberales en su favor, hizo posible una amplia difusión de las ideas. Por último, el servicio militar atrajo a una parte de la población rural masculina hacia los medios urbanos, lo cual ayudó a que se reflejaran los cambios en la gran masa de población. Todo esto condujo a la formación de nuevos partidos que pretendieron obtener, mediante la acción directa, una serie de mejoras para los grupos, así como una nueva organización en la vida política de estos países.

Fue así como en la Europa de finales del siglo XIX se formó una serie de partidos socialistas que se erigieron como representantes de la clase obrera, movimientos sindicales con esa misma orientación y, al mismo tiempo, grupos nacionalistas que trataron de encontrar un apoyo en las masas para oponerse al ejercicio del poder de las elites. Francia es un caso que reflejó la nueva situación mediante la proliferación de diversas ligas: después de la Liga de los Patriotas, fundada en 1882, aparecieron la Liga Antisemita en 1890, la Liga de la Patria Francesa en 1898 y la Acción Francesa.[1]

Estos grupos tenían objetivos e ideologías diversos, a veces incluso antagónicos. Sin embargo, todos aspiraban a encontrar nuevos medios de expresión política y por ello compartían muchos rasgos. En su mayoría, discrepaban del liberalismo que favorecía a las elites, y al cual los sindicalistas y socialistas deseaban remplazar por el proletariado obrero. A su vez, las ligas nacionalistas —que defendían esa sociedad jerarquizada— optaron por el uso de la violencia para acabar de una vez con el orden liberal burgués.

El arribo al Parlamento de partidos socialistas fuertes, como el Partido Social Demócrata (SDP, por sus siglas en alemán) en Alemania, la SFIO en Francia o el Laborista en la Gran Bretaña, abrió la posibilidad para que esos movimientos nacionalistas dieran a conocer sus postulados en el debate político. En el caso de Italia o de la Rusia zarista hubo otras circunstancias. En Italia el Statuto de 1848 no estableció más que una democracia de fachada, ya que la vida política estaba en manos de la oligarquía. Se enfrentaron la gran burguesía liberal y una pequeña burguesía de tradición democrática, lo cual derivó en que de 36 millones de italianos, sólo tres millones tuvieran derecho al voto. Además, muchos católicos no participaron en la votación como consecuencia de la exhortación hecha por la Santa Sede, que protestó por la expoliación de los Estados del Papa llevada a cabo por la Italia unitaria. Al quedar excluida del juego político, la población empezó a manifestarse por medio de constantes actos de violencia.[2] Rusia, por su parte, vivía una situación diversa. El zar se oponía a la instauración de un verdadero sistema representativo, y no aceptaba el Manifiesto de Octubre; la revolución estaba latente y, a raíz de la guerra, se gestaron las condiciones para que aquélla se desatara.

[1] Véase Serge Berstein, *Los regímenes políticos del siglo xx. Para una historia comparada del mundo contemporáneo*, Barcelona, Ariel, 1996, p. 75.

[2] *Ibid.*, pp. 76-78, y Paul Johnson, *Modern Times. The World from the Twenties to the Nineties*, Nueva York, Harper Perennial, 1991, pp. 138-148.

La primera Guerra Mundial afectó a todas las capas de la población en muchos sentidos: en lo militar, lo económico y en el aspecto social. El sufrimiento de los soldados movilizados fue enorme, sobre todo por la precariedad de la vida en las trincheras. Esto explica, por una parte, las insubordinaciones que se dieron en Francia y en Alemania debido a las pésimas condiciones de vida a las que se vieron sometidas las tropas: el aislamiento, la mala alimentación, la situación de insalubridad que se tradujo muy pronto en enfermedades, el mismo cansancio de los soldados. Rusia no fue la excepción; las penurias del ejército resultaron en numerosas deserciones.

De igual manera, estaba el sufrimiento de aquellos que no se encontraban en el frente: la desorganización económica provocada por el conflicto, los problemas de subsistencia para las mujeres y niños cuando el jefe de familia era enviado a la guerra, la escasez de alimentos y la falta de materias primas, como el carbón —particularmente grave en los países afectados por el bloqueo—, así como el alza de los precios, fueron factores que sumieron a la población en una miseria absoluta.[3]

Por lo mismo, la guerra reforzó la aspiración a la renovación política y la idea de que la situación anterior debía modificarse; los meses que siguieron a ésta quedaron marcados por el descontento generalizado, ya que la paz estuvo muy lejos de satisfacer las esperanzas de la gente.

Alemania tenía un ejército que no había sido destruido por completo y los alemanes no se consideraban vencidos, de ahí que no se aceptara el rigor del tratado que se le impuso, al cual desde entonces se le conoció como *diktat;* algunas de sus cláusulas estipulaban que Alemania cediera la sexta parte de su territorio, e igual porcentaje de su población y de sus colonias. A raíz de la supuesta dureza del tratado, hubo una tormenta de indignación que compartían los dos miembros más importantes del SDP con muchos oficiales del ejército, de modo que las autoridades responsables consideraron seriamente la posibilidad de negarse a firmar el llamado Diktat de Versalles.[4] La limitación de su soberanía, la ocupación de una parte del te-

---

[3] Eric Hobsbawm, *The Age of Extremes. A History of the World 1914-1991*, Nueva York, Vintage Books, 1996, pp. 34-35.
[4] *Ibid.*, p. 31, y Paul Johnson, *Modern Times...*, *op. cit.*, pp. 24-25.

rritorio alemán y su desarme, figuraban entre las cláusulas más humillantes, además de las reparaciones que quedaba obligada a efectuar, la internacionalización de sus ríos, y la revisión de su área aduanera y de sus patentes.

Desde entonces, influida por la derecha nacionalista, la opinión pública alemana no dudó en imputar a la República la responsabilidad de dicha humillación y atribuyó la causa de la derrota a los socialistas; de acuerdo con esa opinión, estos últimos habían apuñalado por la espalda, no sólo al ejército alemán, sino también a sus dirigentes republicanos que firmaron el armisticio. En consecuencia, dos de las personas que firmaron el Tratado de Versalles, el industrial Rathenau y el católico Erzberger, fueron asesinados por una organización de extrema derecha.[5]

Por otro lado, entre los vencedores también hubo resentimientos. Italia aspiraba a obtener, en parte por la exaltación nacionalista de mayo de 1915 (fecha de su entrada a la guerra) y también por las disposiciones del Tratado de Londres suscrito con la *Entente*, importantes ganancias territoriales que incluían las tierras de Trieste, Trentino, Venecia y Julia, además del dominio Adriático, una marcada influencia sobre Albania, así como posesiones en Asia Menor. Las pretensiones italianas no se concretaron finalmente porque Wilson se opuso a una parte de las anexiones, y ello provocó una profunda cólera y una importante oleada nacionalista que minaron los fundamentos de la democracia liberal y prepararon el terreno para el desarrollo del fascismo. A su vez, Francia, que se consideraba el gran vencedor de la guerra, también sufrió una fuerte decepción, ya que no obtuvo la anexión del Sarre, ni logró la constitución de Renania en un Estado independiente de Alemania. Además, durante el periodo 1919-1920, se desataron numerosas huelgas, al igual que en Italia e Inglaterra, provocadas fundamentalmente por la carestía de la vida.

Las irregularidades económicas y financieras y los nuevos medios de enriquecimiento hicieron obsoleto el viejo ideal de promoción social de la clase media. La ineficacia de la democracia parlamentaria para tratar los nuevos problemas inter-

---

[5] Serge Berstein, *Los regímenes...*, *op. cit.*, p. 78.

nacionales que ponían en entredicho la preponderancia del noroeste de Europa, cuna de la democracia liberal, derivó en una de las causas principales de los profundos cambios que se dieron posteriormente.

Debido a que la anhelada transformación en los diversos ámbitos de las sociedades europeas no se vislumbraba, surgieron en Europa dos movimientos opuestos; por un lado, el comunismo leninista que instauró en Rusia la primera experiencia de un régimen socialista, y por otro, en contra de la revolución igualitaria e internacionalista que este régimen propugnaba, aunque con características comunes en cuanto a los métodos de acción política, se desarrolló el fascismo.[6]

Comunismo, fascismo y nazismo

El comunismo planteaba la idea de que los poseedores de los medios de producción ejercían un dominio sobre la sociedad que les era propicio para explotar a las demás clases, quedándose con la plusvalía del trabajo para su propio provecho. El propósito de esta doctrina era que surgiera una sociedad sin clases, en la cual el hombre trabajaría de manera espontánea; de ahí que resultara fácil la aplicación de la fórmula comunista: "De cada uno según sus capacidades, a cada cual según sus necesidades".[7] Esta concepción de la sociedad ideal inicialmente implicaría, de forma provisional, una dictadura del proletariado.

Lenin desarrolló en su libro *El Estado y la revolución*, publicado en 1917, la teoría de que el Estado debía reforzarse con el fin de acabar con el capitalismo. En esa fase no habría justicia imparcial, ni justicia social porque se trataría de una lucha contra la resistencia del capitalismo. Ya desde 1902 Lenin había propuesto la formación de un partido de profesionales de la revolución que debería actuar en nombre del proletariado.[8] De ese planteamiento inicial surgió primero una fracción

---

[6] Stanley G. Payne, *El fascismo*, Madrid, Alianza, 1996, pp. 50-57.

[7] Véase Sheila Fitzpatrick, *The Russian Revolution. 1917-1932*, Oxford, Oxford University Press, 1985, p. 5.

[8] Véanse Walter Lacqueur, *The Rise of the Extreme Right in Russia*, Nueva

y posteriormente el Partido Bolchevique, que el mismo Lenin dirigió de manera absoluta. Su ideología se consolidó en una doctrina de la toma del poder que llevaba a un modelo autoritario provisional nunca antes visto. Se basaba en la dictadura ejercida por una minoría en nombre de la mayoría, y se fijó como objetivo la creación de un hombre nuevo. Para ello utilizó todos los medios de coerción política y económica que le permitió la dictadura y creó un instrumento para este propósito: el partido de elite, el cual se conformó por una minoría considerada como poseedora de una conciencia superior a la del pueblo, dedicada al servicio de las ideas que debían imponerse por todos los medios posibles. Desde entonces dio inicio el totalitarismo en Rusia.

Después de la revolución de febrero de 1917, Lenin, exiliado en Suiza, regresó a su país y propuso la lucha en contra del poder provisional instaurado en la ciudad de Petrogrado. Sugirió el establecimiento de una paz inmediata, prometiendo la distribución de las tierras y la devolución del poder a los soviets. El 25 de octubre el Congreso Panruso de los soviets lo ratificó en su cargo, gracias a las milicias del partido bolchevique organizadas por Trotsky.[9] En enero del siguiente año, la Asamblea Constituyente, elegida mediante sufragio universal, y que había otorgado la mayoría a los socialistas revolucionarios y a los no bolcheviques, quedó disuelta en su primera reunión. La puesta en práctica de la dictadura del proletariado se llevó a cabo mediante la instauración del terror. Se suprimió la libertad de prensa, de reunión, de organización para cualquier partido, se expropiaron las pertenencias de la burguesía industrial y agraria y se formó una falange de obreros que fueron enviados al campo para hacer frente a cualquier resistencia de los campesinos. Hay que mencionar que estos hechos se suscitaron de manera muy similar en otros países. Surgía una nueva manera de entender el mundo.

York, Harper Perennial, 1994, pp. 93-95;, y Sheila Fitzpatrick, *The Russian...*, *op. cit.*, pp. 43-46.

[9] Sheila Fitzpatrick, *The Russian...*, *op. cit.*, pp. 50-52. Trotsky se deshizo de los revolucionarios no bolcheviques, como eran los mencheviques y los socialistas revolucionarios, quienes protestaron en contra del golpe de fuerza.

Entre 1917 y 1919, los bolcheviques gozaron de una difusión espontánea, a lo largo de Europa, del movimiento revolucionario que estaba en marcha, y esto favoreció la victoria de sus ideas. El fracaso del movimiento espartaquista en Alemania, el fracaso de la revolución de Béla Kun en Hungría, la represión de las huelgas en Francia, Inglaterra e Italia, dejaron claro para los rusos que la revolución no se podía crear sola. De ahí que surgiera la organización y orientación de los movimientos revolucionarios, a los que responde Moscú en marzo de 1919 con la creación de la Tercera Internacional Comunista (o *Komintern*), la cual trató de poner fin a la Segunda Internacional que muchos consideraban ya extinta desde 1914.[10]

Lenin no admitió que los partidos que ingresaran a la Tercera Internacional gozaran de una autonomía comparable a la que tuvieron los partidos de la Segunda Internacional, y manifestó que debían imponerse condiciones estrictas para aquellos que quisieran ingresar entre 1919 y 1923.[11] Los afiliados debían comprometerse a aceptar las directrices de la Internacional, excluir de sus filas a los reformistas, rechazar la legalidad "burguesa", crear una organización clandestina paralela a la oficial, divulgar propaganda revolucionaria en el ejército y en las colonias, infiltrarse en los sindicatos, subordinar a los políticos en las cámaras y obedecer absolutamente a los dirigentes elegidos.

Hasta 1914 la democracia liberal se consideraba un modelo casi perfecto, el que los postulados bolcheviques pretendieron superar mediante la vía del progreso. Los comunistas plantearon que la Revolución francesa de 1789 había sido burguesa y hostil al proletariado y que, en realidad, la única revolución importante fue la de 1917 porque despreciaba el patriotismo; éste, de acuerdo con los comunistas, significaba solamente un pretexto para hacer que el pueblo defendiera los intereses de

---

[10] Véanse Sheila Fitzpatrick, *The Russian...*, *op. cit.*, pp. 46-49, y Paul Johnson, *Modern Times...*, *op. cit.*, pp. 133-137.

[11] Véanse F. Borkenau, *World Communism. A History of the Communist International*, Michigan, University of Ann Arbor, 1962; E. H. Carr, *A History of Soviet Russia*, Londres, s. e., 1952; Barrington Moore, *Soviet Politics. The Dilema of Power: The Role of Ideas in Social Change*, Cambridge, Mass., Cambridge University Press, 1950; Sheila Fitzpatrick, *The Russian...*, *op. cit.*, pp. 87-89; Eric Hobsbawm, *The Age...*, *op. cit.*, pp. 56-78.

la burguesía, porque los "proletarios no tenían patria". En ese contexto, el ejército había sido el instrumento de poder contra el proletariado, y los comunistas adoptaron contra él una actitud de desafío que contrastaba con el respeto que gozaba después de la primera Guerra Mundial.

Así, el partido comunista desarrolló una propaganda antimilitarista y trató de infiltrarse en el ejército. A él se sumaron revolucionarios, anarquistas de todas las tendencias, pero sobre todo personas decepcionadas de la guerra, a la cual atribuían las consecuencias de la existencia de una sociedad burguesa capitalista. Los intelectuales encontraron en el comunismo la versión política del rechazo a los valores tradicionales y al conformismo burgués, y por ello se afiliaron al partido, al igual que los soldados que habían sufrido en las trincheras y esperaban la victoria, el fin de las guerras y el reinado de la paz y la justicia.

Por otro lado, se encontraban aquellos que seguían creyendo en los valores de la democracia liberal y que no podían aceptar la lucha de clases, la violación de las libertades fundamentales, la negación de la patria. En vista de que esta ideología era demasiado débil para enfrentar de manera eficaz al comunismo, se fue gestando un pensamiento igualmente autoritario, de tendencia totalitaria, pero que tenía como fundamento el anticomunismo: el fascismo.

El modelo fascista surgió de la voluntad de resolver el problema de la integración de las masas, aunque con una propuesta distinta a la solución comunista. Apareció en Italia, donde el anhelo de los campesinos para hacerse de tierras y las difíciles condiciones de vida de los obreros del norte, con salarios muy bajos y largas jornadas de trabajo, se toparon con el conservadurismo de la oligarquía dirigente, lo que causó una agitación social más fuerte que la provocada por las promesas de guerra no cumplidas. Además, Italia tuvo que enfrentar diversos problemas: por un lado, la crisis económica debida al cese de los pedidos de guerra que dio lugar a innumerables quiebras; en segundo lugar, el problema social, derivado de la carestía de la vida, que originó una serie de huelgas y revueltas provocadas por el hambre, y por último, la crisis internacional, a causa de las frustraciones a raíz de la firma de la paz, junto con una crisis política que privó a los gobiernos de la autoridad necesaria para enfrentar las dificultades del país.[12] Los dos partidos de masas, el socialista y el popular (católico), ganadores de las elecciones de 1919, no aceptaron asumir las responsabilidades del poder y dejaron esta tarea en manos de gobiernos liberales minoritarios muy frágiles.

En sus orígenes, el fascismo fue un fenómeno estrictamente coyuntural, ligado a la voluntad de Mussolini.[13] Este hombre creó en torno de su figura un partido de masas, a partir del rechazo que percibió del Partido Socialista durante la guerra de 1914. Su partido quedó constituido en 1919 y se componía de intervencionistas de izquierda como él, de *arditi*, o sea, hombres de los cuerpos franco-italianos que aparecían como héroes de guerra e intelectuales futuristas con un programa a la vez nacionalista y social. Así, surgió el fenómeno fascista en 1920 debido a la iniciativa de un dirigente de los *fascios* del valle del Po, de nombre Dino Grandi, quien destinó sus tropas al servicio de los grandes terratenientes para acabar con la fuerza del socialismo y del sindicalismo agrario que obligó a los obreros agrícolas a afiliarse a los sindicatos fascistas. El movimiento adquirió un significado político y se presentó como un arma eficaz contra la oleada revolucionaria que invadía Italia. Por añadidura, éste solucionaba el problema de la integración de las masas, al proponer la supresión de las estructuras tradicionales de control y la creación forzosa de nuevas estructuras que descartaran el riesgo de una revolución comunista. Por ello, a pesar de su carácter violento y subversivo, el fascismo contó con el apoyo de una parte de la burguesía y de la clase dirigente italiana, que lo consideraron como un aliado ante el peligro revolucionario.

En 1922 los fascistas acabaron con la huelga legal llevada a cabo por los sindicatos y las organizaciones de izquierda; poco después de este hecho Mussolini empezó a sugerir la creación de un Estado fuerte, gobernado por un líder carismático que encarnara las aspiraciones de la comunidad italiana y rechazara el liberalismo y la democracia. Contaba con

[12] Stanley Payne, *El fascismo, op. cit.*, pp. 50-56.
[13] *Ibid.*, pp. 61-63.

el Partido Fascista, que podía integrar masas y utilizar la violencia contra sus adversarios para imponer sus ideas. Así, obtuvo el poder en ese año, cuando asumió el cargo de presidente del Consejo legalmente designado, con el beneplácito de una gran parte de la población que lo vio como salvador, capaz de restablecer el orden y ahuyentar el peligro de la revolución. Después de la toma del poder, el fascismo se convirtió en un modelo político original.

Entre 1922 y 1926 el fascismo osciló entre las tendencias autoritarias que le eran propias y la voluntad de que la situación se normalizara. Fue así como Mussolini instauró un Estado autoritario nuevo, capaz de controlar a la población y de suprimir las estructuras anteriores. Este Estado estuvo revestido de un triple carácter; en primer lugar era autoritario: se concentraba totalmente en el Duce, que no solamente era el presidente del Consejo, sino también el jefe del gobierno y único responsable ante el rey después de que el Consejo de Ministros perdió su responsabilidad colectiva. En segundo lugar, este Estado era antidemocrático y antiliberal. En 1925-1926 las leyes de defensa (las *Fascistissimas)* autorizaron la disolución de la mayoría de los diarios, sindicatos, bolsas de trabajo, logias masónicas y partidos políticos (excepto el fascista). Los pasaportes fueron anulados y se tomaron medidas contra los inmigrantes.[14] En tercer lugar, el Estado creó una policía, la OVRA (Organización Voluntaria para la Represión del Antifascismo), y un tribunal especial en defensa del gobierno cuyos miembros eran nombrados por Mussolini; su estructura de gobierno estaba basada en una concepción totalitaria que no se apoyaba en las elites, sino en las masas previamente preparadas.

Por lo que se refiere a Alemania, el país contaba con una sociedad fuertemente integrada gracias a la existencia de diversas fuerzas que la aglutinaban y que eran muy eficaces: la Iglesia, los partidos políticos, los sindicatos, y las asociaciones. Sin embargo, las crisis que se produjeron entre 1918 y 1923, y posteriormente a partir de 1931, alimentaron el miedo al de-

---

[14] *Ibid.*, pp. 76-81; Paul Johnson, *Modern Times...*, *op. cit.*, pp. 95-103, y Eric Hobsbawm, *The Age...*, *op. cit.*, p. 130.

clive del Estado, que se consideraba el más evolucionado de Europa. De esta manera, el nazismo pudo alcanzar el poder más tarde, y lo ejerció como una nueva fuerza de integración de masas. La crisis de 1918-1923 surgió como consecuencia de la derrota militar y del revés que representó el famoso Diktat de Versalles. Esto se agravó debido al hundimiento político de la Alemania de Guillermo II y a la oleada revolucionaria, además de la inflación que se aceleró a partir de 1921. En conjunto, estas condiciones favorecieron el surgimiento del nazismo en Alemania.[15]

La doctrina nazi proponía a los alemanes una regeneración nacional mediante la creación de un Estado totalitario de base racista que agrupara, en torno a una visión del mundo simplista, un número importante de ideas recibidas de la tradición germánica. Hitler propuso un programa de 25 puntos que redactó para el partido nazi en 1919 y que más tarde plasmó en su libro *Mein Kampf (Mi lucha),* publicado en 1925. Tal doctrina era una concepción inspirada en el darwinismo y en las teorías racistas, que consideraban el mundo como una jungla donde únicamente los mejor dotados lograrían sobrevivir y donde debía triunfar el principio "aristocrático de la naturaleza aria". Éste debía consagrar la victoria de la raza superior —la raza blanca, bien representada por el núcleo ario que vivía en Alemania— sobre la raza inferior, la judía, considerada como la fuente de toda decadencia.[16]

El nazismo planteaba un sistema de gobierno y una política exterior expansionistas. Un Estado superior a los individuos que lo componían y fundado en la pertenencia racial, es decir, sólo los que tuvieran sangre alemana podían considerarse ciudadanos. Era una concepción del poder en la que la raza fundaba la legitimidad y de la cual quedaban excluidos los judíos, cuya "traición" era la única explicación de la derrota alemana de 1918. Además, no se podría instaurar la democracia, ya que

[15] Véase Joachim Remak, *The Nazi Years,* Englewood Cliffs, N. J., Prentice Hall, 1969; Paul Johnson, *Modern Times...,* op. cit., pp. 138-147, y Serge Berstein, *Los regímenes...,* op. cit., pp. 88-91.
[16] Véanse Gustavo Combes, *Hitler o el retorno ofensivo del paganismo,* México, Polis, 1941; *Hitler's Secret Book,* intr. de Telford Taylor, Nueva York, Grove Press, 1961; Joachim C. Fest, *Hitler,* Nueva York, Harcourt Brace Jovanovich, 1973.

primeramente se debía acatar la preponderancia de la raza superior garantizada por la autoridad absoluta de los dirigentes; esto recibió el nombre de *Führerprinzip* (principio del Führer).[17] Una vez fundado el Estado, éste podría cumplir su misión histórica: lograr la conquista mediante la guerra para ganar el espacio vital que le era necesario y, posteriormente, someter al mundo entero.

Al igual que el fascismo italiano, aunque con mayor rapidez, el nazismo se presentó como una doctrina totalitaria, pretendiendo crear un hombre nuevo, pero basado no en una entrega total al servicio del Estado, sino en la raza. Para lograrlo, Hitler se propuso utilizar la violencia y la coerción para controlar el pensamiento y los actos de las personas. Así, se creó el partido de elite, constituido por las masas, a partir de los poderosos partidos austriacos que Hitler conoció en Viena durante su juventud, especialmente el Partido Social Demócrata o el Social Cristiano del burgomaestre Karl Lueger, que agrupaba a la pequeña burguesía de la ciudad en torno a un programa anticapitalista y antisemita. A partir de 1925, el partido nazi se presentó como un partido-Estado y un partido-sociedad.

Como partido-Estado, estaba dividido en 34 *Gaue*, que correspondían a las circunscripciones electorales del Reich. Cada uno tenía a la cabeza un *Gauleiter* y una serie de subdivisiones que tenían que ver con la administración. Las altas esferas del partido estaban formadas por dos direcciones: el PO I, encargado de minar el poder establecido, y el PO II, verdadero gabinete fantasma que llevaba a cabo sesiones especializadas en asuntos exteriores, finanzas, agricultura, prensa, justicia y economía.

El partido ligado a la sociedad tenía el objetivo de apresar en sus redes a todo el pueblo alemán, según su edad, iniciativa que constituyó después la Liga de los Escolares Nazis, para los menores de 15 años, las Juventudes Hitlerianas, de 15 a 18 años, las Ligas de Mujeres Alemanas, o la Categoría Profesio-

---

[17] Véase Louis L. Snyder, *Roots of German Nationalism*, Nueva York, Barnes and Noble Books, 1996, pp. 188-217; Joachim Remak, *The Nazi Years, op. cit.*, pp. 35-42; *Hitler's Secret Book, op. cit.*, pp. 34-39.

nal, conformada por las agrupaciones nazis de abogados, juristas, médicos, profesores o funcionarios.[18]

La crisis de 1931-1933 contribuyó a llenar esa estructura vacía que resultó de las quiebras y la parálisis de la economía provocadas por la crisis que se dio a partir de 1929 en Estados Unidos, además de los seis millones de desempleados en Alemania y el descrédito de los partidos que gobernaban la República. Todo ello hizo que aumentara el número de votantes del partido, el cual afirmaba poseer la clave de la recuperación de Alemania; éste se constituyó como el Partido Nacionalsocialista.

El fascismo italiano y el nazismo alemán coinciden en varios aspectos. Se puede decir que ambos pertenecían a la categoría de regímenes fascistas, al menos por tres razones: ambos pretendían organizar un Estado fuerte en torno a una concepción ideológica exclusivista; uno y otro defendían la idea de un sistema que quería conservar las tradiciones nacionales excluyendo toda revolución igualitaria de tipo comunista, y ambos querían hacer del partido único el guardián de la ideología fundadora, el instrumento de la creación del Estado. Además, fascismo y nazismo estaban dispuestos a utilizar la violencia para modelar al hombre según los designios de esa ideología.

Al igual que el modelo comunista, aunque de origen distinto, el movimiento fascista tuvo visos totalitarios: se opuso también a la democracia liberal, como una forma de régimen antagónico. La historia del periodo de entreguerras estuvo marcada por la lucha entre la democracia liberal y los partidos totalitarios —fascista y comunista— por la conquista del mundo.[19] Como se vio anteriormente, desde el periodo 1920-1930 las democracias liberales de fachada, instauradas en la Europa oriental, en los Balcanes y en la Europa meridional dieron paso a regímenes totalitarios tradicionalistas. A partir de la década de 1930 y la victoria del nazismo en Alemania, Europa se contagió del fascismo, lo que produjo un endurecimiento de las dictaduras.

[18] Joachim Remak, *The Nazi Years, op. cit.*, pp. 57-69.
[19] Véanse Allan Mitchell, *The Nazi Revolution*, Lexington, Mass., D. C. Heath and Company, 1990, p. 13, y Serge Berstein, *Los regímenes..., op. cit.*, cap. 4.

En Austria, por ejemplo, donde imperaba una atmósfera de agitación estimulada por la crisis económica y las experiencias comunistas llevadas a cabo en 1919, la situación condujo a que en Baviera y en Hungría se instituyera, en 1920, una Constitución Federal Democrática. Esta forma quedó vacía de contenido y por ello se dieron choques entre las milicias armadas de origen socialista, que amenazaban al país con una revolución, y los "cuerpos francos", bajo el mando de oficiales, financiados por los industriales y reclutados dentro de la pequeña y mediana burguesía. De estos grupos el más importante fue el *Heimwehr*, milicia reaccionaria y nacionalista que para el Partido Social Cristiano en el poder funcionaba como un muro de contención contra el avance de la izquierda. A partir de 1927 se hizo más radical y comenzó a defender las tesis fascistas, por lo que recibió una serie de subsidios de Mussolini.[20]

Por lo que respecta a Hungría, después del fracaso de la República de los Consejos de Béla Kun aplastados por los rumanos, se instauró en 1919 una dictadura militar y reaccionaria, que no tenía soberano y que en realidad fue un poder autoritario que se apoyó en el ejército, los grandes propietarios, la administración y las profesiones liberales. La burguesía fue apartada del poder y se generó en el país un fuerte antisemitismo. La línea era abiertamente nacionalista y agresiva respecto a sus vecinos, y reclamaba la revisión de los tratados suscritos en la posguerra. Al mismo tiempo, este régimen autoritario y reaccionario no pudo evitar que se formaran organizaciones de extrema derecha inspiradas en el nazismo alemán, que hacían alarde de nacionalismo, racismo y anticapitalismo. Entre éstos se encontraba el grupo fascista húngaro, la Unión de Oficiales que dirigía el sector en el poder que simpatizaba con el fascismo.[21]

---

[20] Véanse Paul Johnson, *Modern Times...*, *op. cit.*, p. 98; Elizabeth Wiskemann, *La Europa de los dictadores*, México, Siglo XXI, 1991, p. 76; Robert Goldston, "The Great Dictators", en *The Road between the Wars: 1918-1941*, cap. 7, Nueva York, Fawcett Crest, 1980.

[21] Véanse Serge Berstein, *Los regímenes...*, *op. cit.*, p. 93; Alfredo Traversoni, *El mundo entre dos guerras*, Madrid, Kapelusz, 1990, p. 53; Elizabeth Wiskemann, *La Europa...*, *op. cit.*, p. 138.

Por otro lado, Polonia no vivió la amenaza revolucionaria como Austria o Hungría, pero la ofensiva del ejército rojo sobre Varsovia, unida a la rusofobia tradicional de los polacos, alimentó su anticomunismo, avivado por la influencia importante de la Iglesia católica. Cuando el comandante en jefe del ejército, el mariscal Pilsudski, se convirtió en héroe nacional después de su victoria sobre el Ejército Rojo, siguió como general del ejército y jefe del Estado hasta su retiro en 1922, época en que dejó en funciones un régimen parlamentario. Sin embargo, éste no se pudo sostener por varias causas, entre ellas la caída de la moneda y los disturbios sociales que se manifestaron a través de terribles huelgas, y el sabotaje de la aristocracia terrateniente que se oponía a la reforma agraria. Así, se hizo inminente un golpe de Estado que Pilsudski pudo detener en mayo de 1926; con un ejército de fieles y en una marcha hacia Varsovia retomó el poder, apoyado por la izquierda. Se instauró entonces un régimen pluralista aunque autoritario, que poco tiempo después, en 1929, se convirtió en una dictadura militar.[22]

En los países bálticos sucedió casi lo mismo que en Polonia. En Lituania, una reforma agraria y la adopción de una constitución democrática en 1922 llevaron al país hacia la democracia, pero las tensiones sociales entre la izquierda y los terratenientes condujeron pronto a un golpe militar en 1926, instaurándose desde entonces una dictadura militar.[23] A su vez, Letonia, donde la preponderancia de los barones bálticos se mantuvo después de la guerra, sufrió un golpe de Estado en 1934 que puso fin al régimen; fue precisamente en esa área báltica donde muchas regiones se vieron enfrentadas a graves problemas por la cercanía con Rusia, donde la amenaza bolchevique se vio reforzada y la democracia liberal no pudo sostenerse. Yugoslavia pudo aguantar un poco más hasta el año de 1929 y Bulgaria, en donde la vida política estaba dominada por el Partido Conservador, logró oponerse con el apoyo de las fuerzas militares a los comunistas; sin embargo, en 1923 se

[22] Elizabeth Wiskemann, *La Europa...*, *op. cit.*, pp. 179-184; Serge Berstein, *Los regímenes...*, *op. cit.*, p. 94; Robert Goldston, *The Road...*, *op. cit.*, p. 105.
[23] Masha Greenbaum, *The Jews of Lithuania. A History of a Remarkable Community, 1316-1945*, Israel, Geffen Publishing House, 1995, p. 406.

dio un golpe militar, apoyado por la monarquía, dando por resultado un régimen dictatorial y militar.[24]

El caso de Rumania fue muy similar. Ésta se enfrentó a una oleada bolchevique, a una agitación de los pequeños campesinos, a problemas de minorías étnicas y al poder económico e intelectual de su reducida población judía, lo cual provocó un fuerte movimiento antisemita en el país.[25]

En lo concerniente a España, país eminentemente rural, con una clase obrera inspirada en las ideas anarquistas más que en el marxismo, no existía el riesgo de que se produjera una revolución después de la primera guerra. La acción de Mussolini en Italia inspiró a los militares para instaurar un gobierno fuerte. En 1923 el general Primo de Rivera, de acuerdo con el rey Alfonso XIII de Borbón, decidió acabar con el régimen parlamentario y proclamar el estado de excepción. Fue una dictadura militar que se mantuvo hasta 1926 con el poder en manos de un civil controlado por el ejército. Con el apoyo de la Iglesia, el ejército y los grandes terratenientes, la dictadura de Primo de Rivera se perfiló como un régimen autoritario y conservador. Éste intentó crear un partido único, la Unión Patriótica, así como milicias inspiradas en las guardias cívicas de Cataluña para garantizar el orden; sin embargo, después de fracasar en esta empresa se vio obligado a dejar el poder en 1930.[26]

Por su lado, Portugal enfrentó también una fuerte crisis económica durante 1925-1926, debido al hundimiento de la moneda y a la venta de sus productos agrícolas a muy bajos precios, porque temía que surgiera una agitación obrera que pudiera comprometer el orden social. En 1926 se dio a pesar de ello un golpe militar que puso fin al régimen parlamentario, y desde 1928 se estableció el Estado Novo bajo la dirección de Óscar Carmona, que fue electo presidente de la República, y como jefe del gobierno se escogió a Oliveira Salazar. Ambos líderes establecieron en este país un Estado autoritario que preconizaba los valores cristianos, defendía a la familia y

---

[24] Elizabeth Wiskemann, *La Europa...*, *op. cit.*, p. 138.
[25] *Ibid.*, pp. 142-143.
[26] *Ibid.*, pp. 152-166, y Paul Johnson, *Modern Times...*, *op. cit.*, pp. 321-322.

organizó la economía y la sociedad sobre una base corporativa.[27]

Contemplando *grosso modo* esta perspectiva europea, Alemania era el país económicamente más desarrollado de Europa; la sociedad alemana había evolucionado hacia una mayor integración y el régimen era una democracia liberal de tipo parlamentario en que el gobierno era responsable ante el Reichstag (el Parlamento del Imperio alemán) y se elegía por sufragio universal.

El poder del Reichstag se fue debilitando paulatinamente, debido a tres factores: *1)* la fuerza que tenían en el país las ideas revolucionarias —reavivadas por los sufrimientos de la guerra y las dificultades de la posguerra—. Los movimientos que anunciaban la llegada de la revolución bolchevique explotaron esta situación en su favor, a la cual se sumaron la insurrección espartaquista en Berlín en enero de 1919, la huelga general en la capital —reprimida por el ejército en marzo del mismo año—, la creación en Baviera de una República de Consejos fundada por Kurt Eisner, que también fue suprimida en abril por los cuerpos francos, y por último, los movimientos esporádicos en toda Alemania entre 1919 y 1923.[28] Todo lo anterior provocó una coalición contrarrevolucionaria de los socialistas de extrema derecha, la que otorgó al ejército la posibilidad de ser el árbitro de la naciente república. *2)* El hecho de que Alemania hubiera asumido la responsabilidad de la derrota. Ésta fue reclamada como una paz blanca en 1917 y firmada como armisticio en 1918. Las medidas adoptadas se sintieron como vejatorias para todo el país. *3)* La influencia de la tradición política alemana, heredada de los orígenes prusianos, que hablaban de un régimen autoritario y no de una democracia liberal. Estos puntos de vista los compartían tanto la extrema derecha nacionalista, que no cesaba de manifestarse en contra del régimen y de pensar en su desaparición, así como el ejército, los grandes terratenientes y una parte de la burguesía y de las clases medias, relacionadas al recuerdo del Reich de Guillermo II. La República de Weimar no logró

---

[27] Paul Johnson, *Modern Times...*, *op. cit.*, pp. 519-520.
[28] Ernst Nolte, *La guerra civil europea, 1917-1945. Nacionalismo y bolchevismo*, México, Fondo de Cultura Económica, 1994, pp. 33-48.

nunca deshacerse de esta penetración de la cultura política alemana posterior a la guerra.

Si la crisis económica que afectó a Alemania en 1931 explica la victoria del nazismo, la causa de la muerte de la República a partir de 1930 se entiende con base en la negativa de la Alemania tradicional a aceptar las reglas democráticas. En 1928 se celebraron elecciones en donde una posibilidad política era la tendencia de izquierda que sucedió a una coalición orientada a la derecha. Hindenburg, de acuerdo con las indicaciones del sufragio universal, convocó a un canciller socialista llamado Hermann Müller para que asumiera el poder; la presencia de Müller no resultó grata para los ultraconservadores cercanos al Reich, quienes solicitaron que se le sustituyera por alguna persona de la Alemania tradicional que pudiera gobernar sin el Parlamento, conforme a los poderes que el artículo 48 de la Constitución otorgaba al presidente. De este modo, se puso en marcha esta idea y el 27 de marzo de 1930 Hindenburg pidió la renuncia de Müller y nombró en su lugar al líder de la facción parlamentaria del Zentrum, Heinrich Bruning, iniciándose así la crisis de la República de Weimar.[29]

Tanto Bruning como Hindenburg se sintieron impotentes para gobernar sin el Parlamento, además de que se dio en esos momentos una fuerte crisis económica que exigía ciertas medidas que el Reichstag rechazó. Al agudizarse la crisis se decidió disolver este último y convocar a nuevas elecciones en septiembre de ese año. En ellas se pudo constatar el avance del partido nazi (6.5 millones de votos y 107 escaños) y de los comunistas (4.5 millones de votos y 77 escaños). El gobierno se enfrentó a partir de entonces a la irrefrenable expansión del nazismo.[30]

Una parte de la derecha nacionalista y los militares dieron su apoyo a los nazis desde el frente de Arzburg en 1931 con el objetivo de conseguir que el presidente pusiera fin al parlamentarismo e instaurara el régimen autoritario. Von Pappen

[29] Allan Mitchell, *The Nazi...*, *op. cit.*, pp. 24-29; y Ernst Nolte, *La guerra...*, *op. cit.*, pp. 135-154.

[30] Véanse Paul Johnson, *Modern Times...*, *op. cit.*, pp. 280-281; Ernst Nolte, *La guerra...*, *op. cit.*, pp. 195-196; y Serge Berstein, *Los regímenes...*, *op. cit.*, pp. 99-100.

sucedió a Bruning en junio de 1932 y a aquél el general Von Schleicher. La preocupación de todos ellos fue buscar la manera de deshacerse de los nazis, aunque no tuvieron éxito: Hitler empezó a tener un gran apoyo. Se intentó mantener un equilibrio entre la derecha y la izquierda comunista que logró más votos en las elecciones de 1932. Hindenburg terminó resignándose y el 30 de mayo de 1933 nombró a Hitler como canciller del Reich. La República de Weimar había llegado a su fin; 18 meses después Adolfo Hitler instauró en Alemania el Estado totalitario.[31]

La victoria del nazismo en Alemania y la competencia que se estableció entre este régimen y el fascismo italiano suscitaron un proceso de imitación en numerosos países europeos, democráticos y autoritarios. Lo mismo sucedió en los países de América Latina, que desde tiempo atrás veían este modelo como uno digno de ser copiado.[32]

Tanto Hitler como Mussolini empezaron a apoyar con frecuencia a los movimientos que parecían inspirarse en sus principios. Así, en octubre de 1934 Mussolini celebró en la ciudad de Montreaux, Suiza, un congreso internacional para apoyar y financiar a numerosos movimientos interesados en las ideas fascistas, en países como Yugoslavia con la Ustacha de Croacia, Austria con el Heimwehr, o la Falange en España.[33] Por su parte, Hitler también se preocupó por dar apoyo a organizaciones racistas y antisemitas cercanas al nacionalsocialismo, como los Perkontrusts o Cruz de Trueno de Letonia, la Falanga en Polonia, que fue la punta de lanza del antisemitismo allí, el partido obrero búlgaro de corte nacionalsocialista o los Camisas Doradas en México, movimiento paramilitar con ideas muy similares a las nacionalsocialistas alemanas, el cual constituye el eje del presente trabajo.

Estos países en ocasiones tomaron del fascismo sus métodos violentos de coerción y de dominio de masas. Por ejemplo, en Estonia los dirigentes de la derecha tradicionalista procla-

---

[31] Véanse Ernst Nolte, *La guerra...*, *op. cit.*, p. 47; Allan Mitchell, *The Nazi...*, *op. cit.*, p. 24, y *Hitler's Secret Book*, *op. cit.*, pp. 25-34.

[32] Véase Friedrich Katz, *La guerra secreta en México. La Revolución mexicana y la tormenta de la primera Guerra Mundial*, México, Era, 1982.

[33] Serge Berstein, *Los regímenes...*, *op. cit.*, p. 101.

maron el Estado de excepción para cortar el paso a una organización fascista llamada la Unión de Combatientes por la Libertad. En Polonia, donde Pilsudski hizo aprobar una constitución de tipo autoritario poco antes de su muerte en 1935, se instauró el régimen de los coroneles bajo la dirección del general Rydz Smigly y en 1937 se fundó un partido gubernamental denominado Campo de la Unidad Nacional (OZN, por sus siglas en polaco), cuya doctrina y organización estaban muy cerca del fascismo y cuya ala extremista, la Falanga, se proclamó nacionalsocialista.[34] En Austria el nacionalsocialismo se vio reforzado por la llegada de Hitler al poder, aunque la izquierda siguió teniendo mucha fuerza. En 1934 se instauró un sistema corporativo que fue ganado por el fascismo, pero muy pronto el poder cristiano y los nazis se encontraron frente a frente.

También en la Europa mediterránea se percibió pronto la presencia del fascismo, y el caso más significativo es quizá España. Como ya se mencionó, el ejército, la Iglesia, los grandes terratenientes y los personajes locales constituyeron una fuerte oposición para la República. La guerra civil apareció entonces en la península ibérica. La victoria de Franco en 1939 fue considerada como un nuevo avance para el fascismo europeo. El bando franquista presentaba una formación realmente fascista alrededor de la Falange, creada en 1933 en torno a José Antonio Primo de Rivera, hijo del antiguo dictador. Después de adoptar la Falange en 1936, el dictador Franco impuso la fusión de ésta con la Unión Tradicionalista, bajo la dirección de su cuñado Serrano Suñer, ya que Primo de Rivera fue fusilado por los republicanos en ese año; de esa manera eliminó poco a poco a los falangistas hasta controlar a la población con el apoyo de la Iglesia y del ejército.[35]

El surgimiento del autoritarismo favoreció la constitución de algunos grupos minoritarios que a menudo lograron cierto éxito, sobre todo entre 1934 y 1936, periodo que podría consi-

---

[34] Véase Polish Ministry of Information, *The German New Order in Poland*, Londres, Hutchinson, s. f.

[35] Véase *México y España: solidaridad y asilo político 1936-1942*, intr. de Alberto Enríquez Perea, México, Archivo Histórico Diplomático Mexicano, 1990, y Serge Berstein, *Los regímenes...*, *op. cit.*, p. 104.

derarse como de apogeo de la tentativa fascista. Pueden mencionarse, entre otros, la British Union of Fascist, de Oswald Mosley, en Inglaterra; el movimiento nacionalsocialista de Anton Mussert en los Países Bajos; la Nasjonal Samling de Quisling en Noruega,[36] o el rexismo de Leon Degrelle en Bélgica. Fuera del continente europeo funcionaron grupos como los Camisas Pardas de Chalifux de Canadá, la New Guard de Campbell, en Australia, los Silver Shirts de William D. Pelley, en Estados Unidos (que también se analizará en el quinto capítulo) y los Camisas Doradas de Nicolás Rodríguez en México. Sin embargo, estos grupúsculos, que muy pronto fueron condenados al aislamiento y al declive, en gran medida no pueden considerarse realmente representativos del movimiento fascista. En aquellos lugares donde existía desde tiempo atrás una cultura política de democracia liberal, ésta no se puso en tela de juicio y no significó ninguna amenaza seria para los gobiernos, aunque la crisis de los regímenes demócratas liberales haya provocado una reflexión en torno a su posible adaptación y su futuro.

El lugar donde fructificó con mayor fuerza este modelo fue Francia. La gran masacre de 1914-1918 y el consecuente cuestionamiento de la Revolución del siglo XVIII dieron origen a la formación de partidos opuestos: el comunista y el fascista. El papel de este país como gran potencia mundial, con una misión importante para el destino del mundo, se vio cuestionado sobre todo en el momento de la ocupación de la Cuenca del Rhur. Allí quedó claro que Francia no podía actuar sola, sino que necesitaba de aliados. Por ello vio fracasar las fórmulas políticas implantadas por la derecha mediante el Bloque Nacional, o por la izquierda con el Cartel de las Izquierdas. Por ello cayó en una crisis política y económica de la cual difícilmente pudo salir para verse envuelta en la segunda Guerra Mundial.[37]

El partido comunista empezó a tener más seguidores a partir de los años treinta, hecho que se explica por la necesidad

---

[36] Véanse Walter Tschuppik, *Los caballos de Troya de Hitler*, México, Minerva, 1941, y Robert Hertzstein, *Roosevelt and Hitler, Prelude to War*, Nueva York, John Wiley and Sons, 1994.

[37] Elizabeth Wiskemann, *La Europa...*, *op. cit.*, pp. 186-193.

de hombres y mujeres quienes, sumidos en la desesperación de la crisis, estaban ansiosos por participar en un mundo nuevo en el que el fascismo se consideraba como el mal supremo de la humanidad y contra el cual el comunismo parecía ser el muro de contención más sólido. Los países de Europa y América, más que un enfrentamiento entre comunismo y fascismo en esos años, vivieron un combate encarnizado entre anticomunismo y antifascismo, es decir, se trataba de combatir dos miedos antagónicos. Ante una democracia liberal que estaba caducando, los modelos totalitarios veían el futuro frente a sí. Estos regímenes pretendían ejercer el control sobre la sociedad civil, incluso en la esfera privada de los ciudadanos, acabando así con la distinción entre dominio público y dominio privado y oponiéndose radicalmente a los valores fundamentales de la democracia.

Para poder llegar a una sociedad sin clases, los comunistas preconizaron la colectivización de los medios de producción, apropiándose de las tierras, los bancos, las minas, los ferrocarriles, las empresas, y los intelectuales quedaron bajo el control del gobierno. El Estado controlaba también el reparto de la producción según cuatro categorías de ciudadanos, que recibían el racionamiento de acuerdo con el trabajo que hubiesen realizado.

En 1921, Lenin, acorralado por la asfixiante situación del país, creó la Nueva Política Económica, la cual permitió retomar, sobre bases estadísticas más sólidas, la nacionalización de la economía y proporcionar a Rusia los medios para independizarse del capitalismo, mediante la instauración de un régimen socialista en un país económicamente avanzado. Se creó un plan llamado Gosplan que fijó las nuevas prioridades: la creación de una industria pesada, los procedimientos de financiamiento con capital occidental, además de una reducción de la agricultura, que constituía la principal actividad económica del país.[38] El instrumento para la transformación fue el partido bolchevique, una minoría que gobernó en nombre del proletariado. Rusia, país sin tradición cultural liberal,

---

[38] Véanse Paul Johnson, *Modern Times...*, *op. cit.*, p. 94, y Sheila Fitzpatrick, *The Russian...*, *op. cit.*, p. 102.

pasó de una dictadura autoritaria arcaica a una dictadura totalitaria que pretendió ser moderna.[39]

En el caso del fascismo italiano, la situación era que el rey, con el fin de salvar su corona, dejó hacer al Duce lo que deseaba; los militares y la alta administración fingieron estar a su favor para conservar sus funciones; los senadores, colmados de honores, guardaron silencio y dejaron que gritaran algunas voces hostiles sin hacerles caso, y la Cámara continuó siendo solamente una Cámara de Registro.[40] Cuando en 1925 Mussolini asumió los cargos de jefe de gobierno, primer ministro y secretario de Estado, se apropió también de la prerrogativa exclusiva sobre las leyes y el gobierno, con la única condición de mantener informado al rey, lo cual se tradujo en que a partir de 1926-1927 adquirió un poder casi monárquico; se generó el culto a la persona del Duce, concebido como un verdadero superhombre asceta, que trabajaba día y noche por el bienestar del país. Se encargó de fomentar su imagen como un hombre semidivino, característica que le permitía gozar de una "legitimidad carismática" por encima de la jurídica; se creó así una legalidad fascista que se yuxtapuso, sin llegar a sustituirla, a la constitucional.

En mayo de 1928 el Gran Consejo pasó a ser un órgano supremo del Estado y de él dependía la designación de los candidatos a diputados, la nominación del secretario y la dirección del partido fascista, el examen de los proyectos de ley de carácter institucional, el nombramiento del jefe de gobierno e incluso el derecho de dar el visto bueno para la sucesión al trono.[41] Asimismo, paralelamente al ejército se constituyó la *milicia*, cuerpo al servicio del Partido que al paso de los años se fue haciendo cada vez más poderoso y que se legalizó en 1923; tres años después contaba con 200 000 hombres y en 1939 su número se había cuadruplicado. A este ejército le fueron confiadas las misiones militares en Etiopía y en España.

[39] Véase Enrique Arriola Woog (coord.), *Sobre rusos y Rusia. Antología documental*, México, Archivo General de la Nación-Biblioteca Nacional, 1994, y Walter Lacqueur, *The Rise...*, *op. cit.*

[40] Serge Berstein, *Los regímenes...*, *op. cit.*, p. 114.

[41] Véanse Roger Eatwell, *Fascism*, Londres, Chatto and Windus, 1995, y John Whittam, *Fascist Italy*, Manchester, Manchester University Press, 1995.

A su vez, en las provincias el poder pasó a los prefectos, sub-prefectos y *podestá*, quienes también debían ser nombrados por el régimen. Así, se crearon instituciones paralelas a las del Estado, que no tuvieron ya nada que ver con el modelo liberal.[42]

Por otra parte, en Alemania, poco tiempo después de que asumiera el poder, Hitler, canciller del Reich, añadió al Eje-cutivo facultades para controlar la policía y el ámbito legis-lativo. A raíz del incendio del Reichstag —que aparentemente fue provocado por los nazis para inculpar a los comunistas— se adoptó, el 28 de febrero de 1933, el decreto para la protec-ción del pueblo y del Estado que permaneció en vigor hasta 1945. Este decreto fue la base del poder policiaco que adqui-rió Hitler, mediante el cual se suspendieron los derechos cons-titucionales para el ejercicio de la libertad, autorizando así al Reich a cumplir funciones judiciales, entre otras, la de dispo-ner la pena de muerte en caso de traición, sabotaje o atentado al orden público.

A partir de marzo de 1933 comenzó el proceso denominado *Gleichschaltung*, mediante el cual los nazis anularon a todas las fuerzas políticas y sociales en la República de Weimar des-pués de la toma del poder. Las primeras tareas que emprendió el Führer fueron la supresión del poder de los *Länder* (es decir, las provincias o entidades federativas), el nombramiento de un gobernador *(Statthalter)* en cada estado y la abrogación en enero de 1934 de todas las instituciones locales. Luego siguió el control de la población suprimiendo todo tipo de asocia-ciones o grupos. En febrero de 1933 se había vetado al Partido Comunista, ante lo cual debía reaccionar el resto de los parti-dos desintegrándose de manera voluntaria. Por otro lado, los sindicatos corrieron igual suerte a partir del mismo año y todos sus dirigentes fueron encarcelados en campos de con-centración.

El partido nazi tomó el control de la población y todos aquellos funcionarios que resultaron sospechosos fueron sus-tituidos por los nazis. La cultura pasó a manos de Goebbels, ministro de Propaganda, cuyo primer acto fue la organización

---

[42] John Whittam, *Fascist Italy, op. cit.*, p. 37, y Serge Berstein, *Los regíme-nes..., op. cit.*, p. 115.

en mayo de 1933 de una gigantesca quema de libros de autores socialistas, liberales y pacifistas judíos. Creó una cámara
cultural del Reich que le permitió cubrir casi todas las áreas
de la vida cultural para censurar el contenido de cualquier
manifestación artística. Anunció la liquidación de la escuela
como institución de ejercicio intelectual y decidió convertirla
en el medio de difusión de las concepciones nazis; en ese
mismo sentido, las ligas profesionales conformadas por personas de los diferentes oficios se convirtieron en cámaras
profesionales, a las cuales era indispensable pertenecer para
poder ejercer.[43]

En la ley del primero de diciembre de 1933, referente a sal-
vaguardar la unidad del partido y del Estado que institucio-
nalizaba el papel del partido nazi como el instrumento del
dominio de Hitler, los dirigentes Rudolf Hess, jefe de la organización civil, y Ernst Rohm, responsable de la organización militar, adquirieron el rango de ministros. Este hecho
contó con la aprobación de gran parte de la población, y los
únicos que salieron afectados fueron los viejos políticos y
los judíos.

Hitler liberó al ejército de la competencia de la SA, orde-
nando la masacre llevada a cabo por la SS durante la llamada
"noche de los cuchillos largos", el 30 de junio de 1934. A manera de agradecimiento, los militares aprobaron el primero de
agosto de ese año que Hitler accediera al cargo de presidente
del Reich, puesto que agregó al de canciller y por el cual se le
dio el nombramiento de *Reichsführer*, convirtiéndose también
en el comandante del supremo ejército.[44]

Tanto el comunismo como el fascismo y el nazismo propiciaron, a finales de los años veinte y principios de los treinta,
la instauración de sistemas políticos en los que la dictadura
absoluta de un hombre se apoyó en un partido único, encargado de controlar a la población y de moldearla según la propia ideología: la realización de una sociedad sin clases en

---

[43] Véanse Hugh Trevor-Roper (ed.), *Final Entries 1945, The Diaries of
Joseph Goebbels*, intr. de Hugh Trevor-Roper, Nueva York, Putnam's Sons,
1977; Joachim J. Remak, *The Nazi Years, op. cit.;* Saul Friedlander, *Reflections
of Nazism*, tr. de Thomas Weyr, Nueva York, Avon Books, 1995.

[44] Joachim Remak, *The Nazi Years, op. cit.*, pp. 51-52.

Rusia, la exaltación del Estado omnipotente en Italia y la sociedad racista en Alemania.

Si bien Stalin representó estratégicamente el papel de una persona discreta, sin afán de destacar, fue el primero en poner en marcha el poder real, valiéndose del partido único como instrumento para abarcar a todo el pueblo ruso. Esto lo consiguió mediante la ayuda de un secretario general que le fue útil para controlar a todo el partido del Estado. Durante la década siguiente, el Partido Comunista quedó dominado por un personal nuevo que Stalin promovió y formó, matando a los viejos bolcheviques compañeros de Lenin y a los mandos medios.[45]

También Hitler exigió desde un principio poderes absolutos sobre el Partido Nacionalsocialista (Nationalsozialistische Deutsche Abeiterpartei, en adelante NSDAP). Su obsesión fue la promoción de una raza pura a la que prometió el dominio del mundo. Como ya se dijo, de acuerdo con los nazis el hombre nuevo era el de raza aria, que era "puro" y al que convendría desarrollar mediante clínicas especiales adonde las jóvenes acudirían para dar a luz a sus hijos. Para ello había que deshacerse de los enfermos mentales o de las personas que eran poco asimilables. Una de las claves consistía en hacer desaparecer a los judíos, considerados como una degeneración de las razas superiores.

En un principio los hebreos quedaron marginados de la sociedad alemana, es decir, se les prohibió participar en las profesiones liberales, carreras universitarias, oficios relacionados con la prensa, el teatro, la radio o el cine, con el fin de orillarlos a que abandonaran Alemania. Sin embargo, pronto comenzó el hostigamiento real, en 1933, mediante hechos como el boicot contra sus negocios o los ataques hacia sus personas. El punto más álgido de esta primera época se alcanzó en 1935 con la promulgación de las Leyes de Nuremberg, que establecían, entre otras cuestiones, la prohibición de los matrimonios con alemanes y las relaciones extramaritales entre judíos y arios.[46]

---

[45] De ahí la persecución a Trotsky, quien terminó asilado en México. Véase Ernst Nolte, *La guerra...*, *op. cit.*, p. 246.

[46] Véase *Justice Outlawed. Administration of Law in German Occupied Territories*, intr. de Henry Slesse, Londres, Liberty Publications, s. f., p. 28.

Hacia 1937 se constató la muerte económica de la comunidad judía, con la expropiación de sus bienes y el *pogrom* organizado por el partido nazi y encubierto por las autoridades, que se conoció como la "noche de los cristales rotos", sucedido del 9 al 10 de noviembre de 1938.[47] Obligados a utilizar visiblemente una estrella amarilla como medio de identificación, los judíos de Alemania empezaron a sufrir una confinación paulatina; el hecho de vivir en un *ghetto* sin muros propició que en julio de 1939 todavía pudiera constituirse la Unión de Judíos de Alemania, que quedó bajo la protección de la policía.

La tercera y última etapa de hostigamiento contra los judíos se llevó a cabo durante la guerra, cuando en 1942, durante la reunión de Wansee, se tomó la decisión de suprimirlos físicamente; ésta fue la llamada "solución final", que se convirtió en una obsesión para los dirigentes nazis —más importante que cualquier otro objetivo—, y que trataron de ejecutar antes de que finalizara la segunda Guerra Mundial.[48]

La segunda guerra se desencadenó por las pretensiones imperialistas de Alemania, Italia y Japón. Estos países habían manifestado ya su deseo de luchar contra el comunismo, por lo que en 1936 se firmó el Pacto Anti-*Komintern* entre la Alemania nazi y Japón. De allí surgió una liga de Estados anticomunistas, a la cual se adhirió Italia en 1937, y que estaba pensada como un medio para combatir a aquellos países que no hubieran luchado enérgicamente en contra de lo que se consideraba como una amenaza mundial.

Desde esta perspectiva es fundamental entender dos hechos sobresalientes. El primero fue el pacto germano-soviético de agosto de 1939, y el segundo, la neutralidad de Japón hacia Rusia. La firma entre Alemania y Stalin está inmersa, sin duda, en una decisión táctica de ambos, pero sobre todo en la idea de Hitler de no combatir en dos frentes, en un momento en que los aliados toleraban ya el expansionismo alemán. Por lo que respecta a los soviéticos, se trataba no sólo de evitar esa guerra, sino además de beneficiarse del reparto de Europa

[47] Yehuda Bauer, *Jews for Sale?, 1933-1945*, New Haven, Yale University · Press, 1994, pp. 34-35.

[48] León Poliakov y Josef Wulf, *El Tercer Reich y los judíos. Documentos y estudios*, Barcelona, Seix Barral, 1960, pp. 111-121.

oriental previsto en el protocolo secreto del pacto. No obstante, Hitler rompió esa tregua en 1941 lanzando la ofensiva contra la Unión Soviética en una gran cruzada para acabar con el bolchevismo y pidiendo ayuda a todos los Estados del Pacto Anti-*Komintern*, entre ellos Italia, Finlandia, Eslovaquia, Croacia, Hungría y Rumania, que se adhirieron entre 1937 y 1941. Japón se abstuvo de participar porque tenía otros proyectos respecto a Asia oriental y Estados Unidos; para los japoneses no era el comunismo la amenaza del mundo, sino más bien las ideas occidentales.

Los alemanes, por su parte, no pretendieron unificar a toda Europa bajo la bandera nazi, ya que sus postulados racistas les impedían considerar de igual a igual a la mayoría de los países que habían conquistado; éstos representaban una importancia mínima para Alemania, que decidió mantener su poderío sobre ellos sólo con el propósito de seguir empleando la mano de obra proveniente de dichas naciones. Este hecho aclara la gran desconfianza mostrada por los nazis hacia los fascistas de los países de la Europa ocupada, y su persistente rechazo para otorgar a los grupúsculos de tendencia fascista el poder que reclamaban y esperaban recibir. Los nazis pensaban que si accedían a sus deseos se arriesgaban a enfrentar los posibles levantamientos de la población de los países ocupados, y toparse así con dificultades para administrar sus conquistas.[49]

El núcleo más extremista y más convencido de los principios raciales fue la ss al mando de Heinrich Himmler, órgano que constituyó el llamado Estado ss. Tenía a su cargo la dirección de los servicios de policía y de los campos de concentración, con 900 000 hombres, lo que ponía a la ss como punta de lanza del régimen.[50]

Para los nazis la solución ideal en la mayoría de los casos era formar gobiernos nacionalistas, autoritarios, y que aceptaran el dominio alemán. A medida que iban conquistando países, quienes no eran alemanes eran expulsados de inmediato, y en el caso de los judíos, sobre todo a partir de 1939, empezaron a ser concentrados en *ghettos*. Se trataba, como ya comenté,

---

[49] Serge Berstein, *Los regímenes...*, *op. cit.*, p. 132.
[50] Eric Hobsbawm, *The Age...*, *op. cit.*, p. 155.

de una política de exclusión hacia aquellos que consideraban como "extranjeros" en la comunidad nacional. Así, los estatutos redujeron a los judíos a ser ciudadanos de segunda clase, o bien, a ser deportados sin poder encontrar un país dispuesto a acogerlos, ni como inmigrantes y mucho menos como refugiados.[51]

Cuando Hitler inició en Europa la pesadilla del nazismo, los judíos se vieron en la necesidad de abandonar Alemania y Austria, primero, y después toda la parte conquistada; muy pocos países europeos pudieron acoger a los judíos que huían. Suiza, por ejemplo, hizo el esfuerzo, por medio de la Cruz Roja Internacional, de llevar a cabo un papel humanitario, pero para mantener su neutralidad debió ser complaciente con la Alemania nazi y no aceptar tampoco a los refugiados judíos para no indisponer a los nazis. Por ello, tampoco intervino en los campos de concentración y aceptó las cuentas del dinero confiscado a los judíos en sus bancos.

Estados Unidos representaba una posibilidad de salvamento, pero no modificó sus políticas migratorias por la dificultad de diferenciar entre inmigrante y refugiado. México con Cárdenas también dio un viraje en su política migratoria siguiendo, por una parte, las pautas trazadas por el vecino del norte y por otra, como apoyo del nacionalismo que había surgido a raíz de la Revolución. Como se verá más adelante, para el mandatario mexicano era fundamental que los inmigrantes que llegaran al país fueran elementos asimilables a las costumbres y forma de ser, es decir, a lo mexicano o mestizo.

AMÉRICA FRENTE A LA CRISIS

La perspectiva estadunidense

A partir de la década de los veinte, residían en Estados Unidos 106 grupos étnicos. Esta diversidad provocó que el país no

---

[51] Véase "Políticas migratorias del Estado mexicano respecto de los extranjeros", en el segundo capítulo del presente trabajo. Véase además, Daniela Gleizer Salzman, "México frente a la inmigración de refugiados judíos durante el régimen cardenista", tesis de licenciatura, México, Universidad Nacional Autónoma de México, 1996.

pudiera quedarse ajeno a los grandes acontecimientos que se estaban gestando en el mundo. Por ejemplo, su política antijaponesa surgió por la ambivalencia respecto a la minoría nipona que habitaba en su territorio. La pregunta que entonces se hacía la sociedad se refería a la cuestión de quién era estadunidense y cuál era el verdadero significado de su país. Estados Unidos se consideraba, por antonomasia, el refugio para los perseguidos del mundo y se esperaba que en él se consolidara una amalgama de pueblos que diera paso a un país fuerte y vigoroso, en el cual la libertad constituiría la fuente de toda legitimidad.[52]

Sin embargo, en 1915 el ministro protestante de Georgia, William Simmons, fundó el Ku-Klux-Klan, una organización para controlar a las minorías, que se identificaba con cuestiones morales y políticas y que enarbolaba la intolerancia hacia ciertos grupos de la sociedad estadunidense. En la publicación titulada *The Passing of the Great Race*, afirmaba que la mezcla de razas sería un problema y conduciría a un mal producto, y daba como ejemplo lo que sucedía en México, donde "la absorción de la sangre de los españoles conquistadores con los indios nativos había producido una mezcla degenerada, que en esos momentos estaba tratando de demostrar su incapacidad para autogobernarse".[53] Agregaba después que al cruzarse un hombre negro con un hombre blanco daba como producto un negro, y que la mezcla de cualquiera de las tres razas europeas con un judío daba como resultado un judío.[54] El temor del Ku-Klux-Klan ante la degeneración de la raza se hacía cada vez más intenso, y llegó un tiempo en que este grupo contaba con alrededor de cuatro millones de miembros. Éstos decían que la raza pura era la nórdica, a la cual consideraban como la más civilizada del mundo.

A su vez, la entrada de Estados Unidos a la primera guerra dio un gran impulso a una xenofobia patriótica que justificó muchos actos racistas. El presidente Wilson manifestó su

---

[52] Israel Zangwill escribió entonces una obra titulada *The Melting Pot*, que fue un éxito en Nueva York en 1908.

[53] Paul Johnson, *Modern Times...*, *op. cit.*, p. 204.

[54] Véase Grant Madison, *The Passing of the Great Race*, Nueva York, s. e., 1916, pp. 3-36.

preocupación ante estos desplantes y en varias ocasiones hizo mención a ello. Se desató entonces una ola de intolerancia en el país que algunos abogados como Louis Brandeis y Oliver Wendell Holmes trataron de detener. Pero sus voces se perdían en el vacío, ya que ligas patriotas como la National Security League y la National Civil Federation continuaron con sus actividades tratando de encontrar la paz.[55]

Desde el otoño de 1919, ante la debilidad de Wilson, no había realmente un gobierno fuerte en Estados Unidos que pudiera, por un lado, detener la xenofobia y por el otro, hacer frente a la crisis que se acercaba. También apareció una fuerte crítica a la política que Trotsky seguía en Rusia, donde había un elevado número de gente que no tenía techo ni comida. En diciembre de 1920 el Departamento de Justicia de Estados Unidos decidió expulsar a 6 000 personas que consideró como extranjeros "rojillos".

El país empezó a temer el avance del comunismo, y hacia 1920 hubo circunstancias que obligaron a analizar esa realidad con mayor preocupación. En los años anteriores a la guerra había en Estados Unidos cerca de 125 000 miembros del Partido Socialista, que incluía a los líderes de los obreros de las minas, de la cerveza, los carpinteros y los obreros del hierro. Este partido tuvo éxito en conseguir algunos escaños en la Cámara a principios de los años veinte y en los treinta, pero en realidad empezó a perder fuerza porque no había logrado definirse ya fuera como un partido de masas, un grupo de presión o uno revolucionario. El Partido Comunista tampoco logró convertirse en una nueva forma de pensar derivada del radicalismo estadunidense y se erigió únicamente como un aprendiz de la política soviética.

A diferencia de Austria, Francia, Alemania o España, donde los partidos socialdemócratas se habían convertido en la principal oposición a los gobiernos, en Estados Unidos ganaron los republicanos. Entre 1920 y 1932 el bloque republicano ejerció el control del gobierno estadunidense; en 1920 Warren Harding obtuvo 60.2% de la votación y en 1924 Calvin Coo-

---

[55] Paul Johnson, *Modern Times...*, *op. cit.*, p. 205.

lidge ganó también por amplio margen. A su vez, Herbert Hoover ganó en 1928 casi todos los estados.[56]

Fue precisamente Harding quien firmó la ley que limitaba la inmigración en 1921. Según él, sólo se debería permitir la entrada de escandinavos, teutones, anglosajones y celtas, que eran razas que se podían mezclar y asimilar a la mentalidad estadunidense. Este hombre heredó la peor recesión en la historia de Estados Unidos, pero logró sobreponerse y un año después la economía se encontraba viento en popa, gracias al recorte de los gastos del gobierno y a que el presidente estableció una política apaciguadora, ya que decidió liberar de la cárcel a todos los socialistas que Wilson había encarcelado. Por otra parte, Coolidge consideraba que lo importante era mantener separado al gobierno de la economía. Durante su mandato se notó aún más la prosperidad del país. Al terminar la década se eclipsó esa bonanza con el *crack* de 1929. Algunos economistas comentaron que estos presidentes habían sacrificado el idealismo en aras de la prosperidad y que esos hombres "prácticos" los habían llevado a la bancarrota.[57]

La prosperidad se había dado en Estados Unidos a partir de la década de los veinte. Esta situación, sin embargo, no era generalizada; las granjas y las grandes industrias, como la de textiles de Nueva Inglaterra, pasaban por momentos difíciles. A pesar de ello, Estados Unidos gozaba de una condición distinta que otros países del mundo, en vista de que la riqueza estaba ampliamente distribuida; cientos de miles de familias pudieron conseguir algunos beneficios económicos y el crecimiento en términos generales fue muy notorio. En 1921, éste llegó a 58% y hasta 110% en 1929, lo cual significó un aumento en las entradas del gobierno de 59 400 a 87 200 millones de dólares en ocho años, lo cual resultó en un verdadero aumento del ingreso per cápita. Por primera vez, millones de trabajadores pudieron adquirir un seguro (de vida y de su negocio) y ahorrar, lo cual dio como resultado que las propias entradas se cuadruplicaran también durante esta década y se diera un

[56] *Ibid.*, p. 214; Hugh Brogan, *The Penguin...*, *op. cit.*, pp. 505-521 y 532-534.
[57] Véanse Robert S. McElvaine, *The Great Depression, America, 1929-1941*, Nueva York, Times Books, 1983, pp. 25-30, y Paul Johnson, *Modern Times...*, *op. cit.*, p. 222.

fuerte impulso al desarrollo industrial. Entonces las personas empezaron a adquirir acciones en la bolsa de valores, desde las amas de casa, meseros, mecánicos, trabajadores fabriles, comerciantes, choferes, electricistas, etcétera.

Además, durante esta década se incrementó en gran escala la construcción, ya que cerca de once millones de familias adquirieron vivienda propia. Se construyeron grandes redes carreteras y aumentó el número de vehículos. Todo ello daba muestras de que la clase trabajadora estaba logrando su libertad económica, anteriormente limitada a la clase media.[58] Esto significaba que la barrera entre las diferentes clases estaba por caer.

Sin embargo, la situación cambió radicalmente hacia 1929. En ese año alrededor de 600 000 personas tenían alguna acción de las 29 casas de bolsa estadunidenses. En el momento había cerca de un millón de especuladores activos, de una población de 120 millones. Cerca de 29 a 30 millones de familias tenían una relación activa con el mercado de divisas.[59] La economía dejó de crecer en el mes de junio, y para el 3 de septiembre esto se vio reflejado en el mercado de valores que empezó a descender, hasta que el 21 de octubre las acciones llegaron al punto más bajo y nunca más se logró recuperar el nivel anterior; se desató el pánico generalizado, y los especuladores empezaron a temer la pérdida de su casa o de sus bienes. La crisis de la bolsa causó infinidad de pérdidas económicas y el empobrecimiento de muchas familias.

A pesar de que los líderes estadunidenses se negaron a firmar oficialmente el Tratado de Versalles, en privado aceptaron dar ayuda y responsabilizarse para que la economía mundial pudiera recuperarse. Aceptaron compartir con Inglaterra el negocio de proveer al mundo de una moneda, mediante la cual se pudiera comerciar entre los diversos países y de esa manera ampliar el comercio internacional. Realmente esto no se llevó a cabo como se propuso, ya que los aranceles que cobraba Estados Unidos fueron mucho más altos y éstos fueron

---

[58] Paul Johnson, *Modern Times...*, *op. cit.*, p. 223; Robert McElvaine, *The Great Depression...*, *op. cit.*, p. 27.

[59] J. K. Galbraith, *The Great Crash. 1929*, Boston, s. e., 1972, p. 83; Robert McElvaine, *The Great Depression...*, *op. cit.*, p. 35.

imitados en Europa. Si los tres presidentes republicanos mencionados anteriormente hubieran seguido con la política que planteó Wilson, habrían reducido las cuotas arancelarias que, en la práctica, sólo constituyeron una serie de barreras que frenaron el comercio internacional, lo cual terminó por afectar también a Estados Unidos. Ninguno de los mandatarios tuvo la firme decisión de apoyar a la National Association of Manufacturers, o a la American Federation of Labour, con el fin de lograr su internacionalización, lo cual con el tiempo les resultó contraproducente.[60]

Poco antes de la guerra se creó el Federal Reserve Bank, por medio del cual se podía maniobrar sin tener que rendir cuentas al pueblo y con la idea de que pudiera servir en caso de crisis o para apoyar a ciertas industrias. En 1920 se pretendía que sirviera para expandir los negocios estadunidenses y para ayudar a la política internacional. Mientras el gobierno demandaba que le fueran pagados los préstamos de guerra, por otro lado ayudaba a gobiernos extranjeros y a ciertos negocios para ganar dinero en Nueva York, con crédito barato y en relación directa con el mercado de valores. Los préstamos a países extranjeros empezaron en 1921 y terminaron a finales de 1928. En lugar del *laissez faire*, pusieron freno al libre comercio mediante altos aranceles y provocando inflación. Se protegió a la industria local y se subsidió a la industria exportadora con préstamos. Quien perdió con todo ello fue el pueblo, que no pudo competir con los precios más baratos de los artículos importados.

Cuando Franklin Roosevelt asumió la presidencia en 1933 propuso una nueva política económica conocida como el New Deal, sistema que amplió los límites de la libre empresa y sentó las bases para sacar a Estados Unidos de la quiebra. En 1935, mediante la Wagner Act, Roosevelt permitió la organización de sindicatos —con lo cual se ganó la simpatía de la organización de trabajadores demócratas—, además de que intentó aplicar un plan anterior respecto a la agricultura (la First Agricultural Adjustment Act de 1933) que daba a los granjeros la posibilidad de comprar tierras conforme fueran obteniendo

[60] Paul Johnson, *Modern Times...*, *op. cit.*, p. 232.

ganancias de su producción.[61] El presidente estaba decidido a ganarse los votos de los agricultores mediante una política que permitiera a estos últimos obtener mayores ganancias, aunque esto propició el alza de los precios y que la recuperación fuera más lenta. Sólo hasta 1937 la tasa de desempleados bajó de 14.3% a menos de 8%, situación que no perduró mucho tiempo ya que el número de personas desempleadas subió nuevamente hasta 19 por ciento.[62]

La verdadera recuperación del país comenzó hasta 1939, cuando se supo que la guerra en Europa había estallado. Poco antes, Roosevelt había desarrollado una política diferente a la de sus tres predecesores, en parte porque tuvo la suficiente habilidad de rodearse de personas que le fueron muy leales, entre ellos el clero y los intelectuales como Harry Hopkins —un trabajador social más que intelectual—, Rexford Tugwell y Felix Frankfurter, que apoyaron su primer New Deal, de 1933 a 1936, y el segundo de 1937-1938.[63] Roosevelt ganó las elecciones de 1936 con una enorme ventaja. Atrajo a los jóvenes, intelectuales y progresistas, lo cual le dio la fuerza para poder reelegirse en 1940 y en 1944. La realidad es que el presidente estadunidense estuvo inmerso en el espíritu de la década de los treinta: rechazaba las virtudes del capitalismo empresarial y aceptaba mejor el colectivismo, actitud que en gran parte se debió a los resabios de la crisis de 1929.

La falta de credibilidad en los poderes de los líderes para manejar los negocios se sumó al descubrimiento de la Unión Soviética y al hecho de que esta nación ofrecía una alternativa novedosa a la agonía estadunidense. Muchos se cuestionaban por qué Rusia era la que debía plantearse la posibilidad de un nuevo porvenir y no Estados Unidos. El primer plan soviético de cinco años se propuso en 1928, pero fue hasta cuatro años después cuando los analistas estadunidenses se percataron de ello.[64]

[61] *Ibid.*, p. 255.

[62] *Ibid.*, p. 256.

[63] *Ibid.*, p. 257; Robert McElvaine, *The Great Depression...*, pp. 258-263; Eric Hobsbawm, *The Age...*, *op. cit.*, pp. 101-105.

[64] Paul Johnson, *Modern Times...*, *op. cit.*, p. 260; Eric Hobsbawm, *The Age...*, *op. cit.*, pp. 150-152.

En los años treinta la opinión estadunidense, a pesar de que asumía los principios democráticos y en su mayoría se manifestaba hostil hacia los principios fascistas, deseaba mantenerse al margen de toda cruzada contra el fascismo. El presidente Roosevelt sabía que no iba a poder permanecer indiferente ante lo que estaba sucediendo en Europa, y de ahí el célebre discurso que dio en Chicago en 1937, el "Discurso de los cuarenta", en el cual denunció la amenaza que los regímenes fascistas representaban para el mundo. La votación de la Ley "Cash and Carry" dejaba ver claramente los límites que Estados Unidos iba a mantener respecto a la situación mundial. Estaba dispuesto a vender armas a las democracias, con la condición de que se las pagaran de contado y de que cada uno resolviera el embarque, ya que no deseaba volver a reproducir los hechos que se dieron antes de la primera Guerra Mundial.

Roosevelt estaba convencido de que las democracias triunfarían sobre los fascismos. Este pensamiento provenía fundamentalmente de observar la fuerza del ejército francés, aunque cuando éste fue derrotado en 1940 el presidente estadunidense vio más cercana su participación en el conflicto. Así, al no poder convencer a su pueblo, logró que el Congreso votara en 1941 la Ley de Préstamo y Arriendo, en nombre de la defensa de Estados Unidos, para que aquellos aliados que no pudieran comprar armamento lo obtuvieran en calidad de préstamo hasta el final de la guerra.[65]

En agosto de 1941 el presidente Roosevelt definió en la Carta Atlántica, junto con el primer ministro británico Winston Churchill, lo que serían los objetivos de guerra. Fue ésta una declaración de principios que reafirmó los valores fundamentales de la democracia liberal. Allí los dos estadistas plasmaron su esperanza de ver "establecerse en el mundo, después de la destrucción final de la tiranía nazi, una era de paz fundada en la libertad, en la colaboración entre las naciones, en el progreso económico y en la seguridad social".[66] Esta iniciativa

[65] Marcelo García, Víctor Godínez et al., EUA. Síntesis..., op. cit., pp. 246-254; Hugh Brogan, The Penguin..., op. cit., pp. 568-575; Robert Goldston, The Road..., op. cit., p. 224.
[66] Marcelo García, Víctor Godínez et al., EUA. Síntesis..., op. cit., pp. 280-282; Robert Goldston, The Road..., op. cit., p. 233.

recordaba un poco los catorce puntos planteados por Wilson después de la firma del Tratado de Versalles. Sin embargo, no contemplaba la solución al problema de los refugiados, sobre todo los judíos; de hecho, seis millones de ellos morirían a manos de Hitler durante el lapso de los cuatro años siguientes.[67]

Cárdenas y el entorno mundial

Cuando Lázaro Cárdenas asumió la presidencia en diciembre de 1934, la mayoría de sus interlocutores políticos lo calificó con diversos adjetivos; Antonio Villarreal lo acusó de continuista, Lauro Rocha de ateo y los comunistas de callista. Pero el presidente tenía trazado su camino, y por ello estableció desde un principio una alianza con el ejército y después con los maestros, los obreros y los campesinos.

Sin el control militar del territorio, ninguna de sus empresas hubiera sido posible, del mismo modo que sin la participación colectiva los procesos de reforma tampoco hubieran podido llevarse a cabo. Cárdenas propuso en su momento algunas estrategias adecuadas para cada situación y, de esa manera, los comunistas y socialistas pasaron de la denuncia de un régimen que suponían contrario a los trabajadores, a percatarse de las iniciativas de reforma social en las cuales las antiguas organizaciones obreras y campesinas se restructuraron para demostrar la tolerancia y la posibilidad de solucionar sus demandas.

El periodo cardenista se desarrolló teniendo como telón de fondo las tres ideologías contrapuestas que se perfilaban en el mundo: el liberalismo, el fascismo y el comunismo, las cuales se disputaban los territorios ideológicos y materiales de todos los países. Contrario a la Doctrina Monroe, defensor de la Re-

---

[67] Véanse Yehuda Bauer, *Jews for Sale?...*, *op. cit.;* Lucy S. Davidowicz, *The War against the Jews, 1933-1945*, Nueva York, Bantam Books, 1976; Ward Rutheford, *Genocide, The Jews in Europe, 1939-1945*, Nueva York, Ballantine Books, 1973; Michael R. Marrus, *The Holocaust in History*, Nueva York, Meridian Books, 1989; Noam Penkower Monty, *The Jews Were Expendable; Free World Diplomacy and the Holocaust*, Chicago, University of Illinois Press, 1983; George M. Kren y Leon Rappoport, *The Holocaust and the Crisis of Human Behavior*, Nueva York, Schocken Books, 1976.

pública española y encargado del asilo de Trotsky, así como celoso guardián del derecho de los pueblos a la autodeterminación, el gobierno mexicano de Cárdenas dio muestras de un pluralismo comprometido y un no alineamiento inimaginable, tolerado en un país que había padecido tantas intervenciones extranjeras.

Durante los primeros años del régimen, se empezó de inmediato a percibir la presencia de las diversas fuerzas que actuaban en el territorio mexicano. Entre ellas estaba la de Saturnino Cedillo, quien pronto se separó de Cárdenas y había comenzado a planear una insurrección; en segundo lugar, se encontraban las empresas petroleras que desafiaban al gobierno y a sus trabajadores. Además, los socialistas y comunistas que sufrían el efecto de su propio crecimiento y los rebeldes del campo que estaban en contra de la reforma agraria; incluso los maestros, que se convirtieron en un grupo organizado independiente, y por supuesto la Iglesia y la derecha radical; todas estas tendencias y personas rebasaron las posibilidades de una respuesta gubernamental.

Nunca como en esos años la estabilidad del gobierno enfrentó tantos riesgos. Como se verá más adelante, los petroleros, los nazis y los nacionalistas vieron en Cedillo al hombre que podía encabezar la contrarreforma, y contribuyeron con dinero y armas para el levantamiento de quien suponían podía ser el siguiente presidente de México.

Los dos primeros años del gobierno cardenista estuvieron marcados por una profunda depresión colectiva y la pérdida de la fe en las instituciones políticas creadas por la Revolución, hecho que dio pie a la crítica social, a la violencia y a la incertidumbre. Anteriormente, la violencia había sido un recurso que emplearon fuertes y débiles, ya que era la única forma de imponer condiciones de vida más o menos aceptables. Cárdenas no estaba de acuerdo en solucionar los conflictos de esa manera y en cambio ofrecía a sus interlocutores la posibilidad de dialogar. Sin embargo, sólo después de que eliminó a Calles y a su aparato político pudo realmente considerar otras propuestas.

Desde que asumió el poder Cárdenas decidió buscar el apoyo de un grupo que fuera ajeno a los callistas. Se propuso llevar a cabo el cambio en la educación y hacerla "socialista", lo cual, según él, sería la base del progreso, la industrialización y el eje de la economía.[68] Poco antes, ya la Cámara de Diputados había aprobado la reforma al artículo tercero constitucional, diciendo que "además de gratuita y obligatoria, la educación pública tendería a la formación de un espíritu de solidaridad sobre los conceptos de servicio social, de conciencia de clase y de progresiva socialización de los medios de producción económica..."[69]

El proyecto educativo tenía como objetivo lograr la consolidación del triunfo político y militar sobre el fanatismo religioso. Los años de la Guerra Cristera habían marcado profundamente a la sociedad mexicana, y sólo se podría eliminar el poder de la Iglesia mediante ese cambio de actitud respecto a la forma de impartir la educación al pueblo; este hecho podría convertirse en la base del poder del Estado. Además, esa educación tendría un gran contenido social ya que mediante ella se podría liberar a la sociedad de la opresión económica y social, clave de la reconstrucción y avance nacional, que había sido la demanda planteada desde la Constitución de 1917. Estos cambios, aprobados posteriormente por Cárdenas, molestaron a Plutarco Elías Calles, quien comentó el hecho con el entonces embajador de Estados Unidos en México, Josephus Daniels, diciendo que la medida era radical. Desde entonces empezó el distanciamiento entre ambos estadistas.

Los maestros pronto se convirtieron en agentes del gobierno y comenzaron a influir en sus zonas para apoyar al primer mandatario de la nación. De esta manera, empezaron a crear organizaciones en defensa de la educación socialista. Por ejemplo, Anatolio Bautista solicitó en una carta a Cárdenas la depuración inmediata del profesorado.[70]

---

[68] Véanse "Discurso en el Ejido de Tres Palos" y "Discursos del 27 y 30 de junio de 1934, en Durango", en Partido Revolucionario Institucional, *Historia documental, PNR, 1934-1938*, vol. 3, México, ICP-PRI, 1981, pp. 39 y 68, 71-72, respectivamente.

[69] PRI, *Historia documental...*, *op. cit.*, p. 255. Texto del artículo 3° constitucional, aprobado el 19 de octubre de 1934.

[70] AGNM, Fondo Lázaro Cárdenas (en adelante, FLC), 534.6.1. Anatolio Bautista, Presidente del Comité Nacional Pro Reforma de la Educación, al Presidente Cárdenas, México, 3 de diciembre de 1934.

La reforma educativa enfrentó desde sus comienzos la resistencia política y armada de los núcleos de poder de las zonas en las cuales se implantó. Los maestros desafiaban a sus contrarios tradicionalistas, denunciaban sus abusos informando directamente al presidente de cualquier actitud rebelde. Hubo ceses arbitrarios de maestros en Sonora, San Luis Potosí, Guerrero y Puebla, así como amenazas en Chihuahua, Baja California, Durango y Zacatecas.[71] Por un lado, la reforma educativa significaba un cambio drástico de los viejos esquemas, y por otro, una injerencia en los viejos cacicazgos, con el propósito de renovarlos y lograr de esa manera una reorganización social, pero esta iniciativa no contó con la aprobación de dichos caciques.

Una cuestión importante que debe destacarse —y que para el presidente fue fundamental desde que tomó el poder— fue tener el mejor servicio de inteligencia que pudiera existir en el país. Gracias a ello siempre pudo detectar los conflictos y conocer de inmediato las deslealtades de sus colaboradores más cercanos. Ése fue el caso de Antonio Villarreal, ex candidato de la Convención Revolucionaria de Partidos Independientes, quien desde el inicio de la gestión de Cárdenas se encargó de denunciar la intromisión callista, el fraude electoral y los atentados que el nuevo líder iba a cometer en contra de la libertad religiosa, la educación, la familia y la Constitución.[72] Villarreal había participado en la rebelión delahuertista, se había escondido hasta 1929 cuando formó parte de la rebelión escobarista y luego volvió a exiliarse hasta 1933. Incluso es muy posible que el general Nicolás Rodríguez haya sido compañero suyo en alguna de estas hazañas.[73]

El general Villarreal tenía medios económicos y relaciones que había establecido en su etapa del exilio en Estados Unidos,

---

[71] AGNM, FLC, 541-301. Cartas de Emiliano Pérez, secretario del Sindicato de Trabajadores de la Enseñanza en Morelia, Michoacán, 8 de marzo de 1935, y AGNM, FLC, 534-6. 135. Denuncia de atentados de fanáticos maestros, prof. S. Amaya, director de la Escuela de Tlacotepec a Cárdenas, Totutla, Veracruz, 17 de mayo de 1935.

[72] AGNM, FLC, 559 3-11. Manifiesto a la Nación, 29 de octubre de 1934.

[73] Cfr. Gloria Sánchez Azcona, *El general Antonio I. Villarreal, civilista de la Revolución*, México, Biblioteca del Instituto de Estudios de la Revolución Mexicana, 1980.

así que instaló su cuartel general en Laredo, Texas, desde donde decidió combatir a Cárdenas. En 1935 el ejército descubrió en esa ciudad una casa donde se guardaban 40 000 cartuchos que fueron confiscados. Entonces se tomó prisionero a Espiridión Salinas y a diez de sus compañeros, gracias a los informes confidenciales que enviaba el jefe militar de la zona, el general Izaguirre, quien le comunicó al presidente que los sediciosos también tenían relación con Félix Díaz; de este último se decía que tenía armas suficientes para iniciar una rebelión.[74]

Se descubrió también que en la pretendida rebelión participaron como cómplices algunos agentes aduanales, y esto salió a la luz porque en Kansas City había un cargamento de ametralladoras alemanas y revólveres *Colt* que debían ser enviados a Laredo y posteriormente a México. Se logró detener el embarque en San Antonio, Texas, y de ello se informó al jefe del Ejecutivo por medio del cónsul mexicano en ese lugar, Fernando Torreblanca. Además, este último comentó a Cárdenas que la Iglesia también estaba involucrada: supo de la participación del obispo de El Paso, de Marcelo Caraveo, del arzobispo Ruiz Flores y de los Caballeros de Colón, cuyo jefe era Cleofas Caveros.[75]

El pueblo no se enteró hasta el mes de enero, cuando la prensa publicó un artículo diciendo que había un complot en contra del presidente Cárdenas y que en él participaban Antonio Villarreal, Gilberto Valenzuela y José Vasconcelos.[76] Parece que a Espiridión Salinas y a otro de sus compañeros los fusilaron en la frontera texana; sin embargo, la red que formaron en la frontera norte creció mucho, ya que abarcaba los estados de Baja California y Sonora, por donde pasaban las armas de contrabando. Lo anterior se supo porque el jefe de la zona militar de Baja California informó a Cárdenas que estos hom-

[74] AGNM, FLC, 556-6-9. Juan Izaguirre, comandante de la Zona Militar de Nuevo Laredo, Tamaulipas, 23 de enero de 1935, y AGNM, FLC, 559-3-28. Fernando Torreblanca al secretario particular de Cárdenas, Texas, 27 de febrero de 1935.

[75] AGNM, FLC, 556 2-1. José Hernández al secretario de Hacienda, México, 11 de enero de 1935. AGNM, FLC, 556 6-9. Consulado mexicano en Kansas City· a la Secretaría de Relaciones Exteriores, 22 de enero de 1935, y AGNM, FLC, 559 1-29, El Paso Texas, 18 de junio de 1935.

[76] *Excélsior*, 28 de enero y 2 de febrero de 1935.

bres habían usado uniformes del ejército mexicano para cometer sus fechorías y que Marcelo Caraveo había arreglado la compra de unos aviones en Estados Unidos, los cuales debían ser entregados en Sonora, además de armas compradas a la American Armament Company. Esta rebelión estaba apoyada por algunos estadunidenses como Henry Fisher, un hombre de apellido Pendry, otro McKenny y Ellis, quienes eran pilotos y volaban entre la frontera de México y Estados Unidos.[77]

A su vez, Antonio Villarreal proclamó varios manifiestos en los cuales decía que luchaba por la fe católica y por la causa agraria, que muy pronto el pueblo vería las propiedades de Plutarco Elías Calles, Aarón Sáenz y Abelardo Rodríguez, entre otros, confiscadas por el gobierno, y que el régimen de Cárdenas era ilegítimo y por ello era urgente derrocarlo.[78]

Hacia mediados de 1935 era difícil saber si el gobierno de Cárdenas iba a lograr sostenerse hasta el final, ya que tenía muchos enemigos entre los políticos, además de todos los grupos subversivos que actuaban en el país para derrocarlo. Uno de los que criticaban constantemente las decisiones del presidente era Saturnino Cedillo, quien se dedicaba a señalar las torpezas que cometían los miembros del gabinete presidencial. Una de ellas fue la acontecida en diciembre de 1934 cuando Tomás Garrido Canabal, secretario de Agricultura, sembró el terror entre los católicos de la capital al permitir que sus Camisas Rojas asaltaran una iglesia en el barrio de Coyoacán y mataran a algunos de sus feligreses.[79] A pesar de que Cárdenas removió a Garrido de su cargo y lo mandó exiliado, y de

---

[77] AGNM, FLC, 559 3-28. El general Agustín Olachea afirmaba haber descubierto en Los Ángeles a uniformados comprando rifles. San Diego, California, 19 de enero de 1935. Fernando Torreblanca al secretario Particular del Presidente, Los Ángeles, California, 9 de abril de 1935. Véase, además, National Archives, Washington, D. C. (en adelante NAW, WDC), 812.00. Revolutions 154. Daniels al secretario de Estado, México, 29 de enero de 1935, y NAW, SD (State Department), WDC, 812.00. Bandit Activities 22.

[78] AGNM, FLC, 559 3-28. Carmen O. de Bordallo a Cárdenas, San Antonio, Texas, 3 de junio de 1935, y AGNM, FLC, 559 1-29. Efraín Zepeda, Director del periódico *El Jicote* envía a Cárdenas copia del manifiesto subversivo de Cananea, Sonora, 3 de junio de 1935.

[79] Véase Enrique Canudas, *Trópico rojo*, 2 vols., México, Gobierno del Estado de Tabasco, 1989. Este grupo anticlerical surgió en la década de los años veinte en Tabasco.

que desconoció los poderes del gobernador de Tabasco, esto no fue suficiente para que se tranquilizaran los ánimos entre los cristianos. El acto desató otros semejantes en Guadalajara, Monterrey y Saltillo, con la consecuente sensación de que los problemas religiosos no podían terminarse en el país.[80]

Las protestas al presidente empezaron a multiplicarse; en 1935, por ejemplo, recibió un informe del cónsul mexicano en Los Ángeles, en el que le hacía saber que el general Plutarco Elías Calles estaba involucrado con Abelardo Rodríguez y el ex gobernador de Sonora, Topete, en ciertas actividades sediciosas en Estados Unidos. Le comunicaba asimismo que Rodríguez se había entrevistado con el presidente Roosevelt, tal vez para solicitarle su apoyo para un movimiento en contra de Cárdenas. La información había sido confirmada por el mismo cónsul por un artículo referente a México del *Daily News* de esa ciudad, en el que se afirmaba que el país estaba "al borde de otra revolución" y que había muchas personas en desacuerdo con Cárdenas que estaban planeando derrocarlo.[81] El 4 de febrero de ese año, el *Excélsior* reprodujo una noticia procedente de El Paso, Texas, donde se decía que el gobierno estadunidense estaba investigando a Cárdenas respecto a su intolerancia religiosa y que, si se confirmaba este hecho, se tomarían medidas para llevar a cabo un boicot económico en contra de México.[82]

El embajador Daniels tenía frecuentes pláticas con dirigentes políticos en el país y sabía de las diferencias que tenían Abelardo Rodríguez y Calles con Cárdenas. El ex presidente Rodríguez, por ejemplo, estaba molesto porque el mandatario había incluido en su gabinete a Tomás Garrido Canabal, mientras que a Calles le molestaba su "radicalismo". Daniels, preocupado por la situación, comentó a su gobierno que quizá se estaba iniciando en México un régimen totalitario que controlaría a los obreros y a los campesinos, semejante a lo que estaba sucediendo en Alemania con el nazismo.[83]

---

[80] *Excélsior*, 16 y 24 de junio de 1935 y 9 y 10 de febrero de 1935.

[81] AGNM, FLC, 559 3-28. Calixto Garrido Alfaro a Cárdenas, Los Ángeles, California, 22 de enero de 1935.

[82] *Excélsior*, 4 de febrero de 1935.

[83] NAW, SD, WDC, 812.00-30 168. Daniels al secretario de Estado. Confidencial. México, 25 de febrero de 1935.

Es obvio que desde el principio de su mandato, Cárdenas fue puesto a prueba para ver si lograba mantenerse en el poder. Poco a poco, tanto los obreros como los campesinos, se fueron sumando a sus proyectos reformistas, lo que dio pie a que apareciera una nueva corriente de pensamiento dentro del territorio mexicano. No se podía decir que el mandatario se estuviera ajustando a los parámetros del liberalismo de la época, pero tampoco se le podía calificar de socialista, en el pleno sentido de la palabra, y mucho menos de ser fascista. Su régimen distaba mucho de ser totalitario.

Paralelamente a la iniciativa de organización campesina, Cárdenas estimuló la formación de una defensa agraria en contra de las agresiones que sufrían campesinos y maestros. Desde febrero de 1936 decretó que "los elementos agraristas que prestan sus servicios al gobierno y colaboran con él" debían incorporarse a la reserva del ejército. De esta manera, comprometió a la fuerza armada con la rural, e incrementó rápidamente el número de sus efectivos. Así, la reforma agraria se vinculó indisolublemente a una estrategia de pacificación general. En el campo, la defensa colectiva se convirtió en un asunto de seguridad nacional. El continuo reacomodo de jefes militares tuvo además otro significado en el marco de la reorganización agraria: era el único modo de asegurar un flujo de información sistemática al comando general, sin que se filtrara a otro lado.

Se trataba de evitar un golpe militar, porque los generales, en continuo movimiento, eran a la vez sujeto de observación parcial y objeto de comparación y vigilancia. Cárdenas recibía comunicaciones que expresaban el miedo a que su programa agrario volviera a desatar una guerra civil. Hubo grupos que criticaron la nueva orientación educativa y agraria; éstos eran principalmente, como ya se mencionó, los políticos rencorosos, los ricos, la clase media y, sobre todo, la Iglesia.[84] La educación socialista lastimaba los intereses y principios de algunos grupos sociales como el clero, los "padres de familia", a ciertos intelectuales y, más que nada, a los círculos de derecha. El clero era el más perjudicado por esos cambios que limita-

---

[84] Victoria Lerner, *La educación socialista*, t. 17: *Historia de la Revolución mexicana, 1934-1940*, México, El Colegio de México, 1979, pp. 11-12.

ban enormemente su poder, ya que la posibilidad de inculcar las ideas católicas en las escuelas se había cancelado. Esto, aunado a las campañas antirreligiosas, hizo que la Iglesia sintiera limitada su labor. La institución eclesiástica insistió a sus fieles que debían dar una educación cristiana a sus hijos y que por ningún motivo debían aceptar la educación sexual. Hubo actos de violencia, colocación de bombas en las escuelas y no faltaron conspiraciones armadas que algunos consideraban "medio fantasiosas", porque se proponían nada menos que derrocar al gobierno. En estas conspiraciones, como se verá más adelante, se unieron antiguos partidarios del clero.[85]

El de 1935 fue un año de problemas intensos en México. Se desató un número importante de huelgas, conflictos en el campo, además de que el gobierno se vio golpeado por políticos, entre ellos algunos callistas, así como empresarios, hacendados y religiosos. Fue entonces cuando se empezaron realmente a organizar los grupos de derecha, los cuales adquirirían mayor importancia hacia 1938 y 1939. Incluían en su programa la reivindicación de los derechos religiosos y el desconocimiento de la educación socialista; por ello, el Partido Socialdemócrata Mexicano pidió entonces la libertad de cultos, de cátedra, de conciencia y de prensa.[86]

Cárdenas consolidó su hegemonía política hasta el momento en que destituyó a los callistas que formaban parte de su gobierno y tomó la decisión de expulsar del país, en abril de 1936, al propio Calles junto con Luis Morones, Luis León y Melchor Ortega. Poco después, a finales de ese año, el presidente emprendió otra maniobra definitiva para su consolidación cuando envió al Congreso una iniciativa de Ley de Expropiación que reglamentaba el artículo 27 constitucional. Ésta se refería a la expropiación de recursos a los intereses individuales o corporativos privados "por causa de utilidad pública".

Las protestas no se hicieron esperar. El embajador Daniels señaló su inquietud sobre el discurso nacionalista y socializante del nuevo régimen, y en sus informes aparecían peque-

---

[85] *Ibid.*, p. 36. Estos partidarios querían la huida de varios presos políticos, quemar los hangares de Balbuena y aprehender a altos funcionarios. Véase *El Universal*, 6 de abril de 1935, pp. 1-4.
[86] *Excélsior*, 12 de junio de 1935.

ñas presiones del gobierno estadunidense que indicaban al mexicano los riesgos en que incurriría si persistía en su idea de afectar a las empresas, porque se estaba llevando a cabo el trabajo de la Comisión Borah del Senado sobre la intolerancia religiosa, y la afirmación del Departamento de Justicia de que le era "legalmente imposible" detener el flujo de armas. Los departamentos de Estado y de Defensa guardaban minucioso registro de los acontecimientos nacionales, gracias a la información proporcionada por los diplomáticos, miembros de su aparato de inteligencia y ciudadanos estadunidenses que tenían intereses en México. Conocían los movimientos de todas las fuerzas, por pequeñas que fueran, el uso que se hacía de todos los recursos naturales y humanos, el origen y destino del tráfico de armas y, por supuesto, todas las acciones del ejército y de los rebeldes en cada pedazo del territorio nacional. Por lo mismo, era inevitable que los acontecimientos se filtraran a los despachos del señor Daniels o de Marshburn, el agregado de inteligencia militar.

Al revisar los archivos en Estados Unidos se puede corroborar la cantidad de información que recibía la embajada estadunidense, no sólo con referencia a los eventos que ocurrían en el país, sino además sobre los agentes extranjeros que se encontraban en él, fundamentalmente la llegada de nazis y soviéticos, lo cual constituyó un punto de referencia indispensable para medir la balanza y observar hacia dónde se inclinaba la política presidencial.

El agregado militar Marshburn informó en 1936 sobre la posibilidad del traslado del cuartel comunista latinoamericano de la ciudad de Montevideo a la ciudad de México. Otro ejemplo fue una carta publicada en el diario *New York Enquirer*, donde el gobernador electo de Michoacán, Gildardo Magaña, escribía al agente nazi Paul von Stoffen, para seguir adelante con "los planes", cuestión que confirmaba, según Marshburn, la infiltración de agentes nazis entre los altos funcionarios del gobierno mexicano.[87]

La Ley de Expropiación y la intervención de México en favor

---

[87] NAW, MID, WDC, 6851 G2R MID, 2657 G768-67. Marshburn MID, México, 28 de enero de 1936; artículo del *New York Enquirer*, 18 de enero de 1936; AGNM, FLC, 432.2-253.8.

de la República española, aumentaron los temores del embajador Daniels acerca de que el gobierno fuera de tendencia comunista. Hacia el mes de noviembre de 1936, uno de los funcionarios de la embajada le aseguró al embajador que Vicente Lombardo Toledano era un agente de la Internacional Comunista, de la cual recibía un salario por medio del Partido Comunista Mexicano (PCM) en Monterrey.[88]

Estados Unidos no dejaba de presionar al gobierno, pero Cárdenas se sentía fuerte y, por ello, a finales de 1936 anunció el aumento del precio de la plata. El embajador difundió entonces la idea de la posibilidad de que se incautaran las cuentas a los estadunidenses, hecho que la Secretaría de Hacienda desmintió de inmediato.[89] En el mismo año, el presidente Roosevelt asistió a la Conferencia Interamericana de Paz celebrada en Buenos Aires. En ella insistió en que América debía estar unida en contra de cualquier agresión europea. Sobre todo ofreció su compromiso como "buen vecino" de apoyar a los regímenes democráticos del continente. Allí, el embajador mexicano, Castillo Nájera, fue electo presidente de la Comisión pro Paz de la conferencia; desde este cargo se ocupó de defender la no intervención en los asuntos internos de otro país e hizo explícito el rechazo de su gobierno a la Doctrina Monroe.[90]

En julio de ese mismo año se supo de la guerra civil en España. Por un lado se encontraba la mayor parte del ejército, por la otra el régimen republicano, sus partidos aliados y el pueblo indefenso. Franco prometía acabar con el comunismo aunque tuviera que matar a la mitad de la población española. De esta manera, por una parte se encontraban el gobierno, la central obrera y los comunistas, y por la otra, los opositores, nacionalistas, conservadores y profascistas.

En México había también contradicciones, ya que en la Cámara los dirigentes del "ala izquierdista" se vieron obligados a renunciar, pero aun después de ello los enfrentamientos a golpes entre partidarios y opositores del "Frente Popular" conti-

---

[88] NAW, SD, WDC, 812.00B-354. Blocker al Departamento de Estado, Document File Note, Monterrey, 30 de noviembre de 1936.

[89] *Excélsior*, 27 y 28 de noviembre de 1936.

[90] *Ibid.*, 3, 15 y 20 de noviembre de 1936.

nuaron. Emilio Portes Gil tuvo que dimitir de su cargo en la dirección del PNR y fue sustituido por Silvano Barba González, hasta entonces secretario de Gobernación.[91]

El presidente Roosevelt resolvió ampliar las prohibiciones a las compañías que intentaran vender armas a España; llegó al grado de negar el pasaporte a quien pretendiera dirigirse a ese país y decretó la ilegalidad de las transacciones financieras entre estadunidenses y españoles. Sin embargo, el gobierno de Cárdenas siguió adelante con su política, que permitía la venta de armas y alimentos a los españoles y, además, empezó a recibir a los refugiados que venían de ese país.[92]

El *Excélsior* publicó entonces un desplegado de la Falange española en apoyo a los rebeldes y anunció la campaña de solidaridad con el franquismo de la Acción Cultural Nacionalista.[93]

También en ese año, sólo unos meses después, se supo de la purga de dirigentes bolcheviques que se estaba llevando a cabo en la Unión Soviética, a partir de la Revolución de Octubre. Éstos eran sometidos a juicio con el cargo de traición a la patria. Uno de los acusados fue Trotsky, que logró exiliarse en París, desde donde pensaba trasladarse a Estados Unidos, cosa que le resultó imposible. Fue así como Diego Rivera le solicitó al presidente mexicano que considerara su caso.[94]

De hecho, desde mediados de 1936 empezaron a surgir editoriales en los periódicos nacionales en defensa del nazismo y que atacaban a los judíos. Dichos artículos siguieron apareciendo a lo largo del régimen cardenista, pero a partir del apoyo del primer mandatario a los republicanos españoles, los alemanes se convencieron de que Cárdenas no estaba totalmente a su favor.[95] Por lo mismo, Cárdenas y su gobierno fueron

[91] *Ibid.*, 23 y 26 de agosto de 1936.
[92] *Ibid.*, 3, 4, 14, 19 y 21 de enero, 15 y 20 de febrero, 1° 4, 7, 16 y 31 de marzo, 2 y 4 de abril, y 3 de mayo de 1937.
[93] *El Universal*, 11, 12 y 14 de octubre de 1936, y *Excélsior*, 4 y 7 de septiembre de 1936.
[94] *Ibid.*, 1° de noviembre de 1939.
[95] NAW, WDC, 7773 G2R MID, 343 W23-152, Marshburn MID, México, 19 de enero de 1937. De acuerdo con este informe, parece que el encargado alemán de negocios, Friederich von Boetticher, estuvo en México y en Estados Unidos y se retiró de nuestro país con la idea de que el gobierno cardenista no tenía intenciones de estrechar las relaciones con el Tercer Reich.

acusados de comunistas por las fuerzas conservadoras; decían que pretendían establecer una dictadura del proletariado contra la tradición y las realidades del país. El apoyo a la República española había dividido también en dos bandos a los mexicanos, y solamente un hombre de la talla de Trotsky podía hacer contrapeso en la balanza.

Por la frontera sur el mandatario también se vio hostigado, ya que el gobierno guatemalteco había ordenado la movilización de 500 soldados en distintos puntos estratégicos de acceso a su país. Ubico, su dictador, era enemigo de Cárdenas y, gracias a la fuerte campaña de la prensa, pensó que el comunismo en México estaba avanzando a pasos agigantados y que por ello Guatemala debía tomar precauciones.[96]

La campaña antifascista creció bajo la influencia de la República española. A partir de 1936 los nazis eran identificados en nuestro país por su exagerada violencia y sus deseos expansionistas. Sin embargo, había personas dentro del territorio mexicano que se mostraban fuertemente a favor de Alemania y otros que se inclinaban por el comunismo. Sólo el gobierno y su política centrada y firme impidieron que se produjera un alineamiento masivo hacia alguno de esos ejes ideológicos y políticos.

México se encontraba en una especie de caos de actitudes, entre los villarrealistas, los callistas, comunistas, cetemistas, dorados y rojos, los cuales formaban un panorama muy contradictorio, pero el presidente estaba convencido de que podía manejar cualquier situación, por difícil que ella pareciera. Gracias a sus informantes aprendió, desde luego, los códigos secretos de las diversas organizaciones y del pueblo en general.

A partir de 1937, Cárdenas determinó nuevos rumbos y formas; por ejemplo, no hubo conflicto interno o internacional sobre el cual él no exteriorizara su opinión o ayudara si ello era factible (excepto en el caso concreto de los refugiados judíos, situación que se analizará más adelante). Entonces se iniciaron los conflictos más graves con las empresas petroleras estadunidenses e inglesas.[97]

[96] AGNM, FLC, 559.3-28. Federico Montes, jefe de la Zona Militar de Chiapas a Cárdenas, Tapachula, 7 de noviembre de 1935.
[97] Véase Alicia Gojman de Backal, *La expropiación petrolera vista a través*

Sus negociaciones tenían por objeto recuperar ante todo la soberanía económica, evitar conflictos con los gobiernos extranjeros y conducir los problemas laborales hacia una solución para no paralizar al país. Las empresas no consiguieron, por ejemplo, involucrar al gobierno de Estados Unidos en su defensa. Tanto Daniels como Roosevelt sólo contestaban que estudiarían el problema y únicamente estuvieron atentos al desarrollo del conflicto laboral. En esos momentos, y ante la amenaza de una ruptura diplomática dada la situación tan cercana a una guerra en Europa, Estados Unidos se vio obligado a llevar a cabo solamente alianzas estratégicas y tratar de evitar así el rompimiento con nuestro país.

Cuando el 18 de marzo de 1938 se concretó la expropiación petrolera, Daniels se limitó a notificar a su gobierno sobre "los pasos que se seguirían", así como acerca de la lista de las compañías afectadas, asegurándole a Roosevelt que el régimen estaba más sólido que nunca.[98] Después de muchos diálogos, Estados Unidos resolvió la suspensión temporal de las compras de plata a México.[99]

El mismo secretario Cordell Hull concluyó que su vecino estaba en su pleno derecho de expropiar a las compañías rebeldes. Y tampoco se logró organizar algún frente internacional que se opusiera a esta situación. Mientras el periódico *Times* de Londres exageraba la crisis interna de México, el *Washington Post* pedía una pronta solución al conflicto para evitar que México cayera en manos de los nazis, quienes estaban muy atentos del conflicto para aprovecharse de él en su propio beneficio.[100] Poco tiempo después, el presidente de Estados Unidos ordenó la reanudación de la compra de plata. El apoyo a la expropiación, la cercanía de la guerra y el riesgo de no contar con bases al sur de su frontera fueron argumentos muy poderosos para llegar a un acuerdo lo más rápidamente posible con el gobierno cardenista.

de la prensa mexicana, norteamericana e inglesa, 1936-1940, México, Petróleos Mexicanos, 1988.

[98] NAW, SD, WDC, 812.00-30559. Daniels al secretario de Estado, México, 15 de marzo de 1938.

[99] *Excélsior*, 18, 23, 29 y 31 de marzo de 1938.

[100] *Ibid.*, 2 de abril de 1938; y Alicia Gojman de Backal, *La expropiación...*, *op. cit.*

Algunas de las compañías tenían vínculos de negocios con el Führer alemán y se convirtieron en elementos sospechosos, aun para su propio gobierno; de hecho, la inteligencia en Estados Unidos les estaba siguiendo los pasos, como se verá más adelante.[101] México se vio obligado a vender petróleo a Alemania ante el boicot de Inglaterra, así como a intercambiar productos por petróleo con Canadá, Italia y Brasil.[102] Aun así, el presidente recibió el apoyo unánime de su pueblo por la decisión tomada.

Muchos grupos que estaban descontentos con la política cardenista se aprovecharon de la situación para tratar de derrocarlo con el apoyo de los petroleros y los nazis. Uno de ellos fue el grupo de la derecha radical encabezado por Saturnino Cedillo, quien a partir del reparto agrario había renunciado a su cargo como secretario de Agricultura y se había retirado a su rancho en San Luis Potosí.

La renuncia de Cedillo dio pie a nuevos informes sobre el fascismo mexicano. Desde distintas fuentes comenzó a vincularse a las compañías petroleras y las legaciones fascistas con los opositores internos, lo cual permitió a Lombardo Toledano y a los comunistas recuperar posiciones. De esta manera, Lombardo descubrió que se preparaba un atentado en contra de Cárdenas en Sonora, bajo la dirección del gobernador de esa entidad, Román Yocupicio.[103] También la CTM comentó la posibilidad de que se dieran brotes subversivos en Nuevo León y Jalisco. A partir del sexto Consejo Nacional de esta organización, Lombardo Toledano empezó a utilizar el término de Frente Popular para referirse a la unidad conformada por el gobierno y los antifascistas con el propósito común de derrotar al imperialismo y la reacción.[104]

---

[101] Carta del embajador en Alemania William Dodd al Presidente Roosevelt del 19 de octubre de 1936. En ella se refiere al aumento de las inversiones de la Standard Oil en Alemania a partir de 1933. Véase *Franklin D. Roosevelt and Foreign Affairs*, vol. 3: *September 1935 and January 1937*, Cambridge, Mass., Belknap Press-Harvard University Press, 1969.

[102] NAW, SD, WDC, 812.00 B 404. McDonald a Hull, Washington, 10 de septiembre de 1938; *Excélsior*, 27 y 28 de octubre de 1938.

[103] AGNM, FLC, 551-14. Arturo Villegas, Sindicato Ferrocarrilero a Cárdenas, México, 30 de septiembre de 1937.

[104] AGNM, FLC, 606.3-20. Discurso de Hernán Laborde, 20 de noviembre de

Hacia 1939 empezó a perfilarse la candidatura de algunas personas para tomar la presidencia en el siguiente año. En el VII Congreso del Partido Comunista se adelantó la convocatoria oficial. En dicho congreso participó un dirigente comunista estadunidense, Earl Browder, quien durante su intervención hizo hincapié en la crítica situación por la que atravesaba México, la influencia que tenía el fascismo internacional y el aumento de las actividades de los reaccionarios, además de la proximidad de la guerra.[105]

La situación económica del país era crítica debido al descenso en el precio de las materias primas y las maniobras de las compañías petroleras, el retiro de sus fondos de los bancos mexicanos y el boicot al petróleo en el mercado exterior. En la agricultura también la producción había disminuido mucho debido al sabotaje que estaban llevando a cabo los hacendados. No obstante, de acuerdo con Hernán Laborde, los mayores enemigos seguían siendo el fascismo y el trotskismo, aunque no percibía que dentro de los grupos socialistas esas mismas divisiones también los estaban conduciendo al fracaso.

A partir de septiembre de 1938 los oficiales estadunidenses se dedicaron a vigilar a los empresarios, funcionarios diplomáticos y ciudadanos alemanes en México. Asimismo, la prensa nacional empezó a ser sospechosa porque se dedicó a publicar gran cantidad de propaganda alemana.[106] El gobierno mexicano intentó demostrar a Estados Unidos que las relaciones con Alemania sólo se limitaban al plano comercial, y que esta situación se había iniciado a partir del bloqueo al petróleo. El secretario García Téllez se encargó de explicarle esta situación a Roosevelt

1937 y AGNM, FLC, 551-14. Lombardo Toledano a Cárdenas, México, 22 de noviembre de 1937.

[105] Hernán Laborde, "Unidos tras un solo candidato para derrocar a la reacción", en *Informe al VII Congreso del Partido Comunista Mexicano, México, D. F., 28 de enero a 3 de febrero de 1939*, México, Popular, 1939, p. 5; y sobre la intervención de Earl Browder se puede consultar la p. 6.

[106] NAW, SD, WDC, 812.00 N 22. Paul Demile al secretario de Estado, Nuevo León, 14 de septiembre de 1938. Moses a Daniels, reexpedida al Departamento de Estado, Saltillo, Coahuila, 28 de septiembre de 1938. NAW, SD, WDC, 812.00 N.29 y 800 20210-175 y 812.00 N 31. Informe de actividades de los nazis en México según Von Seedorg, empleado del Hotel Geneve, obtenido para la oficina del Agregado Naval de la Embajada. W. M. Dillon, Attacheé Naval a la inteligencia Naval, Departamento de Marina, México, 25 de octubre de 1938.

y le aseguró que el gobierno de su país no estaba asociado con los nazis, pero reconoció que los fascistas estaban muy activos y su influencia se notaba en esos artículos pagados a la prensa nacional, particularmente a la de tendencia de derecha.

Entonces Cordell Hull recibió de un empresario particular, J. C. McDonald, el informe acerca de la mala situación económica de México, así como de la firma de un contrato para comprar aviones canadienses, de las negociaciones para adquirir un equipo alemán de refinería que se pagaría con petróleo por medio de la firma Davis & Co., de otras negociaciones para comprar maquinaria de imprenta en Alemania, del intercambio de químicos pesados por petróleo con la compañía japonesa Mitsui & Co., además del intercambio con Italia de tres buques petroleros por petróleo. Todo ello hablaba de las relaciones de México con el Eje.[107]

La crisis mundial propició que las actividades de espionaje en nuestro país se incrementaran. La embajada de Estados Unidos seguía de cerca este hecho, argumentando que en México se había infiltrado una "quinta columna", en vista de que había aumentado la propaganda nazifascista. De ahí se supo que mafiosos de Baja California estaban planeando un atentado contra el presidente y que los Camisas Doradas se preparaban desde Ciudad Juárez para marchar a la capital.[108] Entre los meses de marzo y junio de 1939 la inteligencia militar estadunidense acumuló gran cantidad de información sobre personas sospechosas de ser agentes nazis; empresas alemanas y japonesas que tenían negocios en México, y ciudadanos mexicanos que mantenían vínculos con Alemania.[109]

---

[107] NAW, SD, WDC, 812.00 B 404. McDonald a Hull, Washington, 10 de septiembre de 1938. *Excélsior*, 27 y 28 de octubre de 1938.

[108] NAW, SD, WDC, 812.00 N 33. Daniels al Departamento de Estado, Document File Note, México, 3 de marzo de 1939. Pablo Garbinsky, polaco, y Hans von Holleufer, alemán, fueron expulsados por órdenes de la Secretaría de Gobernación. Se estaba siguiendo juicio por espionaje a Bernardo, Sonia y Arno Kosak y a Ponzanelli, de origen italiano. AGNM, FLC, 564.3-14. Agustín Leñero, secretario de la Presidencia, al procurador general de la República, transcribe carta del Cónsul en McAllen, Texas, Lauro Izaguirre, México, 7 de marzo de 1939. Además, existen en los Archivos de Washington varias notas confidenciales enviadas desde Mexicali, en junio de 1939, y de Chihuahua el 6 de julio del mismo año. Véase NAW, SD, WDC, 812.00 Revolution 471.

[109] Se seguían los pasos de ciudadanos vinculados con Alemania, por ejem-

Con especial interés se vigilaba al agregado de prensa de la embajada alemana, Arthur Dietrich, asociado a los falangistas, ex jefe de la Gestapo en España y representante del Instituto Hispanoamericano Alemán que presidía el ex embajador en España, Von Faupel. Ésta era una organización nazi que distribuía propaganda en América Latina y que contaba con la colaboración de otros agentes, como Luis Vent Salazar, Von Boetticher y Bollard von Watzdorf.

De igual manera, la embajada estadunidense se preocupó por vigilar a las empresas de los países fascistas. Así, se supo de los tratos de la empresa petrolera japonesa Taiheiyo Kaish con el gobierno mexicano, y la posible construcción de una presa en Salina Cruz y un ducto que cruzara el Istmo de Tehuantepec, a cargo de un alemán llamado Franz Wagner y de los agentes nazis Beik Felix y Herman Sommer. Asimismo, se vigiló la Casa Boyer, la empresa editorial Völkischer Beobachter, que publicaba un periódico de propaganda nazi también en Estados Unidos, así como la agencia Mercedes-Benz. Por otro lado, Estados Unidos actuó en contra de aquellas organizaciones que tenían relaciones directas con —o eran apoyadas abiertamente por— los nazis, como el caso de los Camisas Doradas y su jefe Nicolás Rodríguez. Igualmente, la acción se extendió a los Camisas Plateadas en su territorio, cuestión que se analizará más adelante. La misma vigilancia estadunidense siguió los pasos de un profesor de Monterrey, Carlos Sánchez Navarro, y del dueño de una empresa editorial llamado Amador Ledesma; también se llevó a cabo la persecución de los anticomunistas Iturbe, Caraveo y Coss.

Roosevelt tenía además que lidiar con su Congreso para modificar la Ley de Neutralidad y poder vender armas a In-

plo, Seutter, Hermkes, Lateyf, Schacht, Hasselman y Carlos Steinman, que tendrá relación directa con Nicolás Rodríguez en la ciudad de Mission, Texas. Sobre todo estaban atentos de las actividades de Arthur Dietrich, que también tenía relación con los Camisas Doradas. *Excélsior*, 9 de marzo, 9 de junio y 15 de julio de 1938. NAW, SD, WDC, 812.00 N 35, N 40 y 812.4061. Daniels al secretario de Estado, Document File Note, México, 9 de marzo, 11 de abril, y Cross Reference Note, 7 de junio, 12 de junio, y 28 de julio de 1939, y NAW , SD, WDC, 812.00 N 37 y N 38 Dayle McDonough al secretario de Estado, Estrictamente Confidencial, Monterrey, 30 de marzo y 5 de abril de 1939. Además, existen informes de Coahuila, de Chihuahua, de Nogales, Sonora, y otros. NAW, SD, WDC, 812.00 N 47 y N 48, N 50, del mes de junio de 1939.

glaterra y Francia en caso de que estallara la guerra. Mientras estos países estaban ocupados en defender a Polonia, se supo de un pacto de crédito y comercio entre Alemania y Rusia. Éste se conoció como Pacto Ribentropp-Molotov y significó un golpe muy fuerte para todos aquellos grupos de socialistas y comunistas, al percatarse de que la URSS había decidido ubicarse del lado de su antiguo enemigo fascista.[110]

Los estadunidenses trataron a toda costa de evitar tomar parte en la guerra europea que había estallado en septiembre de 1939, pero cada día se volvía más difícil apegarse a esa decisión. En cuanto a la presencia de los nazis en México, el embajador Daniels mantenía informado a Roosevelt puntualmente: lo tuvo al tanto de varias estaciones de radio clandestinas —como por ejemplo, una en la ciudad de Monterrey y otras radiodifusoras alemanas—, además del posible traslado del Bund germano-norteamericano de Estados Unidos a México, ya que se encontraba en el país Eduardo Voigt, una de las cabezas de esa organización, que tenía relaciones con agencias en Veracruz, Guadalajara y Tijuana. Seguían vigilando a Dietrich, quien se relacionó con el doctor García Marín y con el periódico *Excélsior*.[111]

Además de esos agentes nazis, Estados Unidos estaba temeroso de los refugiados españoles que Cárdenas había aceptado, porque pensaba que ellos podrían influir en la política nacional y radicalizar al mandatario hacia la izquierda. El gobierno de Estados Unidos tenía pruebas de que la falange española y los nazis estaban desplegando gran actividad en la frontera sur del territorio estadunidense.[112]

[110] *Excélsior*, 19, 22, 24 de agosto de 1939. El pacto iba a tener una duración de diez años y sería ratificado al año siguiente de su firma. Stalin lo justificaba como un pacto para preservar la paz, que no se oponía a una alianza militar con Francia e Inglaterra.

[111] NAW, SD, WDC, 812.00 N 57. Daniels al Departamento de Estado, Cross Reference File, México, 23 de agosto, 21 y 26 de septiembre, 23 y 25 de octubre, y 10, 17, 29 de noviembre de 1939. Véase además, NAW, SD, WDC, 812.00 N 88. Cónsul Stafford al Departamento de Estado, Cross Reference File Note, Guadalajara, Jalisco, 14 de noviembre de 1939. La embajada estadunidense y otras agencias vigilaban a los agentes nazis, como Christian Bernstorff, sobrino del conde del mismo nombre, dueño de plantaciones en Chiapas, Cornelio Goertz, Herman Gotstetter, Teodoro y Pablo Beutelspacher y a los agentes de la Gestapo Walter Westphal, Fursher y Otto Protz, por nombrar a algunos.

[112] Las actividades de los falangistas eran el espionaje, contrabando de

En su quinto informe de gobierno, Lázaro Cárdenas se refirió a dos elementos que consideraba muy importantes para el desarrollo de la política nacional: uno era la guerra en Europa y el otro la sucesión presidencial. Gracias a los arreglos con las compañías petroleras, en noviembre de ese año México suspendió las ventas de petróleo a Alemania.

El primero de enero de 1940 el mandatario mexicano le envió a Roosevelt una carta donde le proponía apoyar una gestión de paz de todos los presidentes de América. El presidente estadunidense aprobó esta moción, que se había presentado desde 1936 en Buenos Aires, aunque por la presión de Edgar Hoover, entonces director del FBI, le hizo saber a Cárdenas su preocupación por la "influencia alemana en México". Para ello envió al secretario Cordell Hull, con el propósito de convencerse de que el primer mandatario estaba dispuesto a tomar medidas en contra de la "quinta columna".[113]

Entonces Cárdenas expulsó definitivamente del país a Arthur Dietrich y a otra agente de nombre Elisa de la Vega Ocampo.[114] En ese año tuvo lugar la Conferencia de Paz en La Habana, en la cual se aprobó que si alguno de los países del continente era invadido, podría iniciarse una acción bélica unilateral que luego era factible de ser sometida a la consulta general. Se prohibieron las actividades nazifascistas o de otros grupos o "gobiernos extranjeros" en contra de las instituciones democráticas de América.[115]

La lista de agentes nazis que tenía entonces la embajada estadunidense se relacionaba con la campaña del candidato a la presidencia Juan Andrew Almazán. Entre ellos estaban el doctor Paul Schmidt en Sonora, Guido Moebes en Monterrey, dueño de una radiodifusora, Alejandro Villaseñor, José Elías y un juez de apellido Espinoza, mismos que se dedicaron a promover la campaña antijudía. En total, se hablaba de la presen-

---

dinero, propaganda e intervención en la política nacional por medio de la Unión de Veteranos de la Revolución. NAW, SD, WDC, 812.00 Spanish 2. Carta de Daniels al secretario de Estado, México, 22 de septiembre de 1939.

[113] AGNM, FLC, 550-46. Lázaro Cárdenas a Theodore Roosevelt, México, 1º de enero de 1940, y AGNM, FLC, 532.2-253-9. Ramón Beteta a Cárdenas, Washington, D. C., 18 de mayo de 1940.

[114] El Universal, 10 y 13 de mayo y 2 de junio de 1940.

[115] Ibid., 29 y 31 de julio de 1940.

cia de 64 000 personas de origen alemán en el país. Asimismo, la embajada tenía información sobre las actividades de los agentes soviéticos en México, especialmente que el general Heriberto Jara y Sánchez Cano eran quienes manejaban este grupo.[116] El cuerpo de inteligencia estadunidense presionó a Cárdenas para que cancelara los permisos de exhibición de películas alemanas; para que estuviera al pendiente de agentes nazis en Puebla y arrestara al nazi Helmut Hoffman, y vigilara al barón F. H. Schlebrugge.[117]

Casi al final de su sexenio, Cárdenas se sentía orgulloso de las conquistas sociales que había logrado, sobre todo para los obreros y los campesinos, respetando la libertad sindical. En materia internacional había reiterado su apoyo a las resoluciones tomadas en Cuba para tratar de evitar las actividades de los extranjeros en las instituciones democráticas. Estaba dispuesto a establecer las bases para una estrecha cooperación americana. En su concepto, la violencia política que entonces condujo al asesinato de Trotsky se debía a la intervención de fuerzas externas y a las acciones subversivas que había tenido que enfrentar durante su régimen, las cuales aprovechaban cualquier coyuntura para desestabilizar al país. Así, apareció en un artículo del periódico *El Nacional* el siguiente comentario que hizo el presidente:

> Y precisamente de esta libertad y tolerancia, que ha sido benéfica para el país, nace mi convicción de que no existiendo postulados nuevos en la última contienda electoral que hayan ganado la voluntad popular hoy celosa de sus conquistas sociales, no puede haber brotes de violencia subversiva que pongan en peligro la paz de la nación.[118]

Un tema resultaba aún muy conflictivo en el país: la presencia de refugiados, principalmente españoles. Con el triunfo de Franco se hicieron públicas las actividades de la Falange

---

[116] NAW, MID, WDC, 10058 0 131 y 0 131-3 y 5 Roffe MID, al Adjutant General War Department Headquarters 8 Corps Area, Texas, Fort Sam, Houston, 3 y 23 de octubre de 1940. *El Universal*, 18 de julio de 1940 y *Excélsior*, 17, 21, 28 de agosto de 1940, *El Nacional*, 28 de septiembre de 1940.

[117] *El Nacional*, 9 de septiembre de 1940; *El Universal*, 16 y 20 de noviembre de 1940.

[118] *Ibid.*, 2 de septiembre de 1940.

en México. Los nacionalistas y anticomunistas se sumaron a ella, pensando que juntos podrían resolver sus diferencias. Estas personas despertaron inquietud entre la población por el peso económico que a la larga implicaría la ayuda a los refugiados; como puede suponerse, este hecho generó antipatía en su contra, ya que además se decía que dichos refugiados eran los portadores de la idea comunista. El gobierno prohibió sus reuniones y expulsó a los dirigentes de la Falange.[119]

Entre junio y julio de 1940 llegaron a México 5 000 refugiados españoles, hecho que muchos almazanistas en contra de la política de asilo aprovecharon para provocar polémica, aunque el gobierno aseguraba que no se les darían tierras de los mexicanos y que no venían a quitarle el pan a nadie. En esos momentos nadie apoyaba a los socialistas, mucho menos ante el pacto germano-soviético.

Vicente Lombardo Toledano no estaba preparado para ese acontecimiento, y Trotsky se aprovechó de ello para anunciar que la Unión Soviética invadiría también Polonia. Por su parte, Diego Rivera lo utilizó para atacar a la izquierda mexicana diciendo que lo único que Lombardo estaba haciendo era provocar una guerra contra Alemania reproduciendo aquí lo que había sucedido en España.[120]

Diego Rivera empezó a informar a Estados Unidos por medio de su embajada en México, a tal grado que le solicitaron que testificara en contra de Earl Browder, quien había sido aprehendido por sus actividades comunistas. En una conferencia de prensa, Rivera dio los nombres de los agentes soviéticos que actuaban en el país: desde los que participaban dentro del gobierno hasta los individuos comunes: por ejemplo, del PRM acusó a Narciso Bassols, Alejandro Carrillo, José Zapata Vela, y a particulares como Silvestre Revueltas, Hans Mayer, Paul Kirchoff y, finalmente, a Lombardo Toledano, Hernán Laborde, José Ricardo Zebada y Harry Block.[121]

[119] NAW, SD, WDC, 812.00-30715 y 30717. Daniels al Departamento de Estado, Document File Note, México, 4 de abril y 12 de abril de 1939. El gobierno ordenó la deportación de Alejandro Villanueva, José Celorio y Genaro Riestra. *Excélsior*, 5, 6, 14 y 24 de abril, 9 de junio y 19 de julio de 1939.
[120] *Excélsior*, 5, 12 y 20 de septiembre de 1939.
[121] NAW, SD, WDC, anexo al despacho 9642. Embajada norteamericana al Departamento de Estado, México, 8 de diciembre de 1939.

A partir de ese año, el bloque anticomunista contó con medios suficientes para publicar artículos en la prensa nacional. La llamada Comisión Dies del Senado de Estados Unidos comenzó una investigación acerca de las actividades comunistas en El Paso y Ciudad Juárez, asegurando que, a pesar de las protestas mexicanas, había un complot "nazi-comunista" que deseaba apoderarse del país. La histeria se apoderó del FBI y del gobierno estadunidense, a veces exagerando la presencia de alguno de los dos grupos.[122]

Los comunistas, al igual que los nazifascistas, empezaron a ser vigilados con mayor intensidad. El país se debatía entre la aceptación de cualquiera de los dos totalitarismos, o llevar su propio rumbo. El Partido Comunista tuvo entonces muchos problemas internos: unos a otros se acusaban del fracaso de su movimiento; de acuerdo con el PC, se había creado tanto en Estados Unidos como en México una organización en la que participaban compañías petroleras que estaban dispuestas a llevarlos a una guerra contra la URSS y contra América Latina. Los de la oposición aprovecharon esta circunstancia para acusar al PCM de estar preparando un atentado contra Cárdenas, porque se había inclinado hacia la derecha e intentaba que el presidente reinstalara las milicias obreras.[123]

El sexenio cardenista llegaba a su fin con la votación a favor del candidato de la unidad nacional, Manuel Ávila Camacho. Cuando Lázaro Cárdenas asumió el poder en 1934, un año antes lo había hecho Roosevelt en Estados Unidos, al igual que Hitler en Alemania. Los tres fueron personalidades fuertes que dejaron huella en el devenir de la historia del mundo.

---

[122] Además de la lista que proporcionó Diego Rivera en Estados Unidos, McCoy tenía la suya propia en la cual aparecían personajes como Tina Modotti, Tossaint (como agente), que era pistolero, Carlos Contreras, que pertenecía al *Komintern*, y muchos otros. Véase Raquel Sosa Elizaga, *Los códigos ocultos del cardenismo*, UNAM, México, 1996, pp. 439-482. Además, es curioso que en los archivos de Jiquilpan —concretamente en el de los Camisas Doradas— también se haya encontrado un expediente de Diego Rivera.

[123] *El Universal*, 30 de marzo y 26 de abril de 1940.

II. INMIGRANTES O DESARRAIGADOS

Políticas migratorias del Estado mexicano

El 28 de noviembre de 1876 Porfirio Díaz fue electo presidente y con ello dio principio una nueva política de fomento a la inmigración y de regulación de la migración. Después de medio siglo de convulsiones internas y caos político y económico, de invasiones extranjeras y de dolorosas pérdidas de una gran parte del territorio nacional, México necesitaba un periodo de paz interna que le permitiera recuperarse en todos los ámbitos, principalmente en el económico. Por ello, el presidente manifestó desde un inicio que daría el apoyo necesario a la inversión extranjera; se estimuló el comercio exterior y se fomentó la colonización. Empezaron a llegar algunos extranjeros, sobre todo italianos, que fundaron colonias agrícolas en diversas zonas del país. Aun así, el flujo de inmigrantes dispuesto a establecerse en las regiones más remotas no fue el esperado. Más bien, el sentido migratorio era opuesto: mexicanos de Sinaloa, Sonora y Baja California empezaban a emigrar a Estados Unidos.

La gran apertura hacia los extranjeros provocó que a principios de siglo el Estado mexicano careciera de una legislación adecuada para enfrentarse a la llegada de inmigrantes. Por ello, en la Ley de Inmigración de 1908 se pretendió regular los problemas que estaba causando la inmigración, especialmente la china y la turca, así como el hecho de que algunos extranjeros utilizaran al país solamente para ingresar a Estados Unidos. Sin embargo, en dicha ley se reconocía la completa igualdad de todos los países y razas y, aunque estaba inspirada en la legislación estadunidense, era más liberal que ésta.[1]

La idea de una inmigración a México de extranjeros útiles al país que se pudieran mezclar con las razas nativas fue una

---

[1] Moisés González Navarro, *Población y sociedad en México, 1900-1970*, México, Universidad Nacional Autónoma de México, 1974, p. 37.

constante durante el periodo de Díaz; el presidente pensaba al inicio de su gestión que los inmigrantes aumentarían el número de pobladores y darían mayor vigor físico, intelectual y moral, lo cual resultaría en el enriquecimiento de México en todos sentidos.

Algunos historiadores, como Bancroft, apoyaban esta idea diciendo que en el país sólo "faltaban brazos para desarrollar y extraer de aquel rico suelo las inmensas fortunas que encerraba y que habían de proporcionar la felicidad de muchos millones de seres".[2] En 1909 un periodista inglés escribía que México era un país con raras posibilidades, cuya política y enormes recursos no aprovechados abrían un campo a la iniciativa extranjera y que sólo faltaba energía y sobriedad para verlos útiles.[3]

El debate acerca de las ventajas que traía consigo la integración racial se extendía también a la cuestión de los extranjeros. En 1904 se decía que las naciones más cultas de Europa eran de sangre mezclada y que éste era un hecho ineludible, aunque se debía rechazar a los chinos y judíos porque eran dos grupos que no se mezclaban, sobre todo los primeros, que no lograban asimilarse a la civilización occidental. Ricardo García Granados rechazó entonces la tesis de Gobineau sobre la superioridad de la raza aria civilizadora de Europa, China y Japón; asimismo, cuestionó el concepto de raza, argumentando que no había una superioridad racial invariable a través de los siglos, porque las diversidades en primer término no eran antropológicas, sino culturales.[4]

En el centro de la política colonizadora, como bien señala González Navarro, estaba la participación de extranjeros, preferentemente europeos, que constituían un factor indispensable para desarrollar la industria y la agricultura del país. En contraposición, la población indígena y mestiza significaba un retroceso en el avance modernizador. Por ello era fundamental fomentar la colonización con ciudadanos de aquellos países que marcaban los parámetros del desarrollo industrial.

[2] Moisés González Navarro, *Los extranjeros en México y los mexicanos en el extranjero, 1821-1970*, vol. 2, México, El Colegio de México, 1994, p. 51.
[3] *Ibid.*, p. 52.
[4] *Ibid.*, vol. 3, p. 68.

Según los ideólogos de la época, la colonización traería consigo un beneficio, ya que el mestizaje de estos europeos con la población nativa sentaría las bases para acceder a los niveles propios de una nación civilizada.[5]

Se hicieron muchas solicitudes al presidente Díaz para formar colonias de extranjeros en diversas regiones del país. Entre éstas se encontraban peticiones de organizaciones judías que nunca se materializaron, a veces porque los mismos investigadores judíos que venían a observar la situación de México las desalentaban, o porque el propio gobierno no les dio suficiente apoyo.[6] No obstante, Díaz veía con buenos ojos las solicitudes de colonización de judíos en el país, y sobre todo alentó las inversiones en el comercio y la industria. Al referirse a los judíos decía que eran un buen elemento para el país, muy trabajadores, y que podían ser un ejemplo para el pueblo mexicano.[7]

A pesar de las leyes liberales, la tolerancia de cultos y todos los privilegios hacia los inversionistas, la política del régimen de Porfirio Díaz no tuvo mucho éxito. La población mexicana era efectivamente escasa y estaba muy esparcida para poder desarrollar el agro; el problema no tenía solución sin una fuerte inmigración. En el caso de los líderes judíos, éstos se mostraban aún temerosos de enviar a los inmigrantes de Europa a un país católico. En 1891 el banquero Jacobo Schiff y el barón Maurice de Hirsch trataron de establecer una colonia de judíos rusos en México. Habían fundado una organización llamada Jewish Colonization Association (JCA), y entre sus planes estaba la colonización agrícola con judíos europeos.

Schiff tenía también intereses en los ferrocarriles mexicanos y por ello mandó a dos personas para que analizaran las posibilidades que México ofrecía a los colonos, pero después de

[5] Moisés González Navarro, *La colonización en México, 1877-1910*, México, Talleres de Impresión de Estampillas y Valores, s. f.

[6] Alicia Gojman de Backal, "Colonizaciones fallidas. Los judíos en provincia", *Eslabones. Revista Semestral de Estudios Regionales*, núm. 10, 1995, pp. 96-112; véase, de la misma autora, *Memorias de un desafío. Los primeros años de Bnai Brith en México*, México, Bnai Brith, 1993.

[7] Gloria Carreño, *Pasaporte a la esperanza*, vol. 1: *Generaciones judías en México. La Kehilá Ashkenazí, 1922-1992*, Alicia Gojman de Backal (coord.), México, Comunidad Ashkenazí de México, 1993.

conocer los resultados poco alentadores canceló el proyecto en 1892. A su vez, Díaz le hizo una oferta atractiva al barón de Hirsch, proponiéndole que si dirigía parte de su proyecto a México, el gobierno podía ofrecerle tierras fértiles en la región yaqui al norte del país. Lo que el presidente no especificó en su oferta era que los indios yaquis se resistían con las armas a ese plan y que sería muy difícil desalojarlos de sus tierras.[8]

La Revolución mexicana, paralelamente a la primera Guerra Mundial, detuvo temporalmente las posibilidades de recibir la inmigración de grupos judíos, entre otros. Durante la etapa armada, las dificultades económicas del país se complicaron al evidenciarse los problemas de hambre y pobreza extrema. Otro elemento significativo que intervino indudablemente en la dinámica demográfica durante esta época, así como en los periodos inmediatos anteriores y posteriores, fue el de las epidemias, sobre todo de fiebre amarilla y tifo. Manuel Gamio calculó las pérdidas ocasionadas por la Revolución en dos millones de personas: 300 000 emigrantes definitivos, alrededor de 200 000 a 300 000 muertos en el campo de batalla, 300 000 muertos a consecuencia de la influenza española y un número indefinido de defunciones ocasionadas por el tifo y la desnutrición.[9] Esto ocasionó que muchos de los extranjeros que se encontraban radicados en el país decidieran volver a Europa, hasta que pasara la "mala temporada".[10]

Obregón fue el primero de los presidentes posrevolucionarios que hizo una invitación pública a los judíos para que vinieran a México.[11] Durante su periodo, los judíos estadunidenses reconsideraron la posibilidad de establecer en México una colonia de correligionarios provenientes de Europa. La petición fue hecha por Paul Rothenberg, de la llamada Asociación Mexicana para la Colonización Judía, y la respuesta del mandatario fue que el país podía aceptar colonos judíos,

---

[8] Haim Avni, *Judíos en América*, Madrid, Mapfre 1492, 1992, p. 163.

[9] Manuel Gamio, *Quantitative Estimates Sources and Distribution of Mexican Immigration into the United States*, Nueva York, Dover Publications, 1938.

[10] Alicia Gojman de Backal, "Entrevista de historia oral realizada al señor Mauricio Atri", México, 1976.

[11] AGNM, Fondo Obregón-Calles (en adelante, FOC), 823-J-I.

siempre y cuando no se asentaran a menos de cien kilómetros de la frontera y que se naturalizaran mexicanos.[12]

La invitación formulada por el general Obregón empezó a fomentar la llegada individual de judíos europeos; sin embargo, no llegó a concretarse colonización alguna, ya que el gobierno prefería impulsar el desarrollo del comercio y la industria y por ello proporcionaba suficientes facilidades para explotar el agro, así que las organizaciones judías, no convencidas plenamente de la bondad de los proyectos y conscientes de su elevado costo, decidieron buscar otras alternativas.[13] Por ejemplo, la posibilidad de una colonización en el estado de Chihuahua en 5 000 acres de terreno fue inoperante. A pesar de ello, Gunther Lessing, activo promotor de la inmigración judía a México, comentó que los judíos que habían sufrido persecuciones y matanzas desde tiempo inmemorial estaban deseosos de venir a México.[14]

Antes de que concluyera el régimen de Álvaro Obregón, Plutarco Elías Calles había manifestado ya su interés hacia la inmigración judía. La invitación que hizo Calles no condicionaba a los inmigrantes a incorporarse a colonias agrícolas, sino que dejaba margen para elegir otro tipo de actividades económicas.[15]

En 1925, siendo ya presidente, Calles se refería al beneficio que implicaría la inmigración para la economía nacional, ya que el país ofrecía campos de acción para aquellas personas que vinieran con ánimo de desarrollar una labor ecuánime, sin pretender explotar al mexicano, ni llevarse su riqueza, y si estaban dispuestas a cumplir y respetar sus leyes, es decir, convivir con los mexicanos.[16] No obstante, en su informe a la nación en septiembre de ese mismo año, su política respecto a la inmi-

---

[12] AGNM, FOC, 823-J-I.
[13] Alicia Gojman de Backal y Gloria Carreño, *Parte de México*, vol. 7: *Generaciones judías en México. La Kehilá Ashkenazí, 1922-1992*, Alicia Gojman de Backal (coord.), México, Comunidad Ashkenazí de México, 1993, p. 72.
[14] AGNM, FOC, 823-J-23. Memorándum de Gunter Lessing a Roberto Pesqueira, 22 diciembre de 1922.
[15] "México dará facilidades para que se establezca una fuerte corriente de inmigración judía, declaró el general Calles al embarcarse para Europa", *El Universal*, México, 11 de agosto de 1924.
[16] "Una de fanático en la riqueza nacional", en *Plutarco Elías Calles. Pensamiento político y social. Antología, 1913-1936*, México, Patria, 1939, pp. 183-184.

gración giró radicalmente, y su discurso parecía encubrir el deseo de limitarla. Dijo lo siguiente:

A consecuencia de las condiciones mundiales creadas por la gran guerra europea, una poderosa corriente inmigratoria se ha dirigido hacia el continente americano y en particular hacia los Estados Unidos de Norteamérica. Pero a causa de las severísimas leyes de inmigración no pueden entrar en él por vías marítimas y resuelven venir a México, no con ánimo de establecerse aportando su contingente de energías, sino para fijar su base de operaciones a fin de internarse en el país vecino del norte, burlando sus leyes y consumiendo en el intento sus escasos recursos pecuniarios, de tal manera que si fracasan en su empresa vienen a convertirse en una carga y en una amenaza para la sociedad. Importante pues es defenderse de una corriente inmigratoria que sólo dificultades y perjuicios origina a la República.

Por otra parte el Ejecutivo estima igualmente necesario evitar, hasta donde sea posible, la inmigración de individuos que vienen a hacer una competencia ruinosa a nuestros trabajadores y a invadir las ramas de actividades suplantando a los nacionales que tienen que abandonar el territorio y se dirigen a los Estados Unidos, en busca de trabajo.[17]

El 13 de marzo de 1926 se promulgó por fin la nueva Ley de Inmigración que suplió a la de 1908. En ella se excluía a personas iletradas y débiles y se alargaba la lista de enfermedades por las cuales los inmigrantes podían ser rechazados. Esta ley prohibía la entrada a mayores de 25 años que no supieran leer, ni escribir por lo menos un idioma, y restringía la entrada cuando había escasez de trabajo. Además se creó la tarjeta de identificación y el registro de entrada y salida de mexicanos y extranjeros. Se establecieron las bases para reglamentar la inmigración por vía aérea y se dio prioridad a cuestiones de salud.[18]

Las limitaciones a la inmigración se incrementaron todavía más en 1929, producto de la política gubernamental y de la presión de la sociedad ante la crisis. En su informe de gobier-

---

[17] "Informe del presidente Plutarco Elías Calles ante los ciudadanos diputados el 1° de septiembre de 1925", en *Los presidentes ante la nación, 1821-1966*, vol. 3, México, Cámara de Diputados, 1966, p. 921.

[18] Moisés González Navarro, *Población y sociedad..., op. cit.*, p. 39.

no, Pascual Ortiz Rubio mencionó trascendentales reformas a la ley de inmigración. Subrayó la creación del Registro para Extranjeros, para poder precisar quiénes se encontraban internados legal o ilegalmente en el país. Anunció que en ese año se encontraban 30 116 extranjeros en el Distrito Federal.[19]

Hacia finales de ese año, las secretarías de Gobernación y de Relaciones Exteriores emitieron un acuerdo por medio del cual se restringía la inmigración de trabajadores de origen sirio, libanés, armenio, palestino, árabe, chino, turco, ruso y polaco, pues se consideró que se había llegado al límite en el cual su presencia era inadvertida y que, en adelante, su influencia sería desfavorable, ya que la competencia se dejaba sentir en la economía nacional. Durante la negociación entre ambas secretarías se habló de la posibilidad de establecer un sistema de cuotas, como en Estado Unidos, pero se llegó a la conclusión de que ello no bastaría para restringir severamente la inmigración, ni las actividades a las que los inmigrantes se dedicaban, en vista de que no representaban:

> Un factor económico útil al desarrollo de la riqueza pública, ni pueden considerarse como contingente de producción, puesto que las industrias características de la inmigración a estudio, son el comercio ínfimo y el agio, el primero ejercido en forma ambulante, con capitales raquíticos o créditos precarios, sistema que lejos de ayudar al progreso mercantil, ha venido produciendo un notorio desequilibrio en el comercio fuerte, desalojando del pequeño a nuestros conacionales.[20]

Por lo anterior la Secretaría de Gobernación dispuso suspender la expedición de permisos de entrada a partir del primero de enero de 1930 a una serie de inmigrantes de diversos orígenes, excepto a aquellos que vinieran a reunirse con familiares directos naturalizados en México. El 5 de agosto de ese año, por ejemplo, se prohibió la inmigración polaca tomando en cuenta que parte de la que ya estaba radicada en México se ocupaba exclusivamente del comercio ambulante y otra agitaba a los

---

[19] Durante el año fiscal 1929-1930 entraron al país 33 329 extranjeros. Véase *Los presidentes...*, *op. cit.*, p. 971.

[20] AGNM, Fondo Dirección General de Gobierno (en adelante, FDGG), Generalidades, Extranjeros, 2/360, caja 9, exp. 70.

trabajadores.[21] De igual manera, el artículo 65 de la Ley de Migración especificó la prohibición del ingreso de trabajadores extranjeros, so pena de multa para el propio trabajador, su patrón y la empresa que los internara en el país.

Ya desde 1925 la prensa mexicana se había ocupado en muchas ocasiones de resaltar "la inundación que ha estado sufriendo nuestro país de judíos". *El Universal* aseguró que no menos de 10 000 inmigrantes de esta raza habían llegado a la República, que ya existía una sociedad de beneficencia establecida en la capital que se dedicaba a dar ayuda y proporcionar facilidades a los judíos, los cuales iban a establecer colonias agrícolas en tierras de buena calidad que el gobierno les proporcionaría en sitios disponibles, con condiciones accesibles de pago, por un periodo de varios años. Además, que esos colonos, ayudados con herramientas y equipos necesarios para la explotación agrícola, tendrían apoyo del gobierno para traer a sus familias.

Por su parte, el *Excélsior* señalaba la llegada de 100 mil judíos a nuestro país, quizá sumándose a un buen número de menonitas de la región rusa del Cáucaso, quienes también estaban emigrando en esos momentos.[22]

Los argumentos de México para oponerse a la inmigración judía coincidían en buena parte con los de Estados Unidos: se decía que los judíos no eran agricultores y que por ello no reunían las condiciones primordiales del buen inmigrante. Por otra parte, no se casaban más que con miembros de su misma raza y religión, y muy rara vez abandonaban su fe y su creencia, circunstancias que dificultarían mucho su asimilación al país.

En su estudio sobre la migración en la década de los años veinte, Durón González aclara que entre los judíos había dos grupos muy diferenciados, los establecidos en las partes media y norte de Europa (principalmente Alemania y sus regiones del sudeste y occidente), que se conocen como ashkenazitas, y los que descienden de los judíos expulsados de España y Portugal, que se llaman a sí mismos sefaraditas. Estos últimos

[21] Moisés González Navarro, *Población y sociedad...*, *op. cit.*, p. 44.
[22] Gustavo Durón González, *Problemas migratorios de México, apuntamientos para su resolución*, México, Congreso de la Unión, 1925, pp. 52-53.

conservaban las tradiciones, lengua y costumbres ibéricas y, a pesar de que a ambos grupos antagónicos se les encontraba en el *ghetto* de las grandes ciudades, su asimilación al país no representaría características tan irreducibles.

González Casanova, en un artículo publicado en *El Universal* con motivo de la supuesta inundación de israelitas, concluía así su análisis sobre estas dos grandes ramas del pueblo de Sem:

> Con su amor tradicional a España y a la lengua española, con sus maneras corteses, con su industria e ingenio, su aplicación a las artes y a la agricultura y habituado como está a condiciones climáticas casi idénticas a las que prevalecen en el sur de nuestra República, el judío "español" de Turquía y del Occidente de Asia, sería un colono bienvenido en nuestro país, donde su situación moral y social no tardaría en elevarse disfrutando, como disfrutaría, de más libertad, y aunque en contacto indirecto con una cultura superior que fue la de sus mayores, quienes dieron a España hombres de elevada talla en las letras, en las ciencias y en todos los ramos de la actividad humana. Más cercanos a nosotros psicológicamente, no tardarían también en identificarse racial y socialmente, con beneficio para ambos pueblos. Y así dio España con su expulsión, dándoles en cambio una patria que pronto acabarían por identificar con la de sus mayores, confundiendo sus tradiciones con las nuestras y haciéndolas suyas. En menos de diez años, ya no serían colonos, sino mexicanos.[23]

De acuerdo con estos investigadores, México estaría dispuesto —en caso de tener que recibir una gran migración judía— a aceptar a los de origen sefaradita, antes que a los ashkenazitas, pues éstos no se mezclarían tan fácilmente; sin embargo, durante la década de los años veinte el mayor número de emigrantes procedía de Europa central y oriental, o sea eran ashkenazitas.[24]

En 1931 la Secretaría de Gobernación dio a conocer, por medio del Departamento de Migración, que a partir del 1º de marzo la inmigración de extranjeros y de manera especial la de rusos, polacos, turcos y judíos en general había quedado

[23] *Ibid.*, pp. 54-55.
[24] Véase el apéndice 1 en Gloria Carreño, *Pasaporte a la esperanza...*, *op. cit.*

restringida a su última posibilidad.[25] También se prohibió que llegaran al país los húngaros (gitanos) porque eran "una plaga de cartománticos que raptan niños".[26] Asimismo, la secretaría hizo fijar en todos los lugares públicos unos avisos, en los que se prevenía a todos los extranjeros residentes en México que deberían llevar consigo los documentos probatorios de su estancia legal en el país porque "los inspectores de migración tienen instrucciones de exigir la exhibición en cualquier momento y cualquier lugar".[27]

La actitud xenófoba estaba latente entre la población no sólo de la capital, sino también de provincia, donde comités antiextranjeros y cámaras de comerciantes luchaban por imponer un boicot a los judíos y a los chinos, sobre todo.[28] Esas campañas llamaron constantemente la atención de las autoridades, especialmente aquellas que se desataron en contra de los polacos, alemanes, húngaros, rusos, armenios, checoslovacos, sirios, libaneses, chinos e israelitas.[29]

Las disposiciones cada vez fueron más severas para permitir la llegada de extranjeros. A través de circulares, acuerdos y prácticas de control, como las estipulaciones establecidas en dos documentos, el primero del 17 de octubre de 1933 —la llamada circular 250 del Departamento de Migración (documento confidencial y cifrado)—, y el segundo, que contenía adiciones a dicha circular, del 27 de abril de 1934. La circular 250 señalaba lo siguiente:

> Como continúan siendo indeseables [...] por la clase de actividades a que se dedican dentro del país, no podrán inmigrar al mismo, ni como inversionistas, ni como agentes viajeros, directores, gerentes o representantes de negociaciones establecidas en la República, empleados de confianza, rentistas y estudiantes, los siguientes extranjeros:

[25] *El Nacional Revolucionario*, México, 11 de marzo de 1931.
[26] Moisés González Navarro, *Población y sociedad...*, *op. cit.*, p. 45.
[27] *El Universal*, 30 de mayo de 1931.
[28] *El Regional*, Culiacán, Sinaloa, 17 de agosto de 1933. *El Universal*, 11 de noviembre de 1933. Véase Alicia Gojman de Backal, "Minorías, Estado y movimientos nacionalistas de la clase media en México. La Liga Antichina y Antijudía", en *Judaica Latinoamericana*, Amilat, Jerusalén, Universitaria Magnes, 1988, pp. 174-192.
[29] *Excélsior*, 23 de noviembre de 1933.

Primero: por razones étnicas, las razas negra, amarilla (con excepción de los japoneses, mientras subsista el tratado internacional respectivo), malaya e hindúes.

Segundo: por razones políticas los nacionales de las Repúblicas Soviéticas Socialistas. De éstos quedan exceptuados los rusos de origen nacidos en otro país, los naturalizados nacionales de otros Estados y los emigrados de Rusia con anterioridad al año de 1917.

Tercero: Por sus malas costumbres y actividades notoriamente inconvenientes, los individuos designados por el vulgo con la clasificación genérica de Gitanos.

Cuarto: por ser gente aventurera y generalmente sin recursos económicos, los andarines extranjeros.

Se suprimía también el ingreso para algunas profesiones como eclesiásticos y médicos, mientras permaneciera el convenio celebrado entre la Secretaría de Gobernación con el Departamento de Salubridad, y los profesores.

Asimismo, las adiciones a la circular 250 reiteraban la prohibición en cualquier categoría a los individuos de raza negra, africana o australiana, y asiáticos (excepto los japoneses y coreanos, de acuerdo con el segundo punto, en términos de la circular 115 con fecha de ese mes, y a filipinos y hawaianos, que políticamente se consideraban como estadunidenses). Las excepciones volvían a estar constituidas por científicos, artistas, deportistas y políticos destacados, siempre que se pagara una fianza de repatriación.

En el quinto punto se destacó que las personas consideradas como indeseables, por "la clase de actividades a las que se dedican", eran los "polacos, sirios, libaneses, estuanos [sic], letones, checoslovacos, libaneses, palestinos, armenios, árabes, turcos, búlgaros, rumanos, persas, yugoslavos, griegos". El sexto punto contemplaba restricciones para "aquellos cuya mezcla de sangre, índice de cultura, hábitos, costumbres, etc., los hacen ser exóticos para nuestra psicología, como albaneses, afganos, abisinios, argelinos, egipcios y marroquíes". El siguiente punto restringía la llegada de los soviéticos, y en el décimo punto se limitaba la entrada a eclesiásticos y religiosos extranjeros. En el undécimo se hablaba nuevamente de los polacos y los profesores extranjeros.

En cuanto a los judíos, la Secretaría de Gobernación quiso precisar aún más el asunto; el duodécimo punto de la circular estipuló:

> Esta Secretaría ha creído conveniente atacar el problema creado con la inmigración judía, que más que ninguna otra, por sus características psicológicas y morales, por la clase de actividades a las que se dedica y procedimientos que sigue en los negocios de índole comercial que invariablemente emprende, resulta indeseable y en consecuencia no podrán inmigrar al país, ni como inversionistas en los términos del Acuerdo de fecha 16 de febrero anterior, ni como agentes viajeros, directores, gerentes o representantes de negociaciones establecidas en la República, empleados de confianza, rentistas, estudiantes, los individuos de raza semítica.[30]

Se dieron cuatro años de excepción dentro de los cuales era indispensable la autorización de la Secretaría de Gobernación y el depósito de una fianza de repatriación. Cuando se trataba de judíos estadunidenses, por razones de reciprocidad y vecindad los cónsules mexicanos aceptaban documentarlos como turistas bajo su más estricta responsabilidad y admitirlos sin previa consulta y sin la fianza de repatriación. Además, el documento decía:

> Como la identificación física de un judío, no obstante sus características raciales, resulta difícil por el hecho de que habiéndose extendido por todo el mundo, aunque sin romper su unidad étnica, pertenecen en la actualidad a diversas nacionalidades, la Secretaría ha creído que el medio más viable para establecer la identidad de un judío, es el de exigirle a todas las personas que soliciten permiso para internarse al país, como requisito indispensable, para dar curso a esa solicitud, declaren cuál es su raza, subraza y religión, ya que el judío profesa casi sin excepción, como religión la hebrea, judía, israelita o mosaica [...] si se descubre que es de origen judío, no obstante la nacionalidad a que pertenezca, deberá

---

[30] AGNM, FDGG, 2.360(29) 8144. Circulares de la Secretaría de Relaciones Exteriores: circular 250 del 17 de octubre de 1933 y adiciones a la circular 250 del 27 de abril de 1934. (Consta de 12 páginas con especificaciones para cada nacionalidad. Descifrado por Ángel López Gómez.) El acuerdo por el cual se prohibió la inmigración de trabajadores. Secretaría de Gobernación, México, 16 de febrero 1934. *Diario Oficial de la Federación*, 17 de febrero de 1934.

prohibírsele su entrada dando aviso inmediato por la vía telegráfica a esta propia Secretaría.[31]

Más allá de las prohibiciones a la inmigración como un medio de protección para los trabajadores mexicanos y para ayudar a la economía nacional, los argumentos utilizados en estas circulares son realmente racistas, y se aplicaron principalmente a tres grupos étnicos: el primero, conformado por albaneses, afganos, abisinios, egipcios y marroquíes debido a que "su mezcla de sangre, índice de cultura, hábitos y costumbres [...] los hacen ser exóticos para nuestra psicología". El segundo se refería a aquellos conocidos como gitanos, quienes no podían llegar al país bajo ninguna calidad migratoria, "por sus malas costumbres y actividades notoriamente inconvenientes".[32] Y por último los judíos, a quienes se consideraba, como ya se dijo, poco asimilables a la población nativa, por un lado, y por el otro, porque significaban una competencia desleal para los mexicanos (no se sabe con certeza si realmente se hacía una excepción con los judíos sefaraditas).

Cuando Cárdenas asumió la presidencia dio inicio una nueva política demográfica en el país. Desde ese momento se decidió confiar más en el crecimiento natural de la población que en la inmigración extranjera. Durante su régimen se emitió la Ley General de Población, en 1936, que ofrecía resolver los problemas demográficos más importantes, sobre todo el aumento de la población mediante el crecimiento natural y la protección a la infancia; se pensó hacer una distribución racional de los extranjeros dentro del territorio, fomentando además el mestizaje con los que ya se encontraban avecindados en el país. Se prohibió a los extranjeros el ejercicio de pro-

---

[31] AGNM, FDGG, 2.360(29) 8144. Además, estas circulares ya descifradas también se localizaron en el Archivo de la Secretaría de Relaciones Exteriores donde se encuentra el expediente 111-2334-12, en la entrada a México de judíos americanos. La circular núm. 157, fechada el 27 de abril de 1934, fue enviada por la Secretaría de Gobernación a la de Relaciones Exteriores (México, D. F., 11 de agosto de 1934). Véase Archivo Histórico Genaro Estrada de la Secretaría de Relaciones Exteriores (en adelante, AHSRE).

[32] Circular confidencial, núm. 157, arts. VI y VIII. Véase también Andrés Landa y Piña, "Historia de las restricciones a la inmigración por motivos sociales, económicos, raciales y políticos (1927-1937)", México, 21 de enero de 1938 (documento mecanografiado; archivo personal de la autora).

fesiones liberales y se introdujeron cuotas de inmigración basadas en tablas diferenciales que se autorizaban cada año según el interés y las necesidades del país, así como según el grado de asimilación racial, cultural y conveniencia de su admisión; asimismo, se advertía que una vez cubierta la cuota por nacionalidad se mantendrían cerrados los puertos fronterizos y marítimos hasta el año siguiente.[33]

La adaptación de los extranjeros al país seguía siendo un factor fundamental para el gobierno, y de ahí que la inspección de los documentos migratorios empezara a ser una práctica común. Durante este periodo se agudizaron los brotes xenófobos y antisemitas; así, periódicos como *El Hombre Libre, Omega* y *La Prensa,* y la revista *Timón,* atacaron a los judíos, influenciados ya por las ideas de la Alemania de Hitler. Sus artículos demostraban que la llegada de inmigrantes judíos "disfrazados de científicos" era nociva para el país, ya que éstos sólo venían con la idea de propagar el comunismo. Se decía que los líderes de la judería internacional encabezaban una confabulación para conquistar al mundo cristiano, argumento inspirado en un panfleto aparecido en Rusia en 1905, *Los protocolos de los Sabios de Sión,* que tuvo amplia difusión en ese momento; a pesar de que se luchó por confirmar la falsedad de este libelo, *Los protocolos...* ha circulado por todo el mundo, se ha traducido a varias lenguas y fue la base de los ataques antisemitas que culminaron con la política de Hitler en la década de los años treinta.[34]

Algunos grupos surgidos de los sectores populares de la sociedad presionaban al gobierno para que pusiera fin a la admisión de refugiados, especialmente si se trataba de judíos provenientes de Alemania, Austria y Polonia, argumentando que "éstos se habían desparramado por el territorio y el Distrito Federal y es una lacra que nos está desplazando del trabajo".[35]

[33] Véanse "Ley General de Población, México, Secretaría de Gobernación, 29 de agosto de 1936", en *Diario Oficial de la Federación,* septiembre de 1936, t. XCVII, núm. 52, arts. 1, 3, y 7 (inciso IX) y 31, y "Manual de extranjeros", *El Universal,* 9 de septiembre de 1936.

[34] Véase Alicia Gojman Goldberg, "La xenofobia de la prensa de derecha en México. 1930-1945", *Revista de la Universidad,* México, Universidad Nacional Autónoma de México, núm. 434, 1987, p. 27.

[35] *Excélsior,* 27 de enero de 1937.

Por acuerdo presidencial, el 30 de junio de 1937 se ordenó una revisión general de la condición migratoria y actividades de los extranjeros, por la presión que sobre el presidente habían ejercido ciertas organizaciones nacionalistas, como por ejemplo el Comité pro Raza, que insistía en que el trabajador mexicano necesitaba protección y por ello había que expulsar a los extranjeros, sobre todo a los chinos y a los judíos.[36]

En 1937 el presidente Lázaro Cárdenas había recibido una solicitud para que ingresaran al país 15 000 judíos polacos, la cual fue rechazada por la Secretaría de Relaciones Exteriores, argumentando que eran elementos nocivos para el país.[37] Debido a la política adoptada por Hitler en contra de los judíos, muchas organizaciones empezaron a buscar la posibilidad de encontrar refugio para los perseguidos. En nuestro país la actitud de rechazo a los refugiados no fue compartida por la totalidad de la población; hubo grupos integrados por intelectuales y comunistas que apoyaron la causa judía, aunque por otro lado existía un gran sector de la población indiferente a los acontecimientos mundiales.

Se plantearon entonces varios proyectos para establecer colonias agrícolas judías en México —en Baja California; en Huimanguillo, Tabasco; en Coscapa, Veracruz; en Texcoco, y en San Gregorio, Coahuila—, que en realidad nunca se materializaron por la fuerte oposición tanto del gobierno como de los grupos de derecha nacionalistas que enviaban sus enérgicas protestas al presidente diciéndole que sería la perdición del país.[38]

Con objeto de controlar las labores a las que se dedicaban los extranjeros, la Secretaría de Gobernación dictó un acuerdo en 1938 para que los cuerpos edilicios de los estados y del Distrito Federal le proporcionaran los censos de comerciantes e industriales extranjeros establecidos en su jurisdicción, con

---

[36] AGNM, Fondo Lázaro Cárdenas (en adelante, FLC), exp. 546 2/48. Cámara Nacional de Comercio, Industria de León Guanajuato al presidente Cárdenas, "Que tiene conocimiento de que próximamente expedirá la Ley de Población y ruegan tome en cuenta los graves daños que ha causado la inmigración judía, árabe, etc., por el gran número de quiebras fraudulentas y falta de ética en los negocios".

[37] AGNM, FLC, 546.6/97. Solicitud para una colonización polaca en México. Fue rechazada por el secretario de Relaciones Exteriores, Eduardo Hay.

[38] Véase Gojman de Backal, "Colonizaciones fallidas...", art. cit.

el propósito de confrontarlos con los archivos del Departamento de Migración y de esa manera verificar si desempeñaban una actividad lícita. En la publicación del acuerdo se determinó también la posibilidad de que cualquier ciudadano proporcionara a Gobernación los datos de extranjeros que hubiesen permanecido en el país contraviniendo las leyes.[39]

Las noticias que llegaban de México despertaron el interés de la opinión pública en Estados Unidos. El corresponsal del *New York Times* en la capital mexicana se enteró de la solicitud que hizo la legislatura para obtener una lista de judíos en México, información que llegó a los opositores de Roosevelt y Cárdenas, además de que llamó la atención de los liberales estadunidenses.[40]

En un informe preparado por el periodista Ben Edin se comentaba con preocupación que el presidente Cárdenas había anunciado, días antes de conmemorar el aniversario de la Revolución (en noviembre de 1937), que el gobierno había impuesto nuevas cuotas para la inmigración. Además de comentar los movimientos antisemitas, decía que los decretos presidenciales no eran hostiles a los judíos, pero que éstos iban a sufrir por esas cuotas, en vista de que prácticamente se cancelaba la posibilidad de emigrar a México. Agregaba el articulista que el diputado Ismael Falcón había presentado un proyecto de no aceptar a ningún extranjero y de revisar a todos aquellos que residían en el país, con un plan llamado Regeneración Económica de México. Dentro de ese proyecto se solicitaba un periodo de diez años, en lugar de cinco, antes de permitir la naturalización de un extranjero. El periodista terminaba su artículo diciendo que los brotes de antisemitismo tenían muy preocupados a los miembros de la comunidad judía en México y a los judíos de Estados Unidos, y agregaba que *El Nacional*, órgano del gobierno, establecía que México no tenía una legislación en contra de los judíos.[41]

---

[39] "Completo control de extranjeros", *El Universal*, 18 de enero de 1938.

[40] Haim Avni, "The Role of Latin America in Immigration and Rescue during the Nazi Era 1933-1945", Jerusalén, Woodrow Wilson Center, junio 1986, p. 20 (mimeo.).

[41] Ben Edin, "A Letter from Mexico", *Jewish Frontier*, vol. 5, núm. 2, 1938, pp. 18-21.

La realidad era que el gobierno mexicano no estaba dispuesto a recibir refugiados, y así lo manifestó en la Conferencia de Evian, Francia, convocada por el presidente Roosevelt. En un memorándum del 22 de julio de 1938, México dio a conocer el procedimiento de admisión de refugiados políticos provenientes de Alemania y Austria. Se establecía que estaría regido por la Ley General de Población del 24 de agosto de 1936 y que se aceptarían personas que quisieran dedicarse a las labores agrícolas, así como a profesionistas destacados.[42]

El mayor logro de la conferencia fue la organización de un Comité Internacional de Refugiados (IGCR) integrado por los países que estuvieron presentes en Evian. La política para recibir refugiados en realidad estaba fijada por Estados Unidos y, de los 22 países latinoamericanos que participaron, sólo la República Dominicana expresó su aceptación.

En una segunda reunión en Londres, México mantuvo su postura de no comprometerse a recibir una inmigración numerosa, sobre todo si ésta era judía. Frente a la posición de Estados Unidos de recibir a 100 000 refugiados en el transcurso de cinco años, el cónsul Luder de Negri propuso que México fijara un número determinado de personas que podrían ser admitidas para así "cumplir con el presidente Roosevelt en la búsqueda de una solución al problema de los refugiados".[43] Efectivamente, México seguía los lineamientos marcados por los estadunidenses, cuya postura era ambivalente; Roosevelt estaba luchando para resolver el problema de la Ley de Neutralidad, al mismo tiempo que lo hacía en contra de los aislacionistas, que no deseaban inmiscuirse en Europa, pero desatendió por completo el clamor de millones de personas que buscaban un lugar de refugio. El embajador Castillo Nájera informó de toda la situación a Cárdenas, entre ello la crítica que hizo el American Committee of Minorities and Refugees a Roosevelt, ya que este último no aprovechó la ocasión para

[42] AHSRE, III, 1246-9 (1p.). Respuesta de Ignacio García Téllez, secretario de Relaciones Exteriores, al secretario de la Dirección General de Población en relación con la participación de México en Evian, Francia, sobre los refugiados políticos, 20 de junio de 1938.

[43] AHSRE, Ramo Refugiados, III 1246-9-1 (342.1 44-10974). Informe sobre el Comité Intergubernamental de G. Luders de Negri al secretario de Relaciones Exteriores, Londres, 31 de agosto de 1938.

negociar con Hitler la salida de personas con sus bienes, a cambio del reconocimiento de la anexión de Austria.[44]
En respuesta a la solicitud de Roosevelt, el gobierno mexicano propuso que quizá se podrían recibir unos mil refugiados al año durante los siguientes cinco años. En ese informe manifestó:

Haciendo a un lado los sentimientos humanitarios y generosos que impulsaran a nuestro país a dar asilo a los perseguidos de los regímenes totalitarios, es necesario que se tenga en cuenta el interés nacional. Es bien sabido que los elementos que buscan refugio integran grupos que no son asimilables y que la experiencia de otros países ha demostrado que a la larga, cuando el número de judíos es importante, llegan éstos a constituirse en una casta exclusiva, dominante y poderosa, que no tiene ningún vínculo con el país donde se establecen y muy a menudo son la causa de problemas interiores. Si hemos de admitirlos, que sea en el menor número posible, seleccionados con el mayor cuidado, y siempre que económica y étnicamente no vayan a constituir un problema para el país.[45]

Tanto en Evian como en Londres, el criterio manifestado por la Secretaría de Gobernación y la de Relaciones Exteriores reflejaba sin duda alguna la política cardenista respecto a la inmigración y a los refugiados. Se sostenía que las puertas de México estaban abiertas a todos los extranjeros que sin complejos de superioridad humillante, "ni codiciosos privilegios antisociales, vengan a nuestro país a impulsar la agricultura, la industria, las ciencias y las artes".[46]
Se dio apoyo especialmente a los refugiados españoles, de quienes siempre se pensó que "siguiendo una tradición secular, son para México los más afines".[47] Así se subrayaba este hecho:

[44] AHSRE, 30-3-9 (II). Informe del embajador de México en Estados Unidos, Francisco Castillo Najera, abril y mayo de 1938. Véase Judit Bokser Liwerant, "Cárdenas y los judíos: entre el exilio y la inmigracion", *Canadian Journal of Latin American and Caribbean Studies*, vol. 20, núms. 39-40, 1995, pp. 13-37.
[45] AHSRE, III, 342.1 (44) 10974. Informe de G. Luders de Negri, delegado mexicano a la Reunión Intergubernamental de Londres, 15 de agosto de 1938.
[46] *Excélsior*, 15 de mayo de 1938.
[47] Fernando Benítez, *Lázaro Cárdenas y la Revolución mexicana*, México, Fondo de Cultura Económica, 1984, p. 184.

Se trata de una aportación de fuerza humana y de raza afín a la nuestra en espíritu y sangre, que fundida con los aborígenes contribuyó a la formación de nuestra nacionalidad. Considerándose además que [...] se llegarán a estimar en todo el país los beneficios que recibe México con la aportación de esas energías humanas que vienen a México con su capacidad y esfuerzo al desarrollo y progreso de la nación.[48]

La realidad para los judíos fue, no obstante, distinta. México había recibido solicitudes para aceptar refugiados que huían de Alemania y Austria desde 1933. El problema para recibirlos fue doble; por un lado, no se hizo una distinción clara entre el carácter de inmigrante y de refugiado, lo cual provocó que ambos fueran seleccionados siguiendo el mismo criterio de las tablas diferenciales, es decir, se hacía una selección rigurosa de los inmigrantes que podían ser admitidos, con base en su nacionalidad y en el número de connacionales que se encontraran radicados en el país. Por otro lado, las autoridades consideraron otra circunstancia como definitiva: la aparente dificultad —tantas veces mencionada— que tendrían los judíos para radicar en el país, dado que sus características los hacían un grupo poco asimilable a la población nativa. Esto dio como resultado que la política humanitaria del presidente Cárdenas no se pudiera aplicar a los judíos por los lugares de donde provenían, sobre todo en el caso de los alemanes, que quedaron como apátridas y por lo tanto no podían considerarse en los cálculos de las "cuotas" para extranjeros.

El 22 de julio de 1938, el periódico *The Reform Advocate*, que se distribuía en Estados Unidos, Canadá, Europa y Palestina, decidió enviar a dos corresponsales a México para entrevistarse con el presidente con objeto de conocer

---

[48] "General Lázaro Cárdenas, en la apertura de las sesiones ordinarias del Congreso, 1° de septiembre de 1939", en *Los presidentes...*, *op. cit.*, t. 4, p. 112. Además de Estados Unidos, los países que asistieron a la Conferencia de Evian fueron Argentina, Austria, Bélgica, Bolivia, Brasil, Canadá, Chile, Colombia, Costa Rica, Cuba, Dinamarca, Ecuador, Francia, Inglaterra, Guatemala, Haití, Honduras, México, Países Bajos, Nueva Zelandia, Nicaragua, Noruega, Panamá, Paraguay, Perú, Suiza, Suecia, Uruguay y Venezuela. Véase "Se dará ayuda a los judíos según el acuerdo tomado en la Conferencia de Evian", *El Universal*, 10 de julio de 1938.

por boca del presidente de México, cuál es la actitud de su gobierno con respecto al establecimiento de los refugiados hebreos, si el gobierno ve con buenos o malos ojos la residencia del judío en México y favorece también el que adquieran la nacionalidad mexicana, a la vez, la actitud del gobierno de México hacia la proposición de que los judíos hagan arreglos para comprar en firme la Baja California u otro lugar en donde el hebreo pueda establecerse y formar una República autónoma.[49]

A estos periodistas les interesaba sobre todo conocer el estatus de los judíos en México y saber si en realidad se había despertado un gran odio al judío, dada la aceptación de las políticas alemanas. Por ello, los diplomáticos en Estados Unidos advirtieron al gobierno sobre las campañas de desprestigio contra México y las acusaciones que se hacían en contra del presidente por aceptar una política migratoria basada en actitudes antisemitas y prejuicios raciales. Ésa fue la causa de que en este año —el mismo de la expropiación de las compañías petroleras— se intentara cuidar al máximo la imagen de México en el exterior, sobre todo en Estados Unidos.

A pesar de las propuestas mexicanas para aceptar a los refugiados judíos, éstos no llegaron al país en un número significativo, y tampoco se realizó alguna de las propuestas de colonización en el país. En general, el problema de los refugiados judíos durante la segunda Guerra Mundial se quedó circunscrito más en las intenciones gubernamentales para contemplarse en las agendas de discusión, que para buscar una solución real.

Lo mismo sucedió en Estados Unidos. Al desatarse la persecución en contra de los judíos y su ulterior confinamiento en campos de concentración, el gobierno estadunidense se distanció del Holocausto. Cuando se dio cuenta del significado cabal de la llamada "solución final" llevada a cabo por los nazis, los oficiales del Departamento de Estado muy relacionados con el "asunto judío" trataron de suprimir información relacionada con el exterminio, utilizando una estrategia para posponer o hacer más difíciles las medidas migratorias. Ni Estados Unidos

---

[49] AHSRE, entrada a México de Judíos Americanos, exp. 111-2334-12. Carta que envía don L. Davis del periódico norteamericano *The Reform Advocate* al cónsul de México en Estados Unidos, Héctor M. Escalona, 22 de julio de 1938.

ni algún otro gobierno aliado propuso medidas o acciones militares para rescatar judíos o refugiados políticos, cuando en realidad el gobierno estadunidense pudo haber sentado bases firmes para aceptar refugiados en su territorio, o para que otros países de América Latina lo hicieran, si no hubiera interpuesto su política migratoria.

Para ese entonces el presidente Cárdenas recibió una nota de la Confederación de Campesinos y Obreros de México donde se comentaba la Conferencia Panamericana celebrada ese año en Lima, Perú, en la cual se hacía una clara mención a las democracias americanas y se decía que éstas brindaban su protección a la "raza hebrea". Nada se hizo al respecto.[50] Para Roosevelt lo más importante era la unión panamericana ante la posibilidad de una amenaza de parte de los nazis. En realidad los estadunidenses pensaron en el "rescate a través de la victoria",[51] y muchos barcos de refugiados fueron rechazados en los puertos estadunidenses y mexicanos. Ambos países argumentaban que todos los inmigrantes debían someterse a las leyes de migración.[52]

En 1939, Salomón de la Selva visitó Estados Unidos tratando de interesar a diversos sectores de ese país sobre la inmigración de judíos a México. Luis Quintanilla, de la embajada de México en Washington, informó de este hecho al presidente Cárdenas, y en ese reporte confidencial se hablaba de la difícil situación mexicana a partir de la expropiación y la deuda adquirida con las compañías estadunidenses e inglesas; además, era necesario repatriar a dos millones de mexicanos y para ello se sugería, como ya se mencionó, la posibilidad de establecer una colonización en Baja California, donde había grandes extensiones de tierra despobladas en las que quizá los

[50] Max Tocks y Franz Müller escribieron a Cárdenas en nombre de cincuenta trabajadores antinazis que escaparon de Alemania, pero la Ley de Población en su artículo 84 prohibía la inmigración de trabajadores extranjeros. Véase AGNM, FLC, 5214. Atanasio Núñez a Lázaro Cárdenas, 23 de enero de 1939.

[51] Brutman y Kraut, "American Refugee Policy", pp. 126-127. *Apud.* John Lopez, "Why America Slept", en *Welebaethan Journal of History*, Fullerton, California State University Press, 1994, pp. 41-67.

[52] Un ejemplo fue el barco portugués con ochenta pasajeros judíos que no pudo desembarcar en septiembre de 1940 en Norfolk, Virginia, o el barco *Orinoco* en Veracruz el 22 de octubre de 1938. Véase Archivo Comité Central Israelita de México (ACCIM), Libro de Actas, núm. 1, octubre de 1938.

refugiados judíos y los repatriados mexicanos pudieran convivir. Sin embargo, el plan no fructificó.[53]

En marzo de 1941, poco después de que Ávila Camacho asumiera la presidencia, la Secretaría de Gobernación suspendió las autorizaciones para extranjeros procedentes de Europa, aun cuando fueran de origen español. Asimismo, se crearon dos zonas de concentración de extranjeros: aquellos cuya estancia en el país fuera irregular y que provinieran de países enemigos, y aquellos a quienes se les hubiera expulsado del país y que, en vista del estado de guerra, no pudieran ser enviados nuevamente a Europa. Estos campos se establecieron en la Isla Magdalena y en Perote, Veracruz.[54]

Tras el ataque a Pearl Harbor y el hundimiento de dos buques tanque mexicanos por submarinos alemanes, el gobierno de Ávila Camacho declaró la guerra a las potencias del Eje, y el 14 de junio de 1942 México firmó el pacto de las Naciones Unidas. El 18 de diciembre de ese mismo año se anunció en la prensa la visita del general Wladislaw Sikorski y se hablaba ya de que venía a agradecer a México la recepción de inmigrantes. Para la comunidad de judíos de México esto fue un motivo de júbilo. Sikorski llegó el 27 de diciembre de 1942 como primer ministro del gobierno polaco en el exilio. Después de su reunión con Ávila Camacho, firmaron un acuerdo para que nuestro país pudiera recibir un número de refugiados polacos, quienes para entonces se encontraban concentrados en la India e Irán después de haber pasado por la Rusia soviética. A su regreso, Sikorski pasó por Estados Unidos, donde se entrevistó con el presidente Roosevelt. De esa reunión surgió un fondo de tres millones de dólares para apoyar al gobierno polaco. El dinero se utilizaría para el mantenimiento en México de tres a cinco mil personas durante 1943.

El 19 de abril de ese año Ávila Camacho aceptó una oferta para establecer a los refugiados en la Hacienda de Santa Rosa, a 10 kilómetros de León. Se destinaban para ello 14 hectáreas de terreno. El primer grupo se reunió en Bombay donde 706

---

[53] Las propuestas fueron rechazadas por el presidente Cárdenas dadas las fuertes presiones de la sociedad. Véase AGNM, FLC, 546.6.616, Washington, 23 de diciembre de 1938.

[54] *El Universal*, 7 de julio de 1941.

personas abordaron el barco *Hermitage;* después de una aza-rosa travesía llego a El Paso y de ahí a México. El segundo grupo, de 750 personas, entre ellos muchos niños huérfanos, se reunió en Karachi y en Bombay; llegaron por la misma ruta a México. En 1944, otros 487 fueron destinados a Santa Rosa pero nunca llegaron. La contribución de México para colocar a esos polacos había sido de 1 910 personas, de las cuales en realidad solamente llegaron 1 432; de ellas, 31 eran judías.[55]

En abril de 1943 se organizó en Bermuda una nueva confe-rencia para discutir el problema de los refugiados, a la cual se impidió la asistencia de organizaciones privadas o de obser-vadores. Los judíos, sin embargo, elaboraron un desplegado donde pedían a Inglaterra que suprimiera el *Libro blanco* y permitiera la inmigración a Palestina. En dicha reunión el tema de los judíos se trató poco. El señor O'Donoju, represen-tante de México, dijo solamente que se observarían las normas dictadas por el gobierno de Estados Unidos en combinación con la embajada de Polonia.[56]

México seguiría ofreciendo concesiones a refugiados que se dedicaran a la agricultura, como la de eximirlos del pago de impuestos. Las tablas diferenciales de la Secretaría de Gober-nación siguieron aplicándose. En 1945, siendo secretario de Gobernación Primo Villa Michel, quien también había sido delegado en la Conferencia de Evian, se reforzó la idea de que el gobierno mexicano aceptaría la inmigración, "de acuerdo a las posibilidades del país y previo estudio de los antecedentes personales, elementos con que cuenten y actividades a las que piensen dedicarse, además de llenar los requisitos que la Se-cretaría de Gobernación determine para su internamiento". A juzgar por este enunciado, parecía que se hablaba de un inmigrante regular y no de un refugiado de guerra.[57]

---

[55] Haim Avni, "The Role...", pp. 52-56; Gloria Carreño y Celia Zack de Zukerman, *El convenio ilusorio. Los polacos en la Hacienda de Santa Rosa en Guanajuato (1943-1946)*, México, Consejo Nacional de Ciencia y Tecnología (Conacyt), 1998; "La venida de los polacos", *El Universal*, 31 de diciembre de 1942 y 31 de diciembre de 1943. Véase Secretaría de Relaciones Exteriores, "Relaciones México-Polonia 1921-1989. Cronología y documentos", México, AHDM, doc. 33, pp. 187-194.

[56] *Excélsior*, 2 de julio de 1943.

[57] AHSRE, III 1247-1 (2p.).

Ávila Camacho y otros presidentes latinoamericanos patrocinaron la publicación de *El libro negro del terror nazi en Europa*, el cual presentaba testimonios de escritores y artistas de 16 países que hablaban sobre las persecuciones y matanzas perpetradas por los nazis.[58] Esa información, sin embargo, no logró modificar los criterios de aceptación de refugiados inmigrantes por parte del gobierno mexicano.

PROCESO DE DESARRAIGO. DESCONTENTO Y ESPERANZA

La civilización judía nació como una religión. Ella implica un aspecto distintivo y un estilo de vida particular, basado en un reconocimiento específico de Dios y del lugar que ocupa el hombre en la sociedad y en el universo. Es el hombre en su relación con lo divino, uno solo, o sea, el monoteísmo.

Martin Buber, en su ensayo "La fe del judaísmo", decía que la actitud fundamental de los judíos se caracteriza por la idea de la "unificación" *(yijud)*, que implicaba la renovada confirmación de la unidad de lo divino en la naturaleza múltiple de sus manifestaciones, entendida de una manera práctica.[59]

En el judaísmo la vida ética entró en la vida religiosa y con ella se identificó. "No hay responsabilidad si no hay uno ante quien se es responsable."[60] Por ello, el judaísmo es a tal punto inseparable de la noción de judeidad; normalmente se utiliza de manera comprensiva el primer término para expresar también el concepto que corresponde al segundo. Buber definía al pueblo judío como "una unidad de personas que eran, son y serán", una comunidad de muertos, de vivientes y aun de no nacidos, que juntos constituyen una unidad". La certeza inmediata que se tiene es el hecho de la presencia de Dios y la necesidad de cumplir sus mandamientos.

El principal medio para transmitir las tradiciones judías fue el hogar. Ser judío era, y sigue siendo, sobre todo un asunto

---

[58] *El libro negro del terror nazi en Europa. Testimonio de escritores y artistas de 16 naciones*, México, El Libro Libre, México, 1943, pp. 232-233.
[59] Véase León Dujovne, *Martin Buber. Sus ideas religiosas, filosóficas y sociales*, Buenos Aires, Bibliográfica Omeba, 1966, p. 100.
[60] *Ibid.*, p. 103.

familiar. En el periodo bíblico *(Patriarcas y Jueces)*, la unidad social era la familia extendida, el clan, llamado *mishpajá* en hebreo. El jefe de familia tenía completa autoridad sobre sus miembros, incluso hasta la tercera o cuarta generación. Los miembros de estas familias extendidas eran responsables unos de los otros, en lo referente a su protección y a su progreso económico; además, el jefe de cada grupo familiar formaba parte del grupo de los Ancianos o los Sabios. En épocas más recientes, la unidad familiar ampliada continuó siendo un núcleo sólido, sobre todo en las comunidades que se establecieron en lo que fue el Imperio otomano.

Las características propias de la diáspora reforzaron el papel de la familia como bastión para conservar los valores y las costumbres de los judíos. De ahí que los lazos sentimentales y la lealtad se estrecharan en un círculo de relaciones sanguíneas internas consolidado fundamentalmente a partir de los casamientos. La actitud judía hacia el matrimonio siempre fue un aspecto central, pues se concebía como el único camino para el desarrollo personal, y la procreación se consideró un deber sagrado.

A lo largo de siglos de diáspora, en condiciones de persecución o de migración, la mayor carga para preservar el hogar y la familia recayó en la mujer. Ella fue responsable de vigilar las regulaciones alimentarias y de celebrar las fiestas judías, y sobre todo, de cuidar de la santificación del día más sagrado: el sábado. Igualmente, con frecuencia apoyó a su esposo en el sostenimiento del hogar para que él continuara con sus estudios religiosos. Esta situación prevalecía en todas las comunidades: podía ser en un pequeño pueblo de Europa oriental *(shtetl)*, en Londres, Turquía, Alepo, o en América, posteriormente.

La sinagoga y la casa de estudios eran dominios masculinos: los líderes comunitarios y los oficiales de la religión, como el rabino, el cantor *(jazan)*, el matarife *(shojet)* y el circuncidador *(mohel)* eran hombres, al igual que los maestros y los alumnos en los seminarios talmúdicos. Sólo a ellos se les consideraba aptos para formar el *minyan* (diez hombres) para rezar.[61]

---

[61] Bernard J. Bamberg, *The Story of Judaism*, Nueva York, Union of American Hebrew Congregations, 1966, p. 272.

Actualmente, los judíos ortodoxos mantienen esa tradición, y solamente los miembros del movimiento conservador o reformista han pugnado por modificarla.[62]

Hasta tiempos recientes, el judío había vivido en comunidades diversas e independientes que ejercían su autonomía en cuestiones internas, aunque mantenían el contacto entre sí. Estas comunidades sirvieron como marco para la preservación de la fe judía y de la forma de vida. Cada una de ellas fue influida por la cultura, la economía y las actitudes de la sociedad local particular. A pesar de estas variantes, los preceptos esenciales de la comunidad judía se mantuvieron a lo largo del tiempo, por medio de sus propias instituciones religiosas, educativas, jurídicas y de beneficencia; no obstante, esa autonomía por lo general no interfirió con las leyes del país donde vivían los judíos.

Después de la Revolución francesa, el mundo occidental empezó a experimentar una nueva condición de emancipación a partir del siglo XIX, y la comunidad judía, como una unidad autónoma, es decir, "un Estado dentro de otro Estado", declinó en importancia.

Como individuos, los judíos se convirtieron en ciudadanos de los Estados liberales democráticos y gozaron de libertad religiosa, derechos civiles e igualdad frente a la ley garantizada por la Constitución. En algunos países la Iglesia y el Estado eran instituciones independientes y la vida nacional se regía por un marco secular. Algunos judíos consideraron que esa libertad podía erosionar la fuerza de la comunidad y causar su total asimilación a la sociedad circundante. Pero con el devenir del siglo, se demostró que la emancipación no era una respuesta en sí misma a la cuestión judía. Esa nueva libertad de los judíos en el mundo occidental despertó en la sociedad un fuerte antisemitismo.[63]

Los judíos empezaron a emigrar de la Europa del Este hacia las comunidades occidentales; como reacción ante los nacientes movimientos nacionalistas europeos, se organizó el Movimiento Sionista, símbolo del retorno al hogar original. Todos estos factores, tanto positivos como negativos, reforzaron su

---

[62] *Ibid.*, p. 274.
[63] Joan Comay, *The Diaspora Story*, Tel Aviv, Steimatzky, 1988, p. 210.

identidad y las comunidades judías de Occidente se afianzaron y crecieron.

Después de la primera Guerra Mundial, el concepto de minoría contenido en las leyes internacionales fue promovido como restricción a la soberanía nacional. En el Tratado de Paz de Versalles de 1919, el Comité de las Delegaciones Judías se encargó de vigilar las cuestiones relativas a las minorías tanto en los países vencidos, Austria, Hungría, Bulgaria y Turquía, como en los sucesores, Polonia, Checoslovaquia, Rumania, Yugoslavia y Grecia.

Las etnias religiosas nacionales, culturales y lingüísticas en esos países, que incluían a las comunidades judías, obtuvieron garantías colectivas bajo la supervisión internacional de la Liga de las Naciones. Esas cláusulas contempladas en el Tratado fueron la base ideológica para que el gran historiador judeoruso Simon Dubnow desarrollara el concepto del "Nacionalismo de la diáspora", también llamado autonomismo.[64] De acuerdo con este autor, las comunidades de la diáspora se habían convertido en entidades nacionales permanentes, y su lengua, el ydish (muy similar al alemán), fungía como piedra angular. Sin embargo, en el periodo entre las guerras mundiales los tratados sobre minorías se instrumentaron pobremente y al desaparecer la Liga de las Naciones se esfumaron.

Después de la Revolución bolchevique de 1917, la enorme comunidad judía habitante en la Rusia soviética fue separada abruptamente del resto del judaísmo mundial. Se suprimió cualquier sentimiento de identidad de grupo, religión, lengua y cultura con otras comunidades judías del mundo. De igual manera, al desatarse la segunda Guerra Mundial en 1939, con el incremento del antisemitismo en Alemania y las políticas de exterminio de Hitler, cientos de pequeñas comunidades judías de Europa central y oriental desaparecieron por completo.

Los judíos en México

Una de las características de la colectividad judía de México es su estructura diferenciada según comunidades, congrega-

---

[64] Simon Dubnow, *Nationalism and History; Essays in Old and New Judaism*, Nueva York, Koppel S. Pinson-Atheneum, 1970.

ciones y centros comunitarios. Esta estructura, fuertemente pluralista, es consecuencia de los diversos orígenes geográficos de las familias judías, así como de sus transformaciones en el tiempo y del grado de cohesión interna que mantuvieron en el lugar de destino. A su vez, esta diferencia representa un elemento significativo para la comprensión de las diferentes actitudes, valores y comportamientos demográficos socioculturales, así como las variadas orientaciones ideológicas y religiosas de la población que conforma a cada comunidad.

Es común utilizar tres conceptos que permiten identificar a los diversos grupos étnico-religiosos conforme a su procedencia:

1) El sector ashkenazí, que comprende a los judíos provenientes de Europa central y del Este, que hablan el yidish.

2) El sector sefaradí, que corresponde a los provenientes de la península ibérica, Turquía, los países balcánicos y algunos de África, que conservan como lengua el ladino.

3) El sector que alude a un grupo menos usual, o sea, a los nativos de Oriente o hablantes del árabe, que corresponde fundamentalmente a los judíos cuya procedencia se localiza en los países o ciudades del Medio Oriente, entre los que destacan Líbano y las ciudades de Alepo y Damasco.

Estos conceptos se mantienen como criterios de pertenencia comunitaria y de identidad, aun en las generaciones de personas nacidas en México y que continúan vinculando sus raíces a las regiones o países de donde procedían sus antepasados.[65]

Según el estudio demográfico realizado por Susana Lerner y Sergio Della Pérgola, 27.2% de la población judía de México pertenece a la comunidad ashkenazí; 13% a la sefaradí; 22.3% al sector de Alepo o Maguén David; 19.4% a Monte Sinaí o Damasco, y 18.1% corresponde a la comunidad Bet El y a la Congregación Beth Israel.[66]

---

[65] Sergio Della Pérgola y Susana Lerner, *La población judía de México: perfil demográfico, social y cultural*, México, Universidad Hebrea de Jerusalén-El Colegio de México-Asociación Mexicana de Amigos de la Universidad Hebrea de Jerusalén, 1995, p. 39.

[66] *Ibid.*, p. 33.

La comunidad ashkenazí

El término *ashkenaz* tiene su raíz en la Biblia, en la que se menciona a Ashkenz como un lugar situado en el centro de Europa. En el Pentateuco se cita a uno de los bisnietos de Noé llamado Ashkenaz, y Jeremías se refiere a un lugar colindante con el Monte Ararat. Posteriormente, el nombre comenzó a utilizarse en la literatura rabínica para hacer referencia a Alemania.

De esta manera, ashkenazita es una designación medieval dada a los judíos de Alemania y del norte de Francia, quienes emigraron hacia Europa oriental por persecuciones religiosas, asentándose sobre todo en Polonia y en Rusia, y cuya lengua común era el yidish. A partir de la expulsión de los judíos de los países de Europa central en el siglo XIII esa zona se convirtió en el centro religioso, político y social de la vida judía en general.[67]

La delimitación de las diferentes tradiciones se dio en Ashkenaz, al norte del Rin y de Francia. Ahí, al filo de la Europa cristiana, los exilarcas y *gaonim* de Babilonia se encontraban muy lejos; aunque existía cierta comunicación entre ambos bloques, hacía falta un liderazgo que estimulara la cohesión. Éste surgió en la ciudad de Mainz, donde personajes como el rabino Gershom de Mainz (960-1028) y sus contemporáneos establecieron las bases de la rama ashkenazí del judaísmo. A ellos se sumó posteriormente Rabí Shlomo Itzhaki, conocido como Rashi, quien se dedicó a interpretar la Biblia.[68]

Los migrantes ashkenazitas se llevaron consigo su cultura cuando partieron a Europa central; después fueron invitados a Polonia para colonizar las tierras del Este. Fue ahí donde gozaron de una edad de oro propia, entre los siglos XII y XVII, que posteriormente se extendió a Rusia y después a América.

Hacia el siglo XVI Polonia fue el centro de la vida y cultura ashkenazí, con cierta estabilidad y gran desarrollo económico. Esto cambió a partir de 1648 cuando un gran número de comunidades fueron destruidos y masacrados por una revuelta

---

[67] Comay, *The Diaspora...*, *op. cit.*, p. 124.
[68] *Ibid.*, p. 102.

cosaca dirigida por Bogdam Chmelnitsky.[69] El reino polaco se fue desintegrando hasta que a finales del siglo XVIII su territorio se repartió entre las naciones vecinas.

Cuando la Rusia zarista se anexó gran parte de Polonia a finales del siglo XVII también absorbió a un millón de judíos polacos que nunca antes había querido aceptar. Esto provocó que Catalina *la Grande* los haya confinado en 1793 a vivir en un sector llamado "Zona de Residencia Forzada".[70]

Durante los siglos XIX y XX los judíos de Rusia fueron presa de dos luchas ideológicas: el liberalismo y la reacción. Los zares siempre temieron el surgimiento de una revolución del pueblo, azuzado desde la invasión napoleónica; la Iglesia ortodoxa rusa fungió entonces como un instrumento para detener cualquier levantamiento y para provocar al pueblo en contra de los judíos.

El siglo XIX vio el surgimiento de un nacionalismo eslavo que idealizaba el pasado ruso y que llevó los conceptos liberales y democráticos hacia Europa occidental; a pesar de que se intentó la integración de los judíos a la sociedad rusa, el espíritu nacionalista detuvo la verdadera emancipación de los judíos. Éstos fueron concentrados en pequeños pueblos y villas para trabajar el campo. Sin embargo, el judío no era campesino y no deseaba tampoco perder su religión, ni mandar a sus hijos a escuelas rusas. De acuerdo con la política zarista, la única forma de alejar a los judíos de su religión y del Talmud era dar educación laica a los jóvenes.

En 1881 Alejandro II fue asesinado por un grupo revolucionario clandestino. Esta fecha marcó el inicio de la gran emigración judía hacia América, sobre todo a Estados Unidos. Desde entonces hasta 1914 se desplazaron dos y medio millones de personas de un continente a otro.[71]

Los judíos que habían vivido en esos pequeños pueblos, adonde mantenían sus sinagogas, casas de estudio y cementerios, decidieron buscar alternativas de vida. En la Zona de Residencia Forzada, donde vivía casi 90% de los judíos ashke-

---

[69] H. H. Ben Sasson (ed.), *A History of the Jewish People*, Cambridge, Mass., Harvard University Press, 1976, p. 647.
[70] *Ibid.*, p. 735.
[71] *Ibid.*, p. 853.

nazitas, la vida había transcurrido inmersa en la experiencia religiosa y la alegría formaba parte de ella. Casi no había analfabetismo ya que el estudio era la meta de todos, pero éste era siempre de índole religiosa. El conocimiento del Talmud estaba considerado como un logro supremo para cada persona, y esto agudizaba la mente y enseñaba a los jóvenes métodos de razonamiento y argumentación, los cuales les servirían posteriormente para pasar de la educación religiosa a la secular.

Este acento en el humanismo preparó a los estudiantes de las *yeshivot*, o escuelas religiosas, para ser grandes idealistas, al grado de que algunos de ellos participarían en el movimiento revolucionario, aceptando el socialismo como una solución a los problemas que aquejaban al mundo o apoyando la idea de que en manos de los obreros estaba el cambio (bundistas). Por otro lado, se encontraba el grupo que se aferraba a la idea de volver a Sión, a Palestina, la tierra de sus antepasados, y que apoyaba firmemente al sionismo.

Este mosaico diverso de maneras de pensar acompañó a los diferentes emigrantes judíos desde la primera década de este siglo a nuestro país. Las nuevas ideologías habían debilitado a las organizaciones religiosas y comunales, pero no lograron destruirlas. El *shtetl*, como forma de vida de las masas judías de Europa oriental, comenzó a extinguirse debido a diversos procesos sociales, económicos y políticos. *Pogroms*, persecuciones, crisis económicas y políticas fueron los detonantes de la emigración en gran escala de estos judíos, quienes buscaron en América una alternativa de desarrollo donde se respetara la libertad de cultos.

Con la caída del régimen zarista en 1917 la vida judía se modificó por completo. A pesar de la tolerancia religiosa en los primeros dos años, los bolcheviques acabaron con los ideales judíos. La mayor transformación se dio respecto a la religión. De las miles de sinagogas y casas de rezo sólo sobrevivieron algunas decenas; además se redujo el número de rabinos y se prohibió por completo la educación religiosa de los jóvenes. Los objetos rituales y los libros religiosos fueron confiscados, y el hebreo se catalogó como una lengua reaccionaria y por lo tanto quedó fuera de la ley.

A lo largo de la historia, los judíos habían conservado una particularidad exclusiva que los hacía inasimilables a la sociedad. Las soluciones a la particularidad judía que surgieron a partir del siglo XIX incluían, en primer lugar, la asimilación civil por medio de una franquicia política; en segundo, la asimilación social por medio de la reorganización revolucionaria de la sociedad civil, y en tercer lugar la proletarización de la comunidad judía combinada con una reubicación territorial del pueblo judío. Las tres soluciones correspondieron, en términos generales, al liberalismo, al marxismo y al sionismo. De igual manera, estas propuestas incluían en algún aspecto la disminución o abandono de la creencia religiosa, así como un movimiento a la inversa, encaminado al apartamiento de la ortodoxia hacia el judaísmo reformado. La posibilidad de la asimilación civil de la población judía en Europa occidental representó una amenaza a los valores tradicionales de la religión. Los dirigentes religiosos se preocuparon porque la aceptación de los judíos en las instituciones políticas de la sociedad civil entrañaría la pérdida de una identidad judía específica, y con ella, el abandono de la fe y la práctica religiosa.[72]

Como se vio en la primera parte del presente capítulo, México fue un lugar de refugio para estos inmigrantes que salieron de Europa oriental a raíz de las persecuciones religiosas e ideológicas. Fue a partir de los regímenes de Álvaro Obregón y Plutarco Elías Calles cuando arribó a nuestro país el mayor número de judíos europeos.[73] Su inmigración originalmente fue individual, pero en el corto plazo empezaron a traer a sus familias. La idea de "hacer la América" vibraba en cada uno de ellos, sobre todo en los que pensaron que aún podían llegar a Estados Unidos; más tarde vendría el desencanto al conocer las leyes de migración y las cuotas establecidas en ese país a partir de 1924.[74] Así, la apertura de México y la posibilidad de incorporarse a una incipiente clase media hizo que estos inmigrantes tomaran la decisión de establecer su residencia permanente en el país.

---

[72] Bryan S. Turner, *La religión y la teoría social. Una perspectiva materialista*, México, Fondo de Cultura Económica, 1997, p. 284.
[73] Véase Gloria Carreño, *Pasaporte...*, *op. cit.*, p. 111.
[74] *Ibid.*, p. 54.

Estos judíos encontraron una sociedad cuyas normas legales no entraban en conflicto con la existencia de una comunidad judía organizada. Por ello, el segundo paso que dieron fue la creación de instituciones propias que pudieran conservar su identidad judía. Las primeras asociaciones fueron principalmente religiosas; se desarrollaban en torno a la sinagoga, que además fungía como centro social y de ayuda para los inmigrantes que compartían un mismo lugar de origen. A su vez, se fundaron paulatinamente organizaciones seculares ya que estos grupos, aunque todavía muy tradicionalistas, ya traían las semillas de las nuevas ideologías imperantes en los países que dejaron atrás.

A medida que aumentaba el número de inmigrantes, se fueron creando congregaciones religiosas que agrupaban a personas que provenían de la misma región. Desde 1904 un pequeño grupo de ashkenazitas realizaba sus servicios religiosos en un templo masónico en donde se reunían correligionarios de diversas partes del mundo. Un año después trataron de constituirse como comunidad, aunque el intento fracasó. Hacia 1908, y a raíz de la visita del rabino estadunidense Martin Zielonka, los judíos que residían en la capital hicieron un nuevo intento de organización, que tal vez por la situación interna del país tampoco logró concretarse. Fue hasta 1912 cuando se fundó la llamada Alianza Monte Sinaí con miembros de todos los sectores judíos que entonces habitaban en la capital. Se le dio ese nombre en recuerdo de la congregación que encabezaba el rabino Zielonka en El Paso, Texas.[75]

La Alianza Monte Sinaí fue sobre todo una sociedad de ayuda mutua y una congregación religiosa que se preocupó desde un principio por comprar un terreno para fundar un panteón judío. Podría decirse que la necesidad de tener un lugar en donde sepultar a sus muertos fue el germen de la organización comunal.[76]

En 1917 llegó a México un grupo de judíos procedentes de Estados Unidos que pretendía evitar el enlistamiento para la

[75] Alicia Gojman de Backal, *Memorias de un desafío...*, *op. cit.*, p. 18.
[76] Véase Bertha Zack de Govezensky, *Religión: legado de vida judía*, vol. 4: *Generaciones Judías en México. La Kehilá Ashkenazí 1922-1992*, Alicia Gojman de Backal (coord.), México, Comunidad Ashkenazí de México, 1993, p. 29.

guerra, y muchos de ellos posteriormente se quedaron en el país. Su interés por la cultura más que por la cuestión religiosa dio como fruto la creación de un centro llamado Young Men's Hebrew Association, semejante a otros centros que ya existían en Estados Unidos. En un local alquilado en la calle de Tacuba número 15 se impartieron las primeras clases de español a los inmigrantes y se abrió la primera biblioteca judía.[77]

Durante la década siguiente los judíos ashkenazitas vivieron un periodo de organización y búsqueda de instituciones que sustentaran su vida comunitaria. La mayoría deseaba fundar ante todo una sinagoga y un *beth midrash*, o casa de estudio, al estilo de las que dejaron en Europa oriental, lugares donde pudieran reunirse diariamente, rezar al estilo tradicional y donde leyeran la Biblia los lunes, jueves y sábados, además de recitar el *kadish* (oración por sus muertos). Para ellos era fundamental encontrar la forma de mantener el ritual alimentario, el *kashrut*, conseguir un matarife, un rabino, un circuncidador y abrir un local donde impartir la educación judía a sus descendientes.[78]

Este grupo se constituía, hacia finales de los años veinte, por cuatro mil personas aproximadamente. Ya tenían formada una *jevra kedishá*, voluntarios que llevaban a cabo los rituales mortuorios. De ahí surgió, en 1922, su congregación llamada Nidjei Israel, que significaba "los desarraigados de Israel".[79]

Hacia 1935 los judíos ashkenazitas habían logrado sensibles mejoras en su economía, que les permitió comprar unos terrenos en la calle de Justo Sierra, en el centro de la capital, donde vivía la mayoría de ellos. De esta manera, en 1941 y a pesar de la gran preocupación por lo que estaba sucediendo con sus hermanos en la Europa de Hitler, fue inaugurada la sinagoga de Nidjei Israel.

Sin embargo, muchos judíos perdieron la religiosidad que traían de Europa. Su vida ya no giraba, como en el pueblo original, alrededor de la sinagoga y de la "preparación para recibir el sábado". Se habían secularizado, sobre todo aquellos que

[77] Véase Alicia Gojman de Backal, *De un minyan a una comunidad*, vol. 2: *Generaciones judías en México...*, *op. cit.*, p. 35.
[78] Bertha Z. de Govezensky, *Religión: legado...*, *op. cit.*, p. 30.
[79] *Ibid.*, p. 32.

venían con ideologías socialistas, bundistas o sionistas que fueron transmitiendo a sus hijos; las ideas políticas y sociales invadieron su religiosidad, y aunque en términos generales continuaron su tradición —guardando las fiestas judías, por ejemplo—, no todos asistían a los templos regularmente. Estos judíos ashkenazitas, sobre todo los de la segunda generación, empezaron a cuestionar su ortodoxia o a buscar una flexibilidad en la religión que les permitiera llevar a cabo los ritos, aunque con una nueva función, conforme a la modernidad del siglo xx. Así, un pequeño grupo de diez familias se acercó al movimiento conservador, que ya se había iniciado en Alemania en el siglo pasado y que había fructificado en Estados Unidos, y fundaron otra comunidad como una congregación conservadora.[80]

Para el ashkenazita la modernidad implicó una necesidad de encontrar el sentido de la vida; una explicación racional de la existencia humana que permitiera saber hacia dónde iba la historia para vislumbrar la posibilidad de una sociedad humana libre y racional. Secularización, es decir, lo mundano, lo que va con el siglo. Y en ella Dios, la religión y lo sacro parecieron cada vez menos necesarios. Así, las diversas actividades humanas, como la política, la ciencia, el arte etc., se fueron emancipando de la tutela de la religión. Ésta perdió importancia frente a esos campos, y la falta de relevancia social de las instituciones religiosas se vio acentuada por una preocupación por la supervivencia.

En México, el judío ashkenazita fue aceptado como ciudadano con libertad de culto, y gracias a eso se fue integrando cada vez más a una sociedad receptora que le abrió múltiples oportunidades en todas las áreas del conocimiento humano; su adaptación al país fue quizá más difícil que la de sus correligionarios de origen sefaradita o del Oriente, tal vez por su lengua y costumbres diferentes. Lo cierto es que la ambivalencia entre seguir una normatividad religiosa o una laica prevalece en el grupo, con la salvedad de que, para ambos, religiosos o laicos, la identidad judía es compatible con su condición de mexicanos.

[80] *Ibid.*, p. 66.

La comunidad sefaradí

La comunidad judía sefaradí en México es tal vez la más antigua, ya que su presencia en nuestro país data de hace más de quinientos años. Los judíos de origen sefaradita estuvieron ligados al descubrimiento de América. Fueron conocidos entonces como "conversos o judaizantes", y participaron en la conquista y colonización de la Nueva España en una proporción hasta hoy poco conocida.[81]

Aquellos que entonces llegaron al Nuevo Mundo lo hicieron en forma clandestina y con grandes dificultades para sobrevivir, ya que la Inquisición les seguía los pasos. Este tribunal funcionó tanto en España como en la Nueva España hasta mediados del siglo pasado y su objetivo fue vigilar el cumplimiento de la fe cristiana, sobre todo entre los conversos judaizantes.

La intolerancia religiosa, el fuerte sentimiento de perseguido y la ejecución de los grandes Autos de Fe disminuyeron la presencia de estos grupos dentro del territorio mexicano. En el siglo XVIII las pequeñas congregaciones que aún permanecían en el país vivían con el constante temor de ser descubiertas, y por ello se vieron obligadas a mantener su judaísmo en la clandestinidad; otros núcleos, en cambio, fueron asimilándose a la sociedad cristiana hasta olvidar sus usos y costumbres. Sólo algunos objetos heredados de generación en generación les recordaban ocasionalmente su origen.

Con la caída del Imperio otomano, Inglaterra comenzó a recibir a los judíos turcos. Algunos propusieron su repatriación hacia Palestina bajo la protección británica. Ellos mismos empezaron a viajar hacia Occidente como comerciantes y se establecieron en algún país europeo, obteniendo la nacionalidad inglesa, o bien se dirigieron hacia Egipto o la India. Otros decidieron emigrar a raíz de la guerra de los jóvenes turcos a principios de siglo y llegaron a América. Los que ya tenían parientes en alguna parte los seguían; otros, en cambio, fueron los iniciadores de la emigración familiar tomando un boleto de

---

[81] Véase Alicia Gojman Goldberg, *Los conversos en la Nueva España*, México, Universidad Nacional Autónoma de México-Acatlán, 1984.

barco que los condujera a algún lugar de Norte, Centro o Sud-américa.

Desgraciadamente, los judíos que permanecieron en la parte de Europa que pertenecía al antiguo Imperio otomano, sobre todo Salónica, Rodas y los Balcanes, sufrieron fuertes veja-ciones durante la segunda Guerra Mundial, entre 1943 y 1945. Algunos, gracias a los pasaportes que señalaban su origen sefaradita, tuvieron la facilidad de salvarse mediante un sal-voconducto otorgado por el gobierno de Franco para pasar a través de España hacia América. Algunos pudieron emigrar a México.[82]

De hecho, en 1912 ya había algunas familias sefaraditas en México. Cuando se constituyó la Alianza Monte Sinaí partici-paron en ella con gran entusiasmo. Entre sus fundadores se encontraban varios sefaraditas como Jacobo Granat (quien estuvo muy cerca de Francisco Madero), Isaac Capón y Alejan-dro Nyssen. Además de apoyar la compra del panteón —gracias a la donación hecha por Granat de un terreno en Tacuba—, los sefaraditas consideraron que era fundamental ayudar a los inmigrantes mediante el establecimiento de una clínica y un dispensario. Más tarde, en 1924, constituyeron su primera congregación llamada La Fraternidad. Su principal propósito fue ofrecer servicios religiosos propios, ya que los sefaraditas acostumbraban rezar de manera diferente a los ashkenazitas.

Al lado de La Fraternidad se agrupó una sociedad de damas a la que llamaron la Buena Voluntad; ésta posteriormente se constituyó como el Bikur Jolim, es decir, la asociación que daba ayuda a los enfermos o necesitados, de la misma manera que sus antepasados lo habían hecho en España, mediante la dis-tribución de alcancías en los hogares para allegarse así fondos para continuar con su labor humanitaria. Al igual que en la comunidad ashkenazí, se estableció una caja de préstamos (guemilut jasadim) para apoyar a aquellos que querían esta-blecer un negocio o para ayudar a que se casara una novia sin recursos.[83]

---

[82] Véase María Antonia del Bravo et al., Diáspora sefaradí, Madrid, Mapfre, 1492, 1992, p. 279, y Haim Avni, España, Franco y los judíos, Madrid, Altalena, 1982.

[83] Entrevistas de historia oral realizadas entre los años de 1987 y 1990,

En los años cuarenta, a partir de la construcción de su sinagoga, llamada Yehuda Haleví, y de la adquisición de un cementerio propio, este grupo de judíos logró constituirse como una comunidad independiente a la cual designaron comunidad sefaradí. Poco después fundaron también su propio colegio.

Cuando los sefaraditas llegaron al país se integraron de manera más eficaz y menos penosa que los ashkenazitas, principalmente por la facilidad de la lengua; además, el hecho de haber mantenido muchas de las costumbres y formas de vida que tuvieron en España les permitió adaptarse con mayor facilidad a su nueva vida. De los tres sectores de la comunidad judía, los sefaraditas constituyen el grupo que más se ha mezclado con los otros dos. Muchos de sus hijos contrajeron matrimonio con miembros de la comunidad ashkenazita, así como con personas del grupo originario de Oriente.

Su forma de vida ha sido más secular, sin dejar de mantener sus costumbres y tradiciones. Su religiosidad ha sido más ortodoxa, aunque ha establecido con mayor facilidad relaciones con el resto de la sociedad. El apego a sus costumbres españolas los identifica plenamente como descendientes de aquellos expulsados de España en 1492. Al igual que los ashkenazitas, su identidad judía es firme y nunca ha entrado en conflicto con su ser mexicano.

Las comunidades de Damasco y Alepo

La llegada de los judíos de Alepo y Damasco a México se sitúa entre 1904 y 1908, cuando un grupo de aproximadamente 80 hombres entonces,[84] algunos eran casados que traían a sus familias, pero la mayoría fueron solteros que venían buscando mejor calidad de vida y posición económica. Pese a que la modernidad ya había comenzado a incidir en la vida de las comunidades judías en Alepo y Damasco, por medio de los efec-

coordinadas por Alicia Gojman de Backal, Universidad Hebrea de Jerusalén-Asociación Mexicana de Amigos de la Universidad Hebrea de Jerusalén.

[84] Isaac Dabbah, *Esperanza y realidad. Raíces de la comunidad judía de Alepo en México*, México, Fundación de la Sociedad de Beneficencia Sedaká y Marpé-Libros de México, 1982, pp. 103-104.

tos del nacionalismo árabe sobre los *millets* (agrupaciones religiosas), o por la introducción de la red escolar francesa[85] que transmitió ideas propias de la civilización occidental en el mundo tradicional comunitario, la religiosidad ortodoxa seguía siendo el eje de la identidad del grupo. La mayoría de los inmigrantes compartió un marco legal ortodoxo que modeló su conducta cotidiana y fundamentó la estructura institucional.

Los judíos de Alepo y Damasco se conformaron en comunidades separadas. Una posible explicación de este hecho derivaba del análisis de la estructura social del Imperio otomano, la cual consistía en que las provincias árabes estaban organizadas en *millets*, profesionales o autosuficientes, que podían autogobernarse a cambio de un impuesto a las autoridades. De acuerdo con el islam, los judíos y cristianos eran considerados *dhimmis* o de segunda clase, lo que limitaba sus actividades en muchos aspectos; sin embargo, eran respetados y tolerados por ser "la gente del libro" —refiriéndose a la Biblia.[86]

No había conciencia nacional, y la reafirmación de la identidad se daba en torno al "otro", semejante y a la vez distinto al "nosotros". La relación entre estas comunidades judías también estuvo marcada por su ubicación geográfica: Damasco era la capital de la provincia y por estar cerca del Mediterráneo era más cosmopolita y moderna, con mayor influencia europea. Por su parte, Alepo se encontraba al este de la cordillera montañosa, apartada del mar y más bien formaba parte de la región desértica; por ello su cultura era más conservadora y cercana a la tradición beduina. En México, los *shamis* (originarios de Sham, Damasco en árabe) mantuvieron esta distinción y se organizaron en forma diversa.

Después de la creación de la Alianza Monte Sinaí en 1912, que en ese momento aglutinaba a todos los judíos residentes en México —europeos, turcos, alepinos, damasqueños, etc.—, la prioridad comunitaria fue la compra de un cementerio judío. Esto reflejó el anhelo de arraigarse en tierras mexicanas

---

[85] Bernard Lewis, *The Jews of Islam*, Princeton, Princeton University Press, 1984, pp. 177-179.

[86] Alicia Hamui Sutton, "Antecedentes y causas de la emigración de los judíos de Alepo a México", tesis de licenciatura, México, Universidad Iberoamericana, 1990, pp. 187-188.

donde habitarían no sólo los vivos. De igual manera, la Alianza también adquirió un templo en la calle de Justo Sierra 83, debidamente registrado ante las autoridades mexicanas en 1918 y aprobado por Venustiano Carranza. En esos años, después de la primera Guerra Mundial, el contingente migratorio se reactivó y llegó a México una buena cantidad de judíos que fueron recibidos por los pioneros. Con la creación de instituciones ashkenazitas y sefaraditas, la Alianza Monte Sinaí quedó en manos de los damasquenos y alepinos que, aunque estaba formalmente constituida, participaban poco en las decisiones de la misma. De esa manera, los judíos de Alepo crearon una organización independiente; los primeros rabinos llegaron en 1908 y se encargaban de los servicios religiosos requeridos por los *halebis* (circuncisiones, provisión de carne *kosher,* rezos diarios, sabatinos y en días festivos; *bar-mitzvas,* bodas, defunciones, etc.). Su asociación en la Alianza Monte Sinaí respondió al interés de utilizar el panteón. Más que las instituciones formales, lo que mantuvo la cohesión grupal fueron las redes de parentesco, gracias a la procedencia de una ciudad común y al alto grado de endogamia. Todos conocían las relaciones familiares de cada persona desde su lugar de origen. Lo mismo sucedía con los judíos de Damasco. Esta solidaridad social podría explicar también la posterior institucionalización diferenciada de ambos grupos.

En 1929 se planteó la posibilidad de construir un templo al estilo oriental, pues los rezos hasta entonces se llevaban a cabo en casas particulares. Para entonces, muchos de los alepinos y damasquenos se habían trasladado del centro de la capital a la colonia Roma, lo cual fue un indicio del rápido progreso económico que habían logrado. En 1931 se inauguró el Templo Rodfe Sedek en la calle de Córdoba, marcando con este hecho la separación entre *shamis* y *halebis.* La necesidad de mantener el templo, de agilizar la ayuda a los más necesitados y las crecientes tensiones con la Alianza Monte Sinaí por el uso del panteón, llevaron a la formación de una organización autorizada interna y externamente para manejar los servicios comunitarios y la representación colectiva ante otras instituciones. Así, se fundó en 1938 la Sociedad de Beneficencia Sedaká y Marpé (Ayuda y Salud), registrada ante la Secretaría de Salubridad y Asistencia, que en los años ochenta cambiaría su nombre por el de comunidad Maguén David.[87]

Por su parte, la Alianza Monte Sinaí cambió sus estatutos en 1935 para quedar destinada al uso exclusivo de los judíos de Damasco y Líbano. Una vez separados, las relaciones se intensificaron aunque cada agrupación desarrolló sus propias instituciones. Las labores que estas comunidades llevan a cabo han estado enfocadas a dos cuestiones fundamentales: mantener la cohesión social y reproducir las tradiciones religiosas y culturales de los primeros inmigrantes, aunque adaptándolas según las posibilidades y limitaciones de la realidad mexicana contemporánea.[88]

INMIGRACIÓN JUDÍA. TRÁMITES Y ADAPTACIÓN

El enorme flujo de inmigrantes judíos que llegaron a Estados Unidos a partir de la primera Guerra Mundial despertó la preocupación de aquellos que ya se consideraban ciudadanos con ciertos derechos, debido a la "mala" influencia que los recién llegados podían ejercer. La vieja guardia acusó a los nuevos inmigrantes de ostentar ideologías peligrosas, como el socialismo y el anarquismo; de ser iletrados y empobrecidos, y de tener extrañas costumbres sociales y culturales que degenerarían en una difícil integración a la sociedad que los recibía. No es de extrañar, por tanto, que uno de los resultados de esos sentimientos haya sido la imposición de una política más restrictiva hacia la inmigración.

Los grupos contrarios a la inmigración señalaron a los europeos —principalmente judíos— como los causantes del desempleo, y solían desfilar por las calles de Nueva York con letreros que decían "Los refugiados consiguen trabajo en este país, pero el estadunidense no".[89] A partir de entonces surgió

---

[87] Liz Hamui de Halabe (coord.), *Los judíos de Alepo en México*, México, Maguén David, 1989, p. 243.

[88] Véase Liz Hamui de Halabe, *Identidad colectiva*, México, JGH Editores, 1997, y Alicia Gojman de Backal y Liz Hamui de Halabe, "Judaísmo en México", *Eslabones. Revista Semestral de Estudios Regionales*, núm. 14 *(Diversidad Religiosa)*, 1997, pp. 62-88.

[89] David Wyman, *Paper Walls: America and the Refugee Crisis 1938-1941*, Amherst, Mass., University of Massachusetts Press, 1984, pp. 6-7 y 9.

en Estados Unidos un fuerte antisemitismo; los hebreos que ya vivían allí se encontraban divididos: por un lado, algunos residentes más antiguos, que eran generalmente de origen alemán o sefaradita, temían que la llegada de sus correligionarios de Rusia, Polonia, Hungría o Checoslovaquia pudiera causarles problemas por ser personas poco civilizadas y con ideas socialistas o comunistas; por otro lado, estaban las organizaciones judías que trataban de salvar a sus paisanos de las matanzas y persecuciones en el Viejo Continente buscando para ellos lugares que pudieran acogerlos.

De ahí que estas instituciones hayan puesto la mirada en México, por considerarlo un lugar viable que podría recibir a los inmigrantes; decidieron realizar toda clase de investigaciones para determinar la posible colonización en el caso concreto de algunos grupos. Ya desde 1905 había llegado a nuestro país un periodista del *Bnai Brith Messenger* de Los Ángeles, Victor Harris, quien venía decidido a recorrer el país para elaborar un informe detallado acerca de las condiciones que éste ofrecía a los inmigrantes, además de hacer la relación de los judíos que encontrara a su paso. El hombre permaneció cerca de un año estudiando la situación, y en su informe final comentó que consideraba viable una inmigración urbana que se dedicara al pequeño comercio o a la industria, porque el campo presentaba muchos problemas e inconvenientes por la falta de vías de comunicación y el elevado costo de los proyectos.[90]

Como ya se mencionó, en 1908 llegó a México el rabino Martin Zielonka, enviado por el Comité de Rabinos de Estados Unidos con el propósito de llevar a cabo un estudio de la situación económica, política y social del país para informar sobre la posibilidad de fundar una comunidad judía. Su mayor preocupación al término de su investigación fue darse cuenta de que no existía en el país una comunidad judía formal que tuviera legitimidad ante el gobierno.

Al volver a Estados Unidos, Zielonka propuso en su informe que se estableciera una organización judía en México, la cual

---

[90] Victor Harris, "The Jews in Mexico", *Los Angeles Messenger*, noviembre de 1906.

pudiera dar auxilio a los inmigrantes que llegaban a los puertos mexicanos (sobre todo Veracruz y Tampico), y que se encargara de convencerlos para establecerse de forma permanente en la República, sin intentar cruzar "al otro lado". El rabino pensaba que había tres puntos fundamentales qué atender: *1)* ayudar a quienes se encontraban en México para que consolidaran una base económica y formaran un hogar en él; *2)* evitar su paso ilegal por la frontera hacia Estados Unidos, ya que además de causarles problemas por los arrestos, estas personas serían deportadas a sus países de origen, y *3)* convencer a una organización judía (que en este caso fue la Bnai Brith), en Estados Unidos o en Europa, para que considerara la importancia de apoyar la emigración hacia México.[91]

En enero de 1921 cuatro inmigrantes que habían cruzado ilegalmente por la frontera de Ciudad Juárez llegaron a la oficina de Zielonka en Estados Unidos. El hecho alarmó al rabino, ya que éstos eran los portavoces de miles de personas que aguardaban en los puertos europeos para conseguir una visa y llegar a Veracruz, y posteriormente ingresar a Estados Unidos. Zielonka se propuso detener la inmigración ilegal a su país por dos razones fundamentales: para evitar que estos inmigrantes fueran deportados a los lugares de persecución y muerte, y para mantener la confianza que el gobierno estadunidense había depositado en su organización referente al compromiso de observar rigurosamente las leyes migratorias impuestas. Hacia junio del mismo año, Zielonka volvió a México en compañía del señor Archibald A. Marx, de la organización Bnai Brith, para averiguar lo que sucedía con esos inmigrantes en el país.[92]

Zielonka continúo sus investigaciones y sus informes se presentaban en las juntas anuales de la Bnai Brith. En el de 1923, por ejemplo, se estableció que ya residían formalmente en el país 800 judíos, llamados por el propio rabino "los pioneros"; asimismo, comentaba que no solamente se habían establecido

---

[91] Alicia Gojman de Backal, *Memorias de un desafío...*, *op. cit.*; véase, además, Archivo Bnai Brith (en adelante, ABB), Nueva York, sección México.
[92] ABB, Nueva York, Informe de Bnai Brith, 1921.

en la capital, sino que ya se les encontraba también en diferentes estados de la República.

Durante el mismo año Zielonka solicitó a Ed Sanders, prominente financiero de El Paso, que hiciera una visita a México para averiguar la situación de sus correligionarios en las ciudades de Chihuahua, San Luis Potosí, Torreón, Aguascalientes, Jalapa, Monterrey, Orizaba y el Distrito Federal. Sanders encontró una gran cantidad de jóvenes recién llegados de Europa, ocupados en la venta ambulante de ropa de todo tipo, viajando de un pueblo a otro, e informó que su situación iba mejorando paulatinamente. Su investigación mostró que los jóvenes habían llegado a Veracruz con el dinero indispensable para desembarcar y alimentarse los primeros meses, pero que estaban deseosos de trabajar y labrarse un futuro para poder traer en el corto plazo a los familiares que dejaron al otro lado del mar.[93]

Al conocerse las noticias sobre las restricciones a la inmigración que decretó el gobierno estadunidense en 1924 (la Johnson Act), el Comité de Emergencia Judío de Estados Unidos tomó la decisión de enviar al doctor Maurice Hexter a nuestro país, para que en compañía de Roberto Haberman recorriera el territorio e hiciera un informe detallado de la situación y definir así las posibles soluciones para aquellos que deseaban "hacer la América" y que se encontraban detenidos en muchos puertos de Europa y Asia. Hexter llegó al país con un cúmulo de horas de estudio acerca de la historia de México, su población, su política y su vida social. Por su lado, Haberman ya tenía tiempo en el país como asesor del presidente Calles para algunas cuestiones de política exterior y conocía bien el territorio.[94]

Decidieron dividir el trabajo en dos grandes áreas que abar-

[93] Martin Zielonka, "The Jewish Immigrant in Mexico", *Bnai Brith News*, Washington, D. C., 23 de abril de 1923.
[94] Véase Carlos Macías Richard, "La fuerza del destino. Una biografía de Plutarco Elías Calles", tesis de doctorado, México, El Colegio de México, 1994, pp. 325-335. Roberto Haberman era un comunista judío rumano que vivía en Estados Unidos y que apoyó a Carrillo Puerto en las negociaciones para colocar ahí el henequén, además de que coordinaba las actividades de propaganda pro México autorizadas por Plutarco Elías Calles en Estados Unidos.

caban poblaciones del norte al sur y cada uno emprendió el viaje por separado, acordando buscar las mismas líneas de investigación y confrontar al final sus hallazgos. Sus reportes fueron sumamente detallados, e incluso mencionaban los nombres de las familias que fueron encontrando en su recorrido, así como las actividades a las que se dedicaban y las relaciones que había entre los diversos grupos.

Ambos concluyeron su informe aconsejando una inmigración a nuestro país, con la salvedad de que los judíos no trataran de competir en el agro con el trabajador mexicano. Sugerían que quienes desearan establecerse en México debían dedicarse al pequeño comercio o a la industria en menor escala, actividades que podían ser fuente de desarrollo individual, a la vez que una contribución para el país en sectores poco explotados de su economía. Lo anterior permitiría que se fomentara en México el ascenso de la clase media, tan precaria numéricamente en esos momentos.[95]

El viaje de Hexter y Haberman dio sus frutos en corto tiempo, ya que México apareció en la lista de las organizaciones judías del mundo, como el American Jewish Joint Distribution Committee (JOINT), el Hebrew Immigrant Aid Society (HIAS), la Jewish Colonization Association (ICA) y la Alliance Israélite Universelle, como posible lugar de refugio para los emigrantes que aguardaban en Europa.[96]

Pero la situación en el país respecto a la aceptación de extranjeros se mantenía en un clima de discusiones permanentes. Así, en la reunión celebrada en 1921 en Ciudad Juárez, en la cual participaron los comerciantes y las cámaras extranjeras, el secretario del gremio comercial, Enrique Santibáñez, pre-

---

[95] Maurice Hexter, *The Jews in Mexico*, Nueva York, American Jewish Congress, 1926.

[96] Existía además el HICEM como una agencia judía internacional cuyo objetivo era ayudar a los emigrantes e inmigrantes. Su nombre se compuso de las iniciales combinadas de tres agencias que la fundaron en 1927, que eran el HIAS, el ICA y la Emigdirect. El JOINT o Comité Norteamericano Unido de Distribución, era una institución judía estadunidense que se fundó el 27 de noviembre de 1914 con objeto de dar ayuda económica a los judíos víctimas de las guerras, las persecuciones y el hostigamiento. El HIAS era una sociedad de ayuda para inmigrantes judíos fundada también en Estados Unidos a finales del siglo XIX.

sentó una ponencia[97] en la cual sugirió que el gobierno cancelara todos los tratados internacionales que tuvieran relación con el comercio, con el fin de que se revisaran en condiciones más favorables para los comerciantes nacionales. Afirmaba que los empresarios extranjeros gozaban de la protección de sus países durante las luchas civiles, lo que daba lugar a una situación de privilegio. Resentido por ese trato preferencial que se daba a los comerciantes originarios de otros países, afirmó lo siguiente:

Nuestra Constitución, nuestros tratados y nuestras costumbres han abierto libremente las puertas a los extranjeros para que se establezcan en nuestro territorio, les han concedido todos los derechos naturales y civiles que tienen los mexicanos por nacimiento y les han dado a los primeros cierta superioridad en la protección de que gozan cuando el país se ve turbado por sus disensiones civiles y, en el terreno de la justicia, han alimentado en ellos el natural deseo de conservar su nacionalidad [...] Lo que deseamos es una verdadera y justa reciprocidad y que el extranjero haga vida común con nosotros fundando una familia y determinando pasar en nuestro suelo el resto de sus días, que se convierta en mexicano y sea un completo partícipe de nuestras alegrías y nuestros pesares.[98]

Los comerciantes que llegaron de otros países habían fundado, en la segunda década de este siglo, algunos organismos llamados cámaras de comercio, cuyo objetivo era la defensa de sus agremiados, ya fueran alemanes, españoles, estadunidenses, ingleses, italianos o franceses. Estas cámaras estaban afiliadas a la Confederación de Cámaras de Comercio (Cocaco), y en esos años muchas de ellas estaban aprovechando que el gobierno estadunidense no había reconocido a Álvaro Obregón como legítimo gobernante del país para utilizar sus influencias con el fin de consolidar las relaciones diplomáticas deseadas y lograr así una situación privilegiada. Por ello, les era más provechoso conservar su nacionalidad por el trato preferente que el mandatario les brindaba con el fin de convertirlos

[97] AGNM, FOC, 711-S-5.
[98] Enrique Santibáñez, "Los tratados internacionales de comercio", pp. 5-6. *Apud*. María del Carmen Callado Herrera, *Empresarios y políticos*, México, Instituto de Estudios Históricos de la Revolución Mexicana, 1996.

en aliados en su campaña de reconocimiento interno. Quizá ésa fue la causa de que cámaras de comercio como la alemana, española, italiana, etc., no perdieran su identidad, sino, por el contrario, la reafirmaran y lograran que sus asuntos pudieran ventilarse directamente con el Ejecutivo, y sólo acudían a la Cocaco en casos extremos de conflictos mayores.[99]

Sin embargo, el presidente supo imponer los límites necesarios y nunca permitió que se excedieran en asuntos que eran vitales para la soberanía nacional. Para entonces, y a pesar de la apertura a la inmigración judía, la cantidad de personas de ese origen que vivían en el país era muy escasa: entre 1920 y 1924 sólo habían emigrado al país 587 ashkenazitas y un número todavía menor de sefaraditas.[100]

Los comerciantes judíos aún no tenían la fuerza para establecer su propia cámara de comercio, y en casos urgentes recurrían a la de los franceses, que fue la que les brindó ayuda durante los años de la Revolución. El organismo judío en cuestión se fundó hasta 1931, no sólo como portavoz de sus agremiados, sino para defenderlos de los ataques xenófobos y antisemitas. Además, a diferencia de las otras instituciones, la Cámara de Comercio tampoco estaba respaldada por un Estado propio, el cual se fundaría hasta 1948.[101]

A pesar de las protestas de estos organismos por la competencia entre extranjeros y nacionales, en 1921 Fernando Leal Novelo, presidente de la Cocaco, se reunió con el primer mandatario y le propuso formar una delegación comercial que recorriera varios estados de Estados Unidos haciendo propaganda para atraer inversionistas a México.

Después de esa gira llegaron a la conclusión de que había dos problemas que debían atacarse de inmediato: las comunicaciones y la agricultura, cuestión sobre la que ya anteriormente habían llamado la atención las organizaciones judías que vinieron al país.

En contraposición con los comerciantes extranjeros o na-

---

[99] María del Carmen Callado Herrera, *Empresarios...*, *op. cit.*, p. 125.
[100] Véase apéndice 1 en Gloria Carreño, *Pasaporte a la esperanza...*, *op. cit.*
[101] Celia Zack de Zukerman, *Colectividad y kehilá*, vol. 6: *Generaciones judías en México. La Kehilá Ashkenazí 1922-1992*, coord. por Alicia Gojman de Backal, México, Comunidad Ashkenazí de México, 1993.

cionales que apoyaban al presidente para lograr que fuera reconocido, sobre todo del gobierno estadunidense, los industriales y terratenientes que se empezaron a sentir afectados por los artículos 27 y 123, volvieron su mirada hacia la Casa Blanca. Por ello, cada vez que estallaba alguna huelga en una empresa, la prensa se ocupaba de demostrar que esa complacencia sindicalista y socialista de las autoridades era un obstáculo para "que México ingresara al concierto de las naciones civilizadas".[102] Así decía el *Excélsior* el 17 de agosto de 1923:

> El derecho internacional todavía no adopta las fórmulas radicales de los modernos socialistas. El derecho internacional sigue siendo, aun después de la guerra y a pesar de los cambios que ésta operó en el mundo entero, "un derecho clásico", un derecho que reconoce y sanciona la propiedad, la familia, las libertades de cultos, de pensamiento, de enseñanza y de trabajo, etc. Y como muchas o algunas de estas garantías se borraron de la legislación mexicana y no aparecen en la Constitución de 1917, resulta que nosotros no vivimos de acuerdo al derecho internacional.[103]

Así, los inmigrantes que llegaban al país se veían enfrentados a los vendedores ambulantes de los diversos mercados y, además, cuando su situación mejoraba y decidían establecerse en un comercio, la competencia volvía a surgir entre los agremiados a estas cámaras. Desde entonces la llamada pugna entre capitalistas y trabajadores fue en aumento, formándose organizaciones patronales en defensa de sus intereses pero en las cuales no tenían cabida los judíos; por un lado, no se habían consolidado como grandes propietarios, más bien se consideraban trabajadores, y por el otro, las ligas en contra de los extranjeros "indeseables" los marginaron por completo de cualquier participación. Lo que sí puede asegurarse es que constituyeron un blanco directo al cual se atacaba en caso de algún conflicto obrero-patronal.

La rebelión delahuertista de 1923 contó con el apoyo de muchos de los comerciantes adinerados, aunque en realidad éstos

---

[102] María del Carmen Callado Herrera, *Empresarios...*, *op. cit.*, p. 130.
[103] *Id.* Véase, además, "Después de las Conferencias", *Excélsior*, 17 de agosto de 1923.

no pudieron organizarse suficientemente, y por lo mismo se reunieron los empresarios en la ciudad de Monterrey con el fin de lograr la pacificación. La delegación fue presidida por José Treviño y secundada por la Cámara Nacional de la Comarca Lagunera y la Cámara de Comercio de Chihuahua. El punto central en la agenda de esta reunión lo constituyeron las pláticas para resolver el conflicto, pero también se trataba de decidir quién se quedaría al frente del organismo general de las Cámaras de Comercio.[104]

Desde entonces se empezó a hablar de la influencia de los "bolcheviques", los cuales, se decía, se encontraban ya dentro del gobierno y habían aparecido a partir de la llegada de los inmigrantes de Europa oriental. Cuando Plutarco Elías Calles asumió la primera magistratura, muchos de los empresarios empezaron a desconfiar de su política de acercamiento a las masas populares y señalaron que representaba el ala izquierda de la Revolución.[105] Las buenas relaciones del presidente con Morones, dirigente de la CROM, y con Adalberto Tejeda, gobernador de Veracruz, aparecían como una clara evidencia de sus inclinaciones socialistas.

Los judíos se mantenían al margen de cualquier problema, sobre todo si éste era de carácter político. En 1925, 1926 y 1927, las actividades de ayuda a los inmigrantes emprendidas por la organización Bnai Brith continuaron desarrollándose, a la par de las visitas del rabino Zielonka a México.[106] Como ya se mencionó, este hombre también había participado con el Comité de Emergencia en su labor de reconocimiento de lo que sucedía con los grupos judíos ya establecidos en el país. Fue así como Zielonka y el doctor Leff, de El Paso, visitaron varios lugares de la República con el mismo fin. Sobre todo analizaron los asentamientos judíos en las ciudades fronterizas o cercanas a la frontera, como Monterrey, Ciudad Juárez y Nuevo Laredo.

La oficina de la Bnai Brith se abrió en la capital del país con la aprobación del recién electo presidente Calles, quien había

---

[104] "No se puede vivir indefinidamente en la violencia", *El Nacional*, 21 de febrero de 1924, y "La Convención Pro Paz se instaló en Monterrey", *El Nacional*, 26 de febrero de 1924.

[105] *Excélsior*, 13 de septiembre de 1923.

[106] ABB, Informes de Martin Zielonka a *Bnai Brith News* (1925, 1926, 1927).

reiterado la invitación a los judíos para que emigraran hacia México.[107] En un reporte de 1924 el funcionario de dicha organización, Archibald Marx decía:

El Comité Ejecutivo, en su reunión de la semana pasada, decidió abrir una oficina en México, con una persona competente al frente de ella y así, los inmigrantes que tengan necesidad de ayuda, tendrán quién se ocupe de ellos.

Haremos lo posible para que tengan la oportunidad de aprender el idioma del país y que sean apropiadamente distribuidos a través de México, para que no haya aglomeraciones en algunas áreas. [...]

Nos comprometemos a enseñarles sus obligaciones hacia el gobierno mexicano y haremos presión sobre ellos, para que comprendan que sus mejores posibilidades están en México y que ahí es donde deben establecer su hogar permanente. [...]

Ayudándolos a establecerse no sólo estamos haciendo una buena labor para nuestra gente, sino que estamos ayudando a nuestro propio país: los Estados Unidos, previniendo que alguno de los nuestros sea pasado ilegalmente a este país en violación de nuestras leyes.[108]

Marx hizo referencia a las concentraciones de judíos en el norte del país, en las ciudades de Monterrey, Ciudad Juárez, Hermosillo o Laredo, las cuales continuaban siendo muy atractivas para los inmigrantes. Así lo expresó uno de los informantes:

Llegué a Hermosillo, Sonora, después de recorrer todo el país, por el atractivo que ofrecía como ciudad cercana a la frontera y con la esperanza de conseguir pronto una visa para Estados Unidos. Empecé a trabajar ahí, me fue bien al grado de que pude establecer mi propio negocio. Así que cuando recibí las visas para mí y para mi familia las rechacé. Me había acomodado en México y lo sentía ya como un país de mucho futuro.[109]

[107] Véase Gloria Carreño, *Pasaporte a la esperanza...*, *op. cit.*

[108] ABB, Nueva York, *Proceedings of the Fortyeight Annual Session of District I.O.B.B., Gran Lodge No. 7, Dallas, Texas*, Nueva Orleáns, Jos Levy and Bros Printers, 1927.

[109] Alicia Gojman de Backal, "Entrevista a Nicolás Backal", en Alicia Gojman de Backal (coord.), *Testimonios de historia oral. Judíos en México*, México, Universidad Hebrea de Jerusalén-Asociación Mexicana de Amigos de la Universidad Hebrea de Jerusalén, 1990.

En 1926 la Bnai Brith propuso que el trabajo que realizaba fuera compartido entre los judíos estadunidenses y los recién establecidos mexicanos y que se creara un fondo para préstamos a los necesitados.[110] Al siguiente año el reporte respecto a la llegada de inmigrantes fue el siguiente: "la entrada de judíos ha disminuido, los que llegan al país solamente son parientes de aquellos que ya están establecidos aquí. Sin embargo, la labor de la Bnai Brith se sigue llevando a cabo".[111] De lo anterior da cuenta uno de los informantes, al decir:

> Los de Bnai Brith ayudaban a la gente a bajar, no teníamos idioma, ni nada, todos estábamos perdidos, entonces ellos nos bajaban, nos ayudaban a salir del barco y nos llevaban a tomar el tren; recuerdo cuando ya estaba yo en el tren, me asomé por la ventana, nunca había visto tanta gente morena, me dio mucho miedo y no me separaba de mis papás [...] era mucha la diferencia entre los rusos y los mexicanos.[112]

Las condiciones en México no eran favorables a la inmigración, el país se encontraba en plena guerra cristera y aquellos recién llegados no comprendían la animadversión hacia la Iglesia. Ante la falta de estabilidad en todos los órdenes, el inmigrante tenía que enfrentarse a los problemas intrínsecos a su situación: empleo, salud, vivienda, soledad, etc.; además, gran parte de la sociedad se encontraba en una situación precaria ante la falta de definición del gobierno y de una política que asegurara su desarrollo futuro, por lo que descargaba su frustración en los extranjeros. Algunas familias judías que vivían en Chihuahua o en Ciudad Juárez intentaron cruzar a Estados Unidos hasta que se calmaran las cosas.[113]

El 4 de mayo de 1930 la Bnai Brith presentó en la ciudad de Chatanooga, Tennessee, un informe acerca de su labor en México, en el cual decía que se había atendido a 800 personas y que consideraban que había llegado el momento de retirarse del país, para que fueran los judíos mexicanos quienes se ocu-

---

[110] Alicia Gojman de Backal, *Memorias de un desafío...*, *op. cit.*, p. 44.
[111] *Id.*
[112] Alicia Gojman de Backal, *Dos vidas, una historia*, México, s. e., 1988, p. 89.
[113] Alicia Gojman de Backal, "Entrevista a Amparo G. Borenstein", en *Testimonios...*, *op. cit.*

paran de la ayuda a los nuevos inmigrantes. Se informó del cierre de las oficinas que tenían en la calle de Mina 95 y que ya se encontraba establecida una institución que daría ayuda a los enfermos; solamente quedaba por resolver el problema de la caja de préstamos.[114]

Pocos inmigrantes llegaron a partir de esa década debido a las políticas migratorias del país y al rompimiento en 1929 de relaciones con la Unión Soviética, lugar de donde provenía la mayoría. Uno de éstos comentó lo siguiente: "Tomé un cuarto en la azotea del hotel, a la mañana siguiente salimos a buscar la dirección del encargado judío de recibir a los inmigrantes y se nos informó que acababa de cerrar su oficina".[115]

Todavía en su reporte de 1931, Archibald Marx acotaba que desde 1929 se había restringido la inmigración a México y que los trabajadores, obreros y profesionistas debían mostrar 5 000 pesos al entrar al país. El Departamento de Inmigración otorgaba los permisos, por lo que había necesidad de sobornar a los encargados que los negaban, si esto era posible. Las esposas, hijos y familiares de los inmigrados tenían permiso para inmigrar sin restricción alguna, de ahí que 60% de los que llegaron fueron precisamente familiares de los que ya se encontraban en el país. Según Marx, México estaba tratando de restringir la inmigración europea, compuesta en 90% por judíos. Agregaba que esto no era antisemitismo, sino simplemente afán de proteger al nativo de la competencia extranjera.[116]

Sin embargo, cuatro meses después de este reporte, 250 vendedores judíos que se encontraban en el mercado de La Lagunilla fueron brutalmente expulsados de sus puestos, por ser judíos y extranjeros. Esta acción, abiertamente antisemita, había sido apoyada por el presidente Pascual Ortiz Rubio.

Sin duda, el apoyo de la Bnai Brith fue muy significativo, pero en realidad estaba más relacionado con las necesidades de los judíos estadunidenses que con la realidad mexicana y

---

[114] Leonardo Senkman, Haim Avni y Margalit Bejarano, "Entrevista a Joseph Tjornitsky", en *Testimonios...*, *op. cit.*

[115] Alicia Gojman de Backal, *Memorias de un desafío...*, *op. cit.*, p. 51.

[116] ABB. Martin Zielonka, "Report of the Bnai Brith Mexican Bureau, conducted by the I.O.B.B. and the Emergency Refugee Committee, 1927-1928".

las oportunidades que ésta brindaba. El elemento humano se consideró como un problema, y no como una solución, por lo que las carencias en el país, en lugar de haber sido entendidas como oportunidades de desarrollo, se percibieron como problemas que por su alto costo y riesgo harían fracasar cualquier intento de inmigración masiva. Lo que una organización veía como problema, la otra lo veía como solución, y a partir de 1924 la inmigración fue tomando mayor fuerza, ya que los judíos llegaron a México en contingentes cada vez más grandes. En un artículo enviado al *Jewish Morning Journal*, el 18 de octubre de ese año, Anita Brenner escribía:

> Refugiados judíos de todo el mundo han volteado definitivamente su mirada hacia México [...] De 50 hasta 100, 200 o 400 al mes están llegando [...] así que en menos de tres meses una tercera parte de la comunidad judía se ha formado. Llegan inmigrantes de Rusia, Polonia, Lituania y Rumania, también de Palestina, y de Centro y Sur América, e inclusive hasta de Manchuria. Esta ola de inmigrantes ha cambiado del tipo de aventurero a un elemento más estable y educado.[117]

Según Anita Brenner el inmigrante no se diferenciaba del nativo, ya que entonces no existía en México conciencia de la existencia de los judíos. Ellos se consideraban extranjeros, "rusos, alemanes o turcos", y además el judío empezó rápidamente a integrarse a la población, sintiéndose en corto tiempo como mexicano.[118] Así escribía entonces:

> Para el mexicano promedio, el judío es simplemente un demonio bíblico. Es el que traicionó a Cristo [...] Aún hoy en día, con la excepción de algunas personas de la clase media y de algunos intelectuales, México aún cree en los viejos mitos de la Iglesia acerca del judío, y lo que resulta más increíble es que consideran que todos los judíos o se encuentran desaparecidos o en Jerusalén [...]

[117] Anita Brenner, artículos enviados al *Jewish Morning Journal*, 19 de octubre y 8 de noviembre de 1924. Véanse también de esta autora, "Mexico Another Promised Land", *Menorah Journal*, febrero de 1928, y "Making Mexico Jew Conscious", *The Nation*, vol. 133, núm. 3453, septiembre de 1931, pp. 252-254.

[118] Anita Brenner, "The Jew in Mexico", *The Nation*, vol. 119, núm. 3086, 27 de abril de 1924.

En México la asimilación del judío es más que una tendencia, es la llave de su futuro en este país [...] Realmente no tiene caso continuar siendo judío o declararlo, cuando nadie lo prohíbe [...] Los matrimonios mixtos son comunes sencillamente porque hay muchos hombres judíos y muy pocas mujeres. En lugar de rabinos, casas de estudio, periódicos o clubes, el judío se verá forzado a adaptarse a los acontecimientos futuros de México. Se está perdiendo dentro de una raza que se está encontrando a sí misma.

Consciente o inconscientemente, queriéndolo o no, el judío en México ya sea de origen árabe, turco, ruso, inglés, polaco o alemán; comerciante, maestro, vendedor ambulante o artista, educado o ignorante, se está convirtiendo en un mexicano, tan mexicano como los descendientes de los conquistadores, o como el hijo de un indio nativo. Éste le dará al México del futuro, no solamente su trabajo, su dinero, o su cerebro, sino todo su ser en el amplio sentido de la palabra.[119]

Cuatro años después la periodista judía de Aguascalientes seguía enviando reportajes sobre los judíos, y así decía:

Uno ya no escucha hablar el yidish (dialecto derivado del alemán), en las calles. Ni tampoco se encuentra con el grupo de vendedores ambulantes en las bancas del parque. En su lugar ya nos encontramos con israelitas bien vestidos que no están discutiendo para nada acerca de su identidad.

Se me ha dicho que quizá porque muchos se han casado con mujeres mexicanas y todos ellos hablan el español y están interesados en los asuntos nacionales, eso es "asimilación" y resulta muy deplorable. No están escondiendo ni deshaciéndose de su afiliación. No estoy de acuerdo en que estén perdiendo su "judeidad" por convertirse en mexicanos. No se puede cuantificar hasta dónde esa asimilación pueda llevar, sobre todo cuando nazcan sus hijos. Pero cuando empezaron a llegar las mujeres de los otros, apareció una vida cultural judía, que antes sólo se asomaba; ahora existe un Club Judío, un periódico, y una organización sionista. Se están reuniendo fondos para edificar un hospital. Hay grupos de lectura, de teatro, etcétera.[120]

Aparentemente la adaptación del judío a México fue sencilla y se llevó a cabo sin problemas durante los primeros años

[119] *Id.*
[120] Anita Brenner, "Mexico another...", art. cit.

de la década de los veinte. Pero la periodista solamente tomó en cuenta la relación de un grupo pequeño de personas radicadas en la capital; los brotes antichinos y antijudíos estaban cobrando cada vez más fuerza en la provincia y, como se verá posteriormente, el gobierno los estaba encubriendo.

Las buenas relaciones entre gobierno e inmigrantes tuvieron una duración bastante breve, ya que, como se mencionó, hacia 1929 las puertas de acceso al país quedaron prácticamente cerradas. En el momento en que el pueblo los identificó plenamente empezó también a repudiarlos, principalmente a través de las ligas que se formaron en su contra. La situación se exacerbó cuando en 1931 dichas ligas, con el apoyo del diputado Ángel Ladrón de Guevara, planearon que se expulsara a los judíos de los mercados y pidieron al gobierno que además les fueran revocadas las licencias para vender, se cancelara su ciudadanía y se les obligara a elegir entre convertirse en agricultores o salir de México.[121] Poco después, Ladrón de Guevara se hizo merecedor de una medalla de oro otorgada por las ligas mencionadas —misma que el propio presidente Ortiz Rubio le colocó al cuello—, por su encomiable labor patriótica; comenzaba así la Campaña Nacionalista.

Para el grupo de judíos esto fue muy doloroso; todavía hoy en día, los sobrevivientes de aquella primera generación lo conservan como un hecho grabado para siempre en la memoria, al grado de que 90% de los entrevistados recuerda claramente el nombre y apellido de ese diputado, y su narración de los ataques antisemitas a raíz de dicha campaña es completamente vívida. Los entrevistados recordaron las dificultades de su desarraigo y adaptación, los difíciles trámites migratorios y la incertidumbre constante, ya que a pesar de que comunidades enteras fueron "desarraigadas" al mismo tiempo, y que

---

[121] Véanse los siguientes artículos en *El Nacional:* "Se prohibirá la entrada de trabajadores extranjeros" (2 de febrero de 1931); "El problema de la repatriación de mexicanos es menos complicado que el de nacionales de otros países" (3 de febrero de 1931); "Medida en beneficio de los comerciantes nacionales" (4 de febrero de 1931); "Defensa legal del comercio en pequeño" (8 de febrero de 1931), y "Manifestación de protesta contra la competencia al comercio pequeño por los extranjeros"; "La crisis del pequeño comercio debida a una desleal competencia", "Liga de consumo de artículos nacionales acaba de ser establecida" (9 de febrero de 1931).

toda la vida en el Viejo Mundo fue común, el acto de emigrar fue un hecho individual. Se enfrentaron a problemas que no eran comunes, aprendieron a analizar los hechos de vida desde perspectivas nuevas para ellos y se las arreglaron para sobrevivir en un mundo diferente. Los recuerdos de los viejos iban desvaneciéndose; lo que había sucedido entre la salida y la llegada dejaba de tener una secuencia lógica, y solían confundir los detalles del trayecto con una pesadilla de encuentros hostiles.

Cruzar el océano significó para estos judíos una sucesión de difíciles experiencias, desde el mismo hecho de encontrar un puerto de salida, hasta descubrir que las fronteras nacionales, que al principio no tuvieron importancia, de pronto se convirtieron en fuertes obstáculos. Hubo una exhaustiva revisión de la ciudadanía e identidad, del puntual pago de impuestos y de que se haya cumplido con el servicio militar. Las revisiones de su estado de salud los mantenían en zozobra permanente. En cada estación a la que arribaban se renovaba el temor de ser detenidos o separados de la familia. Ya a bordo de los barcos, la preocupación se trasladaba a evitar el contagio de enfermedades; había un alto grado de promiscuidad, no existía la noción de "privado", en tanto tenían que dormir en grandes cuartos, normalmente de tercera clase, "porque no había cuarta". La comida era pobre y desabrida, pero si no se alimentaban durante la larga travesía (a veces duraba hasta treinta días), no lograrían su propósito de llegar al Nuevo Mundo.

La cantidad de grupos que emigraban ayudó para que se unieran, a pesar de que la comunicación entre ellos era escasa, sobre todo de judíos y griegos, finlandeses y polacos, irlandeses e italianos. En el momento de desembarcar los problemas se repetían: la visa, los documentos de identificación, el estado de salud, la cantidad de dinero requerida para entrar al país y, sobre todo, la lengua. Si lograban trascender estos trámites, se consideraba como una gran hazaña, principalmente para los jóvenes solteros o los menores de edad. De ahí pasaban a la tribulación de encontrar hospedaje en Veracruz o en Tampico y posteriormente tomar la decisión de irse a la capital o permanecer en los puertos.

La separación de la familia había sido difícil; también la de la comunidad, del pueblo en donde habían desarrollado una forma de vida. Estos "desarraigados", como los llama Oscar Handlin, se encontraron en un prolongado estado de crisis, en el sentido de que no sólo eran desarraigados, sino que permanecieron sin arraigarse. Por semanas, y a veces por meses, estaban en el suspenso entre lo viejo y lo nuevo, literalmente en tránsito.[122] Por ello, al llegar a sus nuevos hogares estaban exhaustos, faltos de sueño y con escasa comida y bajo la influencia de todos los acontecimientos vividos. Pero no tuvieron tiempo de recuperarse, ya que había que encontrar rápidamente un medio de subsistencia. Una gran mayoría permaneció en las zonas urbanas, a veces deambulando los primeros días hasta encontrar algún trabajo; muchos, desesperados por no tener alternativas, habían dejado atrás a esposas e hijos, con la idea de poder traerlos después.

Sin ninguna perspectiva de seguridad e incapaces de protegerse a sí mismos contra los extraños o contra los hechos inesperados, sólo podían cuidarse unos a los otros. Competían entre ellos por un lugar en el mercado; sin una profesión específica, aceptaban su suerte y todavía daban gracias a Dios por ella. Las comodidades que habían tenido en el pueblo se transformaron en América, pues éstas eran muy costosas y exigían de un gran esfuerzo para mantenerlas. Su vida cotidiana se concentró en el trabajo y en un pequeño espacio donde dormir y guardar sus pocas pertenencias. No estaban acostumbrados a adquirir los bienes en tiendas, y les llevó algún tiempo entender que en este país no debían adquirir bastimento para el invierno, ya que no escasearía.

Cada elemento del inmigrante, desde el día en que salió de su casa, se agregó a esa conciencia de desamparo. El simple hecho de ajustar sus ideas a las nuevas condiciones hizo de la religión una forma de vida; la separación de todos los aspectos del viejo hogar hizo que este nuevo judío se aferrara con más fuerza a ella, porque era el motivo fundamental de su supervivencia. Era una forma de seguir conectados con el pa-

---

[122] Oscar Handlin, *The Uprooted; The Epic Story of the Great Migrations that Made the American People*, Boston, Little Brown and Company, 1979.

sado, aunque decían que el templo o la sinagoga no debían llamar la atención, y sostenían que la congregación debía estar unida a la evidencia de su participación como individuos.

Así, quedó la constancia de que era importante mantener la conciencia de comunidad, de grupo, y ésta debía preservarse dondequiera que estuvieran. Esta conciencia se manifestó de manera diversa en los hijos, quienes no habían vivido la religión al estilo europeo o del "viejo hogar", y que buscaban la aprobación de la sociedad mayoritaria en la cual nacieron. Por el contrario, los primeros inmigrantes buscaron recobrar la verdadera autenticidad del lugar de donde provenían; así, los polacos, lituanos, húngaros o sirios, por ejemplo, se sintieron como minorías dentro de otras minorías y se cuestionaron siempre sus relaciones con los demás.

III. LA ACCIÓN REVOLUCIONARIA MEXICANISTA

PRIMER ANTECEDENTE: LAS LIGAS EN CONTRA DE LOS EXTRANJEROS INDESEABLES

Antecedente directo de la fundación de la Acción Revolucionaria Mexicanista (ARM) fueron los movimientos nacionalistas que se originaron en la clase media. Éstos surgieron en un marco de redefinición del Estado nacional mexicano, que acababa de pasar una guerra civil y se encontraba reformulando su línea política y administrativa. Durante esos años, se dio una serie de contradicciones entre los diferentes grupos de poder y las grandes masas que se sentían insatisfechas con los resultados de la Revolución; la paz del Estado estaba en juego, había conflictos con la Iglesia, y la economía, que también se vio afectada por la Gran Depresión de 1929, estaba en proceso de restructuración. Es en ese marco y en el seno de la llamada "clase media" donde se desarrolló una serie de organizaciones activas, que bajo la bandera de la "nacionalidad"[1] se enfrentaron a los grupos de extranjeros establecidos en el país.[2]

[1] El nacionalismo mexicano tiene sus orígenes en los criollos del siglo XVIII, quienes comenzaron a considerar a este país como nuevo y diferente. Después de la Revolución, sin embargo, es cuando se inaugura el nacionalismo que ahora conocemos. Éste se conformó especialmente con la participación masiva del campesinado en la Revolución. Hay nacionalismos revolucionarios y nacionalismos reaccionarios. El que nos ocupa aquí es de este último tipo. Véase Abelardo Villegas, "El sustento ideológico del nacionalismo mexicano", trabajo presentado en el coloquio El Nacionalismo y el Arte Mexicano, México, Universidad Nacional Autónoma de México, 1983.

[2] La clase media es heterogénea en su composición y en su ideología; circunstancialmente suele ubicarse con el proletariado o con la burguesía de acuerdo con el contexto social en que se desenvuelve, pero hay siempre en ella una tendencia al ascenso social, para lo cual hace uso de todos los medios a su alcance: empleo bien remunerado, educación, participación política, etcétera. Véase Abelardo Villegas, *El pensamiento mexicano en el siglo XX. Autognosis*, México, Instituto Panamericano de Geografía e Historia, 1985.

Todos esos movimientos "nacionalistas" intentaban resolver, a través del rechazo y la expulsión de los extranjeros "indeseables", un conjunto de problemas que los aquejaban como clase. Uno de ellos se relacionaba con la necesidad de ir ocupando posiciones superiores dentro de la estructura productiva, previamente ocupada por los inmigrantes, por ejemplo, los comerciantes en pequeño, los profesionistas liberales y los obreros de las compañías transnacionales. Otro se refería a la competencia y el abaratamiento de la mano de obra nacional, que había adquirido grandes dimensiones como consecuencia de la debilidad económica del país y por tanto su incapacidad para generar suficiente número de empleos.

Lo anterior permitió la aparición de grupos de trabajadores, sobre todo del agro, que se vieron en la necesidad de emigrar hacia Estados Unidos. Sin embargo, el rechazo de ese país hacia los campesinos estimuló una gran competencia posterior entre la mano de obra de aquellos que se veían forzados a regresar, con los extranjeros —en este caso, chinos y judíos— y la propia mano de obra nacional.

Por otra parte, en México estaba muy extendida la idea del peligro "imperialista" y el "bolchevique". De acuerdo con esta noción, el imperialismo pretendía justificar un desplazamiento de las empresas más importantes de la economía nacional, mientras que la presencia bolchevique representaba una afrenta para los grupos de derecha, que oponían el nacionalismo a los peligros de la "revolución internacional" argumentando que ella derivaría en la descatolización del país, pero sobre todo que pretendían consolidar el proceso de definición ideológica y cultural del Estado naciente que buscaba "lo mexicano". Estos movimientos estaban dirigidos contra los chinos y judíos, aunque también en contra de sirios, turcos, libaneses, polacos, árabes, griegos y en menor medida estadunidenses y españoles. Como se explicó en el capítulo anterior, los dos primeros grupos representaban el mayor peligro para los comerciantes, y en menor grado para la masa trabajadora.

Como ya se dijo, los primeros inmigrantes judíos que arribaron a nuestro país en el siglo XIX lo hicieron con gran cautela y sin identificarse plenamente con las costumbres locales. La intolerancia ante cualquier otra religión que no fuera la católica, presente desde la época virreinal, dio paso a ese tipo de reacciones. Los viejos odios y supersticiones de un pueblo profundamente católico representaron fuertes obstáculos para que pudiera concretarse una inmigración masiva a México.

El inicio de la nueva nación coincidió con una fuerte emigración europea, sobre todo proveniente de Alemania, donde muchos judíos fueron afectados por las condiciones políticas y económicas del país. El gobierno alemán había limitado la inmigración judía proveniente de otros países y sometió a una legislación especial a los judíos residentes. Fue así como entre 1827 y 1828 llegaron más de 10 000 alemanes a Estados Unidos, y de éstos, un grupo pequeño se dirigió a México.[3]

Fue hasta el periodo de Porfirio Díaz cuando se estimuló la inmigración y la formación de colonias extranjeras, y dio inicio una ola migratoria de judíos asiáticos. La población judía creció en 1879 gracias a las concesiones que Díaz otorgó a capitalistas extranjeros, tanto americanos como europeos, de entre quienes destacaron un grupo de judíos de origen francés que, como resultado de la guerra franco-prusiana y de las crisis comercial y financiera de la década de 1870, se dirigieron a México procedentes sobre todo de las provincias de Alsacia y Lorena, anexadas por Alemania; en su mayoría eran inversionistas y comerciantes, muchos de los cuales regresaron posteriormente a su país de origen. De igual manera, llegó otro grupo de judíos ingleses que participaron en la construcción del Ferrocarril Mexicano.[4]

Desde principios de siglo, México fue el centro de atención de muchos judíos en todo el mundo que tenían el deseo de migrar. Debido a que las condiciones en Europa y Asia resultaban desfavorables y se regulaba el ingreso a Palestina, estos judíos buscaron un país en donde encontrar refugio, mejorar

---

[3] Véase Mark Wischnitzer, *To Dwell in Safety: The Story of Jewish Migration since 1800*, Filadelfia, The Jewish Publication Society of America, 1948, p. 4.

[4] Ismar Elbogen, *A Century of Jewish Life 1844-1994*, Filadelfia, The Jewish Publication Society of America, 1947, pp. 12, 25 y 143-149. Véase Judit Bokser Liwerant (coord.), *Imágenes de un encuentro. La presencia judía en México durante la primera mitad del siglo XX*, México, Universidad Nacional Autónoma de México-Tribuna Israelita-Comité Central Israelita de México-Probursa, 1992.

su situación económica, tener seguridad física y garantizar a su familia una estabilidad social.

Un grupo mixto de judíos de Alemania, Austria y Rusia llegó en octubre de 1924, apoyado por la invitación que el presidente electo, Plutarco Elías Calles, les había hecho. En Hungría y Polonia los judíos habían sido las primeras víctimas de las manifestaciones nacionalistas, por lo que un buen número decidió emigrar.[5] En esta época México era un país eminentemente agrario y de escaso desarrollo industrial; las expectativas de empleo eran inciertas, por lo que los judíos tuvieron que recurrir al mercadeo ambulante para poder vivir y sostener a sus familias; en varios estados de la República intentaron establecerse.

Estos comerciantes ambulantes contribuyeron a mejorar el sistema de la economía mexicana mediante la comercialización al menudeo, su sistema de ventas en abonos, etc., ya que hicieron accesible para la población una serie de artículos que anteriormente no se podían adquirir. Sin embargo, esta situación despertó la envidia de muchos grupos que los empezaron a considerar como intrusos y a asignarles el calificativo de "extranjeros indeseables".

La llegada de chinos a América ocurrió después de que se aboliera la esclavitud en los países europeos y quedara prohibido el tráfico de esclavos. Hacia mediados del siglo XIX comenzó a llegar a Estados Unidos y al Caribe la emigración asiática, aparentemente bajo contratos desventajosos que realmente sólo encubrían una condición de esclavitud, y, a pesar de que los trabajadores tenían derecho a retornar a sus países, no lo hacían porque no tenían dinero para el viaje. Los gobiernos liberales y la libertad de cultos propiciaron también el ingreso de chinos al país.

---

[5] En 1922, el presidente Obregón aseguró a las organizaciones judías en Estados Unidos que México daría la bienvenida a la inmigración judía, y en 1924 el presidente electo, Calles, manifestó al periódico *The New York Daily News* que el gobierno de México "estaba preparado a darle la más calurosa bienvenida a la inmigración judía de Europa Oriental, para comprometerla tanto a propósitos agrícolas como industriales [...]" *(Daily New Bulletin,* 10 de agosto de 1924). Véase el apéndice 1 en Gloria Carreño, *Pasaporte a la esperanza,* vol. 1: *Generaciones Judías en México, La Kehilá Ashkenazí 1922-1992,* Alicia Gojman de Backal (coord.), México, Comunidad Ashkenazí, 1993.

Más tarde, cuando se restringió la inmigración hacia Estados Unidos, aumentó la afluencia de población china que se dirigía a México en busca de un alojamiento transitorio o la oportunidad de entrar al país vecino.[6]

La mano de obra asiática entró de inmediato en competencia con la depauperada población mexicana, puesto que el trabajo de los chinos, menos protegidos por el Estado, era peor pagado y los empresarios mexicanos preferían contratar a dos o tres chinos por el mismo salario que pagaban a un mexicano, lo cual repercutió en que la mano de obra mexicana se abaratara.

El rechazo hacia los grupos asiáticos fue tan notorio que en el Plan de Tuxtepec, que llevó al poder a Porfirio Díaz, se consignó como una necesidad esencial el veto a la inmigración china. Esta medida, por supuesto, tuvo gran aceptación entre el pueblo, que no cesó de hostilizar a esta minoría durante todo el régimen porfirista, especialmente en Sonora y Coahuila, zonas de desarrollo minero, algodonero y ferrocarrilero.

A pesar de ello, en 1893 México y China celebraron un tratado de amistad y comercio en el que se estableció que los chinos tendrían derechos semejantes a los mexicanos, acelerando así la inmigración hacia las tierras del norte del país.[7]

Durante la Revolución de 1910 todas las facciones contendientes consideraron importante regular la presencia extranjera, ya fueran empresas transnacionales o trabajadores individuales. Un ejemplo de ello fue el Partido Liberal Mexicano (floresmagonista), que en el punto XVI de su programa establecía la necesidad de prohibir la inmigración china.[8] La prohibición llegó a niveles extremos; por ejemplo, el 15 de mayo de 1911 en Torreón el pueblo dio muerte a cerca de 300 chinos y atacó sus comercios.[9]

---

[6] Véanse Edgar Snow, *La China contemporánea. El otro lado del río*, 2 vols., México, Fondo de Cultura Económica, vol. 1, 1965; Robert A. Divine, *American Foreign Policy*, Nueva York, New American Library, 1960, caps. 7 y 8.

[7] Leo M. Dambourges Jacques, "Chinese Merchants in Sonora, 1900-1931", *Arizona and the West*, núm. 17, 1975, pp. 208-218.

[8] Rafael Carrillo Azpeitia, *Ricardo Flores Magón*, México, CEHSMO, 1965, p. 37.

[9] José Ángel Espinoza, *El ejemplo de Sonora*, México, 1932, p. 140, y Dambourges Jacques, "The Chinese Massacre in Torreon in 1911", *Arizona and the West*, núm. 16, 1974, pp. 233-246.

En la década de los años veinte, las reacciones xenófobas se hicieron más intensas, menos religiosas, menos emotivas, pero más influenciadas por los problemas nacionales: la competencia de mano de obra y el interés por ocupar las posiciones económicas de los extranjeros. A partir de 1921 y a raíz del auge petrolero llegaron muchos extranjeros a Tampico, lo cual desencadenó las protestas de los obreros, artesanos y comerciantes; a partir de entonces se empezaron a crear organizaciones como la Liga Nacionalista Anti-China y Anti-Judía, el Comité pro Raza, la Unión de Comerciantes en Pequeño, etcétera.

En 1923 se intentó traer un número mayor de chinos que trabajaran como braceros en campos algodoneros de Baja California. Sin embargo, se les negó el permiso a mil chinos por órdenes presidenciales con base en el informe del gobernador de esa entidad, donde se argumentaba que la inmigración china era innecesaria, ya que los trabajadores procedentes de otros estados del país eran suficientes para cubrir el trabajo.

Asimismo, el informe decía que "en la región existe ya una numerosísima colonia china, que es el formidable competidor del trabajador mexicano, que amenaza acaparar todas las fuentes de riqueza y es un factor de degeneración de la raza, tanto por cruzamiento con mexicanos, cuanto por la propagación de las enfermedades y vicios que por regla general los caracterizan".[10]

Los chinos que ya residían en el país se habían agrupado para formar diversas organizaciones, como la Cámara de Comercio China de Tampico, fundada en 1917, o las Logias Masónicas.[11]

En 1925, a raíz de ciertas pugnas entre el Partido Nacionalista Chino y la Logia China, fueron asesinados en Sonora cuatro miembros del Partido Nacionalista, hecho que dio pie a la captura de 92 miembros de la Logia —a la que las autoridades llamaron "Mafia Chee Kung Tong"—, so pretexto de "parar la carnicería". Las detenciones fueron llevadas a cabo

[10] AGNM, Fondo Obregón-Calles (en adelante, FOC), 424 A-9.
[11] Beatriz Ramírez Camacho, "Los chinos en México, un esbozo de la comunidad de Tampico", tesis de maestría, México, Universidad Nacional Autónoma de México, 1975, p. 8.

por órdenes directas del presidente Álvaro Obregón, a través de gobernadores y munícipes, y no pocas veces intervino en ellas el Comité Nacionalista pro Raza.

A pesar de numerosas cartas de vecinos, el gobernador de Sonora, Plutarco Elías Calles, prohibió la inmigración china por considerarla inconveniente e inadaptable; sin embargo, cuando ya ocupaba la presidencia en 1925, envió circulares a los gobernadores de Yucatán, Chiapas, Sonora, Tamaulipas, Coahuila, Sinaloa, Nayarit y Baja California Norte para solicitarles que limitaran la acción de los grupos xenófobos que "desde hace tres años han hecho exacciones, asesinatos, robos y atropellos hacia las comunidades chinas residentes en el país"; señalaba, asimismo, que estas organizaciones habían "llegado al ejercicio de la violencia llevando a cabo actos delictuosos contra las comunidades chinas, que a pesar de ser agredidos, han guardado una actitud pasiva y sufrida, limitándose a solicitar las garantías para la salvaguarda de su vida e intereses".

Anotaba además que, contra lo dispuesto en el título I, capítulo I de la Constitución, algunos poderes y autoridades habían decretado medidas que violaban la libertad individual de los nacionales chinos, creando así conflictos que colocaban en situación embarazosa al Ejecutivo (parece referirse a las múltiples quejas que la legación china hizo al presidente), "además de que las agrupaciones antichinas han llegado a constituir un serio peligro a la tranquilidad interior del país, amenazando con una matanza de chinos y lesionar el buen nombre exterior de la nación". De igual manera, el Ejecutivo anunció la negativa de recibir nuevos inmigrantes chinos y pidió a los gobernadores que concedieran a los que ya eran residentes las garantías que marcaba la Constitución, "cooperando para mantener el orden y sostener el prestigio y el buen nombre de México".[12]

No obstante esta circular y una solicitud pública del presidente, continuaban la agresión y el boicot en contra de los chinos. Se les acusaba de ser portadores de enfermedades y contagiar su mercadería con ellas, de vender artículos adulterados, etc. Algunas coplas que circulaban entonces rezaban lo siguiente:

12 AGNM, FOC, 104 CH-1.

Porque es de mucho interés que tomen esa precaución,
que ya de árabes y chinos no abunden en nuestra nación.

Al gobierno le encargamos aunque me crean imprudente,
que deberán expulsarlos a estas tres clases de gente.

Las primeras sean las viejas, que hacen con chinos unión
y no conocen vergüenza porque manchan su nación.[13]

Era lógico que ante estas excitativas no se hicieran esperar
los ataques en contra de los chinos, como el que ocurrió el 3 de
enero de 1926 en Torreón y que obligó al mandatario a enviar
fuerzas de la Federación para proteger a los chinos y sus
comercios.[14]

Antes de 1930, la xenofobia tenía ciertos rasgos sentimentales y religiosos que se presentaban paralelamente al conflicto
cristero. Durante el periodo posterior, sin embargo, los movimientos nacionalistas con frecuencia condenaron al Estado
de ser liberal, masónico-judaico, acusándolo de perseguir a
los católicos, ya que "traer colonos rusos, judíos o chinos, era
parte de la descatolización del país".[15]

A pesar de estos calificativos, ese Estado aparentemente liberal y masónico-judaico fue cómplice de la xenofobia. El hecho de que el gobierno federal hubiese decidido proteger a las
minorías étnicas no significaba que el Estado siguiera la misma
política, como lo muestra el decreto núm. 154 de la Legislatura
de Aguascalientes: "El gobernador Francisco Pérez Barrentos,
decretó la ley expedida por la legislatura el 28 de julio de 1926.
Artículo único, queda prohibido en el Estado, los matrimonios
de individuos de origen chino con mexicanas y viceversa".[16]

A su vez, el Congreso de Michoacán aprobó en la sesión del
14 de octubre de 1926 un dictamen de la comisión de puntos
constitucionales, a fin de que el Congreso de la Unión expidie-
ra una ley de acuerdo con los cuatro puntos siguientes: 1) que
se prohíba la inmigración china a nuestro país; 2) que se prohíba el matrimonio de mujeres mexicanas con chinos; 3) que

---

[13] AGNM, Fondo Gobernación (en adelante, FG), 2. 360. (6) 8027.
[14] AGNM, FOC, 104 CH-1.
[15] AGNM, FOC, 307 CH 5.
[16] AGNM, FG, 2. 360 (4-2)-1.

se expulse a los chinos que clandestinamente viven en nuestro país, y *4)* que se establezcan colonias especiales donde vivan aisladamente los chinos.

Apoyando lo anterior estaba el informe del gobernador de Baja California Norte que mencioné anteriormente, o la carta del gobernador de Sinaloa, que después de los ataques a las comunidades chinas respondió al secretario de la Presidencia que "no había tenido noticias de que sucedan ningunos atropellos, ni manifestaciones antichinas".[17]

Ese espíritu fue creando el ambiente propicio para que en 1930 surgieran brotes violentos en diversos puntos de la República, especialmente dirigidos en contra de los chinos, como los asesinatos en Tuxtla Chico y Pueblo Nuevo o en Hermosillo, en donde éstos alcanzaron dimensiones mayúsculas, según el siguiente testimonio:

> En esos años vivía yo en Hermosillo, me conocían como "el ruso", había mucha intranquilidad; la Liga Anti-China y Anti-Judía estaba muy activa. En la calle donde yo tenía mi negocio había muchos negocios de chinos. Un buen día llegaron los militares y nos fueron sacando a todos a la calle, yo presencié cómo mataron a los chinos. A mí me dejaron porque era "el ruso".[18]

Los chinos de Sonora respondieron a su vez con un boicot comercial, cerraron sus negocios y se negaron a pagar impuestos dejando al estado al borde de la quiebra. El gobernador tomó esto como una forma de rebelión y dio orden de que los chinos dispusieran de sus mercancías y que abandonaran sus negocios. Éstos tuvieron que rematar sus mercancías, y la situación se agravó después de que se ordenara que ningún chino podía dedicarse a ejercer ninguna actividad económica dentro del estado.[19]

Las protestas de la legación china se repetían sin cesar, por las campañas, los libelos infamantes y las actividades de las ligas y los comités.[20] Pero la mayor agresión contra los chinos

---

[17] AGNM, FG, 2. 360 (21)-2.
[18] Véase Alicia Gojman Backal, *Historias no escritas. Judíos en México*, México, Cerimavi, 1983, p. 81.
[19] Dambourges Jacques, "The Chinese Massacre...", p. 127.
[20] AGNM, FG, 2. 360 (29)-51.

fueron los acontecimientos de febrero de 1933, cuando el Comité Anti-Chino arrestó ilegalmente a 31 chinos en Culiacán, con el consentimiento de las autoridades, así como a otros cien en Los Mochis, Ahome, Guasave, Mocorito y Mazatlán, a quienes se trasladó fuera del estado y

a quienes no se les permitió llevar consigo ningún objeto personal, se les metió en camiones con destino desconocido, como si fueran animales, algunos hasta la ropa que vestían les fue quitada. Hogares y tiendas fueron saqueados, no se les dio agua ni alimentos y tampoco podían comprarlos pues no tenían dinero, que se les había quitado antes.[21]

El vicecónsul chino en Mazatlán protestó enérgicamente ante el gobernador, Manuel Páez, quien le manifestó "que no podía proteger a los ciudadanos chinos" y que "sólo haría suspender temporalmente la detención y expulsión de chinos, si el vicecónsul garantizaba la salida voluntaria de todos estos ciudadanos dentro del más corto tiempo, del estado de Sinaloa".[22]

A partir de 1930, paralelamente al "antichinismo" comenzó a agudizarse una reacción en contra de los judíos, cuyo origen trascendió los factores meramente económicos o religiosos, o incluso el espíritu xenófobo generalizado, y adquirió características francamente antisemitas, pues el rechazo hacia el judío, a quien se consideraba también como "pernicioso", radicaba en eso, en ser judío.[23]

Obviamente, hay que considerar una coyuntura política múltiple. México vivía el fin del Maximato y el inicio del cardenismo, el incremento del nacionalismo como política estatal, así como las secuelas de la crisis económica mundial y la influencia germano-nazi.

Estas reacciones se manifestaron principalmente en grupos de derecha, entre ellos el sinarquismo, que si bien no declaraba oficialmente ser partidario del fascismo alemán, se solida-

[21] AGNM, FG, 2. 360 (21)-2.
[22] AGNM, FG, 2. 360 (21)-2.
[23] Antisemitismo, de acuerdo con algunos autores, significa "odio al judío, más de lo necesario". Véase Sander L. Gilman y Steven T. Katz (eds.), *Antisemitism in Times of Crisis*, Nueva York, New York University Press, 1991.

rizaba con el nazismo en su pacto anticomunista. El sinarquismo se ofreció a participar activamente en la lucha de los que, según ellos, querían destruir el nacionalismo, la tradición y la familia: el judaísmo o la política judeo-comunista.[24]

Otras organizaciones, como el Comité pro Raza, la Acción Revolucionaria Mexicanista y la Unión Nacionalista Mexicana "Patria, Justicia y Libertad", tenían rasgos que se asemejaban al partido nazi; eran organizaciones paramilitares que tenían fe ciega en sus jefes, justificaban sus ataques en nombre de "la defensa del país, la familia y las instituciones", y se dedicaban a acaparar la atención de la gente, por ejemplo mediante la organización de grandes desfiles.

Para entonces la actitud xenófoba siguió una línea más precisa de argumentación "científica" que al Estado nazi le interesaba difundir por el mundo: la de la revolución biológica, que se manifestó con mayor intensidad en el momento que subió Hitler al poder en enero de 1933. Los ataques de los grupos xenófobos en México, además de referirse a los chinos, decían que los judíos habían invadido el comercio con sus sistemas de ventas en abonos, habían entrado ilegalmente al país, que vendían a precio bajo, y vendían saldos, además de invadir las posiciones económicas de ciudadanos del país. Esto se comenzó a difundir, diciendo que eran biológicamente degenerados, y se los calificó como la raza nefasta de la humanidad.

Cuando se fundó la Liga Anti-China y Anti-Judía el 6 de agosto de 1935, pidió la autorización para vigilar las actividades de judíos y chinos. A su vez, la Unión Nacionalista Mexicana se formó el 2 de agosto de ese mismo año, con la idea de la "defensa de los intereses de la patria", y la Legión Mexicana Nacionalista se constituyó en noviembre de 1937; esta última estaba integrada por los comerciantes en pequeño del mercado de la Merced, "para luchar con tesón por la reivindicación de nuestra economía de manos de extranjeros indeseables y defender la historia, la tradición y las costumbres de nuestra patria".[25]

---

[24] Friedrich Katz, "La conexión alemana", en *El Buscón*, México, núm. 8, 1984, pp. 148-149.

[25] AGNM, FG, 2. 360 (29), 2. 360 (29:51), 2. 360 (5), 247 52.

El Comité pro Raza fue el movimiento que tuvo mayores afinidades con los ideales fascistas. Su acta constitutiva comenzaba enunciando las riquezas fabulosas de México, que por haber sido explotadas por extranjeros habían dejado a nuestro país como representante mundial de la miseria, con una deuda externa de más de mil millones de pesos, que la economía nacional se hallaba debilitada por mafias de extranjeros, "que de los países más avanzados del orbe ya están siendo expulsados"; pedían que se hiciera una reglamentación proteccionista, dándose preferencia en contratos y compras a los nacionales sobre los extranjeros, para evitar la degeneración racial. El acta ponía el acento en que se tuviera cuidado con la injerencia del comunismo y que se luchara por la nacionalización de los mercados para evitar en ellos la presencia de los extranjeros. En su declaración de principios decía:

Que nuestra lucha no es ofensiva contra extranjeros, sino defensiva de los intereses nacionales, que se solidarizan con el gobierno de la revolución mexicana, el comité no seguirá lineamientos de ningún partido extranjero, sino tomará decisiones conforme a nuestras condiciones reales. Las armas de lucha de este comité serán el boicot, la propaganda oral y escrita, la manifestación pública y la gestión legal. [...]
Se adoptará como símbolo distintivo de este comité un águila roja de trazos modernistas con alas extendidas dentro de un rombo descansando en uno de sus vértices, y se creará un diploma de primera clase con medalla de plata y un diploma de segunda clase con medalla de acero, el que se impondrá a los miembros distinguidos del comité.[26]

En marzo de 1931 el gobierno de Pascual Ortiz Rubio dictó una serie de regulaciones, en apoyo de la campaña nacionalista iniciada por la Cámara de Diputados, que limitaban el tamaño de los puestos en el mercado de la Lagunilla y su valor (el cual se determinó en 300 pesos máximo), y su posesión se destinaba a residentes legales del país que hubieran ingresado con el único propósito de dedicarse al comercio.[27] A pesar de

[26] AGNM, FG, 2. 360 (29) 48.
[27] José Manuel López Victoria, *La campaña nacionalista*, México, Botas, 1965.

ello, los judíos que tenían puestos en dicho mercado fueron expulsados y sus licencias revocadas, por lo que tuvieron que establecer sus negocios en locales particulares. El momento más difícil fue el 1° de junio de 1931, cuando se celebró "El día del comercio", que en realidad disfrazaba un desfile de protesta contra los comerciantes judíos, pues los manifestantes llevaban pancartas con consignas antijudías.[28]

En una reunión del Comité pro Raza, siguiendo el ejemplo de las campañas de Sonora y Sinaloa, se decidió trazar estrategias de lucha y así nació la Acción Revolucionaria Mexicanista que, proclamando tener el aval de 40 000 miembros, declaró como propósito combatir a los judíos, a los chinos y a toda clase de extranjeros indeseables. Dicha organización fue encabezada por el general Nicolás Rodríguez y su uniforme oficial consistía en "un sombrero de *cowboy* con una de las alas volteadas y camisas doradas con la insignia ARM bordada en ellas; el saludo oficial era levantando un brazo con el puño cerrado [...] los nazis mexicanos usaban además un garrote con una cinta de cuero que llevaban en la mano izquierda".[29]

Las características generales de los movimientos nacionalistas de la clase media se pueden resumir en los siguientes puntos: *1)* se postulaban como grupos declarados de acción cívica; *2)* manifestaban la necesidad de engrandecer moralmente a México; *3)* declaraban que había que aprovechar íntegramente los recursos naturales del país; *4)* reconocían a la Revolución mexicana y al Estado derivado de ésta, aunque la consideraban como un proceso no concluido; *5)* se declaraban anticomunistas y antiimperialistas y sólo decían conocer la "mexicanidad"; *6)* rechazaban lo moderno, y *7)* exaltaban los conceptos como raza, patria, familia, moral, progreso, orden y civismo.

Asimismo, en sus escritos, panfletos y manifiestos reiteraban acusaciones, como las siguientes: *1)* que la mayor parte de los

---

[28] Sara H. Lesser, *A History of the Jewish Community of Mexico City, 1912-1970*, Nueva York, New York University Press, 1972, pp. 159-161. Véase, además, Alicia Gojman de Backal, "Entrevista de historia oral a Aarón Olivensky", en *Testimonios de historia oral. Judíos en México*, México, Universidad Hebrea de Jerusalén-Asociación Mexicana de Amigos de la Universidad Hebrea de Jerusalén, 1990, p. 117.

[29] AGNM, FG, 2. 360 (29) (48).

extranjeros, especialmente judíos y chinos, violaban las leyes nacionales, pues habían ingresado al país como agricultores y colonizadores del campo y como obreros, y después se habían dedicado a otras actividades como el comercio y la fabricación de algunos productos y a los servicios, como restaurantes, tintorerías y otros; 2) que los capitales que acumulaban estos extranjeros salían del país hacia sus lugares de origen, lo que limitaba los beneficios para la economía mexicana; 3) que violaban la Ley Federal del Trabajo, pues entre sus empleados preferían contratar en sus negocios a socios y parientes, sin acatar la ley que exigía que 90% de los empleados debían ser mexicanos por nacimiento; 4) que manejaban varios giros comerciales a la vez; 5) que formaban agrupaciones para fortalecer su patria en detrimento de México; 6) que confabulaban o atentaban en contra del Estado mexicano; 7) que no compraban casas en los lugares donde trabajaban, pues siempre aspiraban a regresar a su patria; 8) que fomentaban los vicios (en el caso de los judíos porque algunos vendían cerveza o licores, y en el de los chinos por contrabandear con opio, regentear burdeles y casas de juego y dedicarse al tráfico de blancas); 9) que los chinos eran portadores de enfermedades, como tracoma, fiebre amarilla, sífilis y tuberculosis; 10) que los judíos traficaban con cosas que robaban, como fierro de los puentes construidos por la Secretaría de Transporte, y 11) que vendían saldos y en abonos y que presionaban para hacer sus cobros.

Si bien la actitud del gobierno mexicano fue negar el apoyo directo a este tipo de organizaciones, en el ámbito regional la policía municipal, los caciques y hasta gobernadores apoyaron las campañas nacionalistas en contra de estas minorías; no se entendería la larga permanencia de dichos movimientos si ellos no hubieran contado con el apoyo tácito de las autoridades. Los grupos nacionalistas se originaron en el seno de las clases medias bajas, estimulados por la crisis económica y política que vivía entonces el país; como sus intereses se veían lesionados quisieron descargar en los extranjeros inmigrantes la falta de justicia del régimen revolucionario.

Como se mencionó anteriormente, los movimientos nacionalistas se gestaron en un momento en el que confluyeron otros factores de orden internacional. Los grupos que en Europa

atacaban sistemáticamente al comunismo o a los judíos halla-
ron eco en México de diversas maneras y en diferentes ámbitos, y ejemplo de ello fue la Falange que operó de manera evidente en América Latina.

En noviembre de 1936, el ingeniero Francisco Cayón y Coss
fundó la Asociación Española Anticomunista y Antijudía. En
esos momentos contaba con veinte miembros y se asociaba a
la Confederación de la Clase Media y a la Unión de Veteranos
de la Revolución que eran dirigidas por el ex general Daniel
Ríos Zertuche y el ex coronel Gabino Vizcarra Campos.[30]

La Asociación Española Anticomunista y Antijudía trató de
establecer contacto con Franco, para representar sus intereses
en México. Sus publicaciones eran la revista *Vida Española* y
El Diario Español, que fueron consideradas por algunos servicios de información como "revistas fascistas".[31]

De acuerdo con Pérez Montfort, esta organización desapareció a finales de 1937 y sus miembros se incorporaron a otra
llamada La Falange, además de crear un grupo pequeño que
llamaron la Liga de la Hispanidad Iberoamericana, a la que se
aliaron además de Cayón y Coss otras tres personalidades de
antecedentes oscuros, quienes habían tenido que ver con las
actividades de los Camisas Doradas. Éstos eran Octavio Eli-
zalde, José Castedo y Adolfo Caso.[32]

También esta organización dejó de existir para 1937. En
septiembre de ese año se fundó la Falange, la cual recibió atención de inmediato de varios periódicos de la capital, en los
cuales se mencionaban las "actividades fascistas de algunos
grupos de españoles fanáticos". Entonces hubo una protesta
en la Cámara de Diputados, concretamente del senador de
Jalisco, Fernando Basulto Limón, que pedía que se actuara en
contra de "los elementos españoles que están ayudando abiertamente al movimiento encabezado por Franco" y solicitaba
que se les aplicara el artículo 33 constitucional.[33]

[30] Ricardo Pérez Montfort, *Por la patria y por la raza. La derecha secular en
el sexenio de Lázaro Cárdenas*, México, Universidad Nacional Autónoma de
México, 1993, p. 179.

[31] AGNM, FLC, 546/ 149; *El Nacional*, 14 de octubre de 1936.

[32] AGNM, FLC, 551/ 14.

[33] En esa misma sesión Cándido Aguilar, en ese entonces líder del Bloque
Revolucionario de la cámara alta, dijo que "debía ponerse ya coto a las activi

La Falange empezó a publicar circulares de la Delegación Nacional del Servicio Exterior de la Falange Española Tradicional (FET) y de las Juntas de Ofensiva Nacional Sindicalista (JONS). Ya desde 1933 los grupos de derecha españoles habían logrado unirse en una coalición que se llamó la Confederación Española de Derechas Autónomas (CEDA), en la que participaron diversos grupos, como la Democracia Cristiana, la Acción Popular, la Acción Católica y la Confederación Nacional Católica Agraria. Esta organización se declaró como una asociación de defensa social, "esencialmente una expresión de la resistencia electoral conservadora al anticlericalismo y a la inminente reforma social que impulsaba el gobierno republicano".[34] Su lucha se inició bajo el lema "Religión, familia, orden, trabajo y prosperidad", y se manifestó de inmediato en contra del marxismo que imperaba en el gobierno español.

Los principios de la FET y de las JONS hicieron patente su admiración por la disciplina militar y recrudecieron su hispanismo, convirtiéndolo en un discurso por demás intolerante. Además, la Acción Española mantuvo relaciones con movimientos europeos afines, tales como la Acción Francesa, el fascismo italiano, el integralismo portugués, el nazismo alemán y el fascismo inglés.[35]

Se trataba de plantear la identificación de toda cultura española y de toda tradición nacional con la tradición católica. Aquello que no lo era, se le calificaba de "antiespañol". El tradicionalismo católico encerraba, según Pérez Montfort, un principio imperial, el universalismo, el destino hispano que tenía una "misión" que se había iniciado desde el siglo XVI, manteniendo el catolicismo en Europa y evangelizando al

---

dades de estos fascistas en México, si aquí estuviéramos como en España, en guerra, no había que pedir la aplicación del 33, sino que aplicaríamos como lo merecen, el 30-30 [...]", *El Nacional*, 21 de agosto de 1937. Véase Pérez Montfort, *Hispanismo y Falange. Los sueños imperiales de la derecha española*, México, Fondo de Cultura Económica, 1992, p. 135.

[34] Ricardo Chueca, *El fascismo en los comienzos del régimen de Franco. Un estudio sobre FET y JONS*, Madrid, Centro de Investigaciones Sociológicas, 1983; "Lo que significa para nosotros la palabra imperio", en *Folleto de la Falange Exterior*, Delegación Nacional del Servicio Exterior de la FET y las JONS, s. f. *Apud*. Pérez Montfort, *Hispanismo y Falange...*, *op. cit.*, p. 75.

[35] *Ibid.*, p. 85.

Nuevo Mundo.[36] Lo anterior justificaba una voluntad de imperio y revalorizaba la presencia, tanto en España como en América, de la idea de hispanidad y la identificación con el catolicismo.

Para la FET y las JONS su presencia en América era de fundamental importancia; por ello se le llamó la Falange Exterior. Por ello la tutela española sobre Hispanoamérica y su condición de guía para esos pueblos quedaron plasmadas en los principios que rigieron las relaciones entre la España franquista y los países latinoamericanos.

Además del racismo, el militarismo y la disciplina —como agentes de los principios nazi-fascistas— formaron parte del hispanismo conservador de los años treinta. El tono de muchas de las publicaciones de entonces siguió los principios de ataques al judaísmo y a la masonería. En un número de la revista *Fe* de 1938 se invitaba a los pueblos americanos a unirse a la Falange para "restaurar el espíritu de la hispanidad".[37]

En 1934 ya los periódicos españoles habían informado acerca de las pugnas y peligros que representaban los Camisas Rojas encabezados por Garrido Canabal. El enfrentamiento de éstos con los feligreses en Coyoacán llevó al presidente Cárdenas a decir que elementos clericales desarrollaban actividades antipatrióticas desde el extranjero. Se afirmaba en España que el régimen cardenista tendía hacia el comunismo. La información que recibió entonces el gobierno español se refería a tres puntos fundamentales: la agitación de la clase media, que se debía a la radicalización del discurso del presidente y sus actividades obreristas; la oposición generada por la implantación de la educación socialista, y el enfrentamiento entre callistas y cardenistas.

A la par de la Confederación de la Clase Media y un organismo fantasma llamado Unión Nacional de Obreros, los Camisas Doradas publicaron en septiembre de 1936 un volante dirigido a los obreros de México en el que afirmaban que engañaban a "la clase obrera pidiendo dinero para la causa comunista en

[36] Véase Raúl Morodo, *Los orígenes del franquismo: Acción Española*, Madrid, Alianza, 1985.
[37] Ricardo Pérez Montfort, *Hispanismo y Falange...*, *op. cit.*, p. 104.

España". Este volante incluía algunas acusaciones comunes entre los grupos nacionalistas de derecha que decían:

> Por orden del gobierno mexicano comienzan a llegar las avanzadas de esos comunistas [...] y seguirán llegando más y arrancarán a los hijos de tu hogar [...] Cuida tu hogar, tu patria, tu tradición, los comunistas de México te están trabajando [...] te imponen un himno, te imponen su bandera, más tarde ordenarán la matanza de tus hermanos como en España [...].[38]

Así, la Acción Revolucionaria Mexicanista utilizó el caso de España para afirmar su nacionalismo y justificar sus afanes de rebelión. En esa dinámica participó también José Vasconcelos, que entonces se encontraba radicando en Estados Unidos. A partir de 1936 hasta ya entrada la década de los cuarenta escribió muchos artículos que respaldaban a la España franquista y a la Alemania de Hitler. Esto lo plasmó sobre todo en su dirección de la revista *Timón* y en algunos periódicos como *Excélsior* y *Novedades* y en la revista *Hoy*.[39]

La Falange empezó a publicar en América Latina cerca de quince revistas en las cuales aparecían carteles, hojas de divulgación, folletos, boletines de prensa y fotos. En México esta organización estaba dirigida por Augusto Ibáñez Serrano, representante personal de Franco en nuestro país, y sesionaba en el Casino Español. En *Vida Española* y *El Diario Español* se promovía la campaña de afiliación falangista y se invitaba a todos los españoles residentes en México a formar parte de la organización. Esta asociación se dividía en dos secciones: la Hermandad Exterior y la Sección Femenina.[40]

En 1937 ya se había formado en la Cámara de Diputados un comité antifascista, y a través de él el diputado por Campeche Miguel Ángel Menéndez denunció las actividades sediciosas de los falangistas en México. También el Comité de Defensa de los Trabajadores del Bloque Nacional Revolucionario de la

---

[38] Archivo Francisco J. Múgica (en adelante, AFJM) (1935-1939), vol. 140, p. 5; vol. 107, p. 34.
[39] *El Hombre Libre*, 28 de agosto de 1936; *Omega*, 22 de agosto y 22 de octubre de 1936.
[40] Ricardo Pérez Montfort, *Hispanismo y Falange...*, *op. cit.*, p. 136.

XXXVII Legislatura presentó un informe sobre "el dominio económico que los españoles fascistas tienen en México" y los hizo responsables de intentar el derrocamiento del régimen del general Lázaro Cárdenas, además de presentar ante la Secretaría de Gobernación una lista de personas contra las cuales aconsejaba aplicar el artículo 33.[41]

En 1938, a raíz de la expropiación petrolera, el Partido Comunista empezó a correr rumores de la filiación de la Falange con los grupos de derecha que pretendían llevar a cabo un movimiento rebelde encabezado por el general Saturnino Cedillo. El *Excélsior* publicó entonces el artículo "¿Quiénes ayudan a Cedillo, las izquierdas o las derechas?," en el que se acusaba a la representación republicana de haber vendido armas y aviones al cacique rebelde.[42]

En ese año la Falange tenía sus oficinas en un local en el centro de la capital, en donde se repartía propaganda cada semana durante las reuniones. A partir de ese año Cárdenas decidió designar a varios agentes para que investigaran las actividades de los falangistas, porque se le había comunicado que mantenían relaciones con las legaciones alemana e italiana y que realizaban espionaje en favor del Reich.[43] A principios de 1939 Cárdenas empezó a ejercer acciones para detener esto; por ejemplo, cuando Franco triunfó el 1º de abril de ese año, se adhirieron a su causa muchos españoles en México. Decían que por fin se terminaría con el comunismo y que había llegado una era de transformaciones que haría que el cristianismo volviese a imperar. El 4 de abril un grupo de cetemistas apedreó las instalaciones del Casino Español y del Centro Asturiano. Los enfrentamientos fueron comunicados a Cárdenas por el secretario de Gobernación, García Téllez, el cual anunció que tres de los cabecillas de la Falange serían expulsados del país.[44]

A partir de entonces, las actividades de la Falange en México quedaron concluidas. El antifascismo empezó a manifestarse con mayor fuerza, condenando las simpatías con las que

---

[41] *Ibid.*, pp. 138-139.
[42] *Ibid.*, p. 140.
[43] AGNM, FLC, 704.1/124.1.
[44] *Excélsior*, 5 de abril de 1939.

ciertos sectores de la sociedad veían a los regímenes totalitarios europeos. Se formó el Partido Revolucionario Antifascista dirigido por Simón Díaz Estrada y el general Armando Ostos, el cual pretendía formar una Gran Liga Antifascista Americana en el continente.[45]

La reacción del gobierno de Cárdenas, al ofrecer asilo a los republicanos españoles y actuar enérgicamente en contra de los falangistas, provocó que las actividades de estos grupos se redujeran considerablemente al finalizar la guerra civil en España. Sin embargo, cuando arribaron los refugiados a Veracruz, algunos grupos aprovecharon para seguir atacando al régimen y confrontarlo, sobre todo los conservadores que rechazaban a estos recién llegados, a quienes proporcionaron poca o ninguna ayuda.

A pesar del hostigamiento falangista que vivieron los judíos durante esos primeros años de la década de los treinta, cuando los refugiados republicanos se dirigieron al Comité Central Israelita para buscar apoyo y plantear la posibilidad de que se unieran todos los refugiados para fundar algunas colonias agrícolas, éstos fueron recibidos con los brazos abiertos y se acordó estudiar esa posibilidad.[46]

Segundo antecedente: la Campaña Nacionalista

En 1931, justo en los momentos cuando se resintieron más los estragos de la crisis —y aunque en México ésta no fue tan violenta como en otros países—, se inició la Campaña Nacionalista, impulsada por las autoridades y el comercio con objeto de convencer al público de que algunas alternativas contra el desempleo eran el consumo de productos nacionales y la expulsión de los chinos y judíos. El 4 de junio el diputado Rafael E. Melgar, presidente del Bloque Revolucionario de la Cámara de Diputados, con el apoyo de 37 de sus colegas, presentó el proyecto para la Campaña Nacionalista.

El proyecto de Melgar sostenía que el pueblo mexicano ha-

---

[45] AGNM, FLC, 551/14.
[46] Archivo del Comité Central Israelita de México (ACCIM), Libro de Actas núm. 1, septiembre de 1939.

Comités y ligas nacionalistas

Comité Anti-Chino	Cárdenas, San Luis Potosí	1926
Comité Anti-Chino	Santa Bárbara y Parral, Chihuahua	1926
Liga Mexicana Anti-China	Tapachula, Chiapas	1930
Liga Anti-China	Mazatlán, Sinaloa	1933
Comité Nacionalista Anti-Chino, Movimiento Anti-Chino y Comité Nacional pro Raza.	Culiacán, Los Mochis, Ahome, Mocorito y Guasave, Sinaloa	1933
Liga Anti-China y Anti-Judía	Hermosillo, Sonora	1931
Unión Mutualista de Comerciantes en Pequeño.	Aguascalientes	1931
Sindicato Industrial de Trabajadores de El Salto	El Salto, Durango	1932
"Por la Patria y por la Raza", Subcomité Antichino.	Cárdenas, San Luis Potosí	1930
Comité Nacional Anti-Chino	Madera, Chihuahua	1934
Cámara Nacional de Comercio de Ciudad Juárez	Ciudad Juárez, Chihuahua	1936
Agrupación anónima	Morelia, Michoacán	1937
Asociación Nacionalista de los Estados Unidos Mexicanos	Huatabampo, Veracruz	1935
Industrias en Pequeño del Ramo del Calzado	Jojutla, Morelos	1937
Delegación de la Unión Nacionalista del Estado, "Pro-Raza y Salud Pública"	Motozintla, Chiapas	1937
Cámara Nacional de Comercio e Industria	Huixtla, Chiapas	1937
Sindicato de Comerciantes "Melchor Ocampo", Sindicato de Empleados y Comercios Similares de Durango, Sindicato de Segadores "Carrillo Puerto", Diario *La Prensa*.	Canatlán, Durango	1939
Unión de Comerciantes de todos los ramos	Fresnillo, Zacatecas	1935
Legión "Águilas Rojas de Anáhuac" del Subcomité pro Raza de Texmelucan	Texmelucan, Puebla	1935

Comités y ligas nacionalistas (concluye)

Acción Partido Cívico de la Clase Media, Acción Cívica Nacional, Comité Nacional pro Raza, Unión de Comerciantes Mexicanos, Liga Mexicana Anti-China y Anti-Judía, Juventud Nacionalista Mexicana, Legión Mexicana de Defensa	México, D. F.	1930
Comité Juvenil Anti-Chino	Mazatlán, Sinaloa	1926
Liga Nacional Obrera Anti-China	Villa Cecilia, Tamaulipas	1925
Comité Campaña Nacionalista	Mérida, Yucatán	1935
Comité Depurador de Razas Extranjeras	Tijuana, Baja California	
Comité Nacionalista contra el Monopolio de Comercio por Extranjeros	Nueva Rosita, Coahuila	1936
Gran Asociación Nacionalista	San Pedro, Coahuila	1935
Comité pro Raza	Puebla, Puebla	1936
Legión Mexicana de Defensa	Tehuacán, Puebla	1935
Comité Nacionalista	Nogales, Sonora	1936
Comité Nacionalista	Veracruz, Veracruz	1936
Sociedad de Comerciantes e Industriales	La Paz, Baja California	1936
Sociedad Defensora de Comerciantes en Pequeño, Empleados de Comercio del D. F.	México, D. F.	1936
Acción Cívica de Baja California	Baja California	1937
Comité Anti-Chino	Ensenada, B. C.	1937
Comité pro Raza	Santiago Ixcuintla, Nayarit	1935
Comité Nacionalista	San Francisco del Oro, Chihuahua	1937
Liga Nacionalista Mexicana	Mexicali, B. C.	1935
Asociación Nacionalista de Industriales de Contaduría, Comité Nacionalista de León	León, Guanajuato	1935
Alianza Nacionalista Chihuahuense	Chihuahua, Chihuahua	1935

bía sido objeto de "inmoderada explotación por parte de extranjeros voraces", quienes, "una vez extraídas las riquezas que encerraba el territorio nacional, las conducían a otros lares para obtener fabulosas ganancias". Melgar, además, le daba un valor extremo a la Campaña Nacionalista como paliativo de la crisis económica. Su proyecto consistía en los siguientes puntos: *1)* invitar a las cámaras de comercio, industriales y mineras para instituir mensualmente la semana nacionalista y que sus agremiados vendieran, durante el desarrollo del programa respectivo, únicamente productos de manufactura nacional; *2)* extender invitaciones a los presidentes municipales exhortándolos a promover la Campaña Nacionalista y a realizar efectiva propaganda en favor de dicha semana, a fin de asegurar el éxito de la venta de artículos nacionales y contrarrestar el consumo de productos extranjeros; *3)* elevar la solicitud ante los gobernadores, a efecto de que los propios altos funcionarios exhortaran a los ayuntamientos y a las autoridades de su demarcación a intensificar los trabajos de orientación en torno a la proyectada semana nacionalista; *4)* comunicar al Partido Nacional Revolucionario que el Bloque de la Cámara de Diputados encauzaría el desarrollo del programa mexicanista, con la atenta súplica de que el Comité Ejecutivo Nacional del citado organismo político se encargara de dirigirse a sus dependencias estatales y municipales, así como a las organizaciones de trabajadores y campesinos adherentes, para que todas esas instituciones verificaran actos de propaganda en el sentido señalado; *5)* que los integrantes del mismo Bloque Revolucionario sustentaran conferencias sobre asuntos nacionalistas, cuando menos una ocasión por semana, valiéndose de los servicios de las estaciones radiodifusoras del Partido Nacional Revolucionario y de la Secretaría de Educación Pública; *6)* girar las invitaciones necesarias a las cámaras de comercio e industriales del Distrito Federal para que contribuyeran a la realización de una manifestación encabezada por los miembros del Bloque, con el propósito de enunciar en ella los productos elaborados en el país; *7)* en idéntico sentido, solicitar la cooperación de las cámaras de comercio y de los industriales diseminados en la República, y *8)* hacer excitativas a la prensa nacional y a los empresarios de teatro y de cine, al igual que a los directores de estaciones de radio, a efecto de obtener su valiosa ayuda en el programa de publicidad trazado de antemano para asegurar el eficaz desenvolvimiento de la Campaña Nacionalista.

El proyecto fue aprobado en todas sus partes el 17 de junio de 1931, y se nombró al general y diputado Rafael E. Melgar como presidente de la campaña; al licenciado Rafael Sánchez Lira, oficial mayor del Partido Revolucionario, como secretario general de la campaña, y al diputado Walterio Pesqueira como tesorero.[47]

Bastante proclives a la asignación de cargos y elaboración de reglamentos, la Campaña Nacionalista no escapó a dicha tendencia; el primer paso, de hecho, fue estructurar un comité general de la Campaña Nacionalista integrado por el Bloque Revolucionario de la Cámara y el Partido Nacional Revolucionario; comités locales que estarían formados por las cámaras de comercio, ayuntamiento y autoridades civiles y militares, además de comités centrales en cada capital de estado o territorio integrados igualmente por autoridades civiles, militares y la cámara de comercio.

Es decir, lo extenso de la organización propiciaba el riguroso control del comercio en cada una de las localidades y la denuncia, persecución y acoso de los comerciantes extranjeros que ofrecieran competencia; hasta los que no la ofrecían eran blanco de ataques a título de ser culpables de que "las riquezas del suelo nacional" no fueran aprovechadas por los paisanos.

También se organizó un Comité de la Unión Nacionalista de Damas Mexicanas, a cuyo cargo quedaría la organización de festivales y actos de propaganda para poner de manifiesto la necesidad e importancia de consumir productos nacionales, sobre todo durante la celebración de la semana nacionalista, así como ejercer presión sobre las mujeres con el fin de convencerlas de consumir productos nacionales:

Dicho Comité trataría de infundir entre el bello sexo el completo abandono del menor propósito de lujo en tanto no se resolviera la

[47] López Victoria, *La Campaña Nacionalista...*, *op. cit.*, pp. 17-20.

crisis que amenazaba al país. Igualmente, la organización femenil censuraría a la mujer que en el transcurso de la Semana Nacionalista comprara mercancías extranjeras. También encauzaría a la creación de una comisión de damas que llevaría a cabo la vigilancia de los habitantes de cada población.[48]

Mientras que a los dirigentes de la Campaña Nacionalista no se les escapaba ninguna instancia en la organización de un aparato de espionaje civil en el que el blanco serían los extranjeros del país, a quienes se presumía culpables de ocupar posiciones económicas inadecuadas y estar explotando inmoderadamente al pueblo mexicano, la prensa procuraba centrar la atención del público mexicano en problemas como la selección del equipo que representaría a México en los Juegos Olímpicos de Alemania, las noches "vienesas" del Club Suizo, las funciones hípicas organizadas por el Estado Mayor Presidencial en Chapultepec, Anzures y Tecamachalco para cazar la "zorra", o los homenajes a las ganadoras del "concurso de la belleza mexicana". Mientras tanto, dos miembros de "la familia revolucionaria" trataban de crear el "Comité Alcázar presidencial de la Arcadia", cuyo propósito era nada menos que recaudar mediante colecta pública medio millón de pesos para obsequiarle una residencia de descanso en Tehuacán al presidente de la República, con el plausible motivo de que pudiera "recobrar energías gastadas en el desempeño de sus arduas labores".[49]

Pascual Ortiz Rubio, presidente de la República, envió una carta el 16 de junio al diputado Rafael E. Melgar expresando la simpatía e interés por la "obra que se proponía realizar" en colaboración de sus compañeros diputados. El mandatario se declaró partidario de la labor mexicanista diciendo que se trataba de un nacionalista incuestionable por lo que ve al amor patrio, que hace de cada mexicano un apasionado ferviente de nuestro suelo y que prefiere ser expulsado de países extraños, antes que perder su nacionalidad, y a pesar de los años pasados en el exilio, y así sean las comodidades que puedan dis-

---

[48] *Ibid.*, p. 22.
[49] Lorenzo Meyer, *El conflicto social y los gobiernos del Maximato*, t. 13: *Historia de la Revolución mexicana, 1928-1934*, México, El Colegio de México, 1981, pp. 20-21.

frutar, corre todos los riesgos por volver a besar reverente el suelo de sus mayores; nacionalismo que no es xenófobo, pues no combate sino al extranjero importador de vicios o extorsionador de trabajadores.

Según el representante de la campaña nacionalista y el propio presidente, ese nacionalismo estaba encaminado a

[la] mejor y más abundante producción de nuestro suelo, a preferir los artículos nacionales de cualquier orden, científico, artístico, literario, musical, a lo importado; a promover la mexicanización uniforme de nuestros elementos raciales; a glorificar seres beneméritos socialmente considerados, ya que pertenezcan al pasado o al presente; todo aplauso y toda cooperación serán pocos, y ayudarán a la empresa los mismos extranjeros, enraizados en México, identificados con nosotros, unidos a la familia mexicana con lazos indisolubles, y ellos como nosotros no sólo tendrán el interés ideológico de sumarse al florecimiento de su patria de elección, sino que reportarán con nosotros de los beneficios de un desenvolvimiento que tiene derecho nuestra patria, como los demás pueblos de la tierra.[50]

El apoyo y la convicción presidencial no podían haber sido más claros; y los dirigentes de la campaña lo interpretaron: nacionalismo xenófobo en el que todos, incluso los extranjeros, tenían que cooperar.

La primera acción de la Campaña Nacionalista fue una serie de conferencias dictadas a través de los canales de la radiodifusora XEQ del Partido Nacional Revolucionario; la primera del diputado José María Dávila sobre la educación de la juventud mexicana, en la que invitaba a los ciudadanos ricos a que no enviasen a sus hijos a estudiar al extranjero. La segunda la dio el diputado Jorge Meixueiro insistiendo en que los mexicanos no debían emigrar al extranjero a trabajar, puesto que el campo mexicano ofrecía un futuro promisorio dadas sus naturales riquezas, además de que en México la legislación agraria y obrera garantizaban sus legítimas aspiraciones, y explicaba que las conquistas de la Revolución aparecían inalterables por propender a armonizar los intereses del capital y el trabajo.

La siguiente conferencia fue dada por el licenciado Rafael

[50] c. López Victoria, *La Campaña Nacionalista, op. cit.*, p. 46.

Sánchez Lira, oficial mayor del Partido Nacional Revolucionario. Esta conferencia fue dirigida a las damas residentes en el país, "para que secundaran sin ambages la labor mexicanista desarrollada por el Bloque", en el ideal de redimir a México social y económicamente.

La cuarta conferencia fue dictada por el diputado Alfonso Francisco Ramírez, acerca de los procedimientos de propaganda usados por el comercio nacional, advirtiendo la urgencia de anunciar los productos nacionales para garantizar el consumo y fortalecer el poder adquisitivo del pueblo. Otra más fue impartida por el diputado Bernardo Chávez sobre la fuga de divisas que ocasionaba el comprar productos extranjeros, como por ejemplo los relacionados con la industria farmacéutica. La conferencia del diputado Salvador López Moreno versó sobre la necesidad de eliminar los productos de lujo y la sustitución de los viajes al extranjero por los viajes nacionales. No faltaron por supuesto conferencias encaminadas a ensalzar los logros sociales de la Revolución mexicana.

La Campaña Nacionalista trataba de llegar a todos los ámbitos y todos los momentos del mexicano; su Decálogo Nacionalista tenía la intención de regir "nacionalistamente" todos los actos de la vida cotidiana del mexicano de la clase media urbana. Éste decía:

1) Al levantarte cada día no olvides ordenar, pedir o recomendar a tu esposa, tu criada o ama de casa, que todos los alimentos que te sirvan durante el día sean confeccionados con artículos del país.

2) Al vestirte, fíjate en las etiquetas de tu indumentaria y hazte el firme propósito de exigir, al comprar la próxima prenda, que sea manufacturada en el país, y si es posible con materiales mexicanos.

3) Al fumarte el primer cigarro acuérdate que el tabaco mexicano es mejor que el extranjero, y si por desgracia hubieres adquirido el hábito de preferir los pitillos de hoja de calabaza con marcas exóticas, propónte firmemente consumir lo nuestro y verás que el tabaco del país te llega a gustar más y te daña menos.

4) Al salir a la calle, patrocina siempre los establecimientos que expendan productos mexicanos, ya sean tiendas, cantinas o espectáculos. No compres periódicos, revistas, ni libros extranjeros si encuentras substitutos impresos en el país que puedan brindarte el mismo interés o amenidad.

5) Como consumidor, visita las exposiciones y fíjate en los escaparates, para que, cuando se te ofrezca comprar algo, te acuerdes que se produce en el país y lo prefieras a lo importado. Como vendedor redobla y mejora tu sistema de anuncio, prefiriendo la Prensa y las Estaciones de Radio que hacen campaña nacionalista, con el objeto que nadie ignore que produces artículos de buena calidad.

6) Si has de hacer obsequios, acuérdate que en México tenemos fábricas de dulces, de perfumes, de medias, y de otros preciosos objetos y ten en cuenta que, prefiriendo lo mexicano, duplicas el regalo de tu patria, ya que una parte del precio corresponde al obrero.

7) Enséñate a gustar del exquisito estilo mexicano en la fabricación de muebles, y si externas a menudo tus opiniones, pronto verás que no sólo tu casa, sino las casas de tus amigos, son verdaderas joyas de arte clásico y nacionalista.

8) Si tienes hijos, por ningún motivo los mandes a educarse en el extranjero, ni en su niñez ni en su juventud. Ambas épocas necesitan de tu vigilancia cercana y constante. En México tenemos buenas escuelas y las tendremos mejores si el dinero que hoy gastas en países extraños donde tus hijos olvidan la patria y aprenden a ser fatuos y despectivos para con lo nuestro, lo dejas aquí para mejorar los centros educativos.

9) Si por desgracia te enfermas, cuando se compren los medicamentos que te han recetado, prefiere los elaborados en el país, seguro que las fórmulas son idénticas y de que se garantizan, además, por la vigilancia más efectiva que a la hora de su fabricación ejerce la autoridad sanitaria.

10) No olvides que, mientras tu patria necesita de tu dinero, es un delito de alta traición el enviarlo al extranjero, sacrificándola a la fútil satisfacción de tu vanidad, pudiendo, como seguramente puedes, encontrar aquí todo lo que tus necesidades requieren. Consume lo nuestro y haz propaganda porque otros también consuman.[51]

Como podrá verse, la Campaña estaba dedicada a los estratos medios y altos de la población, herederos de costumbres porfirianas, ya que con crisis o sin ella los grandes sectores de la población tenían hábitos de consumo netamente nacionalistas, y no por convicción, sino porque en su mayoría los me-

[51] Véase Alicia Gojman Goldberg, "La campaña nacionalista", *Cuadernos de Investigación*, núm. 8, México, Universidad Nacional Autónoma de México-Acatlán, 1988, p. 39.

xicanos de los treinta tenían una dieta limitada a frijol, tortilla y chile. La crisis no afectó mayormente a las grandes masas, pues su situación ya era, de por sí, bastante precaria.

Si el PIB se considera un indicador aceptable de la realidad económica de la época, resulta que sólo disminuyó en un 16 por ciento entre 1929 y 1932, a pesar de que se registró un descenso de 50 por ciento en la producción minera, otro tanto en las importaciones y las exportaciones, y de que se redujo casi un tercio la actividad manufacturera. Esto se explica en gran medida por el hecho de que las actividades agropecuarias tampoco descendieron mucho, aunque no crecieron. Y era justamente de esas actividades de las que la mayoría de los mexicanos derivaban su subsistencia.[52]

Por ello, la industrialización era un problema que preocupaba al Estado mexicano posrevolucionario y por supuesto a los organizadores de la Campaña Nacionalista. Su objetivo era generar una preferencia en el consumo de productos nacionales para impulsar con la demanda el aumento de una industrialización local, aunque los impulsores de la Campaña Nacionalista sólo podían impulsar esta industrialización a través de la propaganda. Ésta se hizo por medio de los diferentes medios de comunicación del país: en diarios como *El Universal*, *Excélsior* y el semanario *Iris* de Tehuacán, entre otros; en la radio, por las estaciones como la XEN, Radio Mundial, la XEB, radiodifusora comercial de El Buen Tono, y la XEX. El comité general de la Campaña Nacionalista editó también un folleto quincenal, *La Campaña Nacionalista*, dirigido por el diputado José María Dávila.

Al mismo tiempo que se echaba a andar esta Campaña Nacionalista, se aprobaba la Ley Federal del Trabajo, el 19 de agosto de 1931. El licenciado Aarón Sáenz, secretario de Industria, Comercio y Trabajo, en una carta a Melgar decía (11 de julio de 1931):

Considero que una de las causas fundamentales de la situación actual, por lo que se refiere a nosotros, es la falta de fuentes permanentes de trabajo para nuestros obreros, y la escasa capacidad

[52] Meyer, *El conflicto social...*, *op. cit.*, pp. 11-12.

adquisitiva de las clases laborales del país, como consecuencia de lo reducido de sus salarios. Como ambas causas se entremezclan y obran una sobre la otra, estimo que el cambio más oportuno para destruir sus efectos es crear nuevas fuentes de producción que a la vez que hagan innecesaria la importación de artículos extranjeros, modifiquen en forma favorable la situación de lo que podría llamarse el mercado de trabajo, que en estos momentos afectan al trabajador por falta de demanda de sus servicios, y que en esta forma tendría que convertirse en favorable, ya que la demanda de obreros en nuevas ocupaciones indiscutiblemente hará ascender el monto del salario mínimo, el que a su vez elevando la capacidad adquisitiva de una gran parte de la población, fomentará el consumo de toda clase de artículos. En consecuencia y dado que el establecimiento de nuevas fuentes de producción y de trabajo requiere incuestionablemente la existencia real o posible del mercado de sus productos, lo más aceptado en mi concepto, es fomentar el consumo de los artículos que producimos y los que racional y económicamente estamos capacitados para producir.[53]

La gran manifestación

La Gran Manifestación Nacionalista se llevó a cabo el 1º de junio de 1931 (aunque algunos entrevistados coincidieron en que fue el 15 de julio), día que por decreto presidencial fue declarado de asueto para todos los empleados del gobierno y escuelas del Distrito Federal. En su organización participaron el Comité General de la Campaña Nacionalista, la Confederación de Cámaras Industriales, la Confederación de Cámaras de Comercio, la Cámara de Comercio Francesa y el Departamento de Tránsito de la Ciudad.

El desfile se abrió con motociclistas, la banda de policía, los directivos de la Campaña Nacionalista vestidos de charro, los miembros de las Cámaras de Comercio e Industria en automóviles, atrás los charros y sus chinas poblanas, escuelas y carros alegóricos. En uno de ellos aparecía una botella de cerveza gigantesca, que se vertía sobre un vaso derramándose sobre una pirámide cubierta con los colores patrios y dos candorosas chinas poblanas contemplando la escena. Hubo sombreros, caballos y sarapes de Saltillo, además de

[53] López Victoria, *La Campaña Nacionalista, op. cit.*, p. 64.

un carro con indígenas que tocaron sus instrumentos para cose-
char nutridos aplausos del público concentrado en las aceras. [...]
Camioneros, artistas vestidas de indias y algunas inditas vestidas
de fiesta, los soldados, las bandas de guerra, típicas y mariachis
que alegraron con sus notas a los espectadores, quienes pudieron
disfrutar de los obsequios que en todo el recorrido hicieron los
ocupantes de camiones repartidores de anuncios y folletos. Por su
parte las cruces Roja y Verde prestaron su valiosa cooperación aten-
diendo a los manifestantes insolados y repartiendo agua y limones
al por mayor entre los concursantes y público asistente.[54]

También participaron en el desfile los comerciantes judíos
que ya se sentían integrados a la vida del país. Así comentó
uno de los entrevistados:

Fuimos a ver al senador Melgar a la Cámara de Diputados, gracias
a Baruh, que a través de otro amigo diputado nos hizo la cita. Con-
seguimos así en el último momento una invitación para participar
en el Día del Comercio. Nos costó mucho trabajo. En aquel entonces ya teníamos varios industriales no muy grandes que tenían
fabriquitas y logramos que desfilaran 32 camiones de redilas que
llevaban máquinas, mercancía hecha aquí y bastante propaganda.
Enseñando al pueblo de México y diciendo que cuando nosotros
llegamos todos esos artículos se importaban, hoy en día se hacen
en México por obreros mexicanos.[55]

Dos aviones, uno de la Lotería Nacional y otro de la Unión de
Agentes de Seguros, surcaron el espacio y sus tripulantes arro-
jaron volantes de propaganda en favor de la Campaña Nacionalista.[56]
En suma, estuvieron todos: la familia revolucionaria, encabezada por el Jefe Máximo, obreros, empleados, empresarios, comerciantes, curiosos y seguramente desempleados. El
desfile fue presenciado por Pascual Ortiz Rubio, entonces presidente de la República, y de ello nos relató otro de nuestros
entrevistados:

---

[54] *Ibid.*, pp. 70-71.
[55] Haim Avni y Alicia Gojman de Backal, "Entrevista de historia oral a
Jacobo Landau", en *Testimonios de historia...*, *op. cit.*, p. 99.
[56] *Id.*

Mi fotografía estaba en la calle de Seminario 10; era un edificio con un local abajo muy amplio, con dos grandes aparadores y el balcón daba enfrente de la Catedral. Había mucho movimiento por ahí, y como estaba yo a media cuadra del Zócalo, el gobierno decidió hacer una exhibición por medio de carros alegóricos para que cada fábrica, cada taller, cada negocio expusiera lo que estaba produciendo, lo que se producía en el país. Qué bueno, muy bonito, todo mundo aplaudía. Entre esos carros alegóricos estaba un carro del papá de Moshinsky y de los hermanos Gershenson. Entonces ellos desfilaron por el Zócalo, entraron dando vuelta por las calles de Ayuntamiento, pasando por el Palacio Nacional y luego por Catedral. Cuando les tocó el turno a los carros del señor Moshinsky y de Gershenson, porque fueron anunciados, se dieron cuenta que eran judíos y los asaltaron e hicieron trizas los carros. Yo estaba a media cuadra de allí, no sé si era domingo o era otro día festivo, me acuerdo que me acerqué para ver y me quedé atónito de esta impresión. Y pensé, yo me fui de la Rusia zarista, de los *pogroms*, luego de los bolcheviques y me dije: ¿Para eso vine a México, para eso cambié de vida? Fue en el año de 1931 en el Día del Comercio, fue el día del gran desfile de la Campaña Nacionalista que sacó la Cámara de Diputados para que se produjeran productos mexicanos... Unos se reían, otros estaban contentos, decían que los judíos se debían ir de aquí. Un sabor amargo me dejó. Antes fue la expulsión de La Lagunilla, ahora esto.[57]

Después de la Gran Manifestación se conformó la Unión Nacionalista de Damas Mexicanas con objeto de cooperar con el Comité General de la Campaña en la organización de actos en el Distrito Federal, auspiciar festivales anuales y otros festejos en que intervinieran elementos de las escuelas con "la convicción de que la mujer no era figura decorativa y que a su habilidad correspondía una labor de convencimiento entre los sectores sociales de la población hecha con inteligencia, cariño al ideario sustentado y si se quiere hasta con la coquetería propia de su sexo".[58]

La Campaña Nacionalista coincidió con la ley de desmonetización del oro; es decir, la decisión de abandonar el patrón

[57] Gojman de Backal, "Entrevista de historia oral a Aaron Olivensky", en *Testimonios de historia...*, *op. cit.*, p. 117.
[58] López Victoria, *La Campaña Nacionalista*, *op. cit.*, p. 78.

oro aceptado internacionalmente para adoptar cambios en papel moneda (esta divisa estaba sumamente desacreditada después del uso irresponsable que de ella habían hecho los grupos revolucionarios cuando asumían el poder en determinadas zonas). En la ley del 25 de junio el llamado Plan Calles dispuso la desmonetización del oro suspendiendo la acuñación de monedas de ese metal. México adoptó entonces el patrón plata y se dispuso a prescindir de la ficción que lo obligaba a hacer depender su sistema monetario del precio del oro. "La medida se justificó entre otras cosas, como una forma de evitar el atesoramiento de oro y el enriquecimiento de una clase 'parasitaria' en detrimento de las mayorías."[59]

La medida sembró la desconfianza y el estupor entre los sectores industrial y comercial, pues las instituciones de crédito tardaron en aceptar las operaciones que no fueran con oro, además de ser de estos sectores justamente de donde escapaban las divisas de oro para el extranjero. Los industriales intentaron hacer presión a los dirigentes de la Campaña Nacionalista para que se opusieran a las reformas; sin embargo, el carácter gobiernista de la campaña no permitió tal cosa, sino por el contrario la campaña se mostró en seguida de acuerdo con la ley monetaria.

La feria comercial

Un momento sobresaliente de la Campaña Nacionalista fue la feria comercial celebrada durante la llamada semana nacionalista; para su desarrollo se organizó la división del Distrito Federal en sectores comerciales, en cada uno de los cuales se llevaría a cabo una feria. La feria del centro abarcó el perímetro comprendido entre las calles de Tacuba y Guatemala hasta Capuchinas y sus transversales a partir de La Merced para terminar en San Juan de Letrán.

Antes, el 5 de febrero, la Unión de Comerciantes Mexicanos del Mercado de la Lagunilla había preparado actos de sabotaje contra sus competidores extranjeros, y se corrió el rumor de que iban a quemar algunos negocios en quiebra. Así continúa una de las anteriores entrevistas:

[59] Meyer, *El conflicto social...*, *op. cit.*, pp. 70-71.

Recuerdo una gran manta en la calle de Allende, esquina con Donceles, la cual tenía expresiones denigrantes contra la colonia israelita. En ella se pedía la expulsión de los judíos de México. La Cámara de Comercio intervino ante las autoridades para quitar ese lienzo, aunque todavía duró dos meses colgado. Poco tiempo después, al desalojar a los comerciantes israelitas de los mercados públicos, les quitaron los tarjetones, quiero decir con ello la autorización de trabajar como ambulantes. Fue un golpe mortal para cientos de familias que no podían seguir trabajando en ninguna parte como comerciantes ambulantes. Los afectados se dirigieron entonces al Congreso Judío Mundial para pedir ayuda, y mandaron al profesor Etlinger para investigar la situación.

La Cámara Israelita se dirigió al presidente de la República para que recibiera a Etlinger. En esa reunión el presidente escuchó acerca de todos los atropellos que se habían dado en los mercados contra los judíos, sobre todo el haberles quitado sus tarjetones, o sea el permiso para trabajar. El presidente pidió un memorándum de los hechos, pero ahí quedó todo. No se hizo nada. El profesor Etlinger regresó a Estados Unidos y el Congreso Judío Mundial mandó una cantidad para ayudar a estas personas. Recuerdo que entonces algunos se fueron a Estados Unidos vía Ciudad Juárez.[60]

La segunda feria fue la de la Lagunilla, que se celebró en ese mercado. La feria de Guerrero se desarrolló en la plaza de San Fernando hasta el Jardín Guerrero. Otra más se llevó a cabo en la colonia Santa María la Ribera, otra en torno al mercado de San Juan y la última en la plaza del Carmen; además, se proyectó extenderlas a las delegaciones Tacuba, Azcapotzalco, Villa de Guadalupe, Tacubaya, Mixcoac, San Ángel, Coyoacán, Tlalpan y Xochimilco.

La feria tenía por finalidad realizar un concurso de aparadores adornados con motivos nacionalistas, abaratar los productos nacionales, vender únicamente los productos nacionales e invitar a los compradores a que adquirieran dicha mercancía luciendo trajes típicos.

En marzo de 1931 el mandatario mexicano, en una muestra de apoyo a la Campaña Nacionalista, expidió una serie de regulaciones que limitaban el tamaño de los puestos en el mercado de la Lagunilla, así como su valor (300 pesos máximo);

---

60 "Entrevista a Jacobo Landau", en *Testimonios de historia…, op. cit.*, p. 99.

se otorgaron a los residentes legales en el país que hubieran ingresado con el único propósito de dedicarse al comercio.[61]

La primera semana nacionalista se inició el domingo 2 de agosto, con un concurso de aparadores. Durante cada día de la semana se llevaron a cabo

audiciones musicales y la nutrida concurrencia disfrutó el tradicional paseo por ambas arterias citadinas. A las 6 de la tarde empezó a deleitar al público la Banda de Policía, instalada *ex profeso* en la Plaza de la Constitución; y en los puntos importantes de dichas avenidas fueron colocadas las típicas de Lerdo de Tejada y de Tráfico, las bandas de Indígenas y los Orfeones de la Escuela Popular de Música y Escolares Técnicos, estos últimos que hicieron un recorrido entonando sones nacionales. En la calle Gante se lució el grupo de la Escuela Dinámica y Plástica, ejecutando bailables regionales; siendo también aplaudidos los elementos pertenecientes al Departamento de Educación Física, que les tocó interpretar danzas en el templete erigido en la Plaza de la Constitución, hasta las 21 horas en que concluyeron las audiciones.[62]

Se hicieron baratas, kermeses, una función de teatro que ofreció Roberto Soto a la que asistieron el presidente Ortiz Rubio y su gabinete, con sus respectivas esposas, y al otro día se presentaba otro evento musical y teatral. Como fin de la jornada nacionalista, el domingo 9 de agosto se celebró en Xochimilco un desfile de canoas, competencia de chalupas y un torneo de natación, en el cual

se bailó el jarabe tapatío en una trajinera por charros y chinas que participaron en el concurso respectivo. Posteriormente llevóse a cabo un combate de flores hasta el arribo a Nativitas, por espacio de más de una hora y en que participaron los visitantes desde las embarcaciones y las personas situadas en los bordes del canal. Había gran animación, cuando sobrevino la lluvia y dispersáronse como por encanto las embarcaciones y los curiosos.[63]

La entrega de premios a los ganadores de los concursos de la primera semana nacionalista se hizo en un magno home-

---

[61] López Victoria, *La Campaña Nacionalista, op. cit.*, p. 23.
[62] *Ibid.*, p. 201.
[63] *Ibid.*, pp. 152-165.

naje organizado en el Teatro Iris el 12 de octubre de 1931, al cual asistieron incluso el embajador de Estados Unidos, Reuben Clark Jr., el secretario de Guerra, Amaro, y un gran número de diputados vestidos de charros. Justamente el Día de la Raza fue la culminación de lo que, con afán de impulsar el consumo de los productos nacionales, constituyó la exaltación de los valores patrios y la raza mexicana, en agravio de cualquier extranjero (producto o ciudadano) que viniera a competir con los nacionales.

En algunas ocasiones la manifestación pedía a gritos "abajo los judíos", y "hay que golpearlos". Afortunadamente casi siempre acudía la policía a auxiliarlos.[64]

Después de la semana nacionalista en la ciudad se celebraron actos semejantes en San Luis Potosí, Chihuahua, Tapachula, Cuernavaca, Puebla, Chilpancingo y Mérida. Se organizaron comités nacionalistas en Socoltenango, Tuxtla Gutiérrez, Huistla, Amatlán, San Cristóbal de las Casas, Comitán y Terán, todo ello en Chiapas, así como en varios lugares de Guerrero, Chihuahua, Sinaloa, Estado de México, Hidalgo, Coahuila, Jalisco, Baja California y Campeche.

Por todas partes se exaltó el espíritu nacionalista, se rindió culto a los héroes, se alabó todo aquello que tuviera que ver con la raza, la historia, el folclor; hasta "los padres de familia imbuidos del mexicanismo más acendrado, preferían comentar los viajes de la 'cigüeña' asegurando a sus pequeñuelos que el ave tradicional procedía de Xochimilco y no de París, con el propósito de fomentar en las mentes infantiles el cariño a la raza y a la tierra mexicana [...]". Sin embargo, el sentimentalismo implícito en la actividad nacionalista desembocó en una ola racista que invadió al país. Primero en Nueva Rosita, luego en Apizaco y después en otras partes la jornada nacionalista se tradujo en actos hostiles a los comerciantes extranjeros.

Y aunque los organizadores de la Campaña Nacionalista y el gobierno de Ortiz Rubio "se oponían" a esas manifestaciones, no dejaban de expresar que

---

[64] Moisés Rosemberg, "Los judíos de Tacubaya sufrieron un susto", en *Der Weg [El Camino]*, México, 28 de octubre de 1931.

abundaban los comerciantes extranjeros fichados como extorsio-
nistas y que eran un estorbo para el progreso nacional, como aquellos que llegaban a un lugar con escasa mercancía y a base de
explotar a la colectividad y evadir el pago de impuestos amasaban
grandes fortunas, para después simular quiebras mercantiles y con
el producto de ellas, marcharse a otro puntos, donde en actividades aparentemente honradas y con la aceptación del público, vendían más barato, para hacer inicua competencia y ocasionar la
ruina de comerciantes nacionales y llegar a enseñorearse de la situación con la aureola de luchadores honestos.[65]

Como se puede apreciar, este párrafo contiene los principios
básicos que manejaban los discursos de las ligas antichinas y
antijudías. El diputado y general Rafael Melgar se expresó a
propósito de los brotes de xenofobia el 2 de septiembre de
1931, diciendo que la campaña que él presidía

no pretende de manera alguna hacer la defensa de determinadas
empresas o industrias, ni formular ataques o hacer propaganda en
contra de otras. Todos y cada uno de los extranjeros que individualmente o integrando empresas industriales radiquen en nuestro
país y estén organizados u operando negocios que marchen de
acuerdo con las leyes mexicanas, nos merecen la mayor estimación
y los consideramos como nacionales desde el momento en que
están sujetos a los deberes y gozan los derechos comunes [...].[66]

Los buenos deseos del general Melgar no lograron contener
los brotes de xenofobia; en Acaponeta, Nayarit, el Comité Nacionalista hostilizó a los señores Ramón Ley y hermanos, con-
minándolos a que cerraran sus negocios, pero éstos solicitaron
un amparo del gobierno federal. En septiembre de ese año, inició en Monclova un boicot contra los árabes por parte del Comité
Nacionalista pro Raza y Salubridad Pública. Se cerró el estudio
fotográfico de Carlos Stone por el delito de ser extranjero.

El 20 de septiembre se fundó la Unión Nacionalista pro
Raza y Salud Pública (Nacional). En Sonora arreció la hostilidad contra los chinos; el 25 de septiembre, en Guamúchil, Sinaloa, Federico González asesinó a un empleado de Te-Sen y
Compañía e hirió a otros dos.

---

[65] Alicia Gojman Goldberg, "La Campaña Nacionalista...", art. cit., p. 49.
[66] López Victoria, *La Campaña Nacionalista, op. cit.*, pp. 143-148.

En octubre aumentaron los ataques xenófobos que se llevaban a cabo al mismo tiempo que las fiestas nacionalistas. El Comité Nacionalista de Acaponeta emprendió una batida contra los comerciantes sirio-libaneses y chinos que secundó el señor Manuel Sánchez Hidalgo en un semanario de su propiedad.[67]

Varios vecinos de Navojoa encabezados por el señor Carmelo Fuentes protestaron contra las declaraciones del Comité de la Campaña Nacionalista por haber declarado que esta campaña no debía dirigirse en contra de los extranjeros; por ello los de Navojoa se declaraban enemigos acérrimos de los chinos. Lo mismo hicieron los nacionalistas de Ahome, quienes pidieron al gobierno federal la expulsión inmediata de los asiáticos.

En León, Guanajuato, la Liga Nacionalista, presidida por el señor Crispín Ayala, afiliada a la Unión de Comerciantes en Pequeño, también se ocupó de hacer una campaña antichina. De igual manera sucedió con el Comité de la Campaña en Monclova, que atacó a los comerciantes extranjeros.

La xenofobia en el marco de la Campaña Nacionalista coincidió además con el retorno de numerosas familias mexicanas que habían emigrado a Estados Unidos como braceros y que a causa de la crisis regresaron al país; el gobierno federal trató de canalizarlas como colonizadores de regiones agrícolas poco explotadas.

Como una forma de protesta contra la expulsión de mexicanos y como protección de la economía nacional en época de crisis, el presidente Ortiz Rubio negó el 11 de agosto de 1932 el permiso de establecimiento de 29 000 veteranos de guerra que querían entrar al país como colonizadores.[68]

Sin embargo, el gobierno tenía la idea de recibir inmigrantes como colonizadores siempre que éstos fueran extranjeros aceptables. El 27 de septiembre de 1932 se discutió en la Cámara de Diputados la viabilidad de hacer una campaña profiláctica contra los extranjeros indeseables, aclarando que la batida contra los extranjeros no gratos no debía conside-

---

[67] *Ibid.*, p. 147.
[68] AGNM, Fondo Pascual Ortiz Rubio (en adelante, FPOR), Correspondencia.

rarse xenofobia "sino el derecho de un país para seleccionar a sus moradores de otras nacionalidades". La cámara declaraba la conveniencia de depurar a extranjeros que no respetasen las leyes, y el pueblo veía en cada extranjero (con la excepción de los estadunidenses y los franceses inversionistas) a una persona indeseable e infractora de las leyes mexicanas.

Por ejemplo, el Comité Nacionalista de León se dedicó a recopilar datos sobre las quiebras "fraudulentas" de negocios judíos, con el fin de turnar las pruebas al Departamento de Migración y conseguir la expulsión legal de los responsables. En Uruapan se desató una campaña antijudía por medio de *El Luchador*, dirigido por José Ruda H., que contó con la simpatía de diversos organismos de la localidad. Siguiendo la misma política,

> el Comité Ejecutivo Anti-Chino de Mexicali, Baja California, que contaba con 556 socios y que presidía el señor Alfredo G. Echeverría, lanzó a fines de septiembre un manifiesto a los habitantes del territorio y anunció que se adoptarían medidas extremas para que las autoridades de Migración y Salubridad exigieran a los asiáticos el estricto cumplimiento de nuestras leyes.

El 28 de octubre ese grupo pidió al gobernador del Territorio Norte que "no se permitiera a los extranjeros ejercer el comercio ambulante, cosa que consiguieron en parte los solicitantes, ya que el 18 de noviembre siguiente reglamentó el mandatario esa clase de actividad mercantil".[69]

El diputado yucateco Mario Negrón Pérez propuso en septiembre de 1932 que los chinos radicados en el Distrito Federal fueran establecidos en una zona especial con objeto de segregarlos de las actividades comerciales llevadas a cabo en el corazón de la ciudad de México.

En las esferas oficiales cundió el deseo de escarmentar a los extranjeros indeseables que no ajustaran sus procedimientos a las leyes del país; el diputado por Sonora, Alejandro Lacy Jr. —en su carácter de presidente del Comité pro Raza, antes Anti-Chino—, propuso el 24 de noviembre que se incluyera en el presupuesto de egresos de la Federación una partida ofi-

[69] López Victoria, *La Campaña Nacionalista, op. cit.*, pp. 158 y 184.

cial para sostener una campaña contra los extranjeros indeseables.

La legislatura de Chihuahua decretó con fecha 15 de diciembre la prohibición de matrimonios de mexicanas con chinos y
estableció sanciones para las que ilícitamente tuvieran vida
marital con esos asiáticos.[70]

Hubo una segunda semana nacionalista tanto en el Distrito
Federal como en provincia, celebrada alrededor de las fechas
patrias en el mes de septiembre, preparada y realizada fundamentalmente por los maestros de escuela; la mayoría de sus
eventos fue de carácter escolar, con un acto central el día 15,
una revista musical el 16, un festival al aire libre el 18, la mayor
parte de ellos con asistencia de algunos funcionarios y siempre la esposa del presidente de la República. Esta segunda
semana nacionalista no tuvo ni remotamente la fuerza de la
primera.[71]

Otros eventos destinados a promover las excelencias de la
patria fueron dos exposiciones organizadas por el Comité General de la Campaña Nacionalista y el propio gobierno: la
exposición viajera y la exposición permanente. La primera fue
promovida y financiada entre otros por el empresario Henry
Greene y los señores Alejandro Glika, Diógenes Garza, A. Garrido Alfaro, M. Cruzado Dumm, M. R. de la Torre y Armando
Araujo. Esta exposición fue inaugurada el 12 de septiembre de
1931 por el presidente de la República y el diputado Rafael
E. Melgar, presidente del Comité General de la Campaña Nacionalista.[72]

"La exposición llenó un tren especial de veinte furgones,
conocido por esa circunstancia como el Convoy de la Prosperidad." En él se expusieron desde los cigarros de El Buen Tono,
telas de lana y algodón, casimires, zapatos, materias primas;
el alumbrado del tren fue patrocinado por la casa Westing-
house; en un vagón del ferrocarril se instaló una emisora de
radio de El Buen Tono; el convoy recorrió el país en un espacio de seis meses llegando a las estaciones de Querétaro, San
Luis Potosí, Tampico, Ciudad Victoria, Monterrey, Guanajuato,

---

[70] AGNM, FG, 2. 360 (13) 22 223.
[71] López Victoria, *La Campaña Nacionalista, op. cit.*, pp. 153-163.
[72] *Id.*

Irapuato y de ahí regreso a la ciudad de México. La exposición permanente fue organizada bajo la dirección del licenciado Aarón Sáenz, secretario de Industria, Comercio y Trabajo, y por supuesto con la colaboración del Comité de la Campaña Nacionalista. Ésta, en palabras del presidente de la República, respondía a "la necesidad de respaldar la Ley Monetaria, intensificando y prolongando el esfuerzo nacionalista por el consumo de los productos mexicanos".[73]

Esta exposición se inauguró el 12 de octubre, Día de la Raza, en el Estadio Nacional, en el cual se montaron 200 pabellones donde se exhibían materiales para construcción, productos farmacéuticos, textiles, bebidas alcohólicas, etc. Todo aquello que se fabricaba en el país no importando la procedencia de los capitales que los producían. Hubo juegos permitidos y diversiones distintas, fritangas y venta de juguetes. La exposición fue inaugurada por el presidente Ortiz Rubio, quien hizo un cálido elogio del Comité de la Campaña y de las cámaras de Diputados y Senadores, padrinos de dicha campaña "que tan bien representadas se encuentran aquí por el señor Rafael E. Melgar, alma combativa del movimiento nacionalista de México", dijo. La exposición estuvo en el Estadio Nacional hasta fines de enero de 1932, en que fue trasladada a la planta baja del edificio que perteneció a la Tabacalera Mexicana en las calles de Puente de Alvarado.

Con más kermeses, desfiles y cuanto festejo pudieron organizar, la Campaña Nacionalista celebró su cumpleaños el 29 de julio de 1932, día que fue consagrado como Día del Comercio y la Industria Nacionales. En el acto de conmemoración se hizo una exaltación de la campaña atribuyéndole el carácter de gran paliativo a la crisis, de impulsora de la independencia económica del país, de reunión ideológica de las fuerzas cívicas nacionales. En su discurso, el presidente de la República dijo:

La Campaña Nacionalista se ha desarrollado con intensidad creciente, reflejándose de esta manera una aspiración legítima del país a crearse una vida propia y hallarse en aptitud de suministrar

[73] *Ibid.*, p. 169.

a todos sus habitantes, los indispensables elementos de subsistencia y bienestar. [...]

Las dificultades de la época nos han convencido de la necesidad de buscar en el territorio nacional la solución de nuestros problemas, y también nos ha enseñado que la prosperidad de un pueblo no proviene de la circunstancia de poseer riquezas aleatorias, sino del trabajo constante y tenaz en que el azar es substituido por la perseverancia y el esfuerzo bien orientado y dirigido hacia un justo y mejor aprovechamiento de los recursos del país. [...]

El nacionalismo que estamos fincando sobre estas bases, persigue el desenvolvimiento de México, sin desentenderse de la forzosa coordinación de la economía que un pueblo tiene con la de los demás, y sin hostilidad para el extranjero, sino antes bien abriendo campo a todo lo que signifique aportación al desarrollo y firmeza de la economía nacional. [...]

Inspirado en estas ideas, el Ejecutivo Federal fijó un programa de acción nacionalista para todos los actos de su administración y, por lo mismo, ve con simpatía y aplaude calurosamente la meritoria y eficaz labor desarrollada por el Comité de la Cámara de Diputados que preside con todo acierto el señor general Rafael Melgar.[74]

De hecho, la Campaña Nacionalista no terminó con el efímero mandato de Pascual Ortiz Rubio, porque las agrupaciones locales de diferentes partes del país siguieron pugnando por los principios nacionalistas y por la actitud xenófoba en su caso, aunque el aspecto puramente oficial de la campaña quizá concluyó con este régimen.

En 1932 la presión del Comité Nacionalista todavía era tan fuerte que los chinos en algunos lugares decidieron liquidar sus negocios y abandonar el país. En Querétaro se llevó a cabo entonces otra campaña en contra de los judíos, con la idea de eliminarlos del comercio. En ese mismo año, el general Rafael E. Melgar convocó a los representantes de la industria, la agricultura y el comercio, así como a los dirigentes de las organizaciones sindicales y comunidades agrarias, a formar el Instituto Nacional de Fomento Industrial y Agrícola, cuyo objetivo fue la creación de nuevas fuentes de producción, ayudar

[74] *Ibid.*, pp. 224-225.

a las industrias ya establecidas y la realización de una labor técnica para apoyo de los agricultores e industriales. De éste se derivó el Consejo Nacional de Fomento Industrial y Agrícola (Confia), del cual fue elegido presidente Rafael Sánchez Lira, secretario de la Campaña Nacionalista.[75]

Para el cumplimiento de los propósitos de este Consejo, el general Melgar propugnó porque el dinero "ocioso" en los bancos locales y extranjeros fuera invertido por los mexicanos en ese tipo de actividades industriales y agrícolas. Y por otro lado se ofrecieron garantías al capital extranjero, para que las inversiones fueran permanentes y arraigadas. En esto se descartó la participación de chinos y judíos.

El presidente Abelardo L. Rodríguez recibió el 28 de abril de 1933 al Comité General de la Campaña Nacionalista y a los directivos de las cámaras de comercio, a quienes recomendó que prosiguieran el desarrollo de los trabajos que habían iniciado. Así, el 7 de mayo fue organizado en la Sociedad de Artesanos Unidos el Comité Nacionalista pro Raza, encabezado en Mazatlán, Sinaloa, por Hilario Sandoval.[76]

El mismo año, la Confederación de Cámaras de Comercio de los Estados Unidos Mexicanos ordenó a los comerciantes judíos que terminaran el boicot comercial que la comunidad israelita había declarado en contra de las mercancías alemanas, o aquellas mercancías mexicanas que utilizaran materia prima germana, como respuesta al antisemitismo existente en Alemania bajo el régimen de Hitler. La confederación argumentó que ese boicot perjudicaba a la industria nacional, y que si México los había recibido debían corresponder en esos momentos evitando el deterioro económico del país.[77]

La Cámara Israelita de Industria y Comercio aclaró que el boicot era una respuesta a las vejaciones que estaban sufriendo sus correligionarios en Alemania, explicando que en respuesta a ello, todos los judíos del mundo se estaban negando a consumir o comerciar con mercancías provenientes de ese país.[78]

---

[75] *Ibid.*, p. 252.
[76] *Ibid.*, p. 291.
[77] "Boicot que debe cesar", *El Universal*, 20 de julio de 1933.
[78] "No declaró ningún boicot", *El Universal*, México, 21 de julio de 1933.

Esto trajo como consecuencia una ola antisemita cuya justificación consistía en argumentar que la reacción en contra de los judíos correspondía a una clase que se sentía vencida y sustituida por un competidor, y se agregaba que la misión de una cámara extranjera era fomentar el comercio entre México y el país representado por ella, y por lo mismo, la Cámara Israelita de Industria y Comercio perdía todo objetivo al no tener territorio que representar.

En la provincia fue más patente la xenofobia debido al fuerte nacionalismo, por lo que los judíos de algunas localidades intentaron ingresar a instituciones oficiales, para desde ahí poder defenderse de posibles ataques. Sin embargo, estas presiones, aunadas a otros factores, como el interés por mejorar su situación económica y ofrecer a sus hijos mejores perspectivas de educación, dieron como resultado una creciente emigración de la provincia a la capital.

En los periódicos de toda la República siguieron apareciendo artículos apoyando a la Campaña Nacionalista, al grado de que en 1935 Rafael Melgar todavía publicó su *Calendario Nacionalista* o *Enciclopedia Popular*, apoyado por García Téllez. En éste hacía la Declaración de Principios de la Campaña Nacionalista del Partido Nacional Revolucionario (PNR). Y decía en alguno de sus puntos lo siguiente:

[...] esta campaña tendió siempre durante su actuación a cooperar, de manera práctica e inmediata, con el gobierno de la Revolución, para resolver en parte la crisis económica que estuvo azotando al país a causa de la crisis mundial. La Campaña Nacionalista desde su iniciación ha obtenido los más francos, palpables y prácticos resultados al lograr, desde fines de 1931, que nuestros productos nacionales sean conocidos, estimados y solicitados por comerciantes y por el público en general, lográndose mediante las sucesivas ferias nacionalistas, comerciales e industriales, una enorme publicidad para todo lo que se elabora en el país y que hasta entonces era ignorado por la inmensa mayoría del pueblo. [...]

El comité general de la Campaña Nacionalista, dentro del criterio y normas de acción que se ha trazado, ha formulado la siguiente declaración de principios que como un decálogo de ética nacional, normará sus actividades.

Declaración de Principios:

1° La Campaña Nacionalista en ningún caso tendrá características o asumirá aspectos de xenofobia comercial o industrial, sino por lo contrario estimulará al comercio y a la industria extranjeros, siempre que las mismas no conculquen los derechos de nuestros nacionales en ese sentido o tiendan a monopolizar el comercio o la industria en cualquier forma...[79]

El general Melgar así como el diputado José María Dávila todavía hicieron declaraciones acerca de lo que era el verdadero nacionalismo mexicano, subrayando entonces que las ideas de los Dorados o la Acción Revolucionaria Mexicanista "no era un nacionalismo auténtico". Melgar sintetizaba sus convicciones con las siguientes palabras: "La Campaña Nacionalista en México, ha sido y sigue siendo un deseo común, total y unificado de bastarnos a nosotros mismos [...]".[80]

CONSOLIDACIÓN DE LA ACCIÓN REVOLUCIONARIA MEXICANISTA

A partir de la reorganización posrevolucionaria del Estado —de 1920 en adelante—, la izquierda y la derecha plantearon sus proyectos de nación. Desde 1910 el comunismo, el Partido Comunista Mexicano, sección de la Tercera Internacional, apareció como grupo u organización política antes que como una corriente de ideas que tuviera repercusión nacional.

Se desarrollaron, además, las corrientes socialistas de la Revolución mexicana: en Veracruz, en Michoacán, en Chiapas y en Jalisco, todas ellas con un denominador común. Los comunistas proponían, apenas concluida una revolución extremadamente radical en su contenido social, que transformó al país durante 10 años de lucha armada, una nueva revolución, la revolución socialista.[81]

Por otro lado, existía el ala conservadora, que estaba representada en México desde el triunfo de la Reforma. Para los con-

---

[79] Rafael E. Melgar, "Calendario nacionalista", en *Enciclopedia nacional popular*, México, Campaña Nacionalista, 1935, pp. 5-9.

[80] *Id.*

[81] Adolfo Gilly, "Los dos socialismos mexicanos", en Cecilia Noriega Elio (ed.), *El nacionalismo en México*, México, El Colegio de Michoacán, 1988, p. 359.

servadores lo importante era la nación mexicana, representada por símbolos y héroes que sólo en ocasiones coincidían con los del Estado. Fue característica de este grupo la identificación que hacía de la nación con la patria, y sólo concebía la existencia de una nación si eran idénticos sus principios para todos los habitantes, no obstante las diferencias que en ella se daban.

Los años treinta vieron, en el ámbito nacional, el fin del caudillismo, el inicio de la institucionalización del país, la educación socialista y sexual, el ascenso del cardenismo, el reparto agrario y la expropiación petrolera, la continuación y fin de los gobiernos militares y la amenaza socialista, el asesinato de Trotsky y la consolidación del partido en el poder, el fin del conflicto religioso y la lucha por la libertad intelectual en la Universidad, la aparición de la Acción Revolucionaria Mexicanista y del sinarquismo, y la decepción de la Revolución.

En lo internacional verían el triunfo del fascismo y el nacionalsocialismo, la Guerra Civil española y el inicio de la segunda Guerra Mundial, a la que seguirían el estallido de la primera bomba atómica, la creación de las Naciones Unidas y el reparto de Europa entre dos potencias, el expansionismo continental estadunidense y el rompimiento de la alianza entre los vencedores.

El cardenismo propuso entonces un país de comunidades agrarias y educación socialista. Un Estado industrializado apoyado por los trabajadores y un capitalismo subordinado a él. Su sustento fue la alianza de los políticos, los intelectuales, los obreros y un fuerte sector de los militares que participaron en la Revolución, además del campesinado. Era una versión mexicana de los ideales populistas.

La corriente de izquierda se volvió nacional en cuanto a ideas y organización de masas, y fue ella la que gobernó a México. El proyecto de nación, cuyos pilares fueron la organización corporativa de los sectores sociales, la reforma agraria ejidal y la expropiación petrolera, concibió un Estado paternal, independiente y soberano, apoyado en los campesinos y en una comunidad nacional organizada y dueña de la renta agraria y la venta del petróleo, como las grandes palancas para el logro de la industrialización del país.

El decidido apoyo del gobierno cardenista a las organizaciones obreras y campesinas, además de la libre actuación de los grupos de izquierda en actos masivos, la implantación de la educación socialista, las constantes declaraciones de huelga y sus resoluciones a favor de los obreros, promovieron la organización de grupos de oposición en tres líneas de acción: la religiosa, la civil y la militar. En un principio fue difícil deslindar una de la otra, ya que se confundían las demandas civiles con las militares y ambas con las religiosas. Finalmente, los militares decidieron actuar independientemente.

Así surgió una organización paramilitar que ya tenía cierta tradición entre los grupos de choque: la Acción Revolucionaria Mexicanista, mejor conocida como Camisas Doradas. Su líder fue el ex general villista Nicolás Rodríguez Carrasco, el cual había participado en varias rebeliones, sobre todo en la de Gonzalo Escobar en 1929. Un año después organizó en Estados Unidos a los vasconcelistas, creando el Centro Antirreeleccionista pro Vasconcelos en Los Ángeles, California.[82] Más tarde regresó a México y sirvió de rompehuelgas en la época del Maximato, actuando bajo la protección de Plutarco Elías Calles.

Entonces organizó un grupo llamado Camisas Verdes y estrenó su grito de guerra: "México para los mexicanos".[83] Durante la presidencia de Abelardo L. Rodríguez fundó los Camisas Doradas, cuya función fue la de apalear a los comunistas y a los judíos.[84]

La creación de grupos de choque en México parece que no era ninguna novedad, ya que había antecedentes en los "bravi" de la época de Porfirio Díaz, la "porra" de Gustavo Madero, o la "palanca" de Luis N. Morones también en la época callista.

Desde el régimen de Abelardo Rodríguez, la Secretaría de Educación Pública se propuso reformar algunos planes en el sistema educativo, introduciendo elementos que le causaron

[82] John Skirius, *José Vasconcelos y la cruzada de 1929*, México, Siglo XXI, 1978, p. 59.

[83] Jaime Harryson Plenn, *Mexico Marches*, Nueva York, The Bobbs Merrill, 1939, p. 78.

[84] Lesley Bird Simpson, *Muchos Méxicos*, México, Fondo de Cultura Económica, 1977, p. 574.

problemas al Estado; por un lado la llamada educación socialista y por el otro la enseñanza sexual. Esas reformas se convirtieron en un tema polémico; así las asociaciones de padres de familia, los grupos católicos, la prensa y en general la clase media iniciaron una campaña en contra de estas reformas, que culminó con la renuncia de Narciso Bassols, entonces secretario de esa dependencia.

El problema radicaba en la falta de definición de lo que se consideraba como socialista; la interpretación desde un inicio era que ello significaba, principalmente, lo anticlerical. Se revivió el conflicto religioso, lo cual condujo a que Calles diera el llamado "grito de Guadalajara" en el que afirmaba que la Revolución "encaminaba sus fuerzas hacia el campo de lo sociológico, para apoderarse de la conciencia de la juventud y así crear la [...] nueva alma nacional".[85]

El régimen del general Cárdenas, como ya se comentó, dio fuerza política al campesinado, creándose así la Confederación Campesina Mexicana. También al sector obrero, que en 1933 fundó la Confederación General de Trabajadores. El tercer sector que le sirvió de base fue el ejército, el cual se depuró después de varias rebeliones. Una gran cantidad de hombres se mantenían fieles a Calles por los beneficios personales que habían recibido. Para neutralizar esas influencias, Cárdenas incorporó a viejos carrancistas y villistas en puestos militares-administrativos. Ante la posibilidad de perder las ganancias revolucionarias, los viejos militares se sujetaron al régimen, aunque con cierto descontento.

El movimiento obrero aprovechó el conflicto entre callistas y cardenistas para formar el Comité de Defensa Proletaria, que se declaró además antifascista, alternativa que empezaba a surgir con una gran propaganda en el interior del país. Éstas fueron las bases de lo que sería en 1936 la Confederación de Trabajadores de México (CTM).

Pequeñas organizaciones extremistas, tanto de izquierda como de derecha, se enfrentaron entre sí, haciendo que esto se convirtiera en problema cotidiano. Mientras los grupos patronales

---

[85] Jean Meyer, *Estado y sociedad con Calles*, t. 11: *Historia de la Revolución mexicana, 1924-1928*, México, El Colegio de México, 1977, p. 178.

fortalecían sus organizaciones, los pequeños comerciantes, la burocracia y otros sectores se organizaron en la Confederación de la Clase Media. Es probable que esta organización, como muchas otras que surgieron en esa década de los treinta, haya recibido apoyo de las organizaciones patronales, debido a que tenían los mismos intereses. Los dos sectores formaron parte de una constante oposición al régimen de Cárdenas.

Además, muchas de las declaraciones obreras afectaban los intereses de ciertos sectores del ejército y, por lo mismo, en ocasiones el alto mando de éste se unía para luchar en contra del "gobierno comunista" del primer mandatario. Esta división dentro de la sociedad estuvo acompañada e influida por los fenómenos de trascendencia internacional, como el desarrollo del nazifascismo y el comunismo.

Las acciones de ciertos sectores del gobierno en contra de los religiosos rebasaron los límites del debate ideológico. Por ejemplo, las juventudes de Garrido Canabal o los Camisas Rojas apoyaron la creación de la Liga Nacional de Defensa de la Libertad Religiosa, que formó poco después la organización conocida como La Base. Esta organización luchó también en contra de uno de los postulados del Plan Sexenal del presidente: la educación socialista.[86]

Estas instituciones intentaron dar una fuerza organizada a dicha oposición religiosa; su problema fue la falta de cohesión entre ellas, que las llevó a fracasar en sus aspiraciones. El elemento aglutinador de estos grupos fue ante todo el patriotismo, además del fuerte anticomunismo. El camino elegido generalmente fue la violencia, según lo que las circunstancias exigieran. "Si era necesario matar, uno mataría, para cumplir con los deberes de un tiranicida", decía La Base en uno de sus postulados.[87]

La educación socialista se puso en marcha a partir de 1935, y la reacción en su contra provino no sólo de los religiosos, sino también de los padres de familia, que se opusieron a ella sacando a sus hijos de las escuelas por considerarlas "casas del diablo". La política educativa se convirtió en uno de los

---

[86] Hugh Campbell, *La derecha radical en México, 1929-1949*, México, Secretaría de Educación Pública, 1976, p. 44.
[87] *Ibid.*, p. 82.

blancos de ataque de la oposición a Cárdenas, y fue lo que vinculó a los grupos católicos con los sectores medios de la población.

Por otro lado, la Ley Federal del Trabajo implantada desde 1931 había dejado preocupados a muchos patrones, quienes alrededor de 1934 sentían la proclividad del presidente hacia los obreros. La cantidad de huelgas que se suscitaron en 1935 preocupó a los sectores empresariales; manifestaciones, mítines, enfrentamientos se sucedían uno tras otro, agitando a la población urbana.

En los primeros meses de ese año la Acción Revolucionaria Mexicanista fue una de las asociaciones que estuvieron más involucradas en los zafarranchos callejeros. Al principio fue comandada por Roque González Garza, y posteriormente el líder fue Nicolás Rodríguez. Esta organización se manifestaba públicamente con caballería, macanas, botas, armas de fuego y vestía camisas doradas con la insignia ARM bordada en ellas. Con su clásico grito de ¡Muerte al comunismo! y ¡México para los mexicanos!, aparecía cuando grupos obreros de izquierda hacían demostraciones o marchas.

Su odio al "comunismo y al judaísmo" pretendía basarse en una visión ultranacionalista que la llevaba a considerar a cualquier ideología de izquierda como una posición antimexicana. Su respuesta en contra de esto condujo a sus miembros a quemar fotos de líderes rusos, o a tomar locales de organizaciones como el Partido Comunista, a atacar a huelguistas de cualquier sindicato (electricistas, telefonistas, taxistas, etc.) y a apalear o presionar mediante propaganda escrita y oral a los judíos.

La ARM era muy similar a los Camisas Pardas o Negras europeos en sus métodos de ejercer presión, así como en sus tácticas violentas y en su organización; representaba el radicalismo anticomunista, así como los Camisas Rojas de Garrido Canabal fueron el reflejo del radicalismo anticlerical.

La gran cantidad de grupos opositores al régimen tenían dos características centrales: eran fuertemente nacionalistas y furibundamente anticomunistas. No obstante, pocos ofrecían alternativas, y al final del régimen de Cárdenas esta oposición se vinculó directa o indirectamente con la campaña electoral de

Juan Andrew Almazán en contra del otro candidato que sugería la unidad nacional.

La Acción Revolucionaria Mexicanista surgió del Comité pro Raza o de la llamada Unión pro Raza, la cual se declaró legalmente constituida el día 14 de septiembre de 1933. Al momento de su fundación se dijo que el movimiento estaba comprendido en el artículo noveno de la Constitución y que tendría jurisdicción nacional.[88] El día 22 la noticia fue enviada al Departamento de Estado de Estados Unidos, y en ella se mencionaba una reunión del Comité pro Raza en el cuartel general del Partido Revolucionario para discutir su programa antiextranjero.[89]

Así, el artículo tercero del Reglamento preveía que esta unión "colaborará ampliamente a fin de intensificar la campaña de defensa de nuestros intereses afectados por los extranjeros no deseables en la República".[90]

El principal objetivo de la Unión era el emprender una campaña de salud social nacionalista, de acuerdo con su declaración de principios. Su idea era luchar en contra de la "perniciosa y perjudicial" invasión de los extranjeros que no correspondían a la hospitalidad del país y sólo tenían como mira su propio enriquecimiento, sin respetar los derechos del pueblo mexicano.

El Comité pro Raza adoptó el lema "Por la patria y por la raza", y puso como su símbolo o distintivo un águila roja de trazos modernistas, con las alas extendidas y enmarcadas en un rombo, dentro del cual y en un triángulo se leía la frase: "Por México".[91]

Sus miembros fueron reconocidos entonces como las "águilas rojas del Anáhuac". El 15 de septiembre presentaron su reglamento, formado por cinco capítulos en los cuales se espe-

[88] Véase "Documentos de la Unión pro Raza. Reglamento, capítulo primero, artículo 1", en Ricardo Pérez Montfort, *Por la patria y por la raza. La derecha secular en el sexenio de Lázaro Cárdenas*, México, Universidad Nacional Autónoma de México, 1993, apéndice 1, p. 122.

[89] NAW, RG 59, 812.4016-66 (29924). Daniels informa al Departamento de Estado de la reunión del Comité pro Raza en el cuartel general del Partido Revolucionario, el 15 de septiembre, para discutir su programa antiextranjero. México, 22 de septiembre de 1933.

[90] Véase Ricardo Pérez Montfort, "Reglamento, art. 3", en *Por la patria...*, *op. cit.*, p. 122.

[91] *Ibid.*, art. 7, p. 123.

cificaba cómo iba a funcionar esta unión y los diversos grupos que formarían parte de ella. Ante todo se estableció un comité directivo compuesto por un presidente, dos vicepresidentes, un secretario general, un secretario de conflictos, uno de prensa y publicidad, uno de acercamiento intergremial, uno de estadísticas, uno de actas, uno de propaganda, un tesorero y un subsecretario tesorero.[92]

El artículo XII sostenía que el comité se sostendría económicamente mediante suscripciones voluntarias y subvenciones que se colectarían de acuerdo con los planes económicos elaborados por la directiva y aprobados en una asamblea general. Los socios que fueran obreros o empleados industriales, comerciales o agrícolas estarían exentos de pagar la cuota, y solamente se les cobrarían cincuenta centavos por su credencial. En cambio, a todos aquellos que fueran dueños de algún negocio o industria se les fijaría su afiliación de acuerdo con sus posibilidades y se les otorgaría a cambio un llamado "Certificado pro Raza". Se hacía siempre la observación de que esas cuotas eran realmente voluntarias. De esa manera se allegaban fondos para llevar a cabo sus manifestaciones públicas en contra de esos extranjeros indeseables, además de que con ello también hacían su propaganda escrita, ya fuera a·través de manifiestos o desplegados en los periódicos.

Al delimitar las funciones de cada miembro se estableció, por ejemplo, la labor que debía cumplir el secretario de estadística, quien estaría encargado de llevar un registro de los desempleados y más que nada hacer un listado de los negocios extranjeros con su denominación, razón social, ubicación, giro y monto aproximado de su capital, para procurar que correspondieran a la hospitalidad del país, observando sus leyes y apoyando a los necesitados.[93] Esto daba pie a extorsionar a esos comerciantes y solicitarles mensualmente una cuota para ayuda del comité, lo cual conseguían fácilmente al llegar varios de ellos juntos a cualquier negocio de extranjeros, sobre todo si éstos eran judíos y tenían pocos años de haberse instalado en el país.

---

[92] *Ibid.*, "De su dirección y sostenimiento", cap. II, art. 10, p. 123.
[93] *Ibid.*, art. 21.

El comité empezó a publicar un periódico oficial para transmitir su propaganda e informar acerca de los mítines o reuniones que se llevarían a cabo en el transcurso del mes. Se citaba a las asambleas a través de pasquines o volantes impresos y fijados en las esquinas de la ciudad, y por medio de circulares publicadas en el periódico del comité o en la prensa nacional.

Es importante mencionar que la organización tendría unas tropas de asalto llamadas Águilas Rojas para llevar a cabo la campaña de salud social nacionalista, y que aquellas personas que las integraran serían elegidas de entre los "elementos más identificados y mejor preparados" con objeto de que cumplieran perfectamente con su cometido.[94] Los Águilas Rojas tenían la obligación ineludible de aceptar y cumplir todas las comisiones que se les asignaran con "toda actividad y patriotismo", y sólo podían renunciar a ellas por causa de fuerza mayor.

Los requisitos para poder pertenecer a la organización eran: *1)* ser mexicano por sangre y por nacimiento, *2)* no tener ligas sanguíneas inmediatas con extranjeros, *3)* no tener ligas familiares de primer grado con extranjeros no deseables y *4)* aceptar y hacer suyos la declaración de principios, el programa y el reglamento.

En la declaración de principios, el Comité pro Raza del Distrito Federal establecía que su finalidad era el engrandecimiento "moral y material de México"; que procuraría una firme y efectiva unión de todos los mexicanos en la defensa de los intereses económicos y técnicos de la nación, en contra de individuos o grupos de extranjeros que, mediante métodos reprochables —como "mafias secretas", "sindicatos monopolizadores", *trusts*, competencias desleales y otros métodos—, condenaran la razón de existir del pueblo y leyes nacionales; asimismo, se proponía fomentar la industria, la agricultura, las artes y el comercio impulsados por mexicanos por medio de la decisión férrea de cada uno de sus miembros.

De esta manera establecía que la "lucha no será de irreflexiva ofensa o ataque contra los intereses de individuos no mexi-

[94] *Ibid.*, art. 43, p. 130.

canos, sino pura y francamente defensiva de los derechos e intereses esencial y efectivamente nacionales".[95]

Agregaba que el Comité no confundiría jamás la actuación benéfica, civilizada y humana de las buenas colonias extranjeras, no comprendidas entre esos grupos "exóticos" que practican idénticos sistemas mercantiles; es decir, los aboneros así como los chinos que son de considerarse indeseables, ya que

en estos países de América, son elementos transformadores de toda estabilidad económica; cuando son peones desprecian el valor del trabajo y rompen la balanza de los jornales y cuando intervienen en el comercio, la agricultura o la industria, quebrantan con estudiado egoísmo el standard de la vida regular de cualquier pueblo.[96]

Concretamente se referían a los chinos y a los judíos, a los cuales se les venía hostigando desde la década de los años veinte con la Campaña Nacionalista y posteriormente con las llamadas ligas antichinas y antijudías ya mencionadas.

De la declaración de principios se derivó su programa de acción, que constaba de seis partes fundamentales: la económica, la moral y racial, la política, la social, la de educación y la de organización. Por lo que respecta a la parte económica tomaron la decisión de boicotear todos los artículos producidos, introducidos o vendidos por los extranjeros no deseados (chinos y judíos); pugnar por el establecimiento de industrias y comercios mexicanos, dándoles todo el apoyo y preferencia de consumo; pedir al gobierno el decreto de contribuciones legalmente elevadas para todos los negocios de los chinos y aboneros en general, así como a todos los comerciantes extranjeros que "con sus sistemas de comercios estén impidiendo el desarrollo del comercio nacional".[97]

---

[95] *Ibid.*, "Declaración de principios, primero", p. 116.
[96] *Ibid.*, undécimo, p. 117.
[97] *Ibid.*, Programa de Acción Económica, punto 3. Esto sucedió en Hermosillo, en donde se solicitó a los judíos que habitaban en la ciudad que pagaran más impuestos. Véase, además, Alicia Gojman de Backal, "Entrevista a Nicolás Backal", en Alicia Gojman de Backal (coord.), *Testimonios de historia oral. Judíos en México*, México, Universidad Hebrea de Jerusalén-Asociación Mexicana de Amigos de la Universidad Hebrea de Jerusalén, 1990, p. 34.

En el programa moral se propusieron lanzar una campaña de convencimiento para que las mujeres mexicanas no contrajeran matrimonio con esos extranjeros indeseables, así como pedir a las autoridades que realizaran un examen médico sanitario a todos los extranjeros residentes en el país y expulsaran a aquellos que no lo pasaran satisfactoriamente. Además que aquellos mexicanos que estuvieran al servicio de extranjeros denunciaran sus malos consejos, malos tratos o negocios sucios, como la venta de drogas, trata de blancas, adulteración de mercancías, etcétera.[98]

En su proyecto político lo fundamental era la revisión de la ley de inmigración con objeto de no permitir en lo absoluto la entrada de extranjeros indeseables al país mientras prevaleciera la crisis económica. Pedían restringir la naturalización de extranjeros mediante la revisión del artículo 30 de la Constitución, y que el 33 se aplicara a aquellos que "en cualquier forma económica, moral, política o social sean un obstáculo para el progreso y bienestar de los mexicanos".[99]

En su artículo 17 exigían a las autoridades del trabajo en toda la República que hicieran respetar la Ley de 1931, sobre todo en los negocios de extranjeros, en lo referente al porcentaje de mexicanos en cada especialidad, así como en las indemnizaciones, salarios y horas de trabajo.

En el aspecto social era imperativo para el Comité pro Raza poder evitar la inmigración de extranjeros y sobre todo expulsar del país a aquellos indeseables. Así, especificaban que se:

debía combatir con un alto sentido de la responsabilidad, con absoluto apego a nuestras leyes y sin ninguna tendencia exclusivista, a los grupos de extranjeros que se han singularizado en el país por sus tendencias absorbentes, por su egoísmo, por su sistemática rebeldía a respetar nuestros derechos o en general que sean factores de empobrecimiento de nuestro pueblo.[100]

Seguían con la idea de que todos los problemas del país se podrían resolver con la expulsión de los chinos y los judíos, ya

[98] Ricardo Pérez Montfort, *Por la patria...*, *op. cit.*, apéndice 1: Programa de Acción, punto 10, p. 118.
[99] *Ibid.*, punto 15, p. 119.
[100] *Ibid.*, apartado IV social, punto 21, p. 120.

que se referían a las otras minorías inmigrantes como las "buenas colonias extranjeras". Y sostenían que los nacionales debían ser los que asumieran los puestos directivos en todas las industrias o comercios aunque éstos fueran de extranjeros, porque la competencia había empobrecido a los mexicanos.

Pedían a Cárdenas la nacionalización de todas las industrias del país para que éstas fueran tomadas por trabajadores mexicanos, que demostrarían de inmediato su capacidad y la poca oportunidad que se les había dado para ello.

Para concluir con la presentación de su programa de acción, aseguraban que en poco tiempo formarían otros grupos en toda la República, ya fueran comités o subcomités, que en conjunto pudieran llevar a cabo en el tiempo más breve posible todos sus planteamientos para mejorar la situación del país.

La lucha era en contra de los extranjeros indeseables que desde hacía años se habían apoderado de las riquezas del país y habían esclavizado a su pueblo, sembrando el odio entre los obreros e infundiéndoles ideas comunistas, que era un arma de la cual se habían valido para "destrozar a las demás razas".

Su dirigente, J. Gilberto Aguilar, hizo entonces un llamado a la población desde Puebla para que se uniera conforme a estos principios y luchara por la patria. Al igual que el Comité Nacional del Distrito Federal manifestaba que "tu deber de mexicano es dar vida y prosperidad a tu patria".[101] *Los protocolos de los Sabios de Sión* fue, como se vio en el capítulo anterior, uno de los textos que apoyaban el espíritu antisemita de este y otros grupos que se fundaron durante esa década, del cual extrajeron la idea de la "conspiración judía internacional"; el libro de Henry Ford también tuvo amplia circulación, y en él su autor se ocupó de desprestigiar al judío diciendo que era la fuente del mal de la época, es decir, se le culpaba por un lado de ser capitalista y por el otro de comunista.[102]

Todos esos grupos utilizaron el discurso nacionalista al cual hace referencia Ricardo Pérez Montfort, el "nacionalismo de derecha", preocupado por luchar en favor de los valores morales y en contra de un enemigo que no lograban definir, ape-

---

[101] *Ibid.*, documentos varios, pp. 132-135.
[102] *Ibid.*, Fuentes del discurso nacionalista, p. 95.

lando a elementos de identidad abstractos como la sangre o la raza para justificar una acción irracional o un valor aceptado incondicionalmente. Fue otra la razón de ser del nacionalismo cardenista, que tenía ganada la batalla desde un principio porque se justificaba diciendo que buscaba el interés nacional, o el "beneficio de las mayorías", ya que sus actos se iban a juzgar con base en los elementos establecidos por él.[103]

El Comité pro Raza y la Confederación de la Clase Media se unieron a la campaña de oposición del general Juan Andrew Almazán, y más tarde algunos de sus promotores lograron integrarse al partido oficial. El candidato de la oposición decidió usar abundantes recursos para la formación de su propio partido, el Partido Revolucionario de Unificación Nacional (PRUN), al cual se unió el partido de los hermanos Sáenz de Sicilia, es decir, la Confederación de la Clase Media.[104]

Ese último grupo se identificaba con la Acción Revolucionaria Mexicanista en cuanto a sus ideales, programa y declaración de principios. Así decía en un boletín de prensa de 1937: "Nuestras actividades son perfectamente conocidas: lucha anticomunista, nacionalismo, afirmación de una ideología nacional apegada a la realidad, que rechaza las ideologías importadas por grupos subversivos. Si esto es un delito la Confederación está orgullosa del enorme delito de su amor a México". El boletín concluía con la frase "patria y derechos".

A pesar de que las tres organizaciones tuvieron como antecedente la lucha en contra de los chinos y los judíos, el antisemitismo fue acrecentándose sobre todo en la década de los treinta, cuando los ideales nazis y fascistas se difundieron por el mundo y algunas organizaciones constituyeron un medio de difusión y de propaganda de las ideas hitlerianas que se estaban desarrollando en Europa, así como un apoyo fuerte para el nacionalsocialismo.

En el caso concreto de los Camisas Doradas, se constituyeron en ese mismo año de 1933 bajo la autoridad de Nicolás Rodríguez Carrasco, quien en uno de sus primeros manifiestos al pueblo mexicano decía lo siguiente:

[103] *Ibid.*, p. 96.
[104] *Ibid.*, boletín de prensa, p. 153.

los elementos revolucionarios de los que muchos venimos luchando desde 1906 por crear una patria mejor hemos acordado unirnos en forma coherente y decidida, haciendo a un lado las pequeñas diferencias que nos dividieron ayer, teniendo en cuenta que esas cosas pasaron ya, y en poder son de la historia; y que, por encima de todo debe estar la salvación de nuestra nacionalidad, gravemente amenazada en sus más hondas raíces por la invasión de elementos extraños, que pretenden apoderarse de lo poco que nos queda.[105]

Y agregaba que se había terminado la desunión entre los elementos revolucionarios mexicanos; "ahora [continuaba] los que antaño formamos en las filas de 'istas' tan variados, nos llamamos simple y sencillamente: MEXICANISTAS".[106]

Para Rodríguez, el país estaba sumido en un caos, ya que no era dueño de la industria, de la propiedad urbana o de la tierra, y se preguntaba cómo podía ser independiente una nación que tenía todos sus recursos en manos de extranjeros. Según Rodríguez, era necesario llevar a cabo la verdadera independencia de México, porque éste se encontraba aún bajo la esclavitud económica impuesta por los extranjeros "detentadores de su riqueza".[107]

En ese primer manifiesto a la nación ya se percibía su tendencia antisemita. En uno de los párrafos afirmaba lo siguiente:

La más grave de todas [las calamidades], y al mismo tiempo la más dolorosa, los inmigrantes judíos, quienes siguen con toda disciplina los mandatos de los Directores de su Mafia Internacional, se introdujeron subrepticiamente en México y ahora, en la forma silenciosa ya tenaz que acostumbran, están apoderándose de las poquísimas fuentes de riqueza que todavía quedaban en manos de los nuestros. [...]

Los judíos, ese terrible azote de la humanidad, más cruel y absorbente que las burguesías de todas las épocas, han venido a sentar sus reales en el suelo del Anáhuac, como parvadas de buitres hambrientos e insaciables que están royendo las entrañas de este

---

[105] Bancroft Library, Berkeley, California, Silvestre Terrazas Collection, C19 342. Acción Revolucionaria Mexicanista, Manifiesto a la Nación, "El Judío... El Chino... ¡He ahí el Peligro!", p. 7.

[106] *Ibid.*, p. 1.

[107] *Ibid.*, p. 2.

pueblo miserable y famélico, que no tiene nada, como no sea un enorme anhelo de Libertad y Redención y que no es dueño, por lo tanto, ni del suelo que pisa.[108]

Nicolás Rodríguez invitaba a la unión de los mexicanos que habían estado en permanente lucha unos en contra de los otros; pedía que se terminaran las divisiones de partidos y se luchara por la patria, por el suelo que les pertenecía como mexicanos. Según él, los judíos apátridas que fueron obligados a vivir fuera de su tierra fueron incubando un odio irreconciliable hacia el resto de la humanidad y, por su necesidad de sobrevivir, se organizaron para explotar y dominar a todos los pueblos de la tierra, con una situación muy ventajosa. Ellos —decía Rodríguez— no tienen el problema de la nacionalidad, porque no poseen fronteras que guardar, ni ejército que sostener, por lo que han podido crecer consagrándose solamente a sus actividades, "al acaparamiento del poder económico del mundo", convirtiéndose en amos absolutos de todas las fuentes vitales de las naciones de la tierra.[109]

Es muy posible que ya desde ese primer manifiesto tuviera contactos con los nazis, ya que se refiere a Hitler diciendo que había sido un "insignificante ex soldado de la guerra mundial, pero hombre de una clarísima visión y de un insospechable amor por su patria; abarcó de una sola ojeada el magno problema del peligro judaico, maduró sus planes, y cuando se encontró dueño del poder en Alemania, afrontó bravamente la situación y expulsó sin misericordia, en un acto genial y audaz, a todos los judíos residentes en el Reich".[110]

Estaba, además, muy bien informado de lo que sucedía entonces en Europa; comentó que Francia se inclinaba a favor de Hitler, por lo que se estaban tomando medidas para acabar "con la plaga" dentro de su territorio, y que la política francesa había puesto de manifiesto las actividades "ilícitas" que cometían los judíos. De Rusia decía que, a pesar de que asombró al mundo con su revolución proletaria, también había expulsado sin miramientos a los líderes de origen semita que perte-

---

[108] *Id.*
[109] *Ibid.*, p. 3.
[110] *Id.*

necían al Partido Comunista, y el mismo Trotsky, organizador del Ejército Rojo en 1917, había sido expulsado de la Rusia de los soviets por su origen hebreo. Todos ellos representaban a la mafia judía internacional.

Por su parte, Inglaterra, que había sido un país prosemita, también comenzaba a manifestar esta tendencia, y se hablaba de la organización de un partido semejante al de los fascistas (los Camisas Negras de Mosley), que llevaba por lema "fuera los judíos".

Con un claro conocimiento del desarrollo de nacionalsocialismo y del surgimiento de los grupos paramilitares en el mundo, Nicolás Rodríguez se quejaba que solamente en América no se había hecho gran cosa en contra de los judíos. Mencionaba que en Estados Unidos el gobierno no había hecho nada, y sobre todo los había apoyado, ya que muchos de ellos formaban parte del gabinete presidencial. Insistía en que desde tiempo atrás el mayor negocio de los judíos había sido el "fomento de las guerras", o sea, que la guerra en Europa fue según él uno de los negocios más redondos que habían logrado éstos.

Todo parece indicar que la formación de los encamisados obedecía, más que a otra cosa, a una consigna antisemita, que se venía gestando desde la década anterior y que con la presión y propaganda alemanas se convirtió en el principal objetivo de la Acción Revolucionaria Mexicanista.

En segundo lugar, Rodríguez consideraba a los chinos como la otra plaga de la nación. Mencionaba que en muchos estados ya se había tratado de expulsarlos, pero hacía falta la cohesión entre los ciudadanos mexicanos para lograrlo.

Rodríguez afirmaba que la ARM no era tan sólo un grupo más que buscara medrar a la sombra de los anhelos nacionalistas del pueblo, sino que eran hombres que pretendían el bien de la patria sin importar su propio provecho. En esos momentos estaba desligado de cualquier otra organización que pretendiera explotar el clamor nacional en beneficio de un grupo o de una personalidad en particular.

Anunciaba que, como revolucionario, casi al final de su existencia (aunque parece que sólo contaba entonces con 44 años) estaba dispuesto —al igual que sus compañeros— a exponer la vida una vez más, si ello era necesario, en defensa de la nacionalidad y para dejar a las futuras generaciones un porvenir, para expulsar a la raza de los hijos de Israel y a los "cobardes y miserables chinos, que nada consumen, todo se lo llevan y nada producen".[111]

Exhortaba a los obreros, estudiantes, campesinos, profesionistas, comerciantes e industriales para que se unieran a sus filas y abrazaran la causa de la unidad en contra de la nefasta influencia de los judíos y chinos. Su manifiesto terminaba con la consigna "¡Mexicanos: acabemos de una vez con esta vergüenza nacional! ¡Que no quede en México ni un judío ni un chino! El que sea patriota, que nos siga [...]".[112]

En el momento de su fundación la organización estableció que sus armas de lucha serían el boicot, la propaganda oral y escrita, la manifestación pública y la gestión legal. El acta señalaba una jura de bandera del brazo militante del Comité pro Raza, hombres vestidos de dorado con su pañuelo al cuello, sombrero de *cowboy* y la insignia ARM bordada en sus camisas. En encendidos discursos se destacó la importancia de la familia, la religión y la moral.[113]

Al igual que las ligas antichinas y antijudías, la Acción Revolucionaria Mexicanista pronto tuvo filiales en todo el país, entre los componentes de la clase media. Si bien nunca fueron organizaciones numerosas, eran lo suficientemente apasionadas como para causar serios problemas y dolores de cabeza, tanto a judíos y chinos como al Estado.

Su organización consistía en una especie de aparato de espionaje, que en un inicio contaba con escasos quinientos hombres en todo el territorio, pero que actuaba con gran eficacia como grupo de choque en cualquier evento donde participaran "judíos o bolcheviques", que fueron para ella una y la misma cosa.

En enero de 1935 llevó a cabo una concentración nacionalista y un acto de provocación contra el Partido Comunista Mexicano, que había inaugurado sus oficinas en la calle de Cuba 67, en el centro de la capital. El hecho fue que cien enca-

---

[111] *Ibid.*, p. 5.
[112] *Ibid.*, p. 7.
[113] AGNM, FG, 2. 360 (29) (48).

misados, bajo la dirección de Ovidio Pedrero y Roque González Garza, irrumpieron a caballo en un mitin presidido por Hernán Laborde e hirieron a los dirigentes del Frente Estudiantil Revolucionario, Carlos Sánchez Cárdenas y Enrique Ramírez y Ramírez. Poco después se apoderaron de sus archivos, destrozaron el lugar y huyeron en medio de una pelea con piedras y palos.[114]

Cuando el Partido Comunista levantó la demanda se refirió al grupo de los Camisas Doradas como aventureros, pistoleros mercenarios, dispuestos a todo para servir a los capitalistas y terratenientes nacionales y a las compañías extranjeras, pagados por la legación alemana y utilizados por el gobierno para combatir a los comunistas.[115]

En un principio pareció que Cárdenas se mostraba inclinado a tolerar las acciones de los Camisas Doradas, cuando aceptó por escrito participar en un "desagravio a la bandera" que organizaron los Dorados a raíz de otro mitin de los comunistas. El mitin se llevó a cabo en el Anfiteatro Bolívar de la Escuela Nacional Preparatoria el 18 de marzo de 1935, y el desagravio a la bandera se anunció para la primera semana de abril. Sin embargo, el mandatario no asistió a la ceremonia.[116] De hecho, los miembros del Partido Comunista no distinguían, en esos momentos, al gobierno de Cárdenas de las actividades de los Dorados. Pensaban que el ataque a sus oficinas había sido una orden gubernamental; como no se emprendió acción legal alguna en contra de los comunistas y ni siquiera fueron citados a declarar después del hecho, Nicolás Rodríguez se disgustó, pues pensaba que su grupo le estaba haciendo un favor al gobierno al perseguir a quienes consideraba sus enemigos. Al no

[114] Véase Pérez Montfort, "Cárdenas y la oposición secular 1934-1940", en Brígida von Mentz, V. Radkau y R. Perez Montfort, *Los empresarios alemanes, el Tercer Reich y la oposición de la derecha a Cárdenas*, 2 vols., México, Centro de Investigaciones y Estudios Superiores en Antropología Social (CIESAS), 1988, y Leon Bataille, *Memorias de un forastero que pronto dejó de serlo, México 1931-1946*, México, Sociedad Cooperativa, 1987.

[115] NAW, WDC, MID, 5979, G2R, 10058 0129-5, Marshburn MID, México, 4 de marzo de 1935.

[116] AGNM, FLC, 606. 3-20. Invitación al desagravio a la bandera, Nicolás Rodríguez y Leopoldo Tenorio, Alianza Revolucionaria Mexicanista a Cárdenas, 8 de abril 1935. Acuse de recibo del presidente al acto. Leopoldo Tenorio a Cárdenas, 29 de abril de 1935.

haber represalias del presidente, el dorado interpretó esta actitud como una debilidad del gobierno.

En el aniversario de la Revolución rusa, Hernán Laborde había afirmado, de acuerdo con los comunistas, que un día ondearía la enseña proletaria en el Castillo de Chapultepec. A su vez, los comunistas acusaban a Cárdenas de corrupto y falso antiimperialista, ya que el país se estaba "fascistizando", teniendo como maestros a Hitler y Mussolini. Según Laborde, el gobierno —heredero de la burguesía terrateniente— hacía negocios sucios y sólo seguía los lineamientos que le planteaba Calles, así que los comunistas tenían el deber de luchar en contra de ambos.[117]

Algún tiempo después, los Dorados enviaron una carta al presidente, copia según ellos de otra que el Partido Nacional Revolucionario había enviado al Partido Comunista Mexicano. En ella se informaba que se incorporarían como empleados de la aduana varios militantes comunistas, entre ellos Miguel Ángel Velasco y José Revueltas, adscritos, además, al PNR en el Distrito Federal; ellos tendrían la tarea de combatir el capitalismo estadunidense "al otro lado del Bravo". Anaya le decía a Laborde que se haría justicia a las masas trabajadoras y que en esos momentos era muy importante unir filas. La misiva en realidad fue una falsificación hecha por los mismos Dorados para predisponer al presidente Cárdenas en contra del Partido Comunista.[118] Los Camisas Doradas llegaron más lejos aún, al publicar una carta en el *Excélsior* con el sello de la Presidencia de la República y firmada por el delegado oficial de la Secretaría Particular. La carta decía lo siguiente:

Servicio Confidencial Reservado, 2 de enero de 1935.
  Señor Hernán Laborde,
  Presente:

Estimado señor: En acuerdo presidencial celebrado con el presidente de la República, me encargó expresar a usted lo siguiente en

---

[117] AGNM, FLC, 559.3-2. México, D. F., 19 de junio de 1935. La intervención de Hernán Laborde fue enviada por Marshburn a las oficinas de inteligencia militar norteamericana. México, 22 de marzo de 1935. Véase también NAW, WDC, 6029 G2R MID 10058 0129-6.

[118] AGNM, FLC, 606.3-20. Ramón Anaya a Laborde, México, D. F., 22 de marzo de 1935.

contestación a su carta de fecha del 26 del próximo pasado diciembre de 1934. El señor Arturo H. Villegas entregará a usted sumariamente la cantidad de 2 000 pesos para ayuda de sus gastos de propaganda, teniendo cuidado de atacar a nuestro gobierno para desorientar a las burguesías, tanto nacional como extranjera, especialmente la estadunidense. Deben provocarse y fomentarse todas las huelgas que más sea posible, para llegar más rápido a la Dictadura del Proletariado, recomendando a usted tomar parte activísima en los ferrocarriles y tranviarios de esta propia capital. Debemos combatir todas las religiones conocidas, muy principalmente la Protestante y la Romana Católica, levantando censos de los Caballeros de Colón y Guadalupanos para imposibilitarlos en un momento dado y cualesquiera que sean los resultados. Deben ustedes organizar mítines de protesta contra la llamada proposición Borah, Higgins y Burklet, denunciando ante la opinión internacional, el imperialismo yanqui, que en Europa se censure la intromisión americana en asuntos de México, tomando como ejemplo lo que acontece en la infortunada Cuba. Hemos recibido noticias de nuestro agente representante de la Rusia Soviética, camarada Lucio Cuesta, en las cuales nos participa que nuestro movimiento proletario en los Estados Unidos de América será intensificado en la presente primavera, debiendo secundar nosotros desde los puntos limítrofes de nuestras fronteras del norte. Es de capital interés violentar las huelgas de ferrocarrileros para aprovechar la alarma y el descontento de las masas campesinas y por esta razón no encontramos una oposición que en parte nos retardara consolidar el nuevo régimen de los trabajadores. La huelga de tranviarios es otro factor importante capitalino que no hay que descuidar.

El oficial mayor, José Hernández Delgado, Servicio Confidencial Reservado de la Tercera Internacional Comunista de Moscú, URSS. Anexos Orden No. 25780, fecha de cargo Banco de México por 2 000.00 (dos mil pesos) semanales cobrables por Arturo H. Villegas.[119]

Este segundo anuncio apareció con un desmentido de la Presidencia, aunque no se hace mención del anterior. La firma del secretario había sido falsificada y las hojas robadas. Se considera que los autores no podían ser más que personas enemigas de México, y por ello se llevó a cabo una investigación que después de cuatro meses condujo a la detención de Pedro Agui-

---

[119] *Excélsior*, 30 de marzo de 1935.

lar Vallejo, Luis Gonzaga Pesquera y Enrique Groenewol. Aguilar aceptó haber vendido copia de una carta que le fue enviada por la Presidencia y los otros admitieron que todo había sido hecho por un "experto químico alemán".[120]

Después de lo anterior, ni los Dorados ni los comunistas hicieron cambiar al presidente Cárdenas la ruta de su gobierno. Cuando el senador Ezequiel Padilla le hizo la entrevista famosa al primer mandatario y le preguntó acerca de la forma de gobierno que ejercía, éste le contestó que el comunismo no constituía ninguna parte de la doctrina de su administración, pues "es un sistema exótico, que no responde a condiciones propias de nuestro país". En cuanto a la educación socialista, dijo que ella debía entenderse como un compromiso del gobierno para el mejoramiento del nivel de vida y de la cultura del pueblo.

Por lo que se refiere a las empresas, el presidente aseguró que estaba dispuesto a dar plenas garantías al capital que se ajustara a las nuevas normas de justicia distributiva, que garantizara buenos salarios y que cumpliera con los derechos esenciales de la clase trabajadora. Agregó que el gobierno daría la bienvenida a los capitales extranjeros, mientras éstos respetaran los derechos de los trabajadores y no pretendieran privilegios por encima de los mexicanos. Cárdenas subrayó en la entrevista su respeto a la conciencia religiosa y a la familia, lo cual lo presentaba como un hombre tranquilo y respetuoso, con una política moderada de la cual ninguno tendría por qué temer.[121]

Sin embargo, la actitud de la Acción Revolucionaria Mexicanista siguió los mismos lineamientos que se había planteado desde su fundación, es decir, agresión constante en contra de judíos-comunistas y chinos. Aunque su programa se asemejaba mucho a la declaración de principios del Comité pro Raza, la ARM redactó un reglamento y programa propios y decidió llevar a cabo, a su manera, una estrategia de lucha en contra de los "extranjeros indeseables", que estaban acabando con la economía de México.

[120] *Ibid.*, 17 de julio de 1935.
[121] *Excélsior*, 13 y 14 de julio de 1935. Daniels también se reunió con el presidente; de ello informó a su gobierno, específicamente al secretario de Estado, México, 20 de abril de 1935. Véase NAW, WDC, SD, 812.00-30 188.

En primer lugar, una de las características más evidentes era su uniforme, del cual se preciaban los Camisas Doradas (o amarillas) ya que, a decir de Rodríguez, eran las que habían usado los charros y los hombres de Francisco Villa. En las camisas estaba bordado un escudo que llevaba en el centro las iniciales ARM en letras doradas; el "Jefe Máximo" de los Dorados distribuyó una hoja entre la población ("Interpretación arqueológica del escudo de los Dorados") para explicar los elementos contenidos en el mismo:

Es el "Yaoyotl" emblema de la declaración de guerra de los "Nahuas", un "Chimalli" con flecos (arma defensiva) sobre un "Macahuitl" (macana), arma ofensiva. Cuatro medias lunas, dicen "Ichcatl", algodón, la agricultura. El Chimalli es de piel de tigre y las medias lunas de oro. Los flecos son de barba de plumas de quetzal, torcidos con hilo de oro. Una banda central con las letras A. R. M., con los colores de nuestra bandera, dan el programa de los Dorados. El escudo de Motecuhzoma Segundo, el más notable y poderoso señor de la América Precolombina, desde Tenochtitlan hasta Nicaragua, fue el Chimalli con medias lunas de oro.[122]

La Jefatura Suprema de la ARM estaba constituida por el jefe supremo, Nicolás Rodríguez, el secretario de Prensa y Propaganda, Antonio F. Escobar, y el inspector general, que en 1935 era el general Miguel Martínez.[123]

El 20 de noviembre de 1935 los Dorados repartieron unas hojas con los principales puntos que era necesario acatar si se quería pertenecer a la ARM:

1) Ordena la patria, piense sobre su condición de mexicano, y si sabe sentir los dolores de su patria, un instante es suficiente para ayudarla.

2) Reflexione que siendo hijo de una patria fuerte, será usted grande.

3) Nunca podrá tener tranquilidad y paz en su hogar, sin cooperar con los demás, a establecer un equilibrio social de acuerdo con sus condiciones y esfuerzos.

[122] Bancroft Library, Silvestre Terrazas Collection, Acción Revolucionaria Mexicanista, Interpretación Arqueológica del Escudo de los Dorados, MB, Box 7.
[123] *Ibid.*, Jefatura Suprema de la ARM.

4) Existen en el campo de lucha dos fuerzas, una disolvente que tiende a borrar fronteras y a perder a la patria y la otra que respalda nuestra raza de mexicano que ama el suelo de sus mayores.

5) Si es usted nacionalista, ame a su patria, y para corresponder a su ideología coopere con sus hermanos de raza que luchan con verdadero sacrificio hasta exponer su vida por defender lo que nos legaron nuestros antepasados.

6) Solamente el sacrificio salva las grandes causas y por pequeño que sea éste, es grande ante la posteridad.

7) La Acción Revolucionaria Mexicanista espera de usted un pequeño esfuerzo en pro de sus ideales.

8) No sea usted como los mediocres, que sólo ven y piensan con profundo egoísmo las cosas grandes de la patria.

9) Sea usted sereno y si no puede ayudar, no cuente lo que aflige, nosotros vamos en pos de hombres fuertes.

10) Las lamentaciones siempre cansan y no son dignas de ninguno que se precie de hombre digno y capaz para la vida.

México, D. F., 1° de diciembre de 1935.
México para los mexicanos.[124]

Las primeras acciones de los Dorados, en marzo de 1935, consistieron en atacar las oficinas del Partido Comunista y participar en un zafarrancho con los obreros de la Pasamanería Francesa que estaban en huelga. Nicolás Rodríguez decía que "la idea de la Acción Revolucionaria Mexicanista no era atacar a los huelguistas, ni mucho menos antes de que el Departamento del Trabajo haya decidido si tenían razón o no", y agregaba: "Si nos hemos visto complicados con los comunistas es porque su meta es reemplazar el presente régimen por un sistema contrario a nuestra constitución y a nuestras costumbres".[125]

El desarrollo de las acciones de la ARM durante la década de los años treinta se puede dividir en tres periodos: el primero abarca desde su fundación hasta el 20 de noviembre de 1935.

---

[124] *Ibid.*, Acción Revolucionaria Mexicanista. "México para los mexicanos." Aunque la fecha inicial del documento era el 20 de noviembre y de hecho ese día se distribuyó, al final concluía con una fecha diferente que eran dos semanas después.

[125] John Dulles, *Ayer en México*, México, Fondo de Cultura Económica, 1977, p. 574.

Como parte de la contienda entre Cárdenas y Calles por el poder durante ese año, el presidente intentó suprimir esta organización. Su esfuerzo culminó en el desfile del aniversario de la Revolución el 20 de noviembre, cuando un sangriento encuentro entre la policía antimotines y los Dorados y obreros tuvo lugar en el Zócalo de la ciudad de México. Del incidente resultaron dos muertos y más de cuarenta heridos, entre los cuales se encontraba Nicolás Rodríguez.

Mientras que Rodríguez y sus hombres afirmaban que sólo luchaban por el ideal nacionalista y que operaban dentro de la ley, La Prensa se refería a "la casa que ocupaba la Acción Revolucionaria Mexicanista en la calle de Justo Sierra (por cierto, a media cuadra de la sinagoga judía), convertida en verdadera fortaleza, y que había en su interior más de cien hombres dispuestos a todo y no menos de 500 armas, garrotes y piedras".[126]

El 27 de febrero de 1936 el presidente Cárdenas giró un acuerdo para que se expulsara del país al general Nicolás Rodríguez, quien fue detenido y trasladado a la frontera. La prensa reaccionaria —como Omega y El Hombre Libre— calificó el acto de fascista. Nicolás Rodríguez, "Jefe Supremo" de los Dorados, salió rumbo a Texas.[127] En Estados Unidos se comentó que este personaje era un furibundo anticomunista y que el gobierno había decidido expulsarlo del país por sus actividades en contra de la paz social.

En el segundo periodo de la ARM, que se inició en noviembre de 1935 y culminó con la rebelión cedillista en mayo de 1938, la organización operó esencialmente en provincia, en particular en Monterrey —en donde llevó a cabo grandes manifestaciones antijudías y anticomunistas—, Coahuila y Chihuahua. Desde abril de 1935, Rodríguez se había nombrado presidente del Consejo Patrio de la ARM y se carteaba con el general Cedillo,

[126] La Prensa, 22 de noviembre de 1935.
[127] NAW, GR 59, 812.00, 30392. Daniels informa del arresto y deportación del general Rodríguez por orden presidencial. Jefe del movimiento de los Camisas Doradas en México. Las autoridades mexicanas expresaron su esperanza al agregado militar de Estados Unidos de que este país le permitiera la entrada inmediata. Véase también 811.111, Rodríguez, general Nicolás, fue admitido a las 6 p. m. Telegrama enviado de Ciudad Juárez por Scheper a las 8 p. m. MEVDAV.

no solamente para invitarlo a sus actos, sino para que formara parte de la organización.

Desde que Saturnino Cedillo ocupó el cargo de ministro de Agricultura durante el régimen de Cárdenas, en junio de 1935, se convirtió en el punto donde confluyeron las fuerzas de la derecha —tanto secular como religiosa—; en especial mantuvo estrecha relación con la derecha radical secular y manifestó su apoyo decidido a los Camisas Doradas, la Unión de Veteranos de la Revolución, además de la Confederación de la Clase Media y la Confederación Patronal de la República Mexicana. A los tres años que Cedillo ocupara el cargo mencionado, se descubrió que estaba ayudando financieramente a la ARM y que había nombrado a varios Dorados para ocupar puestos en la secretaría a su cargo.[128]

El tercer periodo del movimiento de los Camisas Doradas se inició a partir de la rebelión cedillista en mayo de 1938. A pesar de la derrota que sufrió Saturnino Cedillo, Nicolás Rodríguez no dejó de actuar. Siguió lanzando manifiestos a la nación para que se levantara en armas en contra de Cárdenas y el comunismo judío. Decía entonces: "No es la Revolución la que entrega al país a manos del judío internacional, que con sus teorías disolventes enmascaradas con el nombre de socialismo, es comunismo y esclaviza a nuestros indígenas y los exprime para después botarlos como basura".[129]

Todavía en los siguientes meses del año, de agosto a diciembre, el presidente continuó recibiendo informes de las actividades de los Dorados; Rodríguez había instalado su cuartel general en Mission, Texas, y ahí lo visitaban un gran número de personas, entre ellas petroleros de Houston y de Dallas.[130]

El gobernador de Tamaulipas, Marte R. Gómez, siguió informando a Cárdenas de los intentos de rebelión y la compra de armas por parte de los Dorados, por los cuales además solicitó refuerzos y armas para los campesinos agraristas.[131] Hubo

---

[128] Hugh Campbell, *La derecha...*, *op. cit.*, pp. 63-64.
[129] AGNM, FLC, 541.1-1 Manifiesto de Nicolás Rodríguez en Mission, Texas.
[130] *Ibid.*, Mónico Sarabia, Mission, Texas, 10 de agosto de 1938, informe al presidente Cárdenas.
[131] *Ibid.*, Tamaulipas, 11 de agosto de 1938, Marte R. Gómez, gobernador del estado.

otro intento de levantamiento el 13 de noviembre de 1938, aunque también fracasó gracias a los informes que recibía el mandatario y a la movilización de tropas en Tamaulipas. Un año después todavía había numerosas protestas en contra de estos grupos diseminados en varias partes de la República, ya que seguían hostilizando a la población, sobre todo a los obreros y a los que consideraban judíos-bolcheviques.

Rodríguez solicitó entonces la ayuda de Silvestre Terrazas, gobernador de Chihuahua, quien desde que se inició el movimiento le había demostrado un fuerte apoyo moral y, sobre todo, económico. El gobernador chihuahuense también estaba en desacuerdo con la política cardenista en cuanto a la aplicación de la educación socialista y el reparto de las tierras, y por ello apoyaba a los Dorados desde el norte.[132]

Desde Chihuahua Rodríguez intentó sin éxito organizar una marcha armada de sus seguidores hasta la capital. Dispersos hacía buen tiempo en otros estados del norte, como Coahuila y Tamaulipas, lo único que lograron hacer fue unirse a la campaña almazanista.[133]

El "Jefe supremo" empezó a perder popularidad entre sus compañeros, quienes se volvieron hacia Juan Andrew Almazán con la idea de quedarse del lado del vencedor, pero òtra vez fracasaron. Rodríguez se sintió perdido y quiso volver al país pidiendo una amnistía a Lázaro Cárdenas, a finales de ese año. Parece que volvió a México por la ciudad de Reynosa en donde se decía que aún vivía su madre, y de acuerdo con *Los Angeles Times*, murió a principios de 1940 de una enfermedad. Pero también existe la versión de que en realidad fue envenenado y murió en Ciudad Juárez, Chihuahua, el 27 de julio de 1940.[134]

Estos tres periodos fueron de una actividad permanente de

---

[132] Bancroft Library, Silvestre Terrazas Collection, C19341 y C19343. Cartas dirigidas por la Acción Revolucionaria Mexicanista al señor Terrazas pidiéndole primero una audiencia; posteriormente invitándolo a sus oficinas de Isabel la Católica para escuchar el ensayo general del himno y la marcha de los Dorados, y, por último, agradeciéndole su colaboración económica.

[133] NAW, WDC, SD, 812.00-30768. Entrevista de William Blocker con Nicolás Rodríguez en Ciudad Juárez, Chihuahua, 6 de julio de 1939. Véase además *Excélsior*, 9 de abril de 1939.

[134] *El Universal*, 28 de julio de 1940, y *Excélsior*, 6 y 12 de agosto de 1940. *Los Angeles Times*, febrero de 1940.

la Acción Revolucionaria Mexicanista, ya sea al principio lanzando sus manifiestos desde la capital, posteriormente desde algún estado de la República, o más tarde haciendo la labor desde Texas con contactos en diversos lugares del país. Fue una década de zafarranchos, manifestaciones, ataques personales y luchas anticomunistas para "salvar al país de los malos extranjeros y de un presidente que los estaba conduciendo hacia la perdición, o sea el comunismo judeo-bolchevique". Durante ella buscaron aliarse a diversas personas dentro del gabinete para conseguir su ayuda, y por otro lado ser buenos representantes del totalitarismo alemán y lograr el apoyo de los nazis a través de su legación en México y de otros agentes enviados al país con ese propósito, hechos que analizaremos en los siguientes apartados.

Las peleas callejeras demostraron que el conflicto era mucho más profundo de lo que parecía y que se gestaba en diversos niveles de la sociedad. El país se encontraba en plena efervescencia política y cada grupo quería ganar posiciones en el mapa político nacional. A raíz del conflicto callista, un conjunto de organizaciones obreras encabezadas por el Sindicato Mexicano de Electricistas se manifestó en favor del primer mandatario, creándose así el Comité de Defensa Proletaria, cuyos objetivos eran la defensa de los intereses y derechos de los obreros y la resistencia en contra de las manifestaciones fascistas.[135]

En esa euforia colectiva dos personajes fueron centrales en el apoyo a Cárdenas: Hernán Laborde y Vicente Lombardo Toledano. Laborde encabezaba el Partido Comunista y Lombardo Toledano era un universitario, dirigente político y gran orador que se unió a Laborde para luchar en contra de las fuerzas reaccionarias.

Laborde había sido candidato a la Presidencia de la República apoyado por el Bloque Obrero Campesino y su lema era por demás significativo: "Ni con Calles, ni con Cárdenas". Su organización estaba plenamente identificada con la Interna-

---

[135] *El Nacional*, 13 de junio de 1935; véase, además, "Pacto de Solidaridad y constitución del Comité Nacional de Defensa Proletaria", *Futuro*, vol. 3, núm. 6, 1935, pp. 481-488.

cional Comunista y con la Unión Soviética, y su consigna era luchar en contra del fascismo. Por ello sus ataques a las legaciones alemana e italiana eran frecuentes, así como al grupo de los Camisas Doradas. Tanto Laborde como Lombardo Toledano apoyaron a la pequeña comunidad de judíos, que se encontraba doblemente preocupada: por un lado debido a los acontecimientos en Alemania, y por otro, por el "azote de los judíos mexicanos: la ARM".[136]

Sin embargo, en el VII Congreso de la Internacional Comunista Laborde aceptó que había estado equivocado al plantear su lema y que en esos momentos comprendía mejor la postura del presidente frente a los obreros, pero aún no estaba convencido de si éste seguía una línea marcada por Estados Unidos. Por ello decidió solicitar a Cárdenas la legalidad y libertad de acción del Partido Comunista y suprimir las guardias blancas de los terratenientes, con lo cual se podría formar un frente unido en contra del callismo y de los fascistas.

La Secretaría de Relaciones Exteriores le comunicó al mandatario que estaba circulando en los medios diplomáticos un documento donde se aseguraba que la relación con los comunistas estaba causando temor en el ejército y que los políticos contrarios al régimen estaban aprovechando la ocasión para inflamar los ánimos entre los militares.[137]

Lo anterior se vio reforzado por el hecho de que a Lombardo Toledano se le acusaba de ser abiertamente comunista, aseveración que él mismo desmintió diciendo que solamente estaba buscando la unidad nacional. Lombardo había estado presente en un mitin de protesta por el asesinato de los comunistas a manos de los Dorados, en el que tomó la palabra, además de Hernán Laborde, Soto Reyes, Eugenio Méndez y Enrique Flores Magón.[138]

---

[136] Al preguntarle a los 150 entrevistados acerca de sus recuerdos sobre los Camisas Doradas, la mayoría mencionó el gran temor que sentía ante este grupo, así como la constante extorsión del mismo, que a veces llegaba a extremos intolerables. Véase Alicia Gojman (coord.), *Testimonios de historia oral....*, op. cit.

[137] AGNM, FLC, 133.2-21. Secretaría de Relaciones Exteriores, Confidencial, México, 1° de febrero de 1936.

[138] *Excélsior*, 25 de noviembre de 1935. La manifestación fue encabezada por Fernando Amilpa y Magaña.

En diciembre de 1935 el Socorro Rojo Internacional solicitó a Cárdenas la disolución de la Acción Revolucionaria Mexicanista, acusándola de allanamiento de morada, secuestro, ataque a las garantías individuales y a diversas organizaciones obreras, así como a comerciantes judíos.[139]

A raíz de ello, el dirigente del PNR, Emilio Portes Gil, declaró que éste era ajeno al comunismo y a la idea de implantarlo en el país. Esto favoreció el clima de paranoia, sobre todo entre los viejos políticos callistas. Saturnino Cedillo salió en defensa del gobierno, diciendo que no era cierto lo que se comentaba del mandatario. El embajador Daniels se reunió entonces con Adolfo de la Huerta y supo que Calles se había entrevistado con empresarios extranjeros. Los estadunidenses empezaron a temer que México optara por la vía del totalitarismo.[140]

Los Dorados actuaban en diferentes partes del país, siempre en pequeños grupos. Nicolás Rodríguez, en sus manifiestos y desplegados, siempre se preocupó por decir que la suya era una organización masiva de carácter popular con un frente de cinco mil hombres en armas.[141]

Desde 1934 esta organización ya tenía filiales en toda la República Mexicana, sobre todo entre los grupos de la clase media. Así, se registraron agrupaciones de Dorados en los siguientes puntos: en Sinaloa, en Villa Unión, Mazatlán, Concordia y Culiacán; en Saltillo y Torreón, en Coahuila; en Chihuahua y Ciudad Juárez; en Durango; Nuevo León y Tamaulipas; en Sabinas, Hidalgo; en Texmelucan, Puebla; en Guadalajara; en Orizaba, y en Iguala.[142]

En esos años ya la asociación estaba formada por muchos políticos y ex militares fracasados, y amalgamaba a un sinnúmero de adeptos aventureros que pretendían revivir el ejército villista. Publicaba folletos y artículos, muchos de los cuales

[139] *Excélsior*, 17 de diciembre de 1936. También surgieron organizaciones obreras que se declararon en contra del Partido Comunista y formaron la Alianza Nacional de Trabajadores Unificados. Véase *Excélsior*, 8, 10 y 12 de diciembre de 1935.

[140] NAW, WDC, SD, 812.00-30335. Según informaba Daniels, Lombardo Toledano estaba pagado por la Unión Soviética. Thomas Rowman al Departamento de Estado, Memorándum confidencial, México, 4 de febrero de 1936.

[141] Hugh Campbell, *La derecha...*, *op. cit.*, p. 67.

[142] *El Nacional*, 17 de enero de 1936.

recordaban los mecanismos de propaganda nazi, y sobre todo se dedicaba a extorsionar a los pequeños comerciantes judíos con el expediente de "darles protección".[143] A veces los agredían directamente, como sucedió al presidente de la Cámara Israelita de Comercio, que en 1936 fue asaltado al llegar a su casa y golpeado con cadenas por un grupo de Dorados que lo estaba esperando dentro de "un carro negro".[144] Entonces se escucharon de nuevo las protestas de la legación estadunidense y del Comité Central del Partido Comunista, el Comité Juvenil del mismo partido y el Socorro Rojo Internacional, los cuales calificaban ese tipo de actos de verdaderos *pogroms*.

Desde su aparición como grupo organizado hasta que Nicolás Rodríguez fue expulsado del país en 1936, los Dorados participaron en muchos zafarranchos y desfiles callejeros, en donde hicieron presente su fuerte antisemitismo, a veces superando el anticomunismo. Así, en agosto de ese año publicaron en la ciudad de León, Guanajuato, un manifiesto en donde expresaban sus deseos y en el cual expresaban que era fundamental la unión de todos los revolucionarios, porque después de 25 años el país había ganado muy poco con su Revolución, ya que falsos militares habían permitido la entrada de muchos "judas" que se habían apoderado de él. Además, solicitaba a la clase media que no olvidara su importante papel de "coordinador de las clases desheredadas [...] que se apreste a defender sus justos derechos [...] que se ha dejado arrebatar".[145]

En la región lagunera el dorado Librado Hilario pedía al pueblo luchar en contra del comunismo y solicitaba la condena del presidente por haber expulsado del país al líder de la Acción Revolucionaria Mexicanista, "pisoteando con este hecho los derechos ciudadanos que la Constitución General de

[143] Véanse "Entrevista a Jacobo Landau", en *Testimonios de historia oral...*, p. 99, y Alicia Gojman de Backal, "Entrevista a Eva Smeke de Bassini", colección particular.

[144] Véase "Entrevista a Jacobo Landau", art. cit. La entrevista a Landau giró fundamentalmente en torno al periodo en el que desempeñó el cargo de presidente de la Cámara Israelita de Comercio. Véase Alicia Gojman de Backal (coord.), *Generaciones judías...*, *op. cit.*, vols. 1 y 7.

[145] Bancroft Library, Terrazas Collection, Acción Revolucionaria Mexicanista. Los "Dorados" de León, Guanajuato, se dirigen a a la Nación. Qué quieren los Dorados. Firmado por Ignacio Santos, agosto de 1936.

la República otorga a todos los hijos de nuestro México". De acuerdo con Hilario, este hecho ponía de manifiesto la debilidad del gobierno, y le aseguraba a Cárdenas que si pensaba expulsar a todos los Dorados tenía que enviar fuera del país a dos millones de personas.[146] Asimismo, en Matamoros se distribuyó un manifiesto dirigido al pueblo mexicano en el cual se aseguraba:

> El gobierno actual de México sustenta ideología comunista y sus actos o sistemas de ejecución son fascistas, dictatoriales, demostrándolo así el mismo presidente Cárdenas al convertir a nuestro país en beneficencia pública del comunismo internacional, donde se entrega dinero con largueza a comunistas de todos los países [...] pisoteando la voluntad de las mayorías como en los casos concretos de Nuevo León y Aguascalientes [...]. Los ensayos en la Laguna y Yucatán se han convertido en el destrozo inútil de dos de las mayores fuentes de riqueza del país, aparte del desperdicio de muchos millones de pesos que tal ensayo ha venido originando [...]
>
> Cárdenas protege a un grupo de obreros de México y posterga al ejército en forma denigrante. El ejército, los campesinos, clase media y sociedad en general son las víctimas de Cárdenas quien sólo siente y vive para el grupo de los favorecidos.[147]

En este escrito se ve claramente el clamor de aquellos militares desplazados, quienes sentían que su lucha de años por la causa de la Revolución no les había dado nada y sus anhelos de mejoría y ascenso se habían visto frustrados por la política del presidente. El chivo expiatorio en estos casos siempre fueron los extranjeros que habían llegado a "usurparles" sus oportunidades; los más odiados siempre fueron los judíos, que a veces aparecían como los capitalistas y otras como los portadores de las ideas comunistas. Sus compañeros de lucha eran la clase media, los terratenientes despojados por el reparto agra-

---

[146] Bancroft Library, Terrazas Collection, Acción Revolucionaria Mexicanista, Al Pueblo de la Región Lagunera, 12 de agosto de 1936, firmado por Librado Hilario.

[147] Bancroft Library, Terrazas Collection, Acción Revolucionaria Mexicanista. Manifiesto de Vital Importancia para el Pueblo Mexicano, firmado por la Acción Revolucionaria Mexicanista, México para los Mexicanos. Matamoros, Tamaulipas, enero de 1938.

rio y los empresarios, que sintieron una competencia no esperada y mucho menos deseada.

Así, en sus últimos panfletos antes de establecerse en Texas, Nicolás Rodríguez repetía lo que para los Dorados significaba el comunismo: éste "es traición a la patria, pues pretende hacernos esclavos de Rusia, comunismo es desorden, comunismo es miseria, comunismo es arruinar las fuentes de trabajo, es odio entre hermanos, hambre de nuestras mujeres y de nuestros hijos. Por nuestra patria y por nuestros hijos, guerra al comunismo Mueran los traidores. Abajo los extranjeros indeseables".[148]

Durante 1937 y 1938 hubo movimientos de derecha similares a los nazifascistas europeos en los estados de San Luis Potosí, Sinaloa, Coahuila, Chihuahua, Puebla, Nuevo León, Hidalgo, Tamaulipas y Sonora, todos ellos con el mismo argumento de que el presidente estaba contaminado por la penetración judeo-bolchevique.

Nicolás Rodríguez seguía recibiendo apoyo del secretario de Agricultura, Saturnino Cedillo, y de los patrones de Monterrey, sobre todo de la Confederación Patronal de la República Mexicana y San Luis Potosí, donde Cedillo tenía una gran fuerza y un ejército privado.

Otros aliados del grupo de Dorados fueron el reverendo P. L. Delgado, que actuó como secretario del líder supremo, y el estadunidense William Wood. En 1937, además, el ex presidente Calles comisionó a Melchor Ortega, ex gobernador de Guanajuato, para que tratara con Nicolás Rodríguez asuntos del levantamiento armado.[149] Según informes presentados a Cárdenas por su secretario Francisco Múgica, desde 1936 se estaban llevando a cabo reuniones en las que participaban vasconcelistas, cristeros y otros descontentos con el gobierno.[150]

Desde Mission, Rodríguez empezó a cartearse con Henry Allen, jefe del Silver Batallion o Silver Shirts, grupo antico-

---

[148] Bancroft Library, Terrazas Collection, Acción Revolucionaria Mexicanista, los Dorados dirigido a los Patriotas y firmado por Nicolás Rodríguez, Jefe Supremo.

[149] AFJM, vol. 106, p. 300.

[150] Romana Falcón, *Revolución y caciquismo en San Luis Potosí*, México, El Colegio de México, 1985, pp. 234-235.

munista y antijudío de California. Allen invitó al "Jefe Supremo" a visitarlo en Los Ángeles para estrechar relaciones, ofreciéndole protección y afirmándole lo siguiente: "su lucha es nuestra lucha".[151]

A pesar de haber sido exiliado a Estados Unidos, Nicolás Rodríguez siguió considerándose el "Jefe Supremo" de la organización y nunca dejó de creer que llegaría un día en el que junto con su ejército haría una marcha triunfal a la capital para ocupar la silla gubernamental y salvar a la patria, "a la familia y a la moral".

El "Jefe Supremo" de los Dorados

Nicolás Rodríguez Carrasco fue hijo del estado de Chihuahua. Se calcula que nació a finales del siglo pasado, ya que cuando asumió la jefatura de la organización tendría alrededor de 44 años. De acuerdo con los autores que han estudiado su trayectoria, no se conoce el nombre de sus padres, ni se ha encontrado rastro de su acta de nacimiento en algún archivo. Se sabe que su padre fue constitucionalista, primero, y después formó parte de las fuerzas de Francisco Villa.[152]

Nicolás conoció desde muy pequeño a Villa, con quien entabló una amistad muy cercana; posteriormente, cuando Villa fue perseguido, el propio Rodríguez lo ocultó más de una vez en casa de sus padres, para que los rurales no lo detuvieran. Una vez iniciada la revolución maderista, Nicolás Rodríguez se unió a las fuerzas de Francisco Villa y militó en ellas hasta adquirir el grado de general brigadier.[153]

---

[151] AGNM, FLC, 541.1.1.

[152] Posiblemente su padre haya sido Trinidad Rodríguez, originario de Huejotlan, estado de Chihuahua. Tenía varios hermanos que lo ayudaban en sus actividades y lo apoyaban en diferentes estados del país, entre ellos José Rodríguez y Joaquín Rodríguez, quien lo alcanzó aún en su exilio en Texas. Véase NAW, GR59, 812.00.

[153] Sus biógrafos dan muy pocos datos acerca de su vida; no encontramos en ninguno la fecha de su nacimiento, y sólo en uno la de su muerte. Destacan el hecho de que llegó a ser general brigadier y que fue el jefe supremo de los Camisas Doradas. Véase Francisco Naranjo, *Diccionario biográfico revolucionario*, México, Imprenta Editorial Cosmos, 1935, p. 186, y Miguel Ángel Peral, *Diccionario biográfico mexicano*, México, PAC, s. f., vol. 2, p. 704.

Ramón Puente, en sus memorias sobre Villa, comenta la campaña realizada por Murguía en contra del Centauro del Norte —sobre todo sus deseos de exterminar a los villistas—, y se refiere a uno de los encuentros más reñidos entre ambos. Fue en la Hacienda de Canutillo, en donde Murguía pretendió tomar por sorpresa a Villa; éste, bien fortificado, lo esperó y lo derrotó, logrando salvar a toda su gente. Después de este hecho sucedió la batalla más importante, en el Mineral de Rosario, Durango, en la cual los elementos que llevaba Murguía eran muy numerosos. De acuerdo con Puente, Francisco Villa contaba solamente con 800 soldados; entre ellos se encontraba Nicolás Rodríguez, que era su "segundo de a bordo". Villa le enseñó cómo se debía atacar a Murguía, y de esa manera tomó la dirección del combate y lo derrotó junto con sus generales.[154] Posteriormente, durante la Convención de Aguascalientes, parece ser que Rodríguez tuvo un serio altercado con Villa, entonces jefe de la División del Norte, y para no ser fusilado se unió a las fuerzas carrancistas.

Por haber tomado parte en la rebelión delahuertista, en 1923, Rodríguez salió desterrado y se estableció en El Paso, Texas, donde se dedicó a todo tipo de negocios —no muy claros por cierto— y desde ahí conspiró constantemente en contra del gobierno mexicano. En 1926 se trasladó a Los Ángeles, y junto con los generales Enrique Estrada, Arnáiz y Sepúlveda, el periodista Healy y Alfredo Brasel, organizó una expedición para apoderarse de Baja California, gobernada en ese momento por el general Abelardo L. Rodríguez.

El general Estrada consiguió el apoyo financiero de prominentes capitalistas estadunidenses, y de esa manera pudo comprar gran cantidad de cañones, rifles, aeroplanos y toda clase de material de guerra para atacar Baja California, vía las poblaciones de Algodones, Amargura y Tijuana. Nicolás Rodríguez, que desde entonces demostró ciertas dotes de organizador, fue comisionado para reclutar combatientes, con la orden de que los instruyera militarmente.

---

[154] Ramón Puente, "Villa en la memoria popular", en *Tres revolucionarios, tres testimonios*, t. 1, pról. de Octavio Paz, México, Archivo de la Palabra, Instituto de Investigaciones José María Luis Mora, 1986, p. 187.

Los conspiradores mexicanos creyeron contar con el apoyo del Departamento de Estado de Estados Unidos, y en ese entendido no tuvieron empacho en hacer propaganda descaradamente en los barrios mexicanos de Los Ángeles, especialmente en "La Placita", punto situado en el corazón de la urbe californiana. Nicolás Rodríguez y sus agentes reclutaban diariamente a compatriotas que no tenían trabajo y les ofrecían magníficos salarios y grados militares. Así, engrosaron las filas del ejército rebelde con un gran número de desterrados, los cuales habían participado también en la rebelión de 1923, y con los desempleados que andaban en busca de oportunidades.

En un caserón no muy lejos del centro de la ciudad, Nicolás Rodríguez se dedicaba a impartir enseñanza militar a todos los reclutados, aunque las autoridades estadunidenses vigilaban estrechamente a los conspiradores; mientras, en Baja California se reforzaron las guarniciones para que, en caso de suceder una rebelión, pudiese ser detenida.

Un día se inició la marcha de estos rebeldes rumbo a la frontera mexicana, con camiones alquilados, en los cuales se ocultaron hábilmente las armas y el parque entre las verduras y frutas. En otros vehículos iban los soldados reclutados y —según ellos— bien preparados por Rodríguez.

Al llegar a las poblaciones fronterizas, los agentes del Departamento de Justicia de Estados Unidos los frenaron y tomaron prisioneros a todos los jefes de la expedición y a más de 300 soldados. La noticia de las aprehensiones causó sorpresa tanto en Estados Unidos como en México. Todos los detenidos fueron conducidos a la ciudad de San Diego y consignados ante los tribunales federales.

Enrique Estrada, Nicolás Rodríguez y los demás jefes de la expedición obtuvieron su libertad después de depositar una fianza de 10 000 pesos cada uno. Cuatro meses después se inició el juicio de los acusados, en el Salón de los Jurados del Tribunal Federal de Los Ángeles. Los mejores abogados estadunidenses defendieron a los jefes rebeldes, pero a la postre todos fueron sentenciados a cumplir condenas que fluctuaban entre seis meses y dos años de cárcel, en tanto que las "infanterías" quedaron en libertad. Una vez que concluyó el juicio,

las fianzas se cancelaron y los sentenciados fueron traslada-
dos a cumplir sus condenas en la prisión federal de la isla
McNeil, en el estado de Washington.[155]

Cuando Nicolás Rodríguez cumplió su condena de un año,
un mes y un día, se trasladó nuevamente a Los Ángeles, donde
empezó a editar el semanario *El Informador*. Poco tiempo después regresó a su estado natal, donde el gobernador Quevedo
le extendió cartas de recomendación dirigidas a otros gobernadores, comandantes militares y altos funcionarios, en las que
les solicitaba su cooperación con objeto de celebrar, en Ciudad
Juárez, la "Feria de la Revolución", en la fecha de la entrada
de Francisco I. Madero a la plaza fronteriza. Rodríguez supo
aprovechar las recomendaciones del general Quevedo, y gracias
a ello obtuvo más de 20 000 pesos provenientes de políticos y
cámaras de comercio, aunque aparentemente la famosa feria
nunca se llevó a cabo.

Poco después, Rodríguez se incorporó a las organizaciones
de derecha —como el Comité pro Raza— y de ahí se convirtió
en el "Jefe Supremo" de la Acción Revolucionaria Mexicanista
o Camisas Doradas. Según Ricardo Pérez Montfort, antes de
sus actividades en la ARM, Nicolás Rodríguez participó en la
rebelión iniciada en 1927 por el general Gonzalo Escobar.[156]

El 3 de marzo se publicó en Sonora el Plan de Hermosillo,
en el que se despojaba al presidente Emilio Portes Gil de su in-
vestidura como presidente provisional y se nombraba al general José Gonzalo Escobar como "Jefe Supremo" de este movimiento y del llamado ejército renovador. La justificación de
este movimiento para organizar la rebelión militar se encontraba expresada en el ataque concreto a Plutarco Elías Calles
—según afirma Tzvi Medin—, a quien se acusaba de ser el responsable "verdadero e indirecto" del asesinato de Álvaro Obre-

---

[155] "Estrada and Twelve of His Men Found Guilty", *Los Angeles Times*, 20 de
febrero de 1926. Al respecto, aparecen artículos en *Los Angeles Times* los días
22 de diciembre de 1926, 8 de febrero de 1927 y 14 y 20 de febrero de 1927.
[156] Ricardo Pérez Montfort, "Los Camisas Doradas", *Secuencias*, núm. 4,
1986, p. 71. Aquí parece que el autor confunde las fechas de la rebelión escobarista. Por otro lado, si Rodríguez participó en la rebelión encabezada por
Enrique Estrada en 1926 y estuvo más de un año en la cárcel, es difícil que
hubiera participado en 1927 en dicha revuelta, pero si, como dice Medin, ésta
se dio en 1929, es probable que en efecto haya sucedido.

gón y de haber señalado el camino a "los puñales". Finalmente, se llamaba al pueblo a tomar las armas "en defensa de las libertades nacionales en contra de la imposición de Calles".[157]

Si éste hubiera sido el caso, entonces el hecho constituiría la segunda conspiración en contra de Calles en la que Rodríguez pudo haber participado; el problema estriba en que no existen documentos fehacientes que lo corroboren. No obstante, esto es un indicio para entender el carácter de Nicolás y su inconformidad constante con el gobierno mexicano, que "no le había hecho justicia".

El caso es que los rebeldes escobaristas tampoco tuvieron éxito, ya que no lograron unir fuerzas con los contingentes militares de los cristeros, hecho que hubiera constituido una seria amenaza para las fuerzas federales. La rápida intervención para acabar con la rebelión militar terminó no sólo con la oposición obregonista, sino también con las esperanzas del resto de los elementos que se enfrentaban al gobierno federal y al callismo.[158]

De acuerdo con Pérez Montfort, después de la rebelión Rodríguez participó también en la campaña vasconcelista de los años 1928 y 1929, y durante el Maximato organizó un primer ensayo de lo que después serían sus Camisas Doradas. Aparentemente bajo la protección del propio general Calles, Rodríguez creó los Camisas Verdes, que se desintegraron poco después de que el general Abelardo Rodríguez asumió el poder. Con este movimiento se inició la campaña de "México para los mexicanos", que se convirtió posteriormente en el lema de los Dorados.[159]

Como se dijo anteriormente, el inquieto ex militar fundó la ARM; ésta le sirvió como pantalla para obtener dinero de diversas instituciones mexicanas y extranjeras.[160] La lucha que Rodríguez se propuso llevar hasta buen fin consistía en atacar

---

[157] Tzvi Medin, *El minimato presidencial: historia política del maximato, 1928-1935*, México, Era, 1983, p. 50.

[158] *Id.*

[159] Pérez Montfort, "Los Camisas...", art. cit., p. 71.

[160] Respecto a la fecha de fundación de la Acción Revolucionaria Mexicanista existe cierta controversia, ya que algunos autores, como Pérez Montfort o Haim Avni, piensan que fue en 1934; este último propone como fecha ten-

sobre todo a los judíos, a quienes, además, se consideraba portadores de las ideas comunistas del Soviet, y a los que aceptaban formar parte de esa ideología; para conseguir dinero que destinar a su causa Rodríguez no se detuvo ante nada, y se dedicó a amenazar a los judíos, de quienes obtenía cantidades regulares en metálico.[161]

Muchos políticos y ex militares fracasados se afiliaron a la Acción Revolucionaria Mexicanista, e incluso se llegó a decir que un alto funcionario apoyaba a la agrupación.

En un principio, los Dorados empezaron a publicar el periódico *Defensa*, en el que abundaba la propaganda anticomunista y antisemita; este hecho atrajo, por supuesto, el apoyo inmediato de Alemania al "Jefe Supremo". De esta manera, los Dorados pronto definieron su actitud, haciendo propaganda abierta a favor de los nazis. Su vehemente anticomunismo y su apoyo al nacionalsocialismo alemán provocó que los grupos de izquierda se levantaran de inmediato en su contra.

Nicolás Rodríguez siempre se vanagloriaba de tener muchos adeptos a su causa, y llegó a asegurar que su organización contaba con 500 000 miembros activos en toda la República.

Además, la ARM causó una fuerte agitación debido a su actitud francamente antiobrerista. Azuzados por Rodríguez, cientos de individuos de la clase humilde se unieron a la organización, fundando asociaciones filiales en todo el país y organizándose militarmente, actividades que se desarrollaron sin que el Estado cardenista emprendiera alguna acción limitante, y desde un inicio contaron con el apoyo del general Saturnino Cedillo.

Cuando los comunistas se apoderaron del archivo de la ARM,

tativa el 10 de marzo basándose quizá en un artículo de *El Mundo de México* del 19 de abril de ese año. Véase Haim Avni, "The Role of Latin America in Immigration and Rescue During the Nazi Era, 1933-1945", Latin American Program, Woodrow Wilson International Center for Scholars, Chicago, 11 de junio de 1986 (mimeo.). Por otro lado, su acta constitutiva se levanta la misma semana que se funda la Unión pro Raza, el 25 de septiembre de 1933. Los archivos de Washington no dan fecha exacta, y tampoco la encontramos en los papeles de la Bancroft Library.

[161] Este hecho fue corroborado por varios informantes de la comunidad judía de México —que sufrieron en carne propia las extorsiones de Rodríguez—, cuyos testimonios quedaron plasmados en cincuenta entrevistas realizadas durante el periodo 1987-1990. Véase Alicia Gojman de Backal (coord.), *Testimonios de historia oral...*, *op. cit.*

encontraron algunas cartas cruzadas entre el general Cedillo y Rodríguez, e incluso se dijo que el secretario de Agricultura había proporcionado el dinero con el que los Dorados llevaron a cabo su demostración del trágico 20 de noviembre de 1935; con esa ayuda, alquilaron los caballos y dieron de comer a no menos de 1 000 personas que trajeron de las delegaciones y de los estados circunvecinos.[162]

Desde entonces, las protestas de los diversos grupos de izquierda y de obreros y campesinos se hicieron más evidentes y llamaron la atención del primer mandatario, lo que derivó un año después en la disolución de la organización. Fue así como Nicolás Rodríguez fue expulsado del país por el presidente Cárdenas.

Rodríguez pretendió dar a la ARM una gran importancia, con el fin de obtener fondos con mayor facilidad. Por ello, designó representantes personales en Berlín y en Nueva York y por el mismo motivo, cuando salía a la calle, se hacía acompañar por media docena de pistoleros.

Poco antes de que se suscitara el problema con Calles, la situación religiosa era problemática y Rodríguez aprovechó esta inestabilidad para mandarle a su representante en Estados Unidos una carta para que lo presentara con el jefe de los Caballeros de Colón de ese país; en dicha misiva explicaba que los Camisas Doradas luchaban denodadamente por la libertad religiosa y en contra del "sirio" Plutarco Elías Calles.[163]

Una noche de 1936 los Dorados asaltaron varios comercios judíos, destrozándolos y golpeando a sus propietarios. Las protestas no se hicieron esperar, principalmente las de la legación estadunidense, el Comité Central del Partido Comunista Mexicano y el Socorro Rojo Internacional.[164]

Para entonces, ya los judíos hablaban de *pogroms* mexicanos. El Socorro Rojo Internacional hizo un llamado a desenmascarar la propaganda patriotera que se utilizaba para desviar el descontento de las masas explotadas. A su vez, el Comité

[162] "Las tenebrosas maquinaciones de Nicolás Rodríguez en Estados Unidos", *La Prensa*, 23 de agosto de 1937, p. 3.

[163] "Un texano apoderado de Elías Calles, financiero de Don Nicolás Rodríguez para una nueva revolución", *La Prensa*, 24 de agosto de 1937, p. 2.

[164] AGNM, FG, 2. 360 (29) y FLC 521-524.

pro Raza acusó al Socorro Rojo de estar patrocinado por los judíos.[165]

La Cámara Israelita de Comercio e Industria, fundada en 1930 por la necesidad de unificación ante los movimientos nacionalistas,[166] pidió al Ejecutivo que se le otorgaran las garantías consagradas en la Constitución.[167] Como respuesta, el Estado desaprobó y persiguió a las milicias de la Acción Revolucionaria Mexicanista, influido, sin duda, por el sinnúmero de protestas de las legaciones extranjeras como la checa, la estadunidense, la polaca y la china.[168]

Como mencioné anteriormente, en provincia también hubo campañas violentas, por ejemplo en Morelia, en la que grupos de Dorados pintaron paredes y aparadores de comercios israelitas con injuriosas inscripciones.[169] En Mexicali, a instancias de estos grupos se intentó expulsar a los judíos; se determinó un plazo de sesenta días para que abandonaran la ciudad, so pena de acción directa en su contra. Y en San Luis Potosí, donde las autoridades fueron las que los instaron a marcharse, la propaganda en periódicos como *La Prensa*, *El Nacional* y otros de derecha, como *Omega* y *El Hombre Libre*, hacían alusión a las "campañas nacionalistas de países civilizados" que proponían medidas políticas y económicas muy similares a las que estaba tomando el Reich alemán y que los Dorados conocían perfectamente.

El 11 de agosto de 1936 el ex general Nicolás Rodríguez fue expulsado del país a El Paso. En declaraciones hechas a *The McAllen Monitor*, Rodríguez dijo lo siguiente: "Hasta ayer me había yo ocupado de ayudar al gobierno, no por miedo a Cárdenas, sino para luchar en contra del comunismo". Relataba que estando un día antes en la ciudad de Pachuca, el presidente lo mandó buscar, y agregaba: "Le telegrafié al presidente [...] pero me tomaron preso y toda la noche la pasé en la cárcel, hasta las 6 de la mañana en que junto con el general Vicente González, me encerraron en un coche y nos llevaron al aero-

[165] AGNM, FG, 2.360 (29) 48.
[166] AGNM, FG, 2.360 (29) 52.
[167] AGNM, FLC, 521-4.
[168] AGNM, FG, 2.360 929923630.
[169] AGNM, FG, 2.360 (13) 22223.

puerto. Allí nos metieron en un avión que hizo escala en San Luis Potosí, Torreón, Chihuahua y Juárez".[170]

Nicolás Rodríguez se instaló primero en Laredo, Texas, donde habitó una casa en compañía de su esposa, la señora Leonor Gutiérrez, quien al enterarse de lo sucedido a su marido había viajado para reunirse con él en la ciudad texana. De acuerdo con declaraciones de la señora, ésta llevó a Nicolás Rodríguez todo el dinero que pudo reunir entre sus correligionarios, además del que obtuvo por la venta de muebles y alhajas.[171]

Pero parece que a los pocos meses de encontrarse en la ciudad de Laredo, Rodríguez conoció a Emilia Herrón, muchacha estadunidense que pertenecía a una rica familia de El Paso; se enamoró de ella y decidió divorciarse de su esposa, cuestión que a la señora Gutiérrez le causó un gran disgusto. El conflicto que se suscitó entre el antiguo matrimonio obligó a Nicolás Rodríguez a solicitar al Departamento de Migración de Estados Unidos que expulsara a su mujer del país.

La señora Gutiérrez regresó a México —trayendo consigo gran cantidad de documentos de la organización— y de inmediato hizo declaraciones a los periódicos acerca de las actividades que en contra del gobierno seguía fraguando Rodríguez desde la frontera; además, dio muchos nombres de los colaboradores de su marido, lo cual ocasionó serios problemas entre Rodríguez y el grupo.[172] Parece ser que desde entonces se gestó una marcada división en los Dorados: unos siguieron a Nicolás Rodríguez y otros buscaron un nuevo líder.[173]

En el destierro, Rodríguez pasaba la mayor parte del tiempo viajando de un lado al otro de la frontera mexicano-estaduni-

---

[170] "Rodriguez expelled from Mexico", *The McAllen Monitor*, 12 de agosto de 1936.

[171] "Sensacionales revelaciones sobre las actividades de los Camisas Doradas", *La Prensa*, México, 21 de agosto de 1937, p. 1.

[172] *Id.*

[173] Poco se sabe de la división entre los Dorados, aunque parece que en efecto la hubo; antes de que Rodríguez partiera a Texas ya se hablaba de problemas internos en la organización, aunque no se proporcionan nombres, excepto cuando alguno de los informantes se refiere a otro general llamado González García y Santana.

dense, donde tenía reuniones constantes con líderes mexicanos en Estados Unidos y con petroleros estadunidenses que buscaban un aliado en México para lograr sus fines y, por lo mismo, le brindaban todo su apoyo. Por fin, en 1937 estableció un cuartel general en Mission, en donde compró una casa, siempre bien custodiada y a la que acudían diversos grupos a visitarlo, entre ellos la familia del general Cedillo.

Mission se encuentra muy cerca de McAllen y de la frontera con México, y en ésta se veía con frecuencia a Rodríguez acompañado de sus guardias. A dicha ciudad llegó toda la familia del general Saturnino Cedillo después de que éste fracasó en el golpe de Estado que intentó en contra del presidente Cárdenas.[174]

De 1936 a 1940 Nicolás Rodríguez viajó constantemente entre Laredo, McAllen, Mission y Brownsville con el propósito de reunir grupos en diferentes auditorios para plantearles la situación desastrosa que estaba viviendo México en manos del comunista Cárdenas y sus secuaces. De esta manera continuó sus actividades, sin dejar un momento de conspirar en contra del gobierno mexicano.

Su postura anticardenista se percibe claramente en los manifiestos que publicaba o en las declaraciones que hacía a *The McAllen Monitor*, donde dio a conocer sus opiniones activamente hasta 1940, cuando contrajo una enfermedad de tipo sanguíneo y, fracasado y derrotado por no haber podido lograr sus objetivos, solicitó una amnistía a Cárdenas para retornar al país. Ésta le fue concedida en agosto de ese año, y se dice que poco después murió en Ciudad Juárez en la casa de su madre, exactamente cuatro años después de que fue expulsado de México. Aquí se presentan varias contradicciones según los archivos y algunos periódicos de la época: unos aseguraban que fue envenenado en Chihuahua, y otros que su muerte acaeció en la ciudad de Reynosa en casa de su madre.[175]

---

[174] Aparecen fotografías de las hermanas de Cedillo y otros familiares a su llegada a McAllen, Texas, en *The McAllen Monitor*, mayo de 1938.

[175] Esto apareció en *Los Angeles Times*, en *The McAllen Monitor* y en *La Prensa*. Según la noticia de *Los Angeles Times* del 12 de agosto de 1940, Nicolás Rodríguez murió el día anterior en casa de su madre en Ciudad Juárez; Rodríguez había sido amnistiado por el presidente Lázaro Cárdenas después de que se le comunicó su crítica condición de salud.

La composición del grupo

> Somos revolucionarios en su mayoría, y muchos
> de ellos iniciadores de la Revolución al lado del
> apóstol Madero, que lucharon para conquistar
> derechos para el obrero y el campesino...
>
> *Proclama al ejército nacional*, julio de 1938

La Acción Revolucionaria Mexicanista, al igual que otras organizaciones de la derecha radical secular del periodo estudiado, estuvo integrada en su mayoría por elementos de la llamada "clase media", inconformes siempre con los regímenes y los políticos emanados de la Revolución así como con los cambios marcados por el Estado en materia de educación, libertad religiosa y derechos obreros; en síntesis, como ya se mencionó anteriormente, según ellos "la Revolución no les había hecho justicia".

Los elementos integrantes de los Camisas Doradas, así como los de las ligas antichinas y antijudías, fueron en su mayoría personas de extracción urbana, sin un oficio concreto, asalariados o desempleados que sufrían de manera inmediata los estragos de cualquier crisis que se gestara en la sociedad mexicana. Éstos actuaron principalmente en la década de los años treinta, cuando el Estado mexicano se encontraba en plena conformación y estaba profundamente afectado por la crisis en Estados Unidos.

Algunos de los elementos que integraban la ARM tuvieron un grado militar que adquirieron durante la Revolución mexicana, como el propio Nicolás Rodríguez, quien ostentaba el rango de general. Eran militares alejados de las armas por diversas razones, pero que aún utilizaban con orgullo su grado, aunque precedido por la palabra *ex.*

En un muestreo que obtuve al revisar los papeles de la ARM en el Archivo Francisco J. Múgica, pude analizar lo siguiente: sobre los jefes de las zonas del Distrito Federal, de un total de 377 miembros había 14 generales, siete tenientes coroneles, 13 coroneles, tres mayores, tres capitanes, un sargento primero, un subteniente, un teniente, un teniente de policía y un policía. Esto sin considerar el cuerpo dirigente o Estado Mayor, en el que casi todos ostentaban grados militares.

Además de los grados que se habían obtenido durante la lucha armada, la propia organización otorgaba otro tipo de títulos a sus adeptos, miembros o simpatizantes. En una carta de denuncia dirigida al general Francisco J. Múgica se acusaba a los Dorados de Nicolás Rodríguez de dar nombramientos de "generales", "coroneles", "mayores", etc., a "casi todos los propietarios españoles de establos y ranchos del Distrito Federal y poblaciones vecinas del Estado de México", así que —decía el acusador— "todos ellos son fascistas y partidarios de Franco".[176]

Algunos profesionales también formaron parte de la organización: entre los mismos 377 miembros se encontraba un médico, dos abogados y un ingeniero agrónomo.[177] Ahora bien, con la excepción del grupo dirigente, el resto de los Dorados no tenían una cultura muy amplia, como se puede apreciar en sus escritos. La Acción Revolucionaria Mexicanista fue una organización piramidal: tenía un jefe supremo, Nicolás Rodríguez, quien de inmediato se dedicó a constituir la Mesa Directiva, que en 1934 estaba conformada por nueve elementos: el secretario general, general Lucio G. Verdiguel; el tesorero, Manuel Rodríguez C.; el secretario de Organización, general Alfredo Serratos; el secretario de Educación, general Miguel M. Ramos; el secretario de Hacienda, general José M. Sánchez; secretario de Economía, Mario R. Baldwin; jefe de ayudantes, general José E. Solares; jefe de Migración, Salvador Díaz F., y el secretario de Agricultura, general Arturo E. Valverde. De ellos solamente dos no tenían cargo militar.[178] Además de la Mesa Directiva, Rodríguez contaba con su Estado Mayor constituido por 16 elementos, de los cuales destacaban: Samuel Reyes R., J. Trinidad Sánchez, Benito Casso, Leonel Acuña, el coronel José Díaz, Manuel Solís, Fernando Tinajero y Ricardo Molina.[179]

En el Distrito Federal, Rodríguez nombró a los jefes de zona y dividió cada zona en grupos, donde cada grupo estaba diri-

[176] AFJM, vol. 106, docs. 85-94.
[177] Id.
[178] Bancroft Library, Silvestre Terrazas Collection, MB, box 1, Expediente Acción Revolucionaria Mexicanista, Mesa Directiva.
[179] Bancroft Library, Silvestre Terrazas Collection, Expediente Acción Revolucionaria Mexicanista, Estado Mayor.

gido, a su vez, por un jefe. Entre los jefes de zona se encontraban, entre otros: José Vela, Matías Rodríguez, Agapito López, Rafael Plata, Jesús Gracia, coronel M. Sánchez T., Manuel González, Enrique Backmann, Ezequiel Flores, Primitivo González, Germán Ramírez, Daniel M. Trejo, capitán primero José Ramos, Felipe García y Teodoro Buendía.[180] Asimismo, entre los jefes de grupo se puede mencionar a Alberto Schaar, Bonifacio Reyes, Alejandro Constantino, Isauro Limas, Víctor M. Lorenzana, Melitón Contreras, Francisco Aladín, Roberto Rojas, Cesáreo Rivera, Eutiquio Sánchez, Cruz Galicia, Jesús Vásquez y Luciano Huerta.[181]

Hacia 1936 la asociación había crecido, y lo que originalmente constituyó la Mesa Directiva se transformó en un Comité Central, integrado por un mayor número de personas; a aquella organización inicial se sumaron los siguientes cargos: un secretario de Industria y Comercio, un secretario de Prensa y Propaganda, un jefe del Departamento de Organización del Distrito Federal, un oficial mayor y un secretario particular de la Jefatura Suprema, además de jefes de zona de 32 estados del país.[182] Sin embargo, en otros documentos de los años 1935 y 1936 encontré, además, un jefe de Estado, un secretario de relaciones, un jefe del grupo de acción, algunos subsecretarios —como los de Relaciones y Migración— y agentes secretos de Migración.[183]

Este Comité Central representaba, coordinaba y lideraba a las zonas foráneas y a las 15 zonas del Distrito Federal, en las cuales había un jefe de zona que, a su vez, se apoyaba en sus subjefes, en los jefes de cuartel, jefes de grupo, jefes de manzana, de cuadra, comandantes, secretarios, inspectores y delegados. En un documento del Archivo de los Dorados se enuncian 377 jefes que corresponden a estas subdivisiones, y entre ellos sólo encontré tres elementos que no tenían cargo alguno.[184] Esto evidencia la necesidad que tuvieron los dirigentes de dar

---

[180] *Ibid.*, Jefes de Zona. Véase, además, AFJM, vol. 106, doc. 90.
[181] Bancroft Library, Silvestre Terrazas Collection, MB, box 1, Expediente Acción Revolucionaria Mexicanista, Jefes de Grupo del Distrito Federal y AFJM, vol. 106, docs. 90-94.
[182] AFJM, Manifiesto, 4 de marzo de 1936.
[183] AFJM, vol. 106, doc. 85.
[184] AFJM, vol. 106.

puestos importantes, rangos e insignias a sus seguidores, los que se traducían en actitudes de violenta prepotencia que los Dorados no dejaron de utilizar en sus discursos, en sus desfiles y en su actitud hacia los ciudadanos, especialmente los judíos, a quienes, como ya se dijo, perseguían y amenazaban constantemente.

En los documentos de Nicolás Rodríguez siempre se mencionaba una organización de masas, tanto en la ciudad de México como en la provincia; sin embargo, en los documentos encontrados en el Archivo General de la Nación, en el Archivo Francisco J. Múgica y en la Bancroft Library no aparecieron esas masas. En el Archivo Múgica —al cual se integraron documentos requisados del archivo de la ARM— encontré la lista de los 377 miembros de la organización; en la Bancroft Library, las listas de la Mesa Directiva, el Estado Mayor y los jefes de zona y de grupo con sus respectivas fotografías, y en el Archivo General de la Nación las referencias a las filiales en la provincia, las cuales, en su mayoría, no eran sino simpatizantes que formaban los comités centrales en los estados. Por ello, se puede concluir que la ARM no fue una organización de masas, como le quiso hacer creer Nicolás Rodríguez al pueblo de México.

Las ciudades que tuvieron más simpatizantes de los Dorados fueron Puebla, San Martín Texmelucan, Monterrey, Ciudad Victoria, Guadalajara, León, Nuevo Laredo y Tampico, lugares donde el clero y las organizaciones patronales gozaban de cierta hegemonía.

El auge de la organización, en 1936, se debió a una coyuntura provocada por la reciente crisis entre Calles y Cárdenas —conflicto que despertó la suspicacia de la derecha respecto a la supuesta radicalización hacia la izquierda del régimen cardenista—, el auge del movimiento obrero y los rumores de un levantamiento del general Cedillo, llamado el "líder de las derechas". Por ejemplo, en febrero de 1936 se celebró una manifestación en la ciudad de Monterrey y otra en Puebla, ambas con gran éxito para los encamisados. La primera se llevó a cabo a instancias de la Acción Cívica Nacionalista, organización formada y subsidiada por las asociaciones patronales locales, que a su vez patrocinaron a los Dorados; se realizó en oposición a la huelga de La Vidriera organizada por la CTM, la cual congregó a 60 000 personas.[185] En esa ocasión, Nicolás Rodríguez aprovechó para dar a conocer su proyecto completo, es decir, su "Ideología, Tendencia y Programa de Nacionalismo Social Mexicano", el cual constaba de 30 puntos. Menciono algunos de ellos:

1) Lucharemos por la unión de todos los mexicanos y nuestro lema seguirá siendo: "MÉXICO PARA LOS MEXICANOS".

2) Ejercitaremos dentro de la Ley nuestros derechos ciudadanos procurando que los altos puestos públicos sean desempeñados por mexicanos capacitados y de reconocida honradez, que no ejemplifiquen el robo, y combatiremos el caciquismo en donde quiera que se encuentre.

3) Gestionaremos que los planes de enseñanza, de todos los establecimientos docentes se amolden a las necesidades prácticas de la vida nacional, para que la Escuela Mexicana haga mexicanos dispuestos al sacrificio por el engrandecimiento de su país y no CIUDADANOS DEL MUNDO, con el cerebro lleno de teorías insanas y siempre dispuestos a la traición.

4) Sin omitir sacrificios, lucharemos contra el socialismo rojo, importado de Rusia, hasta conseguir su exterminio.

5) Abogaremos porque se dicte una ley delincuente a todo individuo o institución que ejerza la usura dentro del país con perjuicio de las clases menesterosas.

6) La protección bien atendida del gobierno a los obreros y campesinos será uno de los puntos capitales de nuestra labor nacionalista.

7) El liderismo causa inquietudes y divisiones en los pueblos, explota a los obreros y corrompe a los gobernantes. Haremos uso de todos los medios para exterminarlo.

8) Denunciaremos como un fraude a la Nación, la existencia de Cámaras de Comercio o Industriales, que estando integradas en su totalidad o mayor parte por extranjeros, se titulan NACIONALES, disfrutando de toda clase de prerrogativas y franquicias que les permiten violar muchas veces la Ley del Trabajo.

9) Señalaremos en forma respetuosa, la conveniencia de que el Estado y todas sus dependencias gubernativas sólo celebren com-

---

[185] AFJM. Véanse, además, Raquel Torenberg de Edelson, "Entrevista a Lázaro Edelson", en Alicia Gojman de Backal (coord.), *Testimonios de historia oral...*, *op. cit.*, p. 59; y NAW, RG59, 812.00B, doc. 30542, Informe de Monterrey de Bercker.

pras y contratos de construcciones, con los individuos o corporaciones nacionales.

10) Exigiremos que se niegue el derecho de adquisición de ciudadanía mexicana, a extranjeros indeseables.

11) Demostraremos la necesidad de que se dicte una ley que declare traidores a la patria a los mexicanos que hagan causa común, con individuos de razas extranjeras que divulguen credos disolventes.

12) Pediremos se restrinja la inmigración de individuos de las razas china y judía, mientras no se resuelva el problema económico del país y la situación de los sin trabajo.

13) Respetaremos la libertad de comercio, pero tratándose de establecimientos pertenecientes a extranjeros indeseables, intensificaremos nuestra propaganda nacionalista, en el sentido de invitar al público a dar preferencia a las casas comerciales de reconocida antigüedad y honradez.

14) Exigiremos que se reconozca a la clase media, como factor preponderante en beneficio de nuestra nacionalidad y de la marcha eficiente de la administración pública.

15) Pediremos las sanciones de la ley para los extranjeros que han penetrado al país fraudulentamente y se han enriquecido con influencias oficiales en muchas entidades federativas.[186]

Nicolás Rodríguez concluía su presentación subrayando:

Como nota final del presente programa de acción y para destruir el concepto erróneo de algunos diarios de la prensa nacional que nos atribuyen la importación y uso de "CAMISAS", declaramos a la faz del mundo: "COMO NACIONALISTAS MEXICANOS, PORTAMOS BLUSAS DORADAS, MISMAS QUE USARON NUESTROS ANTIGUOS CHARROS".[187]

La segunda de las manifestaciones, que se llevó a cabo en Puebla, "tuvo un éxito sin precedentes", tal como explicó el "Jefe Supremo" al coronel Florencio L. Acosta en una carta del 10 de febrero de 1936, en la que comentaba que en "ella fue muchísima la cantidad de gente que nos recibió y desde los balcones las señoritas poblanas nos arrojaban flores".[188] Ya desde 1934 se habían registrado grupos en muchos estados de la

---

[186] Bancroft Library, Silvestre Terrazas Collection, M5 39.
[187] *Ibid.*, p. 2.
[188] NAW, RG59, 812.00 F. Discurso del gobernador de Puebla del peligro del

República; además, surgieron organizaciones simpatizantes como la Unión Durangueña, el Frente Único de Padres de Familia y la denominada El Estudiante Adherido a la Acción Revolucionaria Mexicanista.[189]

A pesar de lo anterior, hacia 1936 se hablaba de fundar filiales en las mismas ciudades en donde aparentemente ya existían desde hacía dos años. Por ejemplo, en las ciudades de Jalapa y Veracruz y otras poblaciones veracruzanas,[190] y en Ciudad Juárez, en febrero de 1935, en donde Joaquín Rodríguez, hermano de Nicolás, escribía sobre sus intenciones de formar allí una "agrupación o partido verdaderamente revolucionario; es decir, hombres que han andado en armas y que están reconocidos como tales".[191] A pesar del apoyo solicitado en Chihuahua, la organización nunca tuvo suficientes miembros en esa entidad, y quizá ello le impidió a Nicolás llevar a cabo lo que en 1939 había considerado como la "entrada triunfal a la capital".

Existen constancias en el Archivo Nacional de Washington acerca de la fundación de diversas agrupaciones en estados como Durango, Guanajuato, Sonora, Coahuila y Tamaulipas, lo cual denota la propagación del movimiento sobre todo desde el centro de la República hacia el norte, mientras que no hay muchas evidencias del establecimiento de estos grupos en el sur, excepto en Chiapas, que funcionó como puente para estrechar relaciones con el gobierno de Guatemala.[192]

Por otro lado, la manera de difundir sus ideas y hacer propaganda siempre fue por medio de periódicos y panfletos o manifiestos que se dieron a conocer a la población de cada una de las ciudades donde existía una asociación. Pocos periódicos se pueden encontrar en los archivos; por ejemplo, en Torreón se publicaba un diario, *El Dorado, Órgano de la Acción Revolucionaria Mexicanista*, el cual decía que "*Dorado* es el periódico que leen los hombres libres" y que en esa ciudad

fascismo de México que es igual de enemigo que el comunismo. AFJM, vol. 106, doc. 87.

[189] Lo cual nos recuerda la manera como se creó en Alemania e Italia este tipo de grupos paramilitares, en los que los jóvenes eran parte activa y fundamental para su desarrollo. Véase AFJM, vol. 106.

[190] NAW, RG59, 812.00 M1370-5.

[191] *Id.*

[192] *Id.*

estaban preparados 15 000 encamisados, listos para marchar sobre México.[193]

La formación de estos grupos fue similar en todos los estados y las jerarquías se guardaban sin protesta alguna. Se daba importancia capital al ingreso de jóvenes estudiantes al movimiento y de fomentar en ellos el "sentimiento nacionalista" que los convirtiera en decididos luchadores por la patria. Como se verá en capítulos siguientes, esto era una práctica común a todos aquellos grupos que se conformaron, durante la década de los treinta, en diversos países del mundo occidental, y que se asemejaban a los Camisas Pardas de Hitler y a la ideología que sustentaba al nacionalsocialismo.

Las estrategias de lucha

La Acción Revolucionaria Mexicanista "Los Dorados" es una organización nacionalista de tendencias eminentemente democráticas y anticomunistas: combate la chifladura obrerista y agrarista del gobierno actual en lo que tiene de irreflexible y unilateral, porque los resultados desastrosos de esa política están orillando a la nación a una completa bancarrota de todos los valores sociales.
Proclama al ejército nacional, 28 de julio de 1938

El nacionalismo de derecha, el anticomunismo, el antisemitismo y la oposición de la ARM al Estado mexicano fueron acordes con sus estrategias de lucha, las de rompehuelgas y persecutores de obreros y judíos por medio de la intimidación, la violencia, la propaganda difamatoria y el boicot.

Desde su fundación, la ARM se propuso luchar contra el comunismo y contra los judíos establecidos en México. Las agresiones fueron constantes; en las huelgas, llegaban a golpear a aquellos que hacían guardias, y asaltaban las oficinas de las

---

[193] *Id.* El periódico era publicado por Librado Hilario y Salvador Álvarez, presidente y secretario, respectivamente, de la Acción Revolucionaria Mexicanista de Torreón, Coahuila. En él se puede leer el mismo tipo de artículos que en Estados Unidos, en el periódico que publicaban los Camisas Plateadas de Duddley Pelley.

organizaciones obreras, las del Partido Comunista o las del Socorro Rojo Internacional. Tanto a judíos como a socialistas (u obreros) se les hacía una guerra intensa de propaganda con libelos, manifiestos, artículos periodísticos y algunos folletos que recuerdan los mecanismos de propaganda nazi.

En un principio, la ARM fue tolerada y parcialmente reconocida por el Estado y por algunos políticos que contestaban sus cartas, les concedían audiencias y aun les otorgaban ciertas prerrogativas. Por ejemplo, la ARM escribió al jefe de la policía del Distrito Federal pidiendo un reconocimiento a sus instalaciones y un pase de revista a sus Dorados, el que se autorizó y fue realizado en agosto de 1934 por el jefe de la Oficina de Investigación y Seguridad Pública.[194]

Los Dorados acudían constantemente a los políticos importantes —y a algunos que no lo eran tanto— para pedir apoyo económico o de otra índole, por ejemplo, uniformes, pases para ferrocarriles o camiones, trabajos para sus adeptos, agilización de trámite de algún detenido, y siempre lo pedían a título de favor o de manifestación de simpatía. En el momento de realizar sus peticiones, aclaraban que si se les otorgaban, era meramente por simpatía y ello no significaría para los Dorados contraer compromiso alguno con políticos.

La mayor parte de las demandas del ARM no se atendía, especialmente si éstas se dirigían a los políticos prominentes del régimen, como el propio presidente, el secretario Francisco J. Múgica, o si formaban parte del grupo cercano a Cárdenas cuya tendencia liberal y de apoyo a las luchas obreras era evidente.

Mediante sus cartas, los Dorados pretendían el virtual reconocimiento que los legitimara ante la sociedad. Las misivas que solían mandar, al igual que su discurso político, estaban escritas en tono retador: "si usted es un buen mexicano debe apoyarnos", "su apoyo es libre y no nos comprometemos con nadie porque queremos conservar la independencia de acción", o, "sin avisos de reaccionarismo ni obstruccionismo revolucionario".

En algunas cartas, dirigidas a políticos menores —que, por cierto, sí les respondían—, el tono que seguían era de exaltación de las cualidades del sujeto de quien querían obtener favores. En todas sus cartas sin excepción exponían no ser fascistas sino anticomunistas. Como ejemplo de estas cartas se pueden mencionar las siguientes:[195]

1) Carta a Manuel Veytia, jefe de la guarnición de la Plaza de la Zona Militar, México, 8 de diciembre 1934.[196]

2) Nicolás Rodríguez al doctor José Parres, subsecretario de Agricultura. Le agradece carta de recomendación en favor de su sobrino Raúl Olmos Moreno, quien desea obtener una beca en la escuela de Chapingo; 18 de enero de 1935.[197]

3) Nicolás Rodríguez a Silvestre Pual, jefe de la guarnición de plaza de Guadalajara. Carta de recomendación en términos familiares en favor de Rubén Álvarez, dorado de Guadalajara; 26 de diciembre de 1935.[198]

4) Nicolás Rodríguez a Luis E. Velasco, inspector general de Policía. Recomienda a Soto Uribe para un empleo de policía; 11 de febrero de 1935.[199]

5) Nicolás Rodríguez al general de Brigada Rafael Cal y Mayor. Presenta a los mayores Luis M. Oceguera y Gregorio T. Gaytán, "quienes van a recibir la cooperación pecuniaria que nos ofreció"; 15 de noviembre de 1935.[200]

6) Nicolás Rodríguez al general de división Rodrigo Queve- ·do, gobernador de Chihuahua. Presenta a Salvador Díaz (dorado) quien "va a recoger los equipos para los Dorados que debemos a su gentileza" y que el gobernador le ofreció durante la estancia de Rodríguez en esa ciudad [se refiere a indumentaria]; 6 de abril de 1935.[201]

7) Nicolás Rodríguez a Saturnino Cedillo. Presenta al ex coronel Daniel Mosqueira Trejo, líder dorado, y vecinos de la Magdalena Contreras, quienes iban a exponerle asuntos relacionados con su localidad; 10 de julio de 1935.[202]

8) Nicolás Rodríguez al juez calificador de la 1ª demarca- ·

---

[195] *Id.*
[196] *Ibid.*, vol. 106.
[197] *Id.*
[198] *Id.*
[199] *Id.*
[200] *Id.*
[201] *Id.*
[202] *Id.*

ción de Policía; pide se le atenúe la pena al dorado Pedro Hernández, detenido por delito de riña; 16 de diciembre 1935.[203]

Otra actividad de los Dorados fue la propaganda. Publicaban un periódico que se sostenía mediante anuncios que se "insertaban en los periódicos". Para los judíos, esta actividad se convirtió muy pronto en el motivo ideal para sufrir las extorsiones de los Dorados; so pretexto de incluir anuncios en su periódico que anunciaran los negocios judíos, los Dorados los obligaban a pagar cuotas de inserciones que, por supuesto, jamás se publicaban.[204]

De igual manera, estaban al frente de la publicación de folletos acerca de qué era el comunismo, *Los protocolos de los sabios de Sión*, *Los peligros del judaísmo* y en general panfletos o manifiestos elaborados por la propia organización. Los Dorados también distribuyeron propaganda nazi impresa en español en Alemania. Al respecto, *Los Angeles Times* publicó una entrevista que el periodista estadunidense Harry Block, del *New York Post*, le hizo a Mario Baldwin, uno de los lugartenientes de Nicolás Rodríguez. Reproduzco a continuación parte de dicha conversación:

> *Baldwin:* Nosotros luchamos contra los judíos y contra los comunistas, los dos son un peligro para México. El país está lleno de judíos. Se apoderan de nuestros negocios, mientras los mexicanos se mueren de hambre. Vienen a robarnos, por eso debemos echarlos.
> *Block:* ¿Distribuyen ustedes alguna propaganda?
> *Baldwin:* ¡Mucha! Hasta recibimos algo de Alemania. Mire usted, esto viene de Alemania ya impreso en español y nosotros lo distribuimos, es una propaganda de Deutsche Rechte Bund, de Hamburgo.
> *Block:* ¿Reciben ustedes esto directamente de Alemania?
> *Baldwin:* No. Lo recibe un alemán aquí en México y nos lo envía a nosotros.[205]

Otra forma de "lucha" de los Dorados fueron las manifestaciones, la ostentación pública de la disciplina militar, del garbo y de los uniformes. Como se mencionó anteriormente,

---

[203] *Id.*
[204] *Ibid.*, doc. 24.
[205] *Los Angeles Times*, agosto de 1937.

la indumentaria de los Dorados llevaba insignias de grados militares, algunos obtenidos desde la Revolución, cuando se trataba de ex combatientes, y otros eran grados que la propia organización les otorgaba. Esto es importante, ya que parte de la atracción para sus adeptos consistía en la seducción que ejercían el uniforme, los ejercicios militares y el poder. También fue un hecho significativo para los obreros y los judíos a quienes amedrentaban, pues ellos —en especial estos últimos— no sabían si efectivamente estaban tratando con autoridades; muchos judíos, recién emigrados, apenas hablaban correctamente español, no conocían los derechos que los amparaban, ni hasta qué punto esta organización que los extorsionaba y perseguía funcionaba fuera de la ley. Nicolás Rodríguez le dio tanta importancia al uniforme de los Dorados que incluso a sus propias hermanas, que vivían en El Paso, las vestía como ellos.[206]

A pesar de que en México estaba prohibido portar armas, los Dorados siempre las llevaban. Los desfiles militares que organizaban generalmente se realizaban en la Alameda, donde "pasaban revista de sus fuerzas" ante Rodríguez y el ex presidente Roque González Garza. Hubo algunos despliegues especiales, como la Solemnidad de Desagravio a la Bandera y a la Patria, supuestamente ultrajada por Hernán Laborde (secretario general del Partido Comunista Mexicano), "quien ofreció que en fecha próxima ondeará la bandera roja en el Alcázar de Chapultepec", razón por la que los Dorados ofendidos convocaron a un acto magno en el Estadio Nacional el 28 de abril de 1935, en el que se haría un juramento de bandera con "una enorme Enseña Tricolor de Seda y Oro, jamás vista, que se pondrá en manos del Señor presidente, para que la custodie en Palacio Nacional". Invitaron al presidente, el cual, naturalmente, no asistió. También al general Saturnino Cedillo, gobernador de San Luis Potosí, en cuya invitación se firman como "sus amigos, correligionarios y adictos". Éste se excusó de manera cortés ofreciendo designar un representante para el caso.[207]

En junio de 1935 se nombró a Cedillo como secretario de

---

[206] AFJM, vol. 140. Informe confidencial del Cónsul General de México en El Paso, Texas, p. 93.

[207] *Ibid.*, vol. 107. Cedillo a la ARM, 5 de mayo de 1935; y vol. 106. La ARM a Cedillo, 22 de abril de 1935.

Agricultura; después de la crisis Cárdenas-Calles, los Dorados le ofrecieron un gran recibimiento en la estación de Buenavista, donde organizaron un desfile militar en su honor. Posteriormente organizaron otro numerito con motivo de las fiestas patrias, con previa consulta a Cedillo, quien ya desde el gabinete presidencial apoyaba y subsidiaba a los Dorados y se había convertido en un punto neurálgico de la derecha mexicana. Para la celebración de las fiestas patrias, en un memorándum confidencial, ofrecieron a Cedillo alistar a 5 000 Dorados que desfilarían según la forma indicada, con el propósito sincero de "demostrar que el movimiento nacionalista de la ARM adquiere fuerza efectiva y será, en el futuro próximo, el verdadero frente único en defensa de la patria, a pesar de las sombrías intrigas de nuestros enemigos solivantados por el seudo-comunismo internacional y pagados por el oro judío". Para que no quedara duda del padrinazgo de Cedillo, en el mismo memorándum Rodríguez le pidió la compra de la indumentaria para sus contingentes: 3 000 camisas e igual número de sombreros que sumaban la cantidad de 5 000 pesos, a cambio de la "singular gratitud de los DORADOS, que en todas las circunstancias sabrán demostrarla..."[208]

Sin duda, la más importante de estas manifestaciones fue el desfile del 20 de noviembre, al cual —y contra toda la oposición de la izquierda mexicana—, los Dorados asistieron uniformados, armados y a caballo; para este acto contaron también, al parecer, con el apadrinamiento de Cedillo, lo cual se infiere de la lacónica respuesta que hace éste a un memorándum de la ARM, el 19 de noviembre de 1935.[209] Ese día, antes de los acontecimientos de Palacio Nacional, los Dorados enviaron un oficio al general Vicente González, inspector general de policía, en el que le comunicaban su participación en el desfile de la Revolución y en el que se establecía que partirían del "Estadio Nacional, en donde jurarían Bandera ante el C. Presidente de la República", y pedían que hubiera agentes de policía a "efecto de garantizar el orden público".[210]

---

[208] *Ibid.*, vol. 106, doc. 61. Memorándum de la ARM al General de la División Saturnino Cedillo, 2 de septiembre de 1935.
[209] *Id.*
[210] *Ibid.*, vol. 106, doc. 41. Orden que no se mantuvo en absoluto.

La participación de los Camisas Doradas en el festejo del aniversario de la Revolución mexicana no fue bien recibida por las organizaciones obreras, campesinas y populares que calificaban a los Dorados como fascistas. El Frente pro Derechos de la Mujer, la Comisión Permanente de Mujeres, el Frente Popular Anti-Imperialista, el Centro Escolar Revolución, la Federación de Estudiantes Socialistas de México, el Comité Nacional de Defensa Proletaria, la Liga de Escritores y Artistas Revolucionarios (LEAR), el Sindicato Mexicano de Electricistas, la Confederación Sindical Unitaria de México, la Alianza y Federación de Sindicatos Obreros del D. F., la Liga Nacional de Defensa de los Trabajadores, las Juventudes Socialistas de México, la Unión de Obreros de Artes Gráficas, la Legión de Veteranos de la Revolución y el Comité Municipal del PNR en Puerto México enviaron telegramas, cartas y memorandos pidiendo al jefe del Ejecutivo que evitara la participación de los Dorados en el festejo de la Revolución, argumentando que este grupo era seguidor de Hitler y que su ideología atentaba contra la clase obrera; la mayoría de estas organizaciones advertía que si la ARM participaba en el desfile, se darían encuentros sangrientos entre dicho grupo y el proletariado de México.[211]

En el informe de la Jefatura de Policía del Distrito Federal el general de brigada y jefe de la policía, Vicente González, se estableció que

a él se le comunicó por teléfono el día 19 de noviembre que se había autorizado la manifestación de grupos obreros, campesinos y la ARM, con la condicionante de que se sujetarían a un itinerario especial a fin de evitar choques con los comunistas. Asimismo, se comunicó a esta jefatura que se impidiera la celebración de un mitin convocado por comunistas que se efectuaría el mismo día a las 18 horas a un costado de Palacio Nacional. La tarde del mismo día el Lic. Padilla de la Oficina Jurídica del Departamento del Distrito Federal, había negado el permiso a la ARM para que desfilara y que más tarde el Lic. Luis I. Rodríguez, secretario particular del presidente llamó diciendo que no quería que se impidiera la celebración de manifestación alguna y que la Policía Uniformada no se mezclara entre los manifestantes, ni tomara participación

[211] AGNM, FLC, 541.1/41.

alguna, con objeto de que éstos pudieran expresar libremente sus ideas y que únicamente se nombrara servicio de agentes de investigación que informarían a esta jefatura en caso de que se suscitara algún choque que hiciera necesaria la movilización de fuerzas para reprimirlo.

Este comunicado obliga a pensar en cierto interés del Estado para acabar con dos problemas de un golpe: los Dorados a manos de los comunistas y los comunistas a manos de la policía o de los Dorados. Más adelante, el informe agrega:

> Aproximadamente a las catorce horas, encontrándose el grueso de la manifestación de filiación comunista frente a la puerta central del Palacio Nacional, y la cabeza de la manifestación de Dorados a la altura del Palacio Municipal, se oyeron algunas explosiones producidas por cohetes que arrojó gente del pueblo, posiblemente comunistas, a las patas de los caballos, éstos estaban montados por los Dorados, lo cual originó que se iniciara el tumulto; en esos momentos, un grupo de choferes del Frente Unido de Trabajadores del Volante trataron de bloquear el paso de los Camisas Doradas, embistiendo con los coches a los caballos, mientras otro grupo de comunistas avanzó sobre el lugar donde se encontraban estacionados los Dorados entablándose una lucha a pedradas, palos y haciéndose uso de armas blancas y pistolas. Se hicieron disparos al balcón que ocupaba Luis I. Rodríguez, quien resultó ileso.[212]

El incidente entre los Dorados y el Comité Nacional de Defensa Proletaria, el Frente Único de Trabajadores del Volante y el Frente Popular Anti-Imperialista tuvo como resultado dos obreros muertos —Lucio Huerta y J. Trinidad García— y más de 40 heridos, entre los cuales se encontraba el general Nicolás Rodríguez, jefe de los Dorados.

Se detuvo a 28 personas: ocho Dorados y 20 trabajadores. Las protestas no se hicieron esperar; el Comité Nacional de Defensa Proletaria, organismo que agrupaba a la Alianza de Empleados de la Compañía de Tranvías, la Alianza de Uniones y Sindicatos de Artes Gráficas, la Cámara Nacional del Trabajo de la República Mexicana, la Confederación de Obreros y Campesinos de México, la Confederación Sindical Unitaria de

---

[212] Véase el croquis publicado en el *Excélsior*, 21 de noviembre de 1935.

México, el Sindicato de Trabajadores Mineros Metalúrgicos de la República Mexicana y el Sindicato de Electricistas unieron sus protestas en contra de lo que calificaron como una agresión fascista contra los trabajadores; asimismo, se dirigieron al jefe del Ejecutivo, a quien recordaron que el pacto de solidaridad firmado por esas agrupaciones indicaba en su base quinta que irían a la huelga general si el Estado toleraba la existencia de organizaciones cuyo propósito o tendencia fueran abiertamente contrarias a los derechos fundamentales de los trabajadores, y exigían un severo castigo para los fascistas y la inmediata disolución de los Camisas Doradas.

Otras organizaciones populares también pidieron la disolución de la ARM y protestaron en contra de que se le hubiera permitido participar en el desfile del 20 de noviembre, a pesar de que ellas se habían opuesto a dicha participación; de igual manera, reprobaron el hecho de que los Dorados asistieran al desfile ostensiblemente armados, cuando en México sólo a los elementos de la policía y del ejército se les permitía portar armas.

Por su parte, la Acción Revolucionaria Mexicanista envió al presidente Cárdenas un telegrama en cuyo texto se lee:

Agitadores comunistas, falsos apóstoles del proletariado, mismos que siempre atacan a usted, manifiestan hipócritas temores por nuestra Patriótica Manifestación, atribuyéndonos maniobras subversivas. Los hechos se encargarán de destruir tales aseveraciones ya que protestamos a la faz del mundo nuestra adhesión hacia usted. Respetuosamente, Nicolás Rodríguez. Jefe Supremo.[213]

Por otro lado, el Comité pro Raza, hermano carnal de la ARM, sostuvo en una carta de protesta dirigida al presidente de la República que "Las Camisas Doradas desfilaron con honor", pero que "fueron los brutales comunistas quienes causaron los disturbios frente al Palacio Nacional, así cuando la policía llegó al sitio ya los Dorados estaban ejercitando la legítima defensa de la enseña nacional"; el Comité pro Raza pedía la libertad de los Camisas Doradas y demás acompañantes también detenidos.

[213] AGNM, FLC, 541.1/41.

La guerra había comenzado: Camisas Doradas contra comunistas y judíos, a los cuales consideraban aliados. Después de los acontecimientos del 20 de noviembre de 1935, la estrategia dorada se vuelve más radical que en sus primeros años. Mientras Rodríguez y sus hombres de confianza afirmaban que sólo luchaban por el ideal nacionalista y que estaban dentro de la ley, el periódico *La Prensa* afirmaba que "La casa que ocupaba la Acción Revolucionaria Mexicanista en la calle de Justo Sierra estaba convertida en verdadera fortaleza. Había en el interior del edificio más de cien hombres dispuestos a todo y no menos de 500 armas, además de garrotes y piedras".[214]

Más tarde, asaltaron las oficinas del Partido Comunista en la calle de Cuba, donde armados de pistolas amagaron a los trabajadores que se encontraban ahí y destruyeron e incendiaron el mobiliario. El ataque, perpetrado por 15 Dorados, despertó de nueva cuenta las protestas del movimiento obrero. El partido protestó y pidió la disolución de los Dorados, y amenazó con que, en caso de verse obligado por la situación, rechazaría las agresiones de la misma manera y con las mismas armas. El 11 de marzo de 1936 los Dorados asaltaron las oficinas de la Confederación de Obreros y Campesinos de México, perteneciente a la CGT, y asesinaron al ex general Ismael Díaz González en las puertas de la penitenciaría del Distrito Federal.[215]

Otro grupo de la ARM balaceó la casa de Vicente Lombardo Toledano y se dedicó a romper huelgas. En provincia la situación no fue muy diferente: en Monterrey, por ejemplo, atacaron la oficina de la Cámara Unitaria del Trabajo al grito de "¡Viva Calles!"[216] En Limón, Sinaloa, asaltaron el Comisariado Municipal, y tuvieron enfrentamientos con los ferrocarrileros en Guadalajara y con el Sindicato de Mineros Metalúrgicos en Torreón, lo cual terminó con el asesinato del obrero Ismael Díaz González; hubo otros enfrentamientos en Durango, Puebla, San Martín Texmelucan y otros lugares.[217]

---

[214] *La Prensa*, noviembre de 1935.
[215] AGNM, FLC, 541.1/41. Telegrama del Sindicato de Ferrocarrileros, 18 de marzo de 1936.
[216] AGNM, FLC, 541.1/41.
[217] AGNM, FLC, 541.1/41. Juan Gregorio Vela, Srio. de Conflictos del

El 3 de mayo de 1936 el gobernador de Chihuahua, Rodrigo M. Quevedo, le informó al presidente Cárdenas que en ciudad Camargo se enfrentaron elementos clericales de Camisas Doradas y obreros, en vista de que ambos habían solicitado permiso para realizar una manifestación, el que se les negó. Los obreros acataron la disposición, pero los Camisas Doradas hicieron caso omiso y se presentaron en el centro de la población en actitud hostil. Se solicitó el auxilio de las fuerzas federales, que al presentarse fueron agredidas a balazos. De ello resultaron tres muertos: dos Camisas Doradas y un cabo.[218]

Poco después llegó otra denuncia del doctor Martínez Villarreal, comunicándole al presidente que la noche del 29 de julio, después de que la Federación de Trabajadores y el Frente Popular celebraron un mitin en la Plaza Zaragoza de Monterrey, los Camisas Doradas balacearon a los asistentes desde las azoteas de la Acción Cívica Nacionalista, matando a dos obreros e hiriendo a más de 20 personas. El doctor pidió que se disolviera dicho grupo. Esto fue confirmado por Anacleto Guerrero, gobernador constitucional, aunque los veteranos de la Revolución mandaron un telegrama de apoyo en favor de los Camisas Doradas, diciendo que el enfrentamiento no constituía una agresión, sino un acto en defensa propia.[219]

El 5 de agosto del mismo año, el general Anacleto Guerrero informó que la policía había desintegrado a la Acción Cívica Nacionalista el día anterior, y que en el acto se confiscaron toda clase de armas, pistolas, garrotes y cuchillos en cantidad considerable; el general concluía que dicho grupo tenía actitudes de disolución social, tales como asistir armados a sus sesiones y provocar disturbios.[220]

Un día, cuando el cuartel general de la ARM estaba casi vacío, se presentaron en él aproximadamente 100 muchachos pertenecientes al Partido Comunista de México y se apoderaron del Archivo de la organización. Fue entonces cuando las organi-

Sindicato Nacional de Empleados de Comercio, de Guadalajara; protestaron contra las maniobras que están llevando a cabo la negociación del Surtidor de Tampico, Tamps., cuyos propietarios han constituido un grupo de Camisas Doradas.
[218] AGNM, FLC, 541.1/ 41.
[219] *Id.*
[220] *Id.*

zaciones obreras se enteraron de la exacta ramificación de los Dorados y los proyectos que tenían para el futuro. También se conoció quiénes ayudaban económicamente a Rodríguez para sostener los cuantiosos gastos, como por ejemplo los que requería la organización de las masas. Se comprobó que la legación alemana —especialmente un agregado "de publicidad" de ésta— proporcionaba sumas regulares para financiar a la agrupación.

En un telegrama dirigido al presidente Cárdenas, el Comité de Estudios Obreros se quejó de atentados que impunemente cometían los Dorados "asaltando guardias de obreros en huelga a los que apalearon y pegaron con pistolas [...] estimando que la tolerancia de estos atentados constituía una aprobación tácita al ataque que los Dorados hacían de los derechos conquistados por el movimiento obrero del país". La Confederación de Trabajadores de la Enseñanza los acusaba de hacer propaganda en contra de la educación socialista.

Las organizaciones obreras —por medio del Comité Nacional de Defensa Proletaria y de la Confederación de Trabajadores de México, además de otras 53 organizaciones sindicales— empezaron a pedir la disolución de la ARM, y dado que ya se había creado un clima de inestabilidad, el presidente de la República ordenó que Rodríguez fuera expulsado del país y que la organización fuera declarada fuera de la ley. Una veintena de policías irrumpió un día en la casa de los Dorados, desalojó las habitaciones y procedió a sellar las puertas.

El primero de marzo de 1936 se verificó una gran manifestación organizada por sindicatos con una asistencia aproximada de 20 000 personas que protestaron contra los Camisas Doradas, pidiendo su disolución y expulsión. Iguales protestas se llevaron a cabo en provincia contra los Dorados locales. En una entrevista, el presidente Cárdenas afirmó que la ARM era

un núcleo nocivo, pues se había arrogado la facultad de interpretar a su modo las leyes, además de otros actos perjudiciales al orden público como: manifestaciones tumultorias cuyos saldos sangrientos "todos lamentamos", agresiones constantes a los trabajadores organizados, maniobras encaminadas a intimidarlos para evitar que consoliden sus conquistas económicas sociales, además de

haber llevado a cabo la labor de división del campesinado en beneficio de tal o cual grupo de terratenientes, ataques a la libertad del
pequeño comercio que van desde la demanda de ayuda pecuniaria
(para la ARM), haciendo presión con violencia, hasta el boicot contra este o aquel comerciante, tales han sido hasta hoy las únicas
pautas de la ARM, por lo que la consideraba una amenaza a la tranquilidad social.[221]

Respecto a las campañas de la ARM contra los extranjeros,
Cárdenas afirmaba que repudiaba la política de hostilizar a
aquellos que al amparo de la ley vivían en el país. Afirmaba:

Ahora bien, aun cuando no se reconozca la contribución que la
raza hebrea ha aportado al mundo contemporáneo, es oportuno
hacer hincapié en que el antisemitismo preconizado por los adherentes a la ARM —al igual que el comunismo y el fascismo— es una
planta exótica en nuestra patria dado que en ella no existen los
problemas que han llevado a los gobiernos de otras naciones a fijar
determinado rumbo a su política. Por lo tanto, carece de todo sentido que la ARM señale como uno de sus objetivos primordiales
combatir males imaginarios, pues con ello sólo consigue sembrar
factores de inquietud.[222]

El 27 de febrero de 1936 el presidente Cárdenas giró un
acuerdo para que se expulsara del país al general Nicolás
Rodríguez, quien fue detenido y trasladado a la frontera. La
prensa reaccionaria calificó el acto de fascista y dijo que constituía "una vuelta a las prácticas del callismo", ya que —afirmaba— los Camisas Doradas no hacían labor contra el gobierno, sino que su programa era revolucionario y de "rechazo al
comunismo".[223]

Los Dorados se defendieron de toda la oposición y todas las
peticiones de disolución y expulsión, alegando:

Nosotros venimos a continuar la obra del Padre Hidalgo, del Padre
Morelos, de los patriarcas de la Reforma y de los patriarcas de la
Revolución. No somos un partido de asambleas oratorias, somos

[221] *Id.*
[222] *Id.*
[223] *Omega* y *El Hombre Libre.*

un partido de acción y lucha. En la manifestación del 20 de noviembre nos esperaron frente a Palacio Nacional los grupos comunistas, fuertes en varios miles de hombres, con orden de cargar sobre nosotros en la misma residencia del poder ejecutivo a pesar de las ordenanzas del ejército que prohíben riñas y tumultos frente a puestos militares. Pero supimos salir airosos de la prueba y contestamos fuego con fuego. La cabeza de todo libertador siempre ha tenido su precio. Mas no importa. Nuestra obligación no es el triunfo, sino la lucha. Tenemos una fe y una bandera [...].[224]

Después de la disolución y la expulsión de Rodríguez del país, en una segunda fase la ARM se inclinó por manifestaciones más políticas, más de agitación y menos de despliegue militar. Por ejemplo, la del 3 de marzo de 1936 en Durango, apoyada por la Unión Cívica Duranguense y por autoridades y veteranos de la Revolución.[225] Otra manifestación en la que participaron Dorados fue la del 6 de febrero de 1936 en Monterrey, organizada y patrocinada por la Coparmex y apoyada con un paro patronal, en el cual participaron 60 000 personas.[226]

En esta segunda época de la organización, establecieron oficinas de reclutamiento en el norte de la República. Desde mayo de 1936, tras la expulsión de Rodríguez y la disolución de la ARM, los Camisas Doradas se habían refugiado en la región lagunera, donde el reparto de tierras decretado por el presidente había afectado a un buen número de terratenientes. Había Dorados en los municipios de Parras y General Cepeda; muchos aseguraban tener la amistad del jefe de la zona y estaban armados.

En Monterrey iniciaron la publicación de un periódico, hecho en los talleres del *Diario del Norte*, propiedad del señor Ortiz Garza, quien rentaba sus instalaciones a José Fernández Rojas. Los Dorados se dirigieron entonces al secretario particular del presidente, Luis I. Rodríguez, para que se cumplieran los acuerdos con la Comisión Agraria Mixta, ya que muchos terratenientes habían sufrido serias afectaciones.[227]

---

[224] AGNM, FLC, 541.1/ 41. Manifiesto de la ARM, 4 de marzo de 1936.
[225] AGNM, FLC, 541.1/ 41. Federación Regional de Obreros y Campesinos al presidente Cárdenas, 3 de mayo de 1936.
[226] Ezra Shabot, "Los orígenes de la extrema derecha en México", tesis de licenciatura, México, Universidad Nacional Autónoma de México, 1976, p. 140.
[227] AGNM, FLC, 541.1/ 41, legajo 4.

La estrategia de la ARM se puede resumir como lo hace Fernández Boyoli al afirmar que

> la actitud de este grupo fue trabajar de manera aislada con medidas de escándalo que usufructuaba económicamente de la clase patronal; Cedillo atrajo [a sus miembros] y los amparó; se organizó la provocación permanente, pero la ARM cubrió la apariencia de un pistolerismo fascista mexicano, so pretexto de agresiones continuas que le hacían los trabajadores o el gobierno; era la época de "bonos", "timbres", "vales" y otras formas de especulación de la ARM, además de las subvenciones recibidas [...].[228]

Transición de grupo fascista a movimiento opositor al régimen

Entre 1937 y 1938, Nicolás Rodríguez continuó con sus planes de derrocar al gobierno cardenista. El 5 de septiembre de 1937 hizo un llamamiento a los jefes de zona y a los jefes de grupo de la ARM, y en general a todos los Dorados de la República, desde Nuevo Laredo, indicándoles que estuvieran "listos para el momento en que haya que defender la pobre patria nuestra que se extenúa bajo las garras de las bestias que la ultrajan y librar a la nación del yugo que la oprime", y agregaba que "la fecha está ya próxima".[229] Rodríguez afirmaba que tanto Lombardo Toledano, Múgica, Luis Rodríguez y Cárdenas tenían el compromiso de hacer de México un Estado soviet para el día 1º de diciembre de 1937. Algunos días después, el cónsul en Detroit informaba al presidente de las actividades que Rodríguez continuaba realizando en Estados Unidos, comunicándole lo siguiente:

> Puedo agregar a mi informe como algo de verdadero interés, que los señores Wood y Hoffman manifestaron enfáticamente que los camiones y automóviles que deseaban comprar, eran para un movimiento encabezado por el ex general Rodríguez y pedían que se les entregara este mismo mes 400 de ellos y 350 para mediados de

---

[228] Fernández Boyoli y Marrón de Angelis, *Lo que no se sabe de la rebelión cedillista*, México, s.e., 1938, p. 7.
[229] AGNM, FLC, 541-1/41, leg. 4.

septiembre próximo, [...] me dijo mi entrevistado que al solicitarles referencias aquellos individuos, dieron los nombres de personas establecidas en lugares cercanos a la frontera de México, sin poder precisar de qué puntos se trataba y lo más extraño es que entre esas referencias figuró el nombre de una persona conectada con el Departamento de Justicia de este país, sin que desgraciadamente, fuese posible proporcionarme este otro nombre o siquiera su lugar de adscripción en la comarca indicada. Lo digo a usted porque en mi concepto y a pesar de la vaguedad de los datos adquiridos, el número de camiones y automóviles que fijaron los presuntos compradores merece se investiguen sus actividades, aunque no se trate, como es muy factible, sino de una maniobra tendiente a la realización de alguna estafa.[230]

Como se puede apreciar claramente, el gobierno estaba constantemente informado de las actividades de Rodríguez en Estados Unidos; además, la persona conectada con el Departamento de Justicia era seguramente O'Connor, quien había apoyado ya a Smithers, y se sabía que el movimiento de Rodríguez no consistía en la simple realización de una estafa, sino de un movimiento rebelde apoyado por muchas personas en el país del norte.

La propaganda de Rodríguez continuó fuera del país. En noviembre de 1937 se llevó a cabo un acto anticomunista en El Paso, al cual se cree que asistieron 500 000 Dorados, muchos de los cuales se reunían clandestinamente. Se habló del apoyo de ministros de la Iglesia católica, de protestantes, masones y Caballeros de Colón. Y Rodríguez predijo un levantamiento en los siguientes 60 días.[231]

El 30 de enero de 1938 los Dorados trataron de apoderarse de la ciudad de Matamoros, causando varias muertes entre los obreros.[232] En febrero del mismo año apareció un manifiesto de la ARM que decía: "Mentira que la ARM sea fascista, la ARM es enemiga del comunismo y tiene la intención de que en México impere un régimen democrático respetuoso de todas las

---

[230] AGNM, FLC, 541.1/41. Informe del Departamento Consular, según parte del Cónsul mexicano en Detroit, 9 de septiembre de 1937.

[231] AGNM, FLC, 541.1/41. Artículo publicado por el *Herald Post*, 16 de noviembre de 1937.

[232] AGNM, FLC, 541.1/41. Telegrama del Sindicato Nacional de SCOP, Altamira, Tamps., 31 de enero de 1938.

creencias y con la intención de dejar en libertad del pensamiento en toda su extensión [...]".[233]

En junio salió otro manifiesto en el que Rodríguez expresa-
ba que la Revolución de 1910 no había terminado y que había
que seguir luchando por ella; afirmaba que "no es la revolución la que entrega al país a manos del judío internacional,
que con sus teorías disolventes, enmascaradas con el nombre
de socialismo, es comunismo y la exprime para después arrojar-
lo como una basura", y, refiriéndose al presidente Cárdenas,
agregaba: "No puede ser nacionalista aunque lo diga el hombre que deliberadamente está arruinando a la Nación sólo por
satisfacer su odio indígena contra todo aquel que usa gua-
rache".[234]

Rodríguez estableció sus oficinas y cuartel en Mission y
extendió a las ciudades de Brownsville, Edimburg y McAllen
su radio de acción. Constantemente le llegaban informes a
Cárdenas de todos los preparativos para la rebelión en su contra. Así le informó el cónsul en Brownsville:

> Tengo conocimiento que un ex coronel de nombre Múzquiz que
> fue de la gente del viejo revolucionario Atilano Barrera y del ex
> teniente Coronel Magil Cadena, este último radicado en un rancho
> cercano a Múzquiz, Coahuila, están preparando un levantamiento
> por la región de Villa Acuña, Coahuila, en un rancho propiedad del
> norteamericano Mayer. Según parece, estos señores están reunien-
> do caballada en aquella región y creen contar con unos 300 caba-
> llos para levantarse en armas contra nuestro gobierno en breve
> plazo. Han estado contrabandeando armas en cortas cantidades
> para no despertar sospechas y estas actividades están relacionadas
> con Nicolás Rodríguez.[235]

Marte R. Gómez le informó también al presidente de las
mismas actividades en la frontera norte y comentó que, por
los automóviles y elementos con que contaban, seguro habían
recibido financiamiento de algún lado. Asimismo, pedía que
para evitar cualquier acción de los Dorados, el gobierno fede-

---

[233] AGNM, FLC, 541.1/41. Manifiesto de la ARM a los soldados de la República.
[234] AGNM, FLC, 541.1/41. Manifiesto de Nicolás Rodríguez en Mission, Texas.
[235] AGNM, FLC, Informe del Cónsul Mexicano en Brownsville.

ral le enviara refuerzos y armas para los campesinos agraristas.[236]

De igual manera, se estaban llevando a cabo reuniones en Los Ángeles, California, según un informe de James Hason del 11 de agosto de 1938, donde se denunciaba a un estadunidense de nombre L. Dinley, mayor en el cuerpo de la Marina de reserva del gobierno de Estados Unidos, que además de estar de acuerdo en derrocar al gobierno mexicano tenía permiso del gobierno estadunidense para manufacturar y vender municiones en San Antonio, Texas.[237]

Entre los informes del cónsul mexicano en Brownsville hay uno para el general Ávila Camacho, secretario de la Defensa, que dice que Nicolás Rodríguez y su gente se reunían en su casa con estadunidenses de Houston y Forth Worth, al parecer personas muy prominentes que iban constantemente a Mission a verlo, y que entre ellos se encontraban los hermanos Wood y un tal Ben Harris, propietario de terrenos petroleros en las cercanías de Corpus Christi, y otros dos estadunidenses que se dedicaban a la misma actividad, pero cuyos nombres ignoraba.[238]

Se le informó a Ávila Camacho que el golpe se pensaba dar entre el 15 y 16 de septiembre, primero sobre el campamento de trabajadores de la presa El Azúcar, en Canales, y otro en Camargo, Tamaulipas, comandado por Rosendo Piña, considerado como el segundo de los Dorados en Mission. Se le informaba entonces que ya había una honda división entre los Dorados, ya que el jefe Nicolás Rodríguez no tomaba aún una acción decisiva. El cónsul agregaba:

> Según entiendo, la señora doña Higinia Cedillo, hermana del ex general, tuvo un fuerte disgusto con Rodríguez por cuestiones de dinero, ya que esta señora le dio a Rodríguez para la compra de armas y parque, lo cual no hizo Rodríguez; y parece que se está organizando un grupo aparte por el ex general Espiridión Salinas de acuerdo con la Sra. Higinia Cedillo para internarse en Tamaulipas, y que el general Salinas tiene mucha influencia en la gente

[236] AGNM, FLC, Marte R. Gómez, gobernador del estado de Tamaulipas, al General Lázaro Cárdenas.
[237] AGNM, FLC, 541.1/41. James Hason al presidente Cárdenas.
[238] *Ibid*. Informe del secretario de Defensa, 2 de septiembre de 1938.

de la comarca donde fue el 2º al lado de Almazán en los años 17-20 cuando se encontraba levantado en armas en contra del gobernador Carranza.[239]

Por lo anterior y por el hecho de que la Patrulla Fronteriza de Brownsville había detenido ya en una ocasión a las hermanas de Cedillo, las cuales se "escudaban en su sexo para cruzar frecuentemente la frontera, llevando y trayendo informes a los Dorados", podemos confirmar la participación del general Cedillo en este movimiento para derrocar a Cárdenas.

Un informe del 19 de septiembre de ese año decía que los señores Hilario Romero y Jorge Martínez, que se hospedaron tres días en esa ciudad, eran agentes de Cedillo y andaban buscando gente que quisiera atravesar la línea divisoria, para que se presentaran en Camargo, Matamoros y Laredo, donde recibirían instrucciones, y que después de ver a la señora Higinia Cedillo, se dirigieron a San Antonio probablemente para adquirir municiones.[240]

El domingo 13 de noviembre de 1938 salieron de Mission cinco automóviles en donde iban de 15 a 20 personas con dirección a Laredo o Eagle Pass. Todos ellos eran Dorados, y su plan era que Román del Toro cruzara al lado mexicano entre Ricorico y la boca del Río Bravo, abajo de Matamoros, con gente que tenían en esa ciudad, en San Benito, Los Indios y El Carricitos, del condado de Cameron. Además, se pretendía que Ramón Múzquiz pasara entre Eagle Pass y Del Río. Espiridión Salinas pasaría a Río Grande City entre Camargo y Mier, Tamaulipas. Todos los jefes dorados salieron muy bien vestidos, con trajes de gabardina de color dorado, y guardaban algunas ametralladoras en un rancho situado entre Edimburg y Mission, del condado de Hidalgo. A Román del Toro se le unió el ex capitán del ejército Ignacio Cantú, de Matamoros, que vivía entonces en Raymondville, Texas, así como Rosendo Piña.

Pero la rebelión no se llevó a cabo, ya que el gobierno mexicano estaba informado permanentemente de las actividades de Rodríguez y de los otros Dorados; aunque Rodríguez se

---

[239] *Ibid.* Informe del Cónsul de México en Brownsville, Texas, 12 de septiembre de 1938.
[240] *Ibid.* Informe del Cónsul de Brownsville, 19 de septiembre de 1938.

haya enemistado con el resto, éstos tampoco llegaron a realizar su hazaña. Todavía en noviembre de 1939 hubo nuevas protestas contra los Dorados, porque habían abierto oficinas y grupos en Sabinas. Se dieron entonces problemas en el seno de la agrupación, como se muestra en la siguiente carta:

En mi poder su carta. He sido enterado de su contenido y a esto debo hacerle saber que la Convención fue hecha y presidida por hombres serios y viejos revolucionarios, los que además de su buen prestigio, cuentan con valiosos y nutridos contingentes. Además el que haya desconocido al señor Rodríguez no quiere decir que la agrupación haya fracasado. Al contrario, hoy es cuando más fuerza tiene, porque cuenta con los respaldos con que nunca había contado. [...]

Con respecto a los motivos por los que se desconoció a Rodríguez, no tiene discusión y que cada uno juzgue a su manera, que la responsabilidad quede a la conciencia de quien lo haga y según la conozca, porque nadie puede juzgar sin conocer. Yo por mi parte, lo conozco desde hace 20 años, y con pruebas puedo demostrar que este señor nunca ha hecho nada como revolucionario, yo fui quien le consiguió el nombramiento de general aquí en los Estados Unidos, después de la caída del general Carranza, encontrándose en ésta en completa inactividad. [...] Al ser deportado y al arribar a ésta me pidió que lo ayudara y traté de hacerlo, le di toda la publicidad posible, lo inflé y se creó un "bluff", se dedicó a vivir de esta mentira sin importarle llevar al fracaso a hombres serios y bien intencionados; yo tengo conciencia y me retiré para no seguir sirviendo de instrumento.[241]

La conversación entre los generales se llevó a cabo; se desconoció a Rodríguez y se nombró una nueva mesa directiva, así como un nuevo jefe capaz de enfrentarse al peligro, aunque su nombre no se menciona en ninguna de las cartas.

[241] *Ibid*. Todo reconstruido a partir de una serie de artículos publicados en *La Prensa*, 1938 (39 fechas), y en periódicos de McAllen, Texas.

IV. LA INFLUENCIA IDEOLÓGICA NAZIFASCISTA

Nexos de la ARM con el nacionalsocialismo alemán

El régimen fascista intentó ganar terreno en México desde el siglo XIX. El sueño del Segundo Reich desde 1871 había sido la conquista permanente; este afán se vio interrumpido con la derrota sufrida en la primera Guerra Mundial, pero la República de Weimar continuó con la ideología imperialista que la caracterizó desde el siglo pasado. Su idea era consolidar el núcleo continental conquistando el llamado "espacio vital" y dejar, por el momento, una expansión hacia ultramar que implicaría un enfrentamiento con Inglaterra y posteriormente con Estados Unidos.

En México y América Latina en general, una de las principales ocupaciones del gobierno nacionalsocialista fue la de contrarrestar la "propaganda enemiga" en contra de la "Nueva Alemania" y movilizar a los elementos germanos para apoyo del movimiento hitleriano.

En ese sentido la llamada Organización para el Extranjero (AO, por sus siglas en inglés) fue la dependencia que más actividades desarrolló. Su objetivo era crear una gran comunidad del pueblo alemán en este continente; sin embargo, esos anhelos estaban en contradicción con la cautela en cuanto a política exterior, a la que el Reich estaba obligado por la coyuntura mundial a partir de 1939. Tener a su favor la neutralidad de nuestro país era básico para el Führer.

Las relaciones entre México y Alemania estaban basadas desde el siglo pasado en intereses económicos. Por ello, las fricciones entre la Alemania de Hitler y el México de Cárdenas se trataron de solucionar para proteger ese comercio.[1]

---

[1] Véanse Friedrich Katz, *La guerra secreta en México. La Revolución mexicana y la tormenta de la primera Guerra Mundial*, 2 vols., México, Era, 1982, y

El acercamiento temporal entre los dos países, a raíz de la expropiación petrolera de 1938, fue posible por el distanciamiento que hubo entre Estados Unidos y nuestro país y por el boicot inglés. La postura de Roosevelt permitió un mayor marco de acción política al gobierno mexicano, y la actitud intransigente de las compañías expropiadas obligó a los mexicanos a vender su crudo al mejor postor, que en esos momentos fue el Tercer Reich.

Cuando el fascismo internacional intentaba amenazar la seguridad hemisférica, Estados Unidos recobró su esfera de influencia tradicional y México se adhirió a la solidaridad panamericana. El Estado mexicano estaba ya suficientemente consolidado y contaba con un amplio apoyo popular, por lo que puede inferirse que no consideraba la presencia fascista como una amenaza para la soberanía nacional. En un principio, la entrada formal al Partido Nacionalsocialista se limitó a una minoría. Sin embargo, puede afirmarse que los alemanes en México sí colaboraron con las actividades del NSDAP, como se verá más adelante.

Diversas fuentes que se analizarán a lo largo de esta sección confirmaron una presencia contundente del Tercer Reich y los grupos nazis en el país, sobre todo en la oposición al régimen cardenista. Éstos se localizaron sobre todo entre la clase media, que por su claro anticomunismo daban pie a aceptar una influencia directa del nazifascismo, y la mayoría de sus miembros fueron reclutados por la mencionada AO. Unos años después empieza a operar el cuerpo de inteligencia alemana, la Abwehr, que realizó su trabajo quizá en forma independiente del NSDAP.

La investigación de una organización como los Camisas Doradas y de un movimiento como la rebelión cedillista permite pensar que, además de estar cerca de los grupos nazis, estos grupos quizá también lo estuvieron de la Falange española.[2]

Friedrich Katz et al., Hitler sobre América Latina. El fascismo alemán en Latinoamérica, 1933-1943, México, Fondo de Cultura Económica, 1968.

[2] Se revisaron los Archivos de Relaciones Exteriores de México, el Archivo Nacional de Washington, el de Suitland en la misma ciudad y, ante la imposibilidad de revisar los archivos alemanes, nos basamos para ello en la investigación de Jürgen Müller, "El NSDAP en México: historia y recepciones: 1931-1940", Revista de Estudios Interdisciplinarios de América Latina y el Caribe, vol. 6, núm. 2 (América Latina y la segunda Guerra Mundial), 1995, pp. 89-109, y en

La preocupación de Cárdenas respecto a las actividades de Nicolás Rodríguez se hizo patente por los informes constantes que recibía la Secretaría de Relaciones Exteriores, los cuales eran enviados por el cónsul en la zona fronteriza. Entre 1936 y 1938 se mencionan en ellos los traslados del "Jefe Supremo" para entrevistarse con el representante del ex presidente Calles en Los Ángeles, California, y los viajes y acuerdos con líderes estadunidenses, sobre todo petroleros preocupados por la posible expropiación de la industria. En febrero de 1938 el embajador de México en Estados Unidos informaba que casi diariamente recibía comunicaciones acerca de Rodríguez, quien pretendía lanzar un movimiento armado desde Tamaulipas a México, y que su organización era francamente de corte fascista.[3] Esto parece enfatizarse en la prensa estadunidense a partir de 1938, donde ya se hablaba de ciertos aliados nazis, espías que eran ajenos a la "unidad panamericana".

Estos grupos nacionalistas, además de estar relacionados con los sectores patronales más reaccionarios de México, representaban una franca oposición al panamericanismo estadunidense. En muchas ocasiones se mencionaba el vínculo entre éstos y oficiales del ejército alemán, o su participación en la creación o apoyo de la "quinta columna", además de recibir ayuda económica de empresarios extranjeros que representaban los intereses del Tercer Reich.

En esos años, el gobierno mexicano había manifestado ya su preocupación por los acontecimientos en el Viejo Continente y se había declarado en contra de la política anexionista del Tercer Reich y sus aliados italianos. Por otro lado, el apoyo que había recibido el gobierno democrático español por parte del Estado mexicano planteaba una clara filiación antifascista en la política exterior, lo cual daba pie a que esos grupos "ultranacionalistas" cuestionaran la política interna mexicana. Sin embargo, la expropiación petrolera y el consiguiente boicot de las compañías estadunidenses e inglesas pusieron con-

B. von Mentz, V. Radkau, D. Spencer y R. Pérez Montfort, *Los empresarios alemanes, el Tercer Reich y la oposición de derecha a Cárdenas*, México, Secretaría de Educación Pública, 1988.
[3] Archivo Histórico Genaro Estrada de la Secretaría de Relaciones Exteriores (AHSRE), exp. III-334-29.

tra la pared a Cárdenas, quien en años anteriores a la declaración de la guerra vendió el crudo a sus únicos compradores, los alemanes.

Los vínculos de las organizaciones de la extrema derecha en México con los intereses de la Alemania nazi presentan una interesante veta en la investigación para aclarar el papel de los Dorados en este contexto.

Las preguntas que surgieron de inmediato fueron las siguientes: ¿desde cuándo se dio esta relación? ¿Con cuál de las dos organizaciones, la AO o la Abwehr, se relacionaron los Dorados? Y ¿cuáles fueron las intenciones de ambos grupos?

Todo se inició en enero de 1933, cuando Paul von Hindemburg, presidente del Reich, nombró canciller de Alemania a Adolfo Hitler, entonces dirigente del Partido Nacionalsocialista alemán. A la muerte de Hindemburg, Hitler reunió en su persona los cargos de canciller y presidente, ostentando el título de caudillo del Imperio, el *Reichsführer*.[4]

Desde el primer momento, el bolchevismo fue motivo de temor y modelo a seguir para el nacionalsocialismo. La Revolución bolchevique significaba un paso hacia una nueva dimensión histórica mundial, la del exterminio social de extensas masas humanas, y también un nuevo tipo de revolución social.

En esos años, como se vio en el capítulo I, la situación alemana era difícil, ya que había más de seis millones de desempleados, de los cuales una parte considerable estaba obligada a vivir de las subvenciones mínimas ofrecidas por la asistencia pública. La crisis económica originada en Estados Unidos a partir de 1929 se dejó sentir en todo el mundo.

En Alemania, además del partido que se consideraba anticonstitucional, o sea el Nacionalsocialista —que dirigía su propaganda principalmente contra el parlamentarismo de Weimar y el Tratado de Versalles—, militaba también el Partido Comunista, que pretendía derrumbar el capitalismo y erigir la dictadura del proletariado, como sección de la Internacional Comunista. Este partido era el único que desde las elecciones de 1928 iba en crecimiento, y muchos decían que servía de

---

[4] Patricia Galeana de Valadés (coord.), *Los siglos de México*, México, Nueva Imagen, 1991, p. 348.

foro de protesta a los desempleados. Pero desde que Hitler asumió el poder, esto fue interpretado como una respuesta a la derrota sufrida en 1918 por los alemanes, y de ahí su deseo de conseguir que Alemania superara sus problemas y las imposiciones del famoso Tratado. Así, el 30 de enero de 1933, el Comité Directivo del Partido Socialdemócrata rechazó la propuesta comunista de declarar en forma conjunta una huelga general.

El 10 de febrero del mismo año, Hitler pronunció un discurso en el Palacio de los Deportes de Berlín; encima del podio estaba escrita con grandes letras la sentencia "El marxismo debe morir", y en torno a este tema giró su participación, de la cual se señalan las siguientes aseveraciones: "El marxismo significa eternizar el desgarramiento de la nación; sólo mediante una actitud pacifista hacia el exterior y terrorista al interior, se pudo imponer esta ideología de la destrucción y la eterna negación. O triunfa el marxismo, o el pueblo alemán, y Alemania triunfará".[5] El Führer se preguntaba si "acaso el marxismo había eliminado la miseria del país donde triunfó", y argumentaba que millones de personas habían muerto de hambre en un Estado que hubiera podido servir de granero a todo el mundo. Agregaba, además: "Dicen que han logrado suprimir el capitalismo, pero el mundo capitalista tiene que ayudarles con créditos, suministrar máquinas e instalar fábricas. Una burguesía débil se rindió a esta locura, pero nosotros le haremos frente".[6]

En los discursos de Hitler la exigencia básica era la destrucción del comunismo, exterminándolo en forma tajante y despiadada. Ese antimarxismo fue la característica más representativa de la ideología nacionalsocialista. Y junto a ese odio se empezó a incluir al grupo judío.

Los alemanes querían conocer los orígenes y localizar a los culpables del mal social por el que estaban atravesando, y para ello no se limitaron sólo a culpar al comunismo o al marxismo, sino que culparon también la debilidad del liberalismo y señalaron a los judíos como la causa decisiva.

[5] Ernst Nolte, *La guerra civil europea, 1917-1945. Nacionalismo y bolchevismo*, México, Fondo de Cultura Económica, 1994, p. 38.
[6] *Ibid.*, p. 39.

En 1933 la Unión Soviética era motivo de temor para Hitler y todos los iniciadores del levantamiento nacional; desde un principio el régimen nacionalsocialista se caracterizó por dictar rigurosas medidas en contra de los comunistas y sus órganos de difusión. Asimismo, la información de la prensa extranjera destacó muy pronto la persecución de los judíos. El *Herald Tribune* de Londres proclamó que estaba próximo "el genocidio de los judíos alemanes".[7]

Alemania inició de esta manera algo sin precedentes en el mundo: la lucha contra los judíos y su privación de todo derecho, en un Estado moderno en el que la emancipación, es decir, su asimilación jurídica y efectiva con el resto de los ciudadanos nacionales, había sido concluida desde hacía tiempo.[8] En un informe que envió el embajador inglés en Berlín, sir Horace Rumbold, el 28 de marzo de 1933, ya comentaba acerca de la difícil situación que esperaba a los judíos:

Se expone Hitler al declarar la guerra a los judíos, no sólo como jefe de un partido, sino como estadista, así como existe una enorme contradicción entre dicha guerra y las tradiciones del periodo de Weimar e incluso de la época guillermina; la joven generación nazi no sabe nada de la actividad desarrollada por judíos alemanes y extranjeros en la lucha contra las cláusulas vejatorias del Tratado de Versalles. [...] El ostentoso tren de vida de banqueros y capitalistas judíos [...] inevitablemente despertó envidia al generalizarse el desempleo. Los mejores elementos de la comunidad judía tendrán que sufrir y siguen sufriendo los peores pecados, en especial los pecados de los judíos rusos y galitzianos que llegaron a este país durante la Revolución de 1918.[9]

Ya Teodoro Herzl, el iniciador del sionismo, había mencionado que la "batalla social se llevará a cabo a nuestras espaldas, porque del lado capitalista y también del socialista, ocupamos los lugares más expuestos".[10]

[7] *Ibid.*, pp. 44-45.
[8] Véase Judit Bokser Misses, "El movimiento nacional judío. El sionismo en México, 1922-1947", tesis de doctorado, México, Universidad Nacional Autónoma de México, 1991, cap. 2.
[9] E. Nolte, *La guerra...*, *op. cit.*, p. 46.
[10] Theodor Herzl, *Der Judenstaat. Zionistische Schriften*, t. 1, Tel Aviv, 1934, p. 37.

Saludo al estilo nazi. Al centro, el jefe supremo de los Dorados, Nicolás Rodríguez.

Joaquín Rodríguez, hermano de Nicolás, luciendo la camisa y el escudo de Acción Revolucionaria Mexicanista.

Manifiesto de Acción Revolucionaria Mexicanista, dirigido al pueblo anticomunista. Se aprecia el lema "México para los mexicanos".

Un desfile militar de los Dorados en la Alameda Central de la ciudad de México.

El "Estado Mayor" de los Dorados

En esta gráfica aparece Nicolás Rodríguez (el tercero, de la derecha) jefe de los Camisas Doradas, con su "estado mayor". Recientemente los procuradores de justicia de algunos condados de Texas, hicieron a los Dorados la advertencia de que se abstuvieran de toda propaganda contra el gobierno de México o de lo contrario se les procesaría por sus actividades subversivas.

— Foto I. I. NEWS

El estado mayor de los Dorados; al centro, Nicolás Rodríguez.

Entrenamiento de los Camisas Doradas. El jefe supremo revisa el contingente en el centro de la ciudad de México.

Desfile del Día del Comercio. Las sociedades cooperativas de Tacubaya exigen la expulsión de los judíos.

La Campaña Nacionalista. La Liga de Bazares de México pide la expulsión de los judíos del país.

Pero ninguno de los periódicos extranjeros realmente interpretó la toma del poder de Adolfo Hitler como un suceso que tendría consecuencias a nivel mundial. Su antisemitismo lo condujo a equiparar el capitalismo con el bolchevismo y a culpar a la burguesía o clase media por haber iniciado esa revolución. Lo que más lo afectó fue la experiencia del comunismo que había provocado la derrota alemana por medio de la agitación, dividiendo a la nación entre burguesía y proletariado y permitiendo la gran amenaza de los segundos contra la primera. Además, la participación destacada de un grupo de judíos —que aunque estaban totalmente alejados de sus creencias y tradiciones— fue determinante dentro de la Revolución bolchevique. De ahí que el Führer empezara a identificar el comunismo con el judaísmo y a mencionar la conspiración "judeo-bolchevique".[11] En su libro *Mein Kampf*, al referirse a los desfiles de los socialdemócratas, decía: "Al reconocer en el judío el líder de la socialdemocracia, la venda se me cayó de los ojos..."[12]

Está comenzando la última gran revolución —escribía—; al alcanzar el judío el poder político, arroja de sí las máscaras que todavía le quedan y el judío democrático del pueblo se convierte en el judío sanguinario y tirano de los pueblos. En unos cuantos años se trata de exterminar a los representantes nacionales de la inteligencia [...] El peor ejemplo de este tipo es Rusia.[13]

En septiembre de 1935 Hitler implantó las Leyes de Nuremberg, las cuales privaban de la ciudadanía a los judíos y prohibían uniones maritales entre ellos y los arios. Estas leyes fueron el inicio de una fuerte segregación de la comunidad judía en Alemania, ya que cancelaban toda relación entre judíos y alemanes, subrayando la diferencia de razas. La presencia judía en las escuelas gubernamentales fue estrictamente prohibida, y se insistía en diferenciarlos del resto de la población, remarcando el deseo de que emigraran del país.[14]

[11] E. Nolte, *La guerra...*, *op. cit.*, p. 52.
[12] Adolf Hitler, *Mein Kampf*, pp. 64-66. *Apud*. Nolte, p. 143.
[13] E. Nolte, *La guerra...*, *op. cit.*, p. 144.
[14] Estas leyes fueron proclamadas en una sesión del Reichstag, llevada a

Quizá, a principios del siglo XX, abandonar el continente europeo era para los judíos algo opcional o voluntario, hasta cierto punto. Sin embargo, esto ya no fue así cuando Hitler asumió el poder. Su salida se convirtió entonces en la única opción de supervivencia: pasaron a ser refugiados en lugar de inmigrantes. Si bien los refugiados (personas obligadas a abandonar sus lugares de residencia debido a la persecución o a la guerra y a buscar asilo en otra parte) constituyen un capítulo aparte de la historia desde tiempos inmemoriales, en el siglo XX se convirtieron en un problema de alcance mundial que afectó a sociedades y Estados enteros, así como las relaciones entre éstos.[15] El historiador inglés David Thomson ha afirmado que el refugiado y el exiliado, junto al prisionero de guerra y al desalojado, han sido las grandes víctimas y los personajes anónimos de nuestro siglo.[16]

Al iniciarse ese periodo de tensiones y hostigamiento, los judíos alemanes empezaron a buscar hacia dónde dirigirse, lo que significaba el desarraigo total y la pérdida de la mayor parte de sus bienes materiales. Una de las opciones, como ya se dijo, fue América, donde en el caso particular de Estados Unidos no hubo modificaciones a las cuotas establecidas a partir de 1924.[17]

Ante el gran desplazamiento de la población judía, tanto en Alemania como en Austria, ya no se trataba de abrir o cerrar las puertas a los inmigrantes, sino de dar o no dar asilo a los refugiados por las persecuciones nazis. La posición del régimen cardenista frente a los judíos fue en verdad muy difícil, ya que "osciló entre la propia concepción del desarrollo nacio-

cabo en la ciudad de Nuremberg, durante la reunión anual del partido nazi. Dos de dichas leyes se referían a la ciudadanía alemana y a la protección del honor y la sangre alemanas. Se cancelaron aquellas referentes a los veteranos de guerra de 1914 que fueran de origen judío y se insistió en un boicot en contra de los comercios e industrias judíos. Véase "Nuremberg Laws", en David Bankier (coord.), *Encyclopedia of the Holocaust*, Nueva York, Macmillan, 1993, vol. 3, p. 1076.

[15] Michael R. Maurrus, "Introduction", en *The Unwanted, European Refugees in the Twentieth Century*, Londres, Oxford University Press, 1985.

[16] David Thomson, *Historia mundial de 1914 a 1968*, México, Fondo de Cultura Económica, 1970, p. 203.

[17] Véase Roger Daniels, *Coming to America, a History of Immigration and Ethnicity in American Life*, Nueva York, Harper and Collins, 1990.

nal, su política internacional y la correlación interna de fuerzas políticas".[18]

Por lo anterior, al crearse en Alemania en 1930 el Departamento para el Extranjero en Alemania o Auslandsabteilung, dependiente del Nationalsozialistische Deutsche Abeiterpartei (NSDAP) —el cual reunía y guiaba a los miembros del partido, ciudadanos alemanes que vivían fuera de Alemania—, éste también se abocó a formar una filial en México.

La organización se creó a iniciativa de Bruno Fricke, de Paraguay, y de Gregor Strasse, quien estaba encargado del partido nazi en Alemania y había reclutado entonces a 300 miembros residentes en el extranjero. El 7 de agosto de 1931 se fundó la primera filial del partido nazi en Buenos Aires, la cual tuvo un nuevo grupo en Río de Janeiro el 5 de octubre del mismo año, además de otro en Paraguay. Esta organización tuvo como primer director a Hans Nieland, un diputado del Reichstag, que era el jefe de la organización nazi en Hamburgo, y posteriormente a Ernest Wilhelm Bohle, inglés, hijo de un profesor universitario, el cual para 1934 comandaba la Organización para el Extranjero, la AO, que inicialmente se llamó Liga de los Amigos del Movimiento de Hitler (Bund der Freunde der Hitlerbewegung), que posteriormente se convirtió en la Auslandorganisation del NSDAP.[19]

Para 1933 la organización ya contaba con 160 filiales y 3 100 miembros. Se nombró a Wilhelm Bohle como director, el cual se propuso enrolar al partido a todos los alemanes residentes en el extranjero, cuyo número en 1937 era de siete millones de personas.

En 1935 dejó de ser un departamento y se convirtió en un *gau* o comarca independiente. Bohle fue ascendido a la posición de *gauleiter* o jefe de comarca, y dos años después se había convertido en el jefe de la AO, en el Ministerio de Asuntos Exteriores de Alemania.[20]

[18] Judit Bokser Liwerant, "De exilios, migraciones y encuentros culturales", en Renata von Hanffstengel y Cecilia Tercero (coords.), *México, el exilio bien temperado*, México, Instituto de Investigaciones Interculturales Germano Mexicanas, A. C., 1995, p. 25.

[19] Jürgen Müller, "El NSDAP en México...", art. cit., p. 90. Archivo Suitland Washington (ASW), Secret 119, The German Intelligence Service, y véase también *Encyclopedia of the Holocaust*, vol. 1, pp. 122-123.

[20] ASW, Secret 119, p. 3.

Hasta 1930 muy pocos alemanes que vivían en el extranjero habían aceptado pertenecer al partido nazi. Según el historiador Jürgen Müller, en todo el mundo sólo eran 486, y siete de ellos se encontraban en México.[21] Los primeros grupos se fundaron a principios de 1931 debido al éxito que había obtenido el NSDAP, pero la falta de un líder conveniente retrasó la formación del partido como tal, hasta que finalmente quedó integrado el 10 de noviembre de 1931 bajo el mando de Wilhelm Wirtz, el *Ortsgruppenleiter*, quien dirigió al *Ostgruppe* o grupo local del Distrito Federal —formado con los siete miembros que había congregado la AO— y al total de 52 con quienes ya se contaba en el mes de septiembre. Se aceptaba como asociado a cualquier interesado en el NSDAP; en enero de 1933 el número subió a 68; en 1934 ya había 191 miembros; en julio de 1935 eran 264 y después bajó su ritmo de crecimiento, ya que dos años después solamente había aumentado a 310 socios; fueron 325 en 1938 y antes de la guerra, en 1939, sumaban 366 afiliados.[22]

Según las investigaciones de Müller, solamente 5% de los 6 875 ciudadanos alemanes en México pertenecía al Partido Nacionalsocialista.[23] Cuando éste se afianzó en la capital, empezó a tener filiales por toda la República, como por ejemplo en Monterrey, Veracruz, Puebla y Mazatlán, donde los socios fluctuaban entre cinco y 20 personas, como fue el caso de las dos últimas ciudades.[24]

Wilhelm Wirtz fue el elegido por sus méritos para convertirse en el líder del grupo regional, o *Ländesgruppe*, del NSDAP

[21] Jürgen Müller, "El NSDAP...", art. cit., p. 90. Este investigador consultó los archivos de Alemania, Deutschland/Bundesarchiv/Abteilung Postdam (en adelante BA/P) 62 AU 1 69 Generalbreicht der Abteilung fur Deutsche im Ausland 16.9.32, pp. 14 y 54.

[22] *Id.*, Monattliche Mitteilungen der Landsgruppe Mexiko NSDAP, enero de 1934, Ruckblick und Ausblick zur Jahreswende 1933-1934, s. p. Deutschland/Bundesarchiv (Koblenz) (en adelante, BA), NS 9 /92, circular 10.10.33 y NS 9/94 circular 14.5.34. Deutschland/Politisches Runderlass vom 31.5.35, Legación Alemana en México al Ministerio de Asuntos Exteriores, 20.7.35, PA, R 27267, Statistik der AO der NSDAP, Stand 30.6.37. Deutschland, Berlin Document Center (BDC en adelante), legajo Karl Blankenhorn, AO der NSDAP, Statistik, 1939.

[23] *Id.*, y B. von Mentz *et al.*, *Los empresarios...*, *op. cit.*, vol. 2, p. 141.

[24] B. von Mentz *et al.*, *Los empresarios...*, *op. cit.*, p. 90. Monatliche Mitteilungen der Landsgruppe, Mexiko, enero de 1934.

en México, cargo que parece haber ocupado hasta 1940. Este hombre fue de los dirigentes más estables de todos los grupos del extranjero y logró mantener a sus asociados sin crear ningún tipo de problemas dentro de la organización. Parece que asistió a la Primera Convención realizada en septiembre de 1936 en la ciudad de Erlingen, en Alemania, donde participaron 5 000 asociados.

Grupos como éste se crearon, como ya dije anteriormente, en diversas ciudades de América Latina, entre ellas Santiago de Chile, y Río de Janeiro, en Brasil, a las cuales, de acuerdo con Müller, se les dio mucho mayor importancia que a la de México. Todas estaban funcionando para 1933.[25]

La tarea más importante de los grupos regionales era la unificación de todos los alemanes en el extranjero, es decir, llevar a cabo la dirección de las organizaciones de la comunidad alemana, y sobre todo afiliar a germanos que tenían buena posición económica. Mediante el control de las escuelas, los periódicos y las asociaciones, se trataba de impedir la asimilación de los alemanes a la cultura del país y lograr que apoyaran abiertamente al Führer. Esto no siempre lo conseguían de inmediato, ya que generalmente se daban conflictos de generaciones entre los viejos empresarios y los jóvenes militantes de estos grupos. En ese tipo de conflictos intervenían las legaciones alemanas; así fue concretamente en el caso mexicano cuando a raíz del primer fracaso —al tratar de crear en 1933 el llamado *Gleichschaltung* o Asociación de ciudadanos del Reich—, tuvo que intervenir el embajador Rudt von Collenberg, para que el *Ländesgruppe* lograra su objetivo. Este hombre aclaró de inmediato el punto central de la ideología nacionalsocialista: "ser alemán solamente era posible como nazi", y presentó a la AO como representante oficial del Reich, dejando claro así que nadie podía insubordinarse en el partido, porque las consecuencias eran la privación de recursos del Reich para las asociaciones, la interrupción de la intervención de la legación en los contactos con los oficiales mexicanos, el boicot económico y el aislamiento social.

[25] *Ibid.*, p. 91, PA, R 27246 Ländesgruppe Mexico a Auslands bateiligung 22.4.33. Véase Ronald C. Newton, *The Nazi Menace in Argentina, 1931-1947*, Londres, Stanford University Press, 1992.

278 LA INFLUENCIA IDEOLÓGICA NAZIFASCISTA

Así, en enero de 1935 por fin fue fundada la Comunidad del Pueblo Alemán en México, o Deutsche Völksgemeinschaft (DVM), bajo el control de Wilhelm Wirtz y Arthur Dietrich, quienes asumieron las funciones centrales y convirtieron a la DVM en la organización alemana más gande de México, con filiales en todo el país. La participación del embajador Collenberg fue decisiva en el rumbo que tomó la Comunidad del Pueblo, ya que en ese año se terminaron los problemas o rencillas de generaciones y solamente había una cosa que hacer: unirse al partido.

En 1936 la DVM ya tenía 1 665 asociados, y 798 de ellos vivían en la provincia, sobre todo por el gran auge que tuvieron las filiales alemanas allí, como por ejemplo en Chihuahua, donde 26 de los 30 alemanes se hicieron de inmediato miembros (coincidentemente era el estado natal de Nicolás Rodríguez). La esfera de acción más importante, sin embargo, fue la ciudad de México, donde, entre otros servicios, operaba un apoyo a los alemanes desempleados o necesitados y se impartían cursos de alemán para mexicanos. En su sede se desarrollaban todas las actividades de la comunidad alemana.[26]

Además de la DVM otras instituciones estuvieron bajo el control del partido nazi. Entre ellas se encontraba el Colegio Alemán, cuyo director en 1933, Friedrich W. Schroter, abrió la posibilidad de asistir a la escuela a todos 'os niños alemanes, independientemente de la clase social a la que pertenecieran; además, cambió los programas de estudio para apoyar las ideas que pregonaba el partido nazi. Los alumnos se duplicaron en número, pero aquellos que eran de origen judío tuvieron que abandonarlo.[27] Otras organizaciones que tenían esa orientación eran la Juventud Hitleriana, con 245 miembros, y la

---

[26] J. Müller, "El NSDAP...", art. cit., p. 93. Monatliche Mitteilungen der Ländesgruppe Mexiko, febrero de 1934 a junio de 1935. PA R 99263, Legación Alemana en México al Ministerio de Asuntos Exteriores 26.6.34 PA R 99264, Legación Alemana en México al Ministerio de Asuntos Exteriores 23.1.35. PA R 99265 Correspondencia Pagensticher Rudt, abril a junio de 1935. La declaración de Rudt en Monatliche Mitteilungen der Ländesgruppe Mexiko, febrero/marzo de 1934, p. 28. B. von Mentz *et al.*, *Los empresarios...*, *op. cit.*, vol. 1, pp. 148 y *ss.*

[27] B. von Mentz *et al.*, *Los empresarios...*, *op. cit.*, pp. 197-248, y J. Müller, p. 93. BA R 57 neu 1185 Bericht iber dos Sculjar 1939, 31.7.40, *Der Ausland Deutsche*, abril de 1935, p. 190, agosto de 1936, p. 596, noviembre de 1936, p. 857. *Mitteilungen der Deutsche Völks Gemeinschaft in Mexiko*, junio de 1938, p. 27.

Asociación de Profesores Alemanes Nacionalsocialistas, que tenía 28 socios.[28]

De esta manera, a partir de las investigaciones de Müller, Radkau, Mentz y Pérez Montfort, entre otros, y por el material consultado en el Archivo Suitland, en Washington, del cual haremos mención más adelante, puede decirse que no todos los alemanes residentes en México eran nazis, aunque todos aparecieran inscritos en la Comunidad del Pueblo y tuvieran que apoyar la ideología nacionalsocialista; quizá las dos organizaciones, la AO y la Abwehr, trabajaron independientemente, aunque para la misma causa.

Los miembros del partido en México actuaban en el ámbito de la colonia alemana, y sus relaciones con las personas del pueblo se limitaban a lo estrictamente necesario. Todos los contactos con el gobierno los llevaba a cabo la legación alemana, que jamás apoyó abiertamente al grupo de espías que iban y venían, sin a veces ser notados por nadie. Estos miembros generalmente eran de un nivel medio o alto y, además de su cargo dentro del partido, desempeñaban una función para el Ministerio de Propaganda de Goebbels y tenían contactos entre sí en toda América Latina.[29]

Según los estudios de Müller, también en otros países los representantes de la AO apoyaron rebeliones o golpes de Estado planeados por los fascistas del lugar. Empeñados en impedir lo que llamaban la "asimilación de los alemanes", no estuvieron de acuerdo con la política nacionalista de los grupos que deseaban justo lo contrario, o sea, la integración de esos extranjeros al país. Por ello no se pudo llevar a feliz término una revuelta en Chile o en Brasil, donde participaron muchos alemanes en los planeados golpes de Estado, y como se verá posteriormente, tampoco se logró en México.

Para la AO, que llevaba un contacto muy estrecho con esos grupos de combatientes contra sus respectivos gobiernos, no era muy conveniente apoyarlos abiertamente, porque se hu-

[28] *Ibid.*, BDC legajo Karl Blaukenhirn, AS der NSDAP, Statistik 1939.

[29] Según Müller, Willi Kohn era comisario de la AO para América Latina y agregado de prensa de siete países latinoamericanos con sede en Buenos Aires. Hans Kroger representó a varias instituciones de propaganda alemana en Chile y era ayudante del Ländesgruppenleiter Hans Henning V. Cossel en Brasil. Véase J. Müller, "El NSDAP...", art. cit., p. 105, n. 2.

biera puesto en peligro su propia presencia en América Latina, lo cual en el fondo era lo prioritario para Hitler.[30]

En México estas acciones también se trataron de llevar adelante a través de la Acción Revolucionaria Mexicanista o los Camisas Doradas, y quizá en esto se encuentre la clave de su fracaso y la confirmación de que todos estos grupos sirvieron de apoyo y fueron los portadores de la política nazi en América, sobre todo para ser los difusores de su programa a través de la propaganda, dependiendo directamente de la AO, y no de la Abwehr, que se encargaba de los espías verdaderos.

Las acciones pronazis fueron contrarrestadas por asociaciones comunistas o judías en México, como la CTM con su líder Vicente Lombardo Toledano o la Liga contra el Fachismo, la Guerra Imperialista y los Estudiantes Socialistas, entre otros. Éstos denunciaron desde 1936 la agresiva política exterior del Reich y las persecuciones que se estaban llevando a cabo en contra de los judíos, no solamente en Europa, sino también las agresiones que estaban sufriendo en México a manos de los Dorados.

Las asociaciones mencionadas, así como la Liga Pro Cultura Alemana en México, una organización de inmigrantes judíos alemanes y comunistas que luchaba por acabar con el nacionalsocialismo, publicaban libros y folletos, organizaban mítines y conferencias para denunciar la labor de esos nazis en el país.[31]

El problema entre Alemania y nuestro país empezó a perfilarse a raíz del apoyo dado por Cárdenas a los republicanos españoles, y posteriormente con las fuertes protestas por la anexión de Austria y Checoslovaquia. Desde 1934 se supo de ataques en contra del grupo de la Juventud Hitleriana, por lo que Luis N. Morones afirmaba que sus desfiles —con sus unifor-

---

[30] *Ibid.*, p. 94. Müller se basó en los archivos alemanes para afirmar y concluir esto. BA R 57 181/41 AO a DAI 10. 7. 36 BA R 57 180/41 AO a DAI, 23.12.36 DAI a AO, 25.10.34 y AO a DAI 29.4.36, *Deutsche Arbeit*, marzo de 1935, pp. 125-129. *Der Ausland Deutsche*, mayo de 1935, p. 240.

[31] AHSRE, III 134-8, III 127-28, y III 134-20, III 236-19, C-6-2-4, 23 X, 38. Estos inmigrantes judíos de ideología socialista fundaron la revista *Tribuna Israelita*, en la cual denunciaban las atrocidades de los alemanes. Entre ellos destacaban Otto Katz y Paul Mercker, ex diputado alemán que en 1941 escribió un libro titulado *La caída de la república alemana* publicado por la editorial El Libro Libre.

mes y la bandera con la swástica— eran una provocación para el trabajador mexicano y que no se podía tolerar la enorme propaganda nazi que se estaba distribuyendo por todo el país.[32]

Tal vez esto fue la causa de que posteriormente se abstuvieran de hacer grandes demostraciones públicas. Su existencia permaneció en la penumbra, como deseando pasar inadvertidos incluso ante cualquier órgano gubernamental o medios de difusión, cuestión que a la larga fue para ellos muy provechosa, ya que les facilitó su labor y movió las miradas hacia los grupúsculos, como el de los Camisas Doradas, que en realidad les sirvieron sólo para ocultar, sin ser molestados, las actividades tanto de la AO como tal vez, sin saberlo, de la Abwehr.

El gobierno obtuvo información sobre las actividades del NSDAP desde principios de 1936. La embajada mexicana en Alemania informó al presidente sobre las actividades que se estaban desarrollando en Europa, y le sugirió investigar a todos los ciudadanos de origen alemán, porque parecía que todos pertenecían al Partido Nacionalsocialista. Pero la Secretaría de Relaciones Exteriores no sintió en esos momentos la necesidad de llevarla a cabo y el subsecretario contestó al embajador: "En cuanto a la sugestión que usted hace en el sentido de que se vigilen las actividades del Partido Nacionalsocialista en México [...] Esta Secretaría no estima que haya nada que temer".[33]

Se supo que Wirtz dirigía el partido y que era íntimo amigo de Bohle. Se envió información acerca de algunas actividades de espionaje organizadas por la AO y la forma como la organización reclutaba a sus miembros.[34] Estos datos ya preocuparon a la Secretaría de Relaciones Exteriores, y el secretario Ramón Beteta se convenció de que las organizaciones de alemanes en el extranjero eran las que llevaban a cabo el es-

[32] PA R 79600 Legación Alemana en México al Ministerio de Asuntos Exteriores 28.5.34. *Apud*. J. Müller, *op. cit.*

[33] AHSRE, 27-27-3. Legación mexicana en Berlín. AHSRE, 4.3.36.

[34] AHSRE, 30-23-3. Legación mexicana en Berlín, Informe correspondiente al mes de abril y AHSRE, III 358-3 Secretaría de Gobernación 4-11-37, Ramón Beteta se refiere al Instituto de Alemanes en el Extranjero (Deutsches Auslands Institut).

pionaje y la propaganda a favor del Führer. Desde entonces, el secretario solicitó a Gobernación que vigilara las actividades de los alemanes en el país, pero esto no tuvo mayores consecuencias para el NSDAP, que siguió con sus eventos normales, ya que el embajador Rudt von Collenberg y Wilhelm Wirtz comentaron, en junio de 1939, que sus actividades no estaban en peligro.[35]

Los lineamientos que seguía la AO, su forma de proceder y su política —hábilmente manejada desde Berlín— lograron que los gobiernos latinoamericanos no los consideraran un peligro latente para sus respectivas naciones ya que, por ejemplo, después de enterarse de que los vigilaban, inmediatamente publicaban artículos en todos los diarios, en los cuales subrayaban que estaban en desacuerdo con esos movimientos que deseaban perjudicar las actividades de dichos países. Ello provocaba que todas las miradas se volvieran hacia los grupos nacionalistas de derecha, que habían formado asociaciones paramilitares y de los que se pensaba que encerraban el mayor peligro, por lo cual había que eliminarlos. Por ejemplo, el embajador Von Collenberg aseguraba que los miembros del partido tenían prohibido involucrarse en la política del país.[36]

Según Müller, la AO no tuvo ningún papel importante, ni en los debates de la política interior, ni en las relaciones con el Tercer Reich. Quizá lo que más le interesaba a éste no era la labor de propaganda, sino el espionaje que se desató por medio de la Abwehr a partir de 1938.

El número de alemanes en México era demasiado pequeño como para que se les considerara peligrosos. El gobierno conocía en detalle las actividades que llevaban a cabo en la clandestinidad y la red de espionaje tan extensa que tenían, al grado de que, por ejemplo, controlaban la llegada o salida de personas —fundamentalmente refugiados judíos—, y más aún, sabía que mantenían espías dentro de las propias instituciones judías.[37]

---

[35] J. Müller, "El NSDAP...", p. 96. PA R 29813, nota de Rudt von Collenberg 13.6.39, y nota de Wilhelm Wirtz 13.6.39.

[36] AHSRE, III 159-2. Legación alemana en México a SRE 25.2.37 y III 168-1, 2.8.37.

[37] Éstos se encontraban a veces como alumnos de alguna escuela judía o en

Con el estallido de la segunda Guerra Mundial la situación cambió rotundamente, ya que Estados Unidos trató de liquidar la influencia alemana en todos los aspectos, tanto económicos y políticos como sociales. Entonces el presidente Cárdenas empezó a percatarse de que la neutralidad estadunidense iba a ser violada y que no le quedaría otro remedio a Roosevelt que participar en la contienda. De esta manera, se empezó a estrechar la colaboración entre ambos países. En junio de 1939, Castillo Nájera le anunciaba al secretario Sommer Welles la anuencia del presidente Cárdenas para que militares estadunidenses y mexicanos pensaran en colaborar entre ellos en caso de estallar la guerra.[38]

En el verano de ese año los jefes de las legaciones y embajadas alemanas en América Latina se reunieron en una conferencia en Berlín, en la cual el embajador Collenberg dio a conocer su opinión acerca de las relaciones entre México y Alemania y habló sobre el futuro. Expresó que las consideraba positivas y subrayó la importancia de que el gobierno mexicano se estuviera inclinando hacia las políticas de derecha y alejando de los movimientos de izquierda en el país. Según el embajador alemán, la prensa mexicana se había hecho más receptiva a las opiniones del Tercer Reich sobre el rechazo al Tratado de Versalles y la anexión de Austria y Checoslovaquia. Sin embargo, estaba consciente de la proximidad de México a Estados Unidos y de que ello no permitiría una actitud progermana abierta. Terminaba diciendo que en caso de que Alemania se involucrara en una guerra, el Tercer Reich no contaría con el apoyo mexicano o con su neutralidad.[39]

En los primeros meses de la guerra aumentó la atención hacia los alemanes y circularon versiones de sus actividades subversivas. Se llegó a pensar que en realidad la AO era una "quinta columna" que planificaba golpes de Estado y ayudaba al ejército alemán en sus campañas. En Estados Unidos se

una de las instituciones de la comunidad. Esto lo pudimos intuir gracias a la revisión de los archivos, pero no consideramos conveniente mencionar ningún nombre sin tener plena seguridad de ello.
[38] Véase Friedrich Schüler, "Alemania, México y los Estados Unidos durante la Segunda Guerra Mundial", en *Jahrbuch fur Geschichte Lateinamerika Von Staat, Wertschaft und Geselschaft*, Koln-Wein, 1985, Band 22, pp. 457-476.
[39] *Ibid.*, p. 459.

incrementó la lucha en contra del espionaje alemán y su participación en México, al grado de que muchos consideraron exagerada la actuación del gobierno estadunidense. Así, el presidente Cárdenas declaró que

> el hecho de que se venga hablando de la existencia en México de una Quinta Columna, debemos considerar obedece a fines políticos no sólo internos, sino a intereses del exterior. La prensa nacional debe ser muy cuidadosa en sus noticias para no servir con ellas a los enemigos de México, que están haciendo campaña en el extranjero en contra del país, pretendiendo hacer creer que es aquí un campo de actividades subversivas. El gobierno de México ha manifestado y declara nuevamente que no consentirá a elementos extranjeros que pretendan comprometer la política de estricta neutralidad, que ha venido sosteniendo el gobierno de la República, y que procederá con toda energía en los casos de violación a las leyes del país.[40]

Sin embargo, el mandatario estaba muy preocupado, y en mayo de 1940 le solicitó a la Secretaría de Gobernación que llevara a cabo una investigación acerca del nacionalsocialismo en México. Se detectó que el agente que estaba detrás de todas las actividades de dicho partido era Arthur Dietrich, de quien se informaba que "era un individuo sin educación y sin escrúpulos, pero sumamente astuto", jefe de propaganda de la legación alemana, y que tenía muchos contactos con la prensa y los grupos de derecha, entre ellos la Acción Revolucionaria Mexicanista, liderada aún por Nicolás Rodríguez. Parece que este hombre era quien recibía dinero del Reich para subvencionar a diversos grupos y a varios diputados en México.[41]

Este informe pudo ser corroborado por el presidente mexicano al conversar con un representante de la embajada de Estados Unidos, el cual le dijo que Roosevelt ya había sido informado también de lo anterior por la Policía Federal de su país.[42] De esa forma ambos gobiernos confirmaron que Arthur

---

[40] AGNM, FLC, 704.1 /124-1. Nota sobre la conferencia de prensa, 22 de mayo de 1940.

[41] AGNM, FLC, Inspectores PS-10 y PS-24, "El nazismo en México", 23 de mayo de 1940.

[42] AGNM, FLC, Cárdenas a Daniels, 30 de mayo de 1940, J. E. Hoover a la Casa Blanca, 26 de mayo de 1940.

Dietrich era el hombre más importante de la AO en México. Por lo mismo se le solicito a la legación alemana que cesara a esta persona y que abandonara el país lo antes posible.[43] Lo anterior permite entender por qué Rodríguez dejó en ese año de tener apoyo, e incluso permitiría llegar a aceptar la versión de su envenenamiento en lugar de la muerte por enfermedad. Su relación directa con el agente alemán había funcionado desde que Nicolás fundó su movimiento en 1933. Fue el propio Dietrich, quien

> transmitió material sobre judíos y sobre el comunismo a la Acción Revolucionaria Mexicanista, a los fascistas mexicanos, e invitó a su líder Nicolás Rodríguez Carrasco, a intensificar la propaganda anticomunista y antisemita. Ésta era la única ayuda de que disponía la ARM. Dietrich también le aconsejó a Rodríguez Carrasco, a que nombrara un representante personal ante el Reich, que fue Krum Heller, de lo cual haremos mención más adelante. Sin embargo, el gobierno alemán no hizo caso del representante durante una visita que éste efectuó a Alemania, porque temía problemas con el gobierno mexicano, que en ese momento ya había proscrito a la ARM.[44]

La ayuda que esta organización le brindó al nacionalsocialismo, a pesar de su poca notoriedad, se puede analizar desde la perspectiva anterior. En primer lugar, su fundación coincidió con el ascenso de Hitler al poder: la vestimenta de los Dorados recordaba a los Camisas Pardas de Hitler o los Camisas Negras de Mussolini; el saludo con el puño levantado al frente y el carácter paramilitar, eran claras semejanzas exteriores. El liderazgo de un jefe; la exaltación de lo nacional; la preferencia de la nacionalidad y de la raza a otro rasgo cualquiera, y un muy desarrollado y bien definido antisemitismo, es decir, odio racial al judío —apoyado en el argumento pseudocientífico que aseguraba que la raza judía era susceptible de corromper a otras—, eran poderosas razones de fondo muy similares. Estos aspectos, entre otros, empataban sus características con las del Partido Nacionalsocialista.

[43] J. Müller, "El NSDAP...", art. cit., p. 103. PA R 29676, legación alemana en México al Ministerio de Asuntos Exteriores, 11.6.40. ASRE C-6-2-4, misma fecha.
[44] Ibid., p. 93.

En segundo lugar la idea de patria, nutrida por la tierra, la sangre, el honor, el orgullo, la disciplina, etc., era parte fundamental de las doctrinas totalitarias en boga en Europa en esa década de los treinta. Mas no sólo era la idea de patria, sino de la patria amenazada y las grandes catástrofes mundiales que se veían arribar debido a la maquinación judeo-bolchevique.

Estas ideas arraigaron en la clase media mexicana en forma de un anticomunismo y un antijudaísmo rabiosos. La Acción Revolucionaria Mexicanista se manifiestó sobre todo como una reacción antijudía. Aunque su discriminación no afirmaba la "superioridad" del mexicano, sí exigía que el trabajo y sus oportunidades se brindaran únicamente a los mexicanos. Al sentirse poseedor de la verdad, este nacionalista mexicano adquirió un aire de superioridad, necesario para legitimar sus acciones. Se volvió un salvador de la humanidad ante las amenazas del mal, que eran el comunismo o bolchevismo, íntimamente ligados al judaísmo.

El proceso era sobre todo haber sufrido, y haberse recuperado e identificado el mal, como sucedía con el discurso hitleriano, el cual se refería a los sufrimientos de la primera Guerra Mundial, el resurgimiento de Alemania, la identificación de la raza aria y los avances del Tercer Reich en contra del mal: el comunismo y el judaísmo. La idealización del instinto y la mistificación de la brutalidad, características del discurso fascista, eran similares en tres puntos a las ideas de los Dorados: la irracionalidad, el miedo y la agresividad manifiesta.[45] Desde la perspectiva de Hitler, el enemigo se volvía "un parásito", "una sabandija", "un bastardo", y en México esto se convirtió en el "holgazán usurero", el "extranjero pernicioso y criminal" y el "hipócrita comunista".

En tercer lugar, el apoyo dado por los Camisas Doradas a la propaganda y distribución de discursos a favor del Reich, es decir, a la AO, hasta la venta de noticias en espacios comerciales en los principales diarios y revistas del país, es marcadamente notorio. Libelos como "El judío internacional", "El oculto y doloso enemigo del mundo", "El bolchevismo, enemigo mundial

[45] Lutz Winckler, *La función social del lenguaje fascista*, México, Ariel, 1979, p. 28.

número uno" y "La cartilla comunista" circularon entre distintas asociaciones patronales en grupos de la clase media, y
fueron la base del discurso de los Dorados.

Los nazis hicieron llegar su propaganda impresa a México
por muchas vías. En agosto de 1937 la Procuraduría de la
República recibió un informe respecto a la introducción de
propaganda por el Caribe, Chiapas, Yucatán y la frontera norte, auspiciada entre otros grupos por la Acción Revolucionaria
Mexicanista. Este hecho lo confirmó el alemán Mario Baldwin,
que aparece en la Mesa Directiva de los Dorados, en una entrevista que concedió al periódico *Los Angeles Times*.[46]

Ese mismo año, Vicente Lombardo Toledano, líder de la
CTM, se quejó ante la oficina de Investigaciones Previas de
la Procuraduría General de la República de que la propaganda fascista impresa en español y proveniente de Alemania llegaba por toneladas, ya sea en las mercancías que arribaban a
los puertos, o por correo a los particulares, así como a casas
comerciales cuyos propietarios eran de origen alemán y que
ayudaban en la distribución de las hojas y folletos que recibían.[47]

En cuarto lugar podemos ya corroborar la relación directa
de la ARM con los miembros del partido nazi, o sea con la AO,
a partir del contacto de Nicolás Rodríguez con el agregado de
prensa de la embajada alemana, prominente miembro del AO
en México y principal agente Arthur Dietrich, como ha quedado dicho. Este hombre había nacido en 1900, y dada su juventud no pudo combatir en la primera guerra hasta 1917. En
1921 estuvo en una tropa irregular en Silesia y un año después
obtuvo un diploma en agricultura, el cual le dio las posibilidades de viajar a México en 1924. Después de varios intentos
como administrador de haciendas, en 1930 empezó a trabajar
como empleado de un comerciante de artículos dentales. Dietrich ingresó al partido en noviembre de 1931, cuando se formó
el grupo local en la capital. En 1933 fue nombrado líder del
Ortsgruppe; dos años más tarde aceptó remplazar a Wirtz
y ser, además, el consejero de prensa de la legación de Alema-

---

[46] *Los Angeles Times*, 6 de agosto de 1937.
[47] Fernández Boyoli y Marrón de Angelis, *Lo que no se sabe de la rebelión
cedillista*, México, s. e., 1938, p. 26.

nia en México apoyado por el Ministerio de Propaganda de Goebbels.[48]

Dietrich era un nacionalsocialista convencido. Su labor ilícita consistía en sobornar a la prensa mexicana, además de que tenía una estación de radio clandestina en su casa. En el contacto establecido con Rodríguez, le exigió que hiciera más radical su campaña en contra de los comunistas y los judíos, cuestión que fue aceptada por los Dorados de inmediato. Por sus indicaciones el "Jefe Supremo" designó a Krum Heller, prominente corresponsal de periódicos hispanoamericanos en Berlín, como su representante personal ante el Reich.

Heller le escribió a Nicolás Rodríguez el 28 de mayo de 1935 lo siguiente: "Así como los alemanes llevan el uniforme por todas partes donde van, así los Dorados debemos hacer lo mismo dando el mejor ejemplo de nuestra conducta".[49]

Después del distanciamiento entre Calles y Cárdenas, Rodríguez comprendió que podía atraer a otro sector de la sociedad mexicana, la Iglesia. Por ello nombró a Carlos Walterio Steinman, de origen alemán, que había sido coronel del ejército mexicano, como su representante en Nueva York.

El 3 de julio de 1935, el dorado recibió una misiva de este hombre, en la que le relataba una reunión con el marqués George Mac Donald, jefe de los Caballeros de Colón de Estados Unidos, donde se habían reunido cuatro millones de dólares para la causa. En mayo de 1938 el Ministerio Público Federal en México recibió una serie de denuncias sobre actividades subversivas promovidas por Herman Schwim, presidente de la *Deutsche Haus*, quien era nazi y había convocado en San Francisco a una convención de agentes, en la que habían participado Nicolás Rodríguez y los Camisas Plateadas de Estados Unidos. Schwim y su familia tenían mucha relación con México, ya que eran dueños de fincas cafetaleras en la zona del Soconusco, en Chiapas, lugar donde también recibían propaganda nazi que distribuían entre la población. Además, existían fuer-

---

[48] J. Müller, "El NSDAP...", art. cit., pp. 91-92.
[49] AGNM, FLC, 541.1/41. Marcos Mena, al presidente Cárdenas, denuncia que Krum Heller estuvo conferenciando con Nicolás Rodríguez, 2 de mayo de 1936.

tes rumores de que este agente había sido el promotor de los Camisas Doradas en Baja California.[50]

Rodríguez también se relacionó con Henry Allen, jefe de los Camisas Plateadas, el Silver Batallion. Éste le ofreció al dorado un pasaje a Los Ángeles para "tratar asuntos de interés común".[51] Junto con dos personas, una de ellas llamada Kenneth Alexander, recorrieron varias ciudades mexicanas, como Guaymas, Nogales y Mulegé; en la ciudad de México visitaron al cónsul alemán, identificándose como amigos y asociados de los agentes nazis en Los Ángeles, y recibieron de Collenberg una carta de presentación para el cónsul alemán en Guaymas.

Alexander negoció la venta de los depósitos de manganeso para el gobierno alemán y arregló que la compañía Hamburg American Line hiciera embarques directamente a Europa desde la Bahía de Santa Rosalía. Henry Allen, por su parte, compró ciertos derechos de unos depósitos de sulfuro en los volcanes de Mulegé, por los cuales Alemania estaba muy interesada. Nicolás Rodríguez fue el que los contactó con un señor García para realizar estas operaciones, ya que era su amigo y había trabajado en el Departamento de Minas.[52]

El interés alemán en la causa de los Dorados se basaba en la plena identificación del grupo mexicano con el de los paramilitares que difundían las ideas del nacionalsocialismo. Por ello la legación alemana consideró conveniente proporcionar un subsidio a la Acción Revolucionaria Mexicanista y apoyar también a Saturnino Cedillo, que se había convertido en adversario de Cárdenas al no aprobar sus ideas socialistas, el reparto agrario, ni la expropiación petrolera.

Cuando Cedillo dejó su cargo, el embajador Rudt von Collenberg escribió en su diario: "Ha salido del gobierno el último defensor de una actitud enérgica frente a las creencias radicales de los izquierdistas y a los empeños comunistas".[53] Cuando Nicolás Rodríguez fue expulsado del país, mantuvo relación estrecha con Cedillo, y fue él quien lanzó el manifiesto de la

---

[50] Eduardo Weinfeld, *El antisemitismo en América Latina*, México, Or, 1939, p. 157.

[51] AFJM, vol. 106, doc. 297.

[52] *Id.*

[53] Friedrich Katz, "La conexión alemana", en *El Buscón*, núm. 8, 1984, p. 145.

rebelión desde Texas. Al fracasar dicha acción, el dorado recibió a las hermanas del general rebelde en McAllen, Texas, y les ayudó a establecerse en Mission, donde él tenía ya su cuartel general.[54]

La noticia de la sublevación de Cedillo fue un golpe para el embajador alemán, el cual se mantenía en contacto con Berlín, y adonde cablegrafió: "Información prensa extranjera muestra deseo capitalizar rebelión mexicana para difamar a Alemania [...] se informa que un experto alemán Von Merck asesora al general rebelde Cedillo. Se sabe que aviones de Cedillo han tirado volantes antisemitas, lo que indica influencia extranjera [...]".[55]

Tres personas cercanas al general Cedillo eran identificadas como representantes del nazifascismo: Ernesto von Merck, Eric Stephan y Herman Schwim. El general von Merck venía de una familia alemana que a principios de siglo se estableció en Guatemala. Allí se casó con la hija del dictador Cabrera y fue nombrado ministro de Guerra. Iniciada la primera Guerra Mundial se trasladó a Europa para pelear a favor de Alemania. A finales de los años veinte regresó a América y se estableció en México, donde se naturalizó mexicano. Se desempeñó en varios trabajos; cuando se dedicaba a entrenar a los bomberos de San Luis Potosí, Cedillo lo contrató para labores personales.

Existen pruebas de que Von Merck tuvo injerencia en el movimiento nazi en México y en Estados Unidos. Gracias a él se sabe que Cedillo logró acumular un buen número de aviones que el presidente Cárdenas le obligó a entregar a finales de 1937, pero los que a principios de 1938 logró recuperar gracias a Von Merck.[56]

Eric Stephan era un aviador alemán contratado por Cedillo en 1933; parece que cuando Cárdenas llegó a la presidencia, este hombre ya había vuelto a Alemania, pero es un ejemplo para asentar que el general potosino conjugaba las fuerzas de

[54] *The McAllen Monitor*, años de 1936, 1937 y 1938.
[55] B. von Mentz *et al.*, *Los empresarios...*, *op. cit.*, vol. 2, p. 188, AA PA Chef A/O "Akten betr Mexiko 1937-1940", AA a México 28-V-38.
[56] José Bernal de León, *La quinta columna en el continente americano*, México, Ediciones Culturales Mexicanas, 1939, pp. 38-39.

los callistas, los Camisas Doradas y los fascistas en general.[57] Por otro lado, se sabía que Cedillo recibía municiones y armas desde Guatemala, gracias al apoyo del dictador Ubico y porque los alemanes aprovechaban las fincas que tenían cercanas a la frontera mexicana para recibir el armamento procedente de Alemania.[58]

La política del Reich era la de mantener diversos canales de penetración en todo el mundo, sobre todo en América Latina. Cada grupo trabajaba por separado, y a veces uno no sabía del otro para evitar ser delatados. En el caso de la AO y la legación alemana, había un respeto absoluto y una colaboración estrecha, lo cual se evidencia porque el secretario de la legación, el señor Northe, lamentó la rebelión cedillista por perjudicar al comercio mexicano-alemán y porque fue expulsado del país bajo la acusación de ser agente nazi.[59]

Una de las principales actividades de la legación fue "fomentar desórdenes entre minorías nacionales o entre los grupos procomunistas", enviando a grupos de agitadores profesionales o saboteadores con comunicaciones entre sí. A finales de los años treinta y principios de los cuarenta organizó activamente grupos disidentes entre las personas de ultraderecha e impulsó el desarrollo de una quinta columna.[60]

El otro aspecto de las relaciones entre los Dorados y el nacionalsocialismo fue el apoyo absoluto a la ideología alemana en su antisemitismo feroz. Los encamisados se encargaron de mantener en constante estado de pánico a la comunidad judía en México. Su ramificación por toda la República y sus amenazas permanentes, hicieron que algunas familias tuvieran que abandonar su lugar de residencia en la provincia y concentrarse en la capital.

Los ataques a sus comercios y las extorsiones fueron cotidianos.[61] En los documentos relativos a la ARM encontrados en el Archivo Múgica, se puede constatar el envío de cartas que

[57] Hugh Campbell, *La derecha radical en México, 1929-1949*, México, Secretaría de Educación Pública, 1976, pp. 47-48.
[58] J. Bernal de León, *La quinta...*, *op. cit.*, pp. 84 y 103.
[59] B. von Mentz *et al.*, *Los empresarios...*, *op. cit.*, vol. 2, p. 192.
[60] ASW, Secret 119. The German Intelligence Services, Introducción D 19.
[61] AGNM, FG, 2 / 360 (7) 37724, Canatlán, Durango, 22 de mayo de 1939.

los Dorados hacían a ciertos judíos de la ciudad de México, intimidándolos y presionándolos para que dejasen que "México sea para los mexicanos", así como la existencia de una lista bastante larga de nombres y direcciones de ellos que parece fue enviada a todos los jefes de zona.[62] Los Dorados apoyaron la protesta que presentó la Cámara Alemana de Comercio en contra de la Cámara Israelita por "fomentar el boicot en contra de los comerciantes alemanes".[63]

Por medio de los diarios nos enteramos que en 1934 fue asaltado un comercio judío por 30 individuos que pertenecían al grupo de los Camisas Doradas,[64] y que dos judíos fueron atacados en un mitin en la Plaza Santo Domingo por considerarlos comunistas.[65] Además, los Dorados se presentaron en una conferencia que daba el vicealcalde de Nueva York, de origen judío, para ratificarle que en México no se quería a esos extranjeros.[66]

En el boicot a los comercios de los judíos, sobre todo a los que se ubicaban en el centro de la capital, se utilizaban las mismas tácticas nazis de no permitir la entrada a los clientes con la consigna "No compren a los judíos, compren a los mexicanos". Fueron frecuentes en esos años las quejas de la Cámara Israelita de Comercio en contra de los ataques, sobornos y chantajes que los Dorados cometían.[67]

En uno de los manifiestos de la ARM, el 29 de noviembre de 1935, se decía que "la organización combate con la mayor energía a los malos extranjeros, especialmente a los judíos que se han apoderado de todo el pequeño comercio del país".[68]

---

[62] Desde mayo de 1934 la ARM estaba dividida en 15 zonas, sobre todo concentradas en la ciudad de México. Cada una estaba formada por diez o quince personas. Para entonces contaba con 4 000 miembros. AFJM, vol. 107, p. 35.

[63] Archivo Kehilá Ashkenazí (AKA), Cámara Israelita de Industria y Comercio, Actas. Acta de Junta Extraordinaria, 20 de julio de 1933.

[64] "Asalto cometido por Camisas Doradas y Verdes", *Excélsior*, 10 de agosto de 1934. Establecimiento comercial de los señores Bekman y Zalsberg.

[65] AGNM, Fondo Abelardo L. Rodríguez (FAR), 181/8.2, José Ángel Espinoza, presidente del Comité pro Raza de Venustiano Carranza 125 al C. presidente. Véase José Ángel Espinoza, *El Ejemplo de Sonora*, México, s. e., 1932.

[66] "La Sonrisa de Mr. Deutsch", *Excélsior*, 10 de septiembre de 1934.

[67] AKA, Cámara Israelita de Industria y Comercio, 5 de enero de 1935, circular 49.

[68] *El Universal Gráfico*, 29 de noviembre de 1935.

En 1936 la Gran Logia del Valle de México, la Maimónides núm. 71 y Madero, así como la Universal 101, se dirigieron a Cárdenas para solicitar su intervención en contra de los ataques "que se vienen dando contra elementos judíos, los cuales tienen tintes de fascismo exótico".[69] Ejemplos de estas agresiones hay muchos; notorias son las que sufrieron directamente el presidente de la Cámara Israelita de Comercio, Jacobo Landau, y el escritor y activista judío Jacobo Glantz. El primero fue agredido a cadenazos una noche al llegar a su casa y el segundo en el centro de la ciudad por grupos nazifascistas.[70]

Todos los puntos anteriores corroboran la directa colaboración de la ARM con el Partido Nacionalsocialista. Sin duda, este grupo era uno de tantos que organizó en el exterior la AO, dependiente del Ministerio de Propaganda alemán, y fue apoyado económicamente por éste hasta el momento de vislumbrarse la segunda Guerra Mundial. Hay que insistir, además, que los Dorados apoyaron al NSDAP en todas sus formas. El fracaso de este grupo también coincide con el declive de los otros, tanto en América Latina como en Europa, como se verá más adelante al hacer referencia a los Camisas Plateadas en Estados Unidos o a los Camisas Negras en Inglaterra.

Entre 1939 y 1940 fueron los propios gobiernos de los respectivos países los que empezaron a liquidarlos, al percatarse de las actividades nazis en sus territorios y al cuantificar el crecimiento de los espías que se encontraban actuando en cada uno de ellos. Por otro lado, ni Alemania ni su Ministerio de Propaganda pudieron hacer nada relevante para seguirlos apoyando, pues a Hitler le interesaba más que nada la neutralidad de América frente a la guerra, y a partir de 1938 fortalecer la labor de la Abwehr como fuerza de inteligencia en todo el mundo.

En este sentido, es importante abundar en las actividades de ese cuerpo de inteligencia para delimitar las acciones de

---

[69] AGNM, Fondo Dirección General de Gobierno (FDGG), 2/ 360 caja 11, exp. 38.

[70] Véase Alicia Gojman de Backal (coord.), *Testimonios de historia oral. Judíos en México*, México, Universidad Hebrea de Jerusalén-Asociación Mexicana de Amigos de la Universidad Hebrea de Jerusalén, 1990. Véase también ACCIM, vol. 1, noviembre de 1938.

cada grupo y corroborar que la ARM solamente dependía de la AO, y no de la Abwehr —cuyo nombre completo era Amt Ausland/Abwehr im Oberkommando der Wehrmacht—, el Ministerio de Defensa del Exterior de las Fuerzas Armadas del Alto Comando Alemán. Éste fue el servicio de inteligencia más importante en la segunda Guerra Mundial; se estableció en 1938 y fue precedido por dos organizaciones: el Cuerpo de Inteligencia de la Armada, el Reichswehr Abwehr Abteilung, y el Ministerio de Guerra, Abwehr Abteilung. Hasta 1944 esta organización fue dirigida por el admirante Wilhelm Canaris. La fuerza naval y la armada tenían cada una su servicio de inteligencia independiente. Nos referiremos en este trabajo al dedicado a actividades civiles que dependía del Ministerio del Exterior, el que a su vez tenía relación directa con el Führer. Tenía dos ramas, que eran la SD o Servicio de Seguridad, comandada por Walter Schellenberg —que se ocupaba de cuestiones del exterior—, y la otra, liderada por Otto Ohlendorf, para asuntos internos y actividades comerciales.[71]

Por los documentos del Archivo Suitland en Washington acerca del Servicio de Inteligencia Alemán, pueden precisarse las labores concretas y la forma de reclutar a sus miembros de la Abwehr. Definitivamente ésta era una parte integral del alto mando alemán y sus relaciones eran con la Wehrmacht, y no con el partido o las formacions de éste. Su jefe Canaris era un hombre de ultraderecha asociado políticamente con los círculos navales y militares, de donde la mayoría de los oficiales de esta organización fueron reclutados. En los diversos informes se puede constatar que la Abwher se conformaba con personas de muy mal carácter y muchas limitaciones, de un tipo más o menos común, pero que los de la SD se comportaban como verdaderos gángsters. Los principales objetivos de la Abwehr eran:

1) Poner bases aéreas en América del Sur.

2) Hacer espionaje económico, para conocer todo lo que se surtía a los Aliados.

3) Reportar los barcos que salían de puertos de América.

4) Alertar sobre las actitudes políticas de los gobiernos latinoamericanos hacia la guerra.

[71] David Bankier, *Encyclopedia...*, *op. cit.*, vol. 1, pp. 4-5.

5) Proporcionar información acerca de Estados Unidos y su potencial de guerra.

La Abwehr tenía tres áreas de operación y una administrativa. La llamada *Abt I* se ocupaba de recabar datos sobre las cuestiones de inteligencia; la *Abt II* tenía como misión el sabotaje y la subversión, y la *Abt III* se ocupaba del contraespionaje y de la seguridad.[72] La organización se interesó en México porque consideró que era el lugar más fácil para obtener información acerca de Estados Unidos, por su cercanía con ese país. Durante la guerra organizó una red importante para obtener información de tipo económico. Su jefe fue George Nikolaus (o Nicolaus), cuyo alias en México fue Enrique López, quien se dedicó al espionaje de Estados Unidos además de informar acerca de la llegada de los barcos con inmigrantes. Este hombre fue detenido en ese país en el verano de 1942, cuando esperaba ser repatriado. Su lugar fue ocupado por Joachim Ruge y Edgar Hilgert, quienes según los servicios de inteligencia estadunidenses se encontraban en libertad después de la guerra.

Esta red de espionaje en México fue independiente de otras actividades nazis, pero muy relacionada con los agentes en Estados Unidos, Brasil y Argentina. Existían varias causas para lograr el reclutamiento de sus agentes: la pobreza, la esperanza de recompensa, el chantaje, los deseos de escapar de un país ocupado y, por último, el idealismo.

La Abwehr trataba sobre todo de enrolar como agentes a personas de movimientos juveniles de tendencias derechistas, los cuales existían en todo el mundo. Éstos eran los más peligrosos porque trabajaban por convicción; entre ellos había ex militares, que además de sus simpatías con el nazismo, tenían como requisito esencial estar dispuestos a realizar tareas difíciles de espionaje. Tan pronto como eran reclutados y aceptados se les impartía un curso en el área en que se iban a desempeñar. Generalmente esto incluía temas como transmisiones de radio y la construcción de los propios aparatos; el uso de códigos y tintas secretas, y el reconocimiento de buques de los Aliados, los militares y fuerza aérea.[73]

[72] ASW, Secret 119. The German Intelligence Services, Introducción D. 23.
[73] *Ibid.*, p. 25.

Entre las personas que reclutaban o chantajeaban había también judíos. Éstos, cuando aceptaban, eran enviados como agentes a Estados Unidos y no se les pagaba, sino al contrario, la persona enviada debía pagar bastante para que se le "concediera el privilegio" de ir allá. El pago a un agente incluía cierta remuneración para su familia durante el periodo de su ausencia, o en caso de que no regresara, esto se debía aceptar por escrito. A la mayoría de los agentes que se deseaba enviar a Inglaterra, al norte de África o a América se les mandaba a través de España y Portugal, como los lugares más convenientes. Salían generalmente como refugiados, y se les daba direcciones en la península ibérica a las cuales podían acudir en caso de dificultad, así como de oficiales menores en países neutrales y de los consulados que servían como buzones o apartados postales.

Generalmente, los agentes encontraban solos la forma de pasar a través de la frontera franco-española con la ayuda de ciertas organizaciones que se ocupaban de ayudar a personas a escapar, apareciendo luego como refugiados. Esto explica la desconfianza que a veces causaban esos inmigrantes, y también la manera como los diversos gobiernos aprovecharon esta circunstancia para no aceptarlos o no hacer modificaciones a sus leyes migratorias.

Las funciones principales de estos agentes eran las actividades anticomunistas, la detección y combate del sabotaje, el contraespionaje incluyendo la penetración en el espionaje enemigo, la seguridad industrial, el control de las fronteras, incluyendo la expedición de permisos, la intromisión en los movimientos religiosos, en las actividades judías y en la francmasonería, además de investigar y combatir a la oposición política del Estado nazi.[74] Los agentes nazis eran observadores políticos, funcionaban como embajadores extraoficiales en diplomacia activa y muchos tenían más autoridad que los miembros de la legación. Se ocupaban sobre todo de fomentar desórdenes entre minorías nacionales o entre los grupos de izquierda.

La relación de estos espías con otros agentes en Estados

[74] *Ibid.*, pp. 26 y ss.

Unidos, Argentina, Brasil, España o Portugal fue definitiva. Los datos que aparecen en los listados del Archivo Suitland son claros y precisos; se mencionan en ellos nombres de pila, apellidos y alias, fechas de nacimiento y de llegada a México. Asimismo, se encuentra la descripción detallada de todas sus actividades y cómo fueron entrenados. Se describe al jefe de toda la red de inteligencia nazi en México, así como a todos aquellos que fueron sus colaboradores, sus direcciones en el país, sus familiares y el nombre de sus esposas, generalmente mexicanas.

Un buen número de estos agentes se dedicaba al comercio o eran profesionistas que trabajaban en compañías alemanas, sobre todo en el ramo marítimo, ferretero o en el Banco Germánico de la América del Sur, institución que fue intervenida por el gobierno mexicano en 1942. Su relación con la legación alemana aparece muy clara; sin embargo, sabemos que Rudt von Collenberg envió en 1941 una lista donde se especificaban "los agentes, sus actividades y sus jefes", la que probablemente estaba incompleta "porque nuestro conocimiento se basa en observaciones ocasionales [...]".[75]

En esa lista aparecían el teniente coronel Von Schleebrugge y el mayor Nikolaus, ambos elementos ya detectados por el servicio secreto de Estados Unidos y del conocimiento también del régimen de Manuel Ávila Camacho. La lista llegó a manos de la Secretaría de Relaciones Exteriores de México, al igual que todo el diario del embajador. El jefe Nikolaus aparecía como comerciante junto con su compañero Von Schleebrugge; ambos habían establecido una pequeña compañía de cable que les dio la posibilidad, hasta diciembre de 1941, de tener comunicación directa con Alemania. Sus mensajes los firmaba Nikolaus con el seudónimo de "Volco", y los dirigía a "Brajob", en Berlín.[76] Sus sucesores, Joachim Ruge y Edgar Hilgert, fueron hechos prisioneros por el gobierno mexicano y enviados a

---

[75] AHSRE, III 2345-2 Repatriación de alemanes 24.1.42 y 23.X.46. B. von Mentz *et al.*, *Los empresarios...*, *op. cit.* Verónica Radkau comenta que el jefe Nikolausse disfrazaba de comerciante, lo cual facilitaba a la legación alemana cubrirlo. NAUS, T.120 733 AA, "Abwehr, Mexiko 1941-1942", AA a Legación 9 III, 41 y Rudt a AA 28. VI.41.

[76] ASW. Secret 119, The German Intelligence Services. Introducción, D 34.

Perote, Veracruz, de donde posteriormente salieron sin mayores cargos.

Para resumir, es posible afirmar que las actividades de este grupo se diferenciaban de las de la Organización para el Extranjero (AO), la cual reportaba a Goebbels, mientras que la Abwehr lo hacía directamente a Keitel, y éste a su vez al propio Hitler por medio de Canaris. Sin embargo, no estaban tan distanciados unos de otros, ya que varios autores afirman que se reunían en la Casa Parda, situada en la colonia Hipódromo Condesa de la ciudad de México, que aparentemente era el domicilio y consultorio de un médico.[77]

Posiblemente allí se daban los contactos con los nazis ya que, según lo consultado en el Archivo Suitland, aparece una breve relación entre uno de los agentes de la Abwehr de nombre Edmund Carl Heine con el doctor Wirtz, que era el jefe de la AO en México. Tal vez por el color de la casa, ésta servía también de lugar de reunión para los Camisas Doradas, pero en realidad en el Archivo no aparece ninguna relación entre ellos, lo cual nos da la posibilidad de admitir que quizá la ARM efectivamente sabía de sus actividades, pero no recibía ningún apoyo directo de esta organización.[78]

Sin embargo, la ayuda al nacionalsocialismo que prestaron los Camisas Doradas no se puede poner en duda; éstos constituían un grupo que dependía realmente del NSDAP.

MISSION, UN REFUGIO ESTRATÉGICO DE LOS CAMISAS DORADAS

Nicolás Rodríguez Carrasco, líder de los Camisas Doradas, fue expulsado del país en agosto de 1936. A partir de entonces los

[77] J. Bernal de León, *La quinta...*, *op. cit.*, p. 148.
[78] Después de revisar el Archivo Suitland corroboré que los agentes nazis se encontraban en México desde 1935 y que el Tercer Reich tenía el interés concreto en crear un banco de datos sobre las organizaciones afines a la ideología nazi en toda América Latina; esto se dio sobre todo en México, Brasil y Argentina. Por otro lado, la falta de coincidencia entre los nombres de los alemanes que apoyaron a Cedillo o a la ARM es muy notoria. En el Archivo aparecen 40 nombres de alemanes en México dedicados a trabajos de espionaje, sabotaje y creación de radios clandestinas, ubicación de aeródromos secretos y apartados postales donde se recibía la correspondencia de Alemania, así como de otros países europeos y latinoamericanos.

locales de esta organización fueron cerrados y sus miembros perseguidos por el gobierno. Por lo anterior, resulta incomprensible que el propio gobierno pidiera a Estados Unidos que recibiera a Rodríguez Carrasco. El secretario de Estado norteamericano solicitó la mayor información sobre el líder y comentó que "el gobierno de México impone presencia de elementos considerados indeseables [...] a Estados Unidos y al mismo tiempo exige que el gobierno estadunidense impida se involucren en actividades contra México".[79]

Por otro lado, el Departamento de Justicia de ese país entabló un juicio en contra de Nicolás Rodríguez por ingreso ilegal a territorio estadunidense. No se conocen las razones por las cuales la sentencia fue suspendida.

Los servicios de inteligencia norteamericanos supieron también, por un informe de Pablo Delgado, que gracias a ciertos donantes estadunidenses y mexicanos Rodríguez disponía de 2 000 a 3 000 dólares mensuales para financiar sus actividades, que tenía agentes en México y que viajaba constantemente de Brownsville a Nogales, aunque había establecido su cuartel en El Paso, Texas. Allí había recibido mensajes de apoyo del general Calles por su lucha en contra del establecimiento de un Estado comunista y éste le había manifestado que pronto tendría ayuda de un oficial estadunidense.[80]

Todos esos antecedentes descalificaron a los Dorados para intervenir en la vida política del país y quedaron en la mira permanente del gobierno cardenista, aunque no se terminó con su movimiento, ya que desde Estados Unidos, Nicolás Rodríguez permaneció en contacto con sus adeptos en México y continuó buscando aliados a su causa.

Se sentía tranquilo, aunque a disgusto por el exilio no esperado, ya que desde que fundó la ARM supo que tenía de su lado a los alemanes, pues a través de su representante, Krum Heller,

---

[79] NAW, WDC, SD, 812.00/ 30392, 30394, 30395, Washington, D. C., 15 de agosto de 1936. Sloan al Departamento de Estado, Document File Note, México, 11 de agosto de 1936, y 812.00 5045/315 Daniels al secretario de Estado, México, 24 de agosto de 1936. *Excélsior*, 8, 12 y 26 de agosto de 1936.

[80] NAW, WDC, SD, 812.00 Revolutions 234. K. Berry Peterson, Assistant U.S. Attorney, Report of Disposition of Criminal Case, Department of Justice, Division of Records, Washington, 10 de marzo de 1937. Major F. Lacey al 8 Corps 62 Forth Blias, Texas, 25 de marzo de 1937.

le habían enviado manifestaciones de adhesión, como el escrito siguiente:

> Acuso recibo de nombramiento que tuvo usted a bien mandarme como representante de la ARM al Reich Alemán. Agradezco esta distinción de todo mi corazón y prometo a usted ser Dorado leal y firme hasta ver vuestro triunfo, que significa la salvación de mi patria mexicana. [...]
>
> Yo, mi jefe, viví la época de Don Porfirio y conocí tanto a Scherer y Limantour, dos judíos que fueron el alma negra de la administración porfiriana. Cuando el usurpador Huerta pasó a Palacio, llevó como consejero a un polaco, Ratner, aquel propietario del Correo de Tampico, tienda que vendía a plazos y cada operación significaba una estafa. [...]
>
> Cuando Huerta vino a Europa, siempre venía acompañado de Ratner y en Barcelona desplumó ese judío al mismo Huerta, quedándose con muchos millones que habían sido robados al pueblo mexicano. [...]
>
> Hoy día se ha llenado de judíos, pero no sólo extranjeros, sino, y eso es lo peor, en los puestos principales hay judíos de sangre que pasan por hijos o nietos de españoles. No sé si usted conoce España, pero sabrá que la expulsión de los judíos en 1492 y la inmigración de esa gente al oriente fue muy importante. Yo he hecho el sacrificio por estudiar y visitar el oriente hace tres años: Grecia, Turquía, Egipto, Palestina, la Isla de Rodas y muchas partes para conocer los apellidos españoles de judíos fieles a su raza y a su credo, muchos salieron de España y los peores, los renegados, se quedaron, dejándose bautizar para seguir robando.
>
> Yo creo que no es posible perseguir hoy a un mexicano, porque sus antepasados en el siglo XV fueron judíos, pero si los vemos en el gobierno y en el comercio actuando con esa avaricia propia de su raza, debemos llamar la atención sobre estos parásitos [...]

Poco conocía Krum Heller de las razas indígenas de México, pero en su carta a Rodríguez agregó lo siguiente:

> Ahora le acompaño un artículo mío que habla de la raza mexicana, que siguiendo las investigaciones de Wirth, llegó a la conclusión de que los mexicanos y alemanes son de la misma raza, no sólo porque los españoles eran godos, sino porque los toltecas fueron inmigrados del norte, lo mismo que los alemanes primitivos, y si los primeros indios aztecas fueron de ojos azules y pelo rubio, co-

mo también tuvieron ese color los godos, la inmigración de moros a España y la mezcla entre ellos, trajo esa piel obscura. Pero estudios serios de etnólogos de primera fila, prueban la igualdad racial de mexicanos y nórdicos y hasta con un examen de sangre se puede probar eso hoy en día. Muy diferente es la sangre judía, sangre mala y como el carácter depende de la calidad de la sangre, los judíos son egoístas y ladrones por sangre. [...]

Ahora el aspecto racial y el antisemitismo es sólo una faz que nos da el brillante de todos nuestros postulados. Importante es que todo ciudadano comprenda que el beneficio general debe anteponerse a sus intereses privados y crear un verdadero patriotismo como ustedes ya lo están haciendo. No hay organización sin disciplina y no hay organización donde la disciplina no tenga como máximo exponente el servicio militar. Servir a la patria es el honor más grande que hay y así como la enseñanza es y debe ser obligatoria, lo debe ser el servicio militar. Al lado de ese ejército de soldados defensores, debe haber el otro ejército del trabajo, tan grandiosamente organizado aquí. Ojalá que usted, mi general, diera una vuelta a Alemania, aquí mi casa sería suya y no tendría gastos en ese sentido, pero si no es posible eso por sus múltiples ocupaciones que tendrá como jefe de la ARM, yo le mandaré todas las informaciones.

Y finalizaba así:

Siendo yo Coronel de la División de Pablo González les probé que el mexicano es disciplinado, que es el mejor soldado del mundo porque lo trae en su sangre tolteca. [...]

Así como los alemanes llevan el uniforme nazi por todas partes donde van, los Dorados debemos hacer lo mismo y dando el mejor ejemplo de nuestra conducta en la vida privada digan: ése es un mexicano noble. Debemos hacer una prédica constante con nuestra conducta intachable. También debe conocerse al Dorado por su uniforme, y yo creo que debemos usar la cruz swástica con más derecho que los alemanes. En el Museo de Hamburgo está un Dios Kinch Ahab, quien tiene esa cruz en la frente. En una exposición etnológica la exhibí en Berlín y probé que los mexicanos tienen ese símbolo mucho antes que los germanos como símbolo de su raza. [...]

Puesto sobre un brazalete con nuestros queridos colores nacionales se ha de ver muy bien. Lo curioso es que la usan con esos colores los húngaros que no son nórdicos. [...]

Así, mi general, espero informarlo de lo que pasa aquí y espero también siempre noticias suyas de la Secretaría y concluyo con mi sentido "México para los mexicanos".[81]

Esta carta era la franca adhesión de los germanos a la causa de los Dorados y a su movimiento paramilitar. Sin embargo, la insinuación de Heller de que se usara en el brazo una banda con la swástica y los colores nacionales nunca la aceptó Nicolás Rodríguez; la causa quizá era obvia: con ese distintivo en el brazo ya no podría negar sus nexos nazifascistas con Europa.

El "Jefe Supremo", como ya se dijo en capítulos anteriores, tenía como representante en Nueva York a Carlos Walterio Steinman, quien también había servido en el ejército mexicano. A este individuo le informó que contaba con 50 000 adeptos en el Distrito Federal y más de medio millón en el resto de la República.

El 3 de julio de 1935, Steinman le había escrito a Nicolás Rodríguez que el marqués Mac Donald y sus aliados disponían de cuatro millones de seguidores para ayudar a México a lograr el cambio de gobierno. Este hombre, al igual que otro de apellido O´Connnor, se enteraron de la expulsión de Calles del país.[82]

Después de la expulsión de Nicolás Rodríguez y de la disolución de los Dorados, el rebelde inició una campaña desde El Paso entre los grupos de derecha, con objeto de conseguir apoyo financiero para iniciar un levantamiento armado en contra del régimen cardenista. En Texas se dedicó a preparar la conspiración, pero tenía pocos recursos económicos, por lo cual pronto convenció a un grupo de estadunidenses ambiciosos y ricos, a quienes ofreció muchas ganancias tan pronto como su causa venciera.

A estos personajes les hizo creer que tenía 100 000 asociados armados en todo el territorio nacional, listos para iniciar

---

[81] AGNM, FLC, 541.1/41, Marcos Mena al presidente Cárdenas, denuncia que Krum Heller estuvo conferenciando con Nicolás Rodríguez, 2 de mayo de 1936.

[82] Eduardo O'Connor era el procurador general de Estados Unidos y luchó en la zona de Des Moines (Iowa) en contra de los comunistas. *Excélsior*, 6 de mayo de 1933.

una rebelión en contra de Cárdenas. Para esto contó con la ayuda de J. Smithers, acaudalado agricultor texano, que creyó todos los embustes del "Jefe Supremo" de la ARM. Smithers entregó a Rodríguez cantidades de dinero para financiar la organización del movimiento rebelde y además le obsequió un automóvil de marca Buick; la factura del automóvil aparece a nombre de Nicolás Rodríguez Carrasco, pero como comprador figuraba Smithers. Es interesante mencionar que este personaje era, además, el apoderado en Estados Unidos de Plutarco Elías Calles.

Otros dos aliados del dorado fueron el reverendo protestante P. L. Delgado y el estadunidense William H. Wood; ambos realizaron toda clase de gestiones para obtener fondos destinados a la organización de un movimiento rebelde en el país. Smithers puso en contacto a Rodríguez con el ex presidente Calles, y si bien éste nunca se dirigió directamente al "Jefe Supremo", lo hizo en varias ocasiones por conducto de su apoderado estadunidense con el fin de obtener el apoyo de la Acción Revolucionaria Mexicanista para un movimiento sedicioso.

Poco menos de un año después Calles, convencido por Smithers, comisionó al ex gobernador de Guanajuato, Melchor Ortega, para que entablara tratos con Nicolás Rodríguez.

Ortega, acatando instrucciones del general Calles, contestó con fecha 4 de diciembre de 1936 desde la ciudad de San Diego, California, la siguiente carta al reverendo Delgado:

Señor P. L. Delgado. El Paso, Texas, muy señor mío y amigo:

Recibí la suya fechada el primero del actual. Sentí mucho no haber tenido la oportunidad de saludarlo, suponiéndome que el correo no había llegado oportunamente llevándole mi carta. La dirección a la que me puso la carta es la que tengo actualmente en la ciudad. Creo que nuestro amigo podría escribirme lo que se le ofreciera, tan amplio como quiera, a la dirección que tiene mía de esta ciudad.

Afectuosamente lo saludo, su amigo y seguro servidor,

MELCHOR ORTEGA[83]

---

[83] Melchor Ortega fue también presidente ejecutivo del PNR, elegido el 12 de mayo de 1933. *Excélsior*, 13 de mayo de 1933.

El amigo al que se refería en su carta el ex gobernador de Guanajuato no era otro que Nicolás Rodríguez, quien ya había tratado con los callistas lo referente a unir "sus elementos" para organizar "una revolución" en México en contra de Lázaro Cárdenas.

Parece que en su derrota los amigos de Calles concedieron seriedad a Rodríguez y le estuvieron entregando regulares cantidades de dinero, así como al mismo tiempo enviaban a un representante personal, que fue Smithers. Activo como pocos, este hombre se entusiasmó con los proyectos bélicos del ex general villista, y estuvo viajando de un lado al otro del territorio estadunidense tratando de conseguir influencias políticas de funcionarios y banqueros, con objeto de que el movimiento rebelde callista y dorado fuera apoyado debidamente y no fracasara.

La Prensa cita telegramas que Smithers mandaba al reverendo Delgado desde Nueva York, San Diego, Los Ángeles, San Antonio, Laredo y otros puntos en donde se desarrollaban intensas campañas para conseguir apoyos, haciendo creer que los Dorados realmente tenían en México centenares de miles de miembros y que el general Calles todavía gozaba de gran prestigio.[84]

Delgado fungió un tiempo como secretario de Rodríguez Carrasco, hasta que se disgustó con él al convencerse de sus "inmoralidades". Tanto Smithers como Wood mandaban con frecuencia cheques del Security State Bank de Texas a nombre de Nicolás Rodríguez Carrasco.

El reverendo Delgado, Smithers y Melchor Ortega nombraron representantes en diversas ciudades del país: al ex general Avelino Salas en Sonora; en Ciudad Juárez al también ex general Joaquín Terrazas junto con el ex coronel J. Monreal, y en la ciudad de México, entre otros delegados, fue nombrado el californiano Frank Sánchez Llanes.

El que más viajaba entre San Diego, California, y El Paso, Texas, era Smithers, quien era el verdadero enlace entre los dos hombres descontentos, Rodríguez y Calles. En varias ocasiones éstos se encontraron en San Diego para hablar larga-

---

[84] AGNM, FLC, 541.1/41; *La Prensa*, 1936.

mente de sus planes junto con Melchor Ortega. Sin embargo, don Plutarco nunca invitó a Nicolás a visitar su mansión del Parque Balboa, sino que siempre comisionó a Ortega para que tratara más a fondo todo lo relativo a la organización del "movimiento rebelde".[85]

El grupo de Dorados desde Estados Unidos seguía confiando en el apoyo del ex secretario de Agricultura, general Saturnino Cedillo, quien había prometido ayudarlos en su movimiento "nacionalista".

Los planes de acción de Nicolás Rodríguez no cambiaron por su obligada residencia en Texas, pero su vida sentimental dio un giro al enamorarse de la señorita Herrón, lo que provocó que su esposa delatara todas sus actividades ante la policía de la ciudad de México, cuestión de la que fue enterado Nicolás por la carta de Frank Sánchez Llanes, en que le decía:

Doy contestación a su muy grata firmada en la estación, explicándole procuré no enredaran de chismes, que ésta [se refiere a una persona que no menciona el periódico, que al parecer era la esposa de Nicolás Rodríguez], que ha estado en contra de todo aquel que busca la manera de que se trabaje en pro de la causa, y la razón es sencillísima: ésta [el mismo nombre], en su ignorancia lamentable cree que a nuestro triunfo usted se casará con la señorita Herrón y ella no podrá ser la primera dama de la república. Y como el único pecado que cometí fue el de llamarla por el terreno de la cordura y manifestarle mi firme intención de seguir laborando al lado de usted y negarme a hacer un manifiesto en su contra y que ella firmaría a fin de ponerlo por los suelos y distanciarnos todos, por ello ha procurado estos enredos; es más, hizo una denuncia a la inspección de Policía, dando nombres y señas de todos, menos el mío, y se dedicó a intrigar, diciendo que yo era el del anónimo; usted comprenderá que todo el mundo se echó a reír, pues si hay algún entusiasmo para trabajar es debido a mí. [...]
Efectivamente hubo una junta con el fin de trabajar hasta no lograr la unificación de todos los elementos dispersos con la salvedad de que seguiríamos al que primero hiciera un llamado a nombre de la Patria. Yo seguía insistiendo en que esperara su aviso. Por lo que respecta a lo del coche, sus paseos, su noviazgo y el dinero que recibe usted de CIERTA persona, cosa que me refiero

---

[85] *Id.*

a nuestro buen amigo Delgado, ella [la misma persona], ha dicho, jurado, que don Santiago en presencia de ella le entregaba rollos de billetes, que usted depositaba en el Banco. No se preocupe usted por eso, pues la orientación se ha seguido dando y tenemos mucho terreno ganado, confieso amigo mío, que a veces me desanimo y con mayor razón cuando veo que usted es el culpable de todos los obstáculos. [...]

Manuel y Álvarez están en ésta, desde el día 4 de los corrientes, nos hemos estado comunicando constantemente y él le llevará a usted estos apuntes. Usted comprenderá que mi papel, después de la venida de tanto hablador, es muy trabajoso, dada la inclinación de esta gente por el chisme, pero hasta ahora, salvando esos tropiezos, la labor ha sido magnífica, Manuel y Álvarez me han servido mucho en ese sentido. [...]

Yo quise introducir entre nosotros a Muñoz, pues nos está sirviendo de gancho cerca del Etíope y como es hombre... cuanta labor ha querido hacer en su contra me ha sido fácil eliminarla y así como fuego de ráfaga lo estoy reduciendo a la impotencia. Por lo demás no hay enemigos pequeños, menos cuando se junta con una vieja y más vale tenerlo contento. [...]

Uno de nuestros postulados es el siguiente: "no creemos en chismes", ojalá y usted se adhiera a él, seguro que cuando tenga algo que sentir se lo diré por este conducto. No escriba usted a la víbora, recuerde usted que las Juanas de Arco no se dan en maceta. Sepa usted que es muy fácil destruir habladurías en contra de cualquiera y tenga fe en mí. Su amigo y subordinado. Frank.

P.D. Comuníquele a Mario mi labor, pues es uno de los que más raspones ha sacado de la contienda. Salúdemelo de mi parte.[86]

Por la carta anterior se infiere el inicio de un diálogo entre el general Calles y Nicolás Rodríguez, a través de sus representantes, para unir fuerzas en contra del gobierno "comunista". Además, por los Archivos de Washington tenemos noticias de que el ex presidente Abelardo L. Rodríguez visitó al "Jefe Supremo" de los Dorados en Texas durante cinco semanas, en las cuales permaneció hospedado en su casa.[87]

Su relación familiar quizá no se pueda apoyar en este hospedaje que le dio Nicolás, y no existe tampoco otro indicio que

---

[86] AGNM, FLC, 541.1/41; *La Prensa*, 1936.
[87] NAW, WDC, SD, 812.00 RG59 M: 1370; *El Dorado*, periódico de Torreón. Se supo también que su hermano Joaquín Rodríguez fue expulsado del país.

lo confirme, pero con ello se nos abrió la interrogante. Por otro lado sabemos que desde 1935 el Departamento de Estado de Estados Unidos había recibido informes de ciertas visitas que realizaban oficiales mexicanos a Calles en la ciudad de Los Ángeles, California, donde se comunicaba que habían pasado armas y municiones de contrabando hacia México apoyados por ambos ex mandatarios, Calles y Abelardo Rodríguez.[88]

Desde entonces los dos estaban buscando la manera de activar una rebelión en contra de Lázaro Cárdenas, y encontraron en los Camisas Doradas un grupo de apoyo a esta causa. El Departamento de Estado confirmó también las visitas de James Smithers al general Calles después de su expulsión.[89] En el caso de la persona a la cual Frank mandaba saludar, se refería a Mario Baldwin, el cual se exilió con Rodríguez en Texas.

Las relaciones de los Dorados con diferentes personalidades en Estados Unidos fueron frecuentes; como ejemplo citamos la conversación que tuvo José F. Sandoval, inspector viajero de la ARM en la ciudad de Torreón, la cual fue reportada al Departamento de Estado norteamericano en agosto de 1936.[90]

En estos documentos es clara la relación entre los grupos de derecha de ambos países, ya que aparece una reunión entre Arthur Constantine, redactor de los periódicos de Hearst, con el general Saturnino Cedillo, secretario de Agricultura, en la cual trataron asuntos de interés común.[91]

Desde que Nicolás Rodríguez fue expulsado de México el 11 de agosto de 1936, todos los periódicos más importantes, tanto mexicanos como estadunidenses, comentaron la noticia, entre ellos el *New York Times* con su reportero Frank L. Klukhorn. También los periódicos texanos se ocuparon de comentar el arribo de Rodríguez, entre ellos *The McAllen Monitor* que, du-

---

[88] NAW, WDC, SD, 812.00 RG59, doc. 30161, Mexicali (Bowman), 28 de enero de 1935.

[89] NAW, WDC, SD, 812.001, c. 13, doc. 30353, 10 de abril de 1936.

[90] NAW, WDC, SD, 812.001, c. 13, doc. 30399. Torreón (English) Political, 318 ME (Gold Shirts).

[91] NAW, WDC, SD, 812.00 5045/315, y doc. 30397 (Daniels), 3853, agosto de 1936.

rante los cuatro años del exilio del mexicano, cada semana publicó artículos referentes al movimiento de los Dorados o entrevistas otorgadas por el "Jefe Supremo" de esta organización a diferentes periodistas del diario.

Al revisar las hemerotecas de la Universidad Pan American de Mission y la de McAllen, sorprende la abundancia de la información periodística sobre la vida cotidiana del "Jefe Supremo"; trata por igual de sus amoríos y de sus relaciones con los petroleros, que primero lo visitaron en El Paso, después en su casa de McAllen y hacia 1938 en su cuartel general de Mission.

Desde el mes de julio de 1934 había aparecido un artículo en *The McAllen Monitor* acerca de un posible atentado revolucionario en contra del gobierno mexicano, en el cual uno de los cabecillas era un ex general villista que apoyaba la candidatura de Antonio Villarreal. Éste era Marcelino Gallegos, quien había sido secundado por un grupo de ex villistas que se concentraban en Nogales, Sonora, pasando armas a través de la frontera texana. El periódico decía que casi todo estaba listo, pero cuando el gobierno de México se percató de ello, se enviaron 250 soldados de Magdalena, Sonora. Parece que este grupo se había estado reuniendo en Arizona en la ciudad de Bisbee y había comprado bastante material de guerra que trató de pasar por la frontera, pero que fue confiscado por las autoridades mexicanas en Laredo, Texas.

Además, el ejército en Nogales había recogido una circular impresa en la que se arengaba al pueblo al levantamiento, la cual estaba firmada por Gallegos. En ella se hablaba de una lucha para derrocar al nuevo régimen, la cual daría inicio en Chihuahua apoyada por Silvestre Terrazas. Se decía que la rebelión estaba secundada por un grupo de estadunidenses, quienes habían colaborado en la adquisición del "parque". Esta rebelión, comentaba el diario, podía ser el inicio de una larga lucha para derrocar a Cárdenas planeada por los ex generales villistas, resentidos desde la derrota de Pancho Villa y que buscaban la forma de vengarse derrocando al régimen. De esa manera se apoderarían de la presidencia, o sea, que un villista sería por fin el Presidente de la República.

Es notoria la coincidencia de que la rebelión se iniciara en

Chihuahua, en donde tanto Villa como Nicolás Rodríguez habían tenido siempre un gran apoyo, y también el empleo de las tácticas villistas de buscar ayuda en Estados Unidos, donde siempre había gente dispuesta a brindarla, sobre todo los petroleros y todos aquellos que tuvieran intereses en México que pudieran ser afectados, especialmente a partir de la aprobación de la Constitución de 1917.[92]

El 30 de julio de 1936 el *The McAllen Monitor* publicó la noticia de un zafarrancho entre comunistas y miembros de la organización cívica nacionalista que tuvo lugar en la ciudad de Monterrey, Nuevo León, en el cual, según estos últimos los "rojos" los habían provocado, insultándolos cuando salían de sus oficinas, además de haber recibido ciertos disparos. Los "nacionalistas", decía el diario, habían respondido al fuego e insistido en que no descansarían hasta "acabar" con los comunistas.[93] Para el 11 de agosto se publicó la noticia de que México había expulsado al jefe de los Dorados, y que ello tenía su fundamento en la reciente revuelta que se había dado en la ciudad de Monterrey.

Señalaba que Rodríguez había sido puesto a bordo de un tren y enviado fuera de la República, y agregaba que el jefe del grupo fascista Camisas Doradas había salido luego en un avión y llegado al anochecer a Estados Unidos. También informaba que la organización había sido disuelta por orden presidencial, tanto en Nuevo León como en el Distrito Federal, y que se esperaba la llegada de Rodríguez a la ciudad de Brownsville, Texas.

Fueron arrestados otros 16 Dorados y la policía cateó sus oficinas en busca de armas. Según el periódico, Rodríguez se encontraba en el lugar pero logró escabullirse. El general Vicente González, jefe de la policía, informó que el cateo había sido ordenado después de la denuncia de que la organización llevaba a cabo actividades subversivas en contra del gobierno.[94]

[92] "Mexican Revolt is Believed to Have Been Planned at Arizona Meetings", *The McAllen Monitor*, 14 de julio de 1934, pp. 1-2. El periódico aseguraba que tenía que ver con Silvestre Terrazas.
[93] "Two Slain in Monterrey, Red Riot. Seven Listed Injured When Fight Staged", *The McAllen Monitor*, 30 de julio de 1936, p. 1.
[94] "Mexico Ousts Chief of Reds. Golden Shirts Recent riot in Monterrey Given Blame", *The McAllen Monitor*, 11 de agosto de 1936, p. 1.

Al día siguiente, en sus declaraciones al *The McAllen Monitor*, Nicolás Rodríguez manifestó que no tenía intenciones de formar una coalición entre fascistas y simpatizantes del general Plutarco Elías Calles. "Nuestros intereses, tanto de Calles como los míos, son diferentes", dijo. Se quejó de que su expulsión fue tan repentina que ni ropa se pudo llevar.

El trato que había recibido Rodríguez, decía el diario, había sido desagradable, y agregaba que éste había comentado que el país se estaba "bolchevizando". Se aclaraba que el dorado había volado en un avión presidencial y que fue detenido en Ciudad Juárez por varias horas. El líder expulsado sólo había agregado que deseaba buscar un hotel en Texas y que posteriormente se pondría a la disposición de las autoridades estadunidenses.

Cuando se le insistió que relatara su arresto, dijo:

> El lunes me encontraba en Pachuca y me enteré que el gobierno me estaba buscando. Así que le telegrafié al presidente y al general Vicente González, jefe de la policía mexicana, y me rendí. Me detuvieron en la cárcel toda la noche y a las seis de la mañana me encerraron en un automóvil con un general y me llevaron al aeropuerto y me pusieron en un avión que paró en San Luis Potosí, Torreón, Chihuahua y Juárez.[95]

Hacia mediados de agosto del mismo año, *The McAllen Monitor* informaba que la lucha entre el fascismo y el comunismo se había desatado en México y que era encabezada por la CTM, cuyo líder era Vicente Lombardo Toledano. Se refirió a una gran demostración antifascista llevada a cabo en la ciudad de México, en la cual había participado Miguel A. Velasco, quien comentó que los obreros estaban siendo organizados para acabar con los fascistas.

En respuesta, el general Luis Bobadilla, de la Unión de Veteranos de la Revolución, había dicho que lo anterior era pura "oratoria"; pero en realidad protestaron fuertemente por las maniobras comunistas que trataban de nulificar al ejército y a sus generales. Se quejaron entonces de los cambios que había realizado el presidente con nueve oficiales del rango de briga-

---

[95] "Rodriguez Is Angered Over Quick Ouster", *The McAllen Daily Monitor*, 12 de agosto de 1936, p. 2.

dier o general, los cuales fueron efectuados sin habérsele notificado al secretario de Guerra, general Andrés Figueroa.[96]

El 26 de agosto el periódico anunció la renuncia de Portes Gil a la presidencia del PNR y su sustitución por Silvano Barba González. Lo interesante del artículo era el acento en informar que los miembros del Congreso se estaban preparando para deshacer el bloque de la izquierda, fundado en 1935 como apoyo a Cárdenas en contra de Calles, exiliado en Estados Unidos, y que estaba adquiriendo mucha fuerza.[97]

En noviembre de ese año, el periódico repetía una noticia de México que confirmaba la alianza entre Portes Gil y Cedillo para contrabandear armas. El artículo decía que el ex presidente de la nación y reciente presidente del PNR, junto con el general Cedillo, habían sido señalados por la prensa, de realizar actividades "sediciosas". Se agregaba que Emilio Portes Gil había roto recientemente relaciones con Cárdenas y que estaba involucrado en un gran contrabando de armas, el cual había pasado por Matamoros, Tamaulipas. Es interesante que este diario predijera entonces una ruptura total entre Cárdenas y Cedillo, por tener este último tendencias conservadoras opuestas a las ideas de izquierda del gobierno.[98]

Durante 1937 el periódico dio muestras claras de su preocupación por la situación del petróleo en México. Decía que la negociación de los salarios de los trabajadores en las compañías petroleras se estaba estudiando y que el contrato contenía cerca de 100 cláusulas. Se hablaba de huelgas de los obreros y de la preocupación de las compañías, manejadas en su mayoría por estadunidenses, ingleses y holandeses. Según este diario la culpa la tenían los trabajadores porque eran muy intransigentes, y agregaba que el gobierno ya había creado un Instituto del Petróleo para que manejara los campos en caso de necesidad.[99]

[96] "Fight on Fascists Is Said Giving Momentum As Preparation Speed", *The McAllen Monitor*, 19 de agosto de 1936, p. 3.

[97] "Portes Gil Now Stated For A Cabinet Position", *The McAllen Monitor*, 26 de agosto de 1936, p. 1.

[98] "Mexico Newspaper Links Gil And Cedillo With Arms Smugling", *The McAllen Monitor*, 24 de noviembre de 1936, p. 4.

[99] "Oil Strike Threatens Huge Mexican Split", *The McAllen Monitor*, 23 de mayo de 1937, pp. 1-2.

Pocos días después se anunció la posible renuncia del secretario de Agricultura, Saturnino Cedillo. En el artículo aparecieron las cuestiones que el mandatario mexicano aún consideraba urgentes, como la distribución de los latifundios expropiados, la construcción de más de dos mil escuelas rurales y el aumento del salario de agricultores y trabajadores urbanos y soldados, "aunque se tuviera que reducir el número de miembros del ejército".[100]

Casi un año después de haber sido expulsado de México, el general Nicolás Rodríguez hizo declaraciones al periódico de McAllen, diciendo que detrás de la huelga de los petroleros estaba todo un plan fraguado por los comunistas y apoyado por Cárdenas para atraer a la clase trabajadora en apoyo de su débil gobierno. Rodríguez, quien seguía considerándose el "Jefe Supremo" de la ARM, manifestó que su organización contaba ya con 800 000 miembros entre la clase media y la clase de los industriales y los comerciantes. Dijo que su organización había sido fundada hacía tres años y que su objetivo era luchar contra el comunismo y el fascismo en México.

Agregó que el culpable de la situación en México era Lombardo Toledano, líder de los trabajadores petroleros y de las huelgas, las cuales ya se habían dado en la ciudad de Monterrey, en México y en Veracruz. Aseguró que en todas ellas habían participado los Dorados, los cuales demostraron la influencia comunista en la clase obrera. Según Rodríguez ya habían sido enviados telegramas a las principales compañías petroleras y a los trabajadores, solicitándoles que no aceptaran las peticiones de los comunistas.

En esa entrevista se le preguntó sobre su relación con el general Calles, ex presidente de México y también exiliado en Estados Unidos. Respondió que no había entre ellos ninguna relación y que su idea no era iniciar una revolución, sino llevar a cabo una marcha pacífica en la ciudad de México.[101]

---

[100] "Resignation Rumors Sifted In Mexico On Cabinet Position", *The McAllen Monitor*, 28 de mayo de 1937, p. 1.
[101] "Mexico New Strike Laid to Red Party. General Rodriguez of Gold Shirts Claims Cardenas Is Behind Trouble Movement", *The McAllen Monitor*, 3 de junio de 1937, pp. 1-2.

Al día siguiente, el diario se refirió nuevamente a esa manifestación que pretendían llevar a cabo Nicolás Rodríguez y sus Dorados. Mencionó la cantidad de encamisados que había ya en ese país y la causa por la cual había sido expulsado su líder, que en esos momentos tenía su cuartel general en la ciudad de Laredo. "El Jefe de los Dorados [decía el periódico] se la pasa viajando de un lado al otro de la frontera mexicano-norteamericana, reuniéndose con líderes mexicanos en el lado americano, para planear la manifestación."

Según los comentarios del articulista ya eran muchas las denuncias que se hacían del gobierno comunista de Cárdenas, entre ellas una que había publicado el general Calles en el diario *Today*. Pero recalcaba que en una entrevista, el primer mandatario mexicano había dicho que su gobierno no era comunista y que solamente era socialista en cuanto a la educación, ya que ésa era la mejor forma de enseñar a los niños a pensar por sí mismos.[102]

El 5 de junio de ese año, el periódico publicó en grandes titulares el recibimiento en México de 500 niños españoles a los cuales Cárdenas les ofreció asilo hasta que pasara la guerra en su país. Se agregó el comentario de que el barco llevaba mucha propaganda comunista.[103]

Ese mismo día se publicó un artículo escrito por Cosme Hinojosa, cónsul de México en McAllen, aclarando quién era el general Nicolás Rodríguez y la causa de su expulsión del país; decía:

Desde que fue expulsado de México y llegó a los Estados Unidos ha tratado de vivir a costa de ciertas personas, y para que la gente del Valle de Hidalgo se entere quién es el generalísimo Nicolás Rodríguez, y cómo éste ha abusado de la hospitalidad americana y cómo está tratando de atraer la atención de ciertas personas, sobre todo de las compañías petroleras [...][104]

---

[102] "Peaceful March on Mexico City is Dorados Plan", *The McAllen Monitor*, 4 de junio de 1937, p. 1.

[103] "Mexico Granting Haven to Bilbao Child Refugees", *The McAllen Monitor*, 5 de junio de 1937, p. 2.

[104] "Consul Here Scores Gold Shirts Claims", *The McAllen Monitor*, 5 de junio de 1937, p. 1.

Las noticias siguieron apareciendo constantemente, por un lado refiriendo las actividades de Rodríguez en Texas y por el otro los problemas que tenía Cedillo con el presidente Cárdenas por desaprobar el reparto agrario que realizaba el mandatario, el cual "ya había ido demasiado lejos". Según el periódico, Saturnino Cedillo era el hombre fuerte en México y quizá iba a ser el sucesor de Cárdenas.

El 17 de diciembre de 1937 el periódico publicó las nuevas leyes relacionadas con los extranjeros que la Cámara de Diputados había aprobado a sugerencia del licenciado Ismael C. Falcón, quien había pedido entre otras cosas las siguientes:

1) Que México se dividiera por zonas y que se asignaran lugares donde podrían vivir los extranjeros.

2) Que las actividades comerciales de los extranjeros fueran limitadas a la agricultura, a la producción industrial y a las exportaciones. Y que la venta en comercios o plazas fuera suprimida.

3) Que el Ejecutivo tomara la decisión de cuál sería el máximo porcentaje de empresas extranjeras que sería permitido en México, y que todas aquellas que excedieran ese número fueran confiscadas y se repartieran entre las cooperativas de trabajadores.

4) Que todos los extranjeros que hubieran entrado al país como industriales, sin haber depositado los 20 000 pesos requeridos por las leyes de inmigración, fueran deportados y sus propiedades expropiadas.

5) Que se limitara la naturalización de extranjeros y que a quienes hicieran la solicitud correspondiente se les exigiera por lo menos cinco años de residencia en el país, y no dos, como era la costumbre.

6) Que las leyes laborales obligaran a contratar a 90% de mexicanos "por nacimiento".[105]

Hacia 1938 *The McAllen Monitor* recalcaba en una serie de artículos la pugna que existía entre el fascismo, el imperialismo y el comunismo, corrientes que estaban tratando de atraer a sus filas a todos los países del continente americano, sobre todo a los del sur. Según este diario, el fascismo era el que ha-

---

[105] "Mexico Votes Tighter Rules On Foreigners", *The McAllen Monitor*, 17 de diciembre de 1937, p. 1.

bía logrado el mayor éxito; decía que, por ejemplo, se encontraban 10 000 alemanes en América del Sur, de los cuales 3 000 ya eran ciudadanos de diferentes países, y que se había apelado a su nacionalismo, a su amor por la "madre patria" y que éstos estaban apoyando a Hitler. Lo llevaban a cabo mediante programas de radio y concesiones comerciales de productos alemanes, las cuales los mantenían siempre atentos a los deseos del Reich. Agregaba uno de los artículos que este régimen enviaba misiones militares y vendía armas, ofrecía becas a estudiantes y llevaba a cabo un intercambio de profesionistas.

> Todas éstas son las tácticas usadas por los fascistas, los cuales han logrado mucho, como por ejemplo citamos al grupo de los Camisas Verdes (o integralistas), que en Brasil cuentan con un millón de afiliados y tienen un gran respaldo alemán; éstos a su vez apoyan tanto a Hitler, a Mussolini como a Hirohito. [...]
> Por lo visto, los alemanes tienen un plan muy preciso, al organizar en cada país de América grupos paramilitares y de choque similares a las Camisas Pardas de Hitler o Negras de Mussolini, ya que como se puede notar éstos existen en cada país del Continente, con el nombre de Camisas aunque de diferentes colores. [...]
> Todo el continente está invadido de programas de radio de las poderosas estaciones alemanas de onda corta, en los cuales se transmiten programas tanto en español como en portugués. La propaganda nazi se lleva a cabo en una forma tan profesional, que casi no se siente y acaba por convencer a una gran mayoría.[106]

Fue entonces cuando realmente los gobiernos de Estados Unidos y México se empezaron a percatar de esta penetración nazi y decidieron actuar con más firmeza.

Al iniciarse 1938 se supo de un levantamiento fallido en la ciudad de Matamoros. Los rumores, que se extendieron por la zona fronteriza, aseguraban que la rebelión y todos los incidentes en Reynosa y La Rosita fueron organizados por los Camisas Doradas, encabezados por Nicolás Rodríguez, el cual se encontraba en Brownsville. Se decía que las noticias no llegaron a ninguna ciudad del interior de la República Mexi-

---

[106] "Democracy is Facing Row in Latin America. Imperialism, Fascism, and Communism Seeking Control of Major Governments", *The McAllen Monitor*, 2 de enero de 1938, pp. 2-3.

cana porque fueron acalladas, sin permitir que se publicaran en los periódicos. El diario decía que ya eran muchos meses que se escuchaba en Texas el rumor de un levantamiento armado para derrocar al régimen de Cárdenas, pero que quizá éste había dado la orden de minimizarlo y decir que solamente habían sido enfrentamientos entre campesinos.[107]

El 8 de febrero el presidente anunció una gira de 40 días por los estados del Norte, en la cual trataría de crear fuentes de trabajo en Tamaulipas para detener la ola de levantamientos en ese estado. Según el mandatario esto requería de mayor atención, e hizo la solicitud al Departamento de Comunicaciones para que se diera trabajo en la frontera a todos los desempleados, poniendo hincapié en el proyecto de irrigación, el reparto de tierras y la construcción de una carretera que comunicara a Reynosa con la ciudad de Monterrey. Uno de esos proyectos, el "Proyecto Retamal", se encontraba al sur de Donna, Texas, cerca de la carretera Reynosa-Matamoros.[108]

Los periódicos texanos informaban cotidianamente sobre México; por medio de ellos se supo que Morones había regresado al país después de su expulsión y que estaba agitando a los trabajadores en Orizaba, Veracruz, con el lema de "México para los mexicanos". *The McAllen Monitor* publicó la noticia del levantamiento de Cedillo y se preguntó sobre el apoyo que le daría Nicolás Rodríguez. Según el articulista James W. Glasscock, México había tenido nueve años de tranquilidad, pero se sentía ya la posibilidad de una nueva rebelión. Ésta sería encabezada por el general Saturnino Cedillo y Nicolás Rodríguez, líder de los Dorados.

Según Glasscock, Cedillo había renunciado por ciertas diferencias con Cárdenas en el reparto de tierras y se había apoyado en los grupos conservadores de derecha en contra del mandatario. Decía así:

Cedillo es la figura central en San Luis Potosí, ha permitido el desarrollo de la religión y tiene una fuerza bien armada, además de

[107] "Four Slain in Border Clashes. Mexican Troopers Capture Munitions in New Outbreaks", *The McAllen Monitor*, 31 de enero de 1938, pp. 1-3.
[108] "Cardenas Orders Jobs To Appease Agrarians", *The McAllen Monitor*, 14 de febrero de 1938, p. 11.

un escuadrón de aviones. No se sabe si los recientes disturbios de Matamoros fueron maquinados por Cedillo con el apoyo de Rodríguez; según el gobernador de Tamaulipas, la culpa es de Nicolás Rodríguez y sus Camisas Doradas. Algunas fuentes fidedignas informan que Rodríguez tiene el apoyo del generalísimo Francisco Franco, y además dicen que Cedillo también cuenta con ese apoyo, además del de los fascistas italiano y los nazis alemanes.

[...]

Cuando concluya la guerra española y resulte vencedor Franco, entonces la ayuda de Hitler y Mussolini se volcará sobre Cedillo, para apoyarlo en su rebelión en contra de la administración de Cárdenas. El problema en México es que los terratenientes han protestado por el reparto de sus tierras que ha realizado el presidente. Y por otro lado existen protestas de los industriales por el apoyo dado a los trabajadores en todas las huelgas.[109]

Según el periódico, la alianza entre Cedillo en México y Nicolás Rodríguez en la frontera de Texas aún no se había establecido definitivamente, pero aseguraba que ambos habían encontrado intereses comunes, para combinar sus actividades y unirse en esos momentos y posteriormente saldar las diferencias. Pero agregaba que Cárdenas estaba alerta ante cualquier revuelta que se pudiera iniciar en el norte.

Económicamente un conflicto de éstos no le conviene ahora a México; en realidad el hecho de que los Estados Unidos sigan manteniendo el precio de la plata ha ayudado a esta nación para tener menos dificultades. Y si se viene una revolución, miles de turistas que llegan ahí, de los Estados Unidos y Canadá, dejarán de hacerlo, lo cual afectaría económicamente al país.[110]

Lo anterior significa que la rebelión de Cedillo no fue ningún secreto, sino más bien comentario a voces. Tal situación, aunada a las protestas de expropiación por las compañías estadunidenses e inglesas, no le daba al rebelde ninguna seguridad de triunfo. El general potosino se encontraba utilizado por dos fuerzas: la imperialista y la fascista.

---

[109] "Will Rodriguez Join Forces with Cedillo?", *The McAllen Monitor*, 13 de febrero de 1938, p. 2.

[110] *Id.*

Ante la expropiación el embajador Josephus Daniels había comentado que el presidente siguió dos caminos: uno, el de su política de "México para los mexicanos", y el otro, la solución al problema planteado por los petroleros extranjeros.[111]

En ese año Nicolás Rodríguez se estableció definitivamente en Mission, Texas, a unos 15 minutos en automóvil de la ciudad de McAllen. Desde allí se enteró del reparto de tierras en Tamaulipas, como las de La Tijera, Villa Cárdenas y Los Arados, realizada por el gobernador Marte R. Gómez, por órdenes presidenciales.

El 23 de marzo supo que empezaban a regresar los ex petroleros a Estados Unidos y que pasaban sobre todo por Texas, ya sea cruzando por McAllen, Brownsville u otros lugares fronterizos; que no solamente eran los estadunidenses, sino también los ingleses que prefirieron hacer sus llamadas de larga distancia a Londres, desde Texas, y no de México, y que todos estaban a la expectativa de lo que iba a suceder en el futuro.[112]

Diez días después de la expropiación petrolera se dio otro zafarrancho en Ciudad Obregón, Sonora, en donde se declaró la ley marcial porque los disturbios no terminaban. Se pidió la renuncia del presidente municipal, Félix Verduzco, el cual terminó refugiándose en la casa del gobernador Román Yocupicio. El periódico de McAllen confirmó que éste tenía relaciones con Nicolás Rodríguez.[113]

No cabe duda de que el "Jefe Supremo" estaba involucrado y muy interesado en el conflicto generado con la expropiación, y deseaba sacar provecho de la situación poniéndose en contacto con los petroleros afectados para que apoyaran su causa, a cambio de devolverles sus empresas lo antes posible.

El día 26 de abril del mismo año, el periódico publicó una entrevista a Nicolás Rodríguez, a raíz de un artículo aparecido en una revista, cuyo nombre no se menciona, en el cual se

[111] "Financial Crisis Grips Mexico", *The McAllen Monitor*, 20 de marzo de 1938, p. 1. Véase, además, Josephus Daniels, *Diplomático en mangas de camisa*, trad. Salvador Duhart M., México, Talleres Gráficos de la Nación, 1949.

[112] "Mexican Border Business Pauses During Oil Celebration: London Bears from Brownsville", *The McAllen Monitor*, 23 de marzo de 1938, p. 1.

[113] "Mexican Officers Quit Rural Vert", *The McAllen Monitor*, 28 de marzo de 1938, p. 2.

decía que el dorado conspiraba contra su gobierno, participaba en una revolución fascista apoyada por los nazis alemanes y había instalado su cuartel general en la ciudad de Mission, donde recibía constantemente a todo tipo de personas, tanto mexicanas como estadunidenses. A partir de esa información el diario de McAllen asienta: "Muchos se preguntan ¿qué es el movimiento de los Camisas Doradas? ¿Cuál es el juego político de Rodríguez?"

En la entrevista el líder negó todo diciendo que eran "falsedades". Y cuando se le preguntó si era cierto que tenía conversaciones con Calles en la ciudad de Los Ángeles, aseguró que lo estaban confundiendo con el ex presidente Abelardo Rodríguez. "El único contacto real que alguna vez tuve con Calles, fue cuando me metió a la cárcel hace unos años por mis actividades anticomunistas", aseveró el dorado.

La revista proporcionaba los nombres de las personas relacionadas con él y aseguraba que tenía ayuda de ciertos extranjeros, todo lo cual siguió negando ante el periodista. Lo único que sí aceptó fue la afirmación de que la expropiación petrolera era un paso más en una serie de acciones que harían que cayera el régimen de Cárdenas.

Agregó que su organización estaba fortalecida y que sus actividades eran importantes, pero aseguró que no deseaba causar ningún conflicto al país que tan amablemente lo había recibido. "Seguramente que algo se está cocinando", concluía el periodista.[114]

Cárdenas estaba alerta a cualquier situación que pudiera surgir en su país y comentaba que en caso de "una revuelta estaba prevenido, ya que cada tren que viajaba por México tenía suficientes soldados para enfrentar cualquier cosa". Según el columnista del periódico, México estaba pasando por graves problemas a raíz de la expropiación, el debilitamiento en la estructura bancaria, el aumento del costo de la vida y la dificultad del gobierno para conseguir crédito externo. Por ello agregaba: "Quien controle al ejército controlará a México".

[114] "Valley Shelters Exile. Rodriguez Quietly Builds Gold Shirts Organization At Mission Headquarters, While Rumors Fly Wildly Above Him", *The McAllen Monitor*, 26 de abril de 1938, pp. 1-3 (en el periódico apareció una gran fotografía del jefe dorado).

El periodista sabía que el presidente estaba revisando las relaciones de Cedillo con los nazis, y por ello agregó al final de su artículo que, aunque cayera Cárdenas, el potosino no tenía muchas posibilidades de llegar a la silla presidencial, ya que se sabía que antes que él estaba el general Manuel Ávila Camacho, que tenía todo el apoyo del ejército.[115]

El 10 de mayo de 1938 apareció a ocho columnas en el *Valley Evening Post* una aseveración de Nicolás Rodríguez, "Jefe Supremo" de los Dorados, según la cual en "unos días" México devolvería las compañías expropiadas a sus dueños anteriores.

En entrevista concedida a este periódico, dijo haber recibido informes secretos fidedignos de que el presidente Cárdenas había ordenado a la Suprema Corte que reconsiderara las peticiones de las compañías extranjeras y respondiera a ellas favorablemente.

Comentó que sus informantes llegaron de México y de Tampico y que no podía revelar sus nombres, pero que estas personas estaban muy cerca del primer mandatario. Según Rodríguez el fallo se daría al otro día, y aseveró que el presidente ya se había reunido con los representantes de estas compañías para acordar la forma en que esto se iba a realizar. También dijo que Eduardo Suárez, secretario de Hacienda de México, no había logrado conseguir préstamos en Estados Unidos, por lo cual todo el problema recayó en el presidente.[116]

El exiliado político [decía el periódico] ha hecho de la ciudad de Mission su cuartel general desde hace un año y ha reorganizado a los Camisas Doradas, en oposición al régimen cardenista, al cual acusa de falto de visión administrativa. Se sabe que miles de trabajadores de las compañías petroleras aún no han recibido su salario y que Rodríguez fue informado de que se les pagó con unos vales que no serán aceptados. Por ello Cárdenas ha decidido regresar las compañías a sus dueños, para que éstos resuelvan el problema financiero.

Concluía el artículo con la afirmación de que ésa era la primera vez que en realidad el general Rodríguez se aventuraba

---

[115] "Small but Vital Army is King in Mexican Chess", *The McAllen Monitor*, 28 de abril de1938, pp. 1-2.

[116] *The Valley Evening Post*, "Cardenas May Restore Oil", *The Valley Evening Post*, Mission, Texas, 10 de mayo de 1938, pp. 1-2.

a predecir alguna cuestión importante dentro del desarrollo de la política mexicana, pues estaba convencido de la buena fuente de su información.

Pero dos días después Nicolás Rodríguez fue desmentido por el embajador Francisco Castillo Nájera, quien al regresar de Washington a México comentó, en la ciudad de Brownsville, que esa afirmación de Rodríguez era "absurda", y agregó que soñaba el general cuando aseguraba tener 800 000 adeptos.[117]

El 15 de mayo apareció una foto de Saturnino Cedillo en el periódico, el cual afirmaba que era el personaje que estaba al frente de la revuelta en San Luis Potosí y que en los edificios de gobierno se encontraba ya gente armada para resguardarlo. Refería que la ciudad de San Luis tenía una población de 73 000 habitantes y que el Estado estaba alerta, porque se sabía que Cedillo y sus hombres estaban listos para lanzar la rebelión. También informó que el general contaba con 17 000 hombres, y que además cerca de 300 o 400 cedillistas ya habían llegado a la capital en grupos pequeños para tomar el mando del gobierno.[118]

Pero unos días después se publicó que el presidente se encontraba en San Luis y que desde allí había acusado a su ex secretario de Agricultura de haber planeado la revolución en conjunto con las compañías petroleras expropiadas, las cuales se habían involucrado en "actividades subversivas". Allí le solicitó también que se rindiera junto con sus 50 000 hombres y que entregara las armas que tenía en su poder. "Antes y después de la expropiación [dijo el presidente] agentes al servicio de esas compañías petroleras buscaron encontrar traidores. Pero sus esfuerzos fueron vanos, porque el pueblo de México está unido para defender sus intereses." El periódico añadía que Cárdenas terminó diciendo que México era para los mexicanos, la misma frase que utilizaba Nicolás Rodríguez en sus campañas.[119]

[117] "Absurd, says Najera of Dorado Chief", *The McAllen Monitor*, 12 de mayo de 1938, p. 1.

[118] "Cedillo Revolt Threats Mexico", *The McAllen Monitor*, 15 de mayo de 1938, p. 1, y "Nazis Below Rio Grande Poses New Threat to U.S", 26 de agosto de 1938, p. 1.

[119] "Cedillo Now Linked with Oil Chiefs", *The McAllen Monitor*, 19 de mayo de 1938, p. 1.

Para el periódico de McAllen, la lucha entre las fuerzas de izquierda encabezadas por Cárdenas y las de derecha encabezadas por Saturnino Cedillo semejaba la guerra española.[120]

La actuación de Cedillo y sus adeptos mereció muchos comentarios durante varios días: un juez en Houston declaró sobre el contacto que los agentes del rebelde habían tenido con vendedores de armas en esa ciudad, y según el abogado George John, el piloto Clavenger había tratado, sin éxito, de conseguir préstamos de las compañías petroleras estadunidenses y de varias personas de San Antonio, Dallas y Nueva York. Este abogado aseguró que el préstamo que habían solicitado Clavenger y otro mexicano era para iniciar la rebelión programada por Cedillo. Estaban dejando en garantía el rancho Las Palomas de San Luis Potosí y dos tapetes romanos como "colaterales".

Clavenger, arrestado en Nueva York el 6 de mayo de 1938, declaró: "He contactado algunas de las compañías petroleras y he tratado de pedir prestado dinero, pero ninguna de ellas me ha escuchado". Agregó que pensaba ir a Europa a comprar armas y también a pedir prestado, porque era urgente continuar con los planes de su jefe Cedillo. Clavenger y el mayor Piña fueron los pilotos que volaron los últimos dos aviones adquiridos en Chicago, desde San Antonio a Corpus Christi y de ahí a través de la frontera texano-mexicana, cerca de McAllen. Esos aviones le fueron entregados al potosino un día después de que el general Cárdenas descubrió los verdaderos planes de su ex secretario.

Oficiales de la compañía aérea estadunidense Howard Aircraft Company fueron llamados al juicio de Clavenger como testigos. Otros informantes aseveraron que cerca de 40 aviones rápidos fueron llevados a México y aseguraron, por otra parte, que cuando el presidente atacó a Cedillo en San Luis Potosí, éste inmediatamente envió a toda su familia a McAllen, Texas.

Al mayor Piña lo atraparon en la carretera Panamericana, cerca de Nuevo Laredo, el 22 de mayo y fue trasladado a la

---

[120] "Cedillo Arms Men from San Luis Potosí Battle", *The McAllen Monitor*, 20 de mayo de 1938, p. 1.

cárcel de San Luis. Según algunos informes Cedillo logró llegar a McAllen a ver a su familia; decían que a "Klein" no lo habían arrestado, que no sabían si estaba en Nueva York o escondido en México.

Clavenger fue citado a juicio en Brownsville para el 5 de diciembre de 1938. Y agregaba el periódico: "El mexicano Monsiváis y el otro del mismo origen están desaparecidos".[121]

Hacia finales de ese año hubo otras declaraciones de Nicolás Rodríguez. Acerca de su situación migratoria en Estados Unidos comentó que no pensaba abandonar ese país como le fue sugerido por el Departamento del Trabajo, ya que se encontraba ahí en calidad de exiliado político y que por lo tanto no podía ser deportado. Lo anterior surgió a raíz de que se le había anunciado oficialmente al dorado que había perdido todo derecho "al norte del Río Grande".

El Departamento de Estado norteamericano revisó su expediente y determinó su permanencia en Estados Unidos, ya que no podía volver a su país porque estaba amenazado de muerte y requería la inmunidad.[122]

Por otro lado, dos meses antes de la rebelión, su hermano Joaquín Rodríguez fue expulsado de México y se refugió también en Mission. Después de él, Ernest von Merck se les unió allí.[123] Y también Abelardo Rodríguez estuvo en Mission a partir del 13 de mayo de 1938.[124]

Por los periódicos de McAllen y de Mission sabemos que la familia de Cedillo efectivamente se refugió en Texas. Ellos dieron noticia de que Juan Luna, cuñado del general, su esposa Engracia Cedillo de Luna, una hija del general y tres sobrinos, hijos de su hermano Magdaleno Cedillo, buscaban casa para

[121] "Cedillo Becomes Fugitive under American Indictment", *The McAllen Monitor*, 21 de noviembre de 1938, pp-1-2.

[122] "Gold Shirts Leader Will Not Quit U. S.", *The McAllen Monitor*, 25 de noviembre de 1938, p. 1; NAW, WDC, SD, 812.00 M 1370, doc. 30540 y 811.111. Se solicitó la deportación de Nicolás Rodríguez. Ese mismo año su hermano Joaquín había sido admitido en Texas, en calidad de refugiado político. Labor Department RA VI, 17 de marzo de 1938.

[123] NAW WDC, SD, 812.00 M 1370, doc. 30551, Von Merck, 3 de mayo de 1938.

[124] NAW WDC, SD, 812.00 M 1370, docs. 30571 y 30574. En ellos se informa que el ex presidente Abelardo Rodríguez vivía en Ensenada, en el Sauzal, y que el día 13 de mayo de 1938 se trasladó a Mission, Texas, en "donde ha estado las últimas cinco semanas".

rentar. Aunque Juan Luna negó que su estancia en Mission tuviera relación con los sucesos de México, eran obvios los motivos.[125]

Además, el día 22 de mayo se aclaró en uno de los diarios la buena relación que se había establecido entre Cárdenas y la Iglesia mexicana, ya que ésta había aprobado definitivamente la actitud del mandatario al expropiar a las compañías petroleras y había manifestado su deseo de colaborar para el pago de la deuda. El mismo periódico agregaba que esto era algo insólito desde los problemas Iglesia-Estado iniciados en 1925, y que quizá ésta hubiera sido la causa del fracaso de Cedillo, el cual había esperado todo el apoyo de aquella institución.[126]

Por la consulta de los mismos documentos periodísticos pudimos corroborar la información sobre la rebelión en ese mismo mes de mayo de 1938, en Brasil, en la cual el presidente Getulio Vargas culpaba a los Camisas Verdes de haber planeado una revuelta en su contra apoyados por Alemania. Además de otra en Chile, que se decía también fue apoyada por los nazis. Se aseguraba que la rebelión de México era la tercera que se estaba dando en América Latina.[127]

Como puede apreciarse, las coincidencias son claras: en el mes de mayo de 1938 en varios países del continente se presentan rebeliones en contra de sus respectivos gobiernos a fin de derrocarlos. Todos los levantamientos están encabezados por grupos de encamisados, entrenados como fuerzas paramilitares y con el decidido apoyo del Reich. ¿Por qué fracasaron?, ¿fueron las circunstancias propias de cada país las que impidieron su triunfo?, ¿influyó también la situación mundial?

Nos ocupamos por ahora sólo del caso de México para intentar deducir el apoyo alemán a los Dorados y, por ende, a

[125] "Cedillo's Kin Seek McAllen Home To Rent, Family of General Reaches Valley", *The McAllen Monitor*, 22 de mayo de 1938. La hermana de Cedillo, Higinia, fue expulsada del país el 6 de junio de ese año y también llegó a McAllen en un tren con su familia, el cual pasó por Laredo: "Cedillo's, Sister is Exiled in Valley", *The McAllen Monitor*, 6 de junio de 1938. El 17 de julio su hermana Elena fue deportada porque se le encontraron en la bolsa papeles comprometedores: "Cedillo's Sister Describes How She Was Deported from Mexico", *The McAllen Monitor*, 7 de julio de 1938.
[126] "Church aids Government of Cardenas. Expropiation Brings Better Feelings", *The McAllen Monitor*, 22 de mayo de 1938, p. 1.
[127] "Oil Woe in Mexico", *The McAllen Monitor*, 22 de mayo de 1938, p. 6.

Cedillo, una vez que hemos establecido las relaciones ya mencionadas.

Para el 23 de mayo de 1938 puede confirmarse que toda la familia de Saturnino Cedillo se encontraba en Mission, Texas: Elena Cedillo de Salas, María de la Luz Cedillo, Pantaleón Cedillo, Margarita Cedillo, Ingraciada Cedillo de León, y hasta sus dos choferes.[128]

El gobernador Marte R. Gómez, que se sabía apoyaba a los grupos de derecha en esos momentos, se dedicó a establecer tropas en la frontera para atrapar al rebelde potosino. Junto con el comandante general Antonio Guerrero se dirigió al Antiguo Morelos, cerca de la frontera tamaulipeca, y un batallón de infantería fue enviado desde Toluca hacia el norte a la zona de "guerra".

Por otro lado, se supo que el primer mandatario ofreció también a Juan Andrew Almazán que dirigiera todas las acciones en Monterrey con objeto de capturar a Cedillo y sus rebeldes. En ese mismo artículo se anunció la llegada a Mission del señor Von Merck, tal como se dijo en párrafos anteriores.

El propósito de esa visita no fue anunciado, pero "se presume que viene a buscar apoyo para la revuelta, ya que este alemán es asesor del rebelde mexicano".[129] Para todos los periódicos fue notoria la presencia de este antiguo miembro del ejército alemán. También es importante subrayar el éxito de Cárdenas en cooptar por un lado al gobernador Marte R. Gómez y por el otro a Juan Andrew Almazán, los cuales decidieron que era mejor apoyarlo y abandonar en esos momentos todo intento de adhesión a la rebelión de Cedillo.

Por otro lado, en esas mismas fechas los diarios se ocuparon de informar también sobre un complot en Estados Unidos para asesinar al presidente Roosevelt, tras el cual se encontraba un grupo de agentes nazis. "Tenemos información [decía Dies] que existen ciertos individuos o grupos que han dado apoyo financiero para crear un movimiento fascista o nazi en este país;

---

[128] "Cedillo Kin Dies in Clash with Federals, More Troops are Massed for Battle with Rebels", *The McAllen Monitor*, 23 de mayo de 1938, p. 1.

[129] "Troops Set Border Trap for general Cedillo", *The McAllen Monitor*, 25 de mayo de 1938, p. 1.

se han encontrado cerca de 32 campos nazis en los Estados Unidos y un total de 480 000 miembros."[130]

Para entonces ya se conocían los grupos pronazis, tanto en México como en Estados Unidos, y se publicó una serie de artículos sobre los Camisas Plateadas y su revista *Liberator*. El 12 de agosto de 1938 *The McAllen Monitor* informó que el embajador Hans Luther había perdido su puesto por no haber querido colaborar con el gobierno alemán, sobre todo con el *Bund* germano-estadunidense.

John C. Metcalfe, alemán de nacimiento, declaró que Fritz Kuhn era el líder del *Bund* y que lo había contratado a él como orador en una travesía por varias ciudades estadunidenses. En Los Ángeles había dicho que faltaba colaboración de algunos cónsules alemanes, sobre todo para formar los grupos de choque o *Storm Troops*, con sus uniformes.

Kuhn aseguró estar facultado para remover a cualquier cónsul, ya que tenía relaciones directas con Alemania y podía solicitar lo que quisiera; sin embargo, poco después fue sustituido por Hans Deikkoff, del cual se pensó que era más capaz de lograr la adhesión de todos los alemanes al nazismo.

Metcalfe aseguró que el cuartel general de los Camisas Plateadas se encontraba en Asheville, Carolina del Norte, ciudad donde publicaban la revista *The Silverator*, que podía obtenerse pidiéndola a Alemania. Cuando se le interrogó acerca de los objetivos de los movimientos nazis en Estados Unidos, señaló que eran tres: *1)* establecer una fuerte red de espionaje, *2)* formar un buen grupo de sabotaje y *3)* fomentar el desarrollo del *Bund* para que pudiera atraer a la mayoría de los estadunidenses de origen alemán para sus fines.

Según el periódico, este hombre tampoco estuvo de acuerdo en las tácticas nazis y sirvió de investigador dentro del grupo de Plateados para informar a Estados Unidos de todas sus actividades.[131]

Con la misma fecha, el diario publica las declaraciones de

---

[130] "Salon Bones Nazi Plot on FDR Congress Bears Starthing, Tale", *The McAllen Monitor*, 26 de mayo de 1938 p. 2. Véase, además, "Los Camisas Plateadas en Estados Unidos", en este mismo capítulo.
[131] "U. S. Nazis Fired Envoy Board Bear's", *The McAllen Monitor*, 12 de agosto de 1938, p. 2.

Nicolás Rodríguez explicando que la muerte de varias personas en Piedras Negras se debía al hecho de que repartían panfletos anticomunistas, y no a que fueran revolucionarios, como se decía. Agregaba que los sucesos eran parte de la "purga de cedillistas", ordenada por el presidente, y que ya había cobrado casi 200 muertos en dos semanas. La verdad era que las dos personas muertas en Piedras Negras eran muy cercanas al dorado, quien ya sentía que el cerco del acoso por parte del gobierno se cerraba alrededor de sus compañeros de lucha, de su familia y de él mismo.[132]

Dos semanas más tarde Nicolás Rodríguez volvió a hacer declaraciones desde su cuartel en Mission. A ocho columnas se publicó el artículo informando que varios de sus Dorados habían sacado de México un documento que confidencialmente mencionaba a John I. Lewis, del Committee of Industrial Organization (CIO), de quien decía que estaba confabulada con Vicente Lombardo Toledano y todos los comunistas para derrocar al gobierno de Roosevelt. Según ese documento, se pretendía crear en México un caos mediante una huelga general que provocaría la intervención de las fuerzas armadas norteamericana, lo que permitiría a los comunistas en Estados Unidos fomentar la insurrección civil.

Este manuscrito, redactado en español, era un reporte secreto que Lombardo Toledano había enviado desde París a todos los líderes comunistas en México. También en él aparecía la discusión acerca de la situación de los comunistas en el país de la que derivaría quizá su cambio de planes.

No debemos confiar mucho en el Jefe Stalin, Camaradas, en que pueda ayudarnos con dinero o con presiones para que se prolongue el asunto de la expropiación petrolera. Pero sí podemos depender de Roosevelt como garantía en el caso de que Inglaterra acepte el plan presentado por el presidente y transmitido a Washington por nuestro embajador. El mundo piensa que lo del petróleo era para quitar a los ingleses de en medio y entregarlo todo a los estadunidenses, pero en realidad ustedes no comenten nada hasta que podamos liquidar al imperialismo.

[132] "Border Slayings Called Murders", *The McAllen Monitor*, 12 de agosto de 1936, p. 3.

México se encuentra en una mejor situación para nosotros por lo siguiente:

1. La falta de unidad y conocimiento del pueblo mexicano nos permite tener un control de la situación, aunque seamos una minoría.

2. Es fácil que podamos lograr que el presidente Cárdenas siga nuestra causa.

3. La actitud de Roosevelt consciente o inconscientemente nos está ayudando.

4. Nuestra alianza con Lewis del CIO es muy importante.

5. Hemos progresado mucho en el sur, gracias a la propaganda.

6. Nuestra posición geográfica, lejos de Europa y Asia, nos aleja de la interferencia de los Estados totalitarios.

7. Nuestro carácter de organización central es básico en el continente.

Era importante, añadía Lombardo Toledano, que estuvieran alertas a las elecciones que se efectuarían en Estados Unidos en el mes de noviembre, ya que en ambos países la mayoría de los habitantes eran conservadores y odiaban a los comunistas por querer mejorar los salarios y el desempleo mediante las huelgas.

Rodríguez habló también de Lewis, asegurando que éste deseaba para Estados Unidos lo mismo que sucedía en Rusia: nacionalizar la banca, la manufactura y los medios de transporte; eliminar la prensa, el cine y la radio; expropiar la industria eléctrica y los ferrocarriles. Pero también aseguró que no creía que Lewis fuera el hombre fuerte para apoyar la Tercera Internacional, ya que muchos de los industriales estaban en contra del comunismo.

El dorado aseveró que la carta que recibió estaba fechada el 4 de junio de 1938 y que por ello podía confirmar que había muchos comunistas en Estados Unidos y en México.[133]

El interés del "Jefe Supremo" era, indudablemente, subrayar la lucha encarnizada que se estaba dando entre comunistas y nazifascistas en ambos países y el hecho de que ninguno de los dos grupos estaba a salvo de ser culpado como traidor a su patria, porque en este caso se podía demostrar que los comu-

---

[133] "Staten Document Bares Bolshevicks Plot in Mexico to Precipitate U. S Civil War", *The Valley Evening Monitor*, 23 de agosto de 1938, p. 1.

nistas también querían derrocar a Lázaro Cárdenas y, peor aún, a Franklin D. Roosevelt, presidente de Estados Unidos.

En apoyo de lo anterior, el 6 de septiembre se publicó una foto del ex presidente Abelardo Rodríguez, su esposa y su hijo en San Francisco; desde esa ciudad le pedía al gobierno mexicano que luchara contra la invasión del "pulpo comunista" y el fascismo que estaba invadiendo el país a través del Atlántico.[134] Era una forma de desviar la atención de los grupos de derecha y recalcar que en realidad el enemigo de México y del mundo era el comunismo.

El 17 de octubre estalló una revuelta de indios yaquis y mayos en Sonora, apoyada por el gobernador Yocupicio; esto fue una nota importante en el periódico, el cual agregaba que este hombre seguía conspirando contra Cárdenas.[135] Para finales de mes se anunció que Cedillo había cruzado el río Bravo en Reynosa con destino al condado de Hidalgo. "Si Cedillo quiere huir [decía el articulista], no será por aquí, sino utilizando un avión y saliendo de emergencia del país."[136]

El 10 de noviembre el presidente Cárdenas ofreció a Cedillo, por mediación del doctor López Salgado, un salvoconducto para que saliera a Estados Unidos a atenderse los males cardiacos que padecía. Parece que el general rebelde estaba dispuesto a rendirse pero su gente se oponía y, tal vez, se encontraba en algún lugar escondido, es decir, secuestrado.[137]

Nicolás Rodríguez continuó con sus actividades subversivas durante todo el año. Tenía un pasaporte estadunidense que le había sido otorgado por el Departamento de Estado y se sentía tranquilo al saber que no lo iban a deportar a México, en donde su vida corría peligro. Para fines de año se capturó a uno de sus elementos en la ciudad de Matamoros, Tamaulipas, y al ser interrogado habló de las actividades de los Camisas Doradas en el norte del país. Por otro lado, se llevó a cabo el

---

[134] "Offering Cardenas Gentle Hunt?", *The McAllen Monitor*, 6 de septiembre de 1938, p. 1.

[135] "Troops Halt New Mexican Revolt Move", *The Valley Evening Monitor*, 17 de octubre de 1938, p. 1.

[136] "Cedillo Flight Reports Scouted on Rio Grande", *The McAllen Monitor*, 31 de octubre de 1938, p. 1.

[137] "Cedillo's Men Halt Surrender", *The McAllen Monitor*, 10 de noviembre de 1938, p. 2.

juicio del piloto Clavenger, quien fue declarado culpable por haber transportado aviones ilegalmente hacia México y haber sido cómplice del general Cedillo. Otro piloto de nombre Klein fue absuelto de esos cargos, no así el ex jefe de la fuerza aérea mexicana, general Roberto Fierro, quien también fue culpado del contrabando de los aviones en el juicio que se llevó a cabo en la ciudad de Brownsville, Texas.[138]

Nada detenía a Nicolás Rodríguez en sus actividades anticomunistas y sobre todo antisemitas. Para entonces, el secretario del Interior, Harold L. Ickes, denunció la política nazi en América y el fuerte antisemitismo que se estaba dando.[139]

El 11 de enero de 1939 se anunció la muerte de Cedillo y de uno de sus hijos, Elodio, cerca de su rancho Las Palomas, además de la de Gerónimo Godínez —seguidor incansable del general rebelde— y otras personas más. En la ciudad de Mission las tres hermanas de Cedillo dudaron del informe, ya que decían que era la sexta vez que lo anunciaban.

Parece que Herminia Cedillo de González había tratado con el general Ávila Camacho la posible rendición de su hermano, pero al enterarse de su muerte solamente alcanzó a comentar llorando: "Murió como mueren los Cedillo".[140]

Se dijo que su cuñado Juan Luna y la esposa de éste habían desaparecido de Mission, que habían solicitado un permiso al gobierno estadunidense para regresar a San Luis Potosí, y que ésa había sido la forma de atrapar al rebelde.

Algunos periodistas se refirieron en varios artículos a la venta de petróleo mexicano a los países del Eje. También comentaron que en el Congreso Panamericano celebrado en la ciudad de Lima, Perú, se había presionado mucho a Roosevelt para que boicoteara a México y forzara de esa manera a Cárdenas a devolver las compañías expropiadas.[141] El 20 de enero de

[138] "Dorado is Held", *The McAllen Monitor*, 28 de noviembre de 1938, p. 1, y "Alleged Conspirator with Cedillo Goes on Trial on Valley", *The McAllen Monitor*, 5 de diciembre de 1938, p. 1.

[139] "Berlin Press Demands FDR Clear Crisis", *The McAllen Monitor*, 25 de diciembre de 1938, p. 1.

[140] "Cedillo's Son Dies in Mexican Battle", *The McAllen Monitor*, 13 de enero de 1938, p. 1.

[141] "Nazis Press Bed for More Mexico Trade", *The McAllen Monitor*, 19 de enero de 1939, p. 1.

1939 Remigio García, ayudante del general, confirmó la muerte de Cedillo al periódico *Excélsior*.[142]

Una semana después se publicó en Mission la noticia de un motín antijudío en la capital mexicana, donde fue golpeado el señor Jacobo Glantz y atacados muchos comercios israelitas. Decía el periódico que la muchedumbre trató de linchar a Glantz y que éste se había refugiado en el negocio de sombreros de su esposa, en la calle 16 de Septiembre. Agregaba que a raíz de lo anterior se había reforzado la custodia de la casa de Trotsky.[143]

El 1° de febrero de 1939 fueron arrestadas en la ciudad de México cuatro personas por "incitar a la rebelión y hablar mal del presidente"; éstas pertenecían al grupo "nacionalista" de los Camisas Doradas y eran el abogado Ovidio Pedrero Valenzuela, Reynaldo Sánchez Lozada, el coronel Francisco Linares y José Perdomo Benítez, del que se decía era miembro del Frente Mexicano Demócrata Constitucional.[144]

Un mes después toda la prensa mexicana dio la noticia de una estación de radio clandestina que se había descubierto y que estaba ligada con el espionaje alemán; además se aseguraba que había sido capturado el cabecilla, quien era nada menos que el jefe de la policía de Berlín. Hubo otras ocho personas detenidas, entre las que se encontraba el barón Hans Heindrich von Hallener, emparentado con el conde Wolf Heinrich von Helldorf, jefe de esa policía berlinesa.

Se dijo que la legación alemana había intervenido ante la Secretaría de Relaciones Exteriores para evitar que fuera deportado el barón. Éste había llegado a México desde 1931 como refugiado, y representaba a varias firmas alemanas en el país. Según decía *El Popular*, órgano de la CTM, este hombre había tratado de comprar 10 000 barriles de petróleo para el gobierno alemán.[145]

---

[142] "Cedillo Man Says He Saw general Due", *The McAllen Monitor*, 20 de enero de 1939, pp. 1-2.

[143] "Mexican Mob Wrecks Store, Tries to Lynch Jew Merchant", *The Valley Evening Monitor*, 27 de enero de 1939, p. 2.

[144] "Mexico Wedins Ban on Politics", *The McAllen Monitor*, 10 de febrero de 1939, p. 1.

[145] "Memo Hunts Mysterious Radio Station after Eight Suspects Are Arrested in German Espionage, Nazi Baron Quizzed", *The McAllen Monitor*, 1° de marzo de 1939, p. 2.

El 23 de abril del mismo año, el presidente Lázaro Cárdenas llegó a Reynosa, Tamaulipas, inesperadamente. Viajaba en tren y fue recibido por el gobernador Marte R. Gómez, acompañado por 100 guardias uniformados; ahí se entrevistó con Juan Andrew Almazán, jefe militar de la zona noroeste de México; con el general Benito López, comandante del 8º batallón de Tampico, y con el general Miguel Henríquez, del 7º cuerpo del área de San Luis Potosí. Además habló con un grupo de oficiales, soldados y ciudadanos civiles, a los cuales les solicitó lealtad hacia el gobierno. Esto parecía muy sospechoso, pero indicaba que el mandatario estaba informado de un posible levantamiento en esa zona. Nicolás Rodríguez se empezó a preocupar por ello.[146]

Desde que el "Jefe Supremo" fue exiliado a Texas siempre se le vigiló; parece que en ocasiones ni se percataba de ello, o se sentía demasiado protegido por diferentes personas, ya fueran sus compañeros o los mismos estadunidenses o alemanes (aunque parezca contradictorio), que le daban la seguridad de que sus acciones estaban bien encaminadas.

A raíz de las persecuciones que sufrió la ARM a partir de agosto de 1936, los Dorados habían tomado la decisión de cambiarle el nombre a su organización, y, bajo la dirección de Antonio F. Escobar, con fecha 30 de julio de 1937, se envió una circular que decía: "Por convenir así a nuestras garantías, ya que oficialmente se nos ataca, la ARM seguirá provisionalmente bajo el nombre de Unión Nacionalista Mexicana con el lema de Patria, Justicia y Libertad". En el escrito se solicitaba la unión de todos los miembros a través de la República bajo el mismo programa y declaración de principios.[147]

Sin embargo, Nicolás Rodríguez siguió llamándose en Mission el "Jefe Supremo" de los Camisas Doradas, y así mantuvo correspondencia con sus asociados en todo el país, por ejemplo con Alfonso Vaca, supervisor de la Mexicana —uno de sus informantes—, al igual que con un conductor de ferrocarril de Toluca de apellido Jiménez y los jóvenes Benito, Jesús

---

[146] "Cardenas Visits in Northern Mexico Provinces", *The McAllen Monitor*, 23 de abril de 1939, p. 1.
[147] Fernández Boyoli y Marrón de Angelis, *Lo que no se sabe...*, *op. cit.*, p. 58.

y Homero Caso, hijos del ex coronel Benito Caso, los cuales habían sido pistoleros de Antonio Villarreal.[148]

En enero de 1938 Rodríguez publicó un manifiesto "Al pueblo de México" desde Matamoros, Tamaulipas, en el cual hizo un llamado para que no se permitiera que la patria fuera destruida con el establecimiento del odioso régimen soviético al que estaba conduciendo Cárdenas. Aseguraba que el gobierno se sustentaba en la ideología comunista y sus actos eran fascistas. Protestaba contra el reparto de la Comarca Lagunera y el de Yucatán, además de quejarse de la pérdida del valor adquisitivo del peso mexicano y de la gran inflación.[149]

Durante los años de 1937 y 1938 hubo movimientos de derecha similares a los nazifascistas europeos en los estados de San Luis Potosí, Sinaloa, Chihuahua, Puebla, Nuevo León, Hidalgo, Tamaulipas y Sonora, todos con el mismo argumento de que el primer mandatario estaba contaminado por la penetración judeo-bolchevique.

Rodríguez dirigía los movimientos desde Texas. Confiaba sobre todo en su amigo y compañero Saturnino Cedillo, pero también en el gobernador de Sonora, Román Yocupicio, el cual recibía armamento y dinero de agentes japoneses y alemanes, al grado de que los primeros ya habían pensado en ocupar una base naval pesquera en Bahía Magdalena, Baja California, en cuanto se ganara la rebelión.[150]

Por el Archivo Múgica tenemos conocimiento de que Cárdenas mandó a su secretario a dialogar con Cedillo para indicarle que su actitud de descontento estaba sirviendo de apoyo a los elementos reaccionarios. Asimismo, que envió al general Soto Lara —al mando de la región de Tampico— para impedir la alianza Cedillo-Rodríguez-Almazán. Y también, que el presidente había cerrado la entrada de armas por el norte del país.[151]

El "Jefe Supremo" demostró su fuerte antisemitismo desde que llegó a su exilio, como ha quedado dicho. Así, por ejem-

[148] *Ibid.*, p. 108.

[149] AGNM, FLC, 541.1/ 41. Manifiesto de la ARM "Al pueblo de México", Matamoros, Tamaulipas, enero de 1938.

[150] "Japanese and Germans in the Cedillo Revolt", *The McAllen Monitor*, 27 de octubre de 1937, p. 1.

[151] AFJM, doc. 340.

plo, celebró el 16 de noviembre de 1937 un acto anticomunista y antisemita en el Auditorio Liberty de El Paso, Texas. Ahí se congregaron ministros protestantes, curas católicos, masones y Caballeros de Colón, ante quienes aseguró que el régimen de Cárdenas caería en un lapso de 60 días.[152]

Desde Laredo, McAllen y Mission trató de apoyar al movimiento, lanzando constantes manifiestos en contra de los comunistas y de los judíos que "estaban apoderados de México".[153]

Un mes después de la expropiación petrolera, el Ministerio Público Federal tuvo en sus manos una serie de informes respecto a las actividades que un alemán de nombre Herman Schwim estaba llevando a cabo en Los Ángeles. Éste era el presidente de la *Deutsche Haus*, un club, restaurante, salón de baile y gimnasio que a la vez servía de cuartel general a los nazis de esa ciudad. Parece que después de la rebelión fallida Schwim se reunió en San Francisco en una Convención Nazi, y los informes aseguraban que tenía relación con Nicolás Rodríguez.[154]

El manifiesto de la rebelión cedillista, además de haber sido lanzado en San Luis Potosí, también fue publicado por Rodríguez y sus Dorados en mayo de 1938. A pesar de ello el "Jefe Supremo" siguió contando con su libertad dentro del territorio estadunidense.[155]

En julio de 1939 fue llamado a una entrevista con el señor Nick D. Collaer, del Servicio de Inmigración en el Puente Internacional, quien le inquirió acerca de un movimiento rebelde que se estaba organizando y que tenía relación con Juan Andrew Almazán; le manifestó que ese general estaba recibiendo apoyo de españoles y alemanes en México.[156]

La Presidencia de la República recibió el 19 de marzo de 1940 un comunicado confidencial del gobernador del estado de Durango, Enrique Calderón R., que informaba a Cárdenas

[152] *The Herald Post*, 16 de noviembre de 1937.
[153] AFJM, doc. 357.
[154] M. Fernández Boyoli y Marrón de Angelis, *Lo que no se sabe...*, *op. cit.*, p. 26.
[155] AGNM, FLC, 541.1.1. Manifiesto de Nicolás Rodríguez en Mission, Texas.
[156] NAW, WDC, RG59 812.00B, doc. 30761, Ciudad Juárez, Blecker, 6 de julio de 1939 y 812.248/286, Almazán tiene relación con el movimiento rebelde. 810.00 N y 812.00N, Apoyo de españoles y alemanes en México.

de la reunión que había tenido Nicolás Rodríguez en el Hotel Plaza de El Paso, Texas, con un grupo que planeaba labores subversivas. Entre ellos se encontraba un ex coronel villista llamado Epitafio Urrea. Se aseveró que de ahí continuarían hacia California.[157]

Ya para 1940, Nicolás Rodríguez empezó a sentirse perseguido. En informes confidenciales se tenía al tanto al presidente de cada una de las actividades que realizaba. Así decía uno de ellos:

La persona de Laredo, Texas, que ha venido proporcionando informes sobre las actividades subversivas del ex general Rodríguez, acaba de manifestar lo siguiente: Ratifica su información acerca de que Rodríguez estuvo ocho días en Monterrey, en la Ciudad Militar. Para curarse de la fiebre tifoidea se internó en un sanatorio de Chicago y a su regreso al sur vino haciendo propaganda subversiva entre los mexicanos residentes en Austin, Dallas, San Antonio y otras poblaciones de Texas. [...]

Confirmo igualmente, que dicho señor tiene documentos de Washington que le permiten adquirir y transportar armas y municiones, así como que la policía de Laredo, Tex., que está enterada de sus actividades, le presta ayuda. Asegura que Rodríguez, quien actualmente se halla en San Antonio, cuenta con mucha gente y estará en Laredo, Texas, el día 29 para internarse al territorio mexicano el día 1º de marzo, por un punto llamado Dolores, Tex., que está situado a 32 millas al occidente de Laredo, Tex. [...]

Hace notar que actualmente no es fácil reconocerlo porque se ha rasurado el vigote [sic], lleva lentes y está muy delgado. Tiene la certeza de que gran parte de las armas y municiones que Rodríguez ha introducido en el país las guardan en un lugar cercano a Nuevo Laredo, Tamps., con los ingenieros Ibarra y Manuel Pérez, que radican en dicha ciudad, en donde pueden ser fácilmente localizados.[158]

Al analizar esta información y con la lectura de los diferentes periódicos estadunidenses de Texas, Nueva York o Los Ángeles, así como los mexicanos, cobran fuerza las preguntas

[157] AGNM, FLC, 541.1/41. Descifrado al presidente de la República de Tuxtla Gutiérrez, Chiapas. Firmado por el Gobernador del Estado de Durango.
[158] AGNM, FLC, 541.1/41. Informe Confidencial núm. A-27, México, D. F., 27 de febrero de 1940.

acerca de la muerte de Nicolás Rodríguez: ¿realmente sucedió por enfermedad?, ¿estaba el dorado decidido a atacar desde Chihuahua a pesar de encontrarse enfermo, o lo acosaron hasta asesinarlo?

Lo cierto es que su familia continuó viviendo en Mission, ya que, hasta fechas recientes, en la guía telefónica seguía apareciendo la misma dirección del dorado en 1938 como domicilio de la familia Rodríguez.[159]

LA REBELIÓN CEDILLISTA

Por las noticias que manejaba tanto la prensa nacional como la de Estados Unidos, y los informes confidenciales y consulares hechos al gobierno mexicano en el tiempo en que estuvo exiliado en Mission, Texas, Nicolás Rodríguez, todo hacía suponer un inminente levantamiento armado por parte de la mancuerna Rodríguez-Cedillo en contra del régimen cardenista.

Saturnino Cedillo había logrado su título de general durante la Revolución mexicana, luchando desde 1911 al lado de las fuerzas maderistas y uniéndose más tarde a la rebelión encabezada por Pascual Orozco contra el propio Madero.

En 1912, al lado de sus hermanos Cleofas y Magdaleno, y bajo la jefatura de éste que era el mayor de la familia, tomó parte en el asalto a Ciudad del Maíz. Reconoció al gobierno de Victoriano Huerta, de quien se desligó más tarde para operar libremente al lado de sus hermanos en la Huasteca potosina. Partidario de la Convención de Aguascalientes,[160] desconoció la autoridad militar y civil de Venustiano Carranza y parti-

---

[159] Revisé ambos directorios telefónicos en la Universidad Pan American de Mission, Texas. Véase Alicia Gojman de Backal, *La expropiación petrolera, vista a través de la prensa mexicana, norteamericana e inglesa, 1936-1940*, México, Petróleos Mexicanos, 1988.

[160] 10 de octubre a 9 de noviembre de 1914. Véanse Duddley Ankerson, *El caudillo agrarista. Saturnino Cedillo y la Revolución Mexicana en San Luis Potosí*, México, Instituto Nacional de Estudios Históricos de la Revolución Mexicana, 1994; Carlos Martínez Assad, *Los rebeldes vencidos, Cedillo contra el Estado cardenista*, México, Fondo de Cultura Económica, 1990; Romana Falcón, *Revolución y caciquismo, San Luis Potosí, 1910-1938*, México, El Colegio de México, 1984; Victoria Lerner, *Génesis de un cacicazgo: antecedentes del cedillismo*, México, Universidad Nacional Autónoma de México, 1989.

cipó con su gente en la batalla de Ébano,[161] en apoyo de los villistas.

Cedillo continuó actuando en calidad de rebelde hasta que se sumó a la rebelión provocada por el Plan de Agua Prieta;[162] como jefe de operaciones militares en San Luis Potosí combatió en 1923 a los delahuertistas, y en 1926, como jefe de la División del Centro, peleó en contra de los cristeros de Guanajuato, Jalisco y San Luis Potosí.

Fue gobernador de este último, su estado (1927-1931), ya con el grado de general de división, y secretario de Agricultura y Fomento en los gabinetes de Pascual Ortiz Rubio[163] y Lázaro Cárdenas.[164]

Saturnino Cedillo, además de ser parte del cuerpo privilegiado del Ejército, fue un poderoso cacique local que trató por todos los medios de sostener los privilegios que ambas circunstancias le daban.[165]

Los problemas entre Cedillo y el gobierno federal comenzaron desde tiempos del "Jefe Máximo", cuando se rumoraba que el sucesor a la silla presidencial sería Aarón Sáenz. Entonces Cedillo montó una campaña a su favor en San Luis Potosí, pero tanto el PNR como Calles postularon a Pascual Ortiz Rubio a la Presidencia. Al parecer, el general no opuso resistencia a esto, y recibió con un gran mitin al nuevo candidato en su feudo. Parecía querer demostrar que no le importaba quién fuera el futuro presidente en tanto éste respetara su posición.

Sin embargo, más tarde se le acusó junto con Gonzalo N. Santos de ser autor intelectual del atentado en contra del mandatario, el día que éste tomó posesión (a manos del potosino Daniel Flores). Su rompimiento con Ortiz Rubio se agudizó cuando éste se negó a colocar en el gobierno a un nutrido grupo de recomendados de Cedillo.[166]

Los colaboradores del presidente, sobre todo el general Joaquín Amaro, secretario de Guerra, y Hernández Cházaro, su

[161] 21 y 22 de marzo y 5 de abril de 1915.
[162] 23 de abril de 1920.
[163] 10 de septiembre al 15 de octubre de 1931.
[164] 11 de junio de 1935 al 15 de octubre de 1937.
[165] R. Falcón, *Revolución y caciquismo...*, *op. cit.*, p. 225.
[166] *Ibid.*, p. 226.

secretario particular, tomaron especial mala voluntad a Cedillo y a Santos. Hernández rodeó al cacique con sus agentes, haciéndole temer por su vida, al punto que Saturnino decidió pedir licencia indefinida en la gubernatura, negociar la compra de un poderoso avión de guerra y, en marzo de 1930, emprender un viaje de estudios por Europa durante varios meses. Según Gonzalo N. Santos, ahí se casó con una judía alemana y se adentró en los problemas de Alemania.[167]

La pugna de Cedillo con las autoridades centrales se complicó con el conflicto entre el "Jefe Máximo" y el presidente. Dice Romana Falcón:

> Frente a la polarización de la elite política, Cedillo insistía en hacerse respetar por medio de sus milicias. En septiembre de 1930, al regresar de Europa y volver a sufrir el hostigamiento de Hernández Cházaro, recorrió San Luis Potosí para reclutar nuevos efectivos para sus agraristas, mediante la promesa de dotación de ejidos, aunque la Reforma agraria estuviera formalmente clausurada en el Estado. Cedillo alcanzó entonces la cúspide de su poderío militar ya que comandaba alrededor de 15 000 hombres, a la vez que reforzaba su aviación. Pero no diversificó sus formas de negociación, ni acertó a poner límites a sus amenazas. Sin medir el daño que se hacía, presionó abiertamente al mismo Calles para que removiera a Hernández Cházaro. En octubre y a punto de estallar un rompimiento entre el presidente y el "Jefe Máximo", Cedillo siguió con su amago militar, ahora hacia los ortizrubistas, haciendo desfilar en la capital potosina a miles de agraristas armados y suscitando un escándalo nacional. Fue llamado entonces a la capital de la República donde el presidente y el secretario de Guerra lo reprimieron con su principal apoyo a nivel nacional: el "Jefe Máximo".[168]

Cedillo intervenía en conflictos políticos y provocaba otros; por ejemplo, mandó vagones repletos de agraristas a votar ilegalmente a Querétaro para colocar en la gubernatura a su compadre Saturnino Osornio. También boicoteó un intento de formar un bloque ortizrubista en el Congreso Nacional, el que terminó en una balacera en el Congreso Federal meses después, acontecimiento que casi hizo renunciar al presidente.

---

[167] Véase Gonzalo N. Santos, *Memorias*, México, Grijalbo, 1984.
[168] R. Falcón, *Revolución y caciquismo...*, *op. cit.*, p. 227.

Calles, para calmar la belicosidad de Cedillo y controlarlo en la ciudad de México, le ofreció la Secretaría de Agricultura, cargo que asumió, el 30 de agosto de 1931. Poco después se dio una crisis política, cuando en el mes de octubre el "Jefe Máximo" desafió públicamente al presidente. Aunque Ortiz Rubio no renunció, sin embargo quedó muy debilitado y sin un gabinete propio. De ahí salieron Lázaro Cárdenas, Saturnino Cedillo y Juan Andrew Almazán, y Calles sustituyó a Amaro. Esta crisis resultó un triunfo para el "Jefe Máximo" y fue el antecedente de la renuncia de Ortiz Rubio en agosto de 1932.

Al volver a San Luis Potosí, sin cargo ministerial, Cedillo se encontró con serios problemas: su poder local había disminuido y el magisterio denunciaba la corrupción y brutalidad del cacicazgo. Por otro lado, a principios de 1932 se dieron nuevas tensiones entre él y el centro, ya que a pesar de su participación anticristera, el cacique se oponía en ese momento a la política antirreligiosa del régimen.

Mientras Gonzalo N. Santos era expulsado del Congreso, Cedillo realizó preparativos con sus milicias, dando pie al rumor de un inminente levantamiento.[169]

En vísperas y durante la campaña presidencial de Lázaro Cárdenas, Saturnino Cedillo se tornó franca y abiertamente agrarista, viendo en esto la coyuntura de afianzarse con el régimen. En la medida en que el gobierno central hacía esfuerzos por aniquilarlo, el apoyo a la candidatura del general Cárdenas se hizo más decidida.

Cuando éste llegó a la primera magistratura del gobierno, bastante débil ante el "Jefe Máximo", comenzó a hacer alianzas con hombres de poder como los carrancistas, con Almazán y con Cedillo, y procuró buscar apoyo en las masas populares y en el ejército, como ya comentamos.

A pesar de que ésta fue una unión estratégica en contra de Calles, Cedillo no fue un aliado dócil y continuó provocando enfrentamientos innecesarios; por ejemplo, al resultar electo como director del PNR el gobernador de Zacatecas Matías Ramos que era su enemigo, Cedillo ordenó aprestos militares en su contra, pasando por encima de la autoridad del presi-

169 *Ibid.*, p. 233.

dente, quien le había solicitado que llegara a un acuerdo amigable. Por todo esto Cárdenas lo excluyó de su gabinete en diciembre de 1934, "desaire que parece haberle dolido mucho".

Cedillo respondió saboteando la política presidencial en San Luis Potosí, ya que detuvo el programa ejidal, obstaculizó la organización obrera, dio cabida y apoyo a los religiosos que huían de otros estados y permitió que los enemigos de la "educación socialista" de todo el país lo ensalzaran como el paladín de la libertad de cátedra de todas las universidades. Volvió a hacer de las suyas en diciembre de 1934 cuando creó las milicias municipales, distribuyó armas y reforzó su aviación. Pretendió además cobrar con creces su ausencia del gabinete, ya que a escasos tres días de haber tomado posesión, la Confederación de la Clase Media (CCM) pidió a Cárdenas que cumpliera con su promesa de armar a todos los campesinos del país y colocar a Cedillo al frente de tan poderosa institución. Esta pretensión no sólo no se cumplió, sino que reforzó la aversión del ejército profesional hacia el cacique.

Por otro lado, desde que se inauguró el cardenismo, mientras los callistas aprovechaban el clima de inestabilidad del Maximato, otros como Cedillo, Almazán y Gildardo Magaña demandaban la exclusión de los callistas del gabinete y la pronta eliminación política del "Jefe Máximo".[170]

Ante los insistentes rumores que circulaban en todo el país de una posible sublevación por parte de Calles, de Almazán o de Cedillo, Cárdenas tomó precauciones. En febrero de 1935, envió a Francisco Múgica a comunicarle a Cedillo que "su actitud de descontento estaba sirviendo de apoyo al clero y demás elementos reaccionarios en su labor sediciosa". Puso además a una persona de su confianza, el general Soto Lara, al mando de la región de Tampico, para impedir la entrada de armas y parque por el norte del país.

Aunque Cárdenas intentó llegar a un acuerdo con estos generales y permitió a Cedillo imponer al siguiente gobernador, los preparativos bélicos continuaron en San Luis Potosí. Cedillo comisionó a su secretario particular, el coronel José Arvide, para reorganizar militarmente a quienes habían pertenecido

---

[170] *Ibid.*, p. 234.

durante la Revolución a su "División del Centro". Adquirió además dos aviones rápidos, y la Escuela Militar Industrial potosina empezó a manufacturar bombas aéreas.

En marzo de 1935 el gobierno intentó convencer a Cedillo de que aceptara cierta disciplina en relación con la política educativa. El cacique, por lo contrario, concedió autonomía a la universidad local y reabrió las escuelas religiosas.

A ello el primer mandatario respondió bloqueando los recursos federales a la entidad y dando los primeros pasos para desmantelar las colonias militares. El presidente perdió toda confianza en su antiguo aliado, según apuntaba: "Cedillo hace trabajos preparando un levantamiento [...] la compañía petrolera El Águila ha ofrecido [...] 500 000 dólares [...] para dicho movimiento y está en inteligencia con el [clero] no dudo de esta información [...] y aunque fácilmente se reduciría por ahora cualquier levantamiento, optaré por usar medidas pacifistas".[171]

Después de un aparente intento de sublevación por parte de Cedillo en combinación con Juan Andrew Almazán, las cosas parecían haberse tranquilizado.[172]

Durante la crisis Cárdenas-Calles, en junio de 1935, Cedillo quedó aparentemente de parte de los triunfantes: los cardenistas. Según él, el primer mandatario tenía una deuda con su persona. La incorporación de Cedillo al gabinete fue en realidad un golpe maestro de Cárdenas. Con ello detuvo por algún tiempo las actividades subversivas del cacique, convirtiéndolas a la larga en intrascendentes.

La presencia de Cedillo atrajo además un cierto apoyo de las "derechas" hacia el régimen y fue útil en la profunda limpia de callistas que se llevó a cabo por todo el país durante un año. Cedillo participó directamente en la caída del enemigo "número uno de Dios", el cacique de Tabasco, Tomás Garrido Canabal, con la colaboración de grupos estudiantiles, los Camisas Doradas y 75 potosinos enviados para enseñar a Garrido a luchar con "verdaderos hombres". Además, como secretario de

[171] Lázaro Cárdenas, *Obras*, vol. 1: *Apuntes, 1913-1940*, México, Universidad Nacional Autónoma de México, p. 316, y R. Falcón, *Revolución y caciquismo...*, *op. cit.*, p. 234.
[172] Archivo Francisco J. Múgica (AFJM), vol. 106.

Agricultura, Saturnino fue hábilmente manipulado por los poderes centrales.

La política agrarista del régimen de Cárdenas fue llevada a cabo por siete departamentos y bancos, sin tomar en cuenta al secretario de Agricultura, lo cual le causó fuerte humillación. Además, el gobierno federal propició la creación de un organismo central que agrupara a los agraristas del país y que le restó importancia a la CCM, a los cedillistas y a la Comisión Nacional Agraria (CNA). Y a pesar de su apoyo a Portes Gil y a Román Yocupicio, gobernador de Sonora (y compadre de aquél), el poder de Cedillo se debilitaba rápidamente ante el régimen cardenista.

Entonces el potosino se fue inclinando cada vez más hacia la derecha y ganó presencia nacional como jefe nato de múltiples agrupaciones, movimientos y corrientes de opinión de ese signo, en ocasiones abiertamente fascistas, que se oponían al radicalismo oficial. Con ello el cacique abrió la brecha que lo separaba de Cárdenas; sus nexos con el clero fueron una alianza velada, mientras que con la derecha radical secular, en especial con los Camisas Doradas comandados por Nicolás Rodríguez, se afianzaron desde mediados de 1935.

La unión de Cedillo con la ARM se hizo cada vez más notoria después de los choques de ésta con la izquierda, como en los acontecimientos del Zócalo, y el repliegue de los Dorados hacia el norte del país. Cedillo también hizo alianzas con la Unión de Veteranos de la Revolución y trató de crear frentes únicos de obreros y agraristas, es decir, colonos y pequeños propietarios, que pretendían ofrecerse como alternativa del proyecto cardenista a los miles de campesinos de México que habían sido afectados por el programa ejidal o estaban decepcionados con sus resultados.

Saturnino Cedillo estableció contactos también con la Confederación de la Clase Media, la cual luchaba en contra de la educación socialista y el artículo 3° constitucional, así como con otras pequeñas agrupaciones que conformaban esa heterogénea derecha que tenía sus raíces principales entre los sectores medios y campesinos del país.[173]

[173] R. Falcón, *Revolución y caciquismo...*, *op. cit.*, p. 237.

Después de junio de 1935 y durante aproximadamente un año, la vida política nacional estuvo dominada por el enfrentamiento de dos grupos opuestos ideológicamente: la llamada "ala derecha" de Portes Gil y Cedillo, y la de izquierda encabezada por Múgica y las organizaciones obreras que giraban alrededor de la CTM. El conflicto comenzó de inmediato, y en septiembre de ese año la izquierda del Senado acusó a Cedillo de reaccionario, subrayando su falta de legitimidad como candidato presidencial.

Lázaro Cárdenas alentaba estos ataques y dio su protección a Manuel Larraga, el más enconado enemigo de Cedillo, y le hizo al cacique el desaire de no asistir al cambio de gobernadores en San Luis Potosí. Éste respondió en la forma usual, sacando a relucir sus milicias, exigiendo a Cárdenas que moderara a los radicales comprando aviones y parque, y haciendo circular rumores de una posible sublevación.[174]

Desde la primavera de 1936, los partidarios de Múgica y la izquierda en general no descansaban en sus ataques a Emilio Portes Gil y a Saturnino Cedillo. En marzo, el cacique casi se vio obligado a renunciar cuando se empezó a investigar si el agotamiento prematuro del presupuesto de su secretaría se debía al exceso de amistades y Camisas Doradas que cobraban sueldo en ella.

La situación empeoró con la expulsión de Calles del país y la eliminación de sus partidarios, lo que hizo innecesaria la presencia de Cedillo en el gabinete. En el mes de agosto el presidente destituyó de la presidencia del PNR a Portes Gil. Al mes siguiente, mientras Cárdenas seguía recibiendo múltiples denuncias sobre los preparativos militares en San Luis Potosí, los comunistas exigieron la salida de Cedillo del gabinete.

A principios de octubre, el presidente viajó a la Laguna para constituir el primer ejido colectivo, sin notificárselo al secretario de Agricultura, el que convaleciente por un atentado en contra de su vida y furioso, alcanzó al mandatario para manifestarle su oposición al proyecto y criticar públicamente a la izquierda y a la CTM. Más tarde, mientras Cedillo se encontraba fuera de San Luis Potosí y bajo atención médica, Cárdenas

---

[174] *Ibid.*, p. 238.

ordenó nada menos que el reparto de la hacienda Las Palomas, propiedad de Saturnino.

Para entonces Cedillo hablaba ya de sus pertrechos y hombres que en Tabasco aseguró durante una gira, los cuales sumaban más de 40 000 bien equipados y con armamento alemán e italiano, mucho mejor que el del general Cárdenas.[175]

En 1936 se asociaba la idea de un levantamiento armado de los Dorados con la ruptura inminente de Saturnino Cedillo con Lázaro Cárdenas. Alrededor del 10 de noviembre, según un informe confidencial dado a Francisco J. Múgica, en fuentes políticas y parlamentarias se aseguraba que el rompimiento estaba en puerta y que Cedillo dejaría el ministerio después del 20 de noviembre. El informe agregaba que Cedillo era el alma del movimiento derechista en México, que tenía fuerte influencia en el ejército y que en San Luis Potosí contaba con una milicia de 5 000 hombres.[176]

En otro informe confidencial enviado a Múgica se decía que los Dorados preparaban un levantamiento armado para el día 20 de noviembre de ese año. En una reunión celebrada en el "Consejo Nacionalista" (en la calle Pino Suárez 17, despacho 7) se anunció que se entregarían armas muy pronto, y se pidió a los jefes Dorados que acudiesen diariamente a las oficinas y posteriormente que hablaran por teléfono, tres veces al día, para poder llamarlos en el momento oportuno en que estallara el movimiento. Ese mismo informe se refería a otras reuniones celebradas en casa del coronel Ernesto von Merck, ayudante de Cedillo, a las que asistían éste y dirigentes de los Dorados, además de algunos militares como el general Tito Ferrer y Román Díaz. En ellas se recordó que el año anterior (1935), durante el zafarrancho, se hubiera podido entrar fácilmente en Palacio Nacional, y que ahora se intentaría hacerlo atacando la manifestación de la CTM. Por último se informó que el general Cedillo tenía en una casa de la capital (Juárez 8, Coyoacán) ametralladoras y otras armas.[177]

En el siguiente memorándum, el informante decía que el Consejo Nacionalista les había hecho saber que no habría tal

[175] AFJM, vol. 106, doc. 175. Informe Confidencial a Francisco J. Múgica, 1935.
[176] AFJM, vol. 106, doc. 246.
[177] AFJM, vol. 106, doc. 248.

levantamiento el día 20 de noviembre, sino que simplemente se trataba de impedir que los de la manifestación se fueran "limpios", y por ello se provocaría otro zafarrancho.[178]

Se sabía que los Camisas Doradas habían alquilado una casa en Tacubaya, en donde se reunirían los asociados una vez realizado el ataque contra la CTM.[179]

Al parecer Francisco Múgica tuvo con la ARM y con Cedillo un especial cuidado en cuanto a su espionaje político, a través del control de la correspondencia de éstos. Una muestra de esa vigilancia a los Dorados es el siguiente informe, entregado por agentes de Múgica infiltrados en la organización de los encamisados. El memorándum decía lo siguiente:

1) Se acompaña lista de direcciones de los actuales "hombres de confianza" de Nicolás Rodríguez C., encargados de dirigir y controlar las actividades sediciosas y conspirativas de los "Camisas Doradas" en distintos lugares del país. La más antigua de esas direcciones es tomada de una carta escrita el 28 de julio de este año. Consideramos necesario vigilar hábilmente, durante una semana y por gente segura, cada uno de los domicilios enlistados, y dar un golpe simultáneo cateándolos todos en determinado día y aclarando la conducta de quienes sean detenidos en ellos. No confiar en las policías locales ni encargar este servicio a las Jefaturas de Operaciones ni a los Gobernadores, que en algunos casos tienen complacencias o ligas con los que resultarían afectados, sino a personas de la confianza personal del Ejecutivo. Entre los agentes confidenciales de Gobernación hay quienes solapan las actividades reaccionarias; lo mismo entre los elementos de la Jefatura de Policía del D. F. y entre los de la Judicial.

2) Copiar o fotografiar todas las cartas que de México D. F., de Estados Unidos o de cualquier Estado, sean enviadas a las direcciones que aparecen en la lista mencionada, proporcionando ejemplares al redactor de este memorándum, para la necesaria coordinación de las investigaciones. Lo mismo con la correspondencia destinada a otros conspiradores que se mencionan en este escrito. Extender estas medidas a la vía telegráfica.

3) En la actualidad se llevan a cabo reuniones, en las que participan "dorados, antirreeleccionistas, vasconcelistas, cristeros y otros desafectos al Gobierno, en los siguientes lugares: Despacho

---

[178] AFJM, vol. 106, doc. 249.
[179] AFJM, vol. 106, doc. 248.

del Lic. Muñoz, Tacuba 50, altos 18, Hotel Tacuba, a veces en el cuarto número 1, con asistencia del llamado general Sosa Jurado; sastrería La Bella Jardinera, propiedad del "dorado" Jesús de Ávila Barrón, Isabel La Católica 22; Hacienda "Los Rosales", propiedad del Coronel Petronilo Flores, funcionario de la Secretaría de Guerra y ubicada por Cuautitlán. Yendo a dicha finca, poco tiempo antes de ser expulsado del país, Nicolás Rodríguez resultó lesionado en las piernas al volcar su automóvil (verde, placas de Nuevo León), y para que remolcaran su vehículo consiguió después un recado del Coronel Flores a la gente de la Hacienda.

En dicho viaje acompañaban a Nicolás Rodríguez un llamado general Chávez (alto y grueso), un "dorado", Germán Ramírez, que se dice Capitán, un apellidado Mora y un tal Luis Vargas Cacho (domiciliado en Humboldt 26), que tiene un hermano general. Hay también reuniones conspirativas, y reclutamiento de gente "para hacer cambiar la situación intolerable", en la Liga Nacional Ferrocarrilera Mexicana (adherida a la Organización Nacionalista Mexicana), sita en Allende 8, despacho 6, telefono eric. 33546; en la casa del ex coronel Antonio F. Escobar, 2a. Mineros 24, int. 8; en la casa del asesino de Ismael Díaz González, ex mayor Gregorio T. Gaytán, sita en Aztecas 2 A, en un cuarto del Hotel Cosmos (San Juan de Letrán), ocupado por un señor Llorente que fue pariente político del general Calles, y al que concurrieron hace meses, Nicolás Rodríguez y Antonio F. Escobar; en casa de Leonor Gutiérrez, hasta hace poco jefe de empleadas en la negociación alemana "La Gran Sedería", y que antes de salir al Norte a entrevistarse con Nicolás Rodríguez vivía en San Antonio Tomatlán 16, en la casa número 251 de la Avenida Martí, Tacubaya, domicilio del Dr. Antonio Herrera Bravo, Navarra 110, Colonia Álamos, en los despachos 433 y 227 del edificio Ruhle (San Juan de Letrán número 6), donde tiene sus oficinas la policía privada de Valente Quintana. En uno de esos despachos se reúnen "dorados", ex militares y políticos despechados, cristeros militantes y dirigentes de la Confederación de la Clase Media. Celébranse también juntas de carácter sedicioso, organizadas por los elementos patronales y clericales de la Confederación de la Clase Media, en la casa del negociante en terrenos Raúl Basurto (Sonora 180), en el Templo de la Sagrada Familia, donde actúa un "padre Francisco" que es español y vive en Puebla 144, encubriéndose con el "Apostolado de la Oración", en el Templo de San Francisco, Avenida Madero, en la casa de un llamado Avelino de Marcos, clerical, sita en Puebla 112, con entrada por la calle de Córdoba, en Paseo de la Reforma 40.

4) El mismo señor Basurto en cuyo domicilio de Sonora 180 se realizan juntas conspirativas, regaló hace poco el general Saturnino Cedillo una lujosísima casita en las calles de Campeche, número 295, donde parece que ya se han celebrado algunas reuniones con políticos y militares. Los "Camisas Doradas" se jactan, cuando creen estar en privado, de la protección del general Cedillo, al cual dicen estar dispuestos a secundar para "acabar con el bolchevique Lázaro Cárdenas". Dicen también contar con el apoyo del general Vicente González, Jefe de la Policía del D. F., con el del Jefe Veytia (pariente del general Medinaveytia) y con la simpatía de muchos oficiales.

Cuando fueron clausuradas, en los primeros días del mes pasado las oficinas de los "Camisas Doradas" en Justo Sierra 29, el jefe de agentes Frías y sus acompañantes se cruzaron en las escaleras del edificio con Nicolás Rodríguez, al que dejaron salir simulando que no lo conocían. Con la tolerancia policíaca, Rodríguez se escondió en esta capital, puso a salvo sus negocios más urgentes e hizo enviar un telegrama desde Pachuca, ofreciendo presentarse a la policía. El jueves 6 de agosto, Nicolás Rodríguez entrevistó al secretario particular del general Cedillo, arreglando para el día siguiente una entrevista con éste. Antes de salir pidió a un mecanógrafo de la oficina de los "Dorados" el borrador de una carta abierta al presidente de la República, que acababa de redactar, y que decía entre otras cosas que "sus consejeros lo están precipitando al abismo", y amenazaba con una lucha armada como la de España. Días antes, el segundo de Nicolás Rodríguez, Antonio F. Escobar, confesó al mecanógrafo aludido que los "Dorados" reciben dinero del secretario particular del general Cedillo.

En la entrevista del viernes 7 de agosto, entre Cedillo y Rodríguez, estuvieron como intermediarios un tal Garamendia (general) y el estudiante "dorado" Othón Bazavilbazo. Éste dijo más tarde en la oficina de los "dorados" que Garamendia contaba con 100 000 pesos para comprar armas.

5) Un espía de la organización que redacta este informe oyó decir en varias ocasiones, en las oficinas hoy clausuradas de Justo Sierra 29, los "dorados" tienen el apoyo de un elemento "bien parado" en la Secretaría de Guerra, que se apellida Almada. Se jactan también del apoyo del general Héctor F. López, Subjefe del Estado Mayor de la propia secretaría.

6) En una residencia del Paseo de la Reforma (no es seguro que sea la casa número 7), donde vive un señor Solórzano, se reunían a raíz de la clausura de sus oficinas hasta veinte "dorados", en un cuarto bajo, destinado a los criados. En sus conversaciones dijeron tener armas para un levantamiento en la hacienda El Rosario, de Tlaxcala, propiedad del mismo Solórzano.

7) En el Hotel Hornos, de Acapulco, se celebran con cierta frecuencia juntas de elementos reaccionarios mexicanos y alemanes. A la puerta del cuarto en que se realizan las juntas vigila gente armada, sin guardar mucho las apariencias.

8) En los últimos meses, los "dorados" han establecido relaciones con los elementos cristeros alzados en armas, como *El Tallarín*. El estudiante "dorado" Othón Bazavilbazo recibió una carta de éste y hace poco salió de México para entrevistarse con *El Tallarín* y el "dorado" Alfonso Moreal, que dice ser capitán del Ejército y es chaparro y de color tostado.

9) Desde hace aproximadamente una semana, algunos elementos de los que aparecen como directores de la Confederación de la Clase Media, cuyas oficinas están en Paseo de la Reforma número 40, hacen preparativos para una acción bélica el 15 de septiembre, aunque sin precisar el alcance de ésta. Anuncian para antes de esa fecha una distribución de armas a sus partidarios. Sobre este asunto estamos recabando datos.

México, D. F., septiembre 11, 1936.[180]

Las diferencias entre Múgica y Cedillo eran antiguas y se habían manifestado en muchas áreas, por ejemplo, en la construcción del tramo potosino de la carretera que uniría a México con Laredo, proyecto que siempre había interesado al cacique. En julio de 1935, al ser nombrado Múgica como secretario de Comunicaciones, comenzaron de inmediato las dificultades de Cedillo, que culminaron con la suspensión de la construcción de la carretera por orden de Múgica y el apoyo además de otra huelga en el Atlas.[181]

Múgica y Lombardo Toledano no perdían la oportunidad de insistir, ante el presidente, acerca del peligro de los supuestos preparativos sediciosos que se realizaban en San Luis Potosí "secundados por la reacción".

[180] AFJM, vol. 106, doc. 192.
[181] R. Falcón, *Revolución y caciquismo...*, *op. cit.*, p. 248. En el AFJM encontré un expediente de un grupo de judíos que tenían la concesión para construir esa carretera. Surge la duda de si este expediente formaba parte del archivo de los Dorados y si aquéllos estuvieron entre los extorsionados por la ARM.

Después del enfrentamiento de junio de 1935 entre Calles y Cárdenas, se exacerbó la movilización obrera en todo el país y el presidente alcanzó a tener una fuerza nunca antes igualada por otro mandatario mexicano. Algunos íntimos de Cedillo le aconsejaron a éste dejar la Secretaría de Agricultura y regresar a San Luis Potosí a defender su posición, que se desmoronaba rápidamente. Lombardistas y comunistas lanzaron entonces un manifiesto en contra de Ernest von Merck, el asesor alemán de Cedillo en cuestiones militares, acusándolo de estar ligado a grupos fascistas.[182]

En estas circunstancias, el primer "quítame estas pajas" sirvió a Cedillo de coyuntura para renunciar a la Secretaría de Agricultura, lo que hizo aprovechando un conflicto en la Escuela de Chapingo, donde se le acusó de tener un hijo con una canonjía y 30 plazas "de aviador".

Estando el presidente Cárdenas en una gira por Yucatán, Cedillo envió por vía telegráfica su renuncia, la cual Cárdenas aceptó haciéndole sentir al militar potosino su ausencia de poder. El texto de renuncia decía lo siguiente:

Telegrama.
Núm. 84. Mérida, Yuc. 16 ag. de 1937.
Oficial D 13.25 RN AC XAM.
Lic. Silvestre Guerrero.
Srio. de Gobernación. México, D. F.
Núm. 1822. R. C. Gral. Cedillo, secretario Agricultura y Fomento dirigió ayer siguiente mensaje. "Confírmole mis mensajes anteriores relativos Escuela de Chapingo. Llamado tendencioso diciendo que un hijo del suscrito tenía en mencionado plantel una canonjía, siendo únicamente alumno sin más derecho que la beca a que tienen derecho los demás punto También dicen calumniadores que había treinta 'aviadores' punto He ordenado inmediata investigación para vaya a la cárcel el ex director que renunció cargo en caso de que le resulte alguna responsabilidad o de lo contrario irán a la cárcel calumniadores punto He ordenado la inmediata expulsión de los causantes dificultades escuela porque estoy dispuesto a hacer sentir mi autoridad como secretario de Agricultura, por lo que espero su respaldo pues de lo contrario me faltaría su confianza y me obligaría a presentarle mi renuncia en forma irrevo-

182 R. Falcón, *Revolución y caciquismo...*, *op. cit.*, p. 246.

cable cargo se sirvió conferirme si usted me la negara." Se le ha contestado lo siguiente. "Refiérome su atento ayer punto En vista de consideraciones hace usted por incidente alumnos Escuela de Chapingo, Ejecutivo Federal se ve en el caso de aceptar a usted su renuncia de secretario de Agricultura y Fomento que se sirve anunciar, puesto en el que siempre tuvo usted el respaldo y la confianza propio Ejecutivo.

Afectte. Presidente República.

L. CÁRDENAS."

13.50 AC. RN 53.

Según el *New York Times*, antes de renunciar Cedillo se encerró en su residencia Las Palomas, rodeado de su ejército y flota aérea privados, lugar en donde permaneció en silencio, mientras Cárdenas declaraba en Yucatán su intención de seguir adelante con su progama radical del "establecimiento de una democracia mexicana de trabajadores".[183]

Al salir Cedillo del gabinete, fueron frecuentes los choques entre cetemistas e izquierdistas en contra de los derechistas. A raíz de un encuentro sangriento entre comunistas y la Vanguardia Nacionalista en septiembre de 1937, Lombardo llamó a todos los obreros del país a formar un frente en contra del "fascismo interno", entre cuyos representantes identificó a un posible aliado de Cedillo: Román Yocupicio.[184]

Con cierta frecuencia, los informes confidenciales dados a Múgica hacían alusión a entrevistas de Cedillo con Gonzalo N. Santos, Treviño, Mateo Hernández Netro (gobernador de San Luis Potosí), Marte R. Gómez (gobernador de Tamaulipas) y Emilio Portes Gil.[185]

El gobierno federal tomó cartas en el asunto, y el 8 de septiembre de 1937 se trasladaron a la ciudad de México los 12 aviones de Cedillo y sus pilotos. Además, las fuerzas militares federales formaron un cinturón alrededor de San Luis Potosí, lo que provocó que Cedillo perdiera su hegemonía militar y acelerara su rebelión ya como una cuestión de honor.[186]

---

[183] AFJM, vol. 106, doc. 178.
[184] AFJM, vol. 106, doc. 178, p. 253.
[185] AFJM, vol. 106, docs. 571, 572.
[186] R. Falcón, *Revolución y caciquismo…, op. cit.*, p. 255.

En 1937 el cacique entró también en contacto con otros viejos generales que estaban bajo el mismo tipo de presión que él, o que se oponían a las políticas cardenistas, como por ejemplo el general Yocupicio, Almazán, Magaña, Ríos Zertuche y Bañuelos.

Según Dudley Ankerson, Yocupicio, siendo coronel, se había unido a la revuelta escobarista en 1929, pero más adelante fue perdonado y reincorporado al ejército. Su elección como gobernador de Sonora en 1937, venciendo al candidato oficial del PNR, se debió a los fuertes nexos que tenía con los yaquis.

Compartía el conservadurismo instintivo de Cedillo y desde que asumió el poder, fue criticado por Lombardo Toledano por haber apagado el movimiento obrero organizado en el Estado. El general Almazán sabía que sus dominios en Monterrey no podían ser más gratos a Cárdenas que los de Cedillo en San Luis y que probablemente sería sometido a presiones semejantes por parte del gobierno central. El general Magaña, ex zapatista gobernador de Michoacán, compartía las opiniones de Cedillo en materia de reforma agraria y su oposición a los ejidos colectivos. El general Ríos Zertuche era miembro destacado de la UNVR (Unión Nacional de Veteranos de la Revolución), pero poco antes había perdido mucho poder, cuando Cárdenas lo pasó de la comandancia de la zona militar de Zacatecas a encabezar la sección de caballería de la Secretaría de la Defensa. El gobernador Bañuelos, gobernador de Zacatecas, había contado con el apoyo de Cedillo al imponer a su gente en los cabildos entre Zacatecas y San Luis Potosí, y le disgustaban las que para él eran propensiones comunistas de la administración y la excesiva influencia del movimiento obrero organizado.[187]

En el caso de Yocupicio parece que éste sí pensó en apoyar a Cedillo, ya que durante algún tiempo estuvo proporcionando armas a los yaquis, pero en octubre de 1937 Cárdenas le quitó poder al decidir repartir personalmente tierras a los habitantes del Valle del Yaqui. Para disgusto de Cedillo, entonces Yocupicio informó a un emisario del presidente que a pesar de las provocaciones de Lombardo Toledano seguiría siendo leal al primer mandatario. Y los demás amigos del potosino tampoco se mostraron muy decididos a secundar la idea de una

---

[187] D. Ankerson, *El caudillo agrarista…, op. cit.*, pp. 176-177.

rebelión. No la rechazaban pero pensaban que aún no había llegado el momento, que tal vez sería durante la campaña de elecciones presidenciales.[188]

Y aunque Saturnino Cedillo permitió que la ARM imprimiera buena parte de su propaganda en San Luis Potosí cuando iniciaron su movimiento y tenía muy buenas relaciones con varios oficiales de los Camisas Doradas, algunos de los cuales habían ocupado puestos en la Secretaría de Agricultura, parece que en esos momentos también Nicolás Rodríguez le negó su apoyo y colaboración. Según un agente del gobierno, cuando el general potosino le escribió a Rodríguez a fines de 1937 pidiéndole su ayuda para la rebelión, éste le contestó "en tono arrogante, que era un mexicano honorable y totalmente nacionalista que no tendría ningún trato con Cedillo; que había sufrido mucho durante la Revolución en tiempos de Madero, que no era un traidor a su patria y que, por lo tanto, no apoyaría a Cedillo quien debería de recurrir a otros para conseguir sus fines".[189]

Saturnino había establecido desde 1928 una escuela de aviación en su estado natal y la consideraba casi de su propiedad. Poco después el gobierno lo obligó a desmontar dicha escuela, quedando su posición muy debilitada. Al mismo tiempo el secretario de la Defensa, el general Manuel Ávila Camacho, hizo cambios en la composición de las fuerzas del ejército federal en San Luis. El 36º Regimiento, al mando del general Francisco Carrera Torres, cuyos oficiales habían sido aprobados por Cedillo, se había establecido en el estado. Si bien dejó en su puesto a Carrera Torres, Ávila Camacho trasladó a algunos otros oficiales a partes lejanas del territorio. Al mismo tiempo envió al 38º Regimiento de incuestionable lealtad, a permanecer allí y sirviendo casi de "quinta columna" en el estado. Cedillo se quejó amargamente de esos cambios con sus amigos,

[188] *El Machete*, 12 de marzo de 1938, *El Universal*, 29 de octubre de 1937.
[189] Peña a Guerrero, 15 de octubre de 1937, Archivo de la Defensa Nacional XI-III-1-244, vol. 3. *Apud*. D. Ankerson, p. 176. A pesar de que los ingleses aseguraban que había rumores de un grupo fascista en México y que Cedillo formaba parte de él, comentaban este hecho con cierta suspicacia, aunque sin pleno convencimiento de ello. Cónsul general de la Gran Bretaña, James Dalton Murray a Lord Halifax, Canciller, 6 de junio de 1938, FO 371[21480] A 4865- 491-26 *Apud*. D. Ankerson, p. 177.

pero no pudo hacer nada. Pensó que en caso de un levantamiento se vería forzado a adoptar una posición defensiva y tendría que atenerse a tácticas de guerrilla hasta recibir ayuda del exterior.[190]

Su retiro a San Luis Potosí permitió tener noticias de sus actividades sediciosas. Así, *La Prensa* publicó una serie de reportajes sobre sus relaciones con Nicolás Rodríguez y Arthur Dietrich. A través del agente Carlos Walterio Steinman y del estadunidense Smithers se decía que dirigía una red de contrabandistas de armas y que preparaba la rebelión.[191]

Estas personas tenían su centro de operaciones en El Paso, Texas, y habían organizado 50 divisiones con un jefe y mil socios cada una. Allí estaban, además de Yocupicio, el licenciado Sánchez Pérez, encargado de plagas; el señor Aranda, jefe de una delegación agraria en la frontera, y el señor Farías, secretario del gerente del Ferrocarril Sudpacífico.[192]

El primer mandatario reiteró, en su informe de gobierno del 1º de septiembre de 1936, que lo que el país requería era la calma y no el anuncio de nuevos levantamientos. Dijo entonces lo siguiente:

A estos emboscados e insidiosos debemos recordarles que la nación necesita ver realizados una vez más los más trascendentales postulados de la Revolución, cumplidos satisfactoriamente los mandatos de la ley del país y creados y robustecidos los organismos

[190] Peña a Guerrero, 15 de octubre de 1937, SDN XI –III- I 244 vol. 3. Gallop a Eden, 7 de octubre de 1937, FO 371 [20639] A 7551-527-26. Cónsul Edmond Montgomery al secretario de Estado, 10 de octubre de 1937, San Luis Potosí, NAW, WDC, SD, 812.00, San Luis Potosí. *Apud.* D. Ankerson, *El caudillo agrarista…, op. cit.*, p. 177. AGNM, FLC, 559.1-53. Juan Guadarrama, Secretario de las Sociedades Cooperativas de Pesca a Cárdenas, Tampico, 13 de octubre de 1937. Luis Larraga a Cárdenas, San Luis Potosí, 7 de octubre de 1937, Guadalupe Zúñiga a Cárdenas, San Luis Potosí, 8 de octubre de 1937 y María N. Jáuregui a Florencio Salazar, San Luis Potosí, 4 de diciembre de 1937. Florencio Salazar, secretario de la CTM a Cárdenas, 6 de diciembre de 1937. Francisco Arellano Belloc a Cárdenas, 7 de diciembre de 1937. José Rodríguez a Cárdenas, Noria Pinta Salinas, San Luis Potosí, 10 de diciembre de 1937. E. Villaseñor, director del Banco Nacional de Crédito Agrícola a Cárdenas, 10 de enero de 1938. Liga de Comunidades Agrarias a Cárdenas, 21 de marzo de 1938. AGNM, FLC, 559.1-42 Juan José Ríos Jefe de Zona Militar a Cárdenas, Zacatecas, 20 de enero de 1938.
[191] *La Prensa*, 23, 24 y 25 de mayo de 1937.
[192] AGNM, FLC, 559.1-53. Informe Confidencial a Cárdenas.

adecuados para que la paz sea una realidad orgánica [...] Mientras esto no suceda, tendremos enfrente un estado de inquietud permanente. Y queremos declarar una vez más que el pueblo desde el imperio de la democracia, si se les coloca en condiciones de igualdad social y económica [...] con los que ambicionan suplantarlo en el poder en base a tradiciones y privilegios consagrados a los que llaman pomposamente "garantías y orden"[193]

Un representante de Cedillo entró en contacto con el servicio de inteligencia del Departamento de Guerra de Estados Unidos para sondear la posibilidad de adquirir nuevos aviones de guerra, pues, según aseguraba, se levantaría en armas después de hacer correctamente los preparativos.

Este enviado cedillista informó a sus interlocutores que su jefe contaba con el apoyo de industriales, clero, Iglesias, clase media y hasta algunos ciudadanos alemanes e italianos de las grandes compañías extranjeras, principalmente petroleras. En realidad, sus contactos con gobiernos extranjeros no eran una novedad, pues según confió el embajador italiano a un alto diplomático inglés por lo menos seis meses antes, Cedillo había establecido relaciones amistosas con los ministros de Italia y Alemania en México.[194]

El agregado Marshburn notificó a su gobierno que la Secretaría de Guerra había ordenado que se rodeara el territorio de operaciones del ex secretario de Agricultura, el cual disponía ya de 8 000 soldados del ejército federal y 3 000 reservistas para entrar en combate, y que estaba preparado para que la rebelión estallara el 16 de septiembre. Agregaba la sospecha de que Juan Andrew Almazán y Román Yocupicio estuvieran del lado de los revoltosos, pero que se intentaba disuadir a Cedillo.[195]

Por otro lado, Cedillo era visitado con frecuencia, en su hacienda Las Palomas, por el ingeniero Wholemberg, un hombre de nacionalidad alemana y de su absoluta confianza.[196]

---

[193] "III Informe de Gobierno", *Excélsior*, 2 de septiembre de 1937.
[194] R. Falcón, *Revolución y caciquismo...*, *op. cit.*, p. 256.
[195] NAW, WDC, SD, 812.00 Revolutions 241. Y 812.00-30502 y 30504, Marshburn MID, México, 14 de septiembre de 1937, y Daniels al Departamento de Estado, Document File Note, México, 13, 17, 28 de septiembre de 1937. Y 8100 G2R 2657 G 732-65, Marshburn al Departamento de Estado.
[196] AFJM, vol. 106 doc. 571.

Cedillo adquirió en octubre de 1937 seis aviones de combate en Estados Unidos y contrató a dos pilotos. Según informes de un agente federal infiltrado, el ex secretario de Agricultura se preparaba intensamente para la rebelión que contaba ya con algunos apoyos débiles en 12 estados, sobre todo en la zona cristera de Querétaro y Guanajuato, donde ya operaban guerrillas anticardenistas. En opinión de ese agente, Cedillo no sería respaldado ni por Almazán, ni por Yocupicio, quedándole únicamente Emilio Portes Gil como aliado. Sin embargo, el cacique mostraba a sus allegados su confianza y decía que en San Luis le sobraba gente que le era leal; se jactaba de tener buenos contactos con los sindicatos blancos petroleros, y aseguraba que El Águila le prestaría sus instalaciones para almacenar bombas.[197]

Por los informes del agregado militar estadunidense, Marshburn, también aseguramos que Cárdenas estaba en permanente comunicación con su Estado Mayor para dirigir los movimientos de tropas en las zonas cedillistas. De acuerdo con el mapa de contingencia militar de que disponía Freehoff, un recuento de fuerzas daba los siguientes resultados: 40 regimientos de caballería, 50 batallones de infantería, con un total de hombres de 56 700; dos regimientos aéreos y 55 aviones militares, además de reserva agraria, compuesta por 81 765 hombres, 117 batallones de infantería, 65 regimientos de caballería y 96 275 rifles. En San Luis tenía de 8 000 a 10 000 soldados y 4 700 reservistas. Pero en realidad sus fuerzas eran de 15 000 hombres y 15 aviones, todos concentrados en Las Palomas y en Ciudad del Maíz.[198]

Saturnino se encontraba muy activo consiguiendo recursos del extranjero. En una reunión con el embajador Josephus

---

[197] *Excélsior*, 9, 14, 25 y 27 de octubre de 1937. AGNM, FLC, 404.1-2940. Ávila Camacho a Cárdenas, 4 de octubre de 1937. Luis Varela a Cárdenas y Tomás Oliva a Cárdenas, Valles, San Luis Potosí. AGNM, FLC, 559.1-42. Juan José Ríos, Jefe de Zona Militar a Cárdenas, Zacatecas, 20 de enero de 1938.

[198] NAW, WDC, MID, 2657 6 589-1 36. Military Intelligence Division. Mapa de Contingencia militar. México, 20 de octubre de 1937. Telegrama en Código Secreto M-10 al Adjuntant General, War Department, México 14 de octubre de 1937. Daniels envió un expediente completo de los eventos ocurridos después de la renuncia de Cedillo. Esto coincidía con lo de Marshburn. Carta al Secretario de Estado, México, 5 de octubre de 1937. NAW, WDC, SD, 812.00-30-499.

Daniels se justificó, diciendo que su ruptura con Cárdenas se había dado porque éste estimulaba la realización de una revolución comunista en México. Y como prueba de ello envió a la embajada estadunidense un documento que sus agentes habían encontrado en el archivo de Vicente Lombardo Toledano, donde se podía corroborar su constante correspondencia con Moscú. Daniels lo comunicó de inmediato a su gobierno, diciendo que esto le parecía una cosa exagerada, pero que era una realidad que Cedillo estaba pidiendo apoyo a las compañías petroleras y mineras para rebelarse, aunque sin mucho éxito.[199]

Cedillo tenía una red de comunicaciones telegráficas, postales y de radio totalmente controladas por él. Contaba con una estación de radio en Las Palomas y otra en Tablas, San Luis Potosí, esta última manejada por su hermana Higinia Cedillo.[200]

Valentín Linares, informante confidencial de la red que estableció Múgica, le escribió a éste el 23 de septiembre de 1937:

En cuatro ocasiones [he visto] camiones portando placas de Estados Unidos y que dichos camiones habían entrado a Valles durante las horas del día por la carretera nacional y su cargamento consistía en cajas de parque de diversos calibres, máuseres de 7 y 8 mm. Atados, con armas [...] que los camiones en cuestión se internaron en la Huasteca Potosina, sin que la guarnición hiciera nada por evitarlo.[201]

Con estos preparativos de subversión estaban ligados varios grupos de derecha, la Unión Nacional de Veteranos de la Revolución, las Juventudes Nacionalistas, la Confederación de la Clase Media, el Partido Social Demócrata Mexicano, las Asociaciones Patronales de la República Mexicana, la prensa de derecha —como El Hombre Libre y Omega—, y por supuesto la ARM de Nicolás Rodríguez, cuyos dirigentes tenían reuniones constantes entre sí, con Cedillo, Yocupicio, Ricardo Treviño y

---

[199] NAW, WDC, SD, 812.00 Revolutions 234, 243, 244 y 812.00-305 16. Daniels al Secretario de Estado. Estrictamente Confidencial, México, 20 y 28 de noviembre de 1937.
[200] AFJM, vol. 106, doc. 370.
[201] AFJM, vol. 106, doc. 188.

con personas que llegaban de Estados Unidos "con el objeto de orientar a los grupos reaccionarios que actúan aisladamente".[202]

La embajada estadunidense seguía sus propias investigaciones y sabía de las relaciones del cacique con el piloto Cloyd Clavenger, agente suyo ante las compañías petroleras en Estados Unidos y encargado de comprar aviones y municiones para su rebelión.[203]

Por su parte, el gobierno federal seguía dos estrategias: por un lado tenía alrededor de 10 000 soldados rodeando San Luis Potosí, y por otro aceleraba el reparto agrario, lo que aumentaba las lealtades hacia Cárdenas y su régimen al mismo tiempo que se las restaba a Cedillo. Además del constante y minucioso espionaje político por parte de las secretarías de Gobernación y Comunicaciones, Múgica tenía tendida alrededor de Cedillo y demás grupos de derecha una red de agentes postales, telefonistas, telegrafistas y ferrocarrileros, quienes informaban de la más mínima sospecha. Esto permitió al Estado tener la cuenta exacta de los pertrechos militares y las personas que daban apoyo al sedicioso, y así poder bloquearlo en caso necesario.[204]

En los informes se mencionaba además la participación de la American Smelting, que había prestado al general parte de sus instalaciones en El Salto, Durango, para que desarrollara actividades subversivas.[205]

Otro personaje clave en la rebelión, por supuesto, era el "Jefe Supremo" de los Dorados, Nicolás Rodríguez, asociado a la legación alemana y de quien la inteligencia militar estadunidense suponía que tenía la función de enlace con Saturnino Cedillo.[206]

---

[202] AFJM, vol. 106, doc. 446.

[203] NAW, WDC, SD, 812.00. Revolutions 267, Secretario de Estado al Departamento de Justicia, 21 de febrero de 1938. El informante era otro piloto a quien Clavenger había ofrecido un sueldo mensual de 1 000 dólares.

[204] AFJM, vol. 106 docs. 368 y 446.

[205] AGNM, FLC, 559.1-53. Informe Confidencial a Cárdenas, México, 4 de marzo de 1938.

[206] AGNM, FLC, 559.3-28. Cónsul J. Fraga a Cárdenas, Nueva Jersey, 30 de enero de 1938. NAW, WDC, SD, 812.00 Nazi 6 Brian Mac Mahon, Assistant Attorney general al Secretario de Estado, Washington, 31 de enero de 1938;

Ya bastante avanzadas las hostilidades entre el régimen y el general potosino, mientras éste se preparaba para un levantamiento el 22 de agosto de 1937, Nicolás Rodríguez hizo a sus jefes Dorados un llamado a la lucha: "Nos toca ser los Hércules que salvemos el honor nacional y reconquistemos para todos los mexicanos sus derechos de toda categoría pisoteados". Llamaba a la unión y a la disciplina que "ningún grupo, ninguna asociación y sólo pocos ejércitos mantienen y que prestigia a nuestras filas". Afirmaba que en diciembre de ese año el gobierno había adquirido el compromiso de hacer de México un Estado socialista, y agregaba:

Ante ese peligro los Dorados de la República Mexicana, no olvidemos que somos abanderados de la justicia y los derechos que nos quiere arrebatar un Estado irresponsable como lo es el Estado Comunista, manejado por irresponsables, como son los Cárdenas y sus colaboradores; no olvidemos que la Patria angustiada tiene puesta en nosotros todas sus esperanzas de salvación y que hemos contraído el compromiso de salvarla. [...]

Ustedes son los únicos que han combatido al comunismo, que han mantenido en alto el pendón de la legalidad y no han dejado que estallen con los impulsos bestiales que acostumbran [Terminaba su arenga pidiendo que tuvieran en alto el espíritu, sus corazones listos y su fortaleza templada] para que cuando llegara el momento decir: A la lucha, compañeros, todos como una falange de titanes [respondan] con el grito de "PRESENTES".[207]

El 4 de marzo de 1938 la ARM hizo circular de manera intensa un manifiesto de carácter sedicioso en el norte del país, dirigido a los militares. Éste, según Fernández Boyoli, se imprimió en San Luis Potosí con un tiraje de 3 000 ejemplares, patrocinado por Cedillo, el cual seguía recibiendo a estadunidenses en su rancho Las Palomas, entre ellos a representantes de la compañía Asarco. Por otro lado, se sabía que su hermana

812.00 Revolutions 247, Lindsay al Assistant Chief of Staff 62 War Department, México, 11 de febrero de 1938; Revolutions 246 Joseph Short a Cárdenas, Ohio, 12 de enero de 1938. Revolutions 248, Miguel Ángel Velasco responsable de la Comisión Campesina e indígena del PCM a Cárdenas, México, 3 de febrero de 1938. AGNM, FLC, 559.3-28. Ávila Camacho a Cárdenas, Nuevo León, 1º de febrero de 1938.
[207] AFJM, vol. 106, docs. 575 y 576.

Higinia entraba y salía de la hacienda con pertrechos militares para los cristeros de Guanajuato.[208]

El interés de participar en la rebelión cedillista por parte de Rodríguez era evidente. El cónsul mexicano en Mission, Texas, le envió al mandatario el informe de una entrevista celebrada el 22 de enero de ese año entre él y Nicolás Rodríguez, promovida por el jefe de los Dorados para solicitarle que "se proporcionaran facilidades en la aduana de Ciudad Juárez para poder importar mercancías a México, para un negocio que quería establecer". Según el cónsul, en realidad lo que pretendía pasar a nuestro país eran armas y parque.[209]

En esa ocasión Nicolás Rodríguez le comunicó al cónsul mexicano que su intención de correr a los judíos, polacos y demás extranjeros "indeseables", sobre todo a los que se encontraban en la Lagunilla, se debía a su gran interés en proteger a la industria nacional. Continuaba afirmando que los culpables de que estuvieran en México esos extranjeros eran Portes Gil y Calles, y que seguían en el país bajo la protección de Cárdenas, quien había delegado esa función en Alberto Cárdenas.

Le confesó al cónsul que una noche tuvo reunidos a 1 500 hombres en la Lagunilla para evitar que pudiera entrar o salir algún judío de ella, pero que Alberto Cárdenas había dado instrucciones a la policía para que quitara de ahí a los Dorados. Decía Rodríguez que la situación en México era difícil, porque todo el mundo se estaba muriendo de hambre, que la política era un carnaval y no había más que personalismo en ella. Afirmó que la Revolución mexicana se había terminado y que lo que seguía era la lucha social.

Al preguntársele cuál sería una posible solución a los problemas del país, evadió la respuesta, para más tarde afirmar: "Los pueblos están esperando el movimiento que debe venir, y va a ser nacionalista [pero] no conocemos al hombre que lo va a encabezar..." Añadió que el 20 de noviembre de 1935 sus Dorados estuvieron a punto de tomar el Palacio Nacional: "Si hubiera querido, hubiéramos tomado el Palacio [...] Pues ya estábamos casi adentro". También comentó que él podía hacer en México una "bonita labor [...] porque la gente de los

[208] *Id.*
[209] *Id.*

pueblos a donde voy va hacia donde estoy". Pero al preguntársele sobre Cedillo respondió: "Éste no más está, espérese, espérese".[210]

Nadie dudaba a fines de 1937 que Nicolás Rodríguez y sus Camisas Doradas se levantarían en armas para apoyar a Cedillo en su lucha en contra del poder cardenista. Desde septiembre de ese año se había estado promoviendo en Estados Unidos la rebelión por parte de la ARM, auxiliada por estudiantes de las llamadas Juventudes Nacionalistas de México, y por esa razón viajó a Texas el poblano Jesús L. García, uno de los Dorados, quien con el pretexto de dar conferencias académicas hacía reuniones de propaganda política y recababa fondos para la rebelión en las ciudades de McAllen, Kingsville, Brownsville y Nueva Orleáns.

En sus pláticas, García hablaba de 500 000 Dorados que se reunían secretamente en México, además de otras organizaciones simpatizantes que los apoyaban en el país. Pero aseguraba que el "pueblo mexicano se levantaría por su propia voluntad y derrocaría al régimen de Cárdenas".[211]

El 22 de febrero de 1938, en los reportes confidenciales enviados a Múgica, se mencionaba la visita hecha a Cedillo por un general de apellido Chávez, procedente del norte del país, quien era dorado y llegó a conferenciar en San Luis Potosí con políticos cedillistas y con el mismo general Saturnino Cedillo.[212] Chávez era hermano de un agente postal ambulante de San Luis Potosí, Loredo, quien desempeñaba encargos en beneficio de la organización de los Dorados y del Partido Cedillista.[213]

Las relaciones del ex secretario se extendían también hasta la zona cafetalera del Soconusco, por donde se introducían de contrabando armas procedentes de los puertos de Obregón y Paraíso para luego ser depositadas, con apoyo de la Unión de Campesinos del Sureste, en la Hacienda de Maluco.[214]

[210] AFJM, doc. 140.
[211] AGNM, FLC, 541.1/41.
[212] AFJM, vol. 106, doc. 572.
[213] Id.
[214] AGNM, FLC, 542.1-1941. Ofelia Domínguez, Inspectora de la Secretaría de Comunicaciones, a Enrique Angli, Oficial Mayor de la Secretaría, Tabasco, 29 de enero de 1938. Y Porfirio Velázquez, Finca de San Jerónimo a Cárdenas, Villa de Suárez, Chiapas, 18 de enero de 1938. AGNM, FLC, 555.1/49.

Según el embajador de Estados Unidos en Guatemala, Fay Allen Des Portes, el secretario de la legación alemana en ese país hacía frecuentes visitas a Tapachula para cerrar un trato con un cómplice de nombre Hellmuth Dietmar, el cual estaba intentando involucrar a Ubico en la realización de operaciones militares en contra de México.[215]

Según el gobierno estadunidense, los nazis aprovecharían el conflicto de Cedillo con el gobierno mexicano y sobre todo el problema de éste con las compañías petroleras. Por ello, el agente Robert Martin, que se encontraba en México, había exportado a Alemania entre 1936 y 1938, 10 000 toneladas de hierro y ese país le había pagado con la construcción de barcos, 1 500 técnicos en el ejército y el entrenamiento militar de campesinos.[216]

En un artículo que salió en la prensa de San Antonio se afirmaba que había sido asesinado en Chapoy, Veracruz, un agente alemán de nombre Charles Pilgram por miembros del servicio de inteligencia mexicano; que este expediente se encontraba en la Secretaría de Gobernación, y que en él se aseguraba que espías nazis se habían introducido al sindicato petrolero y sobre todo en los campos de la Compañía El Águila, donde tenían como 40 hombres. Se culpaba a estos agentes de querer reducir el mercado mexicano para poder controlar a esa compañía y que además eran los que financiaban todas las agitaciones.[217]

Después de la expropiación petrolera del 18 de marzo, el procurador general informó a Cárdenas de la publicación de una revista en Estados Unidos (KEN), en la cual se hacía referencia a las redes de inteligencia japonesa, italiana y alemana en México. Genaro Vázquez opinó entonces que estas declaraciones correspondían "minuciosa y exactamente a todas las informaciones que en el servicio secreto de la Procuraduría se

[215] NAW, WDC, SD, 812.00 Nazi 10 y 12, y 812.00 Revolutions 259 y 263. Des Portes al Departamento de Estado, Document File Note, Guatemala, 16 de febrero y 19, 21 y 23 marzo de 1938.

[216] NAW, WDC, SD, 812.00 Nazi 7 Hull a Daniels. Despacho Confidencial núm. 1945, 9 de marzo de 1938.

[217] NAW, WDC, SD, 812.00 Nazi 11, Malcolm Lindsay, Major general Staff AC of S 62, al Assistant Chief 62 War Department, Headquarters 8CA MID Texas, Fort Dam Houston, 21 de febrero de 1938.

obtuvieron de la preparación de movimientos fachistas en México".[218]

En ese artículo se hablaba de aeropuertos alemanes clandestinos en las selvas de Campeche y Chiapas, desde donde se le enviaban las armas a Cedillo y a Yocupicio por medio de espías nazis dotados de pasaportes falsos. Se aseguraba que Ernest von Merck era el agente político de Cedillo encargado de introducir el contrabando por barco desde el puerto guatemalteco de Puerto Barrios, y que este hombre contaba con el apoyo de un italiano de nombre Giuseppe Sotanis, vendedor de armas de la compañía Bredda, quien le permitía utilizar sus campos de aterrizaje en el norte de Río Hondo, en la frontera con Belice, y en la Tuxpeña y Esperanza en Campeche. También se mencionaba a otro agente nazi, Hans Holleuffer o Helbing, quien habría recibido los cargamentos en Campeche en diciembre de 1937 y pagado 15 000 dólares para sacarlos de los barcos, llevarlos por la selva y entregarlos a los fascistas mexicanos.[219]

En Sonora el contrabando de armas, según el artículo, estaba a cargo de José y Pablo Rebey, que eran amigos del gobernador Yocupicio. Éstos recibieron armas que habrían escondido en Ures, ciudad sonorense, el 16 de febrero de 1938. Relacionado con ellos estaba el agregado civil de la legación alemana, quien había servido en la Gestapo en Moscú y Bulgaria hasta junio de 1935 y el cual mantenía la relación entre Yocupicio y Cedillo, hecho que lo hacía viajar frecuentemente entre Sonora y San Luis Potosí. Agentes nazis radicados en Estados Unidos habían hecho llegar un cargamento de armas a Tampico en el vapor *Pánuco* el 30 de junio de 1937. Este contrabando llegó de Nueva York en el barco *Cuba Mail Steamship Company*, dirigido a la "Armería Estrada" y fue colocado en carros de ferrocarril con destino a San Luis Potosí. Otro cargamento fue enviado por el italiano Benito Estrado y remitido a ese estado en nombre de Von Merck.[220]

---

[218] AGNM, FLC, 559.1/53 11. Genaro Vázquez a Raúl Castellano, Secretario Particular de la Presidencia, México, 15 de abril de 1938.

[219] AGNM, FLC, 559.1/53 11. Parece que en esto estaban involucrados otros alemanes, cuyos nombres no se han esclarecido.

[220] *Id.*

Según esa misma fuente, a principios de octubre de 1937 el embajador Rudt von Collenberg se reunió con los embajadores japonés e italiano en la Unión Italiana de San Cosme, en donde tomaron la decisión de actuar a través de la Confederación de la Clase Media y de la Unión Nacionalista Mexicana. Se decidió que la señora Calero viajaría a Puebla para llevar mensajes de Escobar a José Trinidad Mata, del periódico *Avance;* a Ovidio Pedrero, presidente de la Acción Civica Nacionalista; al cónsul alemán de ese lugar, Carl Petersen, y al agente japonés L. Yu Zinrastra.

La campaña nazi, según lo anterior, era dirigida desde la Deutsche Völksgemeinschaft, situada en la calle de Uruguay 80, en el centro de la capital, por Herman Schwim. Este hombre se encargó de vigilar las operaciones en la costa occidental de Estados Unidos y de mantener contacto con Nicolás Rodríguez y Antonio Escobar.

Después de la expulsión del dorado y la proscripción de la ARM, Escobar organizó el Frente Fascista de la Confederación de la Clase Media, y delegó en Henry Allen, de los Camisas Plateadas, y Ramón Iturbe, la labor de recibir los cargamentos en Monterrey. Prueba de ello fueron los ataques de los dorados a Matamoros y a Reynosa, Tamaulipas.

La conspiración nazicedillista estaba también apoyada por Plutarco Elías Calles, el cual se reunió con Nicolás Rodríguez el 19 de febrero de 1938. Después de esa entrevista, el "Jefe Supremo" de la ARM se instaló en Mission, Texas, y se puso en contacto con Herman Schwim, quien le envió pasaportes falsos para que sus compañeros Mario Baldwin (que era de origen alemán) y Sánchez Yáñez viajaran a la ciudad de México. Allí ambos se instalaron en la calle de José Joaquín Herrera 31, departamento 1T, y recibían sus mensajes en la sastrería de Jesús Ávila, de Isabel la Católica 22. De acuerdo con un artículo de *La Prensa*, se había solicitado apoyo de Hitler para derrocar a Lázaro Cárdenas.

El Führer no había conseguido aún las concesiones de hierro, manganeso y petróleo en nuestro país, por lo cual se creía que el Tercer Reich estaría del lado de los conspiradores. En el artículo se afirmaba que los barcos japoneses *Minatu Mary*, *Minova Maru* y *Saro Maru* de la compañía Yamashito y Matsui de Guaymas, se dedicaban al transporte de municiones por el río Magdalena, apoyados por un sistema de radio clandestino de onda corta. El secretario de la legación alemana se reunía con aquéllos en Acapulco y a veces en Panamá, lugar en el que parece haber estado en marzo de 1938, pocos días antes de la expropiación petrolera.

KEN había conseguido toda la información de esta red de espionaje, y en México se trató de evitar su publicación a través del secretario de la Presidencia, pero el texto llegó a *El Nacional* y fue parcialmente editado por *La Prensa*.[221]

El artículo se titulaba "Fusibles secretos debajo de México", y de las personas y las organizaciones que en él aparecieron se empezó a corroborar la realidad. En ese momento era Carlos Walterio Steinman el dirigente de la Unión Nacionalista Mexicana, la cual se fundó después del exilio de Nicolás Rodríguez, como ya comentamos. Este hombre había sido su representante en Estados Unidos. Fue oficial del ejército mexicano entre los años de 1909 y 1924, había participado en la guerra cristera y se exilió del país en 1929, reapareciendo en San Luis Potosí en 1937. Casado con una nieta de Porfirio Díaz, Steinman en esa época sintió que el poder había pasado a sus manos; decía que los Camisas Doradas no podrían ya salvar a México y aseguraba que en el país se crearía un Estado soviético a través de la CTM.

Steinman afirmaba que cuando los Dorados habían pedido ayuda a los petroleros estadunidenses, éstos se negaron a hacerlo; por ello decía que la Unión Nacionalista no esperaba contar con ellos. En esos momentos tenía una fuerza de 60 000 militantes asociados a la Confederación de la Clase Media, al Movimiento Juvenil Nacionalista, los Camisas Doradas, la

---

[221] AGNM, FLC, 551-14. Raúl Noriega a Cárdenas, México, 27 de abril de 1938. *La Prensa* publicó una síntesis el 16 de mayo de 1938. Véase Despacho de la Embajada Norteamericana al Secretario de Estado, México, 31 de mayo de 1938, NAW, WDC, SD, 812.00-30518 y 30575. Allí aparece la solicitud del Departamento del Trabajo de Estados Unidos, solicitando la deportación de Nicolás Rodríguez de Brownsville, William Citron a James L. Houghtaling, U. S. Congress, Washington, 23 de mayo de 1938. También el Partido Comunista Estadunidense solicitó a Roosevelt que impidiera la acción subversiva de Nicolás Rodríguez contra Cárdenas, PCUSA a Roosevelt, Houston, Texas, 27 de mayo de 1938. Véase, además, 812.00 Revolutions 315.

Anarco de León, el Frente Blanco y la Unión de Veteranos de la Revolución, de la que era líder Antonio Escobar. Steinman aseguraba que él y todas esas organizaciones serían la punta de lanza de la verdadera Revolución en México.[222]

A pesar de ello la ARM y su jefe seguían pensando en que ellos serían la fuerza decisiva para el derrocamiento de Cárdenas. En Tamaulipas la Liga de Comunidades Agrarias descubrió un folleto en el que decía: "Cárdenas causa la ruina de México", el cual le fue enviado de inmediato al presidente. En él se calificaba al primer mandatario de traidor y se le acusaba de provocar una intervención extranjera en México.[223]

Después de este manifiesto, Cárdenas ordenó a Cedillo que se hiciera cargo de la zona militar de Michoacán, a lo que el cacique se negó pretextando una enfermedad. "En la ceremonia del 28 de abril de 1938, día del soldado, el mandatario acusó públicamente a las compañías petroleras de estar fomentando la subversión, cargo que éstas negaron tanto en público como en privado, a pesar de que los petroleros parecían estar al tanto de la naturaleza de la rebelión de Cedillo cuando por fin estalló."[224]

Por ello, en mayo de ese año el gobierno trasladó a 5 000 soldados a la zona de Tamaulipas para evitar que el rebelde recibiera apoyo de los partidarios de Portes Gil. Así aislado, Cedillo trató de ganar tiempo y envió a Ernest von Merck a entrevistarse con los representantes diplomáticos estadunidenses y con Nicolás Rodríguez, líder de los Camisas Doradas, para negociar un préstamo y apoyo de las compañías petroleras, haciéndoles promesas de que si vencía el movimiento, ellos recuperarían sus empresas.

Los funcionarios de la embajada de Estados Unidos conocían al barón Von Merck y sabían que éste había estado en contacto con el cónsul Boal, el cual le había asegurado que lo único que deseaba era ponerlo en conocimiento del asedio

---

[222] NAW, WDC, SD, 812.00 Revolutions 264, Blocker al Secretario de Estado, México, 16 de abril de 1938.

[223] AGNM, FLC, 404.1/2940. Documento del 1º de abril de 1938 de Laredo, Tamaulipas, enviado por Josefina García a Marte R. Gómez desde Ciudad Victoria, Tamaulipas. AGNM, FLC, 559.1-53. Manifiesto de la ARM en el que acusa a Cárdenas de fascista, comunista y corrupto.

[224] R. Falcón, *Revolución y caciquismo...*, *op. cit.*, p. 264.

que a través de los años había sufrido Cedillo por parte del gobierno y del ejército mexicano. Aseguraba que siempre se manipularon las cosas en San Luis Potosí en detrimento del general. Y que era importante saber de la actividad del diputado Arellano Belloc, del senador Gonzalo Santos y de Rafael Cerda para intimidar a posibles aliados del potosino. Finalmente Von Merck le presentó a Boal una carta del Comité Nacional de Orientación al Ciudadano Mexicano y al Residente Extranjero, en la que se acusaba a Lázaro Cárdenas por un desfalco de 100 millones de pesos de la hacienda nacional, y denunciaba sus medidas socializantes que eran un peligro para el país e impedirían hacer el pago a las compañías petroleras.[225]

El hecho de que Ernest von Merck hubiera sido recibido en la embajada era muy significativo, ya que quizá se consideraba que era un elemento muy importante en la rebelión cedillista.

Además, el piloto Clavenger informó al Departamento de Estado de sus actividades "ilícitas", ya que en realidad su objetivo había sido el de apoyar la que consideraba como campaña presidencial del general Cedillo, e insistía en que éste realmente no deseaba rebelarse, que solamente lo haría si se veía forzado por Cárdenas, pero que tenía el apoyo de Almazán, Yocupicio y otros dirigentes del ejército. Clavenger comentó que Cedillo esperaba otros levantamientos en su apoyo en Chihuahua, Chiapas, Jalisco, Sonora y Yucatán, porque 75% de los militares estaban inconformes con Cárdenas.[226]

Los estadunidenses siguieron reuniendo material sobre el apoyo de los nazis a Cedillo. En ese mes el agregado Freehoff informó de la introducción de 1 500 ametralladoras, varios miles de rifles y un millón y medio de municiones de ametralladora por el puerto de Veracruz.[227]

Al inicio del mes de mayo, Cedillo había concedido una entrevista al periódico *Minneapolis Tribune*, en la que se empeñó en aparecer como una persona pacífica que se encontraba ame-

[225] NAW, WDC, SD, Anexo 18 al despacho 6614, Boal al Departamento de Estado, México, 3 de mayo de 1938.

[226] NAW, WDC, SD, 812.00 Revolutions 284. Conversación entre Cloyd Clavenger y Gibson, Memorándum, Departamento de Estado, Washington, 13 de mayo de 1938.

[227] NAW, WDC, SD, 8448 62 R MID 2025 259-651 Freehoff, México, 18 de mayo de 1938.

nazada por el gobierno. Según él, en éste se estaba sacrificando a la mayoría en aras de una minoría que apoyaba los proyectos cardenistas.[228]

Cárdenas, que trataba de detener el levantamiento, todavía recibió informes de que su antiguo amigo tenía aviones con pilotos estadunidenses y una buena provisión de bombas.[229]

El 15 de mayo de 1938 el Congreso del estado de San Luis Potosí lanzó un decreto que desconocía al gobierno federal y manifestaba que el régimen cardenista "tiene sumido al pueblo en la más espantosa de las miserias" y que lo iba conduciendo al comunismo, atentando en contra de la nacionalidad, la cual era víctima de la influencia judía, misma que "como no tiene territorialidad, no reconoce Patria". Además se acusaba al presidente de malos manejos en la agricultura, en la industria y sobre todo en la cuestión petrolera.

El decreto nombraba a Saturnino Cedillo como jefe del Ejército Constitucionalista Mexicano "que dirigirá el movimiento legalista" y estaba firmado por Mateo Hernández Netro, gobernador de San Luis Potosí; J. Pilar García, diputado y presidente del Congreso local, y otros miembros de la legislatura.

Los titulares de algunos diarios del 19 de mayo de 1938 anunciaron el fracaso de la rebelión.[230] La inteligencia militar estadunidense siguió con detalle la huida de Cedillo. La Secretaría de la Defensa Nacional envió 10 aviones militares a la hacienda Las Palomas ese día 19. Los apoyos con los que parecía contar el revoltoso nunca llegaron.[231]

El general Manuel Ávila Camacho todavía encontró en Las Palomas un último manifiesto, en el cual aseguraba Cedillo que Cárdenas era la copia de Stalin. En él decía así: "No conozco a ninguno de los empresarios de las compañías petroleras, ni tampoco tengo ligas con el fachismo, pues lucho y lucharé hasta el fin en contra del carácter comunista que Cárdenas

---

[228] AGNM, FLC, 432.2-253-8. Entrevista a Saturnino Cedillo por S. L. A. Marshall, *The Minneapolis Tribune*.

[229] AGNM, FLC, 559.1/53. Ernesto Morales a Cárdenas, San Luis Potosí, 11 de mayo de 1938. Son varios comunicados de campesinos al presidente Cárdenas:

[230] *Excélsior*, 19 de mayo de 1938.

[231] NAW, WDC, SD, 812.00 Revolutions 288 y 282, Montgomery al Secretario de Estado, San Luis Potosí, 19 de mayo de 1938.

pretende implantar en todas las dotaciones ejidales del país.
[...] Constitución, Justicia y Ley".[232]

En los días que siguieron al intento de rebelión, el cacique
perdió las esperanzas de lograr un apoyo masivo a su propósito. Desde una estación de radio clandestina, Montebello,
enviaba mensajes desesperados para incitar al pueblo a la revuelta. Todos aseguraban que antes de rendirse mejor se pegarían un tiro.[233]

Sus hombres fueron capturados y desarmados; algunos se
entregaron solos. Sus campos de aterrizaje, que fueron desmantelados, se encontraban en El Rusio, El Salto y Villela;
se requisaron sus armas, que en su mayoría eran alemanas.
Como vimos, el piloto Clavenger fue detenido en Estados Unidos e interrogado, y Ernest von Merck huyó hacia Mission,
Texas.[234]

En ese lugar Nicolás Rodríguez recibió al alemán y le dio
cobijo, al igual que a las hermanas de Saturnino Cedillo, como
se comentó en *The McAllen Monitor*. El dorado no concluyó
con su actividad sediciosa contra Cárdenas, y parece que sus
aliados tampoco. Más que los petroleros, los alemanes estaban decididos a extender sus ideas y su propaganda por todo
el continente americano.

Cedillo fue visto por una persona en junio de 1938 en los
límites entre San Luis Potosí y Nuevo León. Pero el ejército empezó a perseguirlo sin tregua al igual que a su tropa. De acuerdo
con el testimonio del cónsul de Estados Unidos, Montgomery,
su hermana Higinia trató de hacer gestiones para conseguir
en Estados Unidos un salvoconducto para él. Por otro lado, el
oficial mayor de la Secretaría de Relaciones Exteriores informaba a sus superiores que los cedillistas Jesús María y José
María Cano habían alquilado una casa en Farr, Texas, no lejos
de Mission, en la cual había vivido Nicolás Rodríguez. Quizá
la esperanza de Saturnino Cedillo era poder llegar hasta ahí y

---

[232] AGNM, FLC, 559.1-53-7. Saturnino Cedillo, Comandante en Jefe del Ejército
Constitucional Mexicano, San Luis Potosí, 1° de mayo de 1938.
[233] *Excélsior*, 28 de mayo de 1938.
[234] *Excélsior*, 23 al 30 de mayo de 1938. NAW, WDC, SD, 812.00 Revolutions
317 342, 328, 34, 353, 321, 371. Tanis al Secretario de Estado, México, 27 de
mayo de 1938.

así huir de sus perseguidores. El 30 de mayo, sin embargo, el presidente declaró liquidada la rebelión.[235]

La derrota de Cedillo fue para muchos de irritación y de enojo, porque el jefe fue abandonado por sus partidarios. La mayoría de los dirigentes fueron apresados por el ejército durante los primeros días después de la revuelta. Román Yocupicio y Juan Andrew Almazán se declararon entonces fieles a Cárdenas, y Francisco Carrera Torres fue enviado a la zona militar de Oaxaca. El ejército evitó la relación entre ellos y que entraran refuerzos del exterior. Un hermano de Nicolás Rodríguez, Joaquín, fue capturado con una carta dirigida a Román Yocupicio, en la que le pedía una explicación de por qué no se había unido a la rebelión como lo había prometido.[236]

La prensa estadunidense difundió una versión optimista de la campaña de Cedillo. Los primeros días de enero, un diario de San Antonio, Texas, publicó un manifiesto del ex general en el que afirmaba haberse recuperado de sus enfermedades y estar dispuesto a luchar en contra del gobierno comunista de Cárdenas. Pero los periódicos no sabían la verdad, ya que Cedillo fue atrapado en la Sierra de las Ventanas, cerca de Durango, y murió en combate el 11 de enero de 1939.[237]

Estamos de acuerdo con Raquel Sosa Elizaga en que

La revuelta de Cedillo, más que la última gesta de un caudillo tradicional, fue [...] una llamada de atención a un gobierno que no admitía espacios vacíos en su perspectiva hegemónica. El reclamo anticomunista, antitotalitario y antiejidal de Cedillo se repitió después en muchos sectores y fuerzas. [...]

Al derrotar a Cedillo, Cárdenas no acabó con caudillos ni caciques, pero los obligó a disfrazar su acción en el discurso oficial, a mimetizarse hasta tal punto que les permitiera alterar objetivos y métodos gubernamentales sin ser considerados amenazas a la seguridad colectiva. Por su parte, la lucha de la disidencia por obte-

---

[235] *Excélsior*, 24, 25, 26, 28 y 31 de mayo de 1938. NAW, WDC, SD, 812.00 Revolutions 331 Boal al Secretario de Estado, 26 de mayo de 1938.

[236] NAW, WDC, SD, 812.00 Revolutions 443, Wilson al Secretario de Estado, Piedras Negras, Coahuila, 11 de agosto de 1938. AGNM, FLC, 559.1-53-3. Procurador general de la República a Cárdenas, México, 25 de octubre de 1938.

[237] AGNM, FLC, 559.1/53-3. José Nieto a Cárdenas, San Luis Potosí, 18 de enero de 1939. *Excélsior*, 18 de enero de 1938.

ner el mayor apoyo a sus iniciativas quedó estigmatizada como desnacionalizadora y desestabilizante.[238]

A pesar de su apoyo a las organizaciones de derecha, éstas no pudieron darle toda la ayuda que él esperaba; en el caso de la ARM, parece que los Dorados no pudieron intervenir porque les cerraron la frontera y estuvieron permanentemente vigilados tanto por la policía estadunidense como por la mexicana. Pero el hecho de que tanto Von Merck como las hermanas de Cedillo hayan encontrado asilo en Mission da cuenta clara del apoyo que Nicolás Rodríguez le estaba brindando a la rebelión.

Por otro lado, queda la interrogante del papel que Cedillo estaba desempeñando para los alemanes, sobre todo para la Organización para el Extranjero o quizá para el cuerpo de inteligencia de Goebbels o la Abwehr. Fue éste, quizá, un instrumento de la política del Tercer Reich utilizado a su antojo sin que en realidad se percatara de que no tenía posibilidades de triunfo. No cabe la menor duda que los Dorados siguieron actuando en contra del régimen, pero como ya vimos, fueron también utilizados por la política alemana, la que dejó de ayudarlos cuando se desató la segunda Guerra Mundial.[239]

VINCULACIÓN CON OTROS GRUPOS PARAMILITARES DE ENCAMISADOS

Los Camisas Plateadas en Estados Unidos

Desde que Adolfo Hitler asumió el poder en Alemania, su idea de la culpabilidad de Estados Unidos en la derrota alemana en la primera Guerra Mundial se vio acrecentada.

---

[238] Raquel Sosa Elizaga, *Los códigos ocultos del cardenismo*, México, Universidad Nacional Autónoma de México, 1996, p. 238.

[239] Versiones un poco diferentes las encontramos en C. Martínez Assad, *Los rebeldes vencidos...*, *op. cit.*, y en la obra de Von Metz *et al.*, *Los empresarios alemanes, el Tercer Reich y la oposición de la derecha a Cárdenas*, 2 vols., México, Centro de Investigaciones y Estudios Superiores en Antropología Social, 1988. La rebelión cedillista aún hoy en día tiene muchas más facetas que habría que descubrir.

Para el Führer, el ex presidente Woodrow Wilson había sido quien presionó a su país para firmar el Tratado de Versalles en 1919. Según él, ésa era la razón principal del porqué Alemania había quedado indefensa, al grado de ser fácilmente conquistada por un lado por el judaísmo bolchevique y, por el otro, por el capitalismo financiero judío. De ahí que considerara básico devolver el honor a su patria. Fue así como el odio de Alemania hacia Estados Unidos se fue acumulando en los años posteriores a la primera Guerra Mundial.

La poca confianza en los estadunidenses y el odio hacia Wilson fueron minando la frágil ideología democrática de la República de Weimar y de la Primera República de Austria. En 1933 el embajador estadunidense en Alemania se percató de que los nazis no habían olvidado esa afrenta y que constantemente repetían la frase: "Wilson nos venció, el traidor de Wilson".[240]

Quizá el presidente Wilson en esos años no pudo percibir los problemas que vendrían aparejados a la firma del Tratado de Versalles sin embargo, su actuación fue congruente con su pensamiento. El grupo que más insistió en la culpabilidad estadunidense fue el de la derecha nacionalista. Hubo en esos momentos diferentes opiniones al respecto, como la de Alfred Kerr, quien decía que esos nacionalistas en realidad eran unos estafadores y una amenaza a la verdadera democracia.[241]

La derecha alemana concebía la ideología del estadunidense como totalmente opuesta al germanismo, el *Deutschtum*, ya que esa democracia, según ella, había atentado contra el honor militar, había sacrificado el orden en aras de la licencia pública y descartado el espiritualismo en su afán por lograr el materialismo. Denunciaba al estadunidense por haber minado la pureza racial y por tratar de lograr el famoso *melting pot*, donde todas las razas se mezclarían. Argumentaba que la ideología alemana debía, antes que nada, condecorar el heroísmo

[240] Robert E. Hertzstein, *Roosevelt and Hitler, Prelude to War*, Nueva York, John Wiley and Sons, 1994, p. 13, y William E. Dodd y Martha Dodd (eds.), *Ambassador Dodd's Diary*, Nueva York, Harcour Brace and Co., 1941, pp. 219 y 283.

[241] M. J. Bonn, *The American Experiment*, Londres, G. Allen and Unwin, 1933, pp. 229-300. *Apud*. R. Hertzstein, *Roosevelt and Hitler...*, p. 14.

de los soldados y su valor al luchar en contra de Estados Unidos y el dinero judío.

Para esos antisemitas alemanes, el país norteamericano representaba al judaísmo, el cual, según ellos, se había apoderado de las finanzas y de la mente del pueblo. Se sentían sacrificados y por ello odiaban a todo aquel que había apoyado a Wilson, y no al káiser. Los consideraban unos desarraigados sin educación, sin liderazgo y capaces de vender a cualquiera.

En la década de los años veinte, los alemanes fueron influenciados por la labor que en Estados Unidos desarrollaba Henry Ford. Éste simbolizaba para ellos el espíritu de lo que podría lograr un "yanqui ingenuo". Sus ideas conservadoras, casi reaccionarias, lo convirtieron en un ídolo para los nacionalistas de derecha, mientras que los liberales lo veían solamente como un industrial que pagaba buenos salarios y que había estimulado la demanda y aumentado el nivel de vida de las diversas clases sociales. Por ello, en 1923 se vendieron en Alemania muchos libros de su autobiografía y también de su libro *El judío internacional*. Llegó a tal grado la admiración que despertó este hombre, que algunos alemanes viajaron a Estados Unidos para conocer su industria y su forma de trabajo.

El antisemitismo más grave de los años veinte en Estados Unidos lo causaron Henry Ford y su periódico *Dearborn Independent*, en el cual publicó una larga lista de artículos antisemitas, así como *Los protocolos de los Sabios de Sión*, panfleto que ya se ha mencionado anteriormente. Sin embargo, para 1927 Ford se arrepintió y pidió una disculpa a los judíos estadunidenses, aunque la literatura que distribuyó sirvió de base para el antisemitismo que se desarrolló en la década de los años treinta.

Surgió entonces una serie de pensadores que estudiaron la idiosincrasia de los habitantes de Estados Unidos, entre ellos el teólogo Ernest Troeltsch, quien predijo que el capitalismo estadunidense sería el que algún día dirigiría al mundo.[242] Otro autor muy importante para que los alemanes pudieran

---

[242] Hertzstein, *Roosevelt...*, *op. cit.*, p. 16. Véase, además, Earl R. Beck, *Germany Rediscovers America*, Tallahassee, Fl., State University Press, 1968, pp. 187 y 220.

entender a los estadunidenses fue Edgar Ansel Mawrer, que publicó en 1928 *This American World*, que fue traducido al alemán con el nombre de *Amerika: Vorbid und Warnung*. En éste, Mawrer definía el norteamericanismo como el triunfo del hombre común, el que vivía en un mundo con problemas, definido por los puritanos como represivo, prohibido, con cultos religiosos atrasados y un optimismo totalmente infantil. Imperialista e intolerante, ese norteamericano algún día acabaría con las grandes elites europeas. Por ello muchos alemanes consideraban al autor un Jeremías que les estaba advirtiendo del peligro que correrían en un lapso breve.[243]

El historiador Oswald Spengler y su libro *The Decline of the West* fueron otra influencia importante para los alemanes. En él se encontraban, según los nacionalistas conservadores, todas las respuestas a la catástrofe sufrida. Spengler argumentaba que Estados Unidos era el culpable de las condiciones en las que vivían los germanos y que ese país "era el más repugnante de los enemigos".[244]

Este autor aseguraba que Estados Unidos no podría absorber a todos los inmigrantes que llegaban a sus costas, y que eso mismo lo llevaría a su total destrucción. Decía que el contrabando, la corrupción y el alcoholismo, que tenían su centro de operaciones en la ciudad de Chicago, eran la muestra contundente de quienes dirigían al país. Sin embargo, Spengler se contradecía, ya que constantemente agregaba que ese país era la más fuerte amenaza para Europa.

Por su prestigio y sus prejuicios se convirtió en el autor más leído, y sus ideas influyeron mucho en la forma como entendieron los alemanes a los estadunidenses. De ahí su temor hacia éstos y la necesidad de buscar fórmulas para luchar en su contra.

[243] Edgar A. Mawrer, *Amerika: Vorbid und Warnung*, Berlín, E. Rowoholt Verlag, 1928, pp. 132 y *ss. Apud*. R. Hertzstein, *Roosevelt...*, *op. cit.*, p. 16. Véase, además, David Wyman, *The World Reacts to the Holocaust*, Baltimore, The Johns Hopkins University Press, 1996, pp. 693-695.

[244] Oswald Spengler, *The Spengler Letters 1913-1936*, Londres, Allen and Unwin, 1966, pp. 28 y 233. Spengler (1880-1936) fue uno de los abogados más decididos de la dictadura. Analizaba el carácter alemán y su naturaleza, su necesidad de servir y obedecer, de seguir y de venerar, de creer ciegamente en alguien; de ahí la necesidad de un gobierno que recibe el nombre de cesarismo, es decir, basado en el poder personal de un hombre.

Durante los últimos años de la República de Weimar, la economía mundial empezó a perder equilibrio y se encaminó a una fuerte crisis. También en Estados Unidos la situación obligó al gobierno a abrir lugares para alimentar a los indigentes y a buscar una solución para los desempleados. El milagro de Henry Ford terminó con una gran pobreza en cientos de familias; el mismo empresario había estado al borde de la bancarrota.

La mala situación económica terminó con la diferencia de clases, y en todos los países europeos, como ya comentamos, la falta de empleo cortó la esperanza de mejoría en la situación diaria de las familias.

Para 1933 el antinorteamericanismo alemán se había reforzado entre el común de la población, convirtiéndose en parte fundamental de su ideología. Tenía bases racistas y su vocero fue el nacionalsocialismo. Para los alemanes ellos empezaban a renovarse, mientras que Estados Unidos se encontraba en plena decadencia.

En esos años Hitler leyó el libro de Henry Ford y también supo de la labor del Ku-Klux-Klan, grupo que realizaba, según él, un trabajo importante al exterminar a cualquiera que no fuera de raza blanca. Decía que admiraba a los estadunidenses porque habían logrado acabar con todos los indígenas y con ello demostraban que aceptaban la teoría de Darwin, la cual combatía la mezcla racial y cultural. El Ku-Klux-Klan se declaraba anticatólico, antijudío y antiinmigrante, así como antinegro, y tenía su mayor fuerza sobre todo en los estados del norte de Estados Unidos. Este grupo ponía menos atención en los judíos y no actuaba en los lugares en donde éstos eran mayoría.[245] El Führer insistía en esos tiempos en que la gran amenaza era el comunismo y que tarde o temprano muchas naciones iban a apoyar esa ideología, y que por esa razón le declararían la guerra a Alemania. Al llegar ese momento él se tendría que enfrentar a Estados Unidos.

---

[245] Ernst Honfstangl, *Hitler, the Missing Years*, London, Eyre and Spottiswoode, 1957, p. 51. National Archives Records of Alien Property (NARA), Collection of Foreign Records, RG238, 1941. Conversación con Ribbentrop en Nuremberg, 31 de agosto y 5 de octubre de 1945. Véase además, David Wyman, *The World Reacts to...*, *op. cit.*, pp. 696-697.

Para Hitler y sus seguidores empezó a cobrar una importancia capital la potencialidad de la propaganda, y consideraron que dentro de ese campo la psicología era un arma poderosa de lucha. Un libro básico para entender lo anterior y que significó un gran apoyo para el Führer fue *Space and Nation in the World War: Thoughts on a National Military Doctrine*, de Ewald Bonse.[246]

Este autor reforzaba la idea de Hitler de que Estados Unidos se había convertido en una gran potencia gracias a su estrategia, que por ella habían obligado a Alemania a rendirse y, además, que se habían aprovechado de los problemas europeos para aumentar su poder y su riqueza.

Otra lectura que hizo Hitler fue la de Rechenberg, *La América de Roosevelt: un peligro*, que se publicó en 1937. Se impresionó a tal grado con el libro que obligó a sus ministros a que lo leyeran y aprendieran de lo que ahí decía su autor. Rechenberg había sido el director de la oficina de comercio exterior del Reich, con sede en Hamburgo; después había viajado a Estados Unidos y posteriormente se convirtió en el director de la propaganda nazi en ese país, con sede en la ciudad de San Francisco. Cuando Hitler subió al poder este hombre volvió a Alemania.

En su libro, Rechenberg argumentaba que los judíos se habían apoderado de Estados Unidos, ya que Roosevelt también era de ese origen. Éste era el Alexander Kerensky estadunidense, y estaba preparando el camino a los bolcheviques judíos para lograr el dominio de todo el norte del continente. Además, este presidente representaba otro peligro porque intentaba conformar un pueblo con diferentes razas, el cual en un futuro podría apoderarse de todo el mundo.[247]

Sin embargo, parece que el experto más reconocido en el conocimiento de Norteamérica fue Colin Ross, autor de varios libros y viajero incansable. Nacido en Viena en 1885, de padre escocés y madre austriaca, fue educado en un colegio alemán, y posteriormente hizo un doctorado en filosofía. Durante la

[246] Ewald Bonse, *Raum und Völk im Veltkriege*, Oldenburg, O. G. Stalling, 1932, pp. 337-349. *Apud*. R. Hertzstein, *Roosevelt...*, *op. cit.*, p. 22.
[247] *Pelley's Weekly, The Expression of a Leadership*, Asheville, Carolina del Norte, 8 de julio de 1936.

primera Guerra Mundial vivió en la ciudad de Chicago, y parece que ya desde esa época hacía espionaje para Alemania.

Después de la guerra militó en algunos grupos de izquierda y se inició en el periodismo, su actividad principal, ya que su gran afición por viajar lo impulsó a escribir reportajes de turismo. Poco tiempo después abandonó sus primeras tendencias ideológicas para surgir como un fanático nazi. Al tratar de explicar la sociedad de Estados Unidos, decía que en los primeros años de la Confederación el grupo de ingleses fue considerado como la clase poderosa y dominante, pero esto cambió al darse la mezcla de razas que desembocó en el desastre de 1929. Esa tremenda depresión había dado paso al surgimiento de demandas de ciertas minorías en el país, lo que debilitó el poder de los anglosajones y permitió que otro grupo, el de los alemanes, tomara el poder. Esta situación la expuso Ross en 1936 en su libro *Nuestra América: el papel de los alemanes en los Estados Unidos*.[248]

La ilusión germana de una Norteamérica unida no murió a pesar de que Alemania fue vencida. Por ello Ross insistía en su obra en que los alemanes que vivían en Norteamérica tenían un gran potencial y una misión que cumplir, la cual sin ningún problema podrían llevar a cabo: ser los dirigentes de esa nación, guiados desde Berlín. Entonces la revista *National Socialist Monthly* empezó a urgir a sus suscriptores a que leyeran ese libro y lo analizaran. Los líderes nazis estaban seguros de que esas personas eran fundamentales para llevar a cabo sus ideas, y estaban decididos a utilizarlas.

Según Ross, la democracia estadunidense había muerto y Estados Unidos debía ser salvado por los alemanes, porque era "su Norteamérica". Al analizar el *New Deal*, decía que el presidente estaba atentando contra el orden social y que ello llevaría al país a una disolución que sólo podría ser evitada mediante la imposición del fascismo. Ross, como viajero, siguió visitando Estados Unidos y se convirtió de esa manera en uno de los agentes nazis más importantes.

---

[248] Arthur L. Smith, *The Deutschtum of Nazi Germany and the United States*, La Haya, M. Nijhoff, 1965, pp. 52-53. Ross también escribió en 1941 un libro en alemán sobre el fenómeno judío en Estados Unidos.

Se dedicó a dar conferencias a grupos pronazis, por ejemplo en la ciudad de Nueva York, donde en una de sus pláticas comentó: "Nortemérica está ahora controlada por algunas personas ricas. En Alemania en cambio el pueblo es el que tiene el control [...] los alemanes norteamericanos deben mantenerse unidos bajo los ideales de Alemania y educar a los estadunidenses bajo esos principios".[249]

Ross argumentaba que eran los judíos los que estaban convenciendo al pueblo estadunidense de que Alemania se hallaba convertida en un gran campo de concentración, pero que esto no era real y que estaban utilizando ese argumento para conseguir el poder mundial.

La revista *Fortune* consideraba que Ross era la máxima autoridad nazi en el país. Para este hombre, sin embargo, lo más importante era la opinión que Hitler tuviera de su persona; ésa fue su preocupación inicial, aunque luego no le volvió a dar la menor importancia.

Otra de las autoridades más destacadas en el conocimiento de la idiosincrasia norteamericana fue Frederick Schonemann, profesor de la Universidad de Berlín, quien mantenía estrechas relaciones con Estados Unidos y su importancia provenía de su acceso a estudiantes y maestros en las diferentes universidades.

Al terminar sus estudios en Berlín y Marburg, en 1911, tuvo la oportunidad de viajar a Estados Unidos como profesor invitado de la Universidad de Harvard; fue ahí donde empezó a sentir la animadversión en contra de los alemanes, al estar en contacto con quienes iban a luchar a Europa.

Volvió después de la guerra a Alemania, como profesor en la Universidad de Munster y luego en la de Berlín. Allí se percató de que el ascenso de Hitler al poder podría acarrear nuevos enfrentamientos con Estados Unidos. Por ello decidió comentar sus experiencias y subrayar la imagen que en el país se tenía del Führer: "Un loco rodeado por carniceros".

En 1934 publicó *Norteamérica y el nacionalsocialismo*, libro en el que desaprobaba el boicot declarado en contra de los

[249] Véase F. W. Winterbotham, *The Nazi Connection*, Nueva York, Harper and Row, 1978, y Howard Blum, *Wanted, The Search for Nazis in America*, Nueva York, The New York Times Book, 1977.

productos alemanes. Decía que los estadunidenses estaban en contra de su patria, y aconsejaba a Hitler que fueran los alemanes estadunidenses los que se dirigieran a los de su mismo origen, porque se debía ante todo cuidar la forma; para tener el éxito deseado no eran precisamente los nazis los que deberían de hacer allí la propaganda.

Hacia 1936 fue enviado a Estados Unidos como agente secreto. Roosevelt estaba haciendo su campaña para la reelección y Schonemann acompañó al presidente en su gira por Nebraska, haciéndose pasar por periodista extranjero. Entonces escribió sobre el peligro para Alemania, pues creía que Roosevelt iba en camino de convertirse en otro Wilson.

Su artículo sorprendió mucho en Europa, porque hasta entonces no se había considerado al presidente de Estados Unidos como una amenaza. Algunos pensaban que Schonemann exageraba, pero otros reconocieron que Roosevelt tenía a muchos judíos dentro de su gabinete y que eso sí podría significar un problema.[250]

En ese entonces se empezó a utilizar la palabra *Judenland* o *Jew Country* al referirse a Estados Unidos y a considerar el peligro que este país significaba, porque —se decía— se estaba socializando al grado de aceptar las teorías comunistas. Para 1937 este profesor estaba dando clases en la Universidad de Nebraska y permaneció ahí hasta el inicio de la segunda Guerra Mundial, cuando regresó a Alemania convencido de que Roosevelt realmente era una amenaza para el Reich. Hitler ya no lo escuchó en esos tiempos, ocupado como estaba en lograr todo lo que se había propuesto.

Los alemanes estaban decididos a inculcar en su pueblo una idea equivocada de lo que eran los estadunidenses. Líderes importantes como Joseph Goebbels, Robert Levy y Julius Streicher se encargaron de pintar a la sociedad norteamericana como la más corrupta del mundo, manejada por los judíos, y cuyos ideales serían una amenaza tanto política como espiritual para la Alemania nazi.

Por otro lado, estaban pendientes de cualquier información que pudieran obtener de Norteamérica. En 1933 Hjalmar H. G.

---

[250] Morton John Blum, *Roosevelt and Morgenthau*, Nueva York, Hougton Mifflin Company Senry Edition, 1970, pp. 240 y *ss.*

Schacht, presidente del Reich Bank, le reportó al gobierno alemán sobre su visita a Estados Unidos. En ella tuvo una entrevista con el presidente Roosevelt, en la que éste le comentó que había que cuidarse de Hitler porque estaba persiguiendo mucho a los judíos, y que si esto continuaba iba a tener fricciones con él. Además, el rearme alemán estaba causando una impresión muy negativa en ese país.[251]

Tanto Schacht como cualquier diplomático que pasaba informes al Reich decían que la opinión pública estadunidense estaba manipulada por los judíos, y que en Estados Unidos se encontraba la "propaganda judía más importante del mundo".[252]

El Ministerio del Exterior alemán estableció entonces un servicio secreto de inteligencia en la ciudad de Hamburgo. Obtenía su información de aquellas personas que trabajaban como agentes de las compañías de navegación, los cuales también escribían artículos acerca de las industrias estadunidenses. Agentes que laboraban para la compañía naviera Hapag Lloyd, por ejemplo, reportaban en 1934 que el boicot desatado en contra de los productos alemanes estaba ganando adeptos también entre los no judíos en Estados Unidos, y agregaban que la prensa y la radio se estaban sumando a dicho boicot. Uno de los informantes señalaba un artículo titulado: "Hitlerism Invades America" para demostrar el sentimiento antigermánico que prevalecía en el país.[253]

El Servicio Académico de Intercambio Alemán (DAAD) era otra fuente importante de información para el Reich. El tono de sus informes normalmente se caracterizaba por ser muy alarmista. Por ejemplo, al referirse a la Universidad de Cincinnati decía que el rector había prevenido a esa institución para que no admitiera a ningún estudiante que antes de salir

---

[251] Schacht to Foreign Ministry, DGFP, C, vol. 1, pp. 390-393 y 423-424, 6 y 15 de mayo de 1933. *Apud.* R. Hertzstein, *Roosevelt...*, *op. cit.*, p. 32.

[252] *Ibid.*, Memorándum de un oficial del Departamento III, 20 de diciembre de 1937, DGFP, C, vol. 2, pp. 252-255. NARA, Collection of Foreign Records Seized, RG242, y t 81, C, DeWitt C. Poole Mission Interrogation Reports M 679, especialmente los interrogatorios a Ernst Wilhelm Bohle, Hans Brochers, Hans Heinrich Dieckhoff y Joachim von Ribbentrop.

[253] Véase David Kahn, *Hitlers's Spies, German Military Intelligence in World War II*, cap. 2: "The Finders", Nueva York, Colliers Books, Macmillan, 1985, pp. 67 y ss.

de Alemania hubiese jurado lealtad a Hitler, ni aceptaría a ningún conferencista que quisiera hablar sobre ese tema. Esos reportes eran enviados a la Liga de Estudiantes Alemanes Nacionalsocialistas y de ahí pasaba al Ministerio del Exterior.

Existía además otra Liga de Estudiantes que se encargaba de distribuir la propaganda y los diversos boletines en todas las universidades estadunidenses, y alertaba a sus compañeros contra cualquier agitación comunista, ya que según ella los campus universitarios estaban llenos de personas afiliadas a esa ideología.

Joseph Goebbels se propuso entonces hacer una gran campaña de desprestigio en contra de Estados Unidos, y para ello utilizó la radio. A través de ella se encargó de llamar la atención acerca de la mezcla de razas en ese país, diciendo que estaba produciendo un ser mongoloide, lo cual significaba una gran amenaza para toda la humanidad, pues este producto acabaría por ser más numeroso que aquellos de la raza blanca. En realidad tanto Goebbels como Hitler estaban preparando al pueblo alemán para llevar a cabo una lucha tanto ideológica como militar en contra de Estados Unidos.[254]

Para finales de la década de los años treinta, el control de los medios de comunicación que tenían los nazis les sirvió para insistir en que los judíos eran la fuente de todo mal y se habían convertido en los dominadores de Norteamérica. Fue entonces cuando el historiador Werner Sombart dijo que el "norteamericanismo no es más que [...] el espíritu judío destilado".[255]

Gran parte del material antisemita también llegaba a través del Instituto para el Estudio de la Cuestión Judía, que tenía sus oficinas en la ciudad de Francfort, en Alemania. Éste publicaba el boletín *National Socialist Correspondence*, que ofrecía material sobre muchos temas antijudíos.

Había otra Asociación General Anticomunista, con sede en Berlín, sostenida con fondos privados y dedicada a hacer recortes de los diarios, reseñas de libros y traducciones de perió-

---

[254] Leo J. Margolin, *Paper Bullets*, Nueva York, Froben Press, 1946, p. 72, y Robert Hertzstein, *The War that Hitler Won: Goebbels and the Nazi Media Campaign*, Nueva York, Paragon House, 1987, cap. 2.

[255] R. Hertzstein, *Roosevelt...*, *op. cit.*, p. 36.

dicos extranjeros —incluyendo muchas publicaciones judías—, que sirvieron de base a gran parte de la información difamatoria publicada en Alemania y posteriormente en Estados Unidos. Una de sus afirmaciones era que dos terceras partes de los empleados del gobierno estadunidense eran de origen judío, mientras que otro buen número de ellos controlaba el mercado bursátil, los medios y las universidades. Aseguraban que su poder era tan fuerte que tenía influencia sobre la Iglesia católica.[256]

En 1930 los hombres de Goebbels convirtieron al alcalde de Nueva York, Fiorello H. LaGuardia, en su blanco de ataques. Éste era un judío de origen sefaradita que había estado muy pendiente de todas las actividades nazis en Estados Unidos y había acusado a un hombre de apellido Edmonson de levantar falso testimonio en contra de algunas personas del gobierno, entre ellas la secretaria del Trabajo, Frances Perkins, diciendo que era judía y que gracias a ella los obreros tenían gran poder en el país. LaGuardia había encarcelado a este hombre, y de allí los ataques de muchos grupos fascistas en su contra.[257]

Este incidente llegó a provocar que el consejero de la embajada alemana, el doctor Hans Thomsen, pusiera una protesta ante el Departamento de Estado, y que por su parte el embajador de Estados Unidos en Alemania, William E. Dodd, enviara una misiva a su país pidiendo estar alerta ante estas cuestiones, que eran causa de las provocaciones nazis. El alcalde LaGuardia fue elegido para un segundo periodo, y la agencia de noticias alemana empezó a llamarlo el "cochino judío del Talmud", y el "apóstol judío del odio".[258]

En una manifestación antinazi efectuada en el Madison Square Garden de Nueva York, en la que LaGuardia estuvo presente, a la entrada estaba colgado un gran letrero que decía: "Los judíos norteamericanos y sus líderes insultan a la nación germana". Los periódicos publicaron en sus titulares que el

---

[256] Posiblemente el jefe de los Camisas Plateadas, William Duddley Pelley, sacó de ahí la información que posteriormente aparece en su periódico *Pelley's Weekly*.

[257] *Pelley's Weekly, The Expression of a Leadership*, 19 de agosto de 1936.

[258] R. Hertzstein, *Roosevelt...*, *op. cit.*, p. 39.

alcalde era un megalómano, que estaba enfermo de la cabeza. El diario de la ss, *Das Schwarze Korps (Los Cuerpos Negros)* publicó una caricatura de LaGuardia semejando al gorila King Kong.[259] Al alcalde no le pareció oportuno enviar una queja a Hitler, porque lo consideró en esos momentos muy poca cosa.

Inspirados en las ideas de Goebbels, los periodistas empezaron a atacar a las personas judías que integraban el gabinete del presidente. Uno de ellos escribió que detrás de la secretaria del Trabajo, Frances Perkins, se encontraba realmente Rebeca Wutski; que el secretario del Tesoro, Henry Morgenthau, era "un judío de vista corta y largas narices", y que el juez de la Suprema Corte, Felix Frankfurter, tenía todos los rasgos "de un judío" y que era el culpable de que el capitalismo hubiera vencido y estuviera en manos de los judíos. Afirmaban los diarios que el judío más perverso era el financiero de Wall Street Bernard Baruch, el cual solamente había buscado el poder internacional.[260]

Cuando Roosevelt asumió el poder, una de las cuestiones más debatidas fue la oposición al internacionalismo de Wilson, la que desató muchas fricciones en Estados Unidos. Aquellos que recordaban su participación en la Gran Guerra no deseaban por ningún motivo volver a involucrarse en otra. Se les conocía entonces con el mote de los "aislacionistas", para quienes, como la palabra lo dice, lo más importante era mantenerse al margen, o sea, aislados de los acontecimientos de Europa y el Lejano Oriente. Su oposición era de tal magnitud, que no apoyaban el hecho de pertenecer a la Liga de las Naciones y a la Corte Internacional. La mayoría eran veteranos de guerra, ahora miembros del Congreso, que pensaban que Estados Unidos nada tenía que ver con los problemas de otras naciones. La fuerza de los aislacionistas permitió que el Congreso impusiera la llamada Ley Johnson, la cual prohibía dar préstamos a las naciones que no hubieran cumplido con sus obligaciones adquiridas, como era el caso de Francia o Inglaterra, que tenían deudas con el país.

[259] *New York Times*, 4 y 7 de marzo y 21 de mayo de 1937.
[260] Véase Daniel S. Day, "American Opinion of German Nationalsocialism 1933-1937", tesis de doctorado, Los Ángeles, Universidad de California, 1958.

En el sentido opuesto existía el grupo denominado los "internacionalistas", quienes aceptaban que Estados Unidos tenía un gran papel que desempeñar en el mundo, sobre todo evitando las agresiones de un país a otro, y que pensaban que la existencia de la Liga de las Naciones era indispensable y que su país debía participar en la Corte Internacional. Roosevelt pertenecía en realidad a este grupo, pero tenía en su contra al 90% de los votantes, quienes ante todo deseaban evitar que su país se volviera a involucrar en otra guerra europea.

En 1934 los periódicos de la cadena Hearst exigían que Estados Unidos se desligara de la Corte Internacional y propagaban que el país no debería pertenecer a la Liga de las Naciones porque era una institución muy controvertida. Esta campaña causó mucho impacto porque Hearst había conseguido la adhesión de un millón y medio de firmantes. En ese año el senador Gerald P. Nye, republicano de Dakota del Norte, se dedicó a investigar las causas de la intervención estadunidense en la guerra de 1917, y concluyó que la venta de armas y los préstamos bancarios a los Aliados, así como el hecho de que muchos estadunidenses se hubieran enlistado en los barcos de guerra de otros países —el asunto del barco *Lusitania*—, habían sido las causas que llevaron al país a involucrarse en·el conflicto, pero que en realidad no fue un problema de Estados Unidos. El dinero, más que el idealismo, fue el motivo para que el gobierno de Wilson hubiera permitido que tantos jóvenes murieran sin una verdadera causa.[261]

Surgieron entonces muchos activistas a favor de la paz, entre ellos el rabino Stephen Wise, muy conocido dentro de la comunidad judía norteamericana e internacional, así como el reverendo Harry Emerson Fosdick; ambos insistieron en que no se utilizara la religión como bandera para hacer la guerra. También en las universidades se llevaron a cabo encuestas al respecto; los resultados obtenidos de 65 instituciones fueron que 45% de los alumnos no deseaba ir a luchar a Europa. Por ello, en 1935 cerca de 60 000 estudiantes apoyaron las mar-

---

[261] Hugh Brogan, *The Penguin History of the United States of America*, Nueva York, Penguin Books, 1985, p. 541; Norman A. Groebner, *America as a World Power: A Realist Appraisal from Wilson to Reagan*, Wilmington, Del., Scholarly Resources, 1984, p. 26.

chas en contra de la guerra, y un gran número de ellos tomaron la determinación de no hacer el servicio militar en signo de protesta.

Se fundó también una organización, sobre todo de cuáqueros, llamada The National Council of the Prevention of the War, que coordinaba a 31 grupos que tenían esas mismas ideas.[262]

Lo anterior significó para Roosevelt un freno a su política exterior. Desde 1932 ya éste había enviado emisarios a Hitler para conocer sus intenciones, sin ningún logro. Entonces decidió mandar como embajador a Alemania a William E. Dodd, un historiador del estado de Virginia en quien reconocía las bases y conocimientos para mantenerle certeramente informado de los acontecimientos en aquel país.

Dodd se había doctorado en la Universidad de Leipzig en 1900, y en ese año de 1934 fungía como presidente de la American Historical Society. Desde su llegada a Alemania, Dodd no se hizo muchas ilusiones con respecto a los nazis; solamente lo tranquilizaba pensar cuán difícil les sería combatir contra su país, que tenía 120 millones de habitantes.[263]

Roosevelt entendió pronto las intenciones de Hitler, ya que desde 1933 había hecho anotaciones en la traducción inglesa que había leído de *Mein Kampf*. Según comentó, la traducción era muy mala ya que había sido expurgada y no era fiel a su original en alemán; él hablaba ese idioma y había podido comparar ambas ediciones. En la traducción al inglés no aparecía la obsesión de Hitler contra los judíos, ni tampoco había mención alguna con respecto a su política exterior.

A pesar de las dudas que el presidente empezó a tener respecto a Hitler, muy poco pudo hacer, ya que tenía urgentes cuestiones que atender dentro de su país. Dodd lo mantenía bien informado y le sirvió de maestro para entender la políti-

[262] Thomas H. Greer, *What Roosevelt Thought: The Social and Political Ideas of Franklin D. Roosevelt*, East Lansing, Mich., State University Press, 1958, pp. 162-163.

[263] William E. Dodd y Martha Dodd, *Ambassador Dodd's Diary*, p. 3; L. Ford, "Three Observers in Berlin: Rumbold, Dodd and Francois Poncet", en Gordon Craig y Felix Gilbert (eds.), *The Diplomats*, 2 vols., Nueva York, Atheneum, 1963, vol. 2, p. 449, y William L. Shirer, *Mi diario en Berlín. Notas secretas de un corresponsal extranjero 1934-1941*, México, Nuevo Mundo, 1938.

ca nazi. Después de la purga de 1934 el embajador envió un informe detallado a su presidente.[264]

Por la gran oposición a su política exterior, Roosevelt debió reaccionar con cautela cuando advirtió el peligro nazi, y siguió manteniendo relaciones con el Reich aunque el embajador Dodd le confirmara que persistía el resentimiento del pueblo alemán respecto a los resultados de la primera Guerra Mundial.

El embajador aseguró al presidente que el Führer estaba haciendo planes de venganza. A pesar de esto, el Congreso continuó limitando a Roosevelt en cuanto a las decisiones en política exterior. Todo el temor acumulado, con respecto a repetir los errores pasados, condujo a que en 1935 el Congreso aceptara la llamada Ley de Neutralidad mediante la cual se aprobó que en caso de estallar la guerra, Estados Unidos no exportaría armas a ningún país o sus posesiones que estuvieran involucrados en ella. Más aún, ningún barco estadunidense podría transportar material armamenticio a ningún país neutral, si las armas iban destinadas a otro que estuviera involucrado en la contienda. Esto permitió al gobierno estar alerta en cuanto a la fabricación de armas, así como advertir a sus ciudadanos que quisieran enlistarse en un barco beligerante que la decisión y resultados eran de su total responsabilidad, ya que el gobierno no los apoyaría.

Mussolini atacó Etiopía en octubre de 1935 y Roosevelt embargó el envío de armas a ambas partes. La Liga de las Naciones entonces trató de imponer sanciones a Italia, pero Estados Unidos no las aceptó en nombre de la neutralidad y los beneficios para la economía estadunidense. Por ello Mussolini aprendió que se podía sacar mucho provecho de las agresiones y terminó apoderándose de la península itálica. Cuando Hitler, por su parte, mandó tropas hacia el Rin, el Congreso estadunidense continuó sin cambiar su idea de la neutralidad, Lo único que le permitió este organismo a Roosevelt fue extender el embargo, pero Etiopía no pudo ser salvada. Entonces fue Lázaro Cárdenas quien protestó enérgicamente ante la Liga de las Naciones por ese atentado.[265]

---

[264] E. Honfstangl, *Hitler, the Missing...*, *op. cit.*, p. 188.
[265] Después de dar su voto condenando la agresión italiana, México expu-

Roosevelt intentó una conferencia de paz con la participación de Hitler y Mussolini para plantear dos puntos fundamentales: la reducción del armamento y la posibilidad del libre acceso de todas las naciones al mercado internacional y por ende a las materias primas. Pero el presidente desconocía el grado de avance de las ideas fascistas y la imposibilidad de realizar ese evento.

Cuando dio inicio la Guerra Civil española en 1936, el mandatario estadunidense pidió un embargo de armas a los insurgentes y prohibió enviar aviones a la República española.[266] La mayor parte de la izquierda estadunidense pidió al presidente que levantara el embargo, pero los católicos profranquistas pugnaron por lo contrario. Para Roosevelt fue entonces más importante conseguir los votos de los católicos para su reelección, y decidió no vender armas a España.

En Alemania, Hitler había empezado su rearme masivo; Francia mostraba gran inestabilidad e Inglaterra no tenía muy clara su política exterior. Sólo entonces Roosevelt empezó a ponderar cabalmente lo que los nazis podrían llegar a hacer; cualquier decisión era difícil de tomar, pues el ejército sólo contaba con 200 000 hombres y además estaba muy lejos tanto de Europa como de Asia.

Aunque la mayoría de los estadunidenses no simpatizaba con las ideas nazifascistas, tampoco estaban dispuestos a intervenir en otra guerra en Europa. El más frustrado era siempre el embajador Dodd, que veía venir la hecatombe y se sentía impotente para prevenirla.

En 1936 Roosevelt fue reelecto y su situación cambió. Su imagen en Europa dio un gran vuelco, ya que se le empezó a considerar como el estadista más importante de la década. La

so el criterio que lo guiaba: "Considerando el alto espíritu de justicia que lo determinó a ingresar a la Sociedad de las Naciones, juzga su deber aprobar, en cumplimiento de expresas obligaciones que contrajo al firmar el Pacto, las sanciones de carácter comercial y financiero a que se refiere el artículo 16, esperando que con estas medidas extremas sea posible alcanzar la paz y lograr una solución del conflicto". Declaración de la Secretaría de Relaciones Exteriores, *El Universal*, 11 de octubre de 1935. El delegado de México en ese momento era el ingeniero Marte R. Gómez.

[266] Franklin D. Roosevelt, *Personal Letters, 1928-1945*, Nueva York, The Macmillan Company, 1941, vol. 1, p. 626, y vol. 3, pp. 526-528.

prensa nazi se volvió más hostil hacia él, pero para los ingleses y franceses se convirtió en el paladín de la democracia y el único mandatario que podía apelar a la paz mundial.[267]

Las opiniones dentro de Estados Unidos eran muy diversas, ya que algunos grupos tachaban al presidente de comunista o bolchevique, aprovechándose de las ideas que pregonaba su esposa Eleanor acerca de la igualdad de todas las razas. Se le consideraba como el candidato del *Kominterm*, según lo había difundido mucho la cadena periodística de Randolph Hearst, que controlaba entonces 28 diarios y que llegaba a grandes cantidades de lectores, porque su tiraje era de seis millones de ejemplares. Roosevelt sufría también la animadversión de la importante prensa de Chicago, encabezada por el coronel Robert Mc Cormick, quien pertenecía al grupo de los aislacionistas y se había opuesto a la reelección del presidente por compartir la opinión de quienes lo consideraban un comunista.[268]

Aquellas personas que tenían poder económico tampoco estaban del lado presidencial; preferían el fascismo al comunismo y decían no tener confianza en la llamada "democracia" del presidente. Según varias encuestas que se llevaron a cabo en ese año de 1936, la gran mayoría de los estadunidenses preferían el fascismo sobre el comunismo, si se les daba a elegir entre las dos ideologías.[269]

Las cartas y los comentarios de Roosevelt, sus discursos y conversaciones en esos años, nos revelan a un hombre convencido de la imposible coexistencia de la democracia occidental con el totalitarismo alemán. Por ello el mandatario pensó crear un frente antinazi para dar batalla al avance de su ideología. El embajador Dodd en Berlín anotaba en su diario que "el verdadero temor era Alemania [...] que el presidente Roosevelt debía organizar a todos los norteamericanos para

---

[267] Lewis Lord, "Defying Hitler, 1940", *U. S. News and World Report*, 26 de agosto a 3 de septiembre de 1940, pp. 42-62.

[268] Michael W. Miles, *The Odyssey of the American Right*, Nueva York, Oxford University Press, 1980, p. 31.

[269] Véase Jonas Manfred, *Isolationism in America 1935-1941*, Ithaca, Nueva York, Cornell University Press, 1966, y John P. Diggins, *Mussolini and Fascism: The View from America*, Princeton, Princeton University Press, 1972, pp. 333-334.

luchar en contra de la Europa fascista o quizá hasta boicotear a cualquier nación que iniciara otra guerra".[270]

España quedó sin apoyo; solamente los voluntarios se anotaron en las brigadas internacionales para luchar al lado de la República, y Estados Unidos no hizo ningún comentario al enterarse de la ayuda de Hitler a los franquistas proporcionándoles apoyo aéreo y militar y del envío que Italia hizo de una gran cantidad de legionarios. En su postura de neutralidad no intervino ni en España, ni en China, pero en cambio, y a pesar de la Ley de Neutralidad, continuó el intercambio comercial con Alemania, ya que el secretario Hull recordaba el acuerdo bilateral a pesar de las protestas de Morgenthau. Se enviaron entonces aviones al Reich, además de petróleo y productos químicos que le eran básicos a éste desde el punto de vista estratégico. Compañías como la General Motors o la Standard Oil siguieron haciendo negocios con los alemanes; entre otras, Bendix exportaba información de los pilotos automáticos a Siemens y Halsko, que fabricaban productos esenciales para la aviación alemana y que pagaban altos precios.

Desde 1934 Douglas Miller, agregado comercial de la embajada estadunidense en Berlín, le había informado a su gobierno acerca de las compañías que estaban apoyando a Alemania a desarrollar su fuerza aérea.[271] Pero cuando México ayudó a la República española con armas y posteriormente aceptando a los refugiados, estas acciones desagradaron a los estadunidenses. Y más todavía cuando, después de la expropiación petrolera, México tuvo que vender parte de su crudo a Alemania por el boicot que desataron contra él tanto las compañías estadunidenses como las inglesas.[272]

---

[270] William E. Dodd y Martha Dodd, *Ambassador...*, *op. cit.*, p. 363.

[271] Miller a Willard L. Thorp, 4 de abril de 1934, PSF Diplomatic File Germany 1933-1938, Box 44 FDRL. *Apud*. Hertzstein, *Roosevelt...*, *op. cit.*, p. 89.

[272] Anatoli Shulgovski, *México en la encrucijada de su historia*, México, Ediciones de Cultura Popular, 1972, pp. 321 y *ss*. Véase, además, Lorenzo Meyer, *México y Estados Unidos en el conflicto petrolero (1917-1942)*, México, Petróleos Mexicanos, 1988, pp. 181-196. En 1938 se vendió a Alemania un total de casi tres millones de barriles de petróleo, y al año siguiente un millón y medio, además de gasolina. Italia compró en 1939 más de tres millones de barriles, y en 1940, antes de que la guerra obligara a México a suspender sus exportaciones, una cantidad casi igual.

Roosevelt detuvo la venta de helio, algodón y hierro a Alemania y empezó seriamente a considerar la ruptura de las relaciones comerciales entre ambos países, porque la impaciencia del embajador Dodd iba en aumento; él decía que ese pacifismo estadunidense no conduciría a nada y que entre tanto Hitler y Mussolini se estaban apoderando de Europa.

Al ganar las elecciones Roosevelt, muchas cuestiones empezaron a ser modificadas. Así, en 1937 el Congreso cambió la Ley de Neutralidad, pero continuó con la idea del embargo de armas a los países beligerantes e insistiendo en que a los neutrales sólo se les venderían si las pagaban inmediatamente *(Cash and Carry)*. Pero para el presidente la posibilidad de otra guerra lo hizo preferir buscar la unión de los estadunidenses, y ante todo se debía conseguir la estabilidad política de Latinoamérica.

Tanto Roosevelt como el secretario Hull se preocuparon por el drástico descenso de su comercio con América Latina, pues entre 1929 y 1933 sus cifras bajaron en un 75%. La curva de sus exportaciones iba a la baja mientras los nexos comerciales con Alemania eran cada vez mejores. Estados Unidos exportaba a Latinoamerica 34% de sus productos; en 1934 la cifra sólo alcanzó 29.4%. En cambio, en el año de 1929 los alemanes habían comprado 8.1% de las exportaciones de esos países y les habían vendido 10.8% de las suyas.

Para mediados de los años treinta, las compras alemanas se habían duplicado a 16.2%; vendían a Brasil 20.7% de las importaciones de ese país, y la proporción aumentaba cada año; igual estaba sucediendo con Chile, que le compraba el 26% de sus importaciones, y en México 17.7% de las importaciones provenían de Alemania.[273]

Además, Argentina, Chile y Brasil eran países con una fuerte población alemana, situación que preocupó aún más al primer mandatario estadunidense. Los alemanes ya preveían que esas comunidades de América Latina les podrían brindar apoyo, y estaban trabajando en esa dirección. La importancia concedida a la política del "buen vecino" denotaba la preocu-

[273] Véase Charles High, *Trading with the Enemy*, Nueva York, Barnes and Noble Books, 1995, p. 41.

pación de Roosevelt por el avance del nazismo en América, y ello constituyó una prioridad para la seguridad nacional de su país. Dodd le había informado de un partido nazi en Chile integrado por 35 000 personas, y le advirtió que si no se hacía nada al respecto, esto conduciría a que el país sudamericano pronto se convirtiera en una colonia alemana en el continente. También su embajador en Colombia le reportó los avances de las actividades nazifascistas en toda América Latina, al grado que el mismo Cordell Hull empezó a alarmarse y a confirmar la creación en América Latina de muchos grupos paramilitares semejantes a las tropas de asalto alemanas, las *Storm Troops*.[274]

Roosevelt buscó entonces apoyo en tres personas de su gabinete: Summer Welles, secretario de Estado, y William Bullit y Anthony Biddle, sus embajadores en Francia y en Polonia, respectivamente.

Cuando la Unión Soviética entró a formar parte de la Liga de las Naciones en 1934, lo primero que solicitó fue la adopción de medidas de seguridad para todos los países. Fue entonces cuando la Liga Comunista en contra de la Guerra y el Fascismo se convirtió en la Liga Americana por la Paz y la Democracia. Por ello los comunistas se tornaron menos hostiles hacia Roosevelt, y aunque el Partido Comunista en ese país no era muy numeroso, tuvo el apoyo de todos los sindicatos obreros y de los intelectuales.[275]

Cuando Hitler se apoderó de los Sudetes la política aislacionista empezó a dejarse a un lado. Entonces Roosevelt pronunció uno de sus famosos discursos en la ciudad de Kingston, Ontario, en el cual subrayó que no permitiría ninguna invasión a países americanos, y dio órdenes a la armada y al ejército para que empezaran a alistarse.

Los sentimientos antinazis fueron aumentando en Estados Unidos, aunque aún persistía el temor de participar en otra guerra mundial. Los partidos antifascistas proliferaron, pero más aún aquellos que apoyaban las ideas nacionalsocialistas de Hitler.

---

[274] R. Hertzstein, *Roosevelt...*, *op. cit.*, p. 93.
[275] Franklin D. Roosevelt, "Roosevelt to Summer Welles, November 12, 1937", *Personal Letters...*, *op. cit.*, vol. 1, pp. 725-726.

¿Cómo surgió la idea del boicot a los productos alemanes? El 27 de marzo de 1933, menos de una semana después de que el Führer había tomado el poder, el Congreso Judío Norteamericano, a cuya cabeza se encontraba el rabino Stephen S. Wise, organizó con gran difusión un mitin en contra de los nazis en el Madison Square Garden de Nueva York. Varios políticos, líderes obreros y personajes de la comunidad judía estadunidense fueron los oradores. Wise hizo hincapié en que la época de la prudencia había quedado atrás y en que había que hablar como hombres de lo que estaba aconteciendo en el mundo.

En dicha manifestación William Green, presidente de la American Federation of Labor (AFL) arengó a los trabajadores a no permanecer pasivos y sin preocupación sabiendo que "las familias, parientes o hermanos de nuestros agremiados judíos son perseguidos y oprimidos".[276]

El rabino Wise y otros judíos afiliados al Congreso Judío Norteamericano deseaban ir más lejos, tratando de luchar en contra de los nazis mediante el establecimiento de un boicot a los productos alemanes, considerando que así podría debilitarse económicamente a Hitler.

Ese mitin en el Square Garden dividió a la comunidad judía estadunidense, ya que los de mejor situación económica —casi todos de origen alemán y que pertenecían a la organización Bnai Brith y al Congreso Judío Mundial— no estaban de acuerdo con el boicot. Algunos temían por sus propios negocios, pues tenían relaciones con el Reich, y otros pensaban que esto afectaría mucho a sus familiares que vivían en Europa. El juez Joseph M. Proskauer, un elemento de mucho peso en el American Jewish Committee, y el juez Lehman —hermano mayor del gobernador de Nueva York, Irving Lehman— insistían en que ese boicot quizá lo único que acarrearía sería un grave daño a los judíos en Alemania. Y por ello Lehman expresó: "Les pido que no permitan que el enojo dé paso a una resolución que traiga aparejados problemas para los judíos en Alemania". El boicot nazi contra los judíos del 1º de abril deterioró la posición de estos conservadores, ya que ese día las tropas de asalto alemanas o *Storm Troops* se dedicaron a

[276] R. Hertzstein, *Roosevelt...*, *op. cit.*, p. 109.

romper los vidrios de los comercios judíos y a gritar a todos los alemanes que no compraran en esos negocios.

Entonces surgió el enérgico liderazgo de Samuel Untermeyer, quien estaba decidido a hacer efectivo el boicot en contra de los alemanes. Este hombre era un famoso abogado estadunidense con ideas sionistas, que sostenía que los judíos debían volver a su patria ancestral y que mantenía relaciones políticas tanto dentro como fuera de la comunidad judía en la ciudad de Nueva York. Sin embargo, pronto surgieron opositores dentro de la misma comunidad, sobre todo los dueños de grandes almacenes, como R. H. Macy's, cuyo gerente, Percy Strauss, se oponía al boicot porque consideraba que su responsabilidad mayor era con los dueños de las acciones. A pesar de todo, en enero de 1934 se organizaron varias demostraciones afuera de la tienda, sobre todo marchas de pacifistas, que obligaron a Strauss a aceptar terminar sus operaciones con Alemania.

Samuel Untermeyer estaba convencido de que el boicot era importante y que éste debía trascender al mundo no judío. De ahí que surgiera entonces una organización llamada Non Sectarian Anti-nazi Council, que posteriormente pasó a ser la Liga Defensora de los Derechos Humanos, y el señor Untermeyer se convirtió en su presidente. Apoyado por William Green, presidente de la AFL, y por John L. Lewis, presidente del Sindicato de Mineros, esa Liga se ocupó de hacer cumplir el boicot contra los productos alemanes y además delató a todos aquellos fascistas que estaban operando en Estados Unidos. Repartía panfletos antinazis que ayudaron a formar una atmósfera adversa a los fascistas, y presionó a todos los negocios para que no adquirieran los productos germanos. En realidad el boicot no afectó gravemente a Hitler ni a su gobierno, pero ayudó a cambiar la actitud de muchos estadunidenses, y es probable que haya despertado aún más la ira del Führer.[277]

Algunos refugiados que lograron salir de la Alemania nazi empezaron a tener una fuerte influencia en la opinión de los estadunidenses. Figuras como Thomas Mann o Albert Einstein escribieron en diferentes periódicos expresando sus sentimien-

---

[277] Henry L. Feingold, *Bearing Witness. How America and its Jews Responded to the Holocaust*, Nueva York, Syracuse University Press, 1995, pp. 225-243.

tos en contra del régimen nazi. En la ciudad de Nueva York un grupo de refugiados judíos fundaron entonces el periódico *Aufbau (Reconstrucción)*, que empezó a servir de enlace entre la Alemania anterior a Hitler y la Norteamérica de Roosevelt. Denunciados como *refu-jews* por el *Bund* germano, estos hombres y mujeres eran considerados por la periodista del *New York Times*, Dorothy Thompson, "la única cosa buena que surgió desde que Hitler tomó el poder".[278]

Según las encuestas que realizó entonces George Gallup, 70% de los estadunidenses apoyaba el boicot en contra de los alemanes, y ciertos periódicos y revistas que en un tiempo estuvieron de acuerdo con la política aislacionista, como el *Saturday Evening Post* o el *Reader's Digest*, empezaron a publicar artículos acerca de las atrocidades que estaban cometiendo los nazis. El Congreso de Estados Unidos estableció que todos los productos que se importaran al país debían llevar una etiqueta en idioma inglés indicando su procedencia.

Para 1939 un agente alemán reportaba que "el odio a Hitler y al nacionalsocialismo en el país era apoyado no solamente por la prensa e innumerables libros, sino además por la AFL, la CIO y la 'Legión Americana' ".[279]

Sin embargo, los estadunidenses no estaban de acuerdo en recibir a los refugiados judíos que salían de Alemania: las encuestas mostraban la oposición de 72% de los ciudadanos, y tampoco aceptaban dar ayuda a esos exiliados para que se pudieran asentar en algún otro país.[280]

Los artículos acerca de la presencia de los nazis en América eran cada vez más frecuentes; en revistas como *Harper's Bazaar* o *Foreign Affairs* escribía Beals que "los esfuerzos para imponer la estrategia alemana en diversos puntos del continente eran constantes y que se lograban a través del comercio".[281] Ese tipo de literatura influía mucho en la opinión

---

[278] *New York Times*, 14 de julio y 26 de diciembre de 1936.

[279] R. Hertzstein, *Roosevelt...*, *op. cit.*, p. 115.

[280] Daniel Yankelevich y Mary Komarnicicki, "American Public opinion of Holocaust Events 1933-1945", trabajo presentado en el Congreso The Holocaust and the Media, Cambridge, Mass., Harvard Divinity School, mayo de 1988 (mimeo.).

[281] Carlton Beals, *The Coming Struggle for Latin America*, Filadelfia, Lippencott, 1938, p. 39.

pública, la cual empezó a considerar muy importante buscar estrategias para no permitir la intromisión de los nazis en América. Según las encuestas de 1939, 54.1% de los ciudadanos estaban dispuestos a defender a Brasil y 76.5% a México.[282]

Sin embargo, la cadena Hearst persistía en sus ideas pronazis. Karl von Wiegad, uno de sus periodistas, fue recibido por Hitler y escribió bastantes artículos a su favor. Charles R. Crane, millonario anticomunista de Nueva York, decía que los judíos eran culpables de la propagación de esas ideas y aceptaba que el único que estaba haciendo lo correcto en perseguirlos era Hitler. Un grupo de banqueros visitó entonces al embajador Dodd en Alemania para quejarse del boicot emprendido por los judíos contra sus productos, y le comunicaron que si esto no se remediaba el señor Untermeyer correría peligro, al igual que todos los judíos de Nueva York.

La propaganda nazi en Estados Unidos aumentó. Aparecieron unos panfletos titulados *News from Germany*, en los cuales se hacía notar la culpabilidad de los judíos desde que asesinaron a Jesús hasta esos momentos en que eran los propagadores del comunismo. Esos libelos los difundía Rolf Hoffman, jefe de prensa en el extranjero del partido nazi, y eran aceptados por personas de todos los estratos, entre ellos algunos congresistas.[283]

Roosevelt se sentía entre dos fuegos, ya que no quería que lo llamaran "pro-refugiados" pero a la vez temía la introducción de las ideas nazis. El antisemitismo fue en aumento, ya que sus promotores aprovecharon el apoyo que les daban algunas personalidades dentro del gobierno. En 1936, cuando estaban a punto de efectuarse los Juegos Olímpicos en Alemania, el presidente estaba inseguro de la actitud que debería asumir frente al evento deportivo, pero Hitler lo supo manejar muy bien, invitando al representante estadunidense, el brigadier Charles H. Sherrill, a que visitara su país. Éste quedó sumamente

---

[282] R. Hertzstein, *Roosevelt...*, *op. cit.*, pp. 116-121.
[283] Algunos de los congresistas estadunidenses empezaron a apoyar la política de Hoffman en Estados Unidos; entre ellos estaban Louis T. Mc Fadden, republicano de Pensilvania; Thomas L. Banton, demócrata de Texas, y el senador republicano Josiah W. Bailey Jr., los cuales hablaban mal de los judíos y defendían la política nazi.

impresionado de las demostraciones de miles de jóvenes en apoyo al Führer y aceptó participar en los juegos. Goebbels aprovechó la situación para intensificar la propaganda en Estados Unidos y acusar a los instigadores del boicot.[284]

Dodd envió a Roosevelt una lista de los encargados de la propaganda en Estados Unidos, afirmando que estas personas eran muy bien pagadas por los nazis. El presidente, sumamente preocupado, nombró agentes para que los vigilaran.[285]

Los movimientos nazifascistas

En esa época Sylvester Vierek, uno de los agentes alemanes, fundó la German American Citizens League o *Burgerbund*, que publicaba la revista *Liberty*, para la difusión de las ideas nacionalsocialistas. Vierek recibía tan fuerte apoyo económico de Alemania para esta actividad, que la Liga llegó a publicar más de dos millones de ejemplares en inglés de los discursos de Hitler entre los años de 1933 y 1936. También Ulrich von Gienenth, en compañía de Mathias Schmidt —jefe de los ferrocarriles alemanes, que tenía una oficina de información en Nueva York—, se encargó de difundir la propaganda nazi, considerando que los viajeros estadunidenses podían a su vez diseminarla.

Para 1939 Hoffman era uno de los agentes con más éxito, ya que difundía la propaganda nazi entre los profesores universitarios y sus alumnos. Además, podía enviar su material a todas las bibliotecas, tanto universitarias como públicas, en todo Estados Unidos. La fuerza de penetración de este profesor queda manifiesta en la tesis doctoral que uno de sus alumnos presentó sobre la Alemania nazi.[286]

Hoffman había formado en 1931, en la ciudad de Nueva York, un grupo al que llamó "Gau USA", que pronto tuvo filiales en otras ciudades. De ahí surgió la Liga o *Bund* de los Amigos de la Nueva Alemania (League of the Friends of the New

---

[284] Leo Margolin, *Paper Bullets...*, *op. cit.*, pp. 61-72.
[285] William y Martha Dodd, *Dodd's Diary...*, *op. cit.*, p. 13.
[286] Paul Hancock hizo su tesis en la Universidad de Princeton.

Germany), que se convirtió en la organización oficial nazi en Estados Unidos.[287]

Esta Liga dividió al país en tres regiones geográficas o *Gaus*, que fueron la del Este, Medio Oeste y Oeste. Hans Spankno-bel, un fotógrafo alemán, recibió el título de *BundesFührer* o *Bundesleiter*, o sea el líder del *Bund*. Este hombre era aconse-jado y recibía apoyos tanto del partido nazi como del personal de la embajada alemana. Una de las primeras acciones que se propuso el *Bund* fue contraatacar el boicot implantado por los judíos; en 1933 agentes del gobierno descubrieron el plan de Spanknobel y lo intentaron encarcelar, pero los alemanes lograron embarcarlo a Alemania para que no pudiera delatar a otros agentes.

La organización siguió adelante con nuevos jefes: Walter Kappe y Joseph Schuster, quienes iniciaron su lucha también contra el boicot judío. Establecieron dos organizaciones, una llamada German American Economic Alliance (DAWA) y la otra German Business League (DKV); ambas se dedicaron a orga-nizar ferias y exposiciones con productos alemanes para con-vencer al pueblo estadunidense de la culpabilidad del judío organizador del boicot.

El radio de acción de esas organizaciones no fue muy amplio, pues sólo funcionaban en Ridgewood, Brooklyn y Nueva Jersey. Tratando sobre todo de imitar a las *Storm Troopers* de Hitler, Schuster organizó a un grupo al que llamó los *White Shirts*, o Camisas Blancas, los cuales se vestían con camisas de ese color y pantalones negros, sombreros de legionarios y cintu-rones al estilo Sam Browne, con bandas en los brazos como distintivos especiales.

Su líder decía contar con 5 000 miembros en sus filas, con los cuales organizaba, sobre todo, grandes desfiles, cantando y bebiendo para recordar la Gran Guerra, en la cual algunos de ellos habían participado. Al igual que otros grupos, colec-taban fondos vendiendo las camisas y algunos recuerdos mi-litares, además de la venta de los uniformes a sus asociados en

---

[287] Véase Allan Mitchell, *The Nazi Revolution*, Lexington, Mass, D. C. Heath and Company, 1990, y Diamons A. Sander, *The Nazi Movement in the United States 1924-1941*, Ithaca, Nueva York, Cornell University Press, 1974, p. 130.

27 dólares, cantidad que para aquella época significaba un gran desembolso.

El *Bund* publicaba semanalmente *Deutsche Weckruf* o *Aclaración Alemana* —que era muy parecido al periódico nazi *Völkischer Beobachter*—. Del semanario se vendían alrededor de 4 000 ejemplares y se regalaban 20 000. Su contenido se enfocaba a la lucha contra los judíos y el boicot impuesto por éstos. En los artículos generalmente denunciaban al rabino Stephen Wise y a Samuel Untermeyer, instigadores de ese movimiento; pedían a los ciudadanos de origen alemán que lucharan en contra de los hebreos y no les permitieran seguir adelante con ese boicot, ni con sus ideas comunistas. Sus desfiles generalmente terminaban en peleas o zafarranchos entre ellos y los comunistas, en los cuales tenía que intervenir la policía.[288]

En 1934 este grupo organizó también un mitin en el Madison Square Garden al cual asistieron cerca de 20 000 personas. Uno de los oradores de esa noche fue Sylvester Viereck, a quien los Camisas Blancas recibieron con una valla de banderas. Schuster se vanaglorió de que tenía 10 000 hombres en su organización.[289] Esa noche no solamente se manifestaron contra los judíos, sino también en contra de los estadunidenses que habían humillado al pueblo alemán después de la primera Guerra Mundial.

Constantemente aparecían nuevos grupos nazis que luchaban por la preponderancia y el liderazgo en Estados Unidos. En 1935 surgió Fritz Kuhn, ciudadano estadunidense e ingeniero químico de profesión, que había estudiado en Munich. Luego de robar a su patrón, un judío propietario de una bodega, Kuhn se escondió por un tiempo en México. A su regreso entró a trabajar en la Ford Motor Company, en donde nació su admiración por Ford y su decisión de luchar en contra de los judíos. A partir de entonces se convirtió en el líder del *Gau* del Medio Oeste. Deseaba entrar a la política y conseguir benefi-

---

[288] Por ejemplo, en Nueva Jersey fueron encarcelados varios miembros y también algunos judíos. Estos zafarranchos se daban de igual manera en México entre las Camisas Doradas y los comunistas, aunque los judíos rara vez participaron en ellos.

[289] R. Hertzstein, *Roosevelt...*, *op. cit.*, p. 146.

cios para los inmigrantes alemanes no judíos, meta para la que trabajó incansablemente.

En 1936 le cambió de nombre al *Bund*, que se convirtió en la Liga de los Alemanes de América, *Amerikadeutscher Völksbund*, pero le faltaba carisma y su pronunciación del inglés era pésima. Su objetivo central era la lucha contra los judíos y el comunismo que se estaban apoderando del mundo. Insistía en la relación de Roosevelt con los hebreos, diciendo que él tenía el mismo origen y que por ello existía la posibilidad de que aceptara a muchos refugiados judíos de Europa.

Kuhn viajó a Alemania en 1936 junto con varios de sus compañeros y presenció los Juegos Olímpicos. Entonces le hizo entrega a Hitler de 3 000 dólares en apoyo a su causa. Para 1937 se convirtió en el receptor de la propaganda alemana en Estados Unidos, la que se encargaba de distribuir.

Otro personaje fundador de grupos fue Art J. Smith, veterano de guerra que organizó un grupo llamado los Camisas Caqui, al cual se integraron muchos de sus compañeros, la mayoría de ellos muy resentidos porque no habían obtenido suficientes recompensas después de la guerra. Su ídolo era Mussolini y su propósito "matar a todos los judíos de Estados Unidos". Fue denunciado a la policía por acopio de armas y terminó en la cárcel junto con 27 de sus seguidores.

Durante los años de la Gran Depresión surgieron otros líderes que trataron de luchar en contra de Roosevelt, el *New Deal* y el comunismo. Deseaban reformas radicales y dinero fácil para mejorar su situación. Su nacionalismo se refería a la salvación de la patria y de la familia; por ello tuvieron apoyo de algunos miembros de la Iglesia católica, como el reverendo Gerald L. K. Smith, un gran admirador de Henry Ford y de *Los protocolos de los Sabios de Sión*, quien consideraba muy importante la lucha contra los judíos comunistas que conspiraban en contra del cristianismo.[290]

En 1935 Sinclair Lewis publicó *It Can't Happen Here*.[291] Él era

---

[290] Glen Jeansonne, "Combating Antisemitism: The Case of Gerald L. Smith", en David A. Gerber (ed.), *Antisemitism in American History*, Urbana, Urbana University Press, 1986, pp. 155-156.

[291] Sinclair Lewis, *It Can't Happen Here*, Nueva York, Doubleday-Doran and Co., 1935.

esposo de la periodista Dorothy Thompson, columnista del *New York Herald Tribune*, a quien Hitler había expulsado de Alemania por escribir en contra de los nazis. Lewis había sido laureado con el premio Nobel y se decía que tenía ideas comunistas. En realidad fue el espíritu antifascista de su esposa el que influyó mucho en el autor, al grado de que ambos consideraban que las ideas y los líderes fascistas surgirían en Estados Unidos en esa década de los años treinta. Según ellos, sería la religión la que desataría todos los odios ideológicos, y aseguraban que uno de los peores fundamentalistas era el padre Smith.

En otro ángulo se encontraba un hombre también religioso que pensaba lo contrario, el reverendo Leon Milton Birkhead, quien reprobaba completamente a los regímenes totalitarios. Habiendo pertenecido al Partido Nacionalsocialista en Alemania, era testigo de las atrocidades cometidas por los nazis contra los judíos. Así, en 1937, seguro de que lo mismo podía suceder en Estados Unidos, formó la asociación Friends of Democracy para denunciar esos crímenes y hacer conciencia entre los estadunidenses de lo que significaba la existencia en su país de innumerables grupos fascistas, que en 1938 llegaban a cerca de 800.[292]

El reverendo Birkhead estaba convencido de que el fascismo significaba mucho más que sólo el problema de la "cuestión judía", y que las intenciones expansionistas de Italia y Alemania eran antiliberales, por lo que merecían la preocupación tanto del pueblo estadunidense como de su presidente. Por todo lo anterior, cuando se publicó el libro de Sinclair Lewis lo apoyó sin reservas y la obra causó conmoción.

Periódicos como *Chicago Tribune* o el *Christian Science Monitor* publicaron editoriales alertando a los estadunidenses de la amenaza nazi interna y en otro ámbito. Algunos lectores aseguraron que el personaje del libro de Sinclair Lewis era un hombre llamado William Duddley Pelley, dirigente máximo de los llamados Camisas Plateadas.[293]

[292] Leo Rebuffo, *The Old Christian Right: The Protestan Far Right, from the Great Depression to the Cold War*, Filadelfia, Temple University Press, 1983, p. 123.

[293] *Ibid.*, p. 65, y Harold Levin, *Fifth Column in America*, Nueva York, Doubleday-Doran, 1940, p. 171; R. Hertzstein, *Roosevelt and...*, p. 165.

Pelley era hijo de un ministro metodista itinerante, que predicaba la religión de pueblo en pueblo, sobre todo del estado de Massachusetts. Al no tener éxito optó por dejar su ministerio y dedicarse al comercio, estableciendo la compañía The Pelley Tissue Corporation, fábrica de papel de baño en la ciudad de Springfield.

De su padre aprendió el joven William a ser un incansable aventurero, siempre resentido con el mundo, sobre todo contra las otras corrientes religiosas. Empezó a escribir artículos en varias revistas y de ahí decidió producir películas, la mayoría de las cuales resultaron un fiasco, porque no tenía conocimientos sobre ese arte y no había contratado a los artistas adecuados.

La vida de Pelley era un desastre; pasando de un fracaso a otro y acosado constantemente por sus acreedores, se quejaba de la falta de comprensión y de amistades. Así fue como lo atrajeron las organizaciones esotéricas que estaban surgiendo en el sur de California. En 1929 escribió un artículo en *The American Magazine* en el que narraba una maravillosa experiencia vivida un año antes en la cual había muerto y se había ido al cielo durante siete minutos. El artículo, "Seven Minutes in Eternity", explicaba cómo a raíz del suceso se había convertido en un hombre nuevo y empezado por dejar el café, el tabaco y el alcohol.

Pelley adquirió fama como profesor de religión y fundó cuatro empresas en la ciudad de Asheville, Carolina del Norte, para confortar espiritualmente a su extenso público. Daba cursos por correspondencia de "metafísica social" y de "matemáticas cósmicas", como él las llamaba, para auxiliar a todos aquellos que habían sufrido por la gran depresión económica.

En esa época, Pelley decidió incursionar en la política oponiéndose al *New Deal* del presidente Roosevelt, y para conseguir dinero vendió acciones de su empresa Gallahad Press, sobre todo a viudas viejas. Esto motivó que las autoridades lo apresaran y le dieran una sentencia de cárcel de dos años. Mientras se decidía la apelación, transfirió algunas de sus actividades a Indiana. Para 1933 se percató de los cambios que se estaban dando en Alemania y su gran poder, por lo que empezó por establecer una milicia cristiana en Estados Unidos.

Un día después de que Hitler asumiera el poder, el 31 de enero, William Duddley Pelley fundó la organización Silver Shirts; a estos Camisas Plateadas los llamó "la cabeza y la flor de nuestro ser cristiano protestante".[294]

El líder se propuso movilizar a todos los cristianos resentidos y desempleados, y al ver el éxito que estaba teniendo Hitler, se convenció además de que la propaganda antisemita lo podía llevar al poder y a la fama. Decía que los judíos de Hollywood le habían arruinado su carrera en el cine y que además eran ellos los que publicaban las revistas que terminaron con su negocio editorial. Por lo tanto, se convenció de que podría convertirse en el Hitler de América y sanear al país de sus "judíos rojos".

Su primer medio de propaganda fue la revista *Liberation*, que editaba semanalmente, la cual en corto tiempo logró un tiraje de 5 000 ejemplares. Pero como sus finanzas no mejoraron, tuvo que publicarla mensualmente aunque aumentó el tiro a 20 000 ejemplares.

Por el contenido de su revista se advierte que el editor pretendía probar la conspiración judía mundial y culpar a los hebreos de todos los problemas que aquejaban a la humanidad. Al mismo tiempo se dedicó a ser el distribuidor de *Mein Kampf*, el libro del Führer, y de *Los protocolos de los Sabios de Sión*.

Según él, los genes podían detectarse fácilmente: cuando aceptaba a algún nuevo miembro en los Camisas Plateadas, le cortaba un poco de pelo y lo quemaba para detectar en las cenizas si el aspirante tenía genes judíos.

Pelley odiaba al presidente Roosevelt y su política de gobierno, diciendo que éste apoyaba permanentemente al comunismo judío. En su revista, muy bien impresa, por cierto, era notorio su "fundamentalismo nazi". En ella decía que la unión de Alemania, Italia y Japón tenía que acabar con los bolcheviques.

Hablaba en nombre de los cristianos que provenían de diversas clases sociales y que buscaban su salvación. Esa democracia cristiana prometía a los desempleados 83 dólares al mes

[294] *The Transcript*, Seattle, 19 de junio de 1936.

para que se unieran a la cruzada del "iluminismo" que luchaba contra los hijos de la "oscuridad".[295]

En el verano de 1933 su odio hacia los judíos iba en aumento, convencido del "complot" mundial en el cual Roosevelt participaba al lado de Untermeyer y de Baruch.

El boicot de Alemania en contra de los judíos se dio del 1º al 4 de abril de ese año. La acción provocó protestas de todo el mundo y el Reich se preocupó de las posibles repercusiones en sus exportaciones; desde entonces Pelley ya estaba recibiendo la propaganda nazi, la cual intercalaba en su revista.[296]

Cuando Alemania decidió retirarse de la Liga de las Naciones, *Liberation* acusó a los judíos de formar parte de esa organización y de estar causando su ruina.

Pelley tenía entonces 43 años de edad, uno menos que su ídolo Hitler. En sus oficinas en Asheville apareció como un hombre nuevo, con su uniforme especial, su camisa plateada, sus pantalones negros, su cinturón al estilo Sam Browne y sus botas; llevaba un látigo y a veces se ponía una capa sobre el hombro izquierdo. Su camisa plateada tenía bordada una L de color escarlata.

Había logrado evadir la justicia y convertirse en un gran líder de masas, sobre todo de aquellas que estaban en la penuria y en el desempleo y que buscaban a toda costa cómo validar su frustración y encontrar respuesta a su situación.

Empezó a asegurar a sus seguidores que acabaría con el gobierno en 1936 y que entonces él sería el candidato a la presidencia representando al Partido Cristiano.[297]

Se horrorizaba del pluralismo étnico del país y aseguraba que los grupos de izquierda estaban acabando con el futuro del gobierno. Para Pelley, los judíos estadunidenses estaban recibiendo órdenes de Moscú, mientras que Roosevelt, apellidado Rosenfeld en su origen judío, se entendía con Trotsky. Por lo anterior el camisa plateada luchaba también contra el

---

[295] *Pelley's Weekly*, 8 de julio de1936.
[296] "The Skies are Crackling with Phsychical Enlightenment", en *Liberation*, Pelley's, Gallahad Press, 1934.
[297] William Duddley Pelley, al igual que Nicolás Rodríguez en México, aseguraba que en ese año de 1936 tomaría el poder. Pelley creía que a través de sus desfiles y manifestaciones el pueblo estadunidense acabaría convencido de sus teorías y votaría por él.

Partido del Trabajo, que tenía apoyo soviético (CIO) y aseguraba que éste era un verdadero peligro para el estadunidense. Agregaba que los judíos estaban involucrados en la organización American Civil Liberties Union, lo que significaba otra amenaza para los estadunidenses.[298]

William Duddley Pelley se había comprometido a luchar contra "la plaga de judíos", y para lograr exterminarlos participó en contra de la ley para controlar la posesión de armas, porque para él eran indispensables. A través de marchas y boletines y mediante la adquisición de armamento, los Camisas Plateadas estaban decididos a vencer con una rebelión.

Como otro medio de lucha Pelley estableció una serie de librerías, a las cuales llamó Aryan Bookstores; las librerías arias vendían libros y materiales nazis, incluyendo la propaganda que llegaba desde Alemania.

En su apogeo, los Camisas Plateadas llegaron a tener entre 10 000 y 15 000 afiliados, aunque Pelley aumentaba mañosamente las cifras y aseguraba que solamente los Plateados con credencial eran 25 000, y que además había otros 75 000 diseminados por todo el país, que eran los que viajaban para convencer al pueblo de que su causa era justa.[299]

Después de terminar con la publicación de la revista más costosa, el líder decidió lanzar el periódico *Pelley's Weekly. The Expression of a Leadership*, el cual formaba parte de las actividades del Partido Cristiano.

Como su mismo nombre lo indicaba, fue una publicación semanal y estaba dedicada a expresar toda la ideología de los Camisas Plateadas, así como a comentar asuntos relacionados con los judíos publicados previamente en otros periódicos de Estados Unidos o de Alemania. La publicación tuvo su auge en 1936, año en el cual estaba convencido de derrocar al régimen de Roosevelt (igual que Nicolás Rodríguez con el de Lázaro Cárdenas).

---

[298] *New York Times*, 6 de abril de 1934. Geoffrey S. Smith *To Save a Nation: American Countersubversivness, The New Deal and The World War II*, Nueva York, Basic Books, 1973, p. 140. NARA, RG131 /19 (NAS), Panfleto de los Camisas Plateadas.

[299] *New York Times*, 23 de julio de 1938; *New York Herald Tribune*, 27 de julio de 1938.

En este semanario publicó Pelley su programa y su estrategia de lucha, y dio gran despliegue a los diferentes desfiles y manifestaciones que se llevaban a cabo en distintos lugares del país para hacer gala de su poder y conseguir más adeptos. Asimismo, dio amplia cuenta de la cantidad de mujeres que estaban afiliadas a la organización y la ayuda que brindaban a todos los miembros con la elaboración de los uniformes y el especial bordado de las letras en las camisas, que los distinguían de todos los otros grupos pronazis de Estados Unidos.

Esto lo encontramos también en México en el grupo de los Camisas Doradas, que hacen mención de algunas mujeres entre sus filas, y quizá también eran ellas quienes les bordaban las letras ARM en las camisas, además de apoyarlos en sus actividades.

Para Pelley fue fundamental el apoyo de su esposa y la conformación del grupo de mujeres que según él eran tan eficientes y colaboradoras. Destacaba su labor tanto en la editorial como en la organización de los desfiles, de los mítines y conferencias.

En el semanario se observa claramente la lucha de los Plateados en contra de los "judíos y el comunismo". Así, en uno de sus artículos del mes de julio de 1936 decía:

Si alguien tiene dudas acerca de lo que está sucediendo con la propaganda soviética que introducen los judíos Dickstein y LaGuardia, sólo tiene que visitar el estado de Washington y percatarse de lo que está sucediendo en las filas de los Camisas Plateadas. Del Oeste hacia el Este, de Spokane hasta Seattle y del Norte al Sur, se nota una afiliación dentro de la organización de los Plateados, motivada por las enérgicas voces de Pelley y de Kemp, que gracias a los cristianos de Washington pudieron comentar lo que está sucediendo, hartos de las maniobras rusófilas del Este y de la banda de judíos que están detrás de la administración, así como de la arrogancia de judíos como Dickstein con su intento de la Legión Negra y con el libelo de LaGuardia en contra de Robert Edward Edmonson [...].[300]

En la publicación queda claro el apoyo del Partido Cristiano, pero también es manifiesto el desacuerdo con el padre

---

[300] "Silvershirts Gain Suddenly", *Pelley's Weekly*, 8 de julio de 1936.

Coughlin, dirigente del Frente Cristiano, quien mediante sus programas de radio hacía un llamado a las personas a no acudir a los mítines y desfiles organizados por los Camisas Plateadas.[301]

En los artículos destacaba el avance de los Plateados: "Toda la costa del Pacífico [...] la suma de fuerzas en Washington, Oregon y California, además de Nevada, Idaho y Montana [...] el continuo avance del Partido Cristiano y las Camisas Plateadas llevarán al convencimiento y la demostración en el Oeste que servirá para la unión de todos los Estados".[302]

En la compañía editorial que Pelley seguía manteniendo publicó su libro *No more Hunger*, en el que acusaba a los judíos y al socialismo de todos los males que aquejaban a la sociedad estadunidense, como la falta de trabajo, que atribuía a los banqueros judíos. En la propaganda que ponía en el periódico, llamaba al lector a conocer la obra de "los rojos y los judíos" e insistía en que la solución la tenía en sus manos el Partido Cristiano.

El 29 de junio de 1936 más de mil personas se reunieron en el Auditorio de Seattle, Washington, para escuchar al jefe Pelley y a Bill Kemp, otro de los líderes Plateados, quienes hablaron del Partido Cristiano y de la labor fundamental que estaba en manos de los Camisas Plateadas.

El plateado hizo un llamado a los asistentes para que se incorporaran a su movimiento y a seguir con el lema "De Washington para Washington" (aunque para todos los grupos fascistas el lema fundamental siempre había sido "América para los americanos"). En ese mitin la presencia de la policía evitó los enfrentamientos que solían presentarse entre los comunistas y los Plateados.

Durante ese mes de junio, el periódico publicó varios artículos acerca de la afrenta que LaGuardia había hecho a Edmonson por la crítica de éste a los judíos. Este hombre se había distin-

---

[301] Coughlin era un religioso del Frente Cristiano que también era apoyado por los alemanes, sobre todo para que a través de la radio difundiera su ideología. Siempre estuvo en contra del Partido Cristiano, el cual apoyaba a Pelley y a los Plateados, en busca de lograr el liderazgo de estos grupos.

[302] "Jews Wail in Helpless Rage as Slandered Leader Takes Comand", *Pelley's Weekly*, 8 de julio de 1936.

guido a partir de sus esfuerzos por probar la ascendencia judía del presidente Roosevelt y de varios de sus colaboradores más cercanos.

Edmonson había escrito tres boletines consecutivos durante los meses de marzo, abril y mayo de 1936 y los había publicado en todos los diarios de Estados Unidos. Los judíos se indignaron, entre ellos el mismo Fiorello LaGuardia, y lo acusaron judicialmente. El periódico de Pelley lo defendía y además aseguraba que no serían los judíos los que ganarían el juicio, ya que ellos tenían muchos partidarios en el tribunal. Aseguraba: "Aquí se verá si las críticas antisemitas se pueden detener".[303]

Según el columnista "los judíos estaban racialmente locos" porque no era posible que usaran esos métodos para callar sus verdaderas atrocidades, como había sido, sobre todo, liquidar a los cristianos, y manifestaba que él se oponía a aceptar que las declaraciones de Edmonson fueran un signo de antisemitismo.

Robert Edward Edmonson en esa época tenía ya 60 años. Había trabajado en una editorial judía en 1923 y tenido problemas emocionales por exceso de trabajo. Cuando se recuperó inició su ataque en contra de los judíos.

Para él, el "comunismo talmúdico" era parte de una mafia rabínica, y aseguraba que los judíos manejaban a Rusia tanto y de tal forma que habían erigido un monumento en la ciudad de Szirsk a Judas Iscariote (el lugar, inexistente, fue creado por su imaginación).

Entre los años de 1934 y 1939 Edmonson repetía en Nueva York que los judíos habían sido los culpables de la Gran Depresión de 1929. Insistía que su lucha iba en contra "de aquella clase de asiáticos [...] revolucionarios, comunistas y socialistas judíos que están destruyendo los principios del gobierno norteamericano".[304]

El gran crítico negociaba lucrativamente distribuyendo literatura en contra del boicot alemán, así como temas antisemitas que entregaba en la Liga Gentil Nacional y en el Partido

---

[303] "La Guardia Arrests Edmonson for Critizing Act of Jews", *Pelley's Weekly*, 8 de julio de 1936.

[304] R. Hertzstein, *Roosevelt...*, *op. cit.*, p. 172.

Nacionalista Norteamericano, el American Nationalist Party. En esos años tanto los grupos antifascistas como los nazis empezaron a tomar en serio a Edmonson. El alcalde LaGuardia logró acusarlo de ser un peligro público porque había difamado a la secretaria del Trabajo y a la religión judía. Fue condenado y se le metió a la cárcel; sin embargo, los agentes nazis continuaron ayudándolo. Muchos temieron entonces un *pogrom* en la ciudad de Nueva York.[305]

Como ya se dijo, Pelley apoyó mucho a Edmonson, y en su periódico de los Camisas Plateadas lo defendió con ahínco, haciendo toda la relación de su arresto y acusando a LaGuardia, "el judío", de levantarle falsos testimonios. La fuerza de la campaña logró convertirlo en un mártir y ayudó a que se desarrollaran con más fuerza el Partido Cristiano y el movimiento de los Camisas Plateadas. Pelley decía que "los cristianos iban a demostrar cómo estaban ya hasta la coronilla".[306]

En los periódicos el jefe plateado no solamente hablaba en contra de los judíos y el comunismo, sino que reproducía artículos de personas que habían viajado a la Unión Soviética y remarcaba sus comentarios acerca de la difícil situación que se vivía allí y la falta de garantías individuales. Decía que un periodista que visitó Rusia en 1932 vio a la gente morirse de hambre; que además no tenían libertad de palabra ni de pensamiento; que en los 18 años que tenía el comunismo, habían muerto 30 millones de personas, y que Ucrania, otrora el granero del mundo, ya no producía nada y que lo poco que se cosechaba se vendía a otros países para obtener divisas extranjeras.[307]

Terminaba comentando que "el paraíso soviético" era una verdadera tomadura de pelo, ya que el comunismo había acabado con todo; nadie tenía nada, ni bienes, ni casas, mientras que los salarios eran ínfimos y no alcanzaban para comprar lo necesario.[308]

[305] Seymour M. Lipset, "Three Decades of the Radical Right: Coughlinites, McCarthistes and Birchers, 1962", en Daniell Bell (ed.), *The Radical Right, The New American Right, Expanded and Updated*, Garden City, Nieva York, Doubleday, 1963, pp. 314-326.

[306] "LaGuardia arrests Edmonson...", art. cit.

[307] "Believe it or not. I Saw Starvation in Soviet Russia", *Pelley's Weekly*, 8 de julio de 1936.

[308] *Washington Herald Tribune*, 5 de abril de 1935.

El 12 de junio de ese año de 1936 el periódico de Pelley publicó la siguiente carta:

Nosotros, las víctimas del comunismo judío en Rusia, enviamos esta proclama a todo el mundo, para alertar a los gentiles del propósito que tiene el comunismo judío (no existe comunismo de otro tipo): es el establecimiento de la hegemonía judía mundial, en donde los judíos nos reducirán a la esclavitud. Cuidado, porque están juzgando a un hombre inocente. Edmonson debe salir en libertad y que se juzgue a LaGuardia, Dickstein y la señorita Perkins.[309]

De los zafarranchos entre comunistas y Plateados los más comunes se dirigían contra la Black Legion, que según ellos estaba organizada por judíos; así sucedió en una convención de los Republicanos antes de las elecciones de 1936.[310]

En una sección especial dedicaba a sus seguidores, les daba lecciones de moral. Por ejemplo, les hablaba de lo que debería ser el matrimonio y la relación de pareja; se refería a su propia vida y hacía notar el apoyo que recibía de su esposa, quien era la encargada de la editorial; además aseveraba que la familia, la casa y la educación de los hijos eran lo más importante, y señalaba cómo a raíz del surgimiento del comunismo todo eso se había perdido. Llamaba a todos a volver al cristianismo y no dejarse seducir por los "rojos".[311]

Reiteraba el judaísmo de Roosevelt, diciendo que el origen de su apellido era Rusocampo —aunque antes había mencionado Rosenfeld— y que provenía de una familia sefaradita asentada en Holanda después de haber sido expulsada de España. Por eso el presidente deseaba liquidar el cristianismo e instalar en Estados Unidos el "comunismo judío"; por todas esas razones los Plateados debían unirse y derrocarlo.

Por las fuerzas contrarias, los diarios judíos en Estados Unidos publicaban artículos donde aseguraban que el movimiento de los Camisas Plateadas era una copia de los grupos para-

[309] H. D. Kissinger, "An Open Letter to Homer Cummings. Kansas City, 12 de junio de 1936", *Pelley's Weekly*, 8 de julio de 1936.
[310] "Inside Stuff of Black Legion", reportado por Ohio Silvershirts (Camisas Plateadas). Youngstown, 15 de junio de 1936, en *Pelley's Weekly*, 22 de julio de 1936.
[311] William D. Pelley, "The Cogitations", *Pelley's Weekly*, 8 de julio de 1936.

militares alemanes; que su objetivo era luchar en contra de los sindicatos rojos, de los judíos y de los comunistas, y que además de ese grupo existían otros, como los Camisas Cafés, que fueron expuestos y desacreditados en 1934 por la revista *Today* y cuyo líder Art Smith había sido detenido y enviado a prisión. En esos artículos, posteriormente repetidos por Pelley en su diario, los judíos aseguraban que éste era un prófugo de la justicia y que se reunía en diferentes ciudades con otros líderes fascistas a "puerta cerrada". El plateado consideraba que al publicar esos artículos la gente se convencería de la persecución que en contra suya habían desatado los judíos, y de esa manera tendría más apoyos a su causa.[312]

El plateado continuaba asegurando a sus lectores que el presidente se refugiaba en la Suprema Corte y pretendía en realidad lanzar al mundo a una nueva guerra que amenazaba con acabar con la civilización. Según él, Roosevelt decía: "Forjaremos un frente contra la reacción y el fascismo y la guerra. Forjaremos un Partido del Trabajo que nos conducirá al socialismo".[313]

Los desfiles y las manifestaciones se daban en todos los estados de la Unión Americana. El 22 de julio Pelley, ante un auditorio de 3 000 personas reunidas en el Hotel Winthrop de Tacoma, concluyó su discurso con la frase: "Abajo con los rojos y los judíos en América", y urgió a sus oyentes a lograr la arianización del país y seguir el ejemplo de Hitler para terminar con la raza judía.[314]

Denunció en su publicación el apoyo de Roosevelt a un proyecto de colonización, conocido como la Tierra Prometida, donde se aceptaría a judíos de Alemania y de Ucrania, que se unirían a 35 familias de Bronx y Brooklyn para formar la primera cooperativa agrícola industrial financiada por el gobierno. Si ésta tenía éxito se crearían las siguientes con miles de refugiados que llegarían de Europa. También habló de otra cooperativa situada cerca de Detroit, llamada Sunrise, que

---

[312] "America is with You, Mr. Edmonson", *Pelley's Weekly*, 8 de julio de 1936.

[313] "Libels Washington as 1776 Communist Reds Gives Travesty of Convention in Year's Election, Nueva York, 24 de junio de 1936", *Pelley's Weekly*, 22 de julio de 1936.

[314] "Silver Hordes Grows in West", *Pelley's Weekly*, 22 de julio de 1936.

estaba conformada con 50 familias del mismo origen. Insistía, como tantas veces lo habían hecho, en que había que destituir al presidente, ya que el pueblo no estaba de acuerdo en recibir a esos refugiados.[315]

La queja constante era que los sindicatos estaban formados por un gran número de judíos y que éstos eran los que con frecuencia organizaban las huelgas. Además, se habían convertido en los competidores de los estadunidenses. Así, decía que

los judíos le han quitado el trabajo a los americanos y se han convertido en los líderes de los sindicatos comunistas. Por eso han despertado las conciencias sobre el problema judío. Lo que aquí necesitamos es un Hitler. El judío ya instaló su gobierno comunista en Rusia y es lo que pretende hacer en Estados Unidos. Esto llevará a un "Pogrom Colosal".[316]

Para Pelley, la solución estaba en matar a los judíos o expulsarlos del país. Si esto no se lograba entonces se les debería concentrar en una sola área. Para él, había cuatro graves problemas por las pérdidas que el país sufría:

1) pérdida de poder gubernamental,
2) pérdida del poder adquisitivo de la gente,
3) pérdida de los bienes del pueblo y
4) pérdida de empleos.

El remedio estaba en implantar el programa del Partido Cristiano, que ofrecía un remedio político, uno económico y uno social, ya que el gobierno estaba influenciado por el dinero privado de los judíos, así como el control de la distribución estaba en manos privadas y de ahí había surgido una competencia salvaje del sistema de ganancias. Era fundamental, por lo tanto, crear una corporación de Estados Unidos que pudiera liquidar el odio racial y unir al país bajo los lineamientos cristianos.[317]

[315] "Government Finances Jews", *Pelley's Weekly*, 22 de julio de 1936. Parece que en Estados Unidos se dieron también algunos intentos de colonización con refugiados judíos procedentes de Europa, los cuales, al igual que en México, provocaron ataques antisemitas y resultaron infructuosos.
[316] "Is a *Pogrom* Inevitable?", *Pelley's Weekly*, julio de 1936.
[317] "The Causes of What we are Enduring", *Pelley's Weekly*, 22 de julio de 1936.

Los Camisas Plateadas se extendieron a todos los estados del noroeste, como Oregon, pero sobre todo actuaban en California, en donde tenían sus bases. En varias ocasiones utilizaron las llamadas German House, German Hall o Deutsche House, los lugares alemanes de reunión o de cultura, para hacer sus mítines en contra de los comunistas y los judíos. En la ciudad de San Diego había una, y otras en Los Ángeles y San Francisco; aquí se celebró, en 1936, una reunión de nazis encabezada por Herman Schwim, en la cual quizá participó Nicolás Rodríguez, líder de los Dorados mexicanos.

El jefe Pelley en Estados Unidos —así como Rodríguez lo hacía en México— trató de convencer al pueblo de que el sindicalismo se había convertido en instrumento del sionismo internacional y utilizaba a todos los judíos para sus propósitos. En un artículo del periódico decía que "el Frente Unido Internacional del Comunismo Judío se ha apoderado de todo, y bajo su control están los empleados y los trabajadores".[318] Los judíos eran por ello los causantes de la Depresión, y con ella hicieron que los ahorradores cristianos perdieran todo lo que tenían y además tuvieran que pedir préstamos a los bancos con intereses altísimos. Se quejaba de la aceptación de inmigrantes, ya que éstos eran la competencia más desleal para el trabajador y, además de todo lo anterior, muchos de éstos se convertían en líderes obreros y causaban todos los problemas, sobre todo las grandes huelgas.

A diferencia de lo que sucedía en México, con una población judía muy reducida y de reciente formación en el país, en Estados Unidos los judíos empezaron a luchar abiertamente en contra del antisemitismo de los Camisas Plateadas. Formaron grupos de prevención de ataques y estuvieron alertas para informar a la policía de todos los desfiles y mítines que éstos organizaban.

Una parte fundamental de la vida judía en Estados Unidos en el siglo xx ha sido el trabajo desarrollado por sus organizaciones de defensa, tanto dentro del país como hacia Europa. Algunas de ellas se formaron para apoyar a judíos radicados

---

[318] "Jews Squeezed by Super World Jews-Protocol Plot Shown in Taking Over of Industry", *Pelley's Weekly*, 28 de julio de 1936.

en otras partes del mundo, ya sea en la defensa de sus derechos ciudadanos, o aportando ayuda para su emigración. Otras fueron establecidas para defenderse del antisemitismo.

Una de las organizaciones que estuvieron más alertas en esta cuestión fue la Bnai Brith, una orden fraternal fundada en 1843, que se había preocupado constantemente por los derechos de los judíos en el mundo y que en 1913 fundó una Liga de Antidifamación, la cual recababa información constante de las actividades de los Camisas Plateadas y la transmitía a las autoridades correspondientes. Pelley lo sabía y constantemente hacía alarde de que los judíos de Washington lo querían juzgar, pero no tenían ninguna prueba en su contra. "Detrás de todo esto [decía] está el judío Morgenthau, que es el que maneja la red de espionaje judía. No es un crimen usar la camisa gris en este país con una L escarlata sobre el corazón."[319]

El *New York Daily Worker* era el órgano oficial del Partido Comunista en Estados Unidos (como *El Machete* en México). En muchas ocasiones este diario publicaba las noticias de los desfiles Plateados y de la organización de sus manifestaciones. Pelley reproducía algunos de sus artículos haciendo diversos comentarios para demostrar que los comunistas querían terminar con la patria y con la familia. Generalmente en sus conferencias había personas del Partido Comunista que protesta-

---

[319] "Just Jew Spies", *Pelley's Weekly*, 5 de agosto de 1936; David Wyman, *The World Reacts...*, p. 698. En 1914, a raíz de la primera Guerra Mundial y de lo que estaban sufriendo las masas de judíos en Europa, se creó una organización llamada American Jewish Joint Distribution Committee (JDC), la cual recolectó dinero para ayudar a los necesitados y para buscar un país que los aceptara como inmigrantes. Esta organización estaba apoyada por todos los sectores de la comunidad judía de Estados Unidos, y continuó con sus actividades en los años posteriores. Con el Tratado de Paz de Versalles el American Jewish Committee envió diversas delegaciones a la conferencia de paz, con el fin de asegurar los derechos civiles de los judíos durante la posguerra. De ahí surgió, además, otra organización más grande —el American Jewish Congress—, encargada de proteger a los judíos en los nuevos países que se estaban formando y, a la vez, procurar un Estado para los judíos en Palestina; cuando este congreso sesionó por primera vez, en 1918, se enviaron a él 400 personas. Al otorgarse a Inglaterra el mandato sobre Palestina, este país dio su beneplácito para que los judíos establecieran un Estado judío mediante la Declaración Balfour en 1917. A partir de 1922, esta organización se convirtió en un grupo de defensa y apoyo para los judíos que luchaba en contra del antisemitismo. En 1934 se le unió otra organización, el Jewish Labor Committee, que se ocupó sobre todo de combatir el nazismo.

ban durante la realización de éstas, por lo que solían terminar en un tremendo zafarrancho y con la intervención de la policía; en algunas ocasiones había heridos y se levantaban actas, como sucedía en México con los Dorados.

En California los Camisas Plateadas tenían muchos adeptos, sobre todo líderes que viajaban a lo largo de la Unión Americana arengando a la población contra sus perennes adversarios. Uno de los más activos era Henry Allen, ampliamente conocido entre los suyos y por sus enemigos. En una ocasión fue atacado por un grupo de judíos cuando él y su hijo compraban ropa en una tienda. Según su informe, fue golpeado por cuatro personas que lo reconocieron y le dieron una paliza que lo mandó al hospital. El artículo que sobre esto publicó Pelley terminaba con una frase del mismo Allen: "...Luego no pregunten los judíos qué es un *pogrom*".[320]

Pelley y Allen organizaron una caravana de Camisas Plateadas desde el norte de México hasta el norte de Estados Unidos, que tuvo por lema expulsar a todos los judíos de Estados Unidos. A ella se les unió Kenneth Alexander, un camarógrafo de United Artists, que renunció a su trabajo para unirse al movimiento de los Plateados y quien llegaría a ser un personaje famoso. Popularmente conocido en Los Ángeles como *Alec*, empezó a dedicarse de tiempo completo a las actividades de los Camisas Plateadas y a estar en constante comunicación con Henry Allen. Alexander trabajaba para Sam Goldwyn en el cine, pero Pelley lo convenció de que su labor estaba junto al Partido Cristiano para luchar contra esos judíos que se habían apoderado de todas las industrias del país.

A raíz de la caravana, Alexander escuchó en el German Hall de Los Ángeles un discurso del jefe Pelley; éste decidió, después de tener algunas reuniones con él, nombrarlo el líder en el área de California, con sede en aquella ciudad. En dicha reunión estuvo también William Kemp, brazo derecho de Pelley.

Alexander era un hombre muy hábil, de 45 años y soltero, residente en Los Ángeles y con una gran aptitud diplomática. Se convirtió a partir de entonces en el "Cónsul de Seguridad" de los Plateados y el hombre que recibía toda la propaganda

---

[320] "Pasadena Patriot Attacked by Jews", *Pellley's Weekly*, 28 de julio de 1936.

de Alemania y la distribuía. Después de su nombramiento se comprometió a engrosar las filas de los Plateados en todo California. Su dirección era muy conocida y frecuentada: So. Lafayette Park Place núm. 672, Los Ángeles.[321]

Fue precisamente Henry Allen, con la aprobación de Pelley y Alexander, quien envió a Nicolás Rodríguez una carta para que los visitara en Los Ángeles, pagándole su boleto, para discutir cuestiones que concernían a ambos grupos: los Dorados y los Plateados.[322]

Tanto Allen como Alexander se relacionaron con el grupo de Camisas Doradas en México, y se sabe que Allen se reunió con Rodríguez en el norte del país, así como también que Alexander hizo gestiones en México para conseguir la compra del manganeso que le era necesario al Reich y lograr que los japoneses pudieran establecer una base en Bahía Magdalena.

Otro plateado con actividades en el sur de California fue Hial Cummings, nombrado jefe de grupo en Washington. Comprometido a continuar con la labor iniciada por William Pelley, consideraba fundamental propagar entre los estadunidenses la lectura de *No more Hunger*, el libro donde el jefe aceptaba estar siguiendo los lineamientos de Hitler. Decía que los veinte millones de miembros de la iglesia protestante no iban a permitir que se destruyera el alma nórdica, y recalcaba lo que Pelley decía en la página 75 de su libro: "Mientras un hombre y una mujer vivan en legítimo matrimonio, el Estado (a cargo de Pelley) les dará 83.33 dólares al mes, trabajen o no lo hagan; además se les dará otra cantidad por cada uno de sus hijos".[323]

Los comunistas, por su parte, también respondían a los ataques de los Plateados; así, en Tacoma distribuyeron una circular para alertar a todas las personas a no seguir a los encamisados ya que eran una facción del partido nazi y sólo los llevaría a la destrucción del mundo y del norteamericanismo.[324]

Los judíos también trataban de defenderse, en ocasiones

---

[321] "Kenneth Alexander Becomes Leader of Silvershirts in Los Angeles Area", *Pelley's Weekly*, 5 de agosto de 1936.

[322] El comentario aparece en el periódico de Pelley el 19 de agosto de 1936. Véase AFJM.

[323] En su periódico, Pelley escribió un artículo completo acerca de su vida y sus ideales. Véase *Pelley's Weekly*, 19 de agosto de 1936.

[324] La circular la repartieron en Tacoma elementos comunistas, entre

apoyando a los comunistas. La circular anterior fue repartida también por ellos en Tacoma, insistiendo en que Pelley era el Hitler de América. Esto lo llevaron a cabo en ese lugar en una gran manifestación organizada por los Camisas Plateadas, la cual trataron de impedir los judíos hablando con el alcalde de la ciudad, el señor Mc Gillway, pero sin mucho éxito.[325]

De ahí hubo manifestaciones en Spokane y Seattle, Washington. Éste fue el inicio de una serie de desfiles por todo Estados Unidos. Los Camisas Plateadas se basaban para hacer sus discursos en *Los protocolos de los Sabios de Sión* y en los lineamientos dados por el Führer.

El *Jewish Chronicle* de Detroit publicó un artículo a ocho columnas adonde acusaba a los Camisas Plateadas de haber perpetrado ataques en contra de los judíos y quererles imputar que eran comunistas y que estaban en íntima relación con el gobierno socialista. El artículo del *Jewish Chronicle* hacía mención de lo publicado por el *Highland Post* de Poughkipsie, que se refería a una reunión de la Organización Sionista en la que se había elegido al rabino Stephen Wise como presidente y donde se había mencionado la conspiración anticristiana. "Allí les dieron instrucciones a los sionistas para que empezaran la revolución en Año Nuevo y ayudar a Lehman a ser dirigente de América". Este diario concluía diciendo que el pueblo no debía esperar a que el gobernador Lehman y Rabbi Wise tomaran el poder.[326]

Todavía eran los meses anteriores a la reelección de Roosevelt, y Pelley estaba decidido a derrotarlo mediante todos los medios a su alcance. El 13 de agosto de 1936 en su periódico alertó a los estadunidenses sobre la posibilidad de que llegaran 100 000 judíos a Cuba, los cuales serían los que controlarían la isla. Reprodujo un artículo de un periódico de Washington en el cual se relataban las negociaciones que se estaban llevando a cabo en Cuba con el presidente Miguel Mariano, a

los que se encontraban Harry L. Moody, C. W. Maher, Ted Grunden y Robert J. Pearsall.

[325] "Tacoma Reds Spread Libel to Injure Coliseum Attendance", *Pelley's Weekly*, 19 de agosto de 1936.

[326] "Jewish Publication Afraid at Injection of Race Issue", *Pelley's Weekly*, 19 de agosto de 1936.

quien se le presentó la alternativa de la llegada de los judíos, quienes aportarían suficiente capital y equipo industrial que ayudarían al progreso de la isla. El presidente cubano argumentó que la Ley del Trabajo no permitía la aceptación de trabajadores extranjeros en el país.

Pelley, en el mismo artículo, agregaba que los judíos pedían a Cuba —que era hija de España— les diera la bienvenida, pues ellos habían sufrido hacía cuatro siglos la expulsión, con Torquemada, quien había sido el Hitler de entonces. Anunciaba también un movimiento para llevar judíos a Palestina y otro a Birobidjan, en Rusia.[327]

Sinclair Lewis, en su defensa de los judíos, señaló que *Los protocolos de los Sabios de Sión* habían sido escritos en Rusia para estimular más los *pogroms*, y que era una falsedad culpar a los judíos por todos los problemas económicos del país. Sin embargo, Pelley lo refutaba diciendo que Lewis era muy amigo de Samuel Untermeyer, que éste le había ofrecido hacerle propaganda a través de la Columbia Radio System y que todo iba encaminado a apoyar a Roosevelt en la reelección.

William Pelley, tratando de convencer a los votantes de que él sería la mejor opción durante las próximas elecciones, decidió plantear masivamente el Programa del Partido Cristiano y de los Camisas Plateadas, necesario, según él, para restablecer la vida económica, política y social de Estados Unidos. El programa decía lo siguiente:

Crear una gran nación bajo una corporación que sea la que reciba y organice la producción económica de Estados Unidos, por lo menos durante 17 años, de 1936 a 1953, y quien vote por quien maneje esa corporación sean personas nacidas en Estados Unidos y que cada uno reciba mensualmente 83 dólares como seguro contra el hambre.

Usar los bonos de esta Corporación para pagar la deuda externa de Estados Unidos, recompensar a todos los dueños de negocios por cualquier pérdida y apoyar a los ciudadanos privados por su talento o servicio público sobresaliente.

---

[327] "Plan of Jewish Congressman Reveals Red Control of Cuba", Washington, D. C., 13 de agosto de 1936; éste es copia de un artículo de Washington que Pelley reproduce en *Pelley's Weekly*, 19 de agosto de 1936.

Instruir a todos los negocios en Estados Unidos para que vuelvan a trabajar tiempo completo a partir de octubre, como en 1929, llamándolos a trabajar y volver a emplear a los 17 millones de adultos sin trabajo, que apoyados ahora por el sistema rusocrático, burocrático de Washington, ha hecho sangrar a los hombres blancos del Tío Sam.

Que se arregle la forma de revitalizar y reanudar la industria como se encontraba en 1929, para que los precios y salarios se mantengan por cinco años hasta que se normalice la situación.

Arreglar que sea abierta una cuenta en el Federal Bank en cada distrito de Estados Unidos, para cada persona casada o soltera que tenga una acción en la Corporación grande, que se le den créditos bancarios para cobrar sus salarios, o se le den dividendos, debido a la actual falta de efectivo que sufre el país.

Si toda la nación se vuelve productiva en un periodo de cinco a 17 años, con el apoyo de ese crédito revolvente no podrá ser manipulada por nadie y el problema de los extranjeros no asimilables, los negros y los pérfidos judíos se resolverá haciéndolos "guardias de la República", como ahora lo son los indios estadunidenses que son guardianes de la República, bajo un "Secretario de Judíos y Extranjeros" en el gabinete presidencial.

Designar una ciudad en cada Estado como "Beth Haren" o ciudad de los judíos, en la cual los hebreos deberán residir y fuera de ella tengan prohibido comprar propiedades, o no se les podrá proteger mediante la ley. Una ciudad donde puedan ser ricos o pobres, según como se comporten, donde puedan servir a Dios y tratar uno con el otro sin la intervención de los gentiles. Donde tengan sus oficiales y policías sin tener relación con el público gentil, donde no se mezclen con los cristianos o influyan sobre ellos en arte, cultura o economía.

Prohibir por estatuto cualquier hipoteca en propiedades privadas, ya sea haciendas o propiedades residenciales, lo cual pone la casa de un hombre o su hacienda en manos de los bancos o prestamistas, porque la ciudadanía se empobrece y eso ha sucedido desde 1929, así que se le debe restituir su propiedad con dividendos pagándolos de las acciones preferenciales de la Gran Corporación.

Alentar a los sindicatos a asegurar las mayores compensaciones posibles por un trabajo honrado, pero evitar reconocer el liderazgo que no sea elegido por el sindicato y castigar con la ley a los agitadores profesionales tratando de "conservar los intereses del trabajo" que ahora realmente operan en beneficio del capitalismo judío.

Instalar de inmediato en las escuelas públicas currículas que tengan un curso de civismo práctico, enseñando a los niños desde su primer día de clase lo que es el Gobierno, la Justicia Social y el peligro de los extranjeros "no asimilables" y de los judíos antisociales, para que respeten la Constitución y la Bandera y las instituciones gentiles en general y que todo ello forme parte de los pensamientos instintivos.

Que se convierta en Acto de Alta Traición contra el interés económico del pueblo, el que cualquier administrador o sus empleados o el empleado de la Gran Corporación o cualquier negocio privado, adquiera productos en el extranjero que puedan ser producidos en el país con materias de Estados Unidos, o el importar y vender los productos en competencia con los hechos en él.

La inmediata detención de las propiedades de todos los extranjeros en Estados Unidos, trabajando bajo el gobierno, que no hayan compensado al pueblo estadunidense por los préstamos de guerra o reparaciones que se hicieron de buena fe durante o después de la guerra y el usar e incrementar sus posesiones de los mismos, hasta que la fecha en cada país se haya cumplido, sobre todo con el Tesoro Federal o cualquier rama de financiamiento estadunidense en su totalidad.

La instalación en el Gobierno del Incentivo Económico Cristiano, para ayudar y servir al pueblo, para darles mayor apoyo para lograr el respeto individual en todos los sentidos de la vida, y que los oficiales sean elegidos por sus importantes habilidades en el servicio público y no tomar en cuenta la ganancia privada.

Abolir el voto secreto, que es lo que ha detenido el proceso financiero y económico y conducir las elecciones a través del sistema postal bajo franqueo libre, haciendo obligatorio el voto e imposible el hacer trampa en ninguna elección y que se regrese, como los impuestos, el 15 de marzo de cada año, para asegurar elecciones honestas que hablen por todo el pueblo en lugar de los métodos de propaganda e intimidación que se usan ahora.

El programa concluye diciendo que con esa forma de administrar la política, las finanzas y la economía estadunidense sería erradicado el judío internacional. Toda la solución estaría en manos del Partido Cristiano y los Camisas Plateadas; ambos grupos unidos acabarían con la amenaza comunista que estaba presente en todo Estados Unidos. "Son los 14 puntos que Pelley propone en esta situación desesperada."[328]

---

[328] En el artículo "What the Christian Party and Silvershirts Would do to

El 15 de diciembre de 1938 el *New York Daily News,* uno de los periódicos de mayor circulación en Estados Unidos, dedicó 15 columnas a comentar una investigación sobre el antisemitismo, a la cual los reporteros Doris Fleeson y John O'Donell titularon "New Deal Probes Anti-Semitic Drive on New Congress".

Parece que algunos congresistas que habían participado en el *New Deal* estaban molestos por la distribución que hizo Pelley Publishers del panfleto titulado *Jews in our Government.* Se enlistaban 275 nombres de judíos que Pelley había detectado como integrantes del Congreso, aunque parece que muchos ni siquiera lo eran.

El objetivo del plateado era demostrar que los judíos fueron los que impusieron el *New Deal,* y la prensa nazi aprovechó esto. En un artículo en *The News,* se declaró que había 62 000 judíos en el gobierno estadunidense.[329]

Toda esa desinformación influyó mucho en el pensamiento de la población, al grado que una tercera parte de ella creía que los judíos eran más radicales que los propios estadunidenses. Los caracterizaban con rasgos no muy agradables, como la deshonestidad, la agresividad y un gran sentimiento de superioridad. Y aunque había muchos que deseaban quitarles el poder, otros les reconocían cualidades de buenos administradores en los negocios, ambición, intelecto y lealtad a su raza.[330]

Uno de los reporteros del *New York Times,* Walter Winchell, escribía constantemente en contra de los Camisas Plateadas así como también en contra del padre Charles E. Coughlin, quien se dedicaba a llevar a cabo maratones radiofónicos en los que atacaba a los judíos; entre su gran público, que en ocasiones llegaba hasta 15 millones de radioescuchas, 90% lo oían regularmente.

Coughlin decía que los judíos habían matado a Jesucristo y que ahora eran personas no gratas, porque dominaban todas

Restore the Nation" Pelley define todo su programa. Véase *Pelley's Weekly,* 19 de agosto de 1936.

[329] Frederick Allen, *Since Yesterday, The Nineteen Thirties in America, September 3, 1929, September 3, 1939,* Nueva York-Londres, Harper and Brothers, 1939, p. 329. YIVO expediente acerca de Pelley. *Apud.* Hertzstein, *Roosevelt...,* op. cit., p. 257.

[330] Charles H. Stember *et al., Jews in the Mind of America,* Nueva York, Basic Books, 1966, pp. 121-131.

las áreas en Estados Unidos. En junio de 1938 empezó a publicar el periódico *Social Justice*, en el cual reprodujo, casi por completo, *Los protocolos de los Sabios de Sión*.

El religioso tenía adeptos como la Arquidiócesis de Brooklyn, que a su vez editaba el *Brooklyn Tablet*, dirigido a las clases media y baja, en el cual señalaba que todas las familias tenían derecho a una mejor situación, y puesto que el *New Deal* exigía personas mejor educadas, sólo había beneficiado a los judíos.

El periódico de Coughlin se encargó también de denunciar el boicot declarado por los judíos a los productos alemanes, aseverando que ellos eran los culpables y negando que los que vivían en Europa estuvieran sufriendo. Argumentaba que eso era un asunto que Alemania tendría que resolver internamente sin la intromisión de ningún país.

Los alemanes apreciaban mucho al padre Coughlin, a quien consideraban muy valiente. Uno de sus aliados, Leo T. Reardon, fue entonces enviado a visitar al ministro del Exterior en Alemania, Joachim von Ribbentrop, el cual le confirmó que se avecinaban tiempos antisemitas en Estados Unidos y mandó todo su apoyo a Coughlin.

El programa de radio exacerbó el antisemitismo, y los desempleados, vagos y psicóticos fueron entonces utilizados para difundir los mensajes. El padre fundó la asociación Christian Front, a la que se adhirieron una gran cantidad de irlandeses que se sentían luchadores de la "guerra santa" y empezaron a entrenarse como un ejército que esperaba el día en que ese grupo de "arios cristianos tomara por las armas el país".

Sin embargo, este grupo no estaba de acuerdo con Pelley y lo catalogaba de incapaz, así como a todos los Plateados, y aseguraba que los que realmente harían la guerra serían ellos, con las armas y las bombas que tenían almacenadas.

Las peleas callejeras con judíos y otros antifascistas se volvieron muy frecuentes, y Coughlin empezó a separarse del Frente Cristiano por desaprobación de su arquidiócesis, pero continuó recibiendo la propaganda alemana. El presidente Roosevelt fue informado de sus actividades y ordenó detener la propaganda nazi.[331]

---

[331] R. Hertzstein, *Roosevelt...*, *op. cit.*, p. 331.

Desde 1938 el presidente estadunidense temía que viniera un ataque por el Canal de Panamá y que el dominio alemán se extendiera por toda América del Sur, con ataques aéreos sobre Estados Unidos, que se darían desde unas bases establecidas en México.

Una serie de artículos que publicó el *New York Times* plantearon los efectos subversivos de la propaganda nazi en Brasil, Argentina y Bolivia. Se rumoraba que 25 000 soldados alemanes, entrenados como tropas de asalto "ilegales", ya habían desembarcado en Brasil.[332]

Roosevelt empezó a creer en la existencia real de una quinta columna en América, y su secretario Ickes le insistía en que no se estaba actuando en consecuencia. Este hombre le aseguraba que Charles Lindbergh era un nazi que estaba también dirigiendo un grupo en el país, y le decía que sus colaboradores habían descubierto que los alemanes estaban enviando dinero para apoyar a los grupos de derecha como los Christian Mobilizers y los Silver Shirts, además de personas como el padre Coughlin, entre otros.

Los periódicos empezaron a manejar esta información, pero Roosevelt detuvo el asunto pidiéndole al FBI y a su director, J. Edgar Hoover, que actuaran en consecuencia.[333]

Hoover desplegó agentes en toda América Latina, especialmente en México, donde se dedicaron a reunir información sobre el Eje y sus actividades de espionaje y propaganda. Toda la información se comunicaba tanto a Roosevelt como al presidente Lázaro Cárdenas.

Los estadunidenses se asustaron al conocer, por algunos informes en la prensa, la cantidad de agentes nazis en México. El *New York Times* decía en un encabezado que "los agentes

[332] Harold Levine, *Fifth Column in America*, Nueva York, Doubleday-Doran, 1940, p. 171, y David G. Haglund, *Latin America and the Transformation of U. S. Strategic Thought 1836-1940*, Albuquerque, University of New Mexico Press, 1984, caps. 3 y 5.

[333] NAW, Embassy to AA 3 y 7 y 11 de junio, Serial 19/12191-123, Serial 19/122217-218, Serial 19/12254, Serial 57/38822-823 (Bonn), Thomsen to AA, 23 de septiembre y 22 de octubre 1940. DGFP D, vol. 11 157 ff; y 362 ff. Embassy to AA, 27 de octubre de 1940, Wuzacker to German Consulate Manila, s. f., núm. 4433, Ickes Diary 4405, 26 de mayo de 1940 y 4590, 19 de julio de 1940. Véase Don Withead, *Historia del FBI*, Buenos Aires, Sopena, 1958.

nazis están muy ocupados en México y amenazan la defensa de Estados Unidos".[334]

En realidad, el comunismo no era una preocupación en ese momento, ni para Roosevelt, ni para Cárdenas; ambos estaban más alertas acerca de las actividades alemanas en sus países y no consideraban que el Partido Comunista fuera una amenaza para la estabilidad de sus naciones.

Los que se oponían a la llegada de refugiados gritaban que entre ellos se habían infiltrado agentes nazis. El embajador Bullit le dijo a Roosevelt que se sabía que algunos refugiados judíos que procedían de Francia quizá podían ser espías nazis.

El New York World Telegram mencionaba que cerca de 100 000 nazis estaban infiltrados en la quinta columna en América. Muchos opinaban que ellos eran el caballo de Troya que les traería la perdición.

La extrema derecha empezó a mostrarse en pésimas condiciones debido a las presiones del FBI y de las autoridades gubernamentales, entre las que se encontraba el secretario Ickes y su equipo, formado por Dorothy Thompson, George Gallup (que dirigía las encuestas), Henry Luce y el teólogo Reinhold Niebuhr.[335]

Franklin D. Roosevelt logró, gracias al apoyo de los medios, cambiar las imágenes a los antisemitas y presentar la verdadera cara de los fascistas. Durante los primeros años de la década de los años treinta el presidente los ignoró, pues casi no hizo mención del tema en ningún acto público, pero a partir de 1939 los convirtió en "peligrosos grupos subversivos que estaban traicionando al país".

Al mismo tiempo se distanció de las súplicas de los judíos para rescatar a sus hermanos del Holocausto en Europa, y empezó a referirse al asunto de los refugiados con gran cautela. Obtuvo apoyo en su política antinazi, pero tuvo mala disposición hacia los judíos.[336]

---

[334] New York Times, 28 de agosto de 1940. El artículo fue escrito por Russell B. Porter. NAW, Department of Justice, cajas 6 y 14, dossier 877, Nazi Threat to Latin America.

[335] R. Hertzstein, Roosevelt..., op. cit., p. 341.

[336] David Wyman, The Abandonment of the Jews: America and the Holocaust 1941-1945, Nueva York, 1984, y del mismo autor, Paper Walls, America and the

Muchos que se consideraban conservadores de derecha o antisemitas que odiaban al presidente Roosevelt, empezaron a ver a la quinta columna o a los nazis como personas más peligrosas que los judíos mismos. A finales de 1940 el pueblo estadunidense estaba convencido de que todos los grupos profascistas o pronazis eran traidores, y éstos aún pensaban en derrocar al régimen.

Para el padre Coughlin, Fritz Kuhn, William Duddley Pelley o el general Moseley, Roosevelt era un "iluso" controlado por los judíos. La guerra permitió a estos personajes nuevos bríos: ahora recurrían a una combinación de antisemitismo y nacionalismo xenófobo que les sería muy útil para hacer estallar sus rebeliones.

Pero en realidad ya se notaba en ellos una gran debilidad que acabó por aniquilarlos. Su error había sido su gran admiración por Hitler, porque el pueblo empezó a culpar a los nazis de haber provocado la guerra. Periodistas dentro de la cadena Hearst, que tanto los habían apoyado en un tiempo, ahora se dedicaban a comentar que preferían a Roosevelt que a cualquiera de esos líderes de la derecha.

La Casa Blanca y sobre todo el FBI aislaron al *Bund* germano. Todavía pudo surgir como líder William Kunze, decidido a continuar con la propaganda para salvar al Reich, argumentando que era Roosevelt el que estaba llevando al pueblo a la guerra. Su periódico *Free America* siguió publicando artículos en contra de los judíos y el comunismo.[337]

El *Bund* siguió peleando entre su patriotismo y su nazismo, pero el presidente continuó previniendo al pueblo en contra de la quinta columna que estaba traicionando al país. Los espías, los traidores y los saboteadores entraban a formar parte de ese grupo.[338]

Refugee Crisis 1938-1941, Amherst, Mass., University of Massachusetts Press, 1984. Véase, además, Deborah E. Lipstadt, *Beyond Belief*, Nueva York, The Free Press-/Macmillan, 1993.

[337] Walter Lacqueur y George L. Mosse, *International Fascism, 1920-1945*, pp. 162-167. *Apud.* R. Hertzstein, *Roosevelt...*, *op. cit.*, p. 364. Véase *Franklin D. Roosevelt and Foreign Affairs*, 16 vols., Hyde Park, Nueva York, F. D. Roosevelt Library.

[338] *New York Times*, 26 de septiembre de 1939. Edmund Taylor, *The Strategy of Terror*, Boston, Houghton, Miffin Co., 1940, p. 269.

Fue así como el *Bund* empezó a perder apoyo y a disminuir sus entradas. En las librerías de los Plateados en Los Ángeles las ventas fueron vigiladas, y los panfletos que en algún momento habían vendido ahora los estaban regalando. Sus actividades requerían de grandes sumas de dinero que dejaron de percibir.[339]

Para junio de 1940, 87% de las personas entrevistadas por *Fortune* tenían la esperanza de que los nazis o sus simpatizantes fueran a dar a la cárcel. Parece que el *Bund* sobrevivió gracias al apoyo de Goebbels y de organizaciones nazis, pero el gobierno le congeló sus cuentas argumentando que era una amenaza pública. Preocupado porque lo podían arrestar, Wilhelm Kunze se fue a México por un tiempo.[340]

Muchos católicos seguían escuchando al padre Coughlin en la radio, pero el presidente Roosevelt empezó a acosarlo y le suspendieron el acceso a ese medio. Entonces se unió al grupo National Union for Social Justice, en donde siguió con su antisemitismo y su apoyo a los nazis.

Agentes federales se infiltraron en el Frente Cristiano y a principios de 1939 arrestaron a 17 de sus miembros en un club deportivo en Brooklyn, donde les encontraron armas, municiones y bombas. Hoover informó que éstos pensaban matar a muchos judíos, a comunistas y a 12 congresistas e iniciar una rebelión en Nueva York.

El secretario Ickes fue informado por el reverendo Maurice S. Shukey de que Coughlin estaba recibiendo armas de los alemanes. Bajo la presión del gobierno, la Iglesia lo fue manteniendo cercado hasta que murió años después, como un párroco desconocido.

Pelley también terminó mal. Primero hablaba de conseguir el paraíso y después de apoyar al fascismo. Esto era una combinación de odio y salvación. Dejó también de recibir apoyo y fue acosado tanto por el gobierno como por las organizaciones judías.

El FBI y algunos congresistas se ocuparon de desenmas-

---

[339] *Bnai Brith Messenger*; Los Ángeles, 23 de agosto de 1940. NARA, RG 131/198, Draeger interrogation del 21 de agosto de 1947, p. 5, núm. 1778, y RG238, RG 131/122 /20.

[340] R. Hertzstein, *Roosevelt...*, *op. cit.*, p. 366.

carar a los grupos pronazis. Los periodistas empezaron a publicar bastantes artículos en contra de estas agrupaciones.[341] Según Ribentropp, esas acciones estaban impulsadas por los judíos.

Walter Winchell, de origen judío, se convirtió en informante del presidente Roosevelt. Él había sido denunciante desde 1934 de los Camisas Plateadas y su revista *Liberation*, y por eso las actividades de su jefe William Duddley Pelley llegaron a conocimiento de la Casa Blanca. El presidente Roosevelt después actuó en consecuencia.[342]

Como ha quedado expuesto, los nazis tenían varios líderes pero ninguno con gran fuerza o carisma. Sus organizaciones, generalmente descentralizadas, consistían en grupos locales formados por personas psicópatas, como Coughlin y Pelley. El nacionalismo no llegó a apoderarse de la gente del pueblo en general. Estados Unidos no había perdido ninguna guerra, ni había sido víctima de una paz forzada. El militarismo no había sido una tradición en el país.

A Kuhn se le encarceló y se abrió un juicio contra Pelley. El *Bund* y los Camisas Plateadas empezaron a ser identificados como grupos antijudíos. Sin embargo, Estados Unidos siguió apareciendo como un país antisemita, y hasta que el asunto se asoció con la potencia hostil alemana empezó a perder su peso político.

Quizá eso fue parte del genio de Roosevelt, porque logró colocar a estos movimientos en una especie de aislamiento, asociándolos después, con mucho éxito, a la Alemania de Hitler, al caballo de Troya y a la quinta columna. Esto lo logró gracias a su habilidad para separarse de la controversia alrededor de las cuotas migratorias y la cuestión de los refugiados.

[341] *New York Times*, 4 y 8 de junio y 7 de julio de 1940. *New York Herald Tribune*, 26 de septiembre de 1940.

[342] Franklin D. Roosevelt Library, expediente de Winchell, 5547, cartas, 15 de septiembre de 1939. Exp. de Christian Mobilizer's Meeting. Véase L. McKale, *The Swastika Outside Germany*, Kent, Kent State University Press, 1977. En los Archivos de Washington se encuentra toda la correspondencia de los embajadores en los diversos países latinoamericanos enviada al presidente Roosevelt respecto a la participación de la llamada Quinta Columna. Por ejemplo, German Ambassador to Chile to AA, 8 de marzo de 1938; Documents on German Foreign Policy 1918-1945, Series C y D publicadas por el Departamento de Estado, vol. 5, 821-822; Minister in Mexico to AA, 8 de abril de 1938.

El presidente y sus agentes pudieron asegurar que Pelley o Coughlin eran pronazis por sus discursos y actuaciones; la caída de los Camisas Plateadas, el Frente Cristiano, los Christian Mobilizers y el *Bund* dieron fe del éxito de su gobierno. Y la Constitución se mantuvo a pesar de todo lo que lucharon los conservadores y los agitadores de la derecha.

Los Camisas Negras en Inglaterra

La cronología del siglo XX es un catálogo de violencia tan intensa como la humanidad nunca antes había presenciado. Dos guerras a escala mundial marcaron al hombre y han determinado su ser violento, ya que la afirmación de las ideas o ideales irremediablemente ha conducido a situaciones de choque.

Cuando el ser humano pensó que ya había dominado la naturaleza, la ponía a prueba y en peligro constante por el uso de esa violencia. La urgencia de luchar y destruir ha estado presente en su forma de ser, al unísono con su urgencia de amar y crear.

Al estudiar esa violencia y su constante aumento durante el siglo XX, encontramos temas de análisis como el del grupo de los militares, el de los sobrevivientes, los afectados, los grandes hombres, etc. Ninguno de ellos puede investigarse de manera aislada. En nuestro caso concreto, tampoco los movimientos paramilitares que surgieron en la década de los años treinta se pueden analizar independientemente. Ni los Camisas Doradas, ni los Camisas Plateadas surgieron aisladamente, a pesar de ofrecer las características específicas del país donde operaron. Según lo analizado en los capítulos anteriores, estos grupos nazifascistas tuvieron un gran apoyo de Alemania y de su Führer, pero además, en el caso concreto de los Dorados y los Plateados, éstos tuvieron en común sus ideales reaccionarios, el mismo espacio geográfico del continente americano, por un lado, y su cercanía fronteriza, por el otro.

Las relaciones de "buen vecino" que el presidente Roosevelt insistía en mantener con América Latina y las circunstancias mexicanas bajo las que se encontraba Lázaro Cárdenas —con la expropiación del petróleo, el boicot a éste y la inminente guerra—, pusieron a éste ante la disyuntiva de aceptar la cohesión americana o buscar la venta de su petróleo en los mercados alemanes o italianos. Hechos que para ambos países marcaron un derrotero paralelo y una necesidad de apoyo mutuo, que los convirtió en aliados en contra de los grupos de encamisados.

Historiadores especializados en el estudio de los años treinta de este siglo en Europa, consideran importante también comparar los movimientos de derecha en varios lugares de aquel continente con el nazismo de Hitler.[343] Quizá no se les había ocurrido que esos movimientos se estaban dando también en América, y que podían tener relación con los europeos. En nuestro estudio concreto, la comparación entre los Camisas Plateadas y los Camisas Negras de Inglaterra con los Dorados mexicanos nos corrobora que estos grupos fueron creados en todo el mundo con la misma intención. Como ya pudimos constatar, la comunicación abierta que se dio entre los Plateados y los Dorados permite afirmar categóricamente que todos estos grupos tuvieron un mismo patrón y seguían una misma línea en su estrategia y forma de lucha, y tuvieron contacto entre sí.

Como ejemplo tenemos en Europa a Mussert´s con su grupo en Holanda (NSB), los rexistas de Bélgica o la Cruz de Fuego en Francia, los cuales eran grupos similares al de Oswald Mosley, fundador de la Unión de Fascistas Británicos o Camisas Negras.[344]

En los años treinta Europa vio aparecer los movimientos fascistas en una docena de países; la mayoría había adoptado como modelo a Mussolini o a Hitler. En Inglaterra, sin embargo, el fascismo era débil y tenía poca importancia, comparado con el practicado en el continente.

Oswald Mosley se desilusionó de su partido y de la vida política en la Gran Bretaña cuando surgió el gobierno de coalición. Admiraba a Mussolini y deseaba ayudar a las masas de

---

[343] Eric Hobsbawm, *The Age of Extremes. A History of the World, 1914-1991*, Nueva York, Vintage Books, 1996, pp. 142-161.

[344] David R. Shermer, *Blackshirts, Fascism in Britain*, Nueva York, Ballantine Books, 1971, p. 8; E. Hobsbawm, *The Age...*, *op. cit.*, p. 127; Donald M. McKale, *The Swastika outside Germany*, Kent, Kent State University Press, 1977.

desempleados surgidas a raíz de la Depresión; así fue como organizó a los Camisas Negras. Fundó el British Union of Fascists, BUF, que muy pronto se convirtió en un virulento partido antisemita. Mosley empezó a imitar a Hitler.

El BUF, popularmente conocido como los Camisas Negras por el uniforme tan llamativo que usaban, empezó a propagarse con sus reuniones y desfiles con antorchas por Inglaterra, y Mosley, apoyándose en su nacionalismo, cobraba relevancia como su líder. Aunque en un principio el partido no trató de obtener el poder, ocasionó al gobierno mucho desasosiego por sus fuertes ataques antisemitas y anticomunistas y las constantes y violentas peleas callejeras que protagonizaban sus miembros.

La brillantez y el dinamismo de sir Oswald Mosley le dieron al movimiento un gran impulso en la década de los treinta. Algunas de sus ideas acerca de las cuestiones económicas y las reformas sociales eran de avanzada para su época, y fueron las que sentaron las bases positivas para afianzar el movimiento inglés. Mosley se había inspirado en Maynard Keynes, el economista de Cambridge.[345]

Sin embargo, el movimiento de los Camisas Negras no logró el éxito que esperaba, por su violencia, su antisemitismo y su intolerancia. Surgió como secuela de la Gran Depresión de 1929, iniciada en Wall Street cuando el mercado de valores se vino abajo en Estados Unidos. En Inglaterra, la actitud de unidad del gobierno nacional y lo respetable de líderes como Mac Donald y Baldwin detuvieron por un tiempo el crecimiento de esos sentimientos antagónicos en gran parte del pueblo inglés.[346]

En esos momentos, con la caída del poder adquisitivo y el gran desempleo, parecía que el gobierno era incapaz de encontrar soluciones rápidas a esos problemas, lo que le dio a Mosley las bases para acercarse al fascismo. En un principio este grupo de Camisas Negras fue aceptado en algunos barrios de la capital inglesa, aunque nunca tuvo la aprobación general.

---

[345] E. Hobsbawm, *The Age...*, *op. cit.*, pp. 102-107.
[346] William Manchester, *The Last Lion. Winston Spencer Churchill, Alone 1932-1940*, Canadá, Delta Book, 1989, p. 133.

Su anticomunismo y su ferviente nacionalismo no lograron amalgamar las quejas del pueblo.

Los Camisas Negras fueron precedidos por gran cantidad de pequeños movimientos radicales de derecha. Aunque no se sabe con certeza si éstos fueron la base de su creación, lo cierto es que fueron los precursores del BUF y le dieron un respaldo para el desarrollo de sus propias ideas. El proceso se asemeja mucho al caso mexicano, en el que la aparición de las ligas antichinas y antijudías en la década de los años veinte precedió al movimiento de los Camisas Doradas; o al de Estados Unidos, donde un gran cúmulo de pequeños grupos con la misma ideología surgieron antes de que los Plateados.

De los grupos precursores ingleses, la British Empire Union y el National Citizens Union fueron organizaciones anticomunistas. Otro, los Britons, fueron un grupo organizado para difundir el antisemitismo, basados sobre todo en *Los protocolos de los Sabios de Sión*. De esas ideas antisemitas surgió la llamada Liga Fascista Imperial.[347]

Poco tiempo después, Mosley se veía a sí mismo como el hombre destinado a llegar al poder, cuestión que debería suceder en un tiempo relativamente breve, como fue el caso de Nicolás Rodríguez o William Duddley Pelley. Las citadas uniones British Empire y National Citizens tenían como meta influir en los elementos de la ultraderecha, o sea entre los conservadores, para lograr su apoyo; pero de todas las organizaciones de su tipo, los Camisas Negras eran los que afirmaban poder transformar el sistema político inglés.[348]

El BUF desde un principio fue capaz de reunir grandes masas de descontentos por la forma flexible como presentaba su programa. Los movimientos que le precedieron quizá fueron los que contribuyeron a crear ese clima de opinión acerca de las ideas fascistas, lo cual desde entonces quedó claro por la violencia que manifestaban. Finalmente, el anticomunismo y el

[347] Todos esos grupos se organizaron para hacer propaganda política, más que para obtener el poder, de forma muy similar a lo que sucedió en México en la década de los años veinte respecto de las ligas antichinas y antijudías.
[348] La formación de este movimiento se asemeja mucho a la situación que se dio en Estados Unidos en esos años, así como en México. Fueron grupos que deseaban ganar el poder para transformar el sistema político.

antisemitismo que ya existían desde aquellos primeros grupos fueron el sustrato que estaba ya preparado y que luego fue explotado por los Camisas Negras.

En su búsqueda de legitimidad los Camisas Negras también se referían a sus orígenes británicos. Daban como antecedentes a los voluntarios de Ulster, un movimiento paramilitar formado antes de la primera Guerra Mundial cuyo objetivo fue el amenazar y, si era necesario, usar la fuerza en contra del gobierno británico si éste aceptaba la Ley Irlandesa. Esos voluntarios eran fuertes nacionalistas, criados en la tradición de la derecha, los cuales luchaban por detener la inmigración. Adoptaron el lema: "Inglaterra para los ingleses", así como se había adoptado en México el lema de "México para los mexicanos", o en Estados Unidos "América para los americanos".

Argumentaban también que todos los inmigrantes eran una carga para la sociedad y una competencia para el trabajador inglés. Esto, sumado a la propaganda antisemita y antiextranjera que se inició a principios del siglo xx, dio como resultado la creación de ligas que pugnaban por acabar con esa plaga de personas "inasimilables". Tal situación corrobora la igualdad de circunstancias que se estaban dando en el mundo entero.

Desde 1923 se fundó una liga llamada "Los Fascistas Británicos", que trataron de inmediato de copiar a Mussolini, y de usar un uniforme que tenía como distintivo una espada. Llevaban una banda atravesada en el pecho que decía: "For King and Country" ("Por el rey y por el país"), con las iniciales BF en sus camisas y portando pañuelos negros. En 1927 aceptaron que la camisa fuera azul para los desfiles. Quizá este grupo sea el equivalente de los Camisas Verdes en México, de los cuales ya hemos hablado en capítulos anteriores.

Los antecedentes del movimiento de los Camisas Negras se pueden dividir en varias etapas, que son las siguientes:

Desde principios de la década de los años veinte hasta 1926, el programa de las diferentes ligas estaba basado en la lucha en contra del avance comunista y judío.

De 1926 a 1930 el movimiento se preocupó por crear un programa político para encontrar remedio a la falta de empleo y el mejoramiento de la economía, con la complacencia del gobierno.

A partir de 1930 su política fue abiertamente fascista, adoptando el modelo italiano. Su lucha fue directa contra el comunismo y los judíos.

El comunismo ateo, la amenaza extranjera, las finanzas internacionales y el sindicalismo fueron culpados al unísono, al igual que en México o en Estados Unidos.

En 1926 se publicó en Inglaterra el libro titulado *The Need of Fascism in Great Britain (La necesidad del fascismo en la Gran Bretaña)*. Su autor era Nesta Webster, un hombre que detestaba al comunismo, al judaísmo y a todos los extranjeros.[349] En esta obra se señalaba la importancia de que los miembros del Parlamento sólo fueran personas nacidas en Inglaterra y de raza británica, y se pugnaba por la expulsión de los judíos de la primera generación que ocuparan algún puesto en ese organismo.[350]

Hacia 1931 estos movimientos ya habían adoptado un programa fascista de gremios y corporaciones, y un año después sugerían la sustitución de partidos políticos por un Estado corporativo. Continuaban insistiendo en que los judíos y otros extranjeros debían ser excluidos de posiciones políticas, de las votaciones y en general de participar en la vida nacional. He aquí una nueva coincidencia con el caso de México, donde se desarrolló la Campaña Nacionalista promovida por la Cámara de Diputados en ese año de 1931, y de Estados Unidos, con la propuesta de William Pelley sobre el Estado Corporativo, unos años después.[351]

Los Camisas Negras se fundaron en 1932, y muchos de los miembros de los otros grupos se adhirieron a este movimiento y a sus actividades militares. Éstos aseguraban, como los demás encamisados, que existía una conspiración judía mundial, y que eran los judíos capitalistas los que estaban financiando el socialismo y el comunismo.

El ejemplo de la Rusia bolchevique, los problemas de Irlanda e India, el surgimiento de los laboristas como partido alternativo al gobierno y la división interna del país, se vieron plas-

---

[349] D. Shermer, *Blackshirts...*, *op. cit.*, p. 21.
[350] *Ibid.*, p. 22.
[351] La Campaña Nacionalista en México, iniciada, por Rafael Melgar, que dio pie a todos los desfiles de apoyo a la compra de productos nacionales.

mados en la huelga general que permitió que apareciera un sentimiento nacionalista que pugnaba por la vuelta "a los buenos tiempos".[352]

Éste proclamaba una rebelión en contra de la democracia y un retorno a la tradición, y solicitaba con vehemencia que se les quitara la ciudadanía a los judíos. Agregaba que en ningún país "el judío era aceptado", y que Inglaterra no era la excepción.[353]

Oswald Mosley, líder de los Camisas Negras, nació en 1896. Su madre había sido una baronesa que venía de una familia acomodada de la aristocracia. Fue educado en Winchester y en la Real Academia Militar de Sandhurst, pero nunca llegó a estudios superiores. En realidad nunca tuvo problemas económicos, ya que recibía por herencia una cantidad de libras esterlinas mensuales suficiente para todas sus necesidades.

Cuando dio comienzo la primera Guerra Mundial, Mosley fue enviado a la Legión de los Lanceros; poco después se cambió a los Cuerpos Reales del Aire (Royal Flying Corps), donde fue herido en una pierna, lo cual lo dejó con una cojera permanente.

Poco después ingresó al Parlamento, pero se sentía a disgusto apoyando al gobierno de coalición y empezó a conspirar en contra de él. Para 1924 se unió al Partido Laborista, pero despertó en él una gran desconfianza, ya que algunos de sus miembros opinaban que Mosley era descendiente de aristócratas y otros que era un socialista.

En 1929 este hombre asumió el problema del desempleo. Poco después fue expulsado del Partido Laborista, lo que causó que diera un viraje en su participación política.

Inició entonces su lucha para lograr, según él, un gobierno fuerte, tan necesario para el país. Para 1931 envió un memorándum que acabó convirtiéndose en un manifiesto de su nuevo partido. En él proponía un programa muy radical para encontrar soluciones al problema económico; sobre todo se notaba su nacionalismo y el deseo de llevar a cabo reformas monetarias, más que nada desde el punto de vista constitucional.

---

[352] W. Manchester, *The Last Lion...*, *op. cit.*, pp. 239-243.
[353] D. Shermer, *Blackshirts...*, *op. cit.*, p. 23.

Su movimiento se basaba en dos premisas que eran: el apoyo de los jóvenes y la "acción", ambas importantes para lograr la reconstrucción de Inglaterra. Algunos miembros del Partido Laborista se le unieron, entre ellos John Strachery, W. J. Brown, Robert Forgan, Oliver Baldwin, lady Cynthia Mosley (su esposa) y Wed Allen, que pertenecía al partido conservador. (Es conveniente recalcar de nuevo el papel que en estos grupos desempeñaban las esposas de los líderes.)[354]

Mosley se sentía como el enviado de Dios para ayudar a la Gran Bretaña. Y su partido se convirtió en la Unión de Fascistas Británicos (British Union of Fascists), cuyo objeto era la lucha contra el comunismo y los judíos. Algunos intelectuales empezaron a apoyarlo, entre ellos Cem Joad, que se convirtió en su jefe de propaganda.[355]

El movimiento se desarrolló en cuatro etapas. La primera consistió en una campaña general para hacer publicidad a sus ideas, en la cual se culpaba al gobierno de no resolver los problemas del país. Durante esta etapa se eligió a Allen Young como secretario general de la organización; durante la segunda etapa se fundaron el movimiento juvenil y un cuerpo de defensores para lograr más adeptos a la causa. Se envió entonces a dos personas a Alemania para estudiar los métodos nazis.[356] La tercera etapa se dio en 1932, en la cual se puso por escrito en la revista *Action* la estrategia, que era sobre todo "el orden y la disciplina" y en la cual se creó un cuerpo de defensa. Aunque Mosley todavía no hablaba abiertamente de un partido fascista, sí mencionaba la necesidad de crear un Estado corporativo que luchara en contra de los proletarios. La cuarta fase fue en realidad la fundación del movimiento del BUF. Mosley, quien contaba entonces con 35 años de edad, aseguraba que haría por Inglaterra lo que Mussolini hizo por Italia.

El 1º de octubre de 1932 se reunieron los 32 seguidores de Mosley, los cuales se autonombraron el "cuerpo de hierro", decidieron usar un uniforme con los Camisas Negras y reali-

---

[354] *Id.*, y véase además "Los Camisas Plateadas en Estados Unidos", sección anterior de este capítulo.
[355] D. Shermer, *Blackshirts...*, *op. cit.*, p. 45.
[356] *Ibid.*, p. 47.

zaron una inauguración formal en una ceremonia en la calle de Great George, en Londres.[357]

Mosley pidió en su discurso devoción a la causa, para crear en el país un nuevo movimiento que fuera la base de la reconstrucción de Inglaterra.

El desempleo en 1933 sumaba tres millones de personas, o sea, 23% de los hombres. Mosley alegaba que en el país sólo se estaban aplicando soluciones parciales y que en cambio Hitler en Alemania estaba dando soluciones concretas. Sin embargo, Inglaterra empezó a recuperarse más pronto que otros países europeos, lo cual le quitaba a los Camisas Negras su razón de ser. Pero existía mucho temor al avance comunista, por lo cual personajes importantes, como lord Salisbury y otros derechistas lo apoyaron y buscaron la alianza de las antiguas elites.

La primera reunión de los Camisas Negras se llevó a cabo en Trafalgar Square, y en ella su líder subrayó la importancia del orden y el respeto a la autoridad. El grupo tomó fuerza entre los años de 1933 y 1936, durante los cuales estuvo publicando también una revista y diversos libros que contenían toda su propaganda. Entre otras salió en 1934 la publicación titulada *Fascist Week*, que sólo duró unos cuantos meses.[358]

Mosley visitó a Hitler en dos ocasiones para empaparse de sus ideas y aplicarlas con fidelidad en su país. Su exacerbado anticomunismo se manifestó de inmediato en los enfrentamientos callejeros, como por ejemplo el de mayo de 1933 en las calles de Manchester, del cual el *The Manchester Guardian* informó que estos encamisados usaban látigos de cuero y que la policía tuvo que intervenir para restaurar el orden.[359]

Siempre intimidaban con su apariencia a todas las personas, que se asustaban al verlos desfilar con sus camisas negras, sus pantalones del mismo color, sus botas y sus látigos en las manos, que los hacían parecer un grupo paramilitar dependiente directamente del Führer. Sus luchas callejeras eran generalmente en contra de grupos comunistas, a los cuales acusaban frente a la policía de haber sido los provocadores, lo

[357] *Ibid.*, p. 57.
[358] *Ibid.*, p. 53.
[359] *The Manchester Guardian*, 14 de mayo de 1933.

mismo que sucedió en México el 20 de noviembre de 1935 en el desfile en el zócalo capitalino.[360]

Las manifestaciones eran bastante frecuentes, y todavía en ese año de 1933 se llevó a cabo una en la ciudad de Belle Vue y otra en Manchester, en las cuales participaron, según los diarios, cerca de 2 500 personas. Otra sucedió en Oxford después de una graduación de estudiantes de la universidad, de la cual se comentó que también tomó parte un grupo de la clase media llamados los "pacifistas", que estaban decididos a acabar con los "rojos".[361]

Para 1934 el movimiento de los Camisas Negras era ya muy conocido en toda Inglaterra y Mosley era saludado como su líder máximo, al grado de que al verlo se entonaba un himno, que era como una marcha militar. Los periódicos decían entonces que Mosley era un Hitler en potencia.

El 22 de abril de 1934, en el auditorio del Albert Hall, Mosley pronunció un discurso de 90 minutos en el cual planteó todo el programa de su movimiento; al terminar se cantó el himno "Despierta Inglaterra", y se finalizó con la canción nazi "Horst Wessel Lied".[362]

Los Camisas Negras siempre hacían una valla para que pasara su jefe, a quien saludaban con el puño levantado como el saludo nazi, diciendo: "Heil Mosley". Tenían su cuartel general en Chelsea, en una casa que llamaban "Black House", en la cual se llevaban a cabo las tareas administrativas y además se preparaba a los jóvenes. En ella había un gimnasio, un lugar para desfiles, una cantina, dormitorios y un área para activi-

---

[360] *The Manchester Guardian*, 17 de junio de 1934. La reunión más importante de los Camisas Negras se llevó a cabo en el Auditorio Olympia en Londres, el día 7 de junio de 1934. Ahí se dio una lucha abierta entre antifascistas, comunistas y Camisas Negras. Hubo 50 arrestados, y parece que en el auditorio había cerca de 15 000 personas. *The Times* reportó que la mayor parte de la gente pertenecía a la clase media, además de muchos intelectuales y personas de la vida política. El *Daily Herald* se refirió al problema que se suscitó entre las mujeres, ya que algunas que llevaban puestas camisas negras resultaron golpeadas. Algunos diarios comentaron que la presencia de los comunistas provocó todo el problema.

[361] *The Manchester Guardian*, 17 de junio de 1934.

[362] Este himno se hizo muy popular entre todos los grupos pronazis en Inglaterra. También era frecuente escuchar la canción de los nazis en esos grupos paramilitares europeos. No se sabe si también en Estados Unidos o en México se cantaba.

dades recreativas. Esa casa tenía un cupo para 400 personas, y los jóvenes recibían ahí alojamiento y comida mientras duraba su entrenamiento. También se les proporcionaba algo de dinero y beneficios sociales.[363]

Se les educaba para hacer cualquier tipo de labor, como la de mensajero, chofer, guardia, vendedor de publicaciones o edecanes para las reuniones. Su vida era austera, disciplinada pero muy activa. Constantemente había inspecciones de rutina en las cuales se exhortaba a estos jóvenes a estar listos para el combate.

Todo esto se difundió en los diarios, los cuales publicaban que la organización estaba creando una fuerza aérea fascista y un cuerpo motorizado para combatir al gobierno. Esto era gracias al gran apoyo que recibían los Camisas Negras del magnate de la prensa inglesa lord Rothermere, quien les abrió espacios en el *Daily Mail*, *Evening News*, *Sunday Pictorial* y *Sunday Dispatch*, como lo estaba haciendo en Estados Unidos la cadena Hearst, o los periódicos de derecha en México, *El Hombre Libre*, *Omega* y *La Prensa* con respecto al grupo de los Dorados.

En una reunión de los Camisas Negras en el Auditorio Olympia de Londres, Mosley reiteró su total apoyo a Hitler a pesar de las purgas que se estaban dando en Alemania. Entonces ocurrió un fuerte zafarrancho contra los comunistas que se presentaron a escucharlo; la reunión concluyó con muchos heridos y la intervención policiaca.

En esos años de 1934 y 1935 la prensa hablaba de cerca de 35 000 miembros dentro del grupo, los cuales en los siguientes dos años disminuyeron a una cantidad de 11 000 a 15 000 personas.

Mosley aseguraba en 1938, que desde el inicio del movimiento habían militado en él 100 000 personas. Sus adeptos surgían sobre todo en las ciudades, en donde el desempleo era mayor y la pobreza más notoria. La mayoría provenían de la clase media; algunos habían militado en la política y otros

---

[363] En México existía en la colonia Hipódromo Condesa una propiedad llamada la Casa Café, la cual servía como lugar de reunión para los Camisas Doradas y los nazis. En Estados Unidos, los Camisas Plateadas se reunían en las llamadas Deutsche Haus, o casas alemanas.

eran parte del ejército inconformes con los resultados de la primera Guerra Mundial, situación similar a la de Estados Unidos y a la mexicana (en cuanto a quienes participaron en la Revolución).

Entre los miembros más importantes del grupo se encontraban personajes como Wed Allen, un hombre de familia acomodada educado en Eton y quien posteriormente viajó por el mundo como corresponsal del *Daily Telegraph* y llegó al Medio Oriente. Allen escribió un libro llamado *El BUF y el fascismo británico.*[364]

Otro miembro fue William-Joyce, conocido como "Lord How How" en Radio Berlín. Se unió al grupo por su fuerte nacionalismo y su gran antisemitismo; parece que además era ciudadano estadunidense. Participó también en la difusión y propaganda del programa de los Camisas Negras.[365]

Pero para el jefe Mosley lo fundamental era mantener el grupo de jóvenes. De 84 miembros de la elite de encamisados, 57 eran menores de 40 años en 1935. La mayoría eran personas educadas, 28 de ellas eran universitarias, de las cuales 14 estudiaron en la Universidad de Oxford o Cambridge y 10 en otras universidades. De ese grupo principal, 34 habían sido hombres públicos. El común denominador en ellos era su servicio militar, ya que un alto porcentaje había participado en la primera Guerra Mundial y pertenecían al partido conservador y a la clase media.

Otra característica que ya mencionamos en el caso de los tres grupos que estamos comparando, fue la gran participación de las mujeres en ellos. En el caso de Mosley, que contrajo segundas nupcias en 1936 con Diana Mitford, también ella fue un apoyo decidido, al grado de que según David Shermer, estudioso de este movimiento, la boda se celebró en Berlín y la esposa de Goebbels les ofreció un almuerzo.[366]

Al igual que otros líderes de grupos paramilitares en esa

[364] D. Shermer, *Blackshirts...*, op. cit., p. 66.
[365] *Ibid.*, p. 68.
[366] Entre las mujeres que participaban con el grupo de los Camisas Negras se encontraban lady Pearson y Dorothy la viscondesa Downe. La primera ponía su coche y su chofer a disposición de los conferencistas, y la segunda tenía una librería en donde se vendían las publicaciones del BUF. Véase D. Shermer, *Blackshirts...*, op. cit., p. 70.

época, Oswald Mosley escribió un libro en el que decía que había que educar a las minorías y que la propaganda era básica para ganar adeptos. Apelaba a los jóvenes mediante su nacionalismo y los instaba a luchar arduamente en contra del comunismo y el judaísmo. Su programa lo presentaba como una solución a los problemas que no había podido resolver el gobierno, y por ello anunciaba que tomaría el poder antes de que sucediera el colapso internacional. Su política se puede dividir en tres épocas:

1) De 1932 a 1934 sus propuestas parecían constructivas, al igual que su propaganda. Pero perdió la confianza de muchos por los actos de violencia y las campañas que llevaba a cabo.

2) La segunda época, que duró de 1934 a 1937, se caracterizó por su paranoia y antisemitismo. Este último fue un arma elegida libremente, y su odio al judío se manifestó en diversas formas como en las publicaciones del BUF, en las cuales lo acusaba de ser el portador de todos los males de la humanidad.

3) De 1937 a 1940 el judío permaneció como foco de ataques de este grupo, y específicamente se dio un apoyo al totalitarismo italiano y alemán. En esta etapa surgió el fuerte nacionalismo y la oposición a participar en una guerra contra Alemania e Italia, pero aceptando ir a la lucha en contra de Rusia.[367]

La guerra que se desató en 1939 fue vista como una lucha en contra de la judería por los Camisas Negras, pero para entonces el grupo había perdido mucha fuerza. Su clímax como movimiento en contra del gobierno inglés se dio en 1936, en el cual Mosley aseguraba que tomaría el poder, así como lo decía Nicolás Rodríguez en México o William Pelley en Estados Unidos. Esto nos indica la estrecha relación que había entre todos estos grupos y la línea directriz que salía de Alemania a partir de 1933 y que cobró su mayor fuerza tres años después.

Todos los grupos de encamisados tenían un uniforme especial con la camisa de un color específico, un emblema bordado en ella y un látigo en la mano. En el caso de los Camisas Negras su emblema original era el de los fascios romanos, porque Mosley decía que todas sus tradiciones venían desde allí.

[367] *Ibid.*, p. 74.

Poco después rodeó ese emblema con un círculo y un trueno como símbolo de unidad, que si se miraba a una cierta distancia se parecía a la swástica alemana.

Los Camisas Negras tenían dos saludos: el primero era levantando medio brazo para los uniformados, y el segundo era con el brazo extendido para saludar al líder Mosley y para rendir homenaje al Regimiento Nacional de Fascistas.

Lo más importante era sin embargo la camisa negra, la cual simbolizaba la fe y la fuerza de hierro en contra de los "rojos". Este uniforme convertía a todos los miembros en una hermandad y reforzaba el espíritu de corporación.

Al igual que en el caso de los Camisas Plateadas, se vendían cinturones, camisas, emblemas, revistas y libros. Tenían también discos para cantar el himno, el que utilizaban hasta en los casamientos.[368]

La naturaleza paramilitar del movimiento, sus siniestros uniformes, sus posturas amenazadoras y su propensión a la violencia daban la impresión de que deseaban adquirir el poder mediante formas agresivas. Luchaban contra el comunismo y el judaísmo con fuerzas organizadas por el fascismo. Su lucha en contra del gobierno decían que era para lograr la reforma del Estado y aplicar la nueva moralidad a la que se denominaba la "revolución salvadora".[369]

Sus principales ataques los llevaban a cabo en lugares de gran concentración de judíos, ya que consideraban que el éxito que éstos habían logrado se debía a esa gran conspiración mundial, y que por lo mismo no se integraban a la sociedad inglesa. Según los Camisas Negras, ese antisemitismo podía probar que era un fenómeno universal y que existía algo "equivocado" en los judíos.

Desde 1933 Mosley advirtió a los hebreos que no llevaran a cabo ningún mitin de protesta en contra de Hitler, situación parecida a la de México, en donde los Camisas Doradas amenazaron al señor Jacobo Landau, presidente de la Cámara

[368] Se vendían discos que las personas adquirían "para cantar con Mosley". Había ceremonias de bodas especiales cuando alguno de los novios era parte del grupo.
[369] Se le dio el nombre de "revolución" porque pretendía acabar con el gobierno, establecer una reforma del Estado y una nueva moralidad.

Israelita de Comercio. Para él, a todos los refugiados del nazismo en Inglaterra se les debía considerar "extranjeros indeseables", porque lo que estaban haciendo era tomar ventaja de los sentimientos del pueblo. En 1934 Mosley sostuvo algunas pláticas con los líderes judíos en el Hotel Savoy, de Londres, pretendiendo llegar a un acuerdo que decía: "Vive y deja vivir" ("Live and let live"). Pero sus compañeros no aceptaron esa política y pronto esas pláticas fueron suspendidas, mientras aumentaba su antisemitismo.[370]

Para 1935 Mosley escribía que el verdadero poder en Inglaterra era el judío, ya que controlaba la prensa, el cine, los grandes negocios y las finanzas, como estaba sucediendo en Estados Unidos, y recalcaba que el pueblo debía elegir entre la judería o la tradición británica. Estas ideas fueron apoyadas de inmediato por el antisemita Julius Streicher.[371]

En su libro *El fascismo*, Mosley decía que el judío siempre sería un extranjero, y que la mezcla con los británicos no era buena ni deseable, porque ellos eran inasimilables, y que era el deber de cualquier persona conservar la "britanidad" *(Britishnes)* por encima de todo. Este argumento nos resulta muy familiar también, porque se repite en el caso mexicano, así como en el estadunidense.

Cuando su propaganda no salía en los periódicos, lo atribuía a que éstos estaban en manos judías igual que los reporteros. Por ello uno de sus colaboradores más cercanos, Raven Thompson, decía que era urgente volver a meter a los judíos a los *ghettos*.

En un escrito titulado "Tomorrow we Live" ("Mañana viviremos"), Mosley sugería que se destinara un lugar para que allí habitaran los judíos, al igual que lo escribía Pelley en su manifiesto en Estados Unidos. Además, durante tres años publicó una columna llamada "Jolly Judah" en la cual hacía burla de los nombres judíos basándose en recortes que hacía del *The Jewish Chronicle*, utilizando frases de ciertos artículos a su conveniencia.[372]

En 1937 otro de sus miembros de apellido Chesterton es-

[370] D. Shermer, *Blackshirts...*, *op. cit.*, p. 91.
[371] *Id.*
[372] El que estos grupos utilizaran su propio medio de propaganda, sobre todo la publicación de un periódico, que normalmente era semanal, fue una

cribió un panfleto llamado *Blackshirt*, en el cual aparecía un artículo titulado "The Apotheosis of the Jew, from Ghetto to Park Lane", en el cual hacía una interpretación de la historia diciendo que el judío fue cambiando de color con los siglos y que aunque quiso blanquearse no lo logró y no sería aceptado como tal.[373]

Al subir Hitler al poder, Mosley volvió la mirada hacia Alemania. Después de la anexión de Austria en marzo de 1938, lanzó una campaña para prevenir la guerra, y decía que no había intereses británicos en el Anschluss. Cuando Alemania se lanzó contra Checoslovaquia dijo que esto no concernía a los ingleses.

El pacto nazi-soviético de 1939 tomó a estos fascistas por sorpresa. Mosley pensó que tal vez Rusia se había desecho de sus judíos, y cuando estalló la guerra un mes después insistió en no obstruir los esfuerzos bélicos ni ayudar a los extranjeros.

Según Mosley, Hitler acabaría con los problemas que habían causado los "rojos". Y cuando participó en la manifestación en el Auditorio Olympia muchos ojos de los ingleses estuvieron puestos en su persona.

Los judíos que ya estaban integrados al país iniciaron una serie de ataques en su contra, como lo habían hecho también los que vivían en Estados Unidos. La población judía en Inglaterra era de 0.6% del total en 1931. Para 1936, a pesar de los graves problemas de los refugiados, el porcentaje sólo se elevó a 0.7%. En la ciudad de Londres vivían 250 000 judíos, y 60% habitaba en la parte Este.

La campaña oficial de los Camisas Negras dio inicio en 1937 con mayor vigor, reuniéndose en las calles y realizando mítines en cualquier esquina. Para entonces ya se habían fundado diversas casas llamadas Black Halls en muchos lugares del país. Mosley tenía contacto con los cabecillas de todos los grupos, y en unión de ellos programó una participación decidida en las votaciones para elegir miembros al Parlamento. A pesar de esto perdieron todas las elecciones, y con ello la posibilidad de tener escaños en la Cámara.

práctica muy similar entre ellos; por ejemplo, *The Pelley's Weekly*, o *El Dorado* en México.
[373] D. Shermer, *Blackshirts...*, *op. cit.*, p. 92.

Mosley no aceptó su derrota y continuó diciendo en su propaganda que estaba siguiendo los mismos pasos de Hitler y que poco a poco vencería. Así, volvió a participar en las elecciones municipales de 1938, en las cuales perdió también. En ese año se dio el Anschluss entre Alemania y Austria, y Mosley trató de hacer una campaña en contra de la guerra. El *News Chronicle* decía que "el fascismo de Mosley moriría en muy corto tiempo".[374]

Para 1939 organizaron los fascistas ingleses una manifestación en Earls Court, uno de los auditorios más grandes de Londres, en donde se congregaron cerca de 25 000 personas. En esa reunión su lema fue: "Los ingleses sólo pelean por Inglaterra", y según el *Manchester Guardian*, los aplausos solamente se escucharon cuando se mencionó el nombre de Churchill o de Baldwin.[375]

Este mitin fue un momento dramático para Mosley, a pesar de las dos horas y media que duró su discurso. De ahí empezó a decaer por completo su movimiento de Camisas Negras. Inglaterra tuvo que entrar a la segunda Guerra Mundial el 3 de septiembre de ese año en apoyo de Polonia. Todavía Mosley argumentó que el pueblo inglés no fue consultado para participar en ella.

Entonces el gobierno, que ya le seguía los pasos desde años atrás, intensificó su campaña. Los Camisas Negras fueron vigilados en todos sus actos por la policía. En octubre la señora Anne Brock Griggs, que era la lideresa del grupo de mujeres, fue arrestada y enviada a prisión porque se le consideró un "peligro público".[376]

Al año siguiente el gobierno se preocupó por terminar con los fascistas y empezó una fuerte campaña en su contra y una serie de arrestos. Los demás grupos, como la Liga Nacionalis-

---

[374] En el periódico *News Chronicle* (noviembre de 1938) apareció un artículo que decía que el movimiento de Mosley pronto estaría muerto en el país.

[375] *The Manchester Guardian* (julio de 1939) informó del discurso de Oswald Mosley en Earls Court, en el que subrayaba que su grupo era parte de la brigada de "héroes de Inglaterra".

[376] En 1940 fueron arrestados también muchos antifascistas, entre ellos otro grupo de personas que pertenecían a la llamada National Socialist League (Liga Nacional Socialista), que se había fundado en 1937 y a la cual se pasaron muchos de los asociados de los Camisas Negras.

ta, también fueron perseguidos, sin permitírseles hacer manifestaciones o protestas. Todavía en esa época los Camisas Negras seguían insistiendo en que la segunda Guerra Mundial era una lucha entre los financieros judíos. En mayo de 1940 Churchill dio la orden de arrestar a todos. Esto se llevó a cabo bajo los poderes de emergencia que le concedía la Ley número 18B, en la cual se establecía que el gobierno "tiene la capacidad de realizar acciones con el fin de proteger a sus ciudadanos de actividades perjudiciales a su condición".[377]

Los primeros en ser arrestados fueron Mosley, Raven, Thompson, Francis Hawkins y otros. Bajo esa Ley, llamada también 18A, las actividades de los Camisas Negras fueron canceladas y sus cuarteles principales cerrados. En ello no influyó solamente la decisión del Primer Ministro, decidido a terminar con esos grupos fascistas que apoyaban las ideas de Hitler, sino también la presión de las diferentes organizaciones judías en el país, que desde tiempo atrás venían pugnando por su desaparición.[378]

Los judíos que habían sufrido los *pogroms* en Rusia a principios de siglo rogaban a Dios no volver a pasar esos sufrimientos; por ello el Consejo de Diputados Judíos Británicos organizó una campaña para defenderse a partir de 1934.[379]

Los comunistas aprovecharon la situación en su propio beneficio y ganaron muchos adeptos a su causa, como también sucedió en Estados Unidos o en México. Como ejemplo podemos citar la confrontación que se dio entre ellos y los Camisas Negras en un desfile organizado el 4 de octubre de 1936 a través del este de Londres, durante el cual hubo serias protestas también por parte de los judíos y jóvenes antifascistas que gritaban consignas contra los Camisas Negras. El acto terminó con muchos fascistas heridos y otros encarcelados.[380]

[377] D. Shermer, *Blackshirts...*, *op. cit.*, p. 153.
[378] *Id.* Todavía en unos panfletos los Camisas Negras pedían al pueblo que se defendiera de la invasión que se acercaba. Algunos comentaron que su detención fue parte del arreglo para la participación del Partido Laborista en la coalición de la guerra. Esto no parece ser muy cierto, ya que los políticos estaban demasiado ocupados en la guerra como para darle tanta atención a Mosley. Véase William Manchester, *The Last Lion...*, *op. cit.*, cap. 5.
[379] D. Shermer, *Blackshirts...*, *op. cit.*, p. 124.
[380] En un momento dado hubo más de 100 000 personas en la marcha. Los

De ahí surgió una ley que prohibió las manifestaciones callejeras de ese tipo y la aprobación de la llamada Carta de Orden Público (Public Order Bill) el 1º de enero de 1937, mediante la cual también se prohibió el uso de los uniformes en lugares públicos y la creación de grupos paramilitares.[381]

Esto impidió que siguiera avanzando el fascismo abiertamente en Inglaterra, y por lo mismo el movimiento de los Camisas Negras fue perdiendo fuerza y poder al grado de casi desaparecer, hecho que corrobora también una constante en la vida de estos grupos: su desaparición casi total al inicio de la década de los años cuarenta. A manera de conclusión, se pueden enumerar los siguientes comentarios:

1) Los tres grupos de encamisados (en México, Estados Unidos e Inglaterra) fueron fundados en la década de los años treinta con el ascenso de Hitler al poder.

2) Se crearon como grupos paramilitares cuya vestimenta era semejante en cuanto a su forma estridente de manifestarse, solamente variando en cuanto al color de la camisa.

3) Su estrategia y forma de lucha eran muy semejantes. Los tres organizaban grandes desfiles y manifestaciones públicas aparatosas, con una propaganda muy bien dirigida y distribuida.

4) Su relación con los nazis es evidente, y también el apoyo que recibían por parte de ellos.

5) Mantuvieron relación estrecha con el Führer, ya fuera a través de representantes o personalmente mediante visitas a Alemania.

6) Fueron la base de la difusión de la propaganda antisemita que se repartió por todo el mundo, y recibieron además el apoyo de las legaciones alemanas en sus respectivos países, así como el apoyo de los alemanes que se encontraban en ellos.

7) Fueron grupos de derecha y ultraderecha reaccionarios, apoyados por la clase media y por la Iglesia.

Camisas Negras decían que iban a acabar con los judíos. Llegaron seis mil o siete mil policías y se dio la famosa batalla de "Cable Street". La liga antifascista judía "Blanco y Negro" luchó en contra de los Camisas Negras. Hubo heridos y encarcelados y esto se difundió por todo el país; de ahí la supresión de la organización.

[381] D. Shermer, *Blackshirts...*, *op. cit.*, p. 130.

8) Utilizaron el problema del desempleo y la pobreza para que se les unieran las masas de la población que esperaban una solución rápida.

9) Sus manifiestos y panfletos argumentaban que sus países estaban mal conducidos, y que por ello tenían que derrocar al gobierno y convertirse ellos en sus líderes.

10) Todos utilizaron periódicos propios para difundir sus ideas y publicaron libros antisemitas basados en *Los protocolos de los Sabios de Sión*.

11) Fueron apoyados por grandes cadenas periodísticas, que en cada uno de esos países sintieron afectados sus intereses por el avance del comunismo.

12) Fueron los perfectos aliados de Hitler en contra de los judíos y los comunistas.

V. REACCIÓN DE LA SOCIEDAD MEXICANA ANTE LA ARM

En GENERAL, la sociedad civil mexicana no aceptó en su seno la presencia de los grupos fascistas, y desde luego se opuso a la existencia de la Acción Revolucionaria Mexicanista. En lo particular, los sectores que ofrecían mayor oposición a la ideología y presencia de este grupo fueron: *1)* el gobierno cardenista, cuya línea de reivindicación hacia las clases oprimidas, además de su política obrerista, indigenista y socialista, no toleraba la presencia de grupos como los Dorados; *2)* los sindicatos y la izquierda organizada; *3)* las legaciones extranjeras acreditadas en México, preocupadas por la política xenófoba que los grupos de derecha dirigían contra sus connacionales, y *4)* la comunidad judía, que se vio directamente afectada por las campañas antisemitas desatadas en su contra.

Cuando se fundó la Acción Revolucionaria Mexicanista, el primer sector en oponérsele fue la izquierda. El Estado, bajo el régimen de Abelardo L. Rodríguez, no había prestado demasiada atención al grupo, pues lo consideraba como un remanente de la Campaña Nacionalista que se dio a partir de la presidencia de Pascual Ortiz Rubio. Pero cuando Cárdenas subió al poder la cuestión cambió, y se empezó a limitar, por un lado, la acción de la derecha, y por otro se fomentaron las organizaciones sindicales y partidistas que protestaban contra los rompehuelgas y fascistas Dorados.

Después de la crisis Calles-Cárdenas de 1935, las protestas en contra de la ARM aumentaron y a sus miembros los llamaron "callistas reaccionarios". Cuando las agrupaciones participantes en el desfile del 20 de noviembre de ese año supieron que los Dorados también estaban incluidos en el evento, la oposición no se hizo esperar. Diferentes organizaciones agrupadas en el Comité Nacional de Defensa Proletaria enviaron telegramas al jefe del Ejecutivo solicitando que se desautorizara la participación de la ARM. Después de ésta, continuaron las protestas del movimiento obrero organizado que, refiriéndose a la base 5ª del Pacto de Solidaridad celebrado con el Estado, pedían la disolución del grupo y la expulsión de su líder. El licenciado Luis I. Rodríguez, secretario particular del presidente Cárdenas, se reunió el 21 de noviembre con el Comité Nacional de Defensa Proletaria y ahí se comprometió a la disolución inmediata de los Camisas Dorados.[1]

La disolución, desarme y expulsión de los Dorados era petición de numerosos grupos, entre ellos la Cámara del Trabajo de Yucatán; el Comité Seccional del Partido Comunista de Chihuahua; la Unión de Carpinteros de Rivera, Calafates y Similares; la Liga Local contra el Fachismo y la Guerra Imperialista; el Sindicato de Choferes y Colaboradores de la Línea Penitenciaría, Niño Perdido y Anexas; la Federación Obrera de Tamaulipas; el Sindicato de Tejedores y Similares de Guadalajara; el Sindicato de Choferes y Similares del Estado de México; la Liga Regional Campesina Tuxtepecana; el Sindicato de Trabajadores y Empleados de la Línea de Autocamiones México-Villa Álvaro Obregón y Anexas; la Federación Sindical Unitaria de Obreros y Campesinos Asalariados del estado de Veracruz; el Partido Comunista de México, Sección de la Tercera Internacional (Guadalajara); el Sindicato de Obreros Panaderos, Reposteros y Similares; la Unión de Comerciantes en Pequeño del Distrito Federal; la Cámara del Trabajo de Oaxaca; el Sindicato de Carpinteros y similares de Tampico y Ciudad Madero; el Centro de Estudios para Obreros; el Sindicato Lázaro Cárdenas, Carretera Temazcal-Huetamo; el Sindicato de Obreros y Empleados de la Isleta y Patios de Tampico; el Sindicato Industrial de Trabajadores de la Construcción de Monterrey, Nuevo León; el Sindicato de Trabajadores de Molinos de Nixtamal de Ciudad Madero; el Sindicato de Choferes y Mecánicos de San Luis Potosí; la Acción Femenil Nacionalista; el Sindicato de Domésticas de Tampico y Colonias; la Confederación Nacional de Trabajadores de la Enseñanza (CNTE; antecedente inmediato del SNTE); las secciones, 64, 66 y 67 del Sindicato de Mineros Metalúrgicos de la República Mexicana; el Sindicato Nacional de Trabajadores de la Indus-

---

[1] AGNM, Fondo Lázaro Cárdenas (FLC), 541.1/41. Comité Nacional de Defensa Proletaria al general Cárdenas, 3 de febrero de 1936.

tria Automotriz; el Sindicato Praxedis Guerrero de Puebla; la
Federación de Obreros y Campesinos de Puebla; el Socorro
Rojo Internacional, y la Federación Juvenil Comunista.

Las organizaciones obreras advertían que si el Estado no
tomaba cartas en el asunto, serían ellos, y usando los mismos
métodos que los Dorados, quienes contrarrestarían la acción
del grupo fascista. Asimismo, la derecha también reaccionó
después de los acontecimientos del 20 de noviembre. *Omega*,
periódico de manifiesta tendencia derechista,[2] publicó un
artículo comentando la solicitud del senador Soto Reyes para
que la ARM fuera disuelta; esta petición era ilegal, según señalaba el articulista, puesto que "lo legal sería disolver los grupos
comunistas que sí están fuera de la ley, ya que están proponien-
do la dictadura del proletariado, cuando en México la forma
de gobierno es la República".[3]

El *Excélsior*, en una de sus posturas derechistas y a propósito de los acontecimientos del 20 de noviembre de 1935,
insistió en destacar la culpabilidad comunista, el orden en el
que habían desfilado los Dorados y, por el contrario, incluso
llegó a afirmar que los comunistas pretendían secuestrar a un
dorado que iba herido en su camilla.[4]

Después de la expulsión de Nicolás Rodríguez, llegaron
cientos de felicitaciones al general Lázaro Cárdenas por su
decisión. Las principales provenían del Sindicato de Sastres y
Similares de Tampico (de la CTM); la Unión Sindical de Trabajadores de Puebla; el Sindicato Regional de Obreros del Petróleo y perforadores mexicanos de Pánuco, Veracruz; el consejo
general del Comité de Solidaridad de la Organización de Trabajadores al Servicio del Estado; la Alianza de Telegrafistas
Mexicanos; la Alianza de las Infanterías; el Frente Único de
Trabajadores de Caminos; la Sociedad Nacional de Empleados
Postales; La Unión de Empleados de Gobierno; el Ala Izquierda de Empleados Federales; la Confederación General de Trabajadores de la Enseñanza; la Unión de Empleados de la

[2] Alicia Gojman Goldberg, "La xenofobia en la prensa de derecha en México.
1930-1945", *Revista de la Universidad*, núm. 434, 1987, pp. 22-28.
[3] "Horcas y patíbulos implacables para inmolar toda voz de libertad", *Omega*,
28 de noviembre de 1935.
[4] *Excélsior*, 21 de noviembre de 1935.

Secretaría de Relaciones Exteriores, y los Trabajadores del Palacio de Bellas Artes.[5]

Una de las reacciones de la prensa de derecha ante la expulsión de Rodríguez y la disolución de la ARM fue calificar estos hechos como "un atraco a la Constitución" y afirmar que los Dorados no eran un peligro para el Estado, sino por el contrario una defensa; el "señor Nicolás Rodríguez sería otra víctima y mártir aureolado por la persecución. Ahora será un honor pertenecer a los Dorados".[6]

El 13 de agosto un articulista de *Omega* escribía: "Si no ha de haber Dorados que no haya comunistas"; dicho grupo, afirmaba Francisco Escudero Hidalgo, sólo quiere el bien de México, quiere un "México para los mexicanos". Agregaba que la mayoría de los cien mil miembros de la agrupación era gente pobre y trabajadora que luchaba contra la explotación capitalista, razón por la cual "los judíos no perdonan a los Dorados, esa fuerte manifestación de patriotismo"; añadía que éstos "velan por su bandera nacional y no permitirán que el comunismo desprecie a esta insignia. El comunismo además hace una labor anticristiana, la cual quiere acabar con la nacionalidad".

La reacción de las legaciones extranjeras acreditadas en México en contra de la ARM también fue importante; la embajada de Estados Unidos inició una serie de acciones a propósito del artículo del *New York Herald Tribune* del 21 de abril de 1934, que publicaba:

Proclamando poseer 40 000 miembros, se ha formado en México la organización fascista "Acción Revolucionaria Mexicanista", cuyos propósitos declarados son los de combatir a los judíos, los chinos y toda clase de extranjeros indeseables. Dicha agrupación se halla encabezada por el general Nicolás Rodríguez, quien tomó parte activa en la Revolución de 1910, y por varios otros generales, coroneles, mayores y capitanes de diversas filiaciones políticas, cuyo uniforme oficial se compone de un sombrero de *cowboy*, con una de las alas volteadas y de camisas doradas con la insignia ARM

---

[5] AGNM, FLC, 541.1/41.

[6] "Un atraco a la Constitución, el destierro del Jefe de los Dorados", *Omega*, 13 de agosto de 1936.

bordada en ellas; el saludo oficial es levantando un brazo con el puño cerrado. Los nazis mexicanos usan además un garrote con una cinta de cuero, que llevan en la mano izquierda.

Visiblemente preocupada de que en México pudiera proliferar ese tipo de grupos —que en Alemania ya se habían consolidado en el poder—, la embajada estadunidense pidió informes a la Secretaría de Gobernación sobre la legitimidad del movimiento y sobre el artículo 33 constitucional, o cualquier otra ley que autorizara la deportación de extranjeros, especialmente judíos.[7]

Más adelante, el cónsul general de Estados Unidos se dirigió a las secretarías de Relaciones Exteriores y de Gobernación preocupado por el brote antisemita en México, diciendo que el gobierno del general Cárdenas daba margen a esa campaña, en la que había influencias de la legación alemana; pidió, además, informes acerca de las medidas que ya hubiera tomado el gobierno para contrarrestar la actividad de los Camisas Doradas y grupos similares. Aunque no respondieron nada respecto a los Dorados, el cónsul general de México en Estados Unidos y el secretario de Gobernación contestaron que "el gobierno de México no tenía perjuicio alguno contra los judíos, aplicándoles leyes por igual a todas las razas de acuerdo a la Constitución Política, y que la Secretaría de Gobernación no había compilado lista alguna de judíos residentes en el territorio nacional y que la legación alemana no tenía conexión alguna con los asuntos internos del país".[8]

A su vez la legación checa protestó por las expresiones públicas del diputado Ismael Falcón, quien consideraba que la inmigración judía era nociva para el país. La polaca, por su parte, presentó en octubre de 1937 ante la Secretaría de Gobernación su protesta por un artículo publicado en *El Universal*, donde los Dorados pedían que se declarara ilegítima y antisocial la actividad comercial de los polacos, rusos y sirios judíos; solicitaban que se cancelaran las licencias comerciales concedidas a polacos, a excepción del giro de exportación; que

---

[7] AGNM, Fondo Gobernación (FG), 2.360 (29) (48).
[8] AGNM, FG, 2. 360 (29) 48. Expedientes entre el Consulado Mexicano en Estados Unidos y la Secretaría de Gobernación.

se expropiara a los industriales de aquel país cuando cometie-
ran cualquier violación a la Ley del Trabajo, y que se prohibiera
la inmigración y naturalización de polacos y de todas las razas
inasimilables a la "nuestra". Junto con dicha protesta, la legación de Polonia refutó la acusación de que estos inmigrantes se
dedicaran a actividades perniciosas.[9]

Sin duda, la reacción más importante en contra de la Acción
Revolucionaria Mexicanista fue la de quien sufrió de manera
más directa sus arbitrariedades e injusticias: la comunidad
judía.

RESPUESTA DE LA COMUNIDAD JUDÍA
ANTE LOS ATAQUES DE LA ARM

A raíz de las campañas antisemitas que se desataron en el
país, los judíos empezaron a preocuparse seriamente por su
situación en México, ya que habían venido buscando un lugar
donde no se les persiguiese o discriminase y pudieran des-
arrollarse libremente en todos los ámbitos, sobre todo en el
comercial. En 1929, a raíz de las acciones en su contra, fundaron la Unión de Pequeños Comerciantes para defender a los
dueños de locales comerciales modestos y vendedores ambulantes de los grupos que los atacaban. Esta organización, fundada por Adolfo Gutverg como director y Moisés Rosemberg
como secretario, inició sus actividades en 1930; no obstante,
éstas no perduraron mucho tiempo. Fue entonces cuando la
organización llamada Bnai Brith de Estados Unidos envió como
representante al señor Weinberger para que apoyara con préstamos a los pequeños comerciantes, sobre todo después del
decreto de 1931 que ordenaba a los judíos salir de la zona de
la Lagunilla.

Puesto que los esfuerzos de la Unión no eran suficientes
para contrarrestar el fuerte antisemitismo que iba creciendo
en México, sobre todo contra los aboneros y comerciantes en
pequeño, a principios de 1931 se fundó la Cámara de Comercio
Israelita, que se propuso representar a sus agremiados para
orientarlos en cuestiones de trabajo y relacionarlos con el

medio económico del país. Sin embargo, no siempre pudo realizar sus funciones como hubiese querido, pues no estaba en sus posibilidades intervenir en todos los casos. Como ejemplo de ello puede citarse el acuerdo que tuvo con *El Nacional* para proteger los derechos de los trabajadores y luchar contra la explotación en general.[10]

El Nacional había desatado una campaña en contra de los judíos diciendo que explotaban al trabajador mexicano. Este periódico era el diario oficial, y según la Cámara, interpretó mal el acuerdo. En *El Camino (Der Weg)* del 2 de marzo de 1932 se publicó el artículo "El general Melgar alaba a la Cámara de Comercio por su convenio con el periódico *El Nacional*".[11] En ese mismo periódico, la Cámara protestó con una carta firmada por la comisión, donde se comenta que el periódico interpretó mal el acuerdo, ya que ella debía formar parte de la comisión organizada por *El Nacional* para proteger los intereses de la clase trabajadora y luchar contra la explotación en general, sin discriminación de nacionalidad o raza, y no fue así. Por ello, se envió una carta de protesta al periódico por medio del señor M. Berlinsky.

Además de las actividades propias, la Cámara de Comercio funcionó también para defender a la colonia de todos los ataques antisemitas. Se elaboraron estatutos internos,[12] y además se llevaban a cabo juicios para resolver problemas entre los mismos comerciantes judíos.

Durante la presidencia de Plutarco Elías Calles había llegado al país un número importante de judíos por la invitación que éste les había hecho en la ciudad de Berlín en 1924. Estos inmigrantes pronto empezaron a sentir los ataques antisemitas, sobre todo desde la creación de las ligas anti-chinas y anti-judías; además, a partir del régimen del presidente Portes Gil se gestó un antisemitismo callado por parte del gobierno. En 1930 los ataques fueron adquiriendo mayor intensidad. En el mes de enero los artículos publicados en los periódicos *Tribu-*

[10] *El Camino (Der Weg)*, México, 28 de marzo de 1932.
[11] Este general había presentado ante la Cámara de Diputados la propuesta de organizar la campaña nacionalista.
[12] Entrevista particular con el licenciado Araujo Valdivia, hecha por Alicia Gojman en mayo de 1987.

:2a y *La Prensa* enardecían a sus lectores en contra de los judíos diciendo que sus comerciantes no pagaban impuestos, que eran improductivos y sólo venían a quitarle el dinero al pueblo mexicano. Esta ola antisemita se extendió rápidamente por la República; unas semanas después de las primeras publicaciones, ya se habían organizado grupos antijudíos en Fresnillo, Zacatecas. En esa ciudad, la Unión de Comerciantes Mexicanos, que editaba el periódico *Rendición*, publicó artículos en contra de los extranjeros —dirigidos a un pequeño grupo de familias judías que vivían ahí—, exigiendo que se expulsara a todos ellos del país.[13]

A pesar de que el presidente Ortiz Rubio mostró ciertas tendencias liberales y promovió la naturalización de los extranjeros, *La Prensa* continuó publicando sus artículos contra los judíos. *Excélsior* apoyó también la campaña y no sólo publicó artículos contra los comerciantes e industriales, sino específicamente contra los sastres judíos, en "nombre de la Revolución Mexicana". Cuando *La Prensa* vio que secundaban su campaña, organizó un grupo llamado "Indoeuropeo" para combatir al comercio judío, lo que despertó un gran desconcierto en la comunidad judía. En los primeros días de marzo de 1930, a través de muchas organizaciones no judías, se invitó a una conferencia contra el antisemitismo.[14] Dice el articulista del periódico *El Camino* que como "arte de magia" se acalló esta propaganda, aunque sólo por breve tiempo, pues para el 21 de abril vuelven los brotes antisemitas en la capital y en la provincia, sobre todo en la ciudad de San Luis Potosí. Allí se empezó por subir los impuestos a los comerciantes de origen judío y éstos tomaron, entre otras medidas, la decisión de salir de San Luis hacia la capital.[15] El 1º de mayo, los trabajadores mexicanos hicieron llamados en contra de los judíos y de los chinos en

---

[13] Alicia Gojman de Backal, "Entrevista de Historia Oral a Jacobo Landau", en A. Gojman de Backal (coord.), *Testimonios de historia oral. Judíos en México*, México, Universidad Hebrea de Jerusalén-Asociación Mexicana de Amigos de la Universidad Hebrea de Jerusalén, 1990, p. 99.

[14] Carlos Landau, "Antisemitismo en México, 1930-1940", en *El Camino. Prueba de una característica*, edición conmemorativa de los veinte años del periódico, México, 1940-1944.

[15] A. Gojman de Backal, "Entrevista a Gregorio Shapiro", en *Testimonios de historia...*, *op. cit.*, p. 129.

las calles de la ciudad de México. Los actos de antisemitismo se propalaron a diferentes lugares del país; así, los iniciadores de estos movimientos en Guadalajara fueron los estudiantes, los cuales el 1º de julio de 1932 ejecutaron actos terroristas contra los comerciantes judíos, y unas semanas después, concretamente el día 25 del mismo mes, los ataques se presentaron en la ciudad de Monterrey, donde grupos de agitadores pedían "terminar con la raza judía".

La Cámara de Comercio Israelita envió una protesta a la Secretaría de Gobernación por todas las acciones que se estaban desatando en el país y por el alza de impuestos.

El tesorero del estado de Sonora, Rodolfo Tapia, contestó a la Cámara Israelita sobre el asunto del alza injustificada de los impuestos que "la ley faculta a las oficinas rentísticas para aumentar o disminuir las calificaciones en cualquier fecha del año, cuando los elementos que sirvieron de base para las mismas hayan sufrido alguna modificación de importancia".[16]

Pero la Cámara insistió ante el secretario de Gobernación en que estas medidas eran únicamente contra los judíos y que esto se podía demostrar con un documento enviado por el presidente municipal de Hermosillo, C. de la Peña, que estipulaba claramente lo siguiente:

Aviso: Los aboneros rusos Isaac Samuelson, J. Sider, Marcos Odinec, I. Marchikansky, S. Garestein y Mauricio Livshim, dieron aviso de clausura con fecha 6 del actual y a efecto de evitar fraude al fisco y violaciones al Reglamento Municipal sobre este comercio, se avisa al público para que no se deje sorprender, con la súplica muy atenta de que se sirva dar aviso a esta oficina de toda venta después del día 6 sin necesidad de convertirse en parte. Los que cumplieran lo anterior tendrán una recompensa en metálico.

Sufragio efectivo. No reelección.

Hermosillo, Sonora, junio de 1931.

El presidente municipal de C. de la Peña.

La Cámara Israelita manifestó que lo anterior era completamente desusado y que ostensiblemente el fin perseguido por

---

[16] AGNM, 2.360 (5) 24 732. La Cámara Israelita al C. Secretario de Gobernación sobre la campaña antisemita en Hermosillo, Sonora, junio-julio de 1931. Respuesta del 22 abril de 1932.

las autoridades municipales era obstruir y perjudicar el desarrollo de los comerciantes judíos, lo cual implicaba una violación a la Constitución y a las garantías individuales, por lo que pedía el amparo de la ley.

La respuesta que se dio a la Cámara se limitó a acusar recibo y dar aviso de que el asunto se había turnado a las autoridades competentes.[17]

Los judíos estadunidenses también protestaron de diversas maneras. En un reporte que aparece en el archivo del American Jewish Congress,[18] de los años de 1931 y 1932, se menciona la virulenta campaña desatada contra los judíos en esos años. El informe consigna que por la influencia de varios periódicos en México, por la presión de la Cámara de Comercio y de líderes políticos se había obligado al gobierno mexicano para que se expulsara a los pequeños comerciantes judíos y se cerraran sus industrias. Además, se habían emitido leyes en contra de los pequeños comerciantes judíos, cuya competencia había afectado, sobre todo, a los grandes industriales miembros de la Cámara. Los judíos habían logrado abaratar de manera principal a la industria textil y productos derivados, como la ropa, competencia que no aceptaban los grandes consorcios.

En febrero de 1931, los judíos mexicanos se dirigieron a Estados Unidos para pedir a sus connancionales que intercedieran ante las autoridades gubernamentales, principalmente para evitar el gran boicot desatado en los periódicos *El Nacional* y *La Prensa*, que estaban publicando una serie de artículos antisemitas con claras reminiscencias del libro de *El judío internacional*, de Henry Ford.

En marzo los judíos enviaron un memorándum a Washington anexando los recortes de periódicos mexicanos, y el embajador aceptó presentar el asunto ante el gobierno estadunidense. Pero antes, aseguró que las autoridades mexicanas no apoyaban definitivamente esa actitud y, además, el doctor Wise y el director ejecutivo del Congreso Judío Estadunidense hablaron con otro líder mexicano, de visita en Estados Unidos, y le pidieron su intervención en este asunto.

[17] AGNM, 2.360 (22) 6-25.
[18] Archivo American Jewish Congress, Reports, 1931-1932, 360-73-A 65, Nueva York, pp. 31-34.

Sin embargo, continuaron apareciendo los artículos que lograron impactar a la clase trabajadora provocando que ésta secundara el boicot contra los comerciantes judíos y que el gobierno implantara una ley para que en los negocios sólo se emplearan a mexicanos por nacimiento.

Nuevamente se enviaron cartas a Estados Unidos para pedir ayuda; en una de ellas se menciona que se había pactado con el periódico *El Nacional* detener la campaña de publicaciones, al igual que con la CROM y con la Cámara de Comercio revisar todas las irregularidades; éstas iban a ser examinadas por un comité imparcial elegido con representantes de todas las partes, el cual informaría a la prensa sobre la situación.

Un mes después este acuerdo fue revocado, y el 11 de abril el American Jewish Congress recibió otra carta según la cual los judíos habían sido afectados por los resolutivos de la comisión y se les demandaba continuamente presentar sus estados financieros, y a los otros grupos no. Además, esos informes se daban a conocer a los competidores y el hecho, por supuesto, afectaba sus negocios.

Con la terminación del convenio, *El Nacional* continuó los artículos virulentos contra la minoría judía de México. Las calles de la ciudad fueron materialmente inundadas con mantas y pancartas demandando la expulsión de judíos del país, y se temía que en el desfile del 1º de mayo los líderes obreros incitaran a las masas a actuar en contra de ellos.

En los estados la situación había llegado mucho más lejos, ya que los gobernadores —quizá influenciados por los periódicos— habían aprobado estas campañas, y hasta en algunos casos decretaron la expulsión de los judíos que habitaban en su territorio.

En un comunicado de México recibido el 23 de abril en Washington, se mencionaba la expulsión de tres judíos de la ciudad de Villahermosa y se decía que cada día llegaban más judíos expulsados de diferentes estados a la capital.[19] Un día después, el Congreso Judío Estadunidense envió un comunicado al embajador mexicano en Washington en los siguientes términos:

[19] *Ibid.*, p. 33.

Mis asociados y yo estamos seriamente preocupados por los informes que nos llegan de México diariamente, acerca de ciertos esfuerzos para utilizar el día 1º de mayo como ocasión para hacer disturbios antijudíos a través de todo el territorio de su Excelencia. Los informes y el estudio de los artículos que aparecen en los periódicos *El Nacional* y *La Prensa* nos hacen llegar a la conclusión de que ese día puede ser desastroso para la buena relación y el bienestar de nuestros hermanos en México, los cuales como su Excelencia puede probar, han sido un elemento industrioso y trabajador y buenos ciudadanos del país. [...]

Con todo respeto a la celebración del domingo 1º de mayo le pedimos de la forma mas encarecida posible que tome su Excelencia las medidas necesarias, para que su gobierno esté enterado de la necesidad de prevenir esos disturbios, ya que serían muy peligrosos para los judíos de México y se afectarían además los intereses del país. [...]

Agradecería yo el privilegio de poder tener una plática con su Excelencia ya sea el sábado 30 de abril o el lunes en la mañana, el día 2 de mayo; esta primera fecha sería la más conveniente para mí, ya que tengo que asistir a una conferencia en la ciudad de Baltimore el domingo en la noche.

El embajador recibió el comunicado y lo transmitió a la oficina de Relaciones Exteriores. También se envió una carta al señor William Green, presidente de la Confederación de Trabajadores de Estados Unidos, quien de inmediato se comunicó con la Confederación de Trabajadores de la República Mexicana solicitándole: "Utilicen su influencia económica y fraternal que tienen en el movimiento, para proteger a los judíos que viven en México contra ataques violentos o discriminaciones".[20]

Se envió una misiva de agradecimiento a Green por sus gestiones realizadas, quien además recibió una respuesta de México donde se le explicaba que los culpables de las agitaciones antijudías eran los adversarios de la CROM y los políticos locales. El comunicado decía así: "Le doy a usted esta explicación, por el temor a que encuentre usted en los comunicados expresados por las organizaciones. El día 1º de mayo, manifestaciones las cuales se oponen a la CROM, para que usted conozca los hechos, para mostrar que la confederación mexicana de trabajadores no tiene ninguna relación con esta campaña".

Parece que este documento se refería a una resolución que aparentemente se tomaría. El 15 de mayo los estadunidenses recibieron carta de México diciendo que los desfiles del 1º de mayo habían estado totalmente bajo control y que no se habían producido disturbios serios contra los judíos, aunque sí habían aparecido una serie de pancartas en su contra; *El Universal*, diario de orientación más liberal, había defendido a éstos de los ataques directos y de las publicaciones en *El Nacional* y *La Prensa*.

El Camino del 30 de septiembre de 1931 dio la noticia de la fundación del grupo llamado Trabajadores de la Aguja; esta organización llegó a tener 200 miembros y fue creada con la idea de proteger a todos aquellos judíos que se dedicaran a la sastrería, los bordados, la costura, hilatura, etcétera. Con los mismos propósitos de especializaciones, fueron fundadas la Unión de Comerciantes en Pequeño y la Unión de Aboneros, cuyas iniciativas surgieron de los propios afectados, entre ellos Isaac Shop y el señor Shulman.[21]

Además de advertir sobre la campaña contra los judíos establecidos en la República Mexicana y de buscar algunas formas de defensa, era también muy importante detectar el origen de los fondos que pagaban la gran cantidad de propaganda que se distribuía. Según Jacobo Glantz "no fue difícil saber quién financiaba esta propaganda contra los judíos, eran grandes casas comerciales extranjeras, francesas y alemanas que veían en los judíos a fuertes competidores". Estos comercios solían traer productos del extranjero que les reportaban grandes utilidades, pero cientos de esos artículos eran inaccesibles a la mayoría de los trabajadores mexicanos, hasta que llegaron los judíos y empezaron a abrir pequeñas industrias de suéteres, vestidos, zapatos y otros bienes, que antes eran importados. El mismo autor considera que "gracias a ese espíritu emprendedor estos judíos empezaron a producir y abaratar a la mitad o menos, lo que anteriormente se pagaba muy caro". Cierta-

---

[21] Jacobo Glantz, "Veinte años de vida judía en México: material para la historia", *El Camino*, México, 1940, pp. 161-163.

mente que estos cambios en el mercado debieron causar pérdidas a los franceses y alemanes, quienes buscaron la manera de deshacerse de la competencia. El camino elegido fue el de sembrar el antisemitismo entre el pueblo mexicano.[22]

También se detectó que una parte importante de la propaganda antisemita era publicada por círculos de católicos fanáticos, cuya vía principal era *La Palabra*.[23]

A las situaciones descritas, correspondientes a los problemas internos que la migración judía causó en México, se deben agregar los motivos externos —de carácter internacional— que atizaron el desarrollo del antisemitismo. El principal de ellos fue, como ya se mencionó, el triunfo del nazismo en Alemania. México fue invadido de propaganda nazi que llegaba por diversas vías, sobre todo panfletos y libros como *Los protocolos de los Sabios de Sión*.

El Comité pro Raza —dice Carlos Landau en un artículo de *El Camino*— estaba constituido por una gran mayoría de diputados, los cuales hablaban siempre en nombre del Partido Nacional Revolucionario y exigían que se creara un *ghetto* para los judíos en México. Además, la CROM participó en estos ataques a los hebreos.

Fue entonces cuando la Cámara de Comercio Israelita, al intuir que esas provocaciones tenían una relación directa con el Ministerio de Propaganda Alemana y con el cónsul alemán, confiscó propaganda antisemita que había sido importada de Alemania. En noviembre de 1933 el presidente se vio obligado a hacer declaraciones oficiales en contra del antisemitismo, el cual "estaba dañando los intereses del país".[24]

Para finales de 1934 y principios de 1935 creció de nuevo la campaña antisemita con la aparición del movimiento de los Camisas Doradas, como quedó consignado en un capítulo anterior. Ellos configuraron la organización antijudía más fuerte de esos años, y con sus ataques y escándalos sembraron el pánico entre la comunidad judía. *El Camino* daba cuenta constantemente de los sucesos, pero como los publicaba en yidish no todos podían enterarse. El periódico trataba de no ser alar-

---

[22] *Ibid.*, p. 162.
[23] *Id.*
[24] C. Landau, "Antisemitismo...", art. cit., p. 143.

mista pero sí de mantener informado a su público, formado sobre todo por personas originarias de Europa oriental. Insistía en no crear pánico, pero sí en la necesidad de conocer la existencia de estas campañas para tomar medidas preventivas, y agregaba que la mayoría del pueblo mexicano, en realidad, no era antisemita, aunque en uno de sus artículos asentó que "el jefe de las Camisas Doradas, el tristemente conocido general Nicolás Rodríguez que a la vez es jefe de la Acción Revolucionaria Mexicanista, tiene gran influencia entre los círculos gubernamentales".[25]

El periódico publicó que cuando el grupo de los Dorados se escindió, el líder de uno de los dos bandos era Nicolás Rodríguez y el otro el general González García y Santana, y que la colonia judía creyó venir un respiro, pero que en realidad la división fue ocasionada por la preeminencia de una u otra de las cabezas y que la animadversión en contra del judío no cambió en ninguno de los dos grupos.[26]

El año de 1935 fue de mucha intranquilidad para la comunidad judía de México. A pesar de los apoyos del presidente Cárdenas y de los ministros de su gabinete, continuaron las acciones de los Camisas Doradas libremente. Otra vez la Cámara Israelita de Comercio, a cuyo frente se encontraba Jacobo Landau, debió reforzar sus intervenciones:

La cámara le causaba disgustos a los Dorados [dice Landau], así que el 5 de septiembre de 1935 llevaron a cabo un atentado contra mi persona, atacándome al llegar esa noche a mi domicilio. Eran tres personas que con cadenas trataron de matarme. De milagro salí vivo, gracias a unas personas que pasaron en ese momento por ahí y que al verlas empecé a gritar; hecho que hizo que los Dorados huyeran.[27]

Se hizo la denuncia correspondiente y los consabidos interrogatorios policiacos, y resultó evidente la culpabilidad de Nicolás Rodríguez, quien había ordenado la desaparición del presidente de la Cámara Israelita de Comercio. Los diarios publicaron alguna nota al respecto, pero pronto se olvidó el

---

[25] *Ibid.*, p. 144.
[26] *Id.* No encontramos mayores datos sobre esta supuesta división en ningún otro documento.
[27] Alicia Gojman de Backal, "Entrevista a Jacobo Landau", *op. cit.*

incidente. En *Últimas Noticias* del día 6 de septiembre apareció el artículo "Apalearon a un judío dos dorados", donde se consignan los nombres de los dos Dorados atacantes de Landau: Antonio Vidaurrázaga y *el Texano*, lugarteniente del general Rodríguez. En sus declaraciones, el primer citado explicó que "al llegar el día 5 a las oficinas de la ARM, *el Texano* le dijo que el general había ordenado una comisión especial para él". Y agregó que le dieron órdenes de que la despachara rápidamente.[28]

En la entrevista que se ha venido citando, Landau comentó además que los Dorados mandaron colocar una manta frente a la Cámara de Diputados, en la calle de Allende esquina con Donceles, con expresiones denigrantes para la colonia israelita; sobre todo, dijo, "pedían la expulsión de los judíos de México". La Cámara intervino de nuevo ante las autoridades competentes para que la manta fuera retirada; "nos prometieron quitarla pronto [comentó don Jacobo], pero no fue así ya que este lienzo duró dos meses colgado".[29]

Cuando desalojaron a los comerciantes israelitas de los mercados públicos les quitaron los tarjetones, y esto significaba la no autorización de trabajar como comerciantes ambulantes. Tal proceder fue un golpe mortal para cientos de familias judías que no podían seguir trabajando en ninguna parte. Fue entonces que nos dirigimos al Congreso Mundial Israelita en Estados Unidos, para pedirles ayuda. Éstos mandaron de inmediato a un representante que fue el señor profesor Etlingen, quien vino a investigar cuál era la situación.

La Cámara Israelita solicitó al presidente de la República una audiencia con el representante del Congreso Judío y, al día siguiente, se recibió la contestación concertando la cita. El presidente recibió a Etlingen con una comisión de la cámara y prometió emitir un comunicado. Al regresar el enviado a Estados Unidos e informar al Congreso de la situación de los judíos en México, se decidió enviarles ayuda. La preocupación fue de tal magnitud, en palabras del mismo entrevistado, que

---

[28] "Apalearon a un judío dos Dorados", *Últimas Noticias*, 6 de septiembre de 1935.

[29] A. Gojman de Backal, "Entrevista a Jacobo Landau", *op. cit.*

muchos judíos empezaron a tramitar con algunos abogados la visa para poder emigrar a Estados Unidos.[30]

Otra manera de contrarrestar la fuerza de los movimientos de derecha fue la creación de organizaciones, entre ellas la llamada "Joven Gesbir". Este grupo de jóvenes surgió de la organización adulta que llevaba el mismo nombre y que tenía ideas socialistas y comunistas. Se fundó en 1935 con cerca de 125 asociados y su propósito principal era educar a los jóvenes en un espíritu progresista; un gran porcentaje de los agremiados eran obreros o trabajadores. Desde sus inicios, la organización se dedicó al estudio de los problemas sociales y culturales; un círculo especial se abocó a estudiar economía política, y otro grupo, bajo la dirección de Jacobo Glantz, se dedicó al estudio sistemático de la literatura judía. A diferencia de otros grupos dentro de la comunidad, éste se ocupaba de organizar discusiones políticas y veladas literarias.

La organización tenía un periódico mural bilingüe, que a través de su sección en español mantenía a los socios informados de los acontecimientos del país y del mundo. Dentro de Gesbir se gestó un pequeño grupo que se llamaba "Liga Juvenil Antifascista Israelita", cuyo objetivo fundamental fue difundir entre la juventud judía la idea de la necesidad de organizarse para luchar contra el fascismo y el antisemitismo. Otra de sus metas era promover el acercamiento entre la juventud judía y la mexicana para lograr un mejor entendimiento entre ambas; la mayoría de los jóvenes pertenecientes a esta liga eran estudiantes de diferentes universidades mexicanas. Esta organización tuvo estrechas relaciones con la Federación Juvenil Mexicana, que estaba asociada al PRM y además tenía estrechos lazos con la Liga Pro-Cultura Alemana.[31] Entre los dirigentes de este grupo se encontraban los jóvenes Kopicher, Bolinsky, Toiber, Desiatnik, Levestein, Retchkiman, Warman y otros que promovían reuniones frecuentes para analizar cuestiones de diversa índole, y donde contaban con la participación de jóvenes mexicanos. En esas reuniones se planteaban las estrategias de lucha. Fue uno de los pocos grupos organizados que se

---

[30] *Id.*
[31] C. Landau, "Antisemitismo...", art. cit., p. 144.

enfrentaron a los Camisas Doradas. Así comentó uno de ellos: "Nos reunimos todos porque sabíamos por algunos informes que los judíos iban a ser atacados en la Lagunilla; decidimos entonces que no podíamos agachar la cabeza y debíamos oponernos. Así que nos fuimos para allá preparados a luchar. La verdad, éramos pocos. Yo me defendí como pude, pero me golpearon muy fuerte. Luego intervino la policía".[32]

El 26 de enero de 1937 se volvieron a escuchar voces antisemitas en el Senado de la República. Alegaban los senadores que los judíos eran culpables del desempleo en el país. Intervino una vez más la Cámara de Comercio Israelita y se logró acallar por algún tiempo la campaña.[33] A partir de esa fecha, una serie de inspectores del gobierno se dedicaron a investigar la situación legal de los extranjeros en el país, y esto volvió a desatar el pánico en la colonia judía. En el mes de marzo del mismo año se llevó a cabo una Conferencia Demográfica en la que participaron, además de distinguidos intelectuales mexicanos, algunos judíos. Toda la conferencia se dedicó al análisis del problema de los judíos y se concluyó que no sólo éstos eran un mal para el país, sino todos los extranjeros. En dicha conferencia participó el presidente de la Cámara de Comercio Israelita, quien expuso la labor desempeñada por los judíos en México, pero en realidad pocos lo escucharon.

Con el crecimiento del antisemitismo auspiciado por los Dorados y otros grupos de derecha, el interés de la comunidad judía por defenderse creció sobremanera. Así, bajo la dirección de Moisés Rosemberg, el 14 de mayo de 1937 salió a la luz el periódico judío *La Verdad*, editado en español. El diario no tuvo larga vida debido a problemas financieros; sin embargo, cumplió temporalmente con su objetivo principal, la defensa de los intereses judíos. *La Verdad* era leído por muchos diputados y senadores y despertó en repetidas ocasiones debates calurosos entre los círculos intelectuales mexicanos.[34]

Entre 1937 y 1938, se establecieron en México una serie de leyes para restringir la inmigración y se crearon normas que

---

[32] Raquel T. de Edelson, "Entrevista a Julio Torenberg", en *Testimonios de historia...*, *op. cit.*, p. 140.
[33] Gojman de Backal, "Entrevista a Jacobo Landau", *op. cit.*
[34] *Id.*

dificultaban la nacionalización, pues los requisitos eran cada vez mayores. A finales de 1938 y principios de 1939 se volvió muy activa la organización llamada "Vanguardia Nacionalista", una filial de los Dorados dirigida por el licenciado Padrés, quien se alió poco después a otro líder antisemita, León Osorio. Estos dos personajes se fijaron como objetivo eliminar todos los intereses judíos del país y apoyar a los Dorados en su afán por derrocar al régimen cardenista. La comunidad judía se encargó de señalar ante el gobierno el verdadero propósito de estos líderes, pero no se tomaron en cuenta sus observaciones.[35]

Los nuevos grupos, apoyados por los Dorados, desarrollaban una fuerte propaganda antijudía y realizaron acciones violentas en las calles de San Juan de Letrán. La comunidad, a través de otro organismo recién formado, el Comité Central Israelita de México,[36] protestó ante el gobierno por los actos que se estaban dando en las calles de la capital, hasta que esto provocó indignación en los círculos de intelectuales mexicanos y de grupos de judíos estadunidenses.

El 26 de enero de 1939, mientras estas organizaciones antisemitas llevaban a cabo un mitin en la calle, uno de los manifestantes dijo que habría que hacer un *pogrom* y matar a los judíos. La masa, excitada, se encaminó por las calles donde sabían que había negocios judíos y se dirigió al número 15 de la calle de Tacuba, que era el lugar de reunión de la comunidad. La policía intervino a tiempo y se evitó una violencia mayor; en ese ataque casi pierde la vida el escritor Jacobo Glantz.

Luego de haber recibido los informes de este acto vandálico, el Congreso Judío Mundial telegrafió al embajador mexicano en Estados Unidos, Francisco Castillo Nájera, expresándole su preocupación por las manifestaciones sin precedentes que se habían dado en el país. El Congreso expresó en un telegrama:

> Estamos impactados al oír los reportes casi increíbles de los disturbios antisemitas que se han efectuado en la República Mexicana.

---

[35] A. Gojman de Backal, "Entrevista a León Krajmalnik", en *Testimonios de historia...*, *op. cit.*, p. 96.

[36] Fundado como organismo de apoyo a los refugiados y luego como representante de la colonia judía de México en 1938.

Estamos seguros de que su gobierno tomará las medidas necesarias para evitar que éstos se repitan y llevar ante la justicia no solamente a los responsables inmediatos de estos disturbios, sino investigar quiénes fueron los instigadores de estos actos similares a las prácticas nazis.

El 28 de enero el embajador mexicano contestaba con estas palabras:

He recibido vuestro telegrama. El gobierno mexicano no puede de ninguna manera ser acusado de responsable de estos disturbios a los cuales ustedes se refieren. En consonancia con los más altos postulados de la revolución social en México, el gobierno mexicano se opone rotundamente a apoyar cualquier prejuicio racial. Pueden estar seguros que la ley será aplicada en los casos individuales directamente responsables de estos atentados.

Cuatro días después confirmaba en otro comunicado: "Confirmando mi telegrama del día 28, por favor tomen nota de que 28 personas acusadas de instigar estos disturbios antisemitas en la Ciudad de México han sido arrestadas, según informes recibidos de mi gobierno".[37]

En una carta enviada al presidente Cárdenas por un articulista de un periódico de Los Ángeles, le suplicaba tomar medidas para poner fin a los motines antijudíos en México, que habían sido públicamente anunciados y organizados por la asociación fascista Vanguardia Nacionalista. Agregaba que los estadunidenses de su ciudad estaban alarmados por los reportes constantes sobre los agitadores nazis que habían establecido su cuartel general en México. "La mayoría de los norteamericanos [decía] simpatizan con usted y su gobierno, pero les extraña que organizaciones fascistas puedan libremente proseguir su campaña de terrorismo."

Entre las publicaciones que precedieron al periódico de los Dorados estaba *La liberación económica de México y su proletariado*, editada en Puebla por el Comité pro Raza en 1935 y prologada por el señor José Ángel Espinoza, jefe del Movi-

---

[37] World Jewish Congress, del Archivo del American Jewish Committee, Nueva York, Estados Unidos.

miento Social Nacionalista del país, fundador del Comité pro Raza y la Legión Mexicana de la Defensa. El prólogo destacaba la figura de Gilberto Aguilar (el indio Águila Roja), autor del folleto, diciendo que éste era uno de los grandes luchadores que desafiaban a la crítica al revelar los problemas en que se debatía la nación mexicana, y que ponía de manifiesto el peligro del comunismo judío.[38]

Aguilar sostenía que el poder económico producía poder político, y que por medio de la Organización Nacionalista tanto obreros como campesinos verían resueltos sus problemas económicos, sin verse arrastrados al capricho de X o Z persona que invadía su hogar y trataba de imponerles cualquier credo. Hacía hincapié en que el marxismo y el comunismo eran de origen judío, y que el primero significaba la centralización de la riqueza en todas sus fases y formas en el gobierno, es decir, "que el gobierno sea el dueño de todo y por consecuencia patrón único, lo cual no conviene al pueblo, porque, si ahora hemos tenido Garridos y Osornios, ya pueden imaginarse lo que pasaría con un Estado así".

Asimismo, explicaba lo que era el nacionalsocialismo y decía que en esencia era "la preparación intelectual y económica del proletariado nacional para que por medio del cooperativismo proletario social nacionalista, pueda conseguir su liberación económica efectiva y además conservar todos sus derechos y libertades".[39]

El Comité pro Raza empezó a reproducir el libro de Ford *El oculto y doloso enemigo del mundo*, con un pequeño prólogo del indio Águila Roja, donde asentaba que Ford —tomando como base documentos judíos— manifestaba el gravísimo peligro al que, en un futuro no lejano, conduciría al mundo entero la pérfida y astuta política judía, "que se vale de los medios más arteros y embozados para subyugar a las naciones, despertando y enconando las pasiones de los hombres para debilitarlos y desorientarlos y conseguir por este medio el dominio universal". Y más adelante decía: "en este folleto nos proponemos popularizar los documentos judíos que sirvieron de base al yo

---

[38] AGNM, FLC, 704.1/147. *La liberación económica de México y su proletariado*, Puebla 1935.

[39] AGNM, FLC, 521/4. Telegrama al presidente Cárdenas, 28 de enero de 1939.

acuso de Henry Ford". Al final arengaba al pueblo para que estuviera alerta, ya que pronto podrían salir a la luz los verdaderos protocolos judíos, o sea, el programa judío para subyugar al mundo.[40]

Para contrarrestar las publicaciones que se editaban y repartían ampliamente entre el pueblo mexicano, el Comité Central Israelita de México inició la publicación de algunos pequeños libros y folletos que repartía en forma modesta —ya que el tiraje no podía ser muy grande por falta de presupuesto—, entre ellos la traducción del alemán de *El antisemitismo* y de *El antisemitismo en América Latina*. En la dedicatoria el autor decía que "a partir de la llegada al poder del nacionalsocialismo, el problema judío se ha colocado en el foco de los acontecimientos mundiales. Desde entonces el mundo entero se ocupa de esto con más pasión sin conocimiento de causa, con más fantasía que veracidad", y agregaba: "El presente escrito está destinado a traer luz a este caos, crítica a esta propaganda, verdad a este pantano de mentira y error".

En *El antisemitismo en América Latina*, al referirse a sus orígenes asienta que "el antisemitismo apareció en los países iberoamericanos como efecto de la propaganda hitlerista. Y hasta hoy las dos palabras 'antisemitismo' y 'hitlerismo' significan la misma cosa en nuestro medio, son sinónimos". De acuerdo con Coudenhove Kalergi, existía en los países de América Latina una población extranjera que se beneficiaba con el antisemitismo criollo. En realidad esto les era útil, puesto que la agitación nazi canalizaba la xenofobia general hacia los judíos.[41] En una entrevista que sostuvimos, F. Schuller comentó lo siguiente:

La propagación del nazismo en el extranjero fue uno de los deberes más urgentes de todos los diplomáticos y de todos los patriotas alemanes. El método utilizado era la acusación, la calumnia permanente. Los judíos en actitud siempre defensiva tenían una posición muy débil. Por más explicaciones que se pudieran dar a las acusaciones no hacían impacto en la población. En los primeros

---

[40] AGNM, FLC, 521-6/6.
[41] R. N. Coudenhove Kalergi, *El antisemitismo y el antisemitismo en América Latina*, trad. de Eduardo Weinfeld, México, Or, 1939.

años los barcos alemanes traían grandes cantidades de folletos antisemitas y anticomunistas. Además, por otro lado el Reich alemán se dedicó a repartir condecoraciones a personajes distinguidos en la política, y se hacían constantes invitaciones a líderes, hombres de negocios y estudiantes para que visitaran Alemania. Y se presenció la creación de los Institutos Germano Iberoamericanos, diversas academias y la participación de instructores en la policía o en el ejército que fueron focos por donde la propaganda se pudo difundir fuertemente. [...]

En la época de la crisis mundial, Alemania se había convertido en uno de los compradores más importantes en América Latina. No pagaba con oro pero sí con productos manufacturados. Compraba más de lo que se podía consumir y el resto lo vendía a precios más bajos. [...]

A veces los capitales americanos se congelaban en Alemania; de este modo el intercambio con Alemania creció y creó intereses comunes con el capital americano. Se reprimía toda propaganda dirigida contra el nazismo y no se toleraba el boicot a las mercancías alemanas. Estos intereses fortalecieron el nazismo en toda la América Latina, hasta el punto de obtener influencias definitivas en algunos países para permitirse conspirar contra el gobierno, por medio de un golpe de Estado, como es el caso de México.[42]

Por ello, en la obra se hace hincapié en que "toda propaganda tendiente a expropiar al pequeño comerciante judío equivaldría a la amputación de uno de los órganos más activos e irreemplazables de la economía nacional".[43]

Ante los ataques antisemitas el autor dice que "se apodera de los hebreos una especie de terror, la comunidad israelita queda paralizada y hace el muerto. No discutir, silenciar las calumnias, ya que la agitación pasará, ésa es la política que se sigue en la lucha de defenderse unidos". El problema, decía, radicaba en que las instituciones judías no tenían ninguna experiencia en la lucha política y que por ello se explicaba que siguieran apareciendo las hojas con propaganda antisemita de chantaje y que fracasara toda acción común, como por ejemplo el intentado boicot a los productos nazis.[44]

[42] A. Gojman de Backal, "Entrevista con Friedrich Schuller", entrevista particular de 1988.
[43] Copudenhove Kalgeri, El antisemitismo..., op. cit., p. 151.
[44] Ibid., p. 166.

Una de las publicaciones que más se difundieron en contra del antisemitismo fue *Antisemitismo. Ideología antimexicana*, de Rodolfo González Navarro, editada por Tribuna Israelita, dependiente del Comité Central.[45] En este libro de bolsillo, el autor comenta la doctrina racial de Hitler: "El antisemitismo es la expresión más horrible de esta doctrina ultrarreaccionaria que no considera al judío como un ser humano, sino como inferior, o sea como animal. Pero el indio, el mestizo, el negro, el amarillo y en general todo individuo de color pertenece según la doctrina racial de Hitler, igual que el judío, a una raza inferior". Ya sólo por eso el antisemitismo es antimexicano en el más hondo sentido de la palabra.[46] Y después de hacer un recorrido por la historia de México, agrega:

El México de hoy [...] ha permanecido fiel a las antiguas tradiciones de la libertad y siempre luchando contra la discriminación racial. Así en un mensaje del presidente Cárdenas se leía: la discriminación racial... es incompatible con el ideal democrático... y con la armonía que debe existir entre las razas y naciones como único medio de hacer posible una paz permanente.[47]

De 1936 a 1938 se publicó un semanario en yidish llamado *El Tiempo (Di Tsait)*, cuyo director era el señor S. Cfas y el gerente el señor Abrams. El primer número apareció el 4 de abril de 1936 y se publicaba cada sábado. En el número del 1° de septiembre 1937, el artículo "Acerca del antisemitismo en México" señalaba la campaña en contra de los judíos de origen polaco. El autor decía —como lo había recomendado *El Camino*— que no se debía crear pánico entre la comunidad, pero sí analizar el hecho de la aparición de ideas antisemitas entre ciertos grupos y sobre todo en algunos diarios de la República. Aseguraba que este antisemitismo estaba apoyado por los nazis desde Alemania y que constaba de una gran propaganda tanto escrita como verbal. Informaba que el material antisemita, proveniente de Alemania, estaba pasando por Guatemala. Decía que uno de los grupos antisemitas más activos

---

[45] Rodolfo González Navarro, *Antisemitismo. Ideología antimexicana*, México, Publicaciones de Bolsillo de la Tribuna Israelita, s. f.

[46] *Ibid.*, p. 3.

[47] *Ibid.*, p. 21.

era el de los Camisas Doradas, pero no creía que tuviera mayores alcances, ni que abarcara a todo el pueblo mexicano.

Continuaba diciendo que se sabía de esta campaña en todo el mundo y que se hablaba de una solicitud que se presentaría al presidente para expulsar a todos los judíos del país. Pero añadía que con el régimen del presidente Cárdenas, que era liberal y democrático, esto no sucedería porque él no apoyaría los movimientos de derecha, aunque terminaba alertando: "No se puede saber qué pasará en el futuro, ya que éste es impredecible y por lo tanto se debe estar alerta y sobre todo conocer el problema".[48]

En su publicación del 1° de enero de 1938, el artículo "El año político en México" se refería a los problemas que en ese año había tenido el cardenismo, sobre todo por el reparto de tierras y la expropiación petrolera. Kamien, el autor, defendía al presidente diciendo que "tenía derecho a hacer la expropiación igual que la de los ferrocarriles". Hablaba de la política cardenista, de su apoyo a la República española y del ataque a China. Y comentaba que México en ese año se había retractado de hacer una gran transacción de cobre para Alemania. Más adelante, hablando de deportes, mencionaba que "México no aceptó a jugadores, ni alemanes ni italianos, porque no quiere fascistas en el país".

Refiriéndose a la pugna Calles-Cárdenas, decía que seguramente Calles no estaba con las manos en los bolsillos; se sabía que estaba apoyando a la reacción en contra del presidente Cárdenas y que por ello en ese año de 1938 se había consolidado la reacción. Agregaba que "en julio se dio la unión de los partidos de derecha, Cedillo renunció al Ministerio de Agricultura y está haciendo el papel de unificador de todos estos movimientos de derecha", pero asentaba que por ello se unieron todos los grupos liberales alrededor del presidente. Según él, los estadunidenses hubieran apoyado mucho más a Cárdenas si no hubieran temido su "bolchevismo", y concluía: "Hay un problema en Estados Unidos: o no saben quién es Cárdenas o no saben lo que es el bolchevismo".[49]

[48] A. Toshab, "Acerca del antisemitismo en México", *El Tiempo (Di Tsait)*, 1° de enero de 1937, p. 5.

[49] M. Kamien, "El año político en México", *El Tiempo*, 1° de enero de 1938, p. 3.

En esa misma fecha, otros artículos se referían también a la situación de los judíos en México; en "La cuestión judía en México", Berebiches se concretaba a comentar el antisemitismo de ciertos grupos, pero lo consideraba como algo normal y lógico por el desarrollo que estaba teniendo la comunidad en cuestión económica y por la competencia que quizá se desataba respecto al comercio. El autor le pedía a los miembros de la colonia judía que no hicieran nada al respecto, ya que no todo el pueblo era antisemita, sino sólo algunos grupos de derecha muy concretos.[50]

En otro de los artículos del mismo diario, el señor Zacarías se refería con vehemencia al antisemitismo que se estaba desarrollando en el país. Hacía un análisis de la situación y recalcaba que a partir del presidente Pascual Ortiz Rubio se habían desatado campañas contra los judíos a raíz de la propuesta "nacionalista", y que para contrarrestar un poco esto se estaba editando *La Verdad*, cuyo propósito era que el pueblo estuviera enterado de quiénes eran los judíos que vivían en México y cuáles las actividades que desarrollaban, para contestar a los infundios desatados por esos grupos antisemitas.[51] En el artículo "El México judío en el año de 1937", Simes hablaba de la formación de un Comité Antifascista creado con la finalidad de defenderse de los ataques de esos grupos nazis.[52]

El 2 de febrero de 1938, Kamien, en "México se baña en la democracia", afirmaba que el presidente Cárdenas era un demócrata y se declaraba en favor de la libertad; asimismo, establecía que los dirigentes del ejército estaban en contra del fascismo y apoyaban también la democracia.[53] El número del 15 de enero de 1938 publicó el artículo "Plantaciones nazis en México", donde el autor hacía referencia a la enorme propaganda antisemita y explicaba la invitación que hicieron los nazis a los comerciantes e industriales mexicanos para viajar a

[50] A. S. Berebiches, "La cuestión judía en México", *El Tiempo*, 1° de enero de 1938, p. 6.
[51] I. Zacarías, "Problemas de nuestra vida comunitaria en México", *El Tiempo*, 1° de enero de 1938, p. 7.
[52] M. Simes, "El México judío en el año de 1937", *El Tiempo*, 1° de enero de 1938, p. 12.
[53] M. Kamien, "México se baña en la democracia", *El Tiempo*, 2 de febrero de 1938, p. 2.

Leipzig con todos los gastos pagados. De igual manera, se invitó al licenciado Agustín Arroyo, jefe de propaganda del gobierno, para que conociera Alemania. El autor hacía hincapié en los métodos propagandísticos alemanes y subrayaba que seguía llegando material impreso a México para convencer al pueblo de que "los judíos eran sus enemigos".[54]

En realidad, el periódico no pudo contrarrestar los ataques antisemitas por varias razones; en primer lugar, porque era publicado en yidish, lo cual limitaba su circulación aun entre los mismos miembros de la comunidad, ya que una gran parte no hablaba esta lengua. En segundo lugar, aunque comentaba abiertamente los sucesos en México, siempre recalcaba que no era un signo de alarma, puesto que la mayor parte del pueblo mexicano no era antisemita. En tercer lugar, hablaba de la formación de un comité antifascista, aunque exhortaba débilmente a los miembros jóvenes de la comunidad para participar en él, hecho que restaba importancia a toda la organización, y quizá esto hacía creer a la colonia judía que todo estaba bajo control. Por último, al referirse concretamente a los Camisas Doradas, sólo hacía una mención a este grupo como algo conocido ya por todos, pero no analizaba sus actividades, sobre todo aquellas que buscaban amagar a los judíos. Esto quizá funcionó como una medida preventiva para todos aquellos que aún no habían sufrido en carne propia sus chantajes y sus amenazas.

Por lo anterior, se puede concluir que la respuesta se dio en el seno de la comunidad (la yidish), aunque no tuvo mayor trascendencia. Mantener informados a sus miembros era una manera de alertarlos respecto al futuro, buscando quizá que los lectores tomaran medidas de forma particular.

Otra de las publicaciones que aparecieron en esos años críticos fue la revista *Optimismo*, órgano representativo de la Comunidad de Damasco que se publicó en español para informar a todos los judíos procedentes de Siria, Líbano, Turquía y Grecia que no hablaban yidish, sino español o ladino. Esta publicación se ocupaba de proporcionar información tanto de la situación política mundial como de México en especial, ade-

---

[54] "Plantaciones nazis en México", *El Tiempo*, 15 de enero de 1938, p. 6.

más de comentar los acontecimientos internos de la comunidad judía de México.

En su primer número, que salió a la luz el 1º de abril de 1937, el editor hizo un análisis de la situación que privaba en el país a raíz de la aplicación de la Ley del Trabajo. Hablaba de la existencia de ciertos grupos que insistentemente pedían a la Cámara de Diputados que se agregara la cláusula de que los empleados que se contrataran debían ser "mexicanos por nacimiento".

El señor Alberto Halabe mencionaba que detrás de todo esto se encontraba una actitud xenófoba que podía ser una continuación de las "funestas actividades de las Camisas Doradas y demás grupos asalariados del fascismo internacional. [...] En sí la propuesta parecía muy nacionalista, ya que aquellos nacidos en México ocuparían los puestos que en ese momento tenían los extranjeros nacionalizados", pero en realidad —decía Halabe— "esta propuesta oculta el fin de provocar una agitación contra este sector de nuestra Patria, una agitación que lleva el mismo fin que el de las Camisas Doradas, el antiextranjerismo".

Aunque consideraba que esto era anticonstitucional y que no podía pasar como ley, le pedía a los lectores —y sobre todo a los judíos— que se organizaran y que llevaran a cabo una campaña de propaganda para desenmascarar los verdaderos propósitos que llevaba ocultos esa propuesta.[55]

La revista propugnaba la unión de la comunidad para presentar un frente común, una resistencia a los ataques de esos grupos derechistas en contra de la minoría judía. En el artículo "Si no hubiera judíos", escrito por Raúl Arias Barraza, se analizaban los problemas que enfrentaba el judío en esos momentos; decía que a lo largo de la historia éste siempre había sido el "chivo expiatorio" de todos los males que habían aquejado a la humanidad, y concluía que

el judío está acosado. Puede tratar de espantar al perro rabioso del fascismo, protestando que no es comunista [...] que los judíos no quieren la dominación mundial, que nunca usan sangre de niños

[55] Alberto Halabe, "Editorial", *Optimismo*, México, núm. 2, abril de 1937.

cristianos en sus ceremonias religiosas [...] y pedir para sus aden-
tros que alguien venga y mate a la bestia fascista. O puede ayudar
a decidir su destino, aliándose con las víctimas sociales y nacionales del capitalismo, en una lucha por una sociedad libre de explotación económica y nacional; libre del antisemitismo.[56]

La revista recordaba en cada número que era una plataforma
de defensa de los intereses de la colonia israelita damasqueña,
en primer lugar, y de los elementos israelitas que vivían en
México, pugnando por unir los lazos en una causa común. En
"El ghetto en México", el licenciado Arias Barraza denunciaba la propuesta hecha por la Federación de Pequeños Comerciantes para que los miembros de la colonia israelita de México
fueran concentrados en una zona especial de la ciudad, único
lugar donde se les permitiría ejercer sus actividades comerciales, industriales y de cualquier índole. Esta zona, decía, "nuevo
ghetto moderno", estaría comprendida entre las calles de
"Correo Mayor, Uruguay, Santísima y Justo Sierra". Y agregaba:
"Entre los lugares comunes que se vierten en la mencionada
proposición campea la ideología nazi, del antisemitismo, como
explicación a la crisis económica".

Asimismo, hacía un breve análisis para localizar el origen
del apoyo financiero que recibía la llamada Confederación de
Pequeños Comerciantes, y aseguraba que las huellas "con toda
seguridad irán a dar a cierto departamento de Propaganda Ideológica en el extranjero, mismo que financia el llamado movimiento de Las Camisas Doradas". Sin embargo, concluía que
la actitud revolucionaria y progresista del presidente —que pugnaba por el mejoramiento del pueblo mexicano— no permitiría que se mantuviera una situación de estancamiento industrial, que "sirva a los intereses de unos cuantos con perjuicio
de la sociedad, atacando al mismo tiempo a un sector progresista y trabajador".[57]

De igual manera, *Optimismo* se mantenía alerta ante los acontecimientos mundiales y comentaba los tristes sucesos de

[56] Raúl Arias Barraza, "Si no hubiera judíos", *Optimismo*, núm. 2, abril de
1937, pp. 2-3.
[57] R. Arias Barraza, "El ghetto en México", *Optimismo*, núm. 3, mayo de
1937, p. 5.

España, Alemania e Italia, insistiendo en una unificación de los grupos afectados. En un artículo del mes de agosto, el señor Arias se refirió al acuerdo tomado en Suiza por el comité de justicia, que condenó seriamente *Los protocolos de los Sabios de Sión*. En él comentaba:

Esta derrota del antisemitismo pone en nuestras manos el arma necesaria para luchar contra el fascismo y contra la reacción [...] hora es que el pueblo israelita entre en acción. El precedente de Berna en Suiza, nos ha dado todo el material necesario para combatir al enemigo [...] La Ley de Comunicaciones prohíbe terminantemente el uso del Correo para la difusión y distribución de material subversivo[...] calumnioso contra personas e instituciones.

Al final hablaba de que debían ser las diversas sociedades israelitas de México quienes presentaran la demanda ante las autoridades competentes.[58]

En septiembre de ese mismo año, el artículo "La situación actual del pueblo judío" decía que "el judío tiene la culpa de todo, lo mismo del imperialismo que del comunismo, del bolchequismo que del internacionalismo [...] el ataque al judío sirve para despistar a los pueblos de las verdaderas causas de sus males". Según el artículo, no era ni el proletariado ni el campesinado los que desataban el antisemitismo, pues la existencia del judío en nada afectaba sus condiciones de vida; más bien, la causa era el gran capital financiero o industrial que quería "absorber los últimos restos de independencia económica de los pequeños comerciantes y artesanos, a fin de poder mantener el alto nivel de sus ganancias y consolidar sus monopolios". Asimismo, explicaba que para evitar que la clase media se diera cuenta de que el capitalismo financiero era el responsable de su ruina, hacía una propaganda demagógica culpando al comerciante judío y al pueblo judío en general.[59] Según el editor de la publicación, la reacción del pueblo judío

[58] R. Arias Barraza, "Los protocolos de Sion", *Optimismo*, núm. 6, agosto de 1937, p. 13.

[59] Alberto Halabe, "La situación actual del pueblo judío", *Optimismo*, núm. 7, septiembre de 1937, p. 5.

siempre había sido pasiva y el resultado era por supuesto "la derrota, la befa y el escarnio".

De acuerdo con el editor, la situación del pueblo judío en Alemania ante el ataque del nazismo provocó una fuerte reacción en todo el mundo, y dio como resultado en México un boicot contra el comercio alemán, que en realidad duró poco y fue inútil para abatir el nazismo, provocando tan sólo nuevas represalias. En el artículo propone como una posible solución a los problemas:

> si el fascismo con la bandera del antisemitismo, sólo oculta el ataque del gran capitalismo contra el obrero, el campesino y la clase media, el pueblo judío debe responder con la táctica de la unión de todos estos sectores para la defensa de los intereses comunes. Si el enemigo es común, la defensa contra él y el ataque para aplastarlo debe ser también común.[60]

Para Halabe, la primera etapa del contraataque debía ser la unificación interna del pueblo judío; la segunda era desenmascarar el antisemitismo que estaba detrás del gran capitalismo financiero, y la última era la unión del judío con las otras clases oprimidas de trabajadores y campesinos para presentar un frente común. Era importante recalcar que en todas las naciones en donde dominaba el capitalismo tarde o temprano se recurría al antisemitismo; como ejemplo citaba a Japón, "en donde viven pocos judíos pero ya se han organizado motines antisemitas para explicar al pueblo japonés el porqué de las miles de muertes de japoneses en Manchuria y China del Norte", así como "a Estados Unidos, en donde había una inundación de propaganda de las Camisas Plateadas, rama del nazismo alemán, para evitar la lucha de los obreros por una elevación de su nivel de vida". Además, en México "tenemos otra organización de los llamados Veteranos de la Revolución, que también indican solapadamente que los judíos son culpables del alza del costo de la vida".[61]

En el número del mes de octubre, Arias escribió un artículo sobre la situación en España y destacó la fuerte presencia

---

[60] *Ibid.*, p. 6.
[61] *Id.*

del fascismo, contra el que pedía luchar apoyando al pueblo español; además,

> para el pueblo de Israel significa befa, escarnio, el destierro o la confinación en el ghetto; [...] el pueblo de Israel debe ayudar a Madrid. Es su deber. Es un acto de legítima defensa. El sefardí que recuerda con cariño a España [...] debe estar con el pueblo español en su lucha heroica. La victoria del pueblo español, será la victoria del pueblo de Israel.[62]

Aparecieron más artículos en los siguientes números informando de los continuos ataques antisemitas que se daban en México. En el editorial del número 9, el autor se preguntaba por qué sólo se atacaba a los judíos, cuando había otros grupos de extranjeros en el país; dónde habían quedado los postulados constitucionales, la libertad de comercio, de reunión, de educación, de tránsito, etc., y por qué las prohibiciones se dirigían exclusivamente a los judíos.[63]

En 1938, la publicación revistió características muy concretas en su lucha contra el fascismo. El 5 de febrero, un artículo de Srul Ben Tarik —verdadero nombre de quien firmaba con el seudónimo "Licenciado Arias"— mencionaba que la Constitución Política del país simbolizaba el anhelo de mejoramiento del pueblo mexicano, pero que la naciente burguesía nacional, ligada al imperialismo extranjero, había lanzado rayos y truenos contra ella, y que si en su momento no se le acusó de estar inspirada en la Internacional Comunista, de que sus formuladores se habían vendido al oro de Moscú o que actuaban como instrumento de los Sabios de Sión, fue debido a que aún no existía la Internacional, ni Moscú era la capital de la Unión Soviética y los judíos, salvo raras excepciones, aún no llegaban a México. Y agregaba:

> Hoy como ayer los sectores privilegiados atacan cualquier manifestación de mejoramiento de las masas populares. Se cuidan de no atacar abiertamente a la Constitución y por ello han levantado el fantasma del Comunismo, con un coro de lamentaciones de

[62] R. Arias Barraza, "La situación en España", *Optimismo*, núm. 8, octubre de 1937, p. 5.
[63] A. Halabe, "Llamaradas antisemitas", *Optimismo*, núm. 9, octubre, pp. 1-2.

la extrema derecha, de los porfiristas, del clero católico [...] de los tránsfugas de la Revolución, que reciben millones de las Compañías petroleras, quienes gritan a voz en cuello que vamos hacia el comunismo, que pronto se instalarán Soviets en México, que peligra la nacionalidad, la familia y la propiedad. [Aunque] no sólo queda ahí su actuación, sino que lanzan una intensa propaganda reaccionaria, la cual ha recurrido por supuesto al antisemitismo con la bandera del "Nacionalismo". Bandas de Camisas Doradas, de pistoleros cavernarios trataron de desviar la atención del pueblo mexicano de sus problemas fundamentales, para lanzarlos contra unos cuantos miles de judíos que viven en México, pero fracasaron. [...] Subvencionados por los imperialistas no pudieron usar la demagogia del nacionalismo, [...] ya que sus amos les prohibían atacar, por leve que fuera el ataque, los intereses que en México tenían.[...] En México se sigue atacando solapadamente a la Constitución ya que el proyecto del diputado Falcón, restringiendo los derechos de los extranjeros nacionalizados mexicanos, negándoles el derecho al trabajo, es un ejemplo de esta inconstitucionalidad.[64]

Hacia el mes de julio la revista alarmó al público al denunciar los ataques que estaba sufriendo la comunidad por parte de los periódicos de derecha como *Omega* y *El Hombre Libre*. Decía que estos diarios, a pesar de considerarse imparciales, estaban convenciendo al pueblo de que Saturnino Cedillo era un gran hombre y que sería el salvador de la patria. Explicaba además que estos órganos apoyaban y actuaban como agentes de las compañías petroleras y estaban convencidos de que Cedillo sería el próximo presidente de la República.

Arias, el articulista, comentaba alarmado que si esto llegaba a ocurrir, se implantaría el fascismo en México y se crearían campos de concentración contra todos los elementos progresistas y de izquierda, a quienes se les culparía de "comunistas", "agentes de Moscú", "vendidos al oro de los judíos", en fin, las calamidades preconizadas en el breviario del nazismo.

En el mismo tono de preocupación escribió que los estudiantes de la Universidad Nacional Autónoma de México le habían hecho un fastuoso recibimiento a Cedillo, al igual que

[64] Srul Ben Tarik, "Editorial", *Optimismo Juvenil*, núm. 12, febrero de 1938, pp. 1-3.

las cámaras patronales y los industriales de Monterrey, los cuales lo llamaron "salvador", y decía que periódicos como *Excélsior* y *El Universal* pensaban que su gestión sería muy atinada. Según el autor, el general Cedillo había preparado el golpe de mayo desde la Secretaría de Agricultura, que de ahí se pagó a un ejército de mujeres espías y que además desde ahí se estuvieron adquiriendo armas y materiales de guerra que Cedillo almacenaba en su feudo potosino. Y que al dejar la secretaría, el general continuó con sus planes rebeldes contando con el apoyo de la derecha, incluyendo la prensa.

Agregaba que Cedillo se alió a las compañías petroleras en una actitud antimexicana, de traición a la patria, aunque su rebeldía no tuvo éxito ya que los campesinos lo abandonaron; de esa manera "la intentona fascista fracasó, estaba aislada, no contaba con una base de masa, iba contra las aspiraciones de dieciocho millones de mexicanos. Cárdenas [...] ha batido a Cedillo con los hechos de su gobierno [...] ha puesto un valladar al fascismo [...]", y terminaba: "Cedillo ha sido eliminado, la reacción buscará otro caudillo, un dictador que le proteja sus mezquinos intereses contra las justas demandas de los millones de mexicanos".[65]

El año siguiente aparecieron artículos donde se analizaba el porqué del antisemitismo en el país. El articulista mencionaba varios tipos de antisemitismos, entre ellos el religioso, que se acentuó a partir de la Constitución de 1917 y después de la primera guerra y la Revolución rusa. Decía que todo esto se unió a una precaria situación económica, lo que despertó el antisemitismo.

Al hablar sobre México comentaba que en realidad el antisemitismo se consolidó a partir de la década de los treinta; cuando los judíos empezaron a dedicarse a la industria, suplantando con métodos de trabajo y maquinaria más adelantada a los grandes industriales. Por eso vino la agresión violenta y por eso surgió el Comité pro Raza, el cual urgió al pueblo a no comprar artículos en los comercios judíos, pero esto fracasó porque los artículos de ellos eran mucho más baratos.

---

[65] R. Arias Barraza, "Nuevos métodos y nuevos hombres", *Optimismo Juvenil*, núm. 17, julio de 1938, pp. 18-21.

Según Ben Tarik el Comité pro Raza desapareció cuando perdió el subsidio de "fuentes desconocidas", pero poco después, con motivo de la pugna entre los sectores reaccionarios y revolucionarios, surgió en su lugar la "Asociación Revolucionaria Mexicanista" conocida como los "Camisas Doradas", formada por el ex general villista Nicolás Rodríguez, cuyas actividades durante la Revolución se habían concentrado en huir del combate y volar trenes; y que, fuera de ella, había sido dado de baja del Ejército Nacional por indigno de pertenecer a tan noble institución, dedicándose desde entonces al chantaje y a la estafa. "Las ligas de los Camisas Doradas con la Legación Alemana de quien reciben un fuerte subsidio [decía] son ampliamente conocidas."

Y así fue como llegó a México el antisemitismo de exportación. Los nazis apoyaron a Rodríguez con una tremenda propaganda, repartiendo libros y folletos e insertando artículos pagados en los periódicos y muchas otras cosas para lograr crear una "conciencia antisemita". Pero añadía:

> Los Camisas Doradas después de haber provocado incidentes sangrientos, de haber estafado y robado, fueron disueltos como organización con beneplácito del pueblo. [...] Sin embargo, continúan dándose actividades netamente criminales, ya sea mediante ataques en los diarios, para obtener un soborno que les cerrara la boca hasta el llamado para asesinar, esto lo realiza la organización continuadora de los Dorados que es la Vanguardia Nacionalista, dirigida por un "licenciado muy conocido".[66]

En el mismo artículo se exhortaba a la comunidad a realizar una contrapropaganda intensa para destruir una por una las infamias; urgía a la unidad y a que no hubiera ninguna abstención para luchar contra el fascismo. Era un llamado de emergencia antes de que se propagara más el fascismo en México.

Al leer los diferentes artículos, sobre todo los publicados por Arias, es muy claro que se tenía un pleno conocimiento de las actividades desarrolladas por los grupos de derecha y so-

[66] R. Arias Baraza, "El antisemitismo en México", *Optimismo Juvenil*, núm. 24, 1º de febrero de 1939, pp. 5-8.

bre todo el movimiento de los Dorados. El autor expresó que no estaba tranquilo a pesar de que sabía que Rodríguez había sido expulsado del país, porque el grupo Vanguardia Nacionalista estaba desempeñando las mismas actividades y contaba con el apoyo de los alemanes, de modo que el antisemitismo estaba creciendo.

Al año siguiente, en 1940, siguieron apareciendo artículos acerca de las actividades de los nazis en Europa y en México; sobre todo el editor, el señor Alberto Halabe, y el Licenciado Arias estaban sumamente preocupados por la situación e insistían en que se debía actuar de inmediato. Subrayaban que todos los judíos de América se debían unir ante la amenaza del "nazismo teutón" y aconsejaban, "serenidad, paz, trabajo, unión y cooperación [...] y más que todo conciencia absoluta de la amenaza que pende contra seis millones de hermanos nuestros".[67]

Esta publicación y sus colaboradores habían cobrado conciencia del peligro nazi desde un principio, y aunque alertaron constantemente a la comunidad, poco pudieron hacer efectivamente contra las agresiones.

La emigración judía de habla alemana fue otro grupo opositor al fascismo. Estaba constituida por judíos que huyeron del nacionalsocialismo y que tenían buenas relaciones con los otros germanos. "Ellos compartían, en su gran mayoría, desde la época guillermina, la pasión patriótica alemana y el espíritu nacionalista de la era que les tocó vivir. Tanto más trágico y paradójico fue para ellos el virulento antisemitismo desencadenado después de la derrota en 1918-1919 en Alemania." Con Hitler, estos alemanes descubrieron que también eran judíos y tuvieron que huir de la que consideraban como su patria, ante las punzantes represalias y los crímenes antisemitas de los nazis.[68]

Aunque este grupo no fue homogéneo, como señala Von

---

[67] A. Halabe, "Editorial", *Optimismo Juvenil*, núm. 33, p. 3.
[68] Brígida von Mentz y Verena Radkau, "Notas en torno al exilio político alemán en México (1939-1946)", en *Fascismo y antifascismo en América Latina y México (apuntes históricos)*, México, Centro de Investigaciones y Estudios Superiores en Antropología Social (Cuadernos de la Casa Chata, 104), p. 45.

Mentz, sus miembros se unieron por una cuestión común: "ser judíos". En 1939 formaron una organización religiosa llamada Hatikva Menorah, de tendencias antifascistas, la cual se abocó sobre todo a buscar asilo para judíos de habla alemana que huían del nazismo europeo.

Antes de esta organización había existido en México la Liga Pro Cultura Alemana, fundada en 1937 también con fines antifascistas. Esta organización aglutinó a fuerzas políticas activas y antihitlerianas que en esos años empezaron a llegar a este país. Llevaba a cabo una importante campaña en pro de los refugiados, pero también realizaba una intensa propaganda contra los nazis. Sobre todo, uno de sus principales objetivos era crear conciencia entre el pueblo mexicano de que no "todos los alemanes eran nazis". Esta Liga recibía material del Comité Central Comunista Alemán de París.[69]

Pronto se suscitaron problemas internos en la organización debido a que no todos sus asociados estaban de acuerdo con las ideas comunistas. Algunos trotskistas actuaron con propaganda antisoviética, causando mayores problemas a la Liga. "Yo tuve que salirme de la organización, estaba muy tensa la situación, yo no era comunista, aunque odiaba a los nacional-socialistas. Mi cuñado sí se quedó ahí. Yo le advertí que corría peligro sobre todo siendo judío."[70]

Por estas pugnas entre los comunistas y trotskistas salieron muchos de la organización. Sobre todo desde 1941 los comunistas alemanes no participaron en la Liga, considerada como de "tendencia trotskista" y "antisoviética", y rompieron al siguiente año para desarrollar sus propias actividades políticas y culturales por separado.[71]

Los comunistas se unieron en torno al movimiento llamado "Alemania Libre". Esta organización apareció en 1941 a partir de la llegada del barco Serpa Pinto, en donde vinieron más de 100 personas de origen judío como refugiados a México. Los nuevos inmigrantes ya venían realizando una labor antifascista desde Francia y publicaron la revista *Alemania Libre*;

[69] *Ibid.*, p. 46.
[70] A. Gojman de Backal, "Entrevista a E. R.", entrevista particular realizada en noviembre de 1986.
[71] B. von Mentz y V. Radkau, "Notas...", p. 47.

entre los que firmaban como responsables de ella estaba Antonio Castro Leal, quien fue rector de la Universidad.[72]

Un grupo de judíos de ideas comunistas publicaba una revista llamada *Forois (Adelante)*, con ideas marxistas.[73] En ella se luchaba en pro de la Unión Soviética y en contra del Tercer Reich. Pero no todos estaban de acuerdo en lo que postulaban, lo que realmente los unía era su lucha en contra del nazifascismo que estaba atacando a Europa y había llegado a México.[74]

Acerca de las actividades desempeñadas por los judíos de ideas socialistas, una de las personas entrevistadas comentó:

Mi padre era el presidente de la comunidad de Damasco y Alepo, y participaba en muchas reuniones antifascistas. Una noche nos llevó a mi hermano y a mí porque iban a ser los oradores Hernán Laborde y Lombardo Toledano. Nos sentó en la primera fila y él subió al estrado. Pero al poco rato de iniciado el acto aparecieron los Camisas Doradas. Los recuerdo muy bien con su indumentaria y sus garrotes. Mi padre al verlos bajó de inmediato del estrado y nos metió debajo de la mesa. Allí estuvimos mucho tiempo hasta que llegó la policía y dispersó a los atacantes, llevándose a algunos. Vi a varios heridos.[75]

LA PRENSA FRENTE A LOS DORADOS

Una parte de la xenofobia que se desarrolló en México se gestó y manipuló en la prensa, especialmente en algunos periódicos de derecha, tal como se ha mencionado en apartados anteriores. Se analizarán ahora, de manera especial, las publicaciones *Omega*, *El Hombre Libre* y *El Mundo*, periódicos que claramente manifestaron esta tendencia durante el periodo 1931-1940.

Omega era un periódico político que se publicaba cada dos días y que estaba dirigido por Daniel Rodríguez de la Vega.

[72] A. Gojman de Backal, "Entrevista a Busia Kostorv", en *Testimonios de historia...*, p. 95.

[73] *Id.*

[74] *Id.* Éstos eran bundistas con ideas socialistas.

[75] A. Gojman de Backal, "Entrevista a E. B.", entrevista particular, noviembre 1987.

Evocaba en todos sus números lo benigno del régimen porfiriano, y dedicaba a Díaz un número especial cada año, el día 6 de abril, y otro a la Guadalupana, el 12 de diciembre. Este periódico atacó sistemáticamente a los regímenes emanados de la Revolución mexicana y todas las leyes y acuerdos que de ella surgían.

Por su parte, *El Hombre Libre* era un periódico de acción social y política, dirigido por el mismo Daniel Rodríguez de la Vega, por lo que evidentemente siguió la misma línea de *Omega*, reproduciendo incluso algunos de sus artículos.

En 1925 *Omega* dedicaba la mayor parte de sus números a criticar a Tomás Garrido Canabal, el "gobernador rojo" de Tabasco, quien realizó persecuciones contra los católicos; durante esos años se utilizó con frecuencia el término "judaísmo" para designar las acciones de Garrido Canabal, lo mismo que para nombrar las rapacerías de las compañías petroleras.

Son dos los artículos de *Omega* publicados entre 1925 y 1926 referidos al antisemitismo directamente. En el primero se ensalzaba a Mussolini y a sus Camisas Negras como un movimiento defensivo "en contra de los intereses bolcheviques desatados por los judíos en la vieja Rusia",[76] movimiento que hizo su aparición en Francia con el nombre de Camisas Azules, mientras que en México se estaban generando las condiciones para la aparición del fascismo en virtud del crecimiento de la deuda pública, la gran cantidad de huelgas y boicots y la fuerza del agrarismo.

En el segundo artículo se decía que "resulta maravilloso enterarse de que uno de los fundadores de la Casa del Obrero Mundial, el Dr. Atl, ha vuelto a la razón y empieza a reconocer que el fascismo es una verdad social", mientras que el bolchevismo, "bajo la acción incongruente de una oligarquía judaico-mongólica ha llevado a la desintegración y miseria del pueblo ruso"; aseveraba que esto era precisamente lo que se había percibido en México. Asimismo, subrayaba que entre los agita-

---

[76] Benito Mussolini, después de su marcha sobre Roma, se convirtió en el líder del movimiento fascista italiano en 1923, partido único de Italia. En ese mismo año, Hitler intentó un golpe de Estado al frente del Partido Nacional-socialista Alemán, el cual fracasó; desde la cárcel publicó su libro *Mein Kempf* en el año 1925.

dores mexicanos se "han deslizado los extranjeros para desintegrarnos como en Rusia y explotar nuestros cruentos sacrificios", y anunciaba que empezaba a observarse cómo se gestaba en México el derrocamiento de los gobernadores radicales (resultado semejante al que conducen el fascismo italiano, los Camisas Azules en Francia y los conservadores ingleses).

Entre 1926 y 1929 el periódico siguió ocupándose de Tomás Garrido Canabal. En ese último año la tensión que se había generado entre la Iglesia y el Estado alcanzó su punto culminante hasta llegar a la supresión del culto y el inicio de la Guerra Cristera; evidentemente, la reacción de la prensa fue criticar al gobierno como comunista judaizante.

En 1929 comenzó a editarse *El Hombre Libre* que, como se señaló, mantenía esencialmente la misma línea que *Omega*. Los años de 1928 a 1931 fueron críticos para la vida política del país: pleitos de facciones, la muerte de Obregón, la fundación de la CROM y la expedición de la Ley Federal del Trabajo, acontecimientos que crearon las condiciones propicias para que se llevara a cabo la Campaña Nacionalista (1931), la cual tuvo como objetivo estimular el consumo de productos nacionales. Esta campaña fue atacada en *Omega* y *El Hombre Libre* diciendo que el gobierno la había instrumentado para distraer de otros conflictos como la crisis económica y la corrupción política, y sobre todo destacando que el problema de la contienda interna estaba mal enfocado, ya que lo primero que debía consumarse era la expulsión del país de los extranjeros indeseables.[77]

Ambos diarios hacían hincapié en la nefasta competencia que esos extranjeros representaban para el comercio nacional; deploraban que ellos ocuparan cargos que correspondían a los mexicanos, y afirmaban que por lo mismo debía detenerse la peligrosa invasión judía al país.

En 1931 fue notable la cantidad de artículos que publicó la prensa, motivados especialmente por la Campaña Nacionalista, que se ocupaban recurrentemente de los siguientes puntos: *1)* que el general Calles, ex presidente de México, había propiciado la invasión judía en el momento en que hizo una invi-

77 *Omega*, mayo de 1931; *El Hombre Libre*, junio de 1931.

tación a comunidades hebreas expulsadas de Europa; *2)* que no sería remota la reacción xenófoba popular tal como estaba sucediendo en el Viejo Mundo ("los choques constantes entre comerciantes judíos y mexicanos han propiciado la formación de grupos antisemitas", se decía justificando los acontecimientos ocurridos cerca del mercado de la Merced, cuando la muchedumbre enfurecida destruyó tiendas y mercancías provocando la huida de los judíos);[78] *3)* se señalaban los consabidos defectos de los judíos: que no se asimilaban a ninguna raza, que constituían un peligro para la seguridad de los pueblos débiles, que se escondían bajo nacionalidades como la polaca, rusa, libanesa, inglesa, etc., que formaban una mafia internacional, que tenían instintos nómadas contrarios al catolicismo, que representaban una desleal competencia para el comercio nacional y que se enriquecían amparados en los malos hábitos y poca preparación del mexicano; *4)* que el sovietismo y el comunismo eran netamente de origen judío, y *5)* se proponía la unión de toda la sociedad para cooperar con la Campaña Nacionalista con el fin de desterrar la plaga de los extranjeros indeseables.

Los dos periódicos de Rodríguez de la Vega destacaban la importancia del apoyo prestado por el presidente Pascual Ortiz Rubio a la Campaña Nacionalista, el cual se hizo evidente cuando éste asistió a un mitin contra la invasión judía organizado por los locatarios de mercados y los pequeños comerciantes en el teatro de la SEP, en mayo de 1931.

Además, *Omega* dio respuesta a varios periódicos, a propósito de las protestas por la Campaña Nacionalista, diciendo que "México no quiere atacar, sino defenderse del peligro judío".[79]

Así 1931 fue un año muy importante, ya que significó la transición de la xenofobia hacia los judíos a un antisemitismo perfectamente articulado. La diferencia estriba en que si la xenofobia es un odio contra los extranjeros, el antisemitismo representa el odio al judío por judío, en el cual no importa la nacionalidad ni la actividad económica. Se sustenta en una interpretación negativa de la teoría científica de las razas.

---

[78] *Omega*, 4 de mayo de 1931.
[79] *Omega*, 29 de mayo de 1931.

A partir de entonces la prensa de derecha se dedicó a publicar artículos que eran verdaderas manifestaciones de antisemitismo. Particularmente los periódicos *Omega, El Hombre Libre* y *La Prensa* calificaron de correcta la actitud del diputado Ángel Ladrón de Guevara, quien encabezó las protestas de los comerciantes de la ciudad de México manifestando claramente que el problema era contra los judíos y no contra cualquier otro extranjero radicado en el país.

En 1932 la mayoría de los artículos de *Omega* hacían un llamado al gobierno para reformar las leyes de migración y evitar así que ingresaran más extranjeros al país, mientras que aquellos que ya estuvieran radicados en él, sobre todo hebreos, fueran expulsados y diseminados. Uno de los artículos hablaba de que había 100 000 judíos en el país y que pronto llegarían al millón, de manera que "si no se les prohíbe la entrada seremos esclavos de los israelitas".[80]

Omega hizo un llamado para que la Campaña Nacionalista, que venía desarrollándose entre las cámaras, el gobierno y los sindicatos, se dirigiera sólo a este grupo, ya que "son los únicos extranjeros indeseables en México". Agregaba que en una expulsión previa de 19 extranjeros, promovida por el licenciado Montes de Oca, funcionario de la Secretaria de Gobernación, sólo seis eran judíos, y que se les debía seguir boicoteando y asegurarse de que los que quedaran en el país vivieran en barrios apartados.

El 27 de junio de 1931, en el artículo "Universitarios, no debéis defender a los judíos", publicado en *Omega*, Severo Franco decía que el principal motivo para no defender a los judíos era que éstos no agradecían favores y no reconocían la tierra que los vio nacer.

En 1933 el tono agresivo de los artículos contra los judíos fue en aumento. Otros grupos de extranjeros casi no aparecían, con excepción de los chinos, a los que se dedicó una nota de vez en cuando. Los títulos mismos de los artículos son significativos: "La colonia judía puede crear en México problemas más serios que en Alemania"; "La marca de Israel"; "Guerra a

---

[80] "Es necesario cuidar que la campaña antijudía no se confunda y degenere en campaña antiextranjera", *Omega*, 25 de abril de 1932.

muerte contra el pueblo mexicano desarrollan solapadamente los judíos"; "El futuro Estado político y social de México corre el peligro de quedar en manos del judaísmo", etcétera.

Los artículos de *Omega* son un reflejo de los acontecimientos de Alemania. El 7 de abril de 1933 se legisló en aquel país para que ningún judío pudiera ocupar un cargo público, y se dictaron leyes de lo que estaba o no permitido y prohibido para ellos. *Omega*, diario claramente simpatizante del nazismo, sugería que se actuara como en Europa, donde se había empezado a eliminar a los judíos, "raza que no se integra, que emigra constantemente y no se interesa por la nacionalidad", peligro para la economía y para la seguridad del territorio y la soberanía.[81] *Omega* defendió en ese artículo a los chinos diciendo que las campañas contra ellos eran absurdas, ya que a los que se debía combatir era a los judíos.

Ese año, Albert Einstein renunció a la nacionalidad alemana después de que su casa fue asaltada por los nazis, y adquirió la nacionalidad estadunidense ante el peligro de la persecución. *Omega*, en un artículo de Nemesio García Naranjo, tachaba de arrogante esta actitud y decía: "La marca de Israel es más fuerte que el amor al terruño", agregando que no era la primera vez que un judío renunciaba a su residencia o a su patria, pues le resultaba esto más fácil que prescindir de sus tradiciones israelitas.

El 20 de octubre de 1933, en el artículo "Los peores azotes del obrero mexicano son los israelitas convertidos en patrones", *Omega* justificaba la campaña contra los judíos, argumentando que ésta no era una xenofobia irracional, pues estaba justificada por los graves daños políticos y económicos que ellos causaban al país.[82]

La presidencia del general Lázaro Cárdenas (1934-1940), a pesar de sus innovaciones en la política, en la economía, en el campo educativo y en las relaciones con obreros y campesinos, no logró —aunque haya significado la consolidación del Estado mexicano moderno— el cambio necesario para los 18

[81] "La colonia judía puede crear en México problemas más serios que en Alemania", *Omega*, 7 de abril de 1933.

[82] "El futuro Estado político-social de México corre el peligro de quedar en manos del judaísmo", *Omega*, 9 de octubre de 1933.

millones de personas con las que entonces contaba México, quienes, según González y González,

> se encuentran desperdigadas en miles de aldeas, rebosantes de niños y adolescentes, con corta y subempleada fuerza de trabajo, mayoría menguante de campesinos, minoría creciente de citadinos, muchedumbres presas en la estrechez económica, muchísimos apáticos de la cosa pública, poquísimos acaparadores de la política, millones de analfabetas y atécnicos y sólo millares de profesionistas universitarios, inmensa mayoría religiosa reaccionaria, creyente, clerical y minúscula minoría de cientistas acelerados, incrédulos y comecuras.[83]

Esas enormes diferencias sociales fueron el caldo de cultivo propicio para las ideas xenófobas. De ellas surgirían las minorías simpatizantes lo mismo de Mussolini que de Hitler, del sinarquismo, de los comunistas, etc., pero que siempre y sistemáticamente estuvieron en contra de las políticas y decisiones que tomó el Estado revolucionario.

La prensa de derecha se ocupó en 1934 de lanzar pronósticos pesimistas acerca del régimen que comenzaba, sobre su disposición a continuar el Maximato y sobre su comunismo; asimismo, comenzó a publicar cientos de artículos en contra de la educación socialista, la educación sexual, los sindicatos, la Ley Federal del Trabajo, los extranjeros y, evidentemente, contra los judíos.

El 2 de febrero de 1934, el artículo "La Torre de Babel mexicana" de *Omega*, hizo un llamado a considerar la magnitud de la inmigración de extranjeros indeseables: árabes, turcos, rusos, polacos, sirios, judíos, checos, húngaros y otros que llegaron con Calles y que hicieron del país una auténtica torre de Babel, terrible competencia para el mexicano.

El 21 de febrero el periódico anotaba que el gobierno era el indicado para resolver el problema de la inmigración indeseable y para favorecer la colonización de agricultores, industriales y obreros profesionistas que eran un factor de producción, para dar al país la población que necesitaba, proceso en el cual

---

[83] Luis González y González, *El liberalismo triunfante*, vol. 11: *Historia de la Revolución mexicana 1934-1940*, México, El Colegio de México, 1981, p. 5.

debían quedar eliminados los otros extranjeros, especialmente los judíos.

La existencia y acción de los Dorados aumentaron en los siguientes años el interés de la prensa por los judíos. El 10 de agosto de 1934, *Omega* advirtió la formación de un poderoso partido antisemita que "no tardaría en actuar".[84]

El 10 de septiembre el licenciado José Perdomo, en su artículo, hablaba del judaísmo como generador de la masonería y de esta masonería judaica como creadora de la escuela socialista, la educación sexual y la pornografía que pervierte a la mujer. Aseguraba que a esta asociación masónica-judaica pertenecían los callistas, e incluso el presidente Cárdenas, por lo que exhortaba al pueblo a pensar si debía permitir arrastrar la moral y caer bajo el despotismo de los judíos.[85]

En 1935, los diarios se dividieron a favor y en contra de la educación socialista, de la educación sexual y del régimen de Lázaro Cárdenas; siguió apareciendo una serie de artículos acerca de Benito Mussolini y de Hitler, que exponían sus doctrinas políticas, viéndolas siempre como una panacea para México.

El desfile del 20 de noviembre de 1935, conmemorativo del 25º aniversario de la Revolución, y el enfrentamiento con los Camisas Doradas, hechos analizados anteriormente, fueron un gran tema periodístico que permitió a la derecha explayarse abundantemente.[86]

El 22 de noviembre, *Excélsior*[87] destacó que los atacantes fueron los comunistas judaizantes, entre los cuales —decía— no podía haber elementos honrados, y se dedicó a defender a los Dorados.

Omega, también defendió a los Dorados en su artículo "Horas y patíbulos implacables para inmolar toda voz de libertad",[88] en el que criticó la solicitud que había hecho el senador

---

[84] "Enérgico memorial al presidente de la República en contra de la ya insoportable invasión de los judíos", 10 de agosto de 1934.

[85] "El puñal Sadosh imponiendo la ley masónica. Los casos Lendberg Barthon, Stavisky y Bela Kun", *Omega*, 3 de noviembre de 1934.

[86] "Sangrientos choques entre Camisas Doradas y Comunistas", *Excélsior*, 21 de noviembre de 1935.

[87] "Denuncian los Dorados a los comunistas como causantes del zafarrancho", *Excélsior*, 22 de noviembre de 1935.

[88] *Omega*, 28 de noviembre de 1935.

Soto Reyes para que se disolviera a ese grupo y sostuvo que mejor se deberían disolver los grupos comunistas, que estaban fuera de la ley, ya que proponían la dictadura del proletariado.

En 1931 habló acerca de la organización Juventud Nacionalista de México, agrupación adherida a la Confederación de la Clase Media, de corte anticomunista y evidentemente antijudía. Esta organización declaró su lucha para evitar que México se convirtiera en una sucursal del Moscú judío.[89]

En ese mismo año dos acontecimientos internacionales provocaron enconadas reacciones de la prensa de derecha: el primero fue el inicio de la Guerra Civil española, de la cual se responsabilizó nuevamente a los judíos diciendo que respondían a una voz mesiánica para vengarse de la expulsión del siglo xv. El otro suceso fue la formación de un gobierno de frente popular en Francia, llevado a cabo por Léon Blum: "El judío Blum que antes estuvo en Moscú es el culpable de la comunización de Francia".

Poco antes, en junio de 1935, Cárdenas había expulsado a Calles de México por tratar de influir en la política del país. Éste retornó a finales del mismo año y fue desterrado definitivamente en abril de 1936. La prensa de derecha volvió a lanzar una acusación contra Calles por haber sido promotor de la inmigración de judíos a México.

Mientras tanto, en Alemania la situación se había tornado sumamente difícil pues, a partir de las Leyes de Nuremberg, de 1935 a 1937 habían emigrado 139 000 judíos que perdieron la mayor parte de sus capitales tras haber sufrido crueles ataques por parte de la población nazi. La prensa de derecha aplaudió a Hitler y a Mussolini y se dedicó a combatir fuertemente a los judíos. Mientras que Alemania ocupaba Austria y el presidente Cárdenas expropiaba el petróleo —enemistándose momentáneamente con Estados Unidos e Inglaterra—, los periódicos derechistas se ocupaban de los judíos a partir de tres enfoques básicos: *1)* atribuyéndoles la paternidad de una confabulación internacional para adueñarse del mundo, idea inspirada en

---

[89] "La juventud nacionalista de México se yergue gallarda frente al peligro rojo", *Omega*, 19 de diciembre de 1936.

Los protocolos de los Sabios de Sión;[90] *2)* refiriéndose a la inminente recepción de judíos en México como refugiados "disfrazados de científicos", que venían a propagar el comunismo,[91] y *3)* ocupándose de la defensa del nazismo y fascismo de Hitler y Mussolini y reprochando las condenas públicas al nazismo que hicieron el presidente Cárdenas y el ex presidente Abelardo L. Rodríguez.

En 1939 el espectro del antisemitismo aparece en la denuncia del origen judío de Lombardo Toledano. Sin embargo, la prensa se ocupó más de la candidatura de Almazán —como opositor al partido oficial PRM— y de la muerte de Cedillo, y sobre todo se dedicó al registro de los acontecimientos de la segunda Guerra Mundial en notas como "La paz reina en Varsovia", refiriéndose a la invasión nazi a Polonia; lanzó vivas por el triunfo de Franco y la Falange española, y criticó el reconocimiento de México al gobierno republicano español en el exilio, así como la recepción de refugiados españoles en nuestro país.

En 1940 *Omega* dedicó su atención fundamentalmente a la campaña presidencial en apoyo de Juan Andrew Almazán, a la tensión y choques provocados por las elecciones, al asesinato de Trotsky y también, aunque de manera parcial, a los sucesos de la guerra. Todavía publicó un artículo sobre los judíos donde afirmó que "la actual conflagración no es más que el fruto natural y madurado de esa conspiración judeomasónica elaborada a través de los años. El gran cáncer del mundo es el judaísmo, y Hitler lo quiere extirpar". México —decía— "pertenece a la comunidad hispanocristiana y no a la anglosajona, así que el triunfo de Alemania es el nuestro".[92]

---

[90] "Los protocolos de Sión", *Omega*, 22 de enero de 1938; "Los tenebrosos protocolos de los Sabios de Sión", *Omega*, 19 de febrero de 1938; "La diabólica política de los judíos arroja al mundo en una orgía de sangre", *Omega*, 15 de enero de 1938.

[91] "El judaísmo, la masonería y el comunismo se unen amenazantes contra México", *Omega*, 19 de noviembre de 1938.

[92] "La derrota de Israel", *Omega*, 15 de junio de 1940.

VI. LA ARM DESPUÉS
DE NICOLÁS RODRÍGUEZ

DESPUÉS del periodo cardenista y del fracaso del movimiento de la Acción Revolucionaria Mexicanista en su oposición al régimen, este grupo continuó su tendencia al igual que otros grupos de derecha pequeños, aunque sin la incidencia social que lo caracterizó y sin representar mayores conflictos para el Estado. En noviembre de 1939 hubo protestas contra los Dorados, que habían abierto oficinas y formado grupos en Sabinas, Hidalgo, Tepeaca, Puebla, Vallecillo, Monterrey, Nuevo León, Colima y el Distrito Federal. En esta última ciudad apareció una queja, según la cual la organización pretendía llevar a cabo una marcha partiendo de esa capital estatal hacia la ciudad de México, a la cual pomposamente llamaba "Marcha de la Libertad".[1]

En su segunda época la ARM siguió conservando su carácter antisemita, su espíritu de "fervor patrio" y el mismo discurso anterior, aunque con una diferencia: ahora no atacaba frontalmente al Estado, sino trataba de congratularse con él y escalar posiciones en la administración pública.

La ARM, después de la muerte de Nicolás Rodríguez, se escindió en dos grupos: uno liderado por Joaquín Rodríguez, hermano de Nicolás, y el otro por Aniceto López Salazar; ambos se decían los únicos y absolutos herederos de los ideales del fundador y los intérpretes del sentir general de sus agremiados, y tenían entre sí pugnas en las que se censuraban mutuamente por utilizar el nombre de "Dorados".[2]

El bando de los Dorados que siguieron a Aniceto López Salazar comenzó a "hacer méritos" para lograr el reconocimiento del Estado el mismo día en que Manuel Ávila Camacho asumió la presidencia, lo cual es indicativo de la tolerancia

---

[1] AGNM, Fondo Lázaro Cárdenas (FLC), 541.1/41.
[2] AGNM, Fondo Ávila Camacho (en adelante, FAC), 544.61/39-1.

que este grupo había encontrado en los albores del nuevo régimen.

Al felicitar al nuevo mandatario por su discurso de toma de posesión, los Dorados reconocieron que sus conceptos revelaban el respeto a los "derechos del hombre, los anhelos de una elevación moral que dignificara al pueblo y los medios para lograr un florecimiento y reconstrucción de la Patria"; alababan la decisión del presidente de "proscribir las enseñanzas extrañas y espiritualmente corruptoras" (educación socialista), y señalaban que su agrupación nacionalista no tenía más intención que los intereses patrios, pero que "ha sido juzgada bajo la influencia del judío internacional, génesis de todos los males que abaten a la humanidad [...]". De ahí los juicios temerarios, los procedimientos atentatorios y la flagrante violación al artículo 9° constitucional que se habían cometido.[3]

El 16 de junio de 1941 los Dorados de Aniceto López Salazar anunciaron que Joaquín Rodríguez, Antonio Escobar y Jesús D. Ávila habían sido expulsados de esa organización en una asamblea general celebrada el 5 y 6 de enero de 1941, lo que dio lugar a la formación del otro grupo, que según ellos indebidamente usaba nombre de "Dorados".

Acusaron al grupo de Joaquín Rodríguez de haberse declarado abierta y públicamente "nazifascista" y de realizar la labor de "quintacolumnistas; trabajos que nosotros repudiamos". Los Dorados de Aniceto López afirmaban que el director intelectual del otro grupo era nada menos que "el intelectual nazifascista" Gerardo Murillo, el Dr. Atl.[4]

En julio de ese año ya estaba organizada la dirección del grupo y establecidas sus oficinas en Corregidora 20, en la ciudad de México. Estaba integrado por "elementos revolucionarios, capaces y responsables" que, "borrando errores del pasado y nutriendo con un amplio sentido de responsabilidad y concepto de los deberes que tenemos para con la patria, la unidad nacional [...] el progreso y el bienestar común", se unían a su causa. Era evidente el eco del discurso oficial que hablaba de la unidad nacional, principal objetivo de la campaña y gestión presidencial de Manuel Ávila Camacho; así, los

---

[3] AGNM, FAC, 544.61/1.
[4] Id.

Dorados resurgían tratando de plegarse al régimen. En el marco del propósito de la "Unidad Nacional" destacaban que los comunistas eran el único sector social escindido, el único grupo que no tenía confianza en encauzar a la nación en una línea política, que ignoraba la existencia de las clases sociales y que reconciliaba los intereses del poder. Por eso justificaban su existencia y labor como partido, ya que uno de los principales objetivos de esta organización era luchar contra el comunismo y, en consecuencia, por la unidad nacional.

En agosto de 1941, el bando de Dorados liderado por Aniceto López Salazar pidió a la Presidencia de la República una donación de tierras y el mayor número de semovientes y vehículos de desecho del ejército nacional para utilizarlos en agricultura. La idea era promover el cultivo de la tierra entre los elementos que se encontraran sin ocupación y reconstruir así la riqueza nacional.[5] El hecho recordaba bastante la experiencia de Canutillo: primero luchar por la patria, luego enriquecerla y hacerla próspera cultivando su tierra en medio de un ambiente de paz y prosperidad; sólo que los Dorados no eran, ni mucho menos, aquel heroico ejército del cual tomaron su nombre, y por eso el gobierno no les dio vehículos ni tierras.

Tampoco sus propósitos de trabajo pacifista fueron duraderos, según demostraron en el acto conmemorativo del XXXI Aniversario de la Revolución Mexicana,[6] —el cual recordaba los acontecimientos de Palacio Nacional acaecidos en 1935, jornada que los Dorados calificaban como el "día que la organización hizo realidad las promesas que había lanzado al país, porque en esa fecha recibió su bautizo de sangre y porque en esa fecha tuvo la oportunidad brillante de enfrentarse a los que, para desgracia nuestra, hasta nuestros días siguen traicionando a la Patria Mexicana"—. En el discurso pronunciado por Rodolfo Meixueiro, que no tuvo nada de afanes pacifistas, ni pretensión alguna de reconciliación, los Dorados se llamaban a sí mismos "los nazi-fascistas, los que odiamos cordialmente al comunismo".[7]

[5] AGNM, FAC, 136.3/479.
[6] AGNM, FAC, 710.1/101-5.
[7] *Id.*

Y anticomunista siguió siendo su gestión, ya que se ocuparon de difamar a la CTM, al Partido Comunista y a los sindicatos, llegando incluso a acusar en 1949 a Valentín Campa y a Hernán Laborde de fraguar un complot revolucionario contra el presidente. El Estado se valió de estas acusaciones para abrir una investigación sobre estos líderes de la izquierda, en beneficio de los Dorados.

Nuevamente en 1942, y después en 1943, la facción del centro de este grupo insistió en el asunto de las tierras para establecer colonias agrícolas, o pedir, en su defecto, que se les dieran "pases" para que Dorados o simpatizantes de la organización pudieran trabajar en Estados Unidos como braceros agrícolas.

Esta vez y debido a las circunstancias políticas por las que atravesaba el país, el acuerdo que se señalaba en el documento citado era que pasara al secretario de Agricultura con carácter de extraurgente para su estudio y posible resolución.[8] No se sabe si se realizó el proyecto, pero es evidente la intención del régimen de propiciar un acercamiento de estos grupos.

La facción del centro, encabezada por Aniceto López Salazar, apoyó al presidente en su declaración de guerra al Eje, destacando que ello demostraba que los Dorados no estaban de ninguna manera inspirados por los ideales nazifascistas, ni eran propagandistas del Tercer Reich y tampoco quintacolumnistas, y que todo cuanto dijera la prensa en contrario era obra de difamadores profesionales.[9] Decían en uno de sus documentos:

> Los Dorados, siempre alertas a las circunstancias que aquejan nuestra Patria y contemplando que a medida que transcurren los días se presentan a nuestros ojos nuevos cuadros de dolor y afrenta que enlutan a los hogares mexicanos, estamos dispuestos a ofrendar nuestras vidas para conservar el honor y la libertad legada por nuestros antepasados, por lo que solicitamos ante usted respetuosamente ser los primeros en pasar Lista de Presente cuando la Patria lo reclame.[10]

[8] AGNM, FAC, 503.11/111.
[9] AGNM, FAC, 550/44-16-8.
[10] AGNM, FAC, 550744-16-8.

La coyuntura política de la guerra no podía ser mejor para conseguir el favor del Estado que les permitiera legitimar su existencia como organización política. De hecho, se logró plenamente este objetivo con base en "las garantías que prescribe la Constitución, así como las especiales que usted tan dignamente ha otorgado", según decían los Dorados al presidente Ávila Camacho.

El reconocimiento y legitimación que empezó a gestarse desde Ávila Camacho fue patente en el régimen de Miguel Alemán, que desde su campaña presidencial utilizó a los Dorados como simpatizantes o "acarreados" a los actos públicos, como demuestra el siguiente documento:

> un contingente de esta organización, hizo acto de presencia en el zócalo de esta capital, con motivo del aniversario de nuestra independencia [...] igualmente hizo acto de presencia el día 1º de septiembre, con motivo del informe que usted rindió al Congreso y al pueblo mexicano, haciendo uso de unas credenciales que nos fueron expedidas por el C. Comandante de las Guardias Presidenciales, el C. general Juan Valdez [...] Los Dorados esperamos que en otras ocasiones que se presenten donde usted tenga que dirigirse al pueblo mexicano, se nos dé la oportunidad de prestar nuestros servicios de vigilancia, como hasta ahora lo hemos venido haciendo [...][11]

Pero los servicios de esta naturaleza implicaban el consecuente cobro; en febrero de 1948, el 12º Distrito de Dorados de la delegación Gustavo A. Madero en el Distrito Federal pedía dotaciones de terrenos en el Cerro de Guerrero, en el pueblo de Santiago Azcapotzalco, Villa de Guadalupe, recalcando su decidida participación como propagandista de la campaña presidencial de Alemán, y enviaba como prueba fehaciente un bono de propaganda.[12]

Más ambicioso aún, el Comité Ejecutivo de la organización pedía que se le concediera la posibilidad de presentar un proyecto sobre reforestación de México y solicitaba una audiencia al presidente Alemán

[11] AGNM, Fondo Miguel Alemán (en adelante, FMA), 606.3/64-8, 17 de septiembre de 1949.
[12] AGNM, FMA, 111/4499-A.

Para proponerle a usted la conveniencia práctica para el Gobierno de nombrarnos como dirigentes de cualquiera de estas oficinas: Limpia y Transportes, Forestal, o Control de Precios, para tener oportunidad de demostrarle, como lo hicimos durante la atinada administración del señor general Ávila Camacho, que sólo nos inspira el deseo de prestar nuestra colaboración con lealtad y eficacia...[13]

Sin embargo, a pesar de la tolerancia del régimen, el desprestigio de la organización no se terminó súbitamente. La sociedad seguía reaccionando en contra de este movimiento de derecha, repudiando sus tácticas y estrategias de lucha cifradas en la agresión y la difamación. En Mexicaltzingo, el presidente municipal no había olvidado el decreto de disolución de Cárdenas y encarceló a 150 miembros de la organización durante una manifestación celebrada el 2 de septiembre de 1943. Hubo múltiples quejas sobre los abusos que cometían sus filiales, especialmente en Sinaloa, donde había contado con numerosos adeptos en los tiempos de su fundador, Nicolás Rodríguez.[14]

La facción de Aniceto López Salazar fue la más activa durante esta segunda época de la organización. Por su parte, el grupo encabezado por Joaquín Rodríguez, escindido en junio de 1941, también continuó sus acciones como organización, principalmente en el norte del país.

Estos Dorados también pretendieron un acercamiento con el Estado; en 1942, a raíz de la declaración de guerra contra el Eje hecha por el presidente Ávila Camacho, escribieron a la Presidencia para presentar un proyecto con el propósito de ayudar eficaz y popularmente al gobierno; el sector dorado encabezado por Joaquín Rodríguez elaboró el documento "Participación de la Acción Revolucionaria Mexicanista", en el que planteaba que los Dorados ofrecían su contingente para la defensa de la patria ante la crisis del momento y aprovechaba para anotar que las acciones propagandistas de senadores del PRM eran de índole política futurista y sólo buscaban sembrar la desconfianza entre el pueblo. Afirmaba que la cri-

[13] AGNM, FMA, 1114499, 7 de octubre de 1948.
[14] AGNM, FAC, 550/44-16-8.

sis no se podía resolver con programas arbitrarios, sino que se necesitaba establecer un escalonamiento de soluciones basadas en la participación directa, consciente y total de todos los ciudadanos del país.

Para ello proponía su programa de restructuración en la siguiente forma: *1)* reorganizar los contingentes de los Dorados que existen en la mayor parte de la República; *2)* que en cada agrupación local se escoja a un hombre competente que organice la solución de los problemas económicos; *3)* que se determinen en cada localidad las necesidades más urgentes, y *4)* que los puntos fundamentales de su programa sean, por encima de todo, la cooperación leal y activa con el gobierno, productividad intensa, rigurosa disciplina social y disminución de la politiquería. Para ello solicitaban al gobierno: *a)* Una suma inicial de 250 000 pesos, cuya mitad se depositaría en un banco y la otra sería entregada después de que se hubiera puesto a consideración del gobierno lo que eran capaces de hacer. Ofrecía utilizar la primera parte en instalar una oficina central en la ciudad de México y oficinas locales en todo el país; *b)* la publicación de un boletín semanario, y *c)* el pago de empleados y organización de las primeras manifestaciones populares. La otra parte sería empleada en propaganda y en establecer en las ciudades importantes —y hasta en los últimos centros poblados— núcleos que apoyaran la política y principios del gobierno. Además proponía desarrollar una rápida acción con sus miembros más eficientes para intensificar el trabajo y la riqueza de cada localidad, promover la organización de elementos intelectuales e informar a las autoridades acerca de la forma en que se podía canalizar el entusiasmo general en apoyo al gobierno.

Como puede verse, la súbita legitimación después del régimen cardenista les otorgó a ambos grupos de Dorados la suficiente seguridad para intentar así reorganizarse. En el norte de México (Rodríguez) y en el centro (Aniceto López Salazar) siguieron la misma línea política: conseguir concesiones del gobierno para atacar al gobierno, donde los dos se consideraban poseedores de la verdad, a la cual aludían en su discurso nacionalista. Su programa, sostenían, era el proyecto político más benéfico para las grandes mayorías:

No queremos imponer un criterio arbitrario, no queremos establecer un rígido y rutinario programa de soluciones ambiguas, elaboradas artificialmente. Queremos ser la expresión vehemente de las necesidades de cada grupo social y obrar de acuerdo con el lógico criterio que las inspira. Mejor dicho, somos esa expresión popular en estado latente como la misma angustia del pueblo y esperamos nuestra hora para obrar.

Destacaban, como en sus discursos anteriores, su carácter mesiánico, la idea de que no actuaban por su bien sino por el de las mayorías, en las que estaban inspirados sus ideales; decían respecto a esta situación que "nos obliga a entrar en acción de palabra y el entusiasmo de grandes masas populares, y nos consideramos no los creadores de una ideología política, sino los verdaderos representantes de los ideales populares que ningún partido en México ha podido asimilar ni mucho menos representar".[15]

En un parte de prensa el grupo de Joaquín Rodríguez olvidaba momentáneamente su filiación fascista y decía: "Los que como nosotros han combatido al comunismo, desde ahora deben hacer a un lado las pequeñas diferencias que nos dividieron ayer para como nosotros poner al servicio de la Patria nuestras energías y nuestras vidas".[16] Y también pretendía hacer caso omiso del papel que en ese momento desempeñaba Alemania en la contienda internacional diciendo: "No queremos detenernos a investigar quién o quiénes fueron o han sido los responsables de esta tragedia que actualmente se cierne sobre nuestra Patria".[17]

Como parte del grupo de los hermanos Rodríguez se reorganizó el Comité Estatal en Nuevo León, lugar donde los Dorados siempre tuvieron adeptos; este grupo estuvo presidido por Francisco Medellín en 1944.[18]

En agosto de ese año este grupo elaboró su "programa de acción de los Dorados" y formuló, al igual que el Comité Central, propuestas en favor del mejoramiento del país, aunque

[15] *Id.*
[16] *Id.*
[17] *Id.*
[18] AGNM, FAC, 544.61/1, 17 de junio de 1944.

acudió nuevamente a los principios fascistas que caracterizaron a la corporación durante toda su existencia: luchar contra los extranjeros indeseables, negarles la ciudadanía, negar también su participación en cámaras de comercio y negocios nacionales y boicotear sus empresas. Pedían la restricción de la inmigración de chinos, judíos y españoles procedentes de campos de concentración "mientras no se resolviera el problema económico [de México] y la situación de los sin trabajo". En el mismo manifiesto declararon que exigirían el reconocimiento de la clase media como factor importantísimo de los intereses patrios y la marcha eficiente de la administración pública.[19]

En líneas generales y a pesar de la escasa información que existe al respecto, se puede afirmar que de los dos grupos de Dorados posteriores a Cárdenas, el liderado por Joaquín Rodríguez conservó en mayor medida la línea original de derecha radical secular y de tendencias fascistas, mientras que el dirigido por López Salazar trató de ser útil al régimen, haciendo eco de la línea política y discurso del gobierno con objeto de "vivir del presupuesto" estatal y conseguir aquello que había originado el resurgimiento de esta corporación: que les hiciera justicia la Revolución.

LOS DORADOS, ANTICOMUNISTAS DE PRIMER ORDEN

La movilización de todo el apoyo posible contra el fascismo, según Eric Hobsbawm, fue el fruto de un triple llamado: "A la unión de todas las fuerzas políticas que tenían un interés común en oponerse al avance del Eje, a una política real de resistencia y a unos gobiernos dispuestos a practicar esa política".[20]

Ello llevó más de ocho años, ya que desde 1931 se inició el proceso que desembocaría en la segunda Guerra Mundial. El fascismo consideró a todos los liberales, socialistas y comunistas, así como al régimen democrático o al soviético, como los enemigos a los que había que destruir.

[19] *Id.*
[20] Eric Hobsbawm, *Historia del siglo xx, 1914-1991*, Barcelona, Crítica, 1997, p. 153.

Los comunistas cambiaron entonces su estrategia para convertirse en los defensores de la unidad antifascista, y de ahí surgió también la unión de los distintos grupos de izquierda. Las fuerzas unidas de todos los trabajadores (Frente Unido) fueron el apoyo para una alianza política más amplia, la cual consideró al fascismo como el peligro al que se debía extirpar.

Así, el antifascismo organizó a los enemigos tradicionales de la derecha

porque la hostilidad arrogante del nacionalsocialismo hacia los valores de la civilización tal como se había concebido hasta entonces se hizo inmediatamente patente en los ámbitos que les concernían. El racismo nazi se tradujo de forma inmediata en el éxodo en masa de intelectuales judíos e izquierdistas, que se dispersaron por las zonas del mundo donde aún reinaba la tolerancia.[21]

Los ataques a la cultura y la destrucción sistemática de libros judíos y otros de intelectuales de izquierda se dieron desde que Hitler subió al poder y, aunque muchos ciudadanos desaprobaban las atrocidades que cometía el sistema, otro sector numeroso de la población consideraba que los campos de concentración o los *ghettos* servirían como factor de disuasión para todos aquellos que militaran en las filas comunistas. De acuerdo con Hobsbawm

hasta el comienzo de la guerra, la política nazi, por brutal que fuera el trato dispensado a los judíos, parecía cifrar en la expulsión sistemática, más que en el exterminio en masa, la "solución definitiva" del problema judío. A los ojos de los observadores ajenos al mundo de la política, Alemania era un país estable y económicamente floreciente, dotado de un gobierno popular, aunque con algunas características desagradables.[22]

Fueron, por tanto, los intelectuales quienes en los años treinta se movilizaron en contra del fascismo, y en ese grupo se podía incluir a los periodistas, que tuvieron la tarea de alertar a sus lectores acerca de la naturaleza del nacionalsocialismo.

[21] *Ibid.*, p. 155.
[22] *Id.*

Entonces el comisario de Asuntos Exteriores de la Unión Soviética, Maxim Litvinov, fue el portavoz de esa unión en contra del fascismo, de la "seguridad colectiva". Sin embargo, ésta no se dio tan fácilmente, ya que entre los Aliados existían intereses que los dividían o que eran utilizados por otros para resquebrajarla.[23]

Quizá la discordancia entre Rusia y otros Estados se debía a que se consideraba a ese país como instigador de la subversión. Y aunque los diferentes gobiernos buscaron la forma de coexistir con el bolchevismo cuando esto convino a sus intereses, algunos de ellos, animados por el espíritu de la Guerra Fría que surgió a partir de 1945, continuaron viendo en él al principal enemigo.

Así, por ejemplo, el Servicio de Inteligencia británico se dedicó a alertar al pueblo de la amenaza roja durante la década de los años treinta, y algunos pensaron que una guerra entre Alemania y la Unión Soviética serviría para debilitar —y tal vez destruir— a los dos enemigos. Fue el temor de Stalin de enfrentarse a Hitler lo que quizá lo indujo a firmar el pacto con Ribbentrop en agosto de 1939; pensó que el acuerdo lo iba a excluir de la guerra en la que tanto Alemania como las potencias occidentales acabarían debilitándose.

La Guerra Civil española preparó la estructura de las fuerzas que después destruirían al fascismo y manifestó lo que sería la estrategia política de la segunda Guerra Mundial, es decir, la alianza de "frentes nacionales de los que formaban parte desde los conservadores patriotas a los revolucionarios sociales, unidos para derrotar al enemigo de la nación y simultáneamente conseguir la regeneración social".[24]

En los países occidentales las consecuencias sociales y económicas de la guerra llevaron a la creación de principios adoptados por partidos como el Demócrata en Estados Unidos o el Laborista, que obtuvo el poder en Inglaterra, y otros partidos reformistas que surgieron de esa unión de movimientos de resistencia antifascista, los cuales condujeron a muchos hacia la izquierda.

[23] Rodrigo García Treviño, *La injerencia rusa en México. Pruebas y testimonios*, México, América, 1959, pp. 235-239.
[24] E. Hobsbawm, *Historia...*, *op. cit.*, p. 166.

El sueño de Stalin acerca de la cooperación soviético-esta-dunidense después de la guerra no se consiguió. Parece que la Unión Soviética fue, junto con Estados Unidos, el único país beligerante en el cual la guerra no conllevó un cambio social e institucional importante. Sin embargo, se inició en ambos una era de profunda transformación social.

Desde comienzos de los años cuarenta los gobiernos capitalistas tuvieron la certeza de que solamente el intervencionismo económico podía impedir que se reprodujera la catástrofe del periodo de entreguerras y evitar el peligro político que podría conducir a que la población se radicalizara hasta el punto de abrazar el comunismo, tal como antes había apoyado a Hitler.

La transformación social tan deseada desde la alianza antifascista no se concretó; en cambio, se originó la primera ruptura de esa unión en el momento en que el capitalismo y el comunismo se enfrentaron como enemigos irreconciliables a partir de 1945.

Los marxistas del periodo de entreguerras se unieron a partir de entonces para atacar al "imperialismo", al que culpaban del atraso de muchos países. Entonces surgió el fenómeno histórico conocido como la Guerra Fría, principalmente entre los dos bandos: Estados Unidos y la Unión Soviética, con sus respectivos aliados, circunstancia que dominó la escena mundial en la segunda mitad del siglo XX.[25]

Una de las características de este periodo fue el hecho de que ya no había el peligro inminente de una nueva guerra, ya que ambas superpotencias aceptaron el reparto global de fuerzas con el consecuente equilibrio de poderes. La Unión Soviética ejercía su influencia en una parte del mundo, que era la zona ocupada por el Ejército Rojo y otras fuerzas comunistas, y Estados Unidos controlaba el mundo capitalista. Este acuerdo se mantuvo hasta la década de los años setenta, y durante ese tiempo se consideró que la época de las catástrofes no se había terminado aún y que el futuro del capitalismo mundial y de la sociedad liberal no estaba totalmente garantizado.

---

[25] Paul Johnson, *Modern Times, The World from the Twenties to the Nineties*, Nueva York, Harper Perennial, 1991, cap. 13, pp. 432-445.

El sistema que había prevalecido antes de la guerra se había terminado, dejando a Estados Unidos frente a una Unión Soviética comunista muy fortalecida. No sorprende, por tanto, que la alianza que habían mantenido durante la guerra ambas potencias se rompiera y que Estados Unidos emprendiera una campaña de desprestigio donde se retrataba una fuerza moscovita voraz, lanzada a la conquista del mundo, afirmando que se trataba de una "conspiración comunista mundial".

En realidad, durante los primeros años posteriores a la guerra, la Unión Soviética quedó sumamente debilitada, casi en ruinas, "desangrada y exhausta", dice Hobsbawm, con una economía civil hecha trizas y un gobierno que "desconfiaba de una población, gran parte de la cual fuera de Rusia, que había mostrado una clara y comprensible falta de adhesión al régimen".[26] Su postura de fondo después de la guerra fue defensiva y no agresiva; aunque Stalin aseguraba que tarde o temprano el comunismo sustituiría al capitalismo, estaba convencido de que esto no se lograría en el corto plazo.

Sin embargo, la política de enfrentamiento entre ambos bandos surgió de su propia situación. Rusia, consciente de su precaria economía, se enfrentaba a Estados Unidos, que era la potencia más importante en esos momentos; además, el gobierno estadunidense sabía que la situación en Europa central y occidental era insegura, y que no se vislumbraba un futuro promisorio para gran parte de Asia. Según Hobsbawm, es muy probable que este enfrentamiento se hubiese producido aun sin las ideologías de por medio.[27]

Considerando esta perspectiva internacional, México, como vecino cercano de Estados Unidos, desempeñaba un papel preponderante para ambos contendientes. Tanto el comunismo como el capitalismo tuvieron partidarios que pugnaron por mantener sus posturas y sus zonas de poder. De hecho, desde la década de los años veinte ya se conocía a un nutrido grupo de agentes extranjeros que habían sido enviados por el Kremlin para "obtener de la proletaria unificación de México el mayor estímulo y la solidaridad hacia el pueblo ruso".[28]

[26] *Ibid.*, p. 235.
[27] *Ibid.*, p. 237.
[28] R. García Treviño, *La injerencia...*, *op. cit.*, p. 32.

En su libro *El espionaje comunista y la evolución doctrinaria del movimiento obrero de México*, Ricardo Treviño dice:

En México conocimos la Revolución Rusa de octubre de 1917 hasta fines de 1919, cuando hicieron su aparición los primeros agentes comunistas enviados por el Gobierno Ruso, a título, o mejor dicho, con aparentes credenciales de la llamada "Tercera Internacional".

Para la primera remesa de estos comisionados, verdaderos agentes provocadores, fueron seleccionados individuos de diversas nacionalidades al servicio del espionaje ruso y cubrieron la etapa de 1919 a 1921, durante la cual, pusieron en práctica un plan de ataque contra el Gobierno norteamericano con motivo del bloqueo o boicot comercial declarado contra Rusia [...] en 1919 llegaron para fortalecer y continuar la campaña iniciada algunos otros camaradas, de entre los cuales puede citarse a los siguientes: Linn A. Gale, judío que se presentó como desertor de la Guerra e imposibilitado para regresar a los Estados Unidos, de donde dijo que procedía; este individuo fue comisionado para introducirse en las filas de la CROM y publicó una revista a la que llamó *Gale's Magazine*, pero muy pronto fue descubierta su verdadera misión, especialmente cuando mezcló a sus actividades sospechosa campaña contra la natalidad, repartiendo folletos entre las mujeres; junto con Gale llegaron José Allen, Frank Simán, Karl Simán, Fort Mayer y M. Paley, este último comisionado en Pachuca, Hidalgo, para provocar dificultades en las compañías mineras norteamericanas y desarrollar el plan fraguado por el espionaje, pero también fue descubierto [...].

La consigna traída a México por este grupo de agentes del espionaje ruso, consistió en la ejecución del siguiente plan:

1) Creación del Partido Comunista.

2) Penetración en las filas de las organizaciones de trabajadores por medio de la siembra de las llamadas células, es decir, subagentes no conectados directamente con los jefes.

3) Desarrollo de una intensa campaña contra los Estados Unidos, a base de combatir el imperialismo yanqui.

4) Proponer y obtener acuerdos de protesta de las organizaciones obreras contra el bloqueo a Rusia.

5) Creación de una organización Latinoamericana de Trabajadores, influida por los agentes comunistas [...].[29]

[29] Ricardo Treviño, secretario de la CROM, acusó al Partido Comunista de

En ese entonces, el fracaso del espionaje ruso se debió a que el proletariado de México rechazó sus doctrinas. Sus promotores lo atribuyeron, sin embargo, a que se emplearon agentes extranjeros de origen europeo que desconocían el medio mexicano, además de que no fue posible establecer las "células" porque el movimiento obrero en pleno estaba controlado por la Confederación Regional Obrera Mexicana (CROM), cuyo instrumento político era el Partido Laborista Mexicano, que trabajaba de acuerdo con la American Federation of Labor.[30]

Por ello, empezaron a llegar agentes de origen latinoamericano que se pudieran asimilar más fácilmente al medio, entre los que se encontraban, entre otros, José Rubio, centroamericano; Sebastián Sanvicente, colombiano; Felipe Recinos, salvadoreño, y Leopoldo Hormachea, peruano.

De esa manera se organizó la Federación Comunista del Proletariado Mexicano, sección de la Tercera Internacional y se convocó a la Primera Convención Radical Roja, a la que asistieron sobre todo los agentes extranjeros y algunos militantes mexicanos. Entre éstos se encontraban Roberto Haberman y Mijaíl Borodin, que tuvieron serias dificultades entre sí, ya que este último pretendía que Haberman obtuviera la representación del Partido Socialista del Sureste de Yucatán y convenciera a su jefe, Felipe Carrillo Puerto, para que se incorporara a la Convención y al Partido Comunista.

El problema surgió cuando Roberto Haberman se dio cuenta de que la consigna del nuevo jefe era hacer una campaña en contra de Estados Unidos, y se negó a llevarla a cabo. Eso fue suficiente para que se le acusara de ser un traidor y de estar al servicio del gobierno de México, ya que se sabía de sus relaciones con algunos dirigentes de la CROM y del propio gobierno.

En dicha Convención Haberman aprovechó para presentar un manifiesto en el cual denunciaba públicamente la maniobra del espionaje ruso, pero ello no impidió que se tomaran acuerdos para mandar varios delegados a Rusia y ofrecer "el

"incrustarse en todas las instituciones". *Diario de la Cámara de Diputados*, 4 de octubre de 1927, vol. 117, pp.11 y *ss*.

[30] Enrique Krauze, *La reconstrucción económica*, t. 10: *Historia de la Revolución mexicana, 1924-1928*, México, El Colegio de México, 1977, p. 183; Jean Meyer, *Estado y sociedad con Calles*, t. 11: *Historia de la Revolución...*

sometimiento del proletariado de México a la Tercera Internacional".[31] Muchos agentes del espionaje ruso fueron entonces expulsados junto con sus instituciones. La denuncia de Haberman hizo su efecto, pues provocó que el gobierno detectara a esos agitadores que trabajaban a sueldo para Rusia.

A partir de que se estableció la legación rusa en México, se creó la sociedad "Amigos de la URSS", cuyos integrantes se dedicaron a defenderla, como sus propios ciudadanos o hijos adoptivos de ella, y a luchar por darle todo tipo de apoyos, aceptando entre sus filas tanto a comunistas como a simpatizantes.[32]

A principios de 1922 el partido empezó a difundir sus ideas a través del periódico El Machete. "Era vasto, reluciente y audaz; un periódico más grande que una sábana, su símbolo era un enorme machete grabado en madera, de 16 y media pulgadas de largo por 5 pulgadas de profundidad, en negro, salpicado con rojo de sangre."[33]

Cada número publicaba caricaturas de propaganda, cuyos originales los tallaban en madera, linóleo o metal artistas como Diego Rivera o Alfaro Siqueiros. Éstos habían ingresado al partido desde esa época, y así nos relata un testimonio:

> Cuando conocí a Diego Rivera en 1922, apenas ingresaba él al partido [comunista]. México no se había aquietado del vago revolucionarismo inspirado en su propia revolución indígena de 1910-1920. Muchos líderes políticos nativos, como el gobernador Carrillo Puerto de Yucatán y el gobernador Múgica de Michoacán, habían pertenecido brevemente al partido. Después, mientras ellos salían, los pintores del renacimiento artístico mexicano en capullo, repentinamente ingresaron.[34]

[31] R. García Treviño, La injerencia..., op. cit., p. 41.
[32] Ricardo Treviño, El espionaje comunista y la evolución doctrinaria del movimiento obrero en México, México, s. e., 1952, pp. 19-27. Véanse, además, Víctor Manuel Villaseñor, Errores peligrosos. Mutilan la ayuda a la Unión Soviética, México, Liga de Acción Política, 1942; Alicia Gojman de Backal (coord.), Testimonios de historia oral. Judíos en México, México, Universidad Hebrea de Jerusalén-Asociación Mexicana de Amigos de la Universidad Hebrea de Jerusalén, México, 1990.
[33] R. García Treviño, La injerencia..., op. cit., p. 51. Véanse León Bataille, Memorias de un forastero que pronto dejó de serlo: México 1931-1946, México, Sociedad Corporativa, 1987, pp. 152-172; y Karl M. Schmitt, Communism in Mexico, Austin, University of Texas Press, 1965, pp. 7-14.
[34] Bertram D. Wolfe, "El extraño caso de Diego Rivera", Resaca, núm. 3, 1954, pp. 32-33. Apud. García Treviño, La injerencia..., op. cit., pp. 51-52.

Ese año Moscú reconoció al partido, que contaba apenas con 500 personas. Su nacimiento tuvo muy poco que ver con la realidad mexicana. Para 1928 contaba ya con un millar de miembros, de los cuales 600 eran obreros y el resto lo formaban artistas, intelectuales y descendientes de rusos. A pesar de que el presidente Álvaro Obregón mandó expulsar a algunos de sus líderes, éstos habían sido remplazados por otros en muy corto tiempo.

La primera representación diplomática soviética estuvo a cargo de la señora Alexandra Kollontay, quien ocupó uno de los sitios más destacados de esta corriente y fue la mujer más prominente del comunismo ruso de tiempos de Lenin.

Después de ella fue enviado el señor Makar (su verdadero nombre era Simón Swif), quien de inmediato tuvo conflictos con el gobierno, al grado de que Portes Gil debió romper relaciones con Rusia en enero de 1930.[35] Dichos conflictos fueron consecuencia de los bandazos que en esos tiempos demostró la política exterior de Rusia, y en particular la soviético-estadunidense.[36]

Hasta antes de la segunda Guerra Mundial, los deseos bolcheviques de expansión sólo se concretaron a la ideología: su misión fue llevar la felicidad al proletariado de todos los países bajo la forma de comunismo, pensamientos que fueron adoptados de inmediato por muchos obreros e intelectuales de izquierda en Occidente. Se sabía que la Unión Soviética tenía injerencia en la política de algunas naciones extranjeras por medio de la Internacional Comunista o la Internacional Sindical Roja, cuestión que entonces el mismo Estado difundía y no trató de ocultar.

Durante los años de 1926 a 1928 Moscú aparentó una gran simpatía por México, considerándolo incluso como "semibolchevique", país gobernado por obreros y campesinos. Todavía

[35] Emilio Portes Gil, *Quince años de política mexicana*, México, Botas, 1941, pp. 373-374.

[36] Véase Héctor Cárdenas, *Las relaciones mexicano-soviéticas. Antecedentes y primeros contactos 1789-1927*, México, Colección del Archivo Diplomático Mexicano, 1974; *Historia de las relaciones entre México y Rusia*, México, Secretaría de Relaciones Exteriores-Fondo de Cultura Económica, 1993. Véase, además, Luis Cabrera, *Un ensayo comunista en México*, México, Polis, 1937.

en 1928, durante una sesión del Sexto Congreso de la Internacional Comunista, Rusia manifestó simpatías por México y comentó que estaría dispuesta a defenderlo de cualquier agresión que sufriera del exterior. En ese congreso distribuyó un manifiesto que en parte decía lo siguiente: "Apoyándose en sus arcas bien repletas, llenas a reventar del oro acuñado con la sangre derramada en los campos de Europa, el capital norteamericano intenta derrumbar a la República de México".[37]

A partir de que concluyó la primera Guerra Mundial, cuando se llevó a cabo la firma del Pacto Briand-Kellog (1928), sobre la ilegalidad de dicha contienda, se hizo creer a los jefes de la socialdemocracia mundial que la dominación del capital monopólico garantizaría la paz del mundo. El Pacto provocó la suspicacia de Rusia ante una posible agresión de las potencias occidentales, sobre todo Inglaterra, Francia y Estados Unidos. Era una especie de frente capitalista antisoviético, que se iba acelerando desde la fundación de la Liga de las Naciones, donde se cuajaban ya los preparativos para esa guerra imperialista.[38]

Desde entonces Moscú dictó a los partidos comunistas de Iberoamérica la consigna de luchar en contra del "imperialismo norteamericano". Con preceptos demagógicos se trató de arrastrar a los Estados del continente a una lucha que aparentaba ser revolucionaria, pero que en realidad era una ofensiva en contra de Estados Unidos, a quien la URSS consideraba como su mortal enemigo.

Por lo mismo, desde la época del general Plutarco Elías Calles, con el reparto de la tierra en gran escala, el patrocinio de la organización sindical de los obreros y la promulgación de las leyes que pusieron el petróleo y los minerales en general bajo el dominio de la nación, además del problema anticlerical, se consideró que México se perfilaba hacia la izquierda. Para febrero de 1939 esto se modificó, cuando se llevó a

---

[37] Internacional Comunista, Manifiesto y Tesis Políticas del VI Congreso Mundial (1928). *Apud*. García Treviño, *La injerencia...*, *op. cit.*, pp. 68-69.

[38] Aristide Briand, ministro de Asuntos Exteriores de Francia, y Frank B. Kellog, secretario de Estado norteamericano, redactaron el tratado que lleva el nombre de ambos, el cual fue firmado en agosto de 1928 por nueve países y al que se unieron posteriormente 56 más.

cabo una asamblea en el país, en la cual las ideas de la unidad latinoamericana dieron un gran vuelco, sobre todo pugnando por esa alianza que debía ser una fuerza efectiva en el escenario mundial; en la que se destacó la importancia de estar con los aliados poderosos, como Estados Unidos, y en la cual se concluyó diciendo que "la Conferencia de Lima ha demostrado que dentro del marco panamericano hay la posibilidad de establecer bloques para determinados fines".[39]

Además, se condicionó la lucha antiimperialista al interés fundamental de la lucha mundial en contra del triángulo fascista y se pugnó por pelear en contra de las fuerzas ideológicas "antiyanquis" que predominaban en América Latina y que eran el principal obstáculo en contra de la unidad continental.

En el discurso de clausura del Séptimo Congreso del Partido Comunista de México, Hernán Laborde expresó lo siguiente:

> Proponemos una política definida en el terreno internacional, de cooperación con todos los gobiernos democráticos de América y del mundo para la defensa de la democracia y la paz; proponemos, particularmente, una política de cooperación con las fuerzas democráticas de los Estados Unidos, e incluso con el gobierno de Roosevelt [...] Sin renunciar a ninguna de nuestras reivindicaciones antiimperialistas [...] nosotros decimos que es posible la cooperación de México con las fuerzas democráticas y con el gobierno progresista del presidente Roosevelt.[40]

Después de que se firmó el Pacto Ribbentrop-Molotov entre Rusia y Hitler en 1939, Vicente Lombardo Toledano dio una conferencia ("Orientación sobre la guerra") en la que comentó:

> [...] ante una guerra interimperialista, la Unión Soviética tiene dos caminos, o permanecer neutral hasta el fin, para que el régimen capitalista de Occidente se destruya y entonces dedicar todo su poderío económico y social a fomentar la revolución social en los

[39] R. García Treviño, *La injerencia...*, *op. cit.*, p. 120.
[40] Séptimo Congreso del Partido Comunista de México, 29 de enero a 3 de febrero de 1939 (Actas). *Apud.* R. García Treviño, *La injerencia...*, *op. cit.*, pp. 121-122. Véanse, además, Arturo García Formenti, *Problemas de México y del mundo*, México, 1939; y Manuel González Calzada, *Juventud izquierdista de México*, México, DAPP, 1938.

pueblos europeos, o bien intervenir en el momento oportuno para dar muerte al fascismo [...] la lucha no sólo es por las rivalidades económicas, sino por saber si va a prevalecer el fascismo y va a extenderse como régimen universal de gobierno, o si el régimen fascista va a acabar. Y nuestro deber, camaradas de México, como es el deber de todos los trabajadores de los países capitalistas, es el deber de ayudar material, moral e ideológicamente a todos los que luchan a muerte contra el fascismo. ¡Ése es nuestro deber! En consecuencia, si la guerra se prolonga, América entera, las veintiuna naciones de este hemisferio entrarán en la lucha contra el fascismo.[41]

En su informe del 22 de mayo de 1941, el agregado militar en Berlín le comunicó a Stalin que el ataque del ejército alemán estaba preparado para el 15 de junio de ese año. En realidad, cuando los ejércitos fascistas invadieron el territorio soviético, Moscú no dio la orden de que se respondiera al fuego, pues se pensaba que solamente era una provocación de unos cuantos militares del ejército alemán. Stalin creyó en Hitler hasta que el dictador nazi lo atacó; por ello volvieron los rusos a dar otros bandazos en su política externa.

Lombardo Toledano se mantuvo callado para no ser expulsado de la CTM y Narciso Bassols se convirtió en el vocero; junto con otros comunistas empezaron a publicar el semanario *Combate*. Bassols comentó el 1º de mayo de 1941:

Frente al porvenir sombrío que espera a los pueblos débiles, ante el nazifascismo sanguinario, conculcador de los derechos y libertades de los pueblos, acudir al llamado de unidad nacional y solidaridad panamericana que ha lanzado nuestro gobierno, es un deber; estimular el sentimiento de solidaridad con los demás pueblos es anticiparse a la enorme tarea de construir una fuerza que teniendo como expresión la voluntad de las mayorías explotadas liquide diferencias existentes y determine las normas de la convivencia humana, de paz, de fraternidad universal.[42]

[41] Vicente Lombardo Toledano, "Conferencia de orientación sobre la guerra", en *La nueva guerra europea y el proletariado mexicano*, México, Publicaciones de la Universidad Obrera de México, 1939, pp. 61-72, y Lombardo Toledano y Víctor Manuel Villaseñor, *Un viaje al mundo del porvenir (seis conferencias sobre la URSS)*, México, Publicaciones de la Universidad Obrera de México, 1936.

[42] *Combate*, 5 de mayo de 1941. *Apud.* García Treviño, *La injerencia..., op. cit.*, pp. 130-131.

Sin embargo, existían muchos grupos dentro del movimiento obrero nacional que no estaban de acuerdo con la postura de Bassols o con Lombardo. Se les acusaba de ser agentes del fascismo y de estar disimulándolo. A pesar de ello, Lombardo Toledano se convirtió desde 1941 en el dirigente de la Confederación de Trabajadores de América Latina (CTAL), y se dedicó a viajar para dialogar con los presidentes de los países miembros en favor de la unidad panamericana.

Se le describió como agente de Estados Unidos que favorecía a Rusia para que este país lograra el abastecimiento de las potencias occidentales. También se propagó la idea de que el *Komintern* era el instrumento más poderoso, integrado por hombres de todos los países del mundo, manejados por el Comité Central del Partido Comunista de la URSS y al servicio del Estado soviético.

Parte importante del *Komintern* era la policía política rusa, la MVD, así como un aparato secreto integrado por ciudadanos soviéticos, todos miembros de la llamada NKBD, encargada de mantener el contacto con todos los países y sus delegados.

Cuando México rompió relaciones con Moscú en 1930, las informaciones recabadas respecto al funcionamiento del *Komintern* fueron tan abundantes, que se conocieron los planes de Rusia para derrocar al gobierno mexicano y cómo se habían girado instrucciones para dar apoyo a los grupos revolucionarios, sin distinción de partidos o credos. Entonces se estableció en México una oficina llamada Movimientos de México, la cual dirigía el español Miguel Illárez, con el fin de difundir las ideas comunistas por todo el continente. Tenían bancos encargados de sus operaciones, como por ejemplo el National Bank, y en México el Banco Alemán para América del Sur, los cuales no conocían la naturaleza de sus clientes ni los fines a los que destinaban sus fondos.

En un informe que se presentó al presidente Portes Gil se dio a conocer el nombre de las personas que se deseaba reclutar para ejecutar las órdenes del Partido Comunista:

Entre el reclutamiento que se espera hacer, los chinos deberán contarse en primera línea. Por otra parte, Moscú siempre ha tenido hacia los elementos de esa nacionalidad una predilección muy especial. Se afirma que ya existen en México más de 2 785 afiliados a las organizaciones secretas de Moscú, siendo la mayor parte de ellos elementos extranjeros, sobre todo chinos.[43]

Cuando el presidente Portes Gil conoció este informe, comentó lo siguiente:

La resolución que tomó el gobierno de mi cargo para romper sus relaciones con el Soviet, se comentó en todo el mundo. Cada día que pasa, me convenzo más de que no podía yo hacer mayor bien a mi país, en el aspecto que analizo, que obrar en la forma que lo efectué, lo cual —por lo menos durante cinco años— puso coto a la penetración soviética cuyos resultados desastrosos se están palpando en la actualidad.

Naturalmente, para dar tal paso, procuré allegar todos los datos e informes que me convencieron de que nuestros llamados comunistas obedecían a instrucciones del Ministro Makar, para desarrollar la labor antipatriótica que el gobierno mexicano se veía en el deber de sofocar. Para ello se adoptaron enérgicas medidas que, sin embargo, nunca pasaron, por lo menos durante mi gobierno, del simple arresto en las comisarías.

En el año de 1927, siendo todavía gobernador constitucional de mi Estado, fui invitado para asistir a una cena íntima en la Legación de la URSS. Ahí conocí a Makar y a su incansable secretario Bolinski. Este hombre, muy inteligente, era el verdadero motor y el alma del movimiento soviético en México. A la cena concurrieron, entre otros destacados comunistas, nuestro gran pintor Diego Rivera; Mella, el estudiante cubano asesinado en México en el año de 1928 por esbirros del Gobierno de la Isla; la pintora Tina Modotti, si mal no recuerdo, y otros cuyos nombres no vienen a mi memoria. La reunión se desarrolló en un ambiente de misticismo oriental. Cada una de aquellas personas se sentía enviada de Lenin. En mi presencia se habló de planes y procedimientos; seguramente se pensó que no era yo del partido, pero sí uno a quien podía convertirse. Sin embargo, no dejé de sorprender conversaciones entrecortadas en las cuales se afirmaba que la URSS tenía ya en México una base para entrar en los Estados Unidos y que nuestro Gobierno bien podía considerarse como un agente de Moscú, dispuesto a secundar su política sovietizante. Esto último lo afirmó públicamente Stalin, meses después en una entrevista que difun-

[43] Portes Gil, *Quince años...*, *op. cit.*, pp. 373-381 y 384-385.

dió la prensa del mundo y que el presidente Calles tuvo que rectificar en forma enérgica.

Confieso que durante mi gestión como presidente provisional, puse en práctica medidas de carácter conciliatorio para hacer comprender a varios comunistas que era antipatriótica su conducta y que lo conveniente para ellos era colaborar con el gobierno a mi cargo, el cual podía ufanarse de estar desarrollando —de acuerdo con nuestras posibilidades— una política revolucionaria en beneficio del proletariado.

Nada pude lograr por la vía del convencimiento. Las manifestaciones de cincuenta o de cien comunistas se sucedían diariamente en el Zócalo y provocaban escándalos y violencia que tenían que soportar los pacíficos transeúntes. En tal virtud, y creyendo como siempre he creído que el Gobierno tiene el deber ineludible de otorgar plenas garantías a la sociedad que sirve y de hacer que se respete a toda costa el principio de autoridad me vi precisado a dar instrucciones para que se impidieran aquellos desórdenes callejeros y se aplicaran sanciones a los provocadores, a quienes, en todos los casos, se respetó la vida. A la vez dicté medidas enérgicas para terminar con una propaganda que consideré y sigo considerando como la más perjudicial para la Nación.[44]

Como puede corroborarse, el gobierno mexicano apoyó a los movimientos nacionalistas de derecha, que en esos momentos sirvieron de contrapeso a la avalancha comunista, la cual tenía proyectado el derrocamiento del presidente y la penetración hacia Estados Unidos, enrolando a un gran número de chinos en sus filas. De ahí, tal vez, su apoyo tan decidido a las ligas antichinas y antijudías que se diseminaron por toda la República, las cuales funcionaban también para atender las quejas contra esos "extranjeros indeseables" que habían llegado al país con el fin de competir deslealmente con el trabajador mexicano.

Es inevitable pensar en esas preguntas que, quizá, todavía no puedan responderse cabalmente: ¿cuántos chinos realmente fueron cooptados por esos comunistas? ¿Cuántos judíos abrazaron verdaderamente esa ideología? ¿Fueron los Dorados en realidad quienes sirvieron para mantener cierto equilibrio? Si ése hubiera sido el caso, ¿por qué se les expulsó del país en el

[44] *Id.*

régimen cardenista? ¿Fueron las protestas de la legación rusa, polaca o checa, o las del Socorro Rojo Internacional, las que pesaron más que la lucha anticomunista, que tanto había favorecido inicialmente al gobierno de Portes Gil y que luego apoyó la línea de gobierno de Lázaro Cárdenas?

El gobierno de Lázaro Cárdenas no fue fascista, y quizá tampoco comunista; hay muchos indicios para pensar así. Por ejemplo, en el discurso que emitió el 30 de agosto de 1940 a raíz del asesinato de León Trotsky, acusó a los comunistas mexicanos de ser agentes de Rusia:

La actual administración reafirmó como principio de su política de asilo, sostener la libertad ilimitada del derecho de asilo en favor de perseguidos políticos o doctrinarios, juntamente con otros postulados que se juzgó oportuno proclamar en ejercicio de nuestra soberanía y en consonancia con el estado de perturbación de otros Continentes. Como natural consecuencia de estos postulados, México, prohijando la entrada a su Territorio de gran número de perseguidos por las ideas que profesan o por adversidad política en distintos países de Europa y aun de América. Esta política gubernamental encontró acogida favorable en todos los sectores de la opinión nacional, pues aun la crítica, sólo se concretó a tocar detalles y algo de esta forma de procedimiento, pero no la esencia del acto mismo, coadyuvando de esta manera a establecer un movimiento de convergencia hacia nuestra patria, del buen número de españoles y de distinguidas personalidades de Italia, Alemania y de Rusia que juzgaron a nuestro país como un seguro y liberal albergue para su residencia.

Paralelamente a esta norma de vida internacional, inició el gobierno que presido, una etapa de libertad interior sin taxativas, ya que así las doctrinas como las actividades políticas, la publicidad y la crítica, la representación y la tribuna, ejercieron y ejercen su acción creadora sin limitaciones lesivas a la libertad y sin una sola actitud deprimente por parte del poder, creando con ello un ambiente propicio para formar el espíritu de lucha de los ciudadanos y fincar las bases de toda responsabilidad cívica.

El Partido Comunista, al igual que todas las agrupaciones políticas ha tenido en nuestro gobierno libertad y respeto para sus miembros y componentes y para sus doctrinas, que han expuesto en todos los tonos y distintas formas, sin que hasta ahora haya un acto que revele que las autoridades trataron de impedir siquiera, no digamos prohibir, la propaganda siempre radicalista del Partido mencionado. Pero todavía más, en muchas ocasiones la crítica timorata y los enemigos del régimen alzaron la voz para censurar al gobierno, por lo que llamaron tendencia comunista del poder o por lo menos exceso de libertad favorable a sus doctrinas.

Nada sin embargo más erróneo: Ni el gobierno de México es comunista como se desprende de su actuación sujeta estrictamente a los postulados de su Carta Fundamental durante seis años consecutivos, ni es extraño a nuestro ambiente ningún postulado que tenga por finalidad proteger el trabajo de la clase obrera, bajo doctrinas y aspectos que admite el progreso y el Derecho Industrial, desde antes que apareciera el comunismo en Rusia; ni es extraña a nuestra Carta Fundamental la distribución del latifundio, ni el reparto de la tierra entre los hombres que la trabajan, ni la dirección del Estado sobre el crédito que no es creación de un individuo sino de la colectividad, ni es extraña a nuestra Constitución misma la idea de una enseñanza científica, ni la aplicación de disciplinas a los Ministros de los cultos, ni tampoco la libertad de escribir que consagran sin limitaciones dos etapas de lucha cruenta que el pueblo mexicano escribió para aniquilar el pasado con la Guerra de Reforma y la Revolución Constitucionalista de 1912.[45]

La llegada al poder de Lázaro Cárdenas coincidió con el desarrollo de las luchas de masas. Así, el Partido Comunista, que durante algunos años —después de Portes Gil, pasando por el régimen de Ortiz Rubio y Abelardo Rodríguez— tuvo que actuar ilegalmente, surgió a la vida con un importante prestigio entre las masas trabajadoras, pues en esos momentos en que la ilegalidad imperó, se destacó en la lucha contra la reacción y el imperialismo y por la reivindicación de los sectores populares. Esa confianza que las masas depositaron en el partido le permitieron encabezar las luchas obreras y campesinas que se desarrollaron al principio del gobierno cardenista.

El imperialismo yanqui y la burguesía —escribió entonces Arturo Ramírez— apreciaron su verdadera importancia, y el peligro que representaba para sus intereses el desarrollo de las luchas de masas bajo la dirección del Partido Comunista. La

---

[45] Véase Lázaro Cárdenas, "Discurso del 30 de agosto de 1940", en *Seis años de gobierno al servicio de México, 1934-1940*, México, Talleres Tipográficos La Nacional, 1940.

correlación de fuerzas era favorable para las masas populares y por ello el imperialismo, en vez de enfrentarse abiertamente al pueblo, prefirió usar la táctica de minar por dentro al partido corrompiendo a sus dirigentes y, de esa manera, abrir el camino para que las fuerzas reaccionarias aplastaran las luchas populares.[46]

Entre 1938 y 1939 se empezó a sentir la decadencia del Partido Comunista y, según Arturo Ramírez, fueron años en que el presidente Cárdenas empezó a ceder a la presión de las fuerzas de derecha; se dio una escisión en la Confederación Unitaria, la cual favoreció a los líderes reformistas, patronales y gubernamentales, facilitándoles su afianzamiento dentro de los sindicatos. Las fracciones comunistas eran verdaderas aplanadoras, lideradas por dirigentes que sólo lograban fines personales y en donde los amigos y los incondicionales siempre tuvieron la oportunidad de ocupar los puestos mejor pagados. No existió, de hecho, una unidad política dentro del partido.

En 1940 muchos miembros se rebelaron y, bajo la dirección de Dionisio Encinas, se dedicaron a reconstruirlo sobre principios leninistas para consolidar el socialismo. Se acusó entonces a Hernán Laborde y a Valentín Campa de traidores que apoyaban al imperialismo y a las fuerzas de la reacción.

Tanto comunistas como Dorados siguieron actuando en el país. Los primeros luchando en contra del fascismo y participando en diversos mítines organizados por la propia comunidad judía, además de penetrar en los sindicatos obreros y en la mente del pueblo en general. Se decía que se habían dividido en cuatro grupos: El primero era el de Lombardo Toledano, quien asumiría el papel de jefe principal responsable de la autoridad delegada por Moscú, aunque con la consigna de actuar dentro de la legalidad y no romper con el gobierno. El segundo grupo quedaría a cargo de Narciso Bassols y debía realizar labor de quintacolumnista de tipo ideológico y político en general; con el tiempo Bassols sería el sucesor de

---

[46] Arturo Ramírez, "La verdad sobre las intimidades del Partido Comunista y su dirección por agentes extranjeros", 11 de agosto de 1954. *Apud*. R. García Treviño, *La injerencia...*, *op. cit.*, pp. 214-225.

Lombardo Toledano. El tercer grupo estaría formado por el Partido Comunista y los elementos que seguían a Valentín Campa, y su labor consistiría en provocar luchas y agitaciones de todo tipo. Un cuarto grupo estaría formado por agentes estalinistas extranjeros que dependerían de la política rusa y que gozarían de inmunidad diplomática. Todo esto entraría en vigor si México quedaba incomunicado con Moscú.[47]

Por su parte, los Dorados no modificaron su actitud antisemita y sobre todo anticomunista, la cual se fue recrudeciendo a partir del final de la guerra y el inicio del periodo que dio comienzo en 1945, cuando el peligro comunista se afianzó en la mente de los estadunidenses.

Como se vio en la sección anterior, los miembros de la Acción Revolucionaria Mexicanista encabezados por el coronel Aniceto López Salazar siguieron actuando desde sus oficinas establecidas en el Distrito Federal; en la papelería que circulaban estaba impreso un membrete con la consigna: "Lo más hermoso de la vida es conservar la Dignidad Humana y el comunismo la destruye, destroza Libertades y Gobiernos. ¡Combátalo!"[48]

Hasta la década de los sesenta todavía se consideraba que el grupo contaba con 500 000 miembros y que todos estaban ansiosos de luchar en contra del comunismo que estaba invadiendo el mundo. Al analizar la situación que imperaba en el país, los Dorados decían que a pesar de que el pueblo mexicano era anticomunista no dejaba de manifestar un espíritu antiestadunidense, y que ello facilitaba la labor de los socialistas. Por lo mismo se consideraba de vital importancia mantener grupos de apoyo en toda la República Mexicana, y para ese propósito requerían de fondos que esperaban recibir de algunos personajes desde Estados Unidos.

Varios agentes fueron enviados a nuestro país con objeto de ayudar en su labor a los Dorados. Pero muy poco lograron llevar a cabo, ya que no recibían los suficientes fondos que según

[47] Grupos socialistas de la República Mexicana. Declaraciones hechas a los diarios mexicanos el día 18 de diciembre de 1950: *Excélsior, El Nacional, El Universal*. Véase García Treviño, *La injerencia...*, *op. cit.*, pp. 230-234.

[48] Biblioteca de la Universidad de California en Los Ángeles (UCLA). Archivo Particular de un donador anónimo.

ellos les habían prometido. Se consiguió que alguno fuera enviado a una escuela a estudiar anticomunismo en la ciudad de Nueva Orleáns, pero hasta allí se conocen sus logros.

Sin embargo, los Dorados siguieron considerándose *el* grupo que podía darle al gobierno el mayor apoyo, y aseguraban que tenían aliados no sólo dentro de él, sino también en el ejército mexicano, en la fuerza aérea y en la misma policía capitalina.

Una de sus tareas consistía en averiguar la filiación o la ideología de ciertas personas, a las cuales se les atribuía una cercanía con el comunismo. Por otro lado, se sabía que en 1943 aún mantenían relaciones con el Partido Autonomista Mexicano, especie de grupo paramilitar dirigido por un señor de apellido Pedrozo y que formaba parte de los grupos más violentos en la República, junto con la Vanguardia Nacionalista y el Frente Anticomunista, todos controlados por la Falange.

Asimismo, los Dorados mantuvieron estrechas relaciones con un grupo estadunidense, el Drive Against Communism (DAC), que estaba asentado en California. Este grupo tuvo como lema de lucha "Una operación de persona a persona", y propugnaba que todas las ciudades en Estados Unidos adoptaran una ciudad hermana en México y en América Latina. Dicha adopción significaba que cada individuo mexicano debía hermanarse con su homólogo estadunidense y establecer con él una estrecha colaboración para poder lograr su objetivo: la lucha contra el comunismo.[49]

Se desconoce hasta qué grado se dio esta unión y si en efecto pudo lograrse su objetivo. Considero que, a pesar de que intentaron seguir adelante con su organización y planes trazados, toda esperanza se diluyó frente a la enorme "Cortina de Hierro" emplazada por la Unión Soviética.

---

[49] *Id*. Véase, además, Virginia Prewett, *Reportage on Mexico*, Nueva York, E. P. Dutton and Company, 1941.

ENTRE EL ORO NEGRO Y LA SOMBRA DORADA. REFLEXIONES FINALES

EXACTAMENTE una semana después de que Cárdenas culminó la expropiación petrolera, el general Nicolás Rodríguez, "jefe supremo" de los Camisas Doradas, ordenó a su agente en Tampico, José Martínez, que informara a los directores de las compañías petroleras que se quería poner en contacto con sus emisarios.

De acuerdo con Nathaniel y Sylvia Weyl, existía una carta enviada por N. R. Carrasco, de El Paso (dirección apócrifa de los Dorados), escrita por Humberto Tirado, que tenía "credenciales secretas del Führer de los Camisas Doradas", en la que se describían ciertas conversaciones con representantes de las compañías petroleras autorizándolos para hacer arreglos con organizaciones nacionalistas, grupos anticomunistas y personas cuya ideología estuviera de acuerdo con la de ellos. En ella se decía lo siguiente:

Dos representantes de las compañías petroleras están en contacto con D. Paz y el ingeniero Treviño para resolver las dificultades en que nos encontramos. El último sometió a la consideración del primero un plan que está sujeto a aprobación y en términos generales comprende lo siguiente:

A. Modificación del artículo 27 de la Constitución de manera que las compañías continúen explotando el subsuelo y la superficie pertenezca a los campesinos respetando las concesiones por 99 años que tienen las compañías.

B. Devolución total de las compañías.

C. Las compañías convienen en ayudar financieramente al movimiento, ofreciendo inicialmente la suma de 2 millones de dólares que puede aumentarse hasta 10 millones; barcos tanque para el transporte del material necesario, incluyendo hombres.

D. Como los respectivos gobiernos de la nacionalidad de las compañías no permiten la exportación de grandes cantidades de dinero sin someter anticipadamente la expropiación del mismo al posible veto del departamento de Estado y de la Tesorería, el movimiento se haría desde ambos países a Canadá, más tarde a Cuba y finalmente a México, simulando compras de petróleo como medio para poder sacar el dinero.[1]

La misiva solicitaba autorización para continuar negociando con dos compañías que habían manifestado su aprobación de costear una insurrección contra el gobierno cardenista, a lo cual el presidente respondió, en el seno del Senado, diciendo que no habría conflicto internacional y que la expropiación petrolera serviría para probar la amistad de los países fuertes hacia los débiles.

Según los Weyl, México sobrestimó la división de intereses entre los grupos petroleros estadunidense y británico. Poza Rica, en manos de Inglaterra, le daba a ese país una posición predominante en la industria mexicana y cerca de 75% de la producción nacional y, mientras las propiedades estadunidenses se encontraban en un estado avanzado de vejez, las de la Shell tenían toda clase de motivos para mantenerse firmes. Las propiedades que perdió esta compañía eran de gran importancia estratégica para la armada británica, y la mayor parte de su petróleo lo vendía en el exterior. La batalla petrolera entre las compañías de los dos países había quedado concluida, ya que tanto la Shell como la Standard llegaron a un convenio para trabajar sin molestarse y unir sus fuerzas contra los gobiernos latinoamericanos que limitaban sus actividades.

El crecimiento del sentimiento nacionalista en México consolidó esa alianza. Pero en 1938 la guerra entre el Eje Roma-Berlín y las democracias apareció como una posibilidad real. En caso de que se presentara un conflicto, Inglaterra sabía que iba a enfrentar una crisis en el abastecimiento de petróleo.

Sus propiedades en Mesopotamia quedarían sin valor, con los destructores submarinos italianos persiguiendo y hundiendo barcos

---

[1] Nathaniel y Sylvia Weyl, "La reconquista de México (los días de Lázaro Cárdenas)", en *Problemas agrícolas e industriales de México*, vol. 7, núm. 4, 1956, pp. 117-361, p. 289.

mercantes en el Mediterráneo. El petróleo ruso dejaba poco excedente para la exportación y los campos rumanos estaban dentro del ámbito de la dominación militar alemana. Como las flotas de barcos tanques en aguas infestadas de submarinos tienen que navegar en convoy, era obvio que no había posibilidad de confiar en el petróleo del Lejano Oriente. Quedaban solamente los campos de Venezuela, de México y de Estados Unidos, y de éstos Poza Rica era potencialmente el más importante.[2]

Por otro lado, la Ley de Neutralidad en Estados Unidos, con sus disposiciones de pago al contado aplicadas a las materias primas estratégicas, representaba un riesgo fuerte que ningún país que tuviera que planear una guerra podía pasar por alto. Las compañías declararon la guerra económica: se puso en práctica el bloqueo internacional del petróleo mexicano, ya que se decía que su producción era "mercancía robada", y los compradores independientes se vieron amenazados con represalias económicas; de ahí que se retiraran los barcos tanques de la Shell, la Standard y sus afiliadas y no se le permitiera a México comprar lo necesario para elaborar la gasolina de alto octanaje.

Esa campaña fue la que obligó a Cárdenas a realizar negociaciones de trueque con las potencias fascistas. El primer mandatario tuvo que autorizar cuantiosas negociaciones con Alemania, Italia y Japón, lo cual motivó que el *New York Times* publicara varios artículos en los que se refería a las alianzas de México con los países del Eje. El 8 de diciembre de 1938 el corresponsal de este diario, Klukhorn, informó que se habían concluido las negociaciones para cambiar 17 millones de dólares de petróleo crudo por equipos y maquinaria pesada de Alemania.[3]

Por ello Cárdenas comentó lo siguiente:

Preferimos comerciar con Estados Unidos, pero no podemos pagar un precio demasiado alto por su preferencia. También es cierto que el comercio con Alemania, grandemente incrementado, podría tener la tendencia de avivar la influencia política de Alemania aquí. Esto es algo que consideramos con mayor seriedad que la

[2] *Ibid.*, p. 290.
[3] *Ibid.*, p. 293.

pérdida de transacciones comerciales con Estados Unidos. En asuntos como éstos, necesitamos la ayuda de nuestros vecinos y si ellos no nos ayudan, tendremos que arreglarnos solos como mejor podamos.[4]

La crisis en el país iba en aumento; en abril de ese año se devaluó el peso, y en Estados Unidos se hablaba de la posibilidad de una conflagración mundial y por ello sus autoridades presionaban a las compañías petroleras para que llegaran a un acuerdo. Se decía que "la única consideración que podría inducir al gobierno a someterse a las condiciones que presentó Richberg, sería la necesidad de comprar el apoyo de la Casa Blanca en el caso inminente de una insurrección de las derechas".[5]

Además, Washington podía destruir el sistema financiero mexicano mediante una política discriminatoria de compras de plata y forzar a Cárdenas a rendirse o crear las condiciones para una victoriosa insurrección contra él; sin embargo, actuó en sentido opuesto, ya que aceptó el derecho que tenía México de expropiar el petróleo en beneficio de la nación. A Roosevelt le convenía afianzar la unidad interamericana ante la cercanía del Congreso que se efectuaría en Lima, en donde el presidente estadunidense pretendía ganarse la simpatía de los asistentes, entre ellos México, para lanzar un programa de defensa continental y unir las fuerzas para repeler la penetración fascista.

Hay que aceptar que la habilidad de Roosevelt en el manejo de las relaciones bilaterales con México en ese momento fue un factor definitivo para lograr el apoyo de nuestro país a la política unificadora en América Latina. De igual manera, es fundamental reconocer que también Cárdenas tuvo la suficiente capacidad para no dejarse amedrentar por la crisis y las amenazas de los grupos de derecha en contra de su régimen.

---

[4] *Ibid.*, p. 294.
[5] El día 15 de agosto de 1939 el subsecretario de Estado, Sommer Welles, dijo que su departamento había ofrecido un plan para arreglar la controversia petrolera, según el cual México indemnizaría a las compañías petroleras en efectivo, y que las compañías quedarían en manos de Estados Unidos, del gobierno mexicano y de elementos neutrales. Este proyecto fue rechazado por las compañías, convencidas en esos momentos de que Juan Andrew Almazán les ofrecería mejores condiciones.

Por lo que se refiere a los Dorados, tanto Nicolás Rodríguez como Saturnino Cedillo trataron de mantener el apoyo en dos frentes, con los petroleros y con los fascistas, los estadunidenses y los alemanes. El primero, a pesar de haber sido exiliado, no dejaba de buscar alianzas para conseguir sus fines, que en buena medida se habían consolidado gracias a la intervención del potosino, y con él se había comprometido a seguir la lucha hasta el final. Ambos fueron utilizados por los nazifascistas en su afán de propagar los ideales de la raza aria.

La presencia de Nicolás Rodríguez en Mission reveló ostensiblemente, en mucho a través de los artículos que aparecían con profusión en los diarios texanos, las relaciones que entabló el Dorado con diferentes personas, entre ellas petroleros estadunidenses, los nazis y, por supuesto, con los Camisas Plateadas de Pelley.

El punto de unión de todos los Dorados fue siempre México, y fue ahí donde actuaron hasta el fin, aun cuando hayan cambiado su nombre original al de Vanguardia Nacionalista, con el fin de evadir el control del gobierno. Cárdenas no expulsó a Nicolás Rodríguez en 1936, sino se mostró contundente cuando ordenó que se disolviera por completo este movimiento.

De ahí que causara extrañeza la negativa de Rodríguez a la propuesta que le hizo Cedillo en 1937 para apoyarlo, aduciendo que no estaba en contra del gobierno. Esto obligaba a pensar en las fuertes presiones de los nazis en esos momentos para continuar con su aliado, a pesar de que ello implicara perder a Cedillo, debilitado y falto de credibilidad por el acoso del mandatario, además del conocimiento que tenía Rodríguez de que estaba permanentemente vigilado. Ya entonces se temía que Cedillo fuera emboscado para dar fin a sus intentos de rebelión. Sin embargo, el manifiesto lanzado en mayo de 1938, impreso en San Luis Potosí y difundido por Nicolás Rodríguez en el Norte, daba fe de su estrecha relación.

Al revisar la rebelión cedillista es factible afirmar que el movimiento de insubordinación tenía apoyo de los alemanes (especialmente de la legación) y quizá de los petroleros, pero perdió su fuerza ya que el presidente se mantenía informado día a día de lo que el cacique estaba tramando gracias a su servicio de inteligencia. A éste lo nutrían no sólo sus agentes en

México, sino también de espías en Estados Unidos o el propio gobierno estadunidense, que en esos momentos vio la conveniencia de apoyar a Cárdenas.

A pesar del fracaso de Cedillo en su intento de derrocar al régimen, la Acción Revolucionaria Mexicanista continuó sus acciones desde el Norte; se sabe, por ejemplo, que en 1939 se dieron grandes desórdenes antijudíos en la ciudad de México, y un grupo de dirigentes fascistas y de oficiales del ejército con antecedentes de traidores instaron a los trabajadores a que dirigieran sus ataques contra los comercios judíos. La Vanguardia Nacionalista (o los Dorados) distribuyó unas hojas impresas que tenían como epígrafe lo siguiente: "Sangre judía, sangre judía y cada vez más sangre judía debe correr, si queremos salvar a nuestra amada patria, por ello se deben realizar campañas de exterminio para acabar con los 30 mil judíos que hay en México".[6]

El judío fue víctima de los ataques de grupos de la clase media. Dicen los Weyl que "A pesar de que los judíos habían establecido las nuevas industrias ligeras de México, como la manufactura de rayón, y habían destituido las exorbitantes escalas de precio de los almacenes propiedad de franceses y españoles, el Congreso apoyó una ley inconstitucional que no llegó a promulgarse, prohibiendo la inmigración de judíos".[7]

De hecho, en un informe privado que presentó Gilberto Loyo al gobierno se alababa la política inmigratoria selectiva de México porque había impedido la entrada de inmigrantes indeseables, sobre todo judíos. "Un político decía que cada país tenía el número de judíos que merecía. México tiene más de los que merece."

La decisión del secretario de Gobernación, Ignacio García Téllez, de negar la entrada a los refugiados judíos, o incluso que desembarcaran en costas mexicanas, provocó indignación en Estados Unidos, pero Cárdenas no quiso rectificar la decisión de su secretario, "a pesar —dicen los Weyl— de que la secretaría de García Tellez está notoriamente corrompida y es una colmena de funcionarios fascistas".[8]

---

[6] Nathaniel y Sylvia Weyl, "La reconquista...", art. cit., p. 321.
[7] *Id.*
[8] *Id.*

El 15 de octubre de 1938 se promulgó un decreto que frenaba toda posibilidad de establecer una colonización en México con refugiados, y dos semanas más tarde García Téllez anunció las cuotas diferenciales de inmigración, que concedían la posibilidad de inmigrar a mil personas de religión cristiana que provinieran de las tres potencias fascistas y solamente a 100 judíos por año. A mediados de ese año, el secretario organizó un congreso sobre problemas demográficos, que fue una importante plataforma para presentar todo tipo de ponencias con fuertes tintes antisemitas.

Desde 1936 algunos diarios como *Excélsior* y *Novedades* hablaron acerca de un fuerte apoyo de 3 000 pesos mensuales para ayuda de los fascistas de la Confederación de la Clase Media. El oro nazi estaba desempeñando un papel importante en el desarrollo de la reacción mexicana. Desde que se inició la Guerra Civil en España, un grupo de españoles adinerados había lanzado una campaña anticomunista y antisemita que difundió en los periódicos de derecha como el *Hombre Libre*, *Omega* y otros. En realidad, los partidos pequeños eran meramente núcleos de un movimiento mucho más amplio para apoyar los objetivos reaccionarios que esperaba aglutinar a gran parte de la clase media urbana y del clero y al grueso del ejército, así como a grupos de obreros y campesinos.

Por lo anterior, es posible concluir que el régimen fascista intentó ganar terreno en México y en América Latina en general. Su objetivo era contrarrestar la "propaganda enemiga" en contra de la nueva Alemania y movilizar a los elementos germanos para apoyar los ideales del nacionalsocialismo. Queda claro también que para el Führer era fundamental contar con la neutralidad mexicana en caso de desatarse una conflagración mundial. Quizá por ello se retiró de la rebelión cedillista y tal vez también por esa razón dejó de subsidiar a los Camisas Doradas.

Sin embargo, la entronización del Partido Nacionalsocialista Alemán fue una realidad desde la década de los años treinta, con una amplitud de objetivos que lo llevó a apoyar a muy diversos grupos para lograr sus fines. En la ARM encontró un grupo idóneo que podría cumplir sus afanes de difusión del nazismo, a partir de la consideración de que, como movimiento paramilitar, con sus despliegues de violencia, su propaganda, sus uniformes y su lealtad a un jefe supremo, reunía todos los requisitos para formar parte de la gran maquinaria manejada por la Organización para el Extranjero (AO). Los lineamientos, programa y estrategias de lucha de la ARM convirtieron al grupo en un aliado fiel del nazifascismo, con representantes ante el Tercer Reich que le dieron legitimidad; su intento de derrocar al régimen era parte de la misma política desestabilizadora que planeó Hitler como una manera de mantener sus influencias en Europa y América.

En 1938 el gobierno manifestó su preocupación por lo que acontecía en Europa; sobre todo, se declaró en contra de la política anexionista de Alemania e Italia. Además, el apoyo al gobierno democrático español planteó una clara filiación antifascista en política externa, lo cual dio pie a ciertos cuestionamientos de los grupos "ultranacionalistas" acerca de la política interna.

Las afinidades entre los diversos movimientos nacionalistas que se gestaron en el mundo durante la década de los treinta son innegables, y para su cabal comprensión es indispensable revisar los nexos de cada uno con los preceptos del nazismo alemán. Así, es posible enumerar una serie de características tristemente compartidas:

1) Existieron grupos de encamisados en todo el mundo y, aunque con camisas de diferentes colores, todos manifestaban los mismos ideales.

2) Sus programas, declaración de principios y estrategias de lucha eran similares a las que planteaba la Organización para el Extranjero en Alemania.

3) Sus panfletos y libelos, así como los periódicos de cada uno, se referían a la lucha contra el comunismo y el judaísmo.

4) Las corrientes anticomunistas acusaron de manera directa a los judíos de profesar la ideología marxista.

5) Sus estrategias de lucha fueron antiobreristas y de rompehuelgas, y manifestaron una ostensible violencia e intimidación hacia los judíos mediante propaganda infamante, boicot y difusión de los ideales fascistas.

6) Todos pugnaban por restringir la ciudadanía a los extranjeros, sobre todo si éstos eran judíos, o por expulsarlos del país.

7) Eran los mejores propagandistas del material que se elaboraba en el Tercer Reich y se dedicaban a difundirlo.

8) Aprovechaban los medios de difusión para publicar artículos de fondo que culpaban a los judíos de la situación de crisis por la que pasaba el mundo.

9) Para todos era fundamental el uso del uniforme con su símbolo nacionalista y el saludo a la usanza alemana.

10) Detrás de los líderes siempre estaba un grupo de mujeres que los apoyaba y servía.

11) Su decisión de difundir su programa y crear filiales en todo el país era semejante.

12) La educación de jóvenes en los ideales nazifascistas era fundamental, sobre todo al reclutarlos para formar grupos de choque.

13) Todos estaban basados en los conceptos ultranacionalistas de identidad, y la conservación de valores como la familia y la moral se unía a la exaltación de otros como sangre, raza y patria.

14) Pertenecían a la derecha radical reaccionaria y muchas veces se confundía lo secular con lo religioso.

15) Todos tenían un jefe supremo, al cual se debía la obediencia total y una lealtad absoluta.

16) Se consideraban organizaciones de masas, aunque en realidad nunca lo fueron.

17) Tenían apoyo de ciertos políticos o ex militares descontentos o desempleados que buscaban encontrar de nuevo un puesto dentro del régimen.

18) Pugnaban en contra de la "perniciosa y perjudicial" invasión de extranjeros que sólo tenían en la mira su propio bienestar, sin respetar los derechos de los nacionales.

19) México era para los mexicanos, Inglaterra para los ingleses o Estados Unidos para los estadunidenses. No tenían cabida los extranjeros.

20) En todos los casos terminaron por ser reprimidos por sus propios gobiernos, los cuales no sólo los desterraron, sino que los liquidaron al inicio de la segunda Guerra Mundial.

La lucha de Hitler para aniquilar a los judíos del mundo fue respaldada por estos grupos, al grado de asumir ese odio al judío simplemente por serlo. Las pequeñas comunidades de hebreos en México se enfrentaron particularmente a los Dorados echando mano de lo que consideraban eran sus mejores armas: los periódicos, las quejas ante el gobierno cardenista y, sobre todo, mediante la creación de instituciones que pudieran cohesionarlos para defenderse de los embates antisemitas; ése fue el caso del Comité pro Refugiados y el Comité de Antidifamación.

En un intento por defender sus derechos contra el fascismo, los judíos se acercaron a los socialistas o comunistas mexicanos. En ellos encontraron apoyo para los mítines de protesta y la publicación de su terrible realidad. Sin embargo, eso no fue suficiente, ya que los distintos grupos simpatizantes solamente los podían ayudar mediante la palabra o las acciones de protesta; nunca se compenetraron de los problemas migratorios para cambiar las políticas o para consolidar una colonización agrícola con refugiados judíos.

Las demandas de la ARM partían de la consideración de que la Revolución "no le había hecho justicia", y por ello pretendía reivindicaciones de carácter económico, por una parte, y por otra, de orden ideológico, contra los regímenes posrevolucionarios. Se manifestaba en contra del rezago posterior al conflicto religioso, la educación socialista, la educación sexual y la Ley Federal del Trabajo, y por defender a la clase obrera ante el surgimiento del comunismo en una población tradicionalmente religiosa.

El número de miembros de una organización no constituye siempre el factor determinante de su poder, y menos del buen éxito de su programa, aunque, desde luego, es un elemento importante porque la transformación revolucionaria de una sociedad no puede efectuarse sin masas que actúen por cuenta propia o ajena. Este grupo fracasó, en primer lugar, porque no logró unir a las masas, y en segundo lugar, por la falta de un plan coherente que pudiese representar un programa de gobierno, un verdadero proyecto de Estado que rivalizara con el cardenista. Todo ello alternó con la presencia y retiro de los apoyos de estadunidenses y alemanes, que tenían sus propias ideas de lo que debería ser la contienda mundial.

No cabe la menor duda del fuerte apoyo que los Camisas Doradas dieron al nacionalsocialismo alemán a través de sus acciones, sus preceptos, sus ideales y su adhesión al partido y mediante la difusión de propaganda y el hostigamiento permanente de los judíos y los comunistas. Pero también es claro que fungieron como una especie de señuelo para desviar la atención de las acciones de la Abwehr y sus actividades de espionaje en México, que para el Führer eran estratégicamente fundamentales, sobre todo si Estados Unidos entraba en la contienda mundial.

Nicolás Rodríguez perdió su supremo poder ante el acoso del gobierno, y regresó del exilio sólo para morir al poco tiempo. Para entonces, los gobiernos aliados habían iniciado la verdadera lucha contra el nazifascismo, prohibiendo que los grupos afines siguieran actuando impunemente y, sobre todo, aniquilando a sus líderes. A pesar de que la Acción Revolucionaria Mexicanista continuó sus actividades en las décadas siguientes, centrada en atacar mucho más al comunismo que a los judíos, como sucedió durante la primera etapa de los Dorados, la escisión del grupo en dos ramas claramente diferenciadas —una que actuaba en el Norte y la otra en la capital— fue uno de los principales factores que lo llevaron paulatinamente a la extinción.

Después, la victoria sobre los países del Eje ayudó a aminorar el antisemitismo; sin embargo, el mundo se percató de que ganar la guerra había implicado la pérdida millones de vidas humanas, entre ellas más de seis millones de judíos. La carga para aquellas naciones que en su momento se negaron, por diversas razones, a abrir las puertas a los refugiados, es pesada y todavía perdura. Para las propias comunidades judías sigue siendo un cuestionamiento no resuelto; los judíos que lograron salir de sus países de origen se encontraron ante una gran tarea: salvar a sus correligionarios y, a la vez, crear un país que pudiera recibirlos.

FUENTES DE INFORMACIÓN

ARCHIVOS

MÉXICO, D. F.

Archivo General de la Nación

Fondo Dirección General de Gobierno
Fondo Gobernación
Fondo Lázaro Cárdenas
Fondo Obregón-Calles
Fondo Emilio Portes Gil
Fondo Pascual Ortiz Rubio
Fondo Abelardo Rodríguez
Fondo Ávila Camacho
Fondo Miguel Alemán

Secretaría de Relaciones Exteriores

Archivo Histórico Genaro Estrada
Archivo Histórico Diplomático Mexicano
    Colección Leyes y Decretos

*Centro de Investigación y Documentación
de la Comunidad Ashkenazí*

Archivo Kehilá Ashkenazí
Archivo de Comité Central Israelita de México

Archivo Comunidad Monte Sinaí Zijronot

JIQUILPAN, MICHOACÁN

Centro de Estudios de la Revolución Mexicana

Archivo Francisco J. Múgica

WASHINGTON

National Archives Washington

State Department

Archivo Suitland

NUEVA YORK

Biblioteca Franklin Delano Roosevelt, Hyde Park
Archivo Bnai Brith
Archivo Brown, Universidad de Nueva York
Archivo Robert F. Wagner
Archivo del American Jewish Committee
YIVO *Institute for Jewish Research*

BERKELEY, CALIFORNIA

Bancroft Library

Silvestre Terrazas Collection

TEL AVIV, ISRAEL

Universidad de Tel Aviv

Biblioteca Wiener

PERIÓDICOS

Der Weg
Di Shtime
Di Tsait
El Hombre Libre
El Machete
El Mundo de México
El Nacional
El Nacional Revolucionario
El Sábado
El Sábado Secreto
El Universal
El Universal Gráfico
Excélsior
Fraivelt
Harold Post
Jewish Frontier
La Prensa
Los Angeles Times
New York Herald Tribune
New York Times
Omega
Optimismo Juvenil
Pelley's Weekly, The Expression of a Leadership
The Manchester Guardian
The McAllen Monitor
The Reform Advocate
The Transcript
The Valley Evening Monitor
Últimas Noticias

REFERENCIAS BIBLIOGRÁFICAS

Abascal, Salvador, *Mis recuerdos. Sinarquismo y colonia María Auxiliadora*, México, Tradición, 1980.

Abruch Linder, Miguel, "La derecha en México. Lineamientos para su estudio", trabajo presentado en el coloquio La Democracia en el Mundo Moderno, México, Universidad Nacional Autónoma de México, 1980.

Aguirre Beltrán, Gonzalo, *Teoría y práctica de la educación indígena*, México, Secretaría de Educación Pública, 1973 (SepSetentas).

Alemán Velasco, Miguel, "El partido comunista durante el período de Cárdenas", en I. Colmenares, Miguel Ángel Gallo *et al.* (comps.), *Cien años de lucha de clases en México, 1876-1976*, 2 vols., México, Quinto Sol, 1985, vol. 2.

Algunos documentos sobre el Tratado de Guadalupe y la situación de México durante la invasión norteamericana, pról. de Antonio de la Peña y Reyes, México, Porrúa-AHDM, pp. 139-142.

Allen, Frederick, *Since Yesterday, The Nineteen Thirties in America, September 3, 1929, September 3, 1939*, Nueva York-Londres, Harper and Brothers, 1939.

Ankerson, Duddley, *El caudillo agrarista. Saturnino Cedillo y la Revolución Mexicana en San Luis Potosí*, México, Instituto Nacional de Estudios Históricos de la Revolución Mexicana, 1994.

Anthias, F., y Yuval Davis, *Racialized Boundaries. Race, Nation, Gender, Colour and Class, and Anti-Racist Struggle*, Londres, Routledge Press, 1993.

Arendt, Hanna, *Los orígenes del totalitarismo*, 3 vols., Madrid, Alianza Universidad, 1987 (vol. 1: *Antisemitismo;* vol. 2: *Imperialismo*; vol. 3: *Totalitarismo).*

Arias Barraza, Raúl, "El antisemitismo en México", *Optimismo Juvenil*, núm. 24, 1° de febrero de 1939, pp. 5-8.

——, "El ghetto en México", *Optimismo*, núm. 3, mayo de 1937.

——, "La situación en España", *Optimismo*, núm. 8, octubre de 1937.

——, "Los Protocolos de Sion", *Optimismo*, núm. 6, agosto de 1937.

——, "Nuevos métodos y nuevos hombres", *Optimismo Juvenil*, núm. 17, julio de 1938, pp. 18-21.

——, "Si no hubiera judíos", *Optimismo*, núm. 2, abril de 1937, pp. 2-3.

Arriola Woog, Enrique (coord.), *Sobre rusos y Rusia. Antología documental*, México, Archivo General de la Nación-Biblioteca Nacional, 1994.

Avni, Haim, "The Role of Latin America in Immigration and Rescue during the Nazi Era 1933-1945", Jerusalén, Woodrow Wilson Center, junio de 1986 (mimeo.).

——, *España, Franco y los judíos*, Madrid, Altalena, 1982.

——, *Judíos en América*, Madrid, Mapfre, 1492, 1992.

Bamberg, Bernard J., *The Story of Judaism*, Nueva York, Union of American Hebrew Congregations, 1966.

Bankier, David (coord.), *Encyclopedia of the Holocaust*, 4 vols., Nueva York, Macmillan, 1993.

——, "El Movimiento Alemania Libre y la comunidad judía en México", en *Ninth World Congress of Jewish Studies*, vol. 3: *The History of The Jewish People*, Jerusalén, Universidad Hebrea de Jerusalén, 1985.

Baron, Salo W., Arcadius Kahan *et al.*, *Economic History of the Jews*, Nueva York, Schocken Books, 1976.

Barromi, Joel, *Antisemitismo, un problema universal*, Tel Aviv, Aurora, 1990.

Bataille, León, *Memorias de un forastero que pronto dejó de serlo: México 1931-1946*, México, Sociedad Cooperativa, 1987.

Bauer, Yehuda, *Jews for Sale?, 1933-1945*, New Haven, Yale University Press, 1994.

——, *My Brother's Keeper. A History of the American Jewish Joint Distribution Committee 1929-1939*, Filadelfia, The Jewish Publication Society of America, 1974.

——, *Out of Ashes: The Impact of American Jews on post-Holocaust European Jewry*, Oxford, Oxford University Press, 1989.

Bayitch, S. A., *Conflict of Laws: Mexico and the United States. A Bilateral Study*, Florida, University of Miami Press, 1968.

Beals, Carlton, *The Coming Struggle for Latin America*, Filadelfia, Lippencott, 1938.

Beck, Earl R., *Germany Rediscovers America*, Tallahassee, Fl., State University Press, 1968.

Beinart, Haim, *Los judíos en España*, Madrid, Mapfre, 1492, 1992.

Ben Sasson, H. H. (ed.), *A History of the Jewish People*, Cambridge, Mass., Harvard University Press, 1976.

Benítez, Fernando, *Lázaro Cárdenas y la Revolución Mexicana*, México, Fondo de Cultura Económica, 1984.

Berebiches, A. S., "La cuestión judía en México", *Di Tsait*, 1º de enero de 1938, p. 6.

Bernal de León, José, *La quinta columna en el continente americano*, México, Ediciones Culturales Mexicanas, 1939.

Berninger, Dieter George, *la inmigración en México*, México, Secretaría de Educación Pública, 1974 (SepSetentas).

Berstein, Serge, *Los regímenes políticos del siglo xx. Para una historia comparada del mundo contemporáneo*, Barcelona, Ariel, 1996.

Bloch, Marc, *Apología para la Historia o el oficio de historiador*, México, Fondo de Cultura Económica-Instituto Nacional de Antropología e Historia (INAH), 1996.

Blum, Howard, *Wanted, The Search for Nazis in America*, Nueva York, The New York Times Book, 1977.

Blum, Morton John, *Roosevelt and Morgenthau*, Nueva York, Hougton Mifflin Company Senry Edition, 1970.

Bokser Liwerant, Judit, "Cárdenas y los judíos: entre el exilio y la inmigracion", *Canadian Journal of Latin American and Caribbean Studies*, vol. 20, núms. 39-40, 1995, pp. 13-37.

————, "De exilios, migraciones y encuentros culturales", en Renata von Hanffstengel y Cecilia Tercero (coords.), *México, el exilio bien temperado*, México, Instituto de Investigaciones Interculturales Germano Mexicanas, A. C., 1995, pp. 23-35.

———— (coord.), *Imágenes de un encuentro. La presencia judía en México durante la primera mitad del siglo xx*, México, Universidad Nacional Autónoma de México-Comité Central Israelita de México-Multibanco Mercantil Probursa, 1992.

Bokser Misses, Judit, "El movimiento nacional judío. El sionismo en México, 1922-1947", tesis de doctorado, México, Universidad Nacional Autónoma de México, 1991.

Borkenau, F., *World Communism. A History of the Communist International*, Michigan, University of Ann Arbor, 1962.

Bórquez, Djed, *Crónica del Constituyente*, México, Comisión Nacional Editorial del CEN del PRI, 1985 (Textos de la Revolución Mexicana).

Brading, David, *Los orígenes del nacionalismo mexicano*, México, Era, 1982.

———, "Mito y profecía en la historia de México", México, *Vuelta*, 1988, pp. 185-188.

Brandemburg, Frank, *The Making of Modern Mexico*, Englewood Cliffs, N. J., Prentice Hall, 1964.

Brenner, Anita, "Making Mexico Jew Conscious", *The Nation*, vol. 133, núm. 3453, septiembre de 1931.

———, "Mexico Another Promised Land", *Menorah Journal*, febrero de 1928.

———, "The Jew in Mexico", *The Nation*, vol. 119, núm. 3086, 27 de abril de 1924.

Brogan, Hugh, *The Penguin History of the United States of America*, Nueva York, Penguin Books, 1990.

Cabrera, Luis, *Un ensayo comunista en México*, México, Polis, 1937.

———, *Veinte años después*, México, Botas, 1937.

Callado Herrera, María del Carmen, *Empresarios y políticos*, México, Instituto de Estudios Históricos de la Revolución Mexicana, 1996.

Calles, Plutarco Elías, *Mexico Before the World, Public Documents and Addresses*, tr. de R. H. Murray, Nueva York, Academy Press, 1927.

Campbell, Hugh, *La derecha radical en México, 1929-1949*, México, Secretaría de Educación Pública, 1976 (SepSeptentas, 276).

Canudas Enrique, *Trópico rojo*, 2 vols., México, Gobierno del Estado de Tabasco, 1989.

Cárdenas, Héctor, *Historia de las relaciones entre México y Rusia*, México, Secretaría de Relaciones Exteriores-Fondo de Cultura Económica, 1993.

Cárdenas, Héctor, *Las relaciones mexicano-soviéticas. Antecedentes y primeros contactos diplomáticos, 1789-1927*, México, Colección del Archivo Diplomático Mexicano, 1974.

Cárdenas, Lázaro, *Palabras y documentos públicos*, 3 vols., México, Siglo XXI, 1978.

———, *Seis años de gobierno al servicio de México, 1934-1940*, México, Talleres Tipográficos La Nacional, 1940.

———, *Epistolario*, México, Siglo XXI, 1975.

———, *Ideario político*, México, Era, 1972.

———, *Obras*, 6 vols., México, Universidad Nacional Autónoma de México, 1976.

———, *Plan sexenal*, México, Partido Revolucionario Institucional, Comisión Nacional Editorial, s. f. (Materiales de Cultura y Divulgación, 1).

Carr, Barry, "Radical Trip. Los orígenes del Partido Comunista Mexicano", *Nexos*, núm. 40, abril, 1981, pp. 37-47.

Carr, E. H., *A History of Soviet Russia*, Londres, s. e., 1952.

Carreño, Gloria, y Celia Zack de Zukerman, *El convenio ilusorio. Los polacos en la Hacienda de Santa Rosa en Guanajuato (1943-1947)*, México, Consejo Nacional de Ciencia y Tecnología (Conacyt), 1998.

———, *Pasaporte a la esperanza*, en Alicia Gojman de. Backal (coord.), *Generaciones judías en México. La Kehilá Ashkenazí, 1922-1992*, vol. 1, México, Comunidad Ashkenazí de México, 1993.

Carrillo Azpeitia, Rafael, *Ricardo Flores Magón*, México, CEHSMO, 1965.

Ceballos Ramírez, Manuel, "La democracia cristiana en el México liberal: un proyecto alternativo (1867-1929)", trabajo presentado en el VIII Coloquio de Antropología e Historia Regionales, Morelia, El Colegio de Michoacán, 1986 (mimeo.).

Cimet Singer, Adina, "The Ashkenazi Jewish Community. A Dialogue Among Ideologies", tesis de doctorado, Nueva York, Columbia University, 1992.

———, *Ashkenazi Jews in Mexico. Ideologies in the Structuring of a Community*, Nueva York, State University of Nueva York Press, 1997.

Cline Howard, F., *The United States and Mexico*, Cambridge, Mass, Harvard University Press, 1953.

Cohen, A., *The Simbolic Construction of a Community*, Londres, Tavistock Publications, 1985.

Cohen, Rosalynda, *La presencia sefaradí en México* (en prensa).

Colmenares, Ismael, Miguel Ángel Gallo *et al.* (comps.), *Cien años de lucha de clases en México 1876-1976*, 2 vols., México, Quinto Sol, 1985.

Comay, Joan, *The Diaspora Story*, Tel Aviv, Steimatzky, 1988.

Combes, Gustavo, *Hitler o el retorno ofensivo del paganismo*, México, Polis, 1941.

Constitución Política de los Estados Unidos Mexicanos (1857), México, Imprenta del Gobierno Federal, 1905.

Córdova, Arnaldo, *La política de masas del cardenismo*, México, Era, 1974.

Coudenhove Kalergi, R. N., *El antisemitismo y el antisemitismo en América Latina*, trad. de Eduardo Weinfeld, México, Or, 1939.

Cox, Norman E., *Los primeros cien años. Industria y comercio británicos en México. 1821-1921*, México, Instituto Anglo-Mexicano de Cultura, s. f.

Dabbah, Isaac, *Esperanza y realidad. Raíces de la comunidad judía de Alepo en México*, México, Fundación de la Sociedad de Beneficencia Sedaká y Marpé-Libros de México, 1982.

Daniels, Josephus, *Diplomacy in Shirt Sleeves*, Carolina del Norte, North Carolina University Press, 1950.

——, *Diplomático en mangas de camisa*, trad. de Salvador Duhart M., México, Talleres Gráficos de la Nación, 1949.

Daniels, Roger, *Coming to America: A History of Immigration and Ethnicity in American Life*, Nueva York, Harper and Collins, 1990.

Davidowicz, Lucy S., *The War against the Jews, 1933-1945*, Nueva York, Bantam Books, 1976.

——, *A Holocaust Reader*, Nueva Jersey, Bentham House, 1976.

Day, Daniel S., "American Opinion of German Nationalsocialism 1933-1937", tesis de doctorado, Los Ángeles, Universidad de California, 1958.

De la Maza, Francisco (ed.), *Código de Colonización y Terrenos Baldíos de la República Mexicana, Años de 1451-1892*, México, Secretaría de Fomento, 1893.

De la Peña, Moisés T., "Problemas demográficos y agrarios", *Problemas agrícolas e industriales de México*, vol. 2, núms. 3-4, pp. 156-157.

De León Pinelo, Antonio, *Recopilación de las Indias*, México, Miguel Ángel Porrúa, 1992.

De Paula y Arrangoiz, Francisco, *México desde 1808 hasta 1867*, México, Porrúa, 1976.

Del Arenal Fenochio, Jaime, "El nacionalismo conservador mexicano del siglo xx", trabajo presentado en el VIII Coloquio de Antropología e Historia Regionales, Morelia, El Colegio de Michoacán, 1986 (mimeo.).

Del Bravo, María Antonia, *et al.*, *Diáspora sefaradí*, Madrid, Mapfre, 1492, 1992.

Delgado Gonzalez, Arturo, *Martín Luis Guzmán y el estudio de lo mexicano*, México, Secretaría de Educación Pública, 1975 (SepSetentas).

Della Pérgola, Sergio, y Susana Lerner, *La población judía de México: perfil demográfico, social y cultural*, México, Universidad Hebrea de Jerusalén-El Colegio de México-Asociación Mexicana de Amigos de la Universidad Hebrea de Jerusalén, 1995.

Diario de los Debates del Congreso Constituyente 1916-1917, México, Talleres Gráficos de la Nación, 1960.

Díaz Polanco, Héctor, "Cuestión étnica, estados y nuevos proyectos", en Cecilia Noriega (ed.), *El nacionalismo en México*, México, El Colegio de Michoacán, 1992, pp. 283-312.

Diggins, John P., *Mussolini and Fascism: The View from America*, Princeton, Princeton University Press, 1972.

Dimitrof, G., *La unidad de la clase obrera en la lucha contra el fascismo*, México, Ediciones Frente Cultural, 1935.

Dinnerstein, Leonard, "Antisemitism in Crisis Times in The United States", en Robert A. Divine, *American Foreign Policy*, Nueva York, New American Library, 1960.

Dodd, William E., y Martha Dodd (eds.), *Ambassador Dodd's Diary*, Nueva York, Harcour Brace, 1941.

Dollot, Louis, *Las migraciones humanas*, Barcelona, Oikos-Tau, 1971.

Draper, Theodore, *American Communism and Soviet Russia*, Nueva York, Vintage Books, 1986.

Dubnow, Simon, *Nationalism and History, Essays in Old and New Judaism*, Nueva York, Koppel S. Pinson-Atheneum, 1970.

Duby, Georges, *Año 1000, Año 2000*, Barcelona, Andrés Bello, 1995.

Dujovne, León, *Martin Buber. Sus ideas religiosas, filosóficas y sociales*, Buenos Aires, Bibliográfica Omeba, 1966.

Dulles, John W. F., *Yesterday in Mexico*, Austin, University of Texas Press, 1961 (hay versión en español del FCE: *Ayer en México*, México, 1977).

Durkheim, E., *The Elementary Forms of Religious Life*, Londres, George Allen, 1982.

Durón González, Gustavo, *Problemas migratorios de México, apuntamientos para su resolución*, México, Congreso de la Unión, 1925.

Eatwell, Roger, *Fascism*, Londres, Chatto and Windus, 1995.

Echanave, C., *Manual del extranjero*, México, Porrúa, 1974, "Ley de Migración de 1926".

Edin, Ben, "A Letter from Mexico", *Jewish Frontier*, vol. 5, núm. 2, 1938.

El libro negro del terror nazi en Europa. Testimonio de escritores y artistas de 16 naciones, México, El Libro Libre, México, 1943.

Elbogen, Ismar, *A Century of Jewish Life 1844-1994*, Filadelfia, The Jewish Publication Society of America, 1947.

Espinoza, José Ángel, *El ejemplo de Sonora*, México, 1932.

Esquivel Obregón, Toribio, *Influencia de España y los Estados Unidos sobre México. Ensayo de sociología hispano-mexicana*, Madrid, Calleja, 1918.

———, "El indio en la historia de México", *Boletín de la Sociedad Mexicana de Geografía y Estadística*, t. 14, México, 1930.

———, "La patria mexicana", discurso pronunciado en la sesión de inauguración de la Academia de Genealogía y Heráldica, México, 1941.

Falcón, Romana, *Revolución y caciquismo en San Luis Potosí*, México, El Colegio de México, 1985.

Feingold, Henry L., *Bearing Witness. How America and its Jews Responded to the Holocaust*, Nueva York, Syracuse University Press, 1995.

Fernández Boyoli y Marrón de Angelis, *Lo que no se sabe de la rebelión cedillista*, México, s. e., 1938.

Fest, Joachim C., *Hitler*, Nueva York, Harcourt Brace Jovanovich, 1973.

Fitzpatrick, Sheila, *The Russian Revolution. 1917-1932*, Oxford, Oxford University Press, 1985.

Flores Caballero, Romeo, *La contrarrevolución de independencia. Los españoles en la vida política, social y económica de México (1808-1838)*, México, El Colegio de México, 1969.

Florescano, Enrique, "Sirva el pasado para reivindicar", *Excélsior*, 10 de junio de 1994.

Ford, L., "Three Observers in Berlin: Rumbold, Dodd and François Poncet", en Gordon Craig y Felix Gilbert (eds.), *The Diplomats*, 2 vols., Nueva York, Atheneum, 1963, vol. 2.

Franklin D. Roosevelt and Foreign Affairs, vol. 3: *September 1935 and January 1937*, Cambridge, Mass., Belknap Press-Harvard University Press, 1969.

Friedlander, Saul, *Reflections of Nazism*, tr. de Thomas Weyr, Nueva York, Avon Books, 1995.

Fuentes Díaz, Vicente, *Los partidos políticos en México*, México, Altiplano, 1969.

Galbraith, J. K., *The Great Crash. 1929*, Boston, s. e., 1972.

Galeana de Valadés, Patricia (coord.), *Los siglos de México*, México, Nueva Imagen, 1991.

Gamio, Manuel, *Quantitative Estimates Sources and Distribution of Mexican Immigration into the United States*, Nueva York, Dover Publications, 1938.

Gamoneda, Julián, *El fascismo. Caricaturas*, México, 1939.

García, Marcelo, Víctor Godínez *et al.*, *EUA. Síntesis de su historia*, 10 ts., México, Instituto de Investigaciones José María Luis Mora, 1991.

García Cantú, Gastón, *El pensamiento de la reacción mexicana (la derecha). Historia documental. Antología*, t. 3: *1929-1940*, México, Universidad Nacional Autónoma de México, 1997.

———, *El pensamiento de la reacción mexicana 1810-1962*, México, Empresas Editoriales, 1965.

García Formenti, Arturo, *Problemas de México y del mundo*, México, 1939.

García Gallo, Alfonso, *Manual de historia del derecho español*, Madrid, Artes Gráficas y Ediciones, 1975.

García Treviño, Rodrigo, *La injerencia rusa en México. Pruebas y testimonios*, México, América, 1959.

Gaxiola, Francisco Javier, *El presidente Rodríguez, 1932-1934*, México, Cultura, 1938.

Gellner, E., *Thought and Change*, Chicago, University of Chicago Press, 1978.

Gilman, Sander L., y Steven T. Katz (eds.), *Antisemitism in Times of Crisis*, Nueva York, New York University Press, 1991.

Gilly, Adolfo, "Los dos socialismos mexicanos", en Cecilia Noriega Elio (ed.), *El nacionalismo en México*, México, El Colegio de Michoacán, 1992.

———, "Los dos socialismos mexicanos", trabajo presentado en el VIII Coloquio de Antropología e Historia Regionales, Morelia, El Colegio de Michoacán, 1986 (mimeo.).

———, *La revolución interrumpida*, México, El Caballito, 1971.

Glantz, Jacobo, "Veinte años de vida judía en México. Material para la historia", *Der Weg*, México, 1940, pp. 161-163.

Gleizer Salzman, Daniela, "México frente a la inmigración de refugiados judíos durante el régimen cardenista", tesis de licenciatura, Universidad Nacional Autónoma de México, 1996.

Gojman de Backal, Alicia, *Historias no escritas. Judíos en México*, México, Cerimavi, 1983.

——— (coord.), *Generaciones judías en México. La Kehilá Ashkenazí 1922-1992*, 7 vols., México, Comunidad Ashkenazí de México, 1993.

———, y Gloria Carreño, *Parte de México*, en Alicia Gojman de Backal (coord.), *Generaciones judías en México. La Kehilá Ashkenazí 1922-1992*, vol. 7, México, Comunidad Ashkenazí de México, 1993.

———, y Liz Hamui de Halabe, "Judaísmo en México", *Eslabones. Revista Semestral de Estudios Regionales*, México, Instituto de Investigaciones Sociales-UNAM, núm. 14 (*Diversidad Religiosa*), 1997, pp. 62-88.

———, "Colonizaciones fallidas. Los judíos en provincia", *Eslabones. Revista Semestral de Estudios Regionales*, México, Instituto de Investigaciones Sociales-UNAM, núm. 10, 1995, pp. 96-112.

Gojman de Backal, Alicia, *Testimonios de historia oral. Judíos en México*, México, Universidad Hebrea de Jerusalén-Asociación Mexicana de Amigos de la Universidad Hebrea de Jerusalén, 1990.

———, "Inmigración de judíos a México. Intentos de colonización", trabajo presentado en el 46 Congreso de Americanistas, Amsterdam, Holanda, 1988 (mimeo).

———, "La Acción Revolucionaria Mexicanista. Los Camisas Doradas", Alemania, Universidad de Munster, 1989 (mimeo.).

———, "La limpieza de sangre", en catálogo de la exposición *Por la Gracia de Dios. El Arte del Manuscrito Ilustrado*, México, Museo Franz Mayer, noviembre de 1995.

———, "Minorías, Estado y movimientos nacionalistas de la clase media en México. La Liga Antichina y Antijudía", en *Judaica Latinoamericana*, Amilat, Jerusalén, Universitaria Magnes, 1988.

———, *De un mynyan a una comunidad*, vol. 2 de *Generaciones judías de México. La Kehilá Ashkenazí 1922-1992*, coord. Alicia Gojman de Backal, México, Comunidad Ashkenazí de México, 1993.

———, *Dos vidas, una historia*, México, s. e., 1988.

———, *La expropiación petrolera vista a través de la prensa mexicana, norteamericana e inglesa, 1936-1940*, México, Petróleos Mexicanos, 1988.

———, *Memorias de un desafío. Los primeros años de Bnai Brith en México*, México, Bnai Brith, 1993.

Gojman Goldberg, Alicia, "La xenofobia de la prensa de derecha en México. 1930-1945", *Revista de la Universidad*, México, Universidad Nacional Autónoma de México, núm. 434, 1987, pp. 22-28.

———, *Los conversos en la Nueva España*, México, Universidad Nacional Autónoma de México-Acatlán, 1984.

Goldston, Robert, *The Road between the Wars: 1918-1941*, Nueva York, Fawcett Crest, 1980.

Gómez Morín, Manuel, *Cuando por la raza habla el espíritu*, México, Universidad Nacional Autónoma de México, 1995.

González Calzada, Manuel, *Juventud izquierdista de México*, México, DAPP, 1938.

Gojman de Backal, Alicia, *Tomás Garrido (al derecho y al revés)*, México, s. e., 1940.

González Navarro, Moisés, *El Porfiriato, vida social*, México, El Colegio de México, 1857.

——, *La colonización en México 1877-1910*, México, Talleres de Impresión de Estampillas y Valores, s. f.

——, *Los extranjeros en México y los mexicanos en el extranjero, 1821-1970*, 3 vols., México, El Colegio de México, 1994.

——, *Población y sociedad en México 1900-1970*, México, Universidad Nacional Autónoma de México, 1974.

González Navarro, Rodolfo, *Antisemitismo. Ideología antimexicana*, México, Publicaciones de Bolsillo de la Tribuna Israelita, s. f.

González Parrodi, Carlos, y Mercedes de la Vega (coords.), *La historia del pasaporte en México*, México, Secretaría de Relaciones Exteriores, 1994.

González y González, Luis, *El liberalismo triunfante*, t. 11: *Historia general de México*, México, El Colegio de México, 1986.

——, *Los artífices del cardenismo*, t. 14: *Historia de la Revolución Mexicana, 1934-1940*, México, El Colegio de México, 1979.

——, *Los días del presidente Cárdenas*, t. 15: *Historia de la Revolución Mexicana, 1934-1940*, México, El Colegio de México, 1979.

Greenbaum, Masha, *The Jews of Lithuania. A History of a Remarkable Community, 1316-1945*, Israel, Geffen Publishing House, 1995.

Greer, Thomas H., *What Roosevelt Thought: The Social and Political Ideas of Franklin D. Roosevelt*, East Lansing, Mich., State University Press, 1958.

Gregor, A. J., *The Ideology of Fascism*, Nueva York, The Free Press, 1969.

Groebner, Norman A., *America as a World Power: A Realist Appraisal from Wilson to Reagan*, Wilmington, Del., Scholarly Resources, 1984.

Grunfeld, Frederic V., *The Hitler File: A Social History of Germany and the Nazis, 1918-1945*, Nueva York, Random House, 1974.

Gubbay, Lucien, y Abraham Levy, *The Sephardim. Their Glorious Tradition from the Babylonian Exile to the Present Day*, Londres, Carnell Limited, 1992.

Guibernau, Montserrat, *Los nacionalismos*, Barcelona, Ariel, 1996 (Ciencia Política).

Gurr, Robert Ted, *La rebelión de los hombres*, México, Trillas, 1976.

Gutiérrez García, Jesús, *La lucha del Estado contra la Iglesia*, México, Tradición, 1953.

Haglund, David G., *Latin America and the Transformation of U. S. Strategic Thought 1836-1940*, Albuquerque, University of New Mexico Press, 1984.

Halabe, Alberto, "Editorial", *Optimismo Juvenil*, núm. 33, p. 3.

————, "Editorial", *Optimismo*, México, núm. 2, abril de 1937.

————, "La situación actual del pueblo judío", *Optimismo*, núm. 7, septiembre de 1937, p. 5.

————, "Llamaradas antisemitas", *Optimismo*, núm. 9, octubre, pp. 1-2.

Hamui de Halabe, Liz (coord.), *Los judíos de Alepo en México*, México, Maguén David, 1989.

————, "Las redes de parentesco en la comunidad de los judíos de Alepo", tesis de maestría, México, Universidad Nacional Autónoma de México, 1996.

————, *Identidad colectiva*, México, JGH Editores, 1997.

Hamui Sutton, Alicia, "Antecedentes y causas de la emigración de los judíos de Alepo a México", tesis de licenciatura, México, Universidad Iberoamericana, 1990.

Handlin, Oscar, "American Views of the Jew at the Opening of the twentieth Century", *American Jewish Historical Society*, Nueva York, vol. 40, junio de 1951, pp. 325-328.

————, *The Uprooted, The Epic Story of the Great Migrations that Made the American People*, Boston, Little Brown and Company, 1979.

Harris, Victor, "The Jews in Mexico", *Los Angeles Messenger*, noviembre de 1906.

————, *The Jews in México*, Los Ángeles, Bnai Brith, 1907.

Hernández Chávez, Alicia, *La mecánica cardenista*, t. 16: *Historia de la Revolución mexicana, 1934-1940*, México, El Colegio de México, 1979.

Hertzstein, Robert, *The War that Hitler Won: Goebbels and the Nazi Media Campaign*, Nueva York, Paragon House, 1987.
——, *Roosevelt and Hitler, Prelude to War*, Nueva York, John Wiley and Sons, 1994.
Herzl, Theodor, *Der Judenstaat. Zionistische Schriften*, t. 1, Tel Aviv, 1934, p. 37.
Hexter, Maurice, "The Jews in México", en Separata American Jewish Congress, 1926.
——, *The Jews in Mexico*, Nueva York, American Jewish Congress, 1926.
Hidalgo, Delia, *Representantes de México en Gran Bretaña 1822-1980*, México, Secretaría de Relaciones Exteriores (AHDM), 1981.
High, Charles, *Trading with the Enemy*, Nueva York, Barnes and Noble Books, 1995.
Hitler's Secret Book, intr. de Telford Taylor, Nueva York, Grove Press, 1961.
Hobsbawm, Eric, *Bandidos*, Barcelona, Ariel, 1986.
——, *Historia del siglo xx. 1914-1991*, Barcelona, Crítica, 1997.
——, *Revolucionarios*, Barcelona, Ariel, 1978.
——, *The Age of Extremes. A History of the World 1914-1991*, Nueva York, Vintage Books, 1996.
Honfstangl, Ernest, *Hitler, the Missing Years*, Londres, Eyre and Spottiswoode, 1957.
Hutchinson, John, *The Legislative History of American Immigration Policy, 1798-1965*, Filadelfia, University of Pennsylvania Press, 1981.
Jacques, Leo M. Dambourges, "Chinese Merchants in Sonora, 1900-1931", *Arizona and the West*, núm. 17, 1975, pp. 208-218.
——, "The Chinese Massacre in Torreon in 1911", *Arizona and the West*, vol. 16, 1974, pp. 233-246.
Jeansonne, Glen, "Combating Antisemitism: The Case of Gerald L. Smith", en David A. Gerber (ed.), *Antisemitism in American History*, Urbana, Urbana University Press, 1986.
Johnson, Paul, *Modern Times. The World from the Twenties to the Nineties*, Nueva York, Harper Perennial, 1991.
Justice Outlawed, Administration of Law in German Occupied Territories, intr. de Henry Slesse, Londres, Liberty Publications, s. f.

Kahn, David, *Hitlers' Spies, German Military Intelligence in World War II*, Nueva York, Colliers Books, Macmillan, 1985.

Kamien, M., "El año político en México", *Di Tsait*, 1º de enero de 1938, p. 3.

——, "México se baña en la democracia", *Di Tsait*, 2 de febrero de 1938, p. 2.

Katz, Friederich, "La conexión alemana", en *El Buscón*, México, núm. 8, 1984, pp. 148-149.

——, *La guerra secreta en México. La Revolución mexicana y la tormenta de la Primera Guerra Mundial*, México, Era, 1982.

Katz, Jacob, *From Prejudice to Destruction, Antisemitism 1700-1933*, Cambridge, Mass., Harvard University Press, 1980.

——, *Jewish Emancipation and Self Emancipation*, Filadelfia, The Jewish Publication Society, 1986.

——, *Out of the Ghetto, The Social Background of Jewish Emancipation, 1770-1870*, Nueva York, Schocken Books, 1978.

Kedourie, E., *Nationalism*, Londres, Hutchinson University Library, 1961.

Krause A., Corinne, *Los judíos en México*, México, Universidad Iberoamericana, 1987.

——, "México Another Promised Land. A Review of Projects", *Jewish Historical Quarterly*, vol. 61, núm. 4, 1972.

——, *The Jews in Mexico, A History with Special Emphasis on the Period from 1857 to 1930*, Pittsburgh, University of Pittsburgh, 1970.

Krauze, Enrique, *Biografías del poder*, 7 vols., México, Fondo de Cultura Económica, 1987 (Tezontle).

——, *La reconstrucción económica*, t. 10: *Historia de la revolución mexicana, 1924-1928*, México, El Colegio de México, 1977.

——, *Siglo de caudillos*, México, Tusquets, 1994.

Kren, George M., y Leon Rappoport, *The Holocaust and the Crisis of Human Behavior*, Nueva York, Schocken Books, 1976.

Lacqueur, Walter, *Fascism: A Reader's Guide*, Cambridge, Mass., Scholar Press, 1991.

——, *The Rise of the Extreme Right in Russia*, Nueva York, Harper Perennial, 1994.

Lajous, Roberta, *México y el mundo. Historia de sus relaciones exteriores*, t. 4, México, Senado de la República, 1980.

Lan, Sergio, "La inmigración judía a México durante la segunda década del siglo XX", Jerusalén, Universidad Hebrea de Jerusalén, 1990 (mimeo.).

Landau, Carlos, "Antisemitismo en México 1930-1940", en *Der Weg (El Camino), Prueba de una característica*, edición conmemorativa de los veinte años del periódico, México, 1940-1944.

Larráinzar, Manuel, *Noticia histórica de Soconusco y su incorporación a la República mexicana*, México, Imprenta de J. M. Lara, 1842.

Leal, Juan Felipe, "The Mexican State 1915-1973", en Nora Hamilton y Thimothy Harding (eds.), *Modern Mexico. State, Economy and Social Conflict*, Londres, Sage Publications, 1986, pp. 21-43.

León Portilla, Ascensión H., *España desde México. Testimonios de transterrados*, México, Universidad Nacional Autónoma de México, 1978.

Lerner, Victoria, *Génesis de un cacicazgo: antecedentes del cedillismo*, México, Universidad Nacional Autónoma de México, 1989.

———, *La educación socialista*, t. 17: *Historia de la Revolución mexicana, 1934-1940*, México, El Colegio de México, 1979.

Lesser, Sara H., *A History of the Jewish Community of Mexico City, 1912-1970*, Nueva York, New York University Press, 1972.

Levine, Harold, *Fifth Column in America*, Nueva York, Doubleday-Doran, 1940.

Levitz, Jacob, *Jewish Education in México. Background and Educational Pattern*, Nueva York, s. e., 1956.

Lewis, Bernard, *The Jews of Islam*, Princeton, Princeton University Press, 1984.

Lewis, Sinclair, *It Can't Happen Here*, Nueva York, Doubleday-Doran and Co., 1935.

Leyes de Indias, México, Fondo de Cultura Económica, 1987.

Lipset, Seymour M., "Three Decades of the Radical Right: Coughlinites, McCarthistes and Birchers, 1962", en Daniell Bell (ed.), *The Radical Right, The New American Right, Expanded and Updated*, Garden City, Nueva York, Doubleday, 1963, pp. 314-326.

Lipstadt, Deborah E., *Beyond Belief*, Nueva York, The Free Press-Macmillan, 1993.

Loaeza, Soledad, "Conservar es hacer Patria", *Nexos*, abril de 1983, pp. 29-39.

Loftus, John, *The Belarus Secret. The Nazi Connection in America*, Nueva York, Paragon House, 1989.

————, y Marc Aarons, *Unholy Trinity. The Vatican, the Nazis and Soviet Intelligence*, Nueva York, St. Martin's Press, 1991.

Lombardo Toledano, Vicente, y Víctor Manuel Villaseñor, *Un viaje al mundo del porvenir (seis conferencias sobre la URSS)*, México, Universidad Obrera de México, 1936.

————, "El sentido humanista de la Revolución Mexicana", en Antonio Caso *et al.* (eds.), *Conferencias del Ateneo de la Juventud*, México, Universidad Nacional Autónoma de México, 1984.

————, *Una intriga nazi contra la defensa del continente americano*, México, Universidad Obrera, mayo 1942.

————, *Judíos y mexicanos, ¿razas inferiores?*, México, Universidad Obrera de México, 1942.

————, *Obras completas*, 24 vols., México, Gobierno del Estado de Puebla,1992.

————, "Conferencia de orientación sobre la guerra", en *La nueva guerra europea y el proletariado mexicano*, México, Publicaciones de la Universidad Obrera de México, 1939, pp. 61-72.

López, Gregorio (ed.), *Las siete partidas del sabio rey don Alfonso el Nono*, 4 vols., Madrid, Oficina de Benito Cano, 1789.

López, John, "Why America Slept: The Congress in the Holocaust and its Effects upon the Development of U. S. Refugee Policy", en *Welebaethean Journal of History*, Fullerton, California State University Press, 1994, pp. 41-67.

López Victoria, José Manuel, *La campaña nacionalista*, México, Botas, 1965.

Lord, Lewis, "Defying Hitler, 1940", *U. S. News and World Report*, 26 de agosto a 3 de septiembre de 1940, pp. 42-62.

Los presidentes ante la Nación, 1821-1966, 6 vols., México, Cámara de Diputados, 1966.

Lowy, Michael, *El marxismo en América Latina (De 1909 a nuestros días). Antología*, México, Era, 1980.

Loyo, Gilberto, "Investigación sobre expulsión de extranjeros 1921-1934", realizada para el Instituto de Estudios Sociales, Políticos y Económicos del Partido Nacional Revolucionario, México, 1935.

——, *Las deficiencias cuantitativas de la población de México y una política demográfica nacional*, Roma, Tipografía del Senato, 1932.

Ludlow Wiechers, Leonor, "Las demandas de la derecha clerical 1917-1940", en Cecilia Noriega (ed.), *El nacionalismo en México*, México, El Colegio de Michoacán, 1992, pp. 313-327.

Macías Richard, Carlos, "La fuerza del destino. Una biografía de Plutarco Elías Calles", tesis de doctorado, México, El Colegio de México, 1994.

Madison, Grant, *The Passing of the Great Race*, Nueva York, s. e., 1916.

Manchester, William, *The Last Lion. Winston Spencer Churchill, Alone 1932-1940*, Canadá, Delta Book, 1989.

Manfred, Jonas, *Isolationism in America 1935-1941*, Ithaca, Nueva York, Cornell University Press, 1966.

Margolin, Leo J., *Paper Bullets*, Nueva York, Froben Press, 1946.

Martínez, José Luis, *Pasajeros a Indias*, Madrid, Alianza, 1983.

Martínez Assad, Carlos, *Los rebeldes vencidos, Cedillo contra el Estado cardenista*, México, Fondo de Cultura Económica, 1990.

Matute, Álvaro, *La carrera del caudillo, historia de la Revolución Mexicana 1917-1924*, México, El Colegio de México, 1988.

Maurrus, Michael R., *The Holocaust in History*, Nueva York, Meridian Book, 1989.

——, *The Unwanted European Refugees in the Twentieth Century*, Nueva York, Oxford University Press, 1985.

McElvaine, Robert S., *The Great Depression, America, 1929-1941*, Nueva York, Times Books, 1983.

McKale, Donald M., *The Swastika outside Germany*, Kent, Kent State University Press, 1977.

Medin, Tzvi, *El minimato presidencial. Historia política del Maximato*, México, Era, 1983.

——, *Ideología y praxis política de Lázaro Cárdenas*, México, Siglo XXI, 1973.

Medina Peña, Luis, *Hacia el nuevo Estado. 1920-1994*, México, Fondo de Cultura Económica, 1995.

Melgar, Rafael E., "Calendario nacionalista", en *Enciclopedia nacional popular*, México, Campaña Nacionalista, 1935, pp. 5-9.

Melgar Bao, Ricardo, "El marxismo en América Latina, 1920-1934. Introducción a la historia regional de la Internacional Comunista", tesis de maestría, México, Universidad Nacional Autónoma de México, 1983.

Memoria de la Secretaría de Gobernación, septiembre de 1939 a agosto de 1940, presentada al H. Congreso de la Unión por el licenciado García Téllez, secretario del Ramo, México, s. e., 1940.

Mercado, Sofía (coord.), *Historia de la Comunidad Monte Sinaí* (en prensa).

México y España: solidaridad y asilo político 1936-1942, intr. de Alberto Enríquez Perea, México, AHDM, Secretaría de Relaciones Exteriores, 1990.

Meyer, Jean, "El olvido es una bendición que quiere corromper la memoria", *Excélsior*, 10 de junio de 1994.

———, "Religión y nacionalismo", *Nexos*, núm. 114, 1987, pp. 49-56.

———, *El sinarquismo*, México, Siglo XXI, 1980.

———, *Estado y sociedad con Calles*, t. 11: *Historia de la Revolución Mexicana, 1924-1928*, México, El Colegio de México, 1977.

———, *La Cristiada*, 3 vols, México, Siglo XXI Editores, 1979.

Meyer, Lorenzo, *El conflicto social y los gobiernos del Maximato*, t. 13: *Historia de la Revolución Mexicana, 1924-1928*, México, El Colegio de México, 1981.

———, *La encrucijada*, t. 13: *Historia general de México*, México, El Colegio de México, 1978.

———, *Los inicios de la institucionalización*, t. 12: *Historia de la Revolución Mexicana, 1924-1928*, México, El Colegio de México, 1978.

———, *México y los Estados Unidos en el conflicto petrolero, 1917-1942*, México, Petróleos Mexicanos, 1988.

———, *Su Majestad británica contra la Revolución Mexicana, 1900-1950. El fin de un imperio informal*, México, El Colegio de México, 1991.

Michaels, Albert L., "El nacionalismo conservador mexicano desde la Revolución hasta 1940", *Historia mexicana*, vol. 16, núm. 2, 1966, pp. 231-238.

Miles, Michael W., *The Odyssey of the American Right*, Nueva York, Oxford University Press, 1980.

Miles, R., *Racism*, Londres, Routledge Press, 1989.

Mishinsky, M., "Bund", en David Bankier (ed.), *Introducción a la historia del pueblo judío*, vol. 1: *La época moderna*, Jerusalén, Universidad Hebrea de Jerusalén, 1978.

Mitchell, Allan, *The Nazi Revolution*, Lexington, Mass, D. C. Heath and Company, 1990.

Molina Enríquez, Andrés, *Los grandes problemas nacionales*, México, Era, 1985.

Moore, Barrington, *Injusticia, as bases socials da obediencia e da revolta*, São Paulo, Brasiliense, 1987.

———, *Los orígenes de la dictadura y la democracia*, trad. de Sara Sefchovich, México, Universidad Nacional Autónoma de México, 1996.

———, *Los orígenes sociales de la dictadura y la democracia*, Barcelona, Península, 1995.

———, *Soviet Politics. The Dilema of Power: The Role of Ideas in Social Change*, Cambridge, Mass., Cambridge University Press, 1950.

Morodo, Raúl, *Los orígenes del franquismo: Acción Española*, Madrid, Alianza, 1985.

Müller, Jürgen, "El NSDAP en México: historia y recepciones: 1931-1940", *Revista de Estudios Interdisciplinarios de América Latina y el Caribe*, vol. 6, núm. 2 *(América Latina y la Segunda Guerra Mundial)*, Tel Aviv, Universidad de Tel Aviv, 1995, pp. 89-109.

Naranjo, Francisco, *Diccionario biográfico revolucionario*, México, Imprenta Editorial Cosmos, 1935, p. 186.

Newman, Aubrey (ed.), *Migration and Settlement. Proceedings of the Anglo-American Jewish Historical Conference, London, July 1970*, Londres, The Jewish Historical Society of England, 1971.

Newton, Ronald C., *The Nazi Menace in Argentina, 1931-1947*, Londres, Stanford University, 1992.

Nolte, Ernst, *La guerra civil europea, 1917-1945. Nacionalismo y bolchevismo*, México, Fondo de Cultura Económica, 1994.

Novo, Salvador, *La vida en México en el periodo presidencial de Lázaro Cárdenas*, México, Empresas Editoriales, 1964.

Ota Mishima, María Elena, *Siete migraciones japonesas en México (1890-1978)*, México, El Colegio de México, 1982.

Partido Nacional Revolucionario, *Plan sexenal del PNR*, México, 1934 (texto oficial).

Partido Revolucionario Institucional, *Historia documental. PNR, 1934-1938*, vol. 3, México, ICP-PRI, 1981.

Payne, Stanley G., *El fascismo*, Madrid, Alianza, 1996.

Penkower Monty, Noam, *The Jews were Expendable, Free World Diplomacy and the Holocaust*, Chicago, University of Illinois Press, 1983.

Peral, Miguel Ángel, *Diccionario biográfico mexicano*, 2 vols., México, PAC, s. f.

Pérez Montfort, Ricardo, "Cárdenas y la oposición secular 1934-1940", en Brigida von Mentz, V. Radkau y R. Pérez Montfort, *Los empresarios alemanes, el Tercer Reich y la oposición de la derecha a Cárdenas*, 2 vols., México, Centro de Investigaciones y Estudios Superiores en Antropología Social (CIESAS), 1988.

―――, *Hispanismo y falange, Los sueños imperiales de la derecha española*, México, Fondo de Cultura Económica, 1992.

―――, *Por la patria y por la raza. La derecha secular en el sexenio de Lázaro Cárdenas*, México, Universidad Nacional Autónoma de México, 1993.

―――, "Los Camisas Doradas", *Secuencias*, México, Instituto de Investigaciones José María Luis Mora, núm. 4, 1986, pp. 66-78.

Pla, Dolores, Guadalupe Zárate *et al.*, *Extranjeros en México (1821-1990). Bibliografía*, México, Instituto Nacional de Antropología e Historia, 1993.

Plasencia de la Parra, Enrique, "La rebelión delahuertista, 1923-1924", tesis de doctorado, Universidad Nacional Autónoma de México, 1996.

Plenn, Jaime Harryson, *Mexico Marches*, Nueva York, The Bobbs Merrill Co., 1939.

Plutarco Elías Calles. Pensamiento político y social. Antología 1913-1936, México, Patria, 1939.

Poliakov, León, y Josef Wulf, *El Tercer Reich y los judíos. Documentos y estudios*, Barcelona, Seix Barral, 1960.

——, *Historia del antisemitismo. La emancipación y la reacción racista*, Barcelona, Michink, 1984.

——, *Historia del antisemitismo. La Europa suicida 1870-1914*, Buenos Aires, Raíces, 1989.

——, *Historia del antisemitismo*, 5 vols. Buenos Aires, Raíces, 1987.

——, *La Europa suicida 1870-1933*, Barcelona, Muchnik, 1981.

Polish Ministry of Information, *The German New Order in Poland*, Londres, Hutchinson and Co., s. f.

Portes Gil, Emilio, *La lucha entre el poder civil y el clero*, México, s. e., 1934.

——, *Quince años de política mexicana*, México, Botas, 1941.

Prewett, Virginia, *Reportage on Mexico*, Nueva York, E. P. Dutton and Company, 1941.

Puente, Ramón, "Villa en la memoria popular", en *Tres revolucionarios, Tres testimonios*, pról. de Octavio Paz, México, Archivo de la Palabra, Instituto de Investigaciones Dr. José María Luis Mora, 1986, t. 1, pp. 205-282.

Quintanilla, Lourdes, *El ascenso del lombardismo, de la* CROM *a la* CGOCM, México, Centro de Estudios Latinoamericanos, Facultad de Ciencias Políticas y Sociales, Universidad Nacional Autónoma de México, 1979 (Cuaderno, 38).

Quirk, Robert E., *The Mexican Revolution 1914-1915: The Convention of Aguascalientes*, Bloomington, Indiana University Press, 1960.

Ramírez Camacho, Beatriz, "Los chinos en México, un esbozo de la comunidad de Tampico", tesis de maestría, México, Universidad Nacional Autónoma de México, 1975.

Rebuffo, Leo, *The Old Christian Right: The Protestan Far Right, from the Great Depression to the Cold War*, Filadelfia, Temple University Press, 1983.

Recopilación de Leyes de los Reynos de las Indias, 4 vols., Madrid, Antonio Balbas, 1756.

Remak, Joachim, *The Nazi Years*, Englewood Cliffs, N. J., Prentice Hall, 1969.

Rivera Ochoa, María Clotilde, *Estudio de la revista* Freies Deutschland, órgano de difusión de la "Alemania Libre" en

México, *1941-1945*, México, Instituto de Investigaciones Interculturales Germano Mexicanas, 1987.

Roman, Richard, *Ideología y clase en la Revolución mexicana. La Convención y el Congreso Constituyente*, México, Secretaría de Educación Pública, 1976 (SepSetentas).

Roosevelt, Franklin D., *Personal Letters, 1928-1945*, Nueva York, The Macmillan Company, 1941.

Rosemberg, Moisés, "Los judíos de Tacubaya sufrieron un susto", *Der Weg (El Camino)*, México, 28 de octubre de 1931.

Rutheford, Ward, *Genocide, The Jews in Europe, 1939-1945*, Nueva York, Ballantine Books, 1973.

Sainz, Luis Ignacio (coord.), *México frente al Anschluss*, México, Archivo Histórico Diplomatico Mexicano, Secretaría de Relaciones Exteriores, 1988.

Salazar Anaya, Delia, *La población extranjera en México (1895-1990). Un recuento con base en los censos generales de población*, México, Instituto Nacional de Antropología e Historia (INAH), 1996 (Fuentes).

Sánchez Azcona, Gloria, *El general Antonio I. Villarreal, civilista de la Revolución*, México, Biblioteca del Instituto de Estudios de la Revolución Mexicana, 1980.

Sander, Diamons, *The Nazi Movement in the United States 1924-1941*, Ithaca, Nueva York, Cornell University Press, 1974.

Sanders, Ronald, *Shores of Refuge. A Hundred Years of Jewish Emigration*, Nueva York, Schocken Books, 1988.

Santos, Gonzalo N., *Memorias*, México, Grijalbo, 1984.

Schmitt, Karl M., *Communism in Mexico*, Austin, University of Texas Press, 1965.

Schuler, Friederich, "Alemania, México y los Estados Unidos durante la Segunda Guerra Mundial", en *Jahrbuch fur Geschichte Lateinamerika Von Staat, Wertschaft und Geselschaft*, Koln-Wein, 1985, Band 22, pp. 457-476.

Secretaría de Gobernación, *El poblamiento de México. Una visión histórico-demográfica. México en el siglo XX. Hacia el nuevo milenio: el poblamiento en perspectiva*, 4 vols., México, Consejo Nacional de Población (Conapo), 1994.

Secretaría de la Economía Nacional, *Anuario Estadístico de los Estados Unidos Mexicanos, 1938*, México, Dirección Nacional de Estadística, Departamento de Asuntos de Prensa y Publicidad (DAPP), 1939.

Shabot, Ezra, "Los orígenes de la extrema derecha en México", tesis de licenciatura, México, Universidad Nacional Autónoma de México, 1976.

Shermer, David R., *Blackshirts, Fascism in Britain*, Nueva York, Ballantine Books, 1971.

Shirer, William L., *Mi diario en Berlín. Notas secretas de un corresponsal extranjero 1934-1941*, México, Nuevo Mundo, 1938.

Shulgovski, A., *México en la encrucijada de su historia*, México, Ediciones de Cultura Popular, 1972.

Sierra, Justo, *México social y político*, México, Secretaría de Hacienda y Crédito Público, 1960.

Silva Herzog, Jesús, *Lázaro Cárdenas. Su pensamiento económico, social y político*, México, Nuestro Tiempo, 1975.

Simes, M., "El México judío en el año de 1937", *Di Tsait*, 1º de enero de 1938, p. 12.

Simpson, Lesley Bird, *Muchos Méxicos*, México, Fondo de Cultura Económica, 1977.

Sims, H., *The Expulsion of the Spaniards from Mexico, 1827-1828*, Nuevo México, New Mexico University Press, 1968.

Skirius, John, *José Vasconcelos y la cruzada de 1929*, México, Siglo XXI, 1978.

Smith, A. D., *State and Nation in the Third World*, Londres, Wheatsheaf Books, 1983.

Smith, Arthur L., *The Deutschtum of Nazi Germany and the United States*, La Haya, M. Nijhoff, 1965.

Smith, Geoffrey S., *To Save a Nation: American Countersubversivness, The New Deal and The World War II*, Nueva York, Basic Books, 1973.

Snow, Edgar, *La China contemporánea. El otro lado del río*, 2 vols., México, Fondo de Cultura Económica, 1965, vol. 1 (Colección Popular).

Snyder, Louis L., *Roots of German Nationalism*, Nueva York, Barnes and Noble Books, 1996.

Sosa Elizaga, Raquel, *Los códigos ocultos del cardenismo*, México, Universidad Nacional Autónoma de México, 1996.

Sourasky, León, *Historia de la comunidad israelita de México*, México, Imprenta Moderna Pintel, 1965.

Spengler, Oswald, *The Spengler Letters 1913-1936*, Londres, Allen and Unwin, 1966.

Srul Ben, Tarik, "Editorial", *Optimismo Juvenil*, núm. 2, febrero de 1938, pp. 1-3.

Stember, Charles H., *et al.*, *Jews in the Mind of America*, Nueva York, Basic Books, 1966.

Stern, Norton, *Baja California, Jewish Refuge and Homeland*, Los Ángeles, Dawsons Book Shop, 1997.

Stuart Olson, James, *The Ethnic Dimension in American History*, 2 vols., Nueva York, St. Martin's Press,1979.

Szekeley, Bela, *El antisemitismo. Su historia, sociología y psicología*, Buenos Aires, Claridad, 1940.

Tal, Uriel, *Religious and Antireligious Roots of Modern Antisemitism*, Nueva York, Leo Baeck Institute, 1971.

Tanenbaum, Frank, "Lázaro Cárdenas, como él es", *Nosotros*, México, 1938, pp. 30-34, 67-69, 74.

———, *Peace by Revolution. An Interpretation of Mexico*, Nueva York, Columbia University Press, 1938.

Tena Ramírez, Felipe, *Leyes fundamentales de México 1808-1986*, México, Porrúa, 1985.

Thomson, David, *Historia mundial de 1914 a 1968*, México, Fondo de Cultura Económica, 1970.

Tobler, H. W., "Las paradojas del ejército revolucionario", *Historia Mexicana*, México, El Colegio de México, julio-septiembre de 1971, pp. 46-77.

Torenberg de Edelson, Raquel, "Entrevista a Lázaro Edelson", en Alicia Gojman de Backal (coord.), *Testimonios de historia oral. Judíos en México*, México, Universidad Hebrea de Jerusalén-Asociación Mexicana de Amigos de la Universidad Hebrea de Jerusalén, 1990.

Toshab, A., "Acerca del antisemitismo en México", *Di Tsait (El Tiempo)*, 1º de enero de 1937, p. 5.

Tovar, María Elena, "Los finqueros extranjeros en el Soconusco durante el Porfiriato", tesis de doctorado, México, Universidad Nacional Autónoma de México, 1997 (en proceso).

Townsend, William, *Lázaro Cárdenas, demócrata mexicano*, México, Grijalbo, 1976.

Traversoni, Alfredo, *El mundo entre dos guerras*, Madrid, Kapelusz, 1990.

Treviño, Ricardo, *El espionaje y la evolución doctrinaria del movimiento obrero en México*, México, s. e., 1952.

Trevor-Roper, Hugh (ed.), *Final Entries 1945, The Diaries of Joseph Goebbels*, intr. de Hugh Trevor-Roper, Nueva York, G. P. Putnam's Sons, 1977.

Tschuppik, Walter, *Los caballos de Troya de Hitler*, México, Minerva, 1941.

Turner, Bryan S., *La religión y la teoría social. Una perspectiva materialista*, México, Fondo de Cultura Económica, 1997 (Sección de Obras de Sociología).

Valaik, David, "In The Days Before Ecumenism: American Catholics, Antisemitism and The Civil War", *Journal of Church and State*, núm. 13, 1971, pp. 468-473.

Vallarta, Ignacio L., *La propiedad inmueble por extranjeros*, México, AHDM, Secretaría de Relaciones Exteriores, 1986.

Vasconcelos, José, "Bienvenida a Alfonso Junco", *Ábside*, México, vol. 36, núm. 4, 1972.

――――, "El movimiento intelectual contemporáneo de México", en Antonio Caso *et al.* (eds.), *Conferencias del Ateneo de la Juventud*, México, Universidad Nacional Autónoma de México, 1984, pp. 117-134.

――――, *Ulises Criollo*, México, Botas, 1938.

Vázquez, Josefina Zoraida, y Lorenzo Meyer, *México frente a Estados Unidos. Un ensayo histórico 1776-1980*, México, El Colegio de México, 1982.

――――, *México y el mundo. Historia de las relaciones exteriores de México*, México, Senado de la República, 1990.

――――, *Planes en la nación mexicana*, México, Senado de la República-El Colegio de México, 1987.

Villa, Manuel, "Discusión de algunas categorías para el análisis de la Revolución mexicana", *Revista Mexicana de Ciencia Política*, octubre-diciembre de 1972.

Villaseñor, Víctor Manuel, *Errores peligrosos. Mutilan la ayuda a la Unión Soviética*, México, Liga de Acción Política, 1942.

――――, *Memorias de un hombre de izquierda*, 2 vols., México, Grijalbo, 1976.

Villegas, Abelardo, "El sustento ideológico del nacionalismo mexicano", trabajo presentado en el coloquio El Nacionalismo y el Arte Mexicano, México, Universidad Nacional Autónoma de México, 1983.

Villegas, Abelardo, *El pensamiento mexicano en el siglo XX. Autognosis*, México, Instituto Panamericano de Geografía e Historia, 1985.

————, *La filosofía de lo mexicano*, México, Universidad Nacional Autónoma de México, 1988.

Von Mentz, Brigida, V. Radkau, D. Spencer y R. Pérez Montfort, *Los empresarios alemanes, el Tercer Reich y la oposición de derecha a Cárdenas*, 2 vols., México, Centro de Investigaciones y Estudios Superiores en Antropología Social (CIESAS), 1988.

————, y Verena Radkau, "Notas en torno al exilio político alemán en México (1939-1946)", en *Fascismo y antifascismo en América Latina y México (apuntes históricos)*, México, Centro de Investigaciones y Estudios Superiores en Antropología Social (Cuadernos de la Casa Chata, 104), p. 45.

Weill Georges, Jacques, *La Europa del siglo XIX y la idea de nacionalidad*, México, Uteha, 1961.

Weinfeld, Eduardo, *El antisemitismo en América Latina*, México, Or, 1939, p. 157.

Weyl, Nathaniel, y Sylvia Weyl, "La reconquista de México (los días de Lázaro Cárdenas)", *Problemas Agrícolas e Industriales de México*, vol. 7, núm. 4, 1956, pp. 117-361.

Whittam, John, *Fascist Italy*, Manchester, Manchester University Press, 1995.

Wilkie, James W., *The Mexican Revolution. Federal Expenditures and Social Change since 1910*, Los Ángeles, University of California Press, 1967.

Winckler, Lutz, *La función social del lenguaje fascista*, México, Ariel, 1979.

Winterbotham, F. W., *The Nazi Connection*, Nueva York, Harper and Row, 1978.

Wischnitzer, Mark, *To Dwell in Safety: The Story of Jewish Migration since 1800*, Filadelfia, The Jewish Publication Society of America, 1948.

Wiskemann, Elizabeth, *La Europa de los dictadores, 1919-1945*, México, Siglo XXI, 1991.

Wyman, David S., *The Abandonment of The Jews: America and*

the Holocaust 1941-1945, Nueva York, University Press, 1984.

Wyman, David S., *Paper Walls, America and the Refugee Crisis 1938-1941*, Amherst, Mass., University of Massachusetts Press, 1984.

―――, *The World Reacts to the Holocaust*, Baltimore, The Johns Hopkins University Press, 1996.

Yankelevich, Daniel, y Mary Komarnicicki, "American Public opinion of Holocaust Events 1933-1945", trabajo presentado en el Congreso The Holocaust and the Media, Cambridge, Mass., Harvard Divinity School, mayo de 1988.

Zacarías, I., "Problemas de nuestra vida comunitaria en México", *Di Tsait*, 1° de enero de 1938, p. 7.

Zack de Govezensky, Bertha, *Religión: legado de vida judía*, vol. 4 de *Generaciones judías en México. La Kehilá Ashkenazí 1922-1992*, coord. Alicia Gojman de Backal, México, Comunidad Ashkenazí de México, 1993.

Zack de Zukerman, Celia, *Colectividad y Kehilá*, vol. 6 de *Generaciones judías en México. La Kehilá Ashkenazí 1922-1992*, coord. Alicia Gojman de Backal, México, Comunidad Ashkenazí de México, 1993.

Zahn, Peter von, en Franz M. Joseph (ed.), *As others see us*, Princeton, Princeton University Press, 1959.

Zangwill, Israel, "Zionism and Territorialism", *The Living Age*, Boston, vol. 265, núm. 3440, 11 de junio de 1910.

―――, *The Melting Pot*, Nueva York, s. e., 1908.

Zavala, Silvio, *Apuntes de historia nacional 1808-1974*, México, Secretaría de Educación Pública, 1975 (SepSetentas).

Zielonka, Martin, "Report of the Bnai Brith Mexican Bureau, conducted by the I. O. B. B. and the Emergency Refugee Committee. 1927-1928", Nueva York, Archivo Bnai Brith.

―――, "The Jewish Immigrant in Mexico", *Bnai Brith News*, Washington, D. C., 23 de abril de 1923.

―――, *The Jew in Mexico*, Nueva York, Central Conference of American Rabbis, 1923 (reimpreso del *Yearbook*, vol. 33).

Zúñiga, Cristina, *La comunidad israelita de Guadalajara*, Guadalajara, El Colegio de Jalisco, 1995.

ÍNDICE

Este libro se terminó de imprimir y encuadernar en noviembre de 2000 en los talleres de Impresora y Encuadernadora Progreso, S. A. de C. V. (IEPSA), Calz. San Lorenzo, 244; 09830 México, D. F. En su composición, parada en el Taller de Composición Electrónica del FCE, se utilizaron tipos Aster de 10:12 y 9:11 puntos. La edición, de 2 000 ejemplares, estuvo al cuidado de *Julio Gallardo Sánchez.*